《当代中国人物传记》丛书

书名手迹：邓小平

叶剑英传

《叶剑英传》编写组 著

当代中国出版社
Contemporary China Publishing House

图书在版编目(CIP)数据

叶剑英传 /《叶剑英传》编写组著 . --3 版 . -- 北京：当代中国出版社，1995.3（2025.1 重印）
（当代中国人物传记丛书）
ISBN 978-7-80092-299-2

Ⅰ . ①叶… Ⅱ . ①叶… Ⅲ . ①叶剑英（1897~1986）—传记 Ⅳ . ① K825.2

中国版本图书馆 CIP 数据核字（95）第 01464 号

出 版 人　蔡继辉
责任编辑　宋卫云　姜楷杰
责任校对　康　莹
印刷监制　刘艳平
装帧设计　北京华子图文设计公司
出版发行　当代中国出版社
地　　址　北京市地安门西大街旌勇里 8 号
网　　址　http://www.ddzg.net
邮政编码　100009
编 辑 部　（010）66572264
市 场 部　（010）66572281　66572157
印　　刷　北京润田金辉印刷有限公司
开　　本　720 毫米 × 1060 毫米　1/16
印　　张　31.25 印张　6 插页　插图 90 幅　469 千字
版　　次　2015 年 7 月第 3 版
印　　次　2025 年 1 月第 9 次印刷
定　　价　99.00 元

《叶剑英传》编写组

组　　长　范　硕

成　　员　丁家琪　倪素英　金立昕

《叶剑英传》撰稿人

范　硕　丁家琪

出版说明

1982年，中共中央书记处讨论通过、中共中央宣传部发文布置在全国范围内编写出版《当代中国》丛书。根据编写计划，《当代中国》丛书依内容共分为五类，人物传记是其中之一。由于人物传记涉及方方面面，情况繁杂，且编写时间长，1991年人物传记从《当代中国》丛书中分立出来，确定为《当代中国人物传记》丛书。

《当代中国人物传记》丛书编辑委员会在丛书第1版总序中说：

“二十世纪的中国，是一个风云际会、英杰辈出的时代。正是伟大的时代造就出灿若群星的历史伟人；也正是历史伟人们艰苦卓绝的奋斗历程和忘我建树的光辉业绩，才能充分地体现着潮流之所趋、人心之所向，才最深刻最生动地反映着奔腾前进的伟大时代。他们一生的业绩，恰恰构成了从旧中国到新中国这一旷古未有的历史性大变革的缩影。正因为这样，修撰作为中华人民共和国缔造者的一代杰出历史人物的传记，其意义自是远远超越记述个人身世的范围。这套传记丛书，无疑应当看作是，当代中国千百万爱国志士、革命先驱的杰出代表用毕生的血和汗谱写出的挽救祖国、振兴中华的可歌可泣的历史画卷，它将是永远矗立于世世代代人民心中的革命丰碑。《当代中国人物传记》丛书中的每一部传记，都可读作当代中国的救国史，中华人民共和国的开国史、建国史；每一部传记都可读作结束中国苦难危亡命运的革命史，披荆斩棘建设社会主义的奠基史、创业史。”

“《当代中国人物传记》丛书，首批编撰的是中华人民共和国建国时期的开国元勋和各方面的最杰出人士的传记。这批传记的主人公将包括：党和国家的主要领导人（其中毛泽东、周恩来、刘少奇、朱德、邓小平、陈云的传记，将由中共中央文献研究室编写、出版）、人民军队中功勋卓著的元帅、参与新中国创建大业的各民主党派的领导人和各方面的著名爱国人士、贡献突出的著名科学家、文学家和艺术家，以及为中国民主革命事业和社会主义事业做出重大贡献的国际主义战士，等等。毫无疑问，他们既是当代中国最卓越的代表，同时也是彪炳千秋青史的历史巨人。当然，如同一切历史人物一样，我们时代的杰出代表也不可能不受到历史条件的限制，也必然会具有这样那样的弱点、短处，一生中也不免会发生这样那样的某些过失。但是，所有这些，当如日月之蚀，堂堂正正公之于众亦无损于他们形象的光辉。他们为中华民族创建的功业，他们的革命精神、高尚情操，他们的鸿才睿智、嘉言懿行，无不震古铄今，垂范后世。这是中华民族一份永远值得倍加珍摄的宝贵精神财富。”

“愿人们从这部《当代中国人物传记》丛书中，以这些历史人物的光辉业绩为典范，学习他们的革命献身精神、爱国主义情操和坚定的社会主义信念，为中华民族的历史伟业做出更大的贡献。”

我社有幸承担了《当代中国人物传记》丛书的编辑出版工作，自 1991 年以来陆续出版了一批中华人民共和国开国元勋的传记，获得很好的社会影响。我们将继续按照丛书的编辑出版方针，把《当代中国人物传记》丛书编辑出版工作做好，以飨读者。

书中图片绝大部分为本书编写组提供，因时间仓促等，有的图片未能注明著作权，特致歉。请相应著作权人知晓后，与当代中国出版社总编室联系（电话：010-66572131），以便我们再版时准确署名及支付稿酬。

当代中国出版社

2021 年 11 月

叶剑英（摄于 1979 年）

目　录

引 言

在松柏挺立、庄严肃穆的广州红花岗烈士陵园里，紧靠着广州起义烈士墓右侧，矗立着一座身着元帅服、神态安详的石雕胸像。胸像的底座上镌刻着邓小平手书的三个金色大字——叶剑英。胸像前下方，安放着叶剑英的灵骨，上面覆盖一块长方形的褐色卧碑，碑上铭刻着中国共产党中央委员会在叶剑英逝世一周年时撰写的碑文：

> 叶剑英同志是中国人民解放军的缔造者、中华人民共和国的开国元勋之一，我们党、国家和军队的卓越领导人。他由一个正直的民主主义者转变为彻底的共产主义者，在漫长的充满艰难险阻的革命道路上，在复杂斗争的转折关头，面临危难，无私无畏，表现了非凡的革命胆略，为中国人民的解放事业和社会主义建设事业奉献了毕生精力，建立了丰功伟绩。他盛德若愚，雄才经纶，谦虚谨慎，风范长存。“矢志共产宏图业，为花欣作落泥红”，概括了他光辉的一生。

这段辞约旨丰、意味隽永的文字，表述了叶剑英一生的伟大业绩和高尚品德。

叶剑英是怎样走上革命道路，成为一位伟大的无产阶级革命家的呢？当传记编写组的同志向叶剑英请教这个问题时，他想了想，回答说：“没有天生的革命家。我自己只是在党的领导下做了一些应该做的事情。”是的，“宝剑锋从砥砺出”。叶剑英一生经历了几多风雨，几多磨难。他是在中国共产党的领导下，扎根在中国大地上成长起来的革命家。现在，让我们沿着他的足迹，来探寻一下他伟大而又平凡的人生之路吧！

第一章　梅水之滨

第一节　童年在雁洋

1897 年 4 月 28 日（清光绪二十三年三月二十七日），叶剑英诞生在广东省梅县雁洋堡下虎形村一个小商人家庭。

梅县古称梅州、嘉应州，是一个有着 4000 多年历史的古老城邑。自明清以来，梅县由于华侨日益增多，文教事业日渐发达，因而被称为“人文秀区”“华侨之乡”“足球之乡”。梅县县城东 30 公里处的雁洋堡下虎形村，因地势呈虎形而得名。它头饮梅江水，背负虎形山，气势雄伟，风光绮丽。据叶氏宗祠族谱记载，叶剑英的祖先是宋朝时由中原南迁的汉人，即所谓“客家人”。叶家祖辈移居此地后，开山筑室，创业传宗。①

叶剑英的祖父名福智（1828—1893）。他青年时期，在下虎形村附近的横山镇以屠宰为业，借屋娶妻，生有五子。叶福智按照家谱，依次给五个孩子起名为铭祥、钦祥、鉴祥、锡祥、钻祥。②

叶剑英的父亲叶钻祥（1872—1921），与四位兄长同继父业，经营小本生意。后来兄长们相继出走南洋，唯独他留在家乡。③

叶钻祥自幼跟随仲兄钦祥练习武艺，并考中过武秀才。尽管他练得一身武功，但无用武之地，只好继续留在横山做酿酒、磨豆腐一类的小本营生。每逢圩日就到松口镇去摆摊叫卖。此外，常常帮助穷苦人杀猪、打鱼，有时还兼做“水客”，往返于南洋和雁洋堡之间，热情地为华侨和侨眷捎物送钱，传递信息。他心地善良，耿直厚道，办事稳妥，颇为乡亲们所称道。④

叶钻祥 19 岁那年，与一个名叫陈秀云的姑娘结为夫妇。陈秀云比叶钻祥小一岁，生在松口镇梅教乡田背村的一个贫苦农民家庭。父亲陈玉华，母亲范氏，秀云为长女。她自幼没有读过书，但聪明贤惠，勤劳能干，对客家妇女的“四头

---

① 在梅州市、梅县党史办、梅县档案馆、图书馆、博物馆查阅的资料，1987 年 10 月—1991 年 5 月。《光绪嘉应州志》，军事科学院图书馆藏书。

②《叶俊贤公祠堂族谱》。

③ 叶剑英谈话记录，1980 年 12 月 13 日。

④ 雁洋、横西部分干部、群众座谈记录，1987 年 10 月。

四尾”的妇工，即“家头教尾”（教育子女）、“田头地尾”（种田耕稼）、“针头线尾”（缝补衣裳）和“灶头锅尾”（家务劳动）样样在行。她敬重公婆，体贴丈夫，勤俭持家，睦族和邻。平时操持繁重的家务，还常帮人打点短工，补贴家用，是一位贤妻良母。父母勤劳、善良的品德，对少年时期的叶剑英产生了重要的影响。

叶剑英出生时，中国正处在灾难深重的年代。自从 1840 年鸦片战争以后，外国资本主义侵入，中国逐步沦为半殖民地、半封建社会。大清帝国政府腐败无能，丧权辱国。劳苦大众生活在水深火热之中。以康有为、孙中山为代表的资产阶级改良派和资产阶级革命派，忧国忧民，奔走呼号，力图唤醒全国人民奋起，与帝国主义、封建势力抗争。社会矛盾的日益尖锐化，促使中国最后一个封建王朝加速走向灭亡。

反动统治阶级越是接近末日，对人民群众的剥削和压迫愈加残酷，人民的生活也就愈加困苦不堪。据《嘉应州志》载，清朝末年，梅县一带已是“土瘠民贫”、“苛法密布，民不聊生”，叶剑英出生前后的家庭经济状况，同梅县大多数劳动人民家庭一样，十分贫苦。后来，叶剑英的四位伯父到南洋，积攒了些钱，寄回家来，由叶钻祥掌钱理事，合伙盖起一栋房子，为纪念父亲，命名“福智堂”。那年月，天灾人祸不断，苛捐杂税又多，叶钻祥的小本生意很难维持，家中常缺钱买米，吃了上顿没有下顿。穷人偏多子。叶剑英的父母先后生下八个孩子，因为贫病交加，无力抚养，有四个孩子未及成年就夭折了。叶剑英还算幸运，勉强活了下来。父母按照家谱给他起名为叶宜伟。活下来的还有两个妹妹，才英和顺英，很小就当了童养媳。顺英后来又被转卖到江西，受尽折磨，直到新中国成立后，兄妹才得以重逢。活下来的唯一的弟弟道英（宜导），也是历经艰难，在颠沛流离、饥寒困苦的环境里长大成人。①

叶剑英 7 岁那年，父母送他到雁洋堡钟傲泉、古玉泉私塾读书，曾受教于雨苍公等。所学功课，无非是“诗云子曰”一套。②

中日甲午战争之后，随着西方外来文化的侵入，八股取士的科举制度受到冲击，国人逐渐提倡新学。梅县开展新学运动比较早，1905 年，雁洋堡就办起了初级小学怀新学堂，开设的课程有国文、算术、常识、唱游等。学堂的先生都是有着新思想的青年知识分子。叶剑英随着新学潮流，也转到怀新学堂就读。

贫家出俊才。叶剑英读书很用功。在学堂上课时，他聚精会神地听讲，放学回来，一边参加家务劳动，一边坚持复习功课。书本成了他的新伙伴。每天晚饭后，他和弟妹们帮助妈妈收拾完碗筷，用抹布把小方桌擦得光光亮亮，就摊开书本，做起功课来。家里买不起油灯，他就在大人的帮助下，从山上砍来一种野生的细竹，经过加工，做成“竹精子”，点燃照明。“竹精子”燃烧时爆裂的火星，有时烧焦了他的头发，母亲见了十分心疼，而他自己却仍在埋头读书，毫不在乎。这段灯下苦

① 访问阿绪嫂、叶选桥、叶复觉、叶选正、严焕松、严景松谈话记录，1987—1992 年。

② 在雁洋叶剑英元帅纪念馆查阅的资料，1991 年 5 月。

读的岁月在叶剑英童年的记忆里留下了深刻的印象。1980 年 5 月，83 岁高龄的叶剑英重访雁洋旧居时，看到儿时用的小方桌尚在，触景生情，赋诗一首：

八十三年一瞬驰，
木窗灯盏忆儿痴。
人生百岁半九十，
万丈霞光值暮时。①

少年的叶剑英活泼好动，不但书读得好，而且喜欢体育活动，是个踢足球、踢毽子的能手。他热爱劳动，经常利用课余时间，与小同学们结伴上山打柴。除了打柴之外，叶剑英还时常在横西村头那棵大榕树下，帮助父母喂猪，卖“仙人粄”，干些力所能及的家务活。

在那棵大榕树下，叶剑英还常常听来往的大人们谈今论古。他在这里听过“三国”“西游记”“封神榜”“岳母刺字”“八仙过海”等故事，也听过“长毛造反”的民间传说和孙中山革命的消息。叶剑英和小朋友们慢慢知道了“红顶子”“洋鬼子”不是好东西，便把“捉人子”“打野仗”的游戏改叫“打洋鬼子”。叶剑英通常是这种游戏的小首领。②

大榕树下，可以说是少年叶剑英的另一个“大课堂”。

第二节 丙村三堡学堂

1908 年，11 岁的叶剑英，已长成一个英俊少年。这时，家境也稍微好转，父母决定送他到离雁洋十多里路的丙村三堡学堂住校读书。

三堡学堂，是由金盘堡、锦州堡、雁洋堡联合创办的一所公立高等小学。这所学堂的校长和教员大都是不满清朝封建统治、主张“教育救国”的爱国青年。当时学堂是四年制，设置甲、乙、丙、丁四个班次，叶剑英在甲班。据他当年的同学温日新、温瑶生、廖光史回忆，叶剑英那时的学习成绩是几个班里最拔尖的，每次考试都名列前茅。他除了完成学校规定的各门课程外，还多方借阅许多课外书籍，尤其爱好写诗作文。他的作文经常被老师拿去“贴堂”展览。

学校聘请的一位名叫李煮梦的老师，诗文极好，才华出众，是柳亚子创立的“南社”的诗友。李老师很欣赏叶剑英的诗文，经常亲加指点，使其习作大有长进。叶剑英直到晚年还怀念这位启蒙老师，还能背诵李诗“调高泣风雨，笔健走雷霆”，“剑气纵横盘北斗，箫声凄咽拂南天”等佳句。③1977 年夏天，一次偶然

---

①《叶剑英诗词选集》，人民文学出版社 1983 年版，第 209 页。
② 访问张启成、陈耀忠、叶演豪、何亚顺谈话记录，1987 年 10 月。
③ 访问王匡谈话记录，1991 年 6 月 6 日。

机会，叶剑英得到一部“南社”集刊，诵读之余，回忆起当年向李老师请教《诗经》的情景，在书的封面上意味深长地写下这样两句诗：“说部我输李煮梦，小戎离黍出诙谐。”

叶剑英自幼喜欢爬山和游泳，到了三堡学堂学习国文、英文、地理、体操等课程后，对山山水水更加产生了浓厚的兴趣。每到节假日，他常常约三五个要好的同学去游玩。附近的名胜“三坎石”“仙水塘”“北帝宫”“梅子坑”，还有阴那山的“灵光寺”，都曾留下他的足迹。他随身带着小本子，每到一处，凡是刻有楹联的地方，他都要停下脚步，留意观看，一边吟诵，一边抄写。就这样，一句句妙语佳联深深地印进了他的脑海，对他不断提高诗文写作水平很有帮助。

当时，长夜如磐的中国半殖民地、半封建社会正在发生剧烈的震颤。自从孙中山领导的中国同盟会于 1905 年在日本提出“驱除鞑虏，恢复中华，创立民国，平均地权”的政治纲领以后，全国各地的革命党人相继组织武装起义，向封建帝制王朝发起了猛烈冲击。在这种革命形势下，参加同盟会的梅县籍留日学生也创办了《梅州杂志》，宣传孙中山的革命学说，同时把大批革命宣传品寄回梅县。同盟会的《民报》，陈天华的《猛回头》《警世钟》，还有邹容的《革命军》等，成了三堡学堂进步师生争相传阅的读物。叶剑英读到这些革命书籍，常常热血沸腾，激动不已。

三堡学堂的进步老师，也不断向学生们灌输新的思想。校长谢鲁倩是一位出生于印度尼西亚邦加岛的华侨富商之子，他受到孙中山思想的影响，回国参加同盟会，创办新学，利用各种场合，向学生宣讲孙中山的学说。还有一位老师林修明，也是同盟会会员，毕业于日本的体育学校，先后在松口体育学堂和三堡学堂任教。他上体育课有个规矩，无论春夏秋冬，每次排队，都要使队伍面向太阳。夏天学生们怕晒，请求背阴站队，他不答应，并且说：“你们长大后，应当准备投笔从戎，一个真正的军人是不怕太阳曝晒的，怕晒就没有资格当军人！”他常常把体育课当成政治课，借题发挥，向同学们讲了许多历史上官逼民反的故事，从太平天国讲到义和团，从义和团讲到孙中山。

叶剑英从这两位师长处得到许多有益的教诲，孙中山这位革命先驱的高大形象，在他心灵上逐渐打下了清晰的烙印。

第三节　剪辫子，打“潮勇”

有一次，林修明突然取下帽子，摘掉了头上的发辫，学生们的几十双眼睛一下子都瞪大了。原来，林老师早已剪掉辫子，戴的是一盘假发。林修明慷慨激昂，向学生讲述清朝规定男人蓄发，留辫子，要革命首先要剪掉头上的辫子，表示反抗清朝封建制度的道理。叶剑英和同学们听了，十分佩服林老师的学识和勇气。他和其他几个胆大的同学，也学着林老师的样子，剪掉头上的辫子。这件事很快轰动了学堂和村镇。顽固保守的乡绅骂他们“无法无天”，要校方严加惩处。

叶剑英等几位同学由于得到校长谢鲁倩和进步教师的支持，胆量更大了。在他们的影响下，三堡学堂又有些学生跟着造了自己头上辫子的“反”。那些顽固保守的人见此情景，连声哀叹，徒唤奈何。

剪辫子的风潮过去不久，学堂里又发生了另一件引起丙村轰动的事。

丙村是梅江边一个较大的镇子，也是一个比较热闹的码头。东来西往的船只常常在这里停靠。当时，潮州的知府时常派官船到松口、丙村、梅县县城运送货物，押解案犯，办理公务。一些潮州府的清兵，头戴红缨帽，身穿青马褂，胸前绣着一个“勇”字，人们称之为“潮勇”。他们每次坐船来到丙村，总是为非作歹，勒索财物，闹得鸡犬不宁。百姓不堪其苦，骂他们是“红头苍蝇”，告到官府，官府不但不管，反诬之为刁民告恶状。“潮勇”得到官府庇护，气焰更加嚣张。

“潮勇”明抢强夺的事，也惊扰了三堡学堂的校长和教师们。那时，学堂的经费来源，很大一部分靠镇上肉铺上缴的“牲口捐”。每逢肉铺被抢，官府不管，总有肉铺老板跑到学校告状，要求减免捐税。学堂师生们对“潮勇”的恶劣行径感到十分气愤。

一天下午，叶剑英和同学们看到镇上几家肉铺的老板跑到学校告状说，“潮勇”又来抢肉了。叶剑英和同学们义愤填膺，要求校方伸张正义。校长谢鲁倩很赞赏同学们的胆量，率领叶剑英等十几个同学，带着棍棒，向镇上奔去。

几个“潮勇”见校长带着学生来问罪，便强词夺理，耍赖狡辩，还辱骂学生们是狗咬耗子——多管闲事。谢校长和学生们寸步不让，要他们把抢来的东西归还物主，叶剑英等几个大一点的学生上前动手与清兵争夺，镇上的许多居民也纷纷围上来给学生们助威。清兵见此情景，软了下来，被迫交出了所抢的牛肉等财物。谢校长和学生们将他们带到学堂，教训了一顿，然后又扭送到了官府处理。

三堡学堂师生打“潮勇”一事，有力地打击了“潮勇”的气焰。从此，潮州府的清兵再也不敢轻易到丙村去骚扰了。①

1911 年春节刚过，三堡学堂校长谢鲁倩和教师林修明忽然不辞而别。叶剑英和同学们见不到这两位受尊敬的先生，都很纳闷，也很想念。原来，他们是秘密地去广州参加了筹划已久的黄花岗起义。林修明在战斗中壮烈牺牲。谢鲁倩于起义失败后，又去参加组织光复军，继续进行起义的准备。

1911 年 10 月 10 日，震惊中外的辛亥革命爆发了，武昌新军在同盟会的宣传鼓动下，首先起义。各省纷纷响应，相继独立。梅县地区也沸腾起来了，起义军于 12 月攻占了县城，民心大快。

1912 年 1 月 1 日，“中华民国”在南京正式宣告成立。从此，两千多年封建帝王的统治宣告结束。三堡学堂的师生们，用各种各样的方式来庆贺革命政权的诞生。教师们眉飞色舞地给学生讲辛亥革命、建立“中华民国”的详细经过及其伟大的历史意义。叶剑英听得入了神。课后，他抑制不住内心的喜悦，对同学们

①《广东省梅县丙村中学校刊（1905—1985 年）》。

说："现在是民国了，我们的国家得救了。我们要努力学习，将来为国家做一番事业，使国家富强起来，再不受人欺侮。"

老师还要求学生们结合辛亥革命，写一篇以"论兵"为题的作文。叶剑英在构思时，想到老师平素讲的中国历史上无数次战争和武昌起义的壮烈情景，顿时思路大开。他开宗明义地写道："兵之物，大矣哉！"接着，在文中引经据典，讲述军队的重要作用。这一篇作文，又被老师当作范文，拿去"贴堂"。[①]

第四节　就读东山中学，立志报国救民

1912 年 1 月，叶剑英以"最优等"的成绩从三堡学堂毕业后，考入梅县务本中学。这是一所由外国传教士与梅县地方人士合办的私立中学。据当年的老同学李巨昌、杨干五等回忆，学校自由空气浓厚，不受官方限制，师生思想异常活跃。叶剑英入校后，很快成为学校中的一名活跃分子，并被选为学生自治会会长。这年冬天，梅县临时议会根据广东省府的指令，决定将务本中学和其他三所中学合并，改为官办，并派来了官方校长。官方校长是一个守旧人物，他一上任，就改变学校的许多规矩，禁止学生的进步活动，歧视、排挤贫家子弟。这引起了进步师生的强烈不满。

这时，原来的校长叶则愚，教师叶菊年、邓小楼等人，正在筹办梅县私立中学。叶剑英代表学生会表示支持，并联合一百余名学生，闹起了反对官派校长的学潮。省教育局强行禁止，进步师生忍无可忍，毅然冲出校门，迁到东门塘的叶家祠堂，暂时安顿下来，后来又搬到"东山书院"。不久，在教育界进步人士和学生家长、乡绅以及海外爱国华侨的鼓励、支持下，加上师生的共同努力，在县城东山脚下建起了新校。[②]

东山中学建校之初，困难重重，百端待举。师生们并没有被困难压倒，他们自己动手，制作教学用具，勤俭办学。后来，第二任校长陈春舫亲自到南洋募捐，得到海外华侨的资助，学校逐步渡过难关，校舍和各种设施陆续建立起来。1957 年 3 月 25 日，叶剑英在为纪念母校建校 44 周年的"年年桃李，岁岁芬芳"题词中称赞："东山，是初升的旭日光芒照耀的地方。""母校的来历，是老同学们反对官方势力，不怕艰难的手创。"1978 年特为母校题写了"广东梅县东山中学"校牌和"努力教学，为建成社会主义强国而奋斗"的题词。

叶剑英和东山中学的第一批学生，深知学校创建不易，因而更加珍惜时间，刻苦学习。他们爱校如家，尊重老师，团结同学。在学习上，他们互勉互助，共同进步。叶剑英的学习成绩在班里总是名列前茅。除了学好学校规定的课程外，他还如饥似渴地借阅大量课外书籍，主要有孙中山的著述和一些进步的报刊。更

① 梅县丙村中学部分教职工座谈记录，1991 年 5 月。

② 叶剑英谈话记录，1982 年 4 月 24 日。广东梅县教育志编纂组：《梅县教育志》，1990 年 10 月。

东山中学旧址

多的是文史方面的，诸如《战国策》《史记》《汉书》《三国志》和《文心雕龙》《古文辞类纂》《聊斋志异》等古籍。叶剑英尤其酷爱楚辞、唐诗、宋词、元曲等古典诗歌。对许多大家的名篇爱不释手，能背诵如流。他对梅县地区的名人诗文更是偏爱，如清人宋湘的《红杏山房诗钞》、黄遵宪的《人境庐诗草》、丘逢甲的《岭云海日楼诗钞》，还有吴兰修的《桐花阁诗钞》，女诗人叶碧华的《古香阁诗文集》等，他都潜心习诵过。他还如醉如痴地钻研旧体诗词写作规律，搜集、学唱山歌。这就为他日后创作自己独特风格的诗词，打下了极其坚实的基础。

史鉴使人明智，诗歌使人巧慧。阅读大量书籍，使步入青年时期的叶剑英文思敏捷，才华横溢。他与同班的高材生章公剑、丘羡尹、萧人风、李巨昌等经常交换诗文和写作心得。他们的习作受到校长叶菊年和国文教师杨徽五的青睐。杨老师很喜爱他的学生叶剑英，常常当面给叶剑英评点诗文，传授写作之道。叶剑英的作文在他刻意指点下不断长进。一次，他高兴地在叶剑英的一篇作文后面，批了“奇峰突起”四个字。

叶剑英不仅学习成绩优异，而且社会活动能力强。校学生自治会成立初期，大家选举他担任会长。他和老师、同学磋商后，制定了《学生会章程》，立下了这样的宗旨：“昔人有言，天下兴亡，匹夫有责。今日之学生，即将来之公民。学校所以养成有用人才，为将来利国福民。故学生在校，即当锻炼其身心，增进其学识，以实利为归。非从前之学究之熟读书本，博取无谓之功名而已。学生自治可以适合以上要求，辅助学校之不逮。此本会成立之主旨也。”[①] 叶剑英在学校的魁星楼召集学生会全体会议，一致通过了这个章程。

学生会在叶剑英主持和老师指导下，逐步建立起国文、英文、数学、理化、科学、社会等研究社，设立演说会、游艺会、新剧社等组织，筹办了阅书报室、卫生部、营业部和球队，还出版了《东山月刊》。

---

① 中共梅州市党史研究室、东山中学编著：《广东省梅县东山中学革命史》，1992 年，第 7 页。

学校门口的状元桥，东山上的千佛塔，校园里的魁星楼，是叶剑英和同学们经常聚会的地方。他们吟诗作文，谈古论今，每每满怀激情，高声朗诵岳飞的《满江红》和文天祥的《正气歌》。叶剑英在文体活动方面，向来是一个积极分子。他不但胡琴拉得好，还会打扬琴，弹钢琴，吹喇叭。他还是一个讲古书的能手，说话幽默风趣，颇有演说技巧，一讲起古书来，很能吸引一些听众。状元桥头有一位做小买卖的杨老伯，听叶剑英讲"三国"就入了迷。他常常请叶剑英到那里讲"专场"，每次都是以茶水招待，并"赏"给花生米吃。叶剑英在新中国建立后，有次回梅县路过状元桥，还问那个小店铺和杨老伯在不在，并兴致勃勃地回忆起当年讲"三国"、吃花生米的故事。

在连年战乱的背景下，东山中学开设了一个体育课目叫军事体育，这个课目不只是要求学生带上枪和体育器材到野外进行瞄准、刺杀等操练，有时还进行交战演习。"交战"双方，编成两个小队，制定攻守计划，从行军、宿营、野炊，到遭遇、交锋，都在野外进行实地演练。有时还点起松油火把到山上"打夜战"，做得很像一回事。校方很支持这项活动，有时杀猪宰羊，慰劳学生。叶剑英在上野操、"打夜战"中表现得很有组织才能，每当开展上述这几项活动时，老师和同学们便让他当"排长"和"连长"。

东山中学后面五华里处，有两处名胜叫大东岩和油岩寺。叶剑英常来这里跑步和游览。临毕业那一年的秋天，叶剑英特意邀请同窗好友到油岩野游。他们一边游览景致，一边议论时事。当谈到窃国大盗袁世凯阴谋复辟帝制，接受日本提出的"二十一条"，丧权辱国的罪行时，大家莫不义愤填膺。对全国各地兴起的讨袁声浪，则击节赞赏。同学们互相勉励，希望毕业走出校门后能做一名讨袁大军中的马前卒。有感于此，他们纷纷吟诗言志。叶剑英凭高远眺，但见群峰起伏，气势雄伟。他稍加思索，出口吟道：

放眼高歌气吐虹，
也曾拔剑角群雄。
我来无限兴亡感，
慰祝苍生乐大同。①

众人听罢，拍手称好。叶剑英走进寺中，向和尚借来笔墨，挥挥洒洒将诗写到油岩寺墙壁上。这首诗显示出青年叶剑英向往大同世界的博大志向。

1915 年秋，眼看东山中学第一届学生就要毕业了。身为学生会长的叶剑英和同学们准备编辑一本毕业生《同学录》。大家委托他来写一篇"序言"。叶剑英推辞说，这篇领衔之作，应该由校长和老师来写。但校长和老师都认为叶剑英文笔好，仍然推举由他执笔。于是，叶剑英只好从命，写下了第一届毕业生《同学录》序言：

---

①《叶剑英诗词选集》，人民文学出版社 1983 年版，第 1 页。

“声华之友，以利相交，见利则争先，利尽交疏。道义之友，团结不懈，成则为周武三千，败则为田横五百，可常可变，可生可死。他日东西异地，南北异途，显晦异时，荣枯异遇，回忆东山风雨，渺若江河……”

据校长李泉隆和叶道英回忆，1938 年，叶剑英从武汉八路军办事处寄给东山中学的信中，还特意重抄这篇“序言”，附在信后，用以激励校友。

就在叶剑英即将毕业之前，发生了一件不愉快的事情。当时的省教育局通知梅县各中学举办学生成绩展览会。参展的学校有的是外国教会办的，有的是官办的，还有的是私办的。叶剑英和东山中学的许多教师、同学都主张要集中时间和人力，办好本校的展览，充分展示学校的面貌。但校长怕得罪官方和其他学校，因而不同意他们的意见，主张展览规模要尽量缩小。叶剑英与同学丘宏铨等坚持意见，并动员人力办起展览来。

校长对此事大为不满。他本来对叶剑英印象很好，没想到这一次这位高材生如此高傲，敢于触犯他的尊严。于是，便严厉训斥叶、丘，并以扣发毕业文凭相威胁，要求他们承认错误。

叶剑英一气之下，卷起铺盖回了家。父母以为儿子毕业回来了，待儿子把事情经过详细说明之后，父母不仅没有责怪，反而对他的行动表示同情和理解。

叶剑英离开学校之后，师生们议论纷纷。校长有些后悔，便托人给叶剑英捎去一封信，劝他回校领取文凭，但信中仍不乏责备之意，希望他“认错”。叶剑英读罢来函，仍不改初衷。他觉得应该承认错误的是校长，而不是自己。他当即回信，拒绝返校。他在此信末尾表示：“自古英雄多出自草莽，大丈夫何患乎文凭！”①

叶剑英虽然被迫提前一个月离开了学校，但他对母校始终怀有深情。他投身革命后的几十年中，一直关心着母校的成长和进步。新中国成立后每逢重要的校庆活动，他都要写信或题词，表示祝贺。他还多次利用机会，回母校探望，帮助解决各种问题，关心同学德、智、体全面发展。他始终没有忘记母校对他的培养教育。

---

① 访问卢伟良、张其标谈话记录，1987—1992 年。

第二章　漂泊南洋与习武云南

第一节　海外谋生

叶剑英离开东山中学，回到横山，一边帮助父母料理小店铺的杂事，一边坚持自学，终日不懈。1916 年，他到横山新群小学去教书，很快成为学校里受欢迎的教师之一。

日子一天一天地过去。叶剑英尽管从教学中找到一些乐趣，但仍不能填补心绪中那难言的寂寥。他是个有抱负的青年，本想在中学毕业之后，到省城或北京、上海去继续深造，掌握更多救国救民的本事。可是，父母的艰辛、弟妹的拖累、家境的困苦，成了他实现理想的羁绊。后来，叶剑英打听到上海有个“南洋公学”，专门招收南洋华侨子弟。他想到四个伯父都在南洋，便提笔给在马来亚怡堡的伯父们写信，倾诉自己的想法。不久，三伯父的儿子叶宜桐从南洋回信告诉他：四个伯父漂泊南洋，日子并不好过，向来是各谋各的营生。直到最近，几个兄弟感到这样只凭各人的力气苦熬，不是长久之计。经过几番商量，才凑起一点款子，准备租一个锡矿来挖，如果搞得好，有钱赚，就送你到上海读书；如果赚不到钱，你就来南洋帮伯父做生意吧。

叶剑英读罢这封信，知道伯父和堂兄关心自己的前途，心中升起了希望。他天天盼着来自南洋的好消息。可是盼了很久的第二封信却说，伯父们因租来的锡矿被连日大雨冲垮，破产了。

这封短信，像一盆冷水浇灭了叶剑英心中去上海的希望之火。他失望了，也清醒了：生活的道路要用自己的双手去开辟。他听从父兄们的劝告，决定到南洋谋生。1916 年冬，父亲帮他找到一位“水客”叔叔，带着他乘船到了香港，转上了去南洋的轮船。经过十多天的漂泊奔波，好容易来到了马来亚怡堡。

怡堡，是马来亚西部霹雳州的首府，是一座濒海的美丽山城。

叶剑英来到这里，按着堂兄叶宜桐写给他的地址，在一处又破又窄的“鸦鹊屋”里找到了三伯父。然后又去拜见其他三位伯父。伯父们都表示经济拮据，暂时爱莫能助。堂兄叶宜桐在一家公司里当个小职员。自从堂弟来了以后，他成天忙得团团转，到处给他找门路，谋事做。好不容易求人说情，打通关节，雇他做事的那家公司经理才答应见一见叶剑英，看能派他什么用场。

在经理门前，叶宜桐这个小职员轻轻敲着门。过了好一会儿，只听里面“哼”了一声。

兄弟俩走进去，只见经理坐在宽大写字台后面的高背沙发椅上，正在看报纸。两个年轻人向他行礼、问候，他屁股没有欠一下，头也没有转一下，两眼继续盯着报纸。

叶宜桐小心翼翼地介绍自己的堂弟。

经理跷着二郎腿，吐了一口烟圈，才抬起眼皮瞟了叶剑英一眼，简单问了几句，就不搭理了。

遭受资本家的这种白眼，叶剑英感到受了莫大的侮辱，十分气愤。他表示宁愿饿死，也不向他们弯腰！叶宜桐很佩服堂弟的志气，建议他去学英文打字。叶剑英很快掌握了这门技术，但不能被人长期录用，只能给人打零工，时打时停，仍然处于半失业状态。后来，叶宜桐求人帮忙，推荐叶剑英到一所小学当了一名国文教员。①

正当叶剑英苦闷彷徨的时候，传来了云南都督唐继尧派人到南洋宣慰华侨，招收华侨子弟入云南讲武堂就学的消息，叶剑英的心窝里又激起了希望的浪花。

唐继尧是云南省会泽人，护国讨袁胜利后任云南都督，独揽滇省军政大权。这位自号“东大陆主人”的军阀，为了利用南洋华侨的财力和人力来扩充自己的实力，派特使陈觉民到马来亚怡堡一带宣慰华侨，招募学兵。华侨子弟报名参加考试的有六七十人。叶剑英顺利地通过了考试，被正式录取。他给父亲写信禀明自己考取云南讲武堂的经过，恳请帮助解决回国的路费。父亲和几位伯父设法借贷，凑了二百多元，供叶剑英回国求学。②

第二节　入云南讲武学校

1917 年夏天，叶剑英冒着酷暑，与同时考取云南讲武堂的伙伴们先坐船回到香港，后经越南海防、河内，取道滇越铁路前往云南。

云南讲武堂坐落在昆明翠湖西岸的承华圃，创办于清朝末年。辛亥革命前夕，讲武堂的师生积极策动“重九”起义，挥戈发难，对光复云南发挥了重要作用。1912 年，民国肇建。云南军政府都督蔡锷扩大学校规模，将讲武堂改为讲武学校。袁世凯背叛民国后，蔡锷与唐继尧等首举义旗，反对帝制，组织护国军，出师讨袁，讲武学校也名声大振。

但是，自蔡锷患病去日本后，讲武学校被校长唐继尧一手把持，变成了他扩充军事实力、实现个人野心的工具。

唐继尧和该校许多教官都毕业于日本士官学校。他们完全按照日本士官学校的那一套来办学，对学生进行“武士道”式的严格管教和训练。全校设步、骑、

① 访问叶宜光谈话记录，1987 年 10 月 16 日。

② 叶剑英谈话记录，1980 年 12 月 13 日。

炮、工四个兵科，编成若干个区队，每队有学员百人左右。从各地和海外招收来的青年学生，首先要接受六个月类似预科的入伍训练，然后转入本科，进行军事科目的正规训练。学制一般为三年。①

叶剑英来到学校，十分兴奋。他在给弟弟道英的信中满怀信心地写道：当今天下混乱，乃英雄吐气之时。有胆识、有军事技能者为前驱，有文才、有谋略者为后盾。他决心学得文才武略，将来在疆场上一吐英雄豪气。也就是在此时，他特意把自己的名字由“宜伟”改为“剑英”。②

叶剑英是讲武学校第十二期学生。入学后，首先接受学校督署的考试和身体检查。他以各科优良的成绩，再一次通过了考试，然后接受入伍训练。新生训练极其紧张严格，经常夜里搞紧急集合和野外训练。叶剑英刚转入军队士兵生活，很不习惯，但他以坚忍的毅力经受着艰苦生活的磨炼。

据张猛、周开勋回忆，经过半年的严格训练，叶剑英转为学校的正式学生。第一学期学习普通学科。第二学期他被分配到炮科。炮科除学习专门的技术科目外，还进修共同科目军事教程。主要包括战术、筑城、兵器、枪剑术、地形、交通、操典、野外勤务、射击教范、实弹射击、军制、卫生、马学、马术、战时国际法等。叶剑英把整个身心都投入到紧张的学习生活之中，刻苦钻研基础理论知识，努力学习和掌握军事技术本领。

学校的教官当中，有两个人对于叶剑英的为人和才华，十分赏识。

一个是炮科科长王柏龄。他比叶剑英年长 8 岁。14 岁即开始军校生活，后东渡日本入士官学校，1915 年毕业回国，两年后，应邀到云南讲武学校担任炮科科长兼管炮厂。叶剑英刚入校，只知道苦学苦练、尊师重道，对王柏龄很尊重。王柏龄发现叶剑英为人豁达，敏而好学，也很器重这个学生。

另一个是骑兵科长林振雄。他精通马学、马术，尤其练得一手极好的劈刀术。叶剑英虽然不在骑兵科，但对林振雄十分尊敬，对他教的劈刀术学得很用功，常常利用课余时间请他个别教练，使自己的劈刀术很快便名列前茅。

第三节　与日本教官比武

当时学校有一个日本教官，20 多岁，个头不高，身强力壮，也有一手高超的劈刀术，喜欢同别人比试。他一连打败了几个教官，便趾高气扬起来，自以为全校无敌。许多同学都不服气。叶剑英也暗暗憋了一口气：“难道中国人就这样无能，甘拜下风吗？”决心教训教训这个蛮横的日本人。他把自己的想法向同寝室一个名叫金至顺的朝鲜族同学讲了，得到对方的支持。此后，一连几个月，他们每天天不亮就起床，跑到操场上练习对刺。功夫不负苦心人。经过一段时间的

---

① 在云南省参事室、省委档案馆查阅的资料，1984—1994 年。

② 访问叶道英谈话记录，1988 年 1 月。

苦练，他们的技术水平有了很大提高。

叶剑英找到那位日本教官，要求比武，对方满口应承。正式比武这天，许多学科的教官和学生都来围观。他们无不希望叶剑英能够取胜。比武开始，日本教官气势汹汹地向叶剑英猛刺过来，企图以快取胜。叶剑英采取守势，不慌不忙，左闪右挡，避开他的刀锋。双方经过几十个回合，不分胜负。叶剑英待对方力气用得差不多时，突然转守为攻，用熟练的刀法，对准他的要害部位猛劈，使他一下乱了阵脚，只有招架之功而无还手之力。日本教官试图摆脱困境，使出绝招，再次挥刀劈来。叶剑英以攻对攻，一个箭步冲了上去，大喝一声，举刀凌空而下，向对方劈去，对方挥刀上挡，叶剑英顺势将对方的刀按在下面，并加劲下压。这时，只听那位骄横的“武士”上气不接下气地说：“不要太重！不要太重！”承认比输了。事后，这位日本教官将他随身佩带的战刀送给叶剑英，表示钦佩。这把战刀，叶剑英后来一直保存在身边，舍不得丢掉。

在云南讲武堂学习期间的叶剑英

第四节　质问唐都督

叶剑英入学后第二年，尽管护国战争胜利，袁世凯一命呜呼，但中国的政治形势仍然极端混乱。帝国主义为了争夺中国，各自扶植军阀，充当代理人。听命于日本人的皖系军阀头目段祺瑞担任国务总理后，承袭袁世凯的反动衣钵，粗暴地践踏孙中山于1912年颁布的《临时约法》，拒绝召开国会，企图用武力统一中国，建立独裁统治。于是孙中山掀起了护法运动，进行护法战争。

这时，盘踞在西南的军阀唐继尧表面上也宣布响应护法运动，但骨子里却反对孙中山。他自任“靖国联军总司令”，把讲武学校作为他扩大实力的一个重要基地。他在校内实行愚昧统治和奴化教育，竭力培植亲信，打击那些拥护孙中山的师生。在他一手炮制的学校“章程”中，明令规定，禁止学生“干预外事”，不许学生阅读课外书籍和报刊，绝对禁止阅读政治书籍，谈论政治问题。只有一样例外，那就是准许阅读明代王阳明的著作。唐继尧标榜自己是王阳明的信徒，常常到校进行“精神讲话”，喋喋不休地宣扬王阳明。

其实，唐继尧对王阳明的学说并不精通。他是“醉翁之意不在酒”，想要大家埋头钻研王阳明，不问世事，俯首听命，以便为他卖命效劳。

一天，唐继尧又到校训话。他开门见山，讲起王阳明的“知行合一”学说。

他按照事先写好的讲稿念道："未有知而不行者，知而不行，只是未知。""行之明觉精察处便是知，知之真切笃实处便是行……"他读一段，讲一段。最后望望台下，忽然发问：阳明先生的学问深如瀚海，敝人略说一二，不知诸君领会没有？如有不明者，可以发问！

这时，叶剑英站起来问道："请问王阳明先生的'知行合一'与孙中山先生的'知难行易'是否一致，有何异同之点？"信仰孙中山的叶剑英，对唐继尧几次"精神训话"只字不提孙中山，早已不满，所以事先琢磨好这个问题，趁机发问。

唐继尧当时唯恐学生追随孙中山，所以每次讲话均极力回避孙中山。听到叶剑英的提问，显得十分尴尬。他支支吾吾，敷衍了几句便匆匆忙忙回他的都督府去了。[①]

第五节 "把剑长歌气压轩"

走出承华圃，春城昆明有着更为广阔的天地。

讲武学校的空气太沉闷了。叶剑英和一些来自海外的华侨学生，视野开阔，生性活泼，渴望呼吸新鲜、自由的空气。他们冲破学校的种种陈规羁绊，利用星期天和节假日，自行组织各种文体活动，借以陶冶性情，锻炼体魄。昆明城南的马街上，有一个宽敞的院落，这就是有名的"两广会馆"。叶剑英和南洋回来的同学，以及后来考入学校的许多同乡同学，如张诗教、李明、侯梅、欧剑涛、梁国材、赵益坚、肖君勉、赖顺成等人，每逢节假日，多要到这里来聚会。这里是"客家人"的第二故乡，也是同学们高谈阔论的自由天地。[②]

两广人爱吃狗肉。青年人吃罢狗肉，热气上涌，便打开话匣子，天南海北，古今中外，说个没完没了。大家谈论最多的是毕业后的前途、去向。有的同学对前途消极悲观，准备毕业后解甲归田；有的同学表示听从学校分配，在滇军中服役；有的同学准备留校当教官。同学们各抒己见，不时发生争论。叶剑英始终坚持毕业后返粤追随孙中山，做一个革命军人的志愿。

月满危楼花满园，花前月下宴王孙。
频移杯影浑忘醉，几次琼香对笑论。
兴爽春衣沾露湿，情高秋思落诗魂。
更怜良夜嫌更促，把剑长歌气压轩。[③]

叶剑英这首七律《夜宴》，就是记述当年同学聚会的情景的。

叶剑英热情豁达，交游甚广。他结识的同窗好友中，不只有广东、南洋的同

---

① 云南省政府参事室部分云南讲武堂（学校）学友座谈记录，1984 年 11 月 14 日。
② 访问张诗教、卜一鸣、欧剑涛、侯梅、李明、陶任之谈话记录，1984—1991 年 5 月。
③《叶剑英诗词选集》，人民文学出版社 1991 年版，第 4 页。

学，而且有云南籍的少数民族同学。他对他们一视同仁，推心置腹，同他们建立了深厚的友谊。有一位叫佴鹑的同学，深得叶剑英信赖。两人常在一起切磋学问、武艺，感情甚笃。后来，他们曾一起在粤军中共事多年。叶剑英还有一个很贴心的云南籍同学，就是普小堂。普家是个彝族“土司”，就住在翠湖西南角（现为翠湖南路四十七号），与云南讲武学校毗邻。每逢节假日，叶剑英如不去“两广会馆”，就和佴鹑等同学去普小堂家做客。[①] 有一天，叶剑英和佴鹑等几个好友正在普家聚餐，忽然听到屋外不远处传来喊声：“快救人啦！救人啦！有人落水了！”

叶剑英和几个同学急忙推窗望去，只见翠湖西南角的洗马河里，有几个孩子在河边喊叫。叶剑英水性极好，也在洗马河游过泳，知道那河水虽然不太深，但是水流很急，小孩掉进去是十分危险的。他毫不犹豫，从窗户跳出去，跑到河边，连衣服也顾不得脱，就一个猛子扎进了河里。他快速游近落水儿童身边，费了很大劲，才将那名儿童救上岸。

原来，落水的孩子正是普小堂的大侄儿。普小堂和他的父母，从叶剑英手里抱过奄奄一息的孩子，千恩万谢。众人齐口称赞叶剑英的胆子大，水性好。叶剑英甩甩身上的水珠，谦虚地说：“这算不了什么”。

事也凑巧，16 年以后，在抗日战争爆发时，有个叫普梅夫的人千里迢迢赶到南京，去八路军办事处找叶剑英。叶剑英听说他姓普，是昆明人，就问他知不知道有个叫普小堂的人。普梅夫回答说，他就是普小堂的小弟弟，过去在家里曾见过叶剑英。两人忆起往事，感慨万千。后来，叶剑英送他到延安学习，使他走上了革命的道路。1986 年，叶剑英逝世后，普梅夫特赋诗哀挽：“正是中原危急时，钟山一谒感相知。荐书陕北求真理，受命江南倚战旗。匡国勋高公望重，献身力薄我悔迟。难忘四十九年事，堕泪碑前无尽思。”[②]

1919 年 12 月 22 日，叶剑英以最优秀的成绩从云南讲武学校毕业。两年半的时间虽然只是弹指一瞬间，但叶剑英经过奋发努力，学得了丰富的军事理论知识和熟练的军事技术，为日后的军事生涯打下了坚实的基础。学校鉴于他学业优秀，又来自南洋，曾要派他返回南洋去做宣抚特使，招收新的学员。叶剑英不愿从命，踏上了回广东故乡的归途。[③]

---

① 访问杜毓芳（佴鹑妻）谈话记录，1984 年 11 月。

②《萦思录——怀念叶剑英》，人民出版社 1987 年 9 月第 1 版，第 380 页。

③ 叶剑英谈话记录，1982 年 2 月 5 日。

第三章　追随孙中山革命

第一节　投奔“援闽粤军”

1920年初，叶剑英从昆明回到梅县雁洋堡，一时没有找到合适的事做，在家闲住。他常常到丙村培基学校，借阅《孙文学说》等革命书籍和报刊。一些东山中学的校友听说叶剑英回来了，纷纷来看望他。大家在一起畅叙友情，纵论时事，不禁感慨万端。“闲居非吾志，甘心赴国忧。”叶剑英想到国难当头，壮志未酬，心中十分焦虑。

梅县丙村培基学校有位教师，与潮梅镇守使刘志陆的副官是旧交。他极力向那位副官举荐叶剑英。那位副官将叶剑英的情况禀报刘志陆后，刘为之心动，很想见一见这个年轻人。叶剑英得到这一消息，心情比较矛盾。他早听说过那位镇守使是梅县人，云南讲武堂出身，曾拥护过孙中山。但他又是当时占据广东的桂系军阀莫荣新的下属，不知道他的政治倾向如何。叶剑英决定去试探一下，并想到那里继续打听孙中山在福建组建粤军的情况。①

叶剑英到达汕头，很快受到刘志陆的接见。刘志陆见叶剑英仪表堂堂，举止稳重，谈吐风雅，内心已有几分喜悦，但他故意摆出老资格和官架子，大吹大擂自己当年参加护国靖国之役的战功和镇守潮梅的政绩，然后转入正题说：“眼下莫督军有令，要扩充人马，我这里参谋处正缺人手，你来得正好，楚材楚用嘛！”

叶剑英从他的话语中，明白了他与莫荣新的真正关系，知道他是“人在粤土心在桂”，便没有轻易应允。他在心底已拿定主意，不跟随刘志陆，准备继续去寻找粤军。他了解到，粤军是三年前孙中山在广州时重新组建的，后以护法援闽名义开入闽南，部队迅速扩编为两个军，总兵力已发展到两万余人。孙中山对这支军队倾注了全部心血，他期望着依靠这支武装力量打垮桂系军阀，夺回广东这块曾多年苦心经营的民主革命根据地。叶剑英弄清了“援闽”粤军的历史和现状，决定前去投军。于是，便离开汕头前往福建。

叶剑英到达福建漳州粤军驻地，粤军司令部兵站总监张醁村接待了他，并很快把他安排在粤军总司令部任见习参谋。过了些日子，叶剑英要求到基层部队去，

---

① 访问郭翘然、李松庵谈话记录，1987年10月。

发挥自己的业务专长。于是，他被派往熊略支队担任见习教官，训练士兵操炮。

叶剑英于 1920 年春加入中国国民党。入党后，他更加努力辅导熊略部队进行炮兵训练。这期间，他日夜盼望粤军能打回广东去。然而，他却没有料到，总司令陈炯明与孙中山貌合神离，处处设置障碍，阻挠孙中山的革命步伐。孙中山于 1920 年 6 月 29 日，派朱执信、廖仲恺赴漳州，敦促陈炯明率军返粤驱桂。陈炯明却拒不从命，他希望与桂军军阀妥协，同时与北洋政府暗中勾结，迟迟按兵不动。后来，桂系军队准备向闽进犯，粤军直接受到威胁。粤军参谋长邓铿等人强烈要求立即返粤驱桂。在这种情况下，陈炯明才决定于 8 月 12 日誓师回粤。

这次回粤作战，分左中右三路行动。叶剑英随熊略所部参加中路作战，由平和、饶平、丰顺、紫金一线进军，并担负策应左右翼的任务。8 月中旬，中路粤军攻入粤境。桂军的第一道防线守军恰好是刘志陆部队。叶剑英根据自己对刘志陆部队的了解，建议熊略充分利用桂军中有许多粤籍官兵的特点，广泛宣传“粤人治粤”“广东人不打广东人”的口号，以分化瓦解敌军。熊略采纳了他的意见。特意找来叶剑英，面授机宜，要他到刘志陆那里，做策反工作。叶剑英化装成归国华侨模样，只身来到汕头。刘部的一名炮兵连长赖顺成是云南讲武学校十二期炮科学生，与叶是同学。叶剑英首先找到他做通了他的工作。接着，赖又找到另一个要好的炮兵连长与叶剑英接头，叶剑英与他们几次密谈之后，约定他们反正举事，并迅速将情况向熊略作了报告。当粤军向汕头发起进攻的时候，叶剑英和赖顺成一起指挥桂军的两个炮兵连，调转炮口向刘志陆的司令部猛烈轰击，迅速攻占汕头，然后带上两个炮兵连，回到粤军部队。[①]

打下汕头之后，叶剑英又奉命先后赴香港、江门等地策反桂系护国军二师师长陈得平。陈师倒戈后，即抄桂军的后路，向高鹤、顺德、番禺、石滩方向进军，接应粤军，夹击桂军，围攻广州。在陈得平师的影响下，其他一些桂系部队相继反正。护国军第五军军长魏邦平、广惠镇守使李福林所部两万余人，也于 9 月下旬在珠江三角洲和广州近郊一带宣布独立，江防舰队亦为魏邦平控制。魏、李等人要求莫荣新“解除兵柄”，还政粤人。在粤军强大的军事进击和政治攻势面前，桂系军阀部队被迫向西江、粤北撤退，莫荣新于 10 月 26 日逃出广州。29 日，粤军攻克广州。

广州收复之后，叶剑英继续留在潮汕做起义部队工作。到了 1921 年春天，他突然接到一封告知父亲病危的家信，便立即赶回梅县雁洋堡老家探望。待他迈进家门时，父亲已经去世。叶剑英顺从母意，借了一笔钱，办理了父亲的丧事。不久，他又返回粤军，到工兵营任职。

第二节　随孙中山出巡广西

1921 年 5 月 5 日，孙中山宣誓就任中华民国非常大总统，组成中华民国政府。

---

① 叶剑英谈话记录，1982 年 2 月 5 日。

1921年的叶剑英

6月，第二次粤桂战争爆发。9月，孙中山领导的粤军打败桂系军阀部队，占领广西。桂军头目陆荣廷经越南逃往上海。两广统一后，孙中山决定乘胜北上，讨伐北洋军阀。10月15日自广州乘“宝璧”舰西上赴桂，经梧州、桂平、南宁等地，12月4日，抵桂林，设立北伐大本营。叶剑英被吴铁城、陈策等荐举为大总统随员，跟随孙中山到达桂林。大总统行辕和大本营驻扎在桂林风景秀丽的王城。叶剑英被分配在幕僚处供职。这个处根据《大本营条令》，负责作战军令参谋事宜。

桂林一时成了一座大兵营。驻扎在市内及其附近的军队，有粤军、滇军、湘军、黔军、赣军等。这些军队名曰“北伐”，实则各怀异志，要钱要饷，争夺地盘，扩充势力。孙中山领导大本营三令五申，整顿军队，好不容易才把各路兵马组成七个军团，共四万余人，准备取道湖南北伐。孙中山召集大本营官佐开会，根据北伐军队的现状，决定对各路军队采取三种办法进行整训：第一，将各省军队团长以上官佐集中到大本营，由孙中山亲自训导；第二，举办军官教导团，分批轮训下级军官；第三，在各连队普遍开展三民主义教育。叶剑英被分配到军官教导团，担任教官，参加训练下级军官。

1921年12月上、中旬，孙中山在桂林王城大礼堂里，向上千名北伐军官佐发表了以《军人精神教育》为题的三次演讲。叶剑英每次必到，认真仔细地听课。孙中山在演讲中所表现出来的旺盛的精力、深邃的思想、渊博的知识，深深地打动了叶剑英的心。他后来在一篇回忆孙中山的文章中这样写道：

“要领导这些军队，要团结这些军队，去和北洋军阀进行坚决的战争，就必须给这些军队的将士以政治上的教育，使他们知道革命军队与普通军队，在政治立场上，在战略战术上，都有许多不同的地方，给他们注射一些新的血液，树立新军队的精神。孙先生在桂林对各军将领所进行的精神讲话，是每一个统帅所当服膺的。”①

叶剑英在军官教导团任教了一段时间以后，又接到一项新的使命。孙中山为了保障抚河上运兵船舶的航行，令陈策任抚河航务管理局局长，并从大本营抽调

① 叶剑英：《忆孙先生在桂林》1938年3月21日。

叶剑英担任护航第二营营长。叶剑英随即以主要精力投入紧张的护航任务和部队整训，随时准备参加北伐，同时仍然兼顾着军官教导团讲授未了的课程。

1922 年 2 月 3 日，孙中山发布北伐动员令，命令各军出师北伐。北伐军前锋部队很快进入了湖南境内。但是，早已从广西返回广东的陈炯明，阳奉阴违，千方百计破坏北伐。他不但与湖南督军赵恒惕结成联盟，阻止北伐军假道湖南北进；而且与直系军阀吴佩孚暗中勾结，准备夹击北伐军。3 月 21 日，陈炯明在广州暗杀了支持孙中山北伐的粤军第一师师长邓铿。孙中山发现陈炯明居心叵测，遂变更北伐计划，督师回粤。4 月中旬，他在江防舰队护卫下，率领大本营由桂林沿西江到达梧州。他电召陈炯明至梧州商讨北伐大计，陈炯明不但不去，反而以辞职相威胁。孙中山十分气恼，下令免去陈炯明的广东省省长和粤军总司令职务，但仍保留其陆军部长职务，以冀其悔悟。这期间，孙中山令海军司令温树德和陈策接管驻黄埔的北洋舰队，扩充海军陆战队。4 月 12 日正式任命陈策为海军陆战队司令，叶剑英为海军陆战队营长。

陈炯明听说孙中山要回广州坐镇，便提前离开广州，躲进惠州的百花洲。他决心与孙中山对抗，并策划叛乱，谋害孙中山。

第三节　护卫大总统脱险

5 月上旬，孙中山决定改道江西继续北伐，并赴韶关设大本营。中旬，陈炯明指使其部将叶举从广西回窜广州，再次控制了省城。6 月 1 日，孙中山自韶关返回广州坐镇。16 日，叶举等在陈炯明策划下在广州发动武装叛乱，以 4000 人围攻观音山（即越秀山）前的总统府，炮击孙中山住所越秀楼。孙中山的卫队只有 50 人，他们顽强抵抗。在十分危急的情况下，孙中山的秘书林植勉和参谋林树巍不顾一切，强架着孙中山，走出越秀楼，冲出叛军的包围，向长堤天字码头奔去。

叶剑英随陈策在码头上迎接孙中山，接着护送孙中山乘小艇登上了停泊在江中的“宝璧”舰。这是一艘内河浅水军舰，武器装备较差，攻防能力较弱。孙中山于是转登“永翔”舰，后又改乘“永丰”舰。“永丰”舰，后来改称为“中山”舰，是中国近代海军史上一艘有名的炮舰。孙中山登上“永丰”舰后，命令舰队移驻黄埔，并召集海军司令温树德、海军陆战队司令陈策以及各舰长官开会，决定亲率海军各舰讨伐叛逆，炮击省城叛军，以示“正义之不屈，政府威信之犹在”。由于有人向叛军告密，叶举迅速调集多门大炮，布置在珠江两岸，准备阻击。孙中山得知这一情况，决定先发制人，率领“永丰”“永翔”“楚豫”“豫章”“同安”“宝璧”“广玉”等舰，立即向白鹅潭挺进。

叶剑英在“宝璧”舰上，同舰长李芳指挥“宝璧”舰炮手对准岸上叛军据点进行炮击。叛军则不断向舰队开枪开炮。“永丰”舰首先被炮弹击中。跟在后面的“宝璧”舰也中了炮弹，甲板起火。叶剑英和李芳坚定地立在甲板上，指挥士兵一面灭火，一面向叛军猛烈还击。

一连数日，孙中山率领舰队，与叛军顽强作战。一天，叶剑英看到一艘悬挂英国国旗的白色小艇驶近“永丰”舰，从艇上下来几个英国人，登扶梯上了“永丰”舰。叶剑英后来得知，这几个洋人竟以白鹅潭为通商港口和毗邻沙面租界为借口，向孙中山提出无理要求：舰队驶离白鹅潭，孙中山离粤，以平息事态。孙中山当即给予严词驳斥。但孙中山毕竟因兵力不足，难以控制广州。

陈炯明叛变后，在广州市区纵兵抢掠，激起了广州人民群众的极大义愤。叶剑英找到警卫团机关枪连连长张国森，并与旅粤的云南讲武学校华侨同学曾其清、曾俊伟等十余人多次到小马站曾家祠秘密集会，商量声讨陈炯明。叶剑英亲自起草了讨陈电文，由张国森带到香港发出。电文中历数陈逆“粤土自私，包藏祸心，阻挠北伐，称兵叛乱”的罪行，号召同学“誓为前驱，歼灭逆贼”。港澳和华侨各埠报纸，纷纷转载此电，引起了广泛的反响。当时，马来亚芙蓉埠华侨巨商蔡质三（广东梅县人）素与陈炯明交好，陈曾赠予照片并聘他为参议。他听到陈叛变的消息，开始还不相信，后来读到这封电文，又接到他儿子蔡公武（云南讲武学校第十五期学生）的信，才明白了真相，当即大骂陈炯明该杀，并把陈所赠的照片和参议聘书掷入厕坑，以示鄙弃。

在孙中山广州蒙难 55 天的日子里，叶剑英始终忠于职守，率领士兵护卫着这位民主革命的领袖。孙中山临危不惧，威武不屈，为了革命事业，丝毫不顾及个人安危的高尚品德，给了他极大的鼓舞和教益。

第四节　香港筹款

8 月 9 日，孙中山离开广州，转道香港乘轮赴沪。陈炯明把持了广州军政大权，勒令海军舰队官兵缴械，与孙中山脱离关系。叶剑英遂与同事商议，决定暂避香港。

到香港后，叶剑英首先找到先期赴港的谢良牧。在谢的支持下，同粤军华侨陆军学生救国会的同志一起，四处奔走，在粤籍同学、海外华侨以及社会贤达、爱国人士中间进行串连，揭露陈炯明叛变真相，宣扬孙中山坚持平叛的正义立场。

这时，张国森也来到了香港。叶剑英、谢良牧与张国森等人经过商议后，派张国森去上海晋谒孙大总统。9 月初，张国森从上海返回香港，传达孙中山对香港革命工作的意见。孙中山要求他们设法向南洋华侨筹款，以支援北伐正义之师，讨平叛逆，统一中华，特别要求他们迅速与老同盟会员、著名侨胞邓泽如取得联系求助。叶剑英和梁国材当即起草致邓泽如函：“务恳先生指示迷途，惠以臂助，并请将南邦各埠同志团体通信地点见示，以便修书前往着手进行，以付元首托之仕殷，不胜厚幸。”

邓泽如一向拥护孙中山的革命主张，接到叶剑英等人的信后，当即捐赠一笔款项，并将南洋爱国华侨数十人的名单和通讯地址寄给叶剑英等人。叶剑英等逐个发函募捐，同时还给海外各埠云南讲武堂同学写信求援：

“学长无恙。……迩者，陈逆竞存，数月以来劫杀奸淫，惨无人道，近复包藏祸心，窥窃公器，愬然以吾粤市政各局抵押自肥，作外人监督财政之俑，陷粤人于万劫不复之灾。凡有血气之伦，对兹逆贼当手刃其胸，生食其肉……凡我侨胞，或还海外，或职军营，当本爱国之忱，建成义成仁之举。恻然悯前线战士征伐之苦况，毅然续汉代卜式输财之美谈，则作战无饷糈之忧，转运有萧何之助，行见义师所至，秋叶疾风，藐尔么魔，瞬将消灭，吾辈负航留滇之初衷，三年鸡剑之夙愿，于心为不负，于事为有成。兄等才长识卓，为侪辈所推崇，区区义务，维兄等任之。对于侨胞热心同志，恐海山远阻，国势不明，务恳竭力宣传，以资鼓吹。弟等日前赴沪禀承元首命，召集海外同学组织华侨陆军学生救国会，俾吾辈精诚团结，更向海外各团体，劝解义囊，以纾国难，裒成集腋，不计巨微。务望兄等在外努力进行，则国家幸甚，吾党幸甚。”①

海外同学收到叶剑英等人的信，纷纷响应。一笔笔捐款由海外寄到香港，叶剑英等人细心登记，然后转送至北伐部队，支援作战。

1922 年 10 月中旬，北伐军许崇智部打垮了北洋闽督李厚基，攻克福州，革命局势出现转机。身在上海的孙中山，立即派廖仲恺等赴闽慰劳北伐军。接着孙中山将入闽粤军组成东路讨贼军，任命许崇智为总司令，蒋介石为参谋长。又将驻广西的桂军、滇军及驻西江一带的粤军组成西路讨贼军。叶剑英在香港听到讨贼军组成的消息，立即赶赴福州，投效东路讨贼军，被委任为总部参谋。东路讨贼军第八旅旅长张民达，是广东梅县人。他听说叶剑英是个难得的军事人才，就向许崇智提出，要叶剑英到八旅当参谋长。得到许崇智的批准后，叶剑英于是到第八旅赴任。

第五节　参加讨陈战役

1923 年 1 月 4 日，孙中山在上海发出讨陈通电，号召讨贼军“为国家除叛逆，为广东去凶残”。孙中山令西路讨贼军出梧州沿西江东下，于 16 日占领广州。陈炯明通电下野，逃回老巢惠州。孙中山随即由上海返回广州，第三次在广州建立革命政权，设立大元帅府，复任陆海军大元帅。

陈炯明不甘心失败。他将部将叶举、杨坤如等部部署在东江、惠州一带，令林虎、洪兆麟等据守潮梅，伺机东山再起，夺回广州。

在这种形势下，孙中山以肃清东江陈炯明叛军为急务，并瞩望于许崇智的东路讨贼军来完成此重任。东路讨贼军于 2 月 1 日自福州、泉州经漳州分路入粤。许崇智亲率先头部队攻打潮汕。由于中了叛军的“假降计”，潮汕得而复失，先头部队在向揭阳退却途中，与叛军在揭阳县城附近的言岭关激战，损失惨重。

叶剑英听到言岭关失守，主动请命，率第八旅开抵关前，准备反攻，同时报

①《云南讲武学校华侨同学旋粤记》，1925 年 9 月。

告此刻正在广州养病的张民达。张旅长闻讯，抱病返前线督战。经过一天一夜的激烈战斗，终于挫敌破关，夺回要地。守敌大部投降，小部逃窜。言岭关大捷，使粤军士气大振。张民达、叶剑英由于打赢了这个硬仗，成为名震一时的战将。

攻克言岭关以后，第八旅于6月初乘胜进军，沿老隆、河源一线，直捣“陈家军”老巢惠州。部队到达惠州新村后，向增援惠州的叛将熊略部发起突袭。敌军毫无准备，仓惶溃逃。八旅乘胜追击。敌军被追到一条河边，正赶上河水暴涨，退路断绝，于是纷纷缴械投降。这次战斗俘获熊略部三千余人，缴枪千余枝，取得全胜。大本营对这一仗非常满意。孙中山于7月间在《复邓演达函》中写道：“敌人来援惠州之军已被张民达完全击灭，我宜乘胜速下惠、潮，则广东从此可告太平，而此敌亦不敢再犯广东矣！”①

8月23日，孙中山迁大本营于石龙，亲自督师东征。叛军总指挥叶举趁东征军立足未稳之机，命熊略、陈修爵等部，集中五千兵力，先行袭击博罗城。许崇智率部在博罗坚守，抗击叛军的进攻。这时，适逢连日大雨，东江水涨，洪水侵入博罗。许崇智率部坚守十余日，伤亡很大，连连向孙中山告急。孙中山遂命第八旅前去解围。张民达、叶剑英接到命令后，率部星夜驰援，击退叛军，使博罗转危为安。张旅乘胜追击，配合友军，攻取博罗以北的重镇河源，从而截断了固守惠州之敌的水上交通。

1924年的叶剑英

接着，张民达、叶剑英奉命率部围攻惠州城。在历时数月的攻坚战中，八旅打了许多苦仗硬仗，特别是在惠州外围争夺柏唐、泰尾的战斗中，八旅多次与敌激战，连挫强敌，受到许崇智的嘉勉。许崇智特意报请孙中山批准给张民达旅长记大功两次。可惜，由于讨贼军其他各部心怀异志，进攻不力，结果在叛军反击下，节节败退。孙中山的大本营又不得不从石龙移设于石滩车站。11月12日，叛军攻占石龙。讨贼军向石滩退却，溃兵如潮。孙中山见此情景，心急如焚，亲自出面阻止败军退却。他在石滩车站竖起一面大旗，上面写着八个大字：“我在石滩，退者枪毙！”尽管如

①《孙中山全集》第8卷，中华书局1980年版，第71页。

此，仍然阻止不了败兵的溃退。孙中山的专车停在桥上，溃兵们向专车开枪，车上的玻璃都被打破了。在十分危急的情况下，孙中山仍坚持督师不退。最后，左右参军无奈，只好假传命令，命司机把专车开走。孙中山无奈，被迫退回广州。

孙中山返回广州后，下令东路讨贼军各部集结整编。他特别嘉勉张民达的第八旅。第八旅从进军福建，攻克水口，到转战潮汕，大战言岭关，解围博罗，克服泰美，连战皆捷，屡建战功。这是旅长张民达正确指挥的结果，同时也是与参谋长叶剑英的谋划辅佐分不开的。

1924 年初，叶剑英与医务工作者冯华在广州结婚。

1924 年 3 月 10 日，孙中山特意召见了东路讨贼军第八旅所部长官，并发表了讲话。他说："诸君是许总司令和张旅长的部下，许崇智同张民达都是我们革命很热心的同志。"他表彰说，第八旅是一支真正的革命军队。孙中山的召见和讲话，给了张民达、叶剑英和第八旅官兵极大的鼓舞。

第四章　执教黄埔与练兵香洲

第一节　在黄埔军校筹备处

正当孙中山领导的资产阶级民主革命困难重重、步履维艰之际，迅速崛起于中国政治舞台上的一支新兴的革命力量——中国共产党向他伸出了援助之手。1923年6月，中国共产党在广州召开了第三次全国代表大会。大会决定共产党员以个人身份加入国民党，以建立各民主阶级的统一战线，共同进行国民革命，并提出了国共合作的目标和办法。这次大会以后，国共合作的步伐大大加快了。1924年1月，孙中山在共产国际和中国共产党的帮助下，在广州主持召开了国民党第一次全国代表大会。大会通过了有共产党人参加起草的以反帝反封建为主要内容的宣言，确立了联俄、联共、扶助农工的三大政策，从而把旧三民主义发展成为新三民主义。这次大会的召开，标志着第一次国共合作的局面正式形成，揭开了中国大革命的序幕。

叶剑英作为孙中山的一个忠实追随者，一个普通的国民党员，热烈拥护大会的决定。他为孙中山和共产党人的言论所吸引，怀着追求真理的渴望，阅读列宁的著作和介绍俄国革命的书籍以及中国共产党创办的书刊。他开始认识到，中国共产党的革命主张反映了时代的潮流，真正代表了工农大众的利益，必将受到工农群众的拥护。国民党“一大”前后，在中国大地上发生了一系列反帝反封建的工农运动，特别是香港中国海员工人大罢工、京汉铁路工人的“二七”大罢工，以及发生在广东的工会、新学生社等七十多个团体联合举行的示威，这些声势浩大的群众革命运动，使叶剑英受到了实际而深刻的教育。他由此更加相信孙中山联合共产党、扶助农工政策的正确，尤其敬佩这位伟大的革命先驱善于从失败中汲取教训，全力推动中国民主革命事业向前发展的大智大勇和不屈不挠的品格。

孙中山逐渐懂得了建立革命军队的重要。他先后在桂林、上海、广州与共产国际代表马林、越飞、鲍罗廷等人多次会谈，采纳了他们提出的创办军官学校、建立革命军队的建议，并派遣蒋介石、王登云、张太雷等组成的“孙逸仙博士代表团”去苏联学习考察。

创办黄埔军官学校，是国共合作后孙中山的一个重大决策。叶剑英对此曾做过这样的评述：

“1921年至1924年，是中山先生一生思想的最高峰。……1922年，中山先生回到广州后，根据自己研究和苏联革命经验，以及和加伦将军在一起研究了苏联建立红军的经验之后，深深感到要实行革命非得有革命的军队不可。这支革命军不仅要每一个成员具有革命思想，也必须有革命的军事制度。所以，后来下决心办黄埔军校，在军队中实行党代表制度，建立军队政治工作制度，形成了中山先生那个时期的比较完备的建军思想。”①

中国国民党第一次全国代表大会后，孙中山即着手筹办陆军军官学校，军校设在广州附近的黄埔岛上，人们称它为黄埔军校。孙中山指派蒋介石为黄埔军校筹备委员会委员长，并任命王柏龄、李济深等七人为筹备委员会委员。

2月6日，黄埔军校筹备处在广州市南堤2号正式成立，分设教授、教练、管理、军需、军医等部，李济深、王柏龄、林振雄等为各部门临时主任。粤军第一师师长李济深暂未到职，由邓演达代理。

蒋介石虽被委派担任陆军军官学校筹备委员会的委员长，但他态度并不积极，也不做实事。真正负责实际筹备工作的是孙中山的得力助手廖仲恺。孙中山在筹备军校之始，就委任廖仲恺为大本营秘书长，协助筹划军校开办事宜。廖仲恺不但日夜为筹措办校经费操劳，也为物色办校的人才费心。他听说粤军第八旅参谋长叶剑英是文武兼备的将才，便邀请他来参与办校。

叶剑英从八旅来到筹备处报到，被分配到教授部给王柏龄当助手，分管教学方面的事。筹备处刚刚成立，千头万绪，事如乱麻。叶剑英刚开始接手工作，就遇到不少困难。筹备处不仅资金缺乏，人手紧张，而且常常碰到各种阻力。他逐渐感到，有些阻力来自国民党内部。当时在创办军校问题上，真心拥护孙中山主张的只有廖仲恺、宋庆龄、何香凝等左派。而国民党内有些右派分子，不但不予支持，反而阻挠破坏。孙中山、廖仲恺依靠苏联和中国共产党的帮助，以极大的耐心和魄力克服人力物力等各方面的困难，为建校铺平道路。邓演达、叶剑英等奉命奔走于粤军各军、师之间，想方设法抽调人员、借款借枪，以应急需。

第二节　军校停办风波

正当邓演达、叶剑英等人为筹备工作日夜奔忙的时候，发生了一个意外事件。

2月下旬的一天上午，蒋介石的英文秘书王登云来到筹备处，突然宣布了蒋介石的停办军校的命令。叶剑英和在座的人听了，感到莫名其妙，纷纷提出质问。

王登云避开正题说，现在蒋委员长已经离开广州。军校不办是肯定的了，没有什么好议论的，筹备处马上解散。委员长走前交代，参加筹备处的同志，一律发给遣散费。接着，他从皮包里拿出名单念起来：“邓演达先生二百二十元……叶剑英先生一百五十元……”

---

① 叶剑英：《孙中山先生的建军思想和大无畏精神》，原载《文汇报》1956年11月10日。

邓演达和叶剑英等提出抗议，反对不明不白地停止办校，遣散人员。

原来，蒋介石对孙中山不让他过问党务和军政大事的安排不满，借口经费拮据，停办军校，辞职返回家乡浙江省奉化县溪口镇去了。

停办军校、解散筹备处的消息传开后，一时人心惶惶。邓演达、叶剑英等人经过商量，觉得此事颇为蹊跷，决定去请示廖仲恺。不巧，廖仲恺去了香洲，不在广州。廖仲恺回来以后，听到蒋介石下令停办军校的消息，立即到筹备处召集大家开会。他恳切地说：应该了解，办黄埔军校是党要办的，而且一定要办。你们中间有人是蒋先生邀请来的，你们应该以君子爱人以德的态度帮助蒋先生。如果党要办，蒋先生不要办，或因此办不成，那么蒋先生就要开罪于全党。将来，他如想回来再参加革命，怕也很困难了。所以筹备工作要照常进行。

大家听了廖仲恺的一番话语，吃了定心丸，都表示要按廖先生的意见去做。叶剑英十分敬佩这位革命先驱的磊落胸怀和与人为善的精神。他以廖仲恺为榜样，克服各种困难和障碍，日夜操劳，努力把筹备工作做好。筹备处有关教授方面的事务多半落在叶剑英肩上。从制定教授计划方案、招聘教员、招考学生、编写教材，到置办教具，事无巨细，叶剑英都直接经办。遇到一些重大问题，还要同王柏龄、邓演达等商量，请求廖仲恺帮助解决。

在苏联政府和中国共产党的帮助下，廖仲恺组织筹备处的全体人员经过两个多月紧张而艰难的工作，筹备工作有很大进展，军校很快就可以接纳学员，正式开课了。可是直到此刻，蒋介石还没有回校之意。经过孙中山、廖仲恺的多次催促，直到 4 月下旬，他才不得不从溪口返回广州。

第三节　教授部副主任

1924 年 5 月 3 日，孙中山任命蒋介石为黄埔军校的校长兼任粤军参谋长。5 月 5 日，黄埔军校开课。6 月 16 日正式开学。从全国各地考取的 500 名有志于革命的热血青年陆续跨进校门，开始了紧张的学习生活。

学校组织机构陆续健全起来。孙中山亲自兼任学校总理。他确定，军校的办校宗旨是“创建革命军”，以“亲爱精诚”为校训，倡导“团结、奋斗、牺牲”三大精神。他非常强调学习苏联红军的经验，在军校仿照苏联红军的政治委员制度，建立了党代表制度。5 月 9 日，他特别任命廖仲恺为驻校国民党代表，并规定，凡军校的一切命令、公文，必须由党代表签署，交由校长执行，否则无效。这样就保证了党的新三民主义精神的贯彻和实施，使军校真正成为培养革命干部的基地。

在校长和党代表之下设六个部，即政治部、教授部、教练部、管理部、军需部和军医部。教授部由王柏龄任主任，叶剑英任副主任，并兼任教官。此外，又聘请了钱大钧、沈应时、顾祝同、刘峙、胡树森、陈继承、文素松、严重、王俊等为教官，还有五名苏联教官，一名日本教官，组成了一支阵容相当可观的教员队伍。教授部的任务按照当时的军校《组织条例》规定，主要有六项：（一）计划教育，审订教案；（二）审编课程，征集教材；（三）实施教授，编配考察；（四）考核成绩，审订表册；（五）保障图书器材；（六）负责所属人员的统计调查及升降任免。

作为副主任的叶剑英，肩上的担子是很重的。他除了完成王柏龄交办的杂七杂八的事务性工作以外，把主要精力都用在了教学业务方面。举凡各学科、术科的课程安排、协调和联络，教学生活保障，以及课前备课、课间听讲、课后检查、学期测验等活动，叶剑英都要积极参与并组织实施。[①] 当时教授部管四个队的八个教授班。每一堂课都要下发油印讲义，每天要刻印讲义达一百页以上，由七八个同学分送到各班学生手里。每天操课时间为九小时（术科五小时，学科四小时），还有晚自习两小时。学生的作息制度、活动情况，叶剑英都要过问和安排。除此之外，他还直接担任几个队的兵器学等课程的讲授。兵器学原理涉及的数理化知识较多，又无现成教材。为了教好这门课程，叶剑英温习过去在云南讲武学校所学的知识，同时补充新的资料，认真备课，细心讲解。当年听过他讲课的黄埔军校第一期学生苏文钦，多年以后回忆说："记得，我在军校多次听叶剑英教官讲课，都是讲的兵器学，讲兵器的性能和如何使用，等等。他讲课，十分吸引人，一点也不枯燥，很有风趣，大家都很愿意听。"[②]

当时，教授部主任王柏龄很器识叶剑英，对他的工作是满意的，但也逐渐觉察到叶剑英同廖仲恺、邓演达等国民党左派和一些共产党人过从甚密，"思想受到极大的变动"，日益激进。对此，他不无忧虑，并多次告诫叶剑英不要对政治太热心。叶剑英对王柏龄是否器识自己，并不介意，只是心里有数罢了。他看不惯王柏龄甘当蒋介石"奴才"的嘴脸，更不屑于王柏龄蝇营狗苟的政客作风。他一心按照孙中山、廖仲恺确定的办校方针办事，献身于教育事业。这一点给军校师生们留下了深刻的印象。当时凡是接触过叶剑英的人，无不称赞他在教授工作方面所付出的劳动和取得的成绩。聂荣臻回忆往事，曾评论说：叶剑英是军校主管军事教育的教授部副主任，在军校是很有威望的教官之一。黄埔军校的第一期学生、曾当过国民党军第七十三军军长的韩濬回首往事，不胜感慨。他说："那时王柏龄抛头露面多，而在教授部里踏踏实实教学的还是副主任叶剑英，这方面实际由他负责，由他主持。"[③]

当然，王柏龄的"担心"并非没有根据。黄埔军校是国共合作办的学校，共产党的组织和人员在学校可以合法存在与进行活动。这使叶剑英有更多的机会接触共产党人。凡苏联顾问和中国共产党人到军校讲课，叶剑英是一定要去听的。他从中听到许多有关共产主义的真理，对共产党有了进一步认识，并萌发了去苏联学习的念头。在军校第一期学生中间，每个队都有共产党的小组，蒋先云等一批共产党员，在中共广东区委领导下，积极开展各种活动，宣传三民主义与共产

① 访问李默庵谈话记录，1990 年 9 月。
② 访问苏文钦谈话记录，1984 年 12 月 11 日。
③ 访问韩濬、陈劼、黄鹤、李世鹏等谈话记录，1984—1986 年。

主义，经常利用休假日组织进步同学去广州市参加各种报告会，扩大共产党的影响。叶剑英也常参加这些活动。同时，他还到广州国光书店购买了《共产主义ABC》等书籍，进行自修。不久，他正式向党组织提出了加入中国共产党的申请。中共组织接到叶剑英的申请后，派熊锐同他谈了一次话，谈后却一直没有回音。后来，他才得知个中缘由：当时，中共组织的大多数同志都认为可以吸收叶剑英入党，但有少数同志提出，叶剑英是蒋介石嫡系部队的高级军官，需要作较长时间的考验。事遂搁浅。叶剑英并没有因此而灰心，仍然继续学习马克思主义的书籍，从各方面积极创造条件，争取成为一名中国共产党党员。

第四节　连平大捷

1924 年 5 月，孙中山将各路粤军统一进行改编。原粤军第八旅改编为建国粤军第二师（师长张民达），叶剑英任参谋长。这样，叶剑英除了负责学校教学工作外，还要协助张民达主持二师训练。他时常奔走于军校和二师之间，工作十分忙碌。这期间，敌对势力也加紧了活动。叛军头目陈炯明盘踞在东江地区，时刻都梦想窜回广州。一方面，他进一步与北方军阀曹锟、吴佩孚勾结，阴谋南北联合，夹击广州；另一方面，他与林虎、叶举、洪兆麟密谋，策划围攻广州。

在建国粤军第二师任参谋长的叶剑英

1924 年 7 月，盘踞在粤北地区的林虎，在陈炯明指使下率部向南进犯。惠州叛军同时出动，逼近广州。在这种形势下，孙中山不得不推迟原定的北伐部署，调遣部队反击叛军的进犯。7 月 30 日，孙中山电饬集中于石滩的刘震寰桂军，配合滇军曾万钟师和四个独立旅向惠州发起进攻，并电令湘军一部南下翁源，出老隆，进击林虎部；同时命令建国粤军张民达师，袭击林虎部所属的李易标第七军，以配合桂、滇军围攻惠州。

张民达接到命令后，向廖仲恺提出，请叶剑英回师参战。叶剑英于是迅速赶回二师。

这时，二师经过改编，下辖两个旅。第三旅旅长莫雄，第四旅旅长暂缺，由张民达自兼。二师的任务是，打退叛军李易标部一个军的进攻，并攻占连平据点。

叶剑英弄清敌军态势和二师的作战任务后，随即与旅、团长们商讨进军路线。根据侦察得来的情报，他提出采取奔袭的方法，翻越艰险的青云山，北上英德、翁源，再折而向东，绕到敌侧后袭击敌人。张民达赞同这一作战方案。

第二师在张民达、叶剑英率领下于8月初集结于花县，接着乘火车抵达英德、河头。然后轻装前进，经大镇、翁源、龙仙、南浦、陂头一线，经过7天艰苦行军，23日晚进抵桃花坪之水浸山东。部队没有停留，在夜幕的掩护下，沿着崎岖的山路急进，直抵连平城郊。此时，守敌毫无察觉，城门紧闭，犹在睡梦中。24日拂晓，张民达、叶剑英率部冒雨向连平城发起进攻。先由炮兵向城墙防御工事进行炮击，接着，步兵向城内发起冲击。敌人从睡梦中惊醒，慌忙还击，乱成一团。至天大亮时，守城叛军大部被俘，李易标率残部逃往江西。

连平大捷，震撼叛军。惠州叛军头目杨坤如等闻讯，龟缩驻地，不敢再出兵。这样，陈炯明重返广州的美梦又一次破灭。

战后，二师奉命返回广州驻防。

第五节　香洲独立营

在此期间，孙中山和廖仲恺商定，为了配合黄埔军校的教学，壮大革命军骨干力量，在粤军第二师成立一个独立营，培训一批下层军士。建立独立营，需要一个既有军事理论知识又有实战经验，且能独立完成训练任务的人才。廖仲恺又想到了叶剑英，确定要他出任香山县（今中山县）县长兼独立营营长。[①]

张民达对独立营的创建给予大力支持和帮助。叶剑英经他同意后，抽调师部的参谋廖鸣鸥、练惕生、邓良等人组成设营小队，首先办好三件事：一是选定建营的具体地点；二是从工农群众中招募兵员；三是制定训练计划。

叶剑英带领设营小队，赴香山县调查，最后选定靠孙中山家乡翠亨村较近的香洲作为营地。香洲（今珠海市）是香山县最南端、濒临南海之滨的一个小镇。这里三面环水，背靠狮山，群众基础好，是练兵习武的好地方。

营地选定以后，他们立即开始组织人力，修建简易营房。在招募兵员问题上，叶剑英一改旧军队“抽丁拉伕”的办法，派人到香山县各地群众中宣传革命军的宗旨，动员农村青年参军。他还亲自出马，率领人员到阳江、电白等粤西一带的贫困地区，招募了几百名新兵。不久，全营招到九百余名士兵，分编八个连。由练惕生、廖鸣鸥、陈雨荣、邓良兼任教官，并请二师师部参议李公剑任政治教官。八个连长分别由高永卿、王其焕、周绍武、蔡公武、杨志武、曾繁凯、张淑民、曾毓芳担任。这些教官和连长，都是经过严格挑选的优秀革命军官，阵容很是整齐。

叶剑英和教官们一起，借鉴黄埔军校的一些做法，确定独立营实行军事训练与政治训练并重的原则，强调“军以党化，党以军成”，要求革命军人服从革命政党，贯彻革命党的主张和政策，不闹个人意气，不要军阀作风，不坑害老百姓，努力使自己成为革命军的基层骨干。

---

① 叶剑英谈话记录，1982年4月9日。

叶剑英在创建独立营期间，还时常回到黄埔军校讲课，或到二师指导训练。他身兼数职，日夜奔忙。

后来，独立营与驻在前山的二师缉私营合并，扩大为新编团。叶剑英于1925年5月26日被任命为建国粤军第二师新编团团长，廖鸣鸥、练惕生任副团长，邓良等分别担任各营营长。新编团开始了更加严格的军事训练。

在军事训练中，叶剑英经常以身作则，讲解示范，手把手传授军事技术，和士兵一起摔打。他还十分重视士兵的政治教育，经常到课堂发表政治演讲。他那生动活泼的言谈，精辟独到的见解，大大启发了士兵的政治觉悟，使他们进一步懂得了“非革命不足以图存”的道理。

香山是广东农民运动发展比较早的地区之一。廖仲恺和谭平山等曾多次去香山参加农民代表会议，发动群众组织农民协会。叶剑英根据廖仲恺的训示，组织独立营部分官兵帮助香洲地区开展农民运动。他经常到乡村访问，了解农民疾苦。他派出陈雨荣、曾繁凯等军官到夏美村与贫农甘金星一起组织香洲地区的农民协会，并参加东坑一带的农会活动。其后又帮助前山、湾仔等地相继建立了农民协会。不久，共产党特派员梁桂华到香山发动上下栅和九区农民，组织农民协会，举行有万余人参加的农民代表会议。廖仲恺和彭湃等特意赶来参加盛会，并在大会上发表了热情洋溢的演说。

叶剑英平时很注重改善部队与驻地政府和民众的关系，严肃军纪，并经常组织军官和士兵到学校和农村、码头宣传孙中山的革命主张，宣传国共合作后的新形势，帮助贫苦农民、渔民做事。当地一些老人至今回忆起来，仍赞不绝口：“当年叶参谋长在香洲的队伍不打人，不骂人，不拉伕，不勒索，纪律严明，买卖公平。那样好的军队在当时是很少见的。”

第六节　参与平定商团叛乱

1924年7月，陈炯明指使林虎进攻广州的计划失败后，并未放弃做“粤中王”的企图。他与广州大买办头子陈廉伯勾结，阴谋再一次推翻广东革命政权。陈廉伯联合广州及附近县镇98个商团成立“联防总部”，在各地组织武装，向外商购买大批枪支弹药运往广州。这一情况被孙中山发现。孙中山于是下令扣留了他们的一部分枪械。陈廉伯以此为借口，出动2000多名团丁包围大元帅府，煽动罢市，明目张胆地要颠覆孙中山的革命政权，建立商人政府。

在这种紧迫的形势下，廖仲恺于8月23日以广东省长名义下令通缉陈廉伯，并电请蒋介石速派学生军前来广州市维持治安，同时命叶剑英从香洲迅速返回二师，协助张民达，率部队准备对付商团叛乱。

局势越来越严重。广州盛传：陈炯明、林虎、洪兆麟等反革命军队准备从石龙、东莞进袭虎门，与商团会师。10月10日这一天，广州群众为纪念武昌起义13周年，在观音山举行盛大集会，警告反动商团。担任中共广东区委委员长兼宣传部长的周恩来，出席了大会，并以广东民族解放协会代表身份发表演讲。群众大会结束后，即开始示威游行。不料，反动商团军在太平南路突然向游行队伍开枪，打死二十余人，打伤一百余人。商团还到处张贴布告，公开要求孙中山下野，欢迎陈炯明回省主持政事。广大工农群众对此义愤填膺，坚决支持孙中山，要求与商团决一死战。叶剑英和二师官兵、黄埔军校革命师生眼看无辜群众受害，心急如焚，一致要求对商团发起反击。

孙中山在中国共产党和工农群众支持下，成立了镇压商团的革命委员会，自任会长，廖仲恺、汪精卫、蒋介石、许崇智、陈友仁和谭平山为全权委员。同时成立有周恩来、杨匏安参加的临时军事指挥部，统一指挥平叛。

10 月 15 日拂晓，孙中山令革命军向商团发起攻击。陈炯明为配合商团的行动，下令叛军进攻虎门。商团军有恃无恐，在西关依托街坊堡垒作为防御阵地，在滇军的暗中支持下，向政府军进行还击，顽强固守。战斗有旷日持久之势。军事指挥部决心以非常手段速战速决，下令各部调炮兵集中火力向西关一带猛烈轰击，同时命步兵迂回至敌人侧后夹击。张民达、叶剑英指挥二师部队担任迂回任务，他们沿观音山麓西南角的德泥路、盘福路、丰宁路至西瓜园一线向西关发起攻击；并派出小分队从横街小巷用竹木梯爬上屋顶越入西关，猛击商团军之背。友邻部队还采取火攻战术，使西关街坊堡垒变成一片火海。商团军的防御阵地被突破以后，纷纷弃械逃窜。陈廉伯等见势不妙，逃至沙面租界英国领事馆，请求避难。至此，商团叛乱被彻底平息。

平定商团之后，叶剑英回到香洲，不时还到黄埔军校讲课，教授兵器学等课程。没过多久，周恩来调黄埔军校任政治部主任。从此，两个出身不同、经历各异的年轻革命者在国共合作的旗帜下走到了一起。周恩来到军校后，立即投入政治部组织建设和思想建设，派优秀的毕业生任连党代表，向教职员和学生灌输革命精神，教育他们不贪财，不怕牺牲，精诚团结，救国救民，实现孙中山提出的武力与民众相结合的建军宗旨，使军校的政治工作日趋活跃，卓有成效。叶剑英在和周恩来的首次共事中，虽然接触不多，但他从周恩来的举止言谈中，看到了共产党人的磊落胸怀和远大抱负，从而由衷地产生了敬佩之情。

第五章　东征之役

第一节　淡水之战

孙中山指挥革命武装平定广州商团叛乱以后，广东革命政权得到进一步巩固。这时，中国北方的政局正发生着剧烈的动荡。在第二次直奉战争中，直系将领冯玉祥在革命浪潮的推动下，率部倒戈，发动“首都革命”，导致直系军阀全线溃败。北方出现了冯玉祥、段祺瑞、张作霖三派势力既妥协又争斗的局面。

冯玉祥是一个有头脑的、同情革命的军人。他与孙中山早有书信来往，并深受其影响。北京政变后，他立即电请孙中山赴京共商国是。1924 年 11 月，孙中山发表《北上宣言》，毅然偕夫人宋庆龄乘舰离粤赴京。

孙中山北上后，盘踞在惠州的陈炯明认为反扑时机已经到来，遂自任“救粤军总司令”，于 1925 年 1 月 7 日发布大举进犯广州的命令。他得到英帝国主义和段祺瑞的帮助，并联络驻在广州的滇桂军阀和反动势力做内应，妄图一举成功，实现其统治广州的美梦。

孙中山到达北京后，由于积劳成疾，肝病恶化，卧床不起。北伐军谭延闿部和朱培德部出师不利，兵败江西。广州留守府群龙无首，内外交困。

面对这种严峻的形势，1925 年 1 月 15 日，广州大本营决定东征，并发布《东征宣言》。2 月 1 日，在中国共产党的推动和支持下，广州大本营发出总动员令，并做出东征陈炯明的部署。中共广东区委发表了“檄告广东工农群众，保卫革命，打倒陈炯明”的文告。此次东征的主力是黄埔军校学生军（一般称为黄埔校军）和粤军。粤军由许崇智任总司令，蒋介石任参谋长，周恩来作为黄埔军校政治部主任，随军东征，负责军中政治工作。在粤军二师任参谋长的叶剑英，于 1 月 16 日奉命从香洲返回广州，全力投入东征作战。

参加此次东征的还有滇军、桂军、湘军等部队，滇军总司令杨希闵担任联军总司令。东征部队分兵三路，滇军和桂军分别担任左翼和中翼，粤军主力张民达第二师、许济第四师和黄埔校军等部，担任右翼。叶剑英所在的第二师下辖第三旅和第四旅约 8000 人。粤军经过一年整训，在士气、纪律和装备、技术等方面都大为提高。尤其是第二师的战斗力较强，充任东征右翼军的开路先锋。

编入右翼军的黄埔校军两个教导团约 3000 人。教导团仿照苏联红军的建军原则，建立了政治工作制度。教导团的军事装备几乎都是由苏联供给的。武器精良，士气高涨，军纪严明。

当时，敌军号称七个军，十万人（实际只有六个军五六万人）。陈炯明蛰居香港，遥控指挥。其部署是：以盘踞惠州、平山、淡水的叶举部，向宝安、东莞进攻；以盘踞潮州（潮安）、汕头的洪兆麟部，经海陆丰，西出淡水，进窥广州；以盘踞赣边及河源、五华的林虎部，向南移动，分兵向龙门、增城北面靠拢，与叶举部相呼应。同时，陈炯明还勾结江西军阀方本仁出兵，夹攻广州。敌军各部名义上由叶举任总指挥，实际上各军之间，勾心斗角，互不信赖。陈炯明见此情景，只好从香港返回惠州，直接指挥各部，迎战东征军。

战役初期，东征军的左、中翼军各怀异志，与陈炯明暗中勾结。滇军总司令杨希闵按兵不动，桂军总司令刘震寰溜走香港。唯有右翼军按原定计划出征。

作为东征右翼军先头部队的第二师，在张民达、叶剑英率领下，于 1 月 26 日从广州出发。面对兵力众多但又一盘散沙之敌，张民达和叶剑英提出了猛进、猛攻、猛追、猛扑的“四猛”作战方针，率领全师官兵英勇奋战，只几天工夫就扫清了石滩、石龙一线敌人。2 月 4 日拂晓，与敌熊略部遭遇，将其击溃，缴枪数百支，俘敌数百人。敌人急调两千余兵力来增援，二师又将其击退，并乘胜攻克广九铁路线上的常平。这时黄埔军校教导团亦进到常平。两军会师后，力量倍增。2 月 10 日二师进抵淡水城郊。

为了攻打淡水，叶剑英带领参谋人员对敌情进行了详细侦察。他了解到，盘踞淡水城的敌军有熊略残部及翁腾辉、林烈、孟献祥等部三四千人，兵力不少。他还直接到淡水城郊前沿阵地勘察地形。他发现，淡水城筑有坚固的防御工事，城垣系泥土筑成，又高又厚，有上中下三层射击孔。敌军为了防备粤军夜间攻击，在城墙高处装有照明设备。城之四周为洼地，近郊为土山，地势十分险要。

叶剑英看了地形之后，感到淡水城虽然不大，但易守难攻。面对这种情况，需要友军配合，周密部署，协力攻城，才能取胜。他与张民达师长商拟了作战方案，便赶到驻在龙岗的总司令部，报告协攻淡水城作战计划。蒋介石、周恩来、加伦等人详细地听取了他提出的攻打淡水的部署，并一起进行了商讨。

大家经过研究，确定黄埔校军由平湖、龙岗突击淡水南面；粤军自城西北、东北面进击。2 月 15 日，二师与黄埔校军一起向淡水发起攻击。此时，敌军凭借工事猛烈还击，周恩来与各级党代表鼓励黄埔校军奋勇战斗。张民达、叶剑英身先士卒，勇猛攻城。经半日激战，东征军攻进城内，毙敌百余人，俘敌千余人，其中有敌军旅长、团长等军官十余名。苏联顾问罗加乔夫目睹革命将士作战如此英勇，高兴地对张民达、叶剑英说，我第一次看到中国的革命军队这样了不起，当年与白匪军作战的苏联红军也不过如此。

敌人并不甘心失败，当天下午，洪兆麟部两千多人从沙坑方向向淡水猛扑过来。黄埔军校教导二团团长王柏龄临阵脱逃，教导一团三营营长王俊指挥不力，连吃败仗。蒋介石惊慌不已，下令退却，自己跑到离城几公里远的破庙里隐蔽起来。这时，张民达、叶剑英仍率领第二师一部坚守在城内，因部队主力已出城追击熊略等叛军残部，城内兵力已很少，张、叶乃亲率师部警卫连等部队，以机枪、驳壳枪反击敌人。叶剑英指挥部队一面抗击敌人，一面冒着枪林弹雨，与友军联络。午后 4 时，敌人被打退以后，战场稍现沉寂。叶剑英亲自跑到北门向教导一团团长何应钦通报敌情，提出：左翼敌军来势凶猛，已被击溃，退却 20 里。但右翼方面恐不能支持，我师拟以一部增援右翼，请贵团接应。何应钦以未知右翼情况和未奉蒋校长命令为由，予以推托。

敌军又开始反扑过来，叶剑英急速返回右翼阵地指挥战斗，将敌击溃。接着，他第二次找到何应钦，说：左翼敌人确已退去，我师正追击前进，现应火速迎击右翼敌人，请贵团接应。何应钦仍犹豫不决。过了一会儿，敌情越来越严重，何应钦始同意出击右翼敌军。经过两军协力作战，才将右翼来犯之敌击溃。[①]16 日晨，敌又纠集兵力攻打淡水东门。张民达和叶剑英率部在友军配合下发起反击，迫使敌人向平山一带退却。革命军乘胜追击，大获全胜，淡水转危为安。几十年后，叶剑英回忆说："淡水一仗打得很苦。"他和周恩来偶尔谈起淡水之战，谈起蒋介石、王柏龄的仓皇窘态，不由发笑。

第二节　白芒花的争论

淡水大捷使东征军信心倍增，军威大振。接着，东征军又迅速攻占惠东的平山。2 月 22 日，东征军粤军司令部在平山附近的白芒花召开军事会议，商讨下一步的行动方案。

会议首先分析了敌情。大家看到：敌军洪兆麟、叶举部虽然溃退，但其老巢海丰、汕头并未触动，河源、惠州仍在敌军之手，杨坤如部三四千人驻守惠州，随时都可能反扑。同时，林虎部仍盘踞在兴梅一带，虎视眈眈。而东征军内部左、中翼两路按兵不动，徘徊于增城、博罗之间，只有右翼的黄埔校军和粤军二师等奋力进击。但因连续战斗，部队疲惫不堪，后方联络、供给均感困难。面对这种形势，会上对下一步采取何种打法发生了激烈的争论。争论的焦点是是否先打惠州。一种意见主张对惠州围而不打，而以主力东进，直捣叛军老巢潮汕；另一种意见主张已经东进的部队回过头来先打惠州，然后徐图东进。

惠州位于珠江三角洲东端，毗邻港澳。这个素有天险之称的名城，枕东江，凭西湖，倚山带河，三面环水，易守难攻，为历代兵家必争之地。陈炯明、杨坤如以此为据点，苦心经营。从城外到城内，他们层层筑垒，步步设防，企图长期踞守。两年前，孙中山曾亲督东路讨贼军数万之师，多次围攻，皆未得手。

会议围绕打不打惠州的问题，从早上争论到中午。两种意见针锋相对，相持不下。主张先打惠州的人认为惠州为东江支撑点，惠州一下，则东江一带可迎刃

---

①《革命东征实战纪》，国立中央图书馆 1928 年版，第 131 页。

而解。相反，以张民达为代表的粤军军官，则极力反对先打惠州，提出了暂时监视、围困惠州，以主力直取潮汕的作战方案。

作为二师的参谋长，叶剑英在争论中多次陈述己见。他引用了一首形容惠州地理环境的古诗："铁链锁孤舟，飞鹅水上浮。任凭天下乱，此地永无忧。"然后详尽地分析了惠州地势的险要。他解释说，惠州城墙既高且厚，外围还有防御工事，守城敌军兵力众多，敌军洪兆麟与叶举部两万余人，近在咫尺，随时可能去增援。我东征军兵力不足，若先攻惠州，敌将里应外合，陷我于被动地位。要争取主动，就应该先追歼当面洪、叶之敌，直捣潮汕敌巢，然后杀个回马枪，惠州可不攻自破。许济、莫雄等粤军军官相继发言，表示赞同。

这时，坐在许崇智身边的蒋介石，摆出校长和参谋长的架势说：若要攻克潮汕，必须先打惠州，若不先打惠州，惠州之敌必倾巢而出，击我之背，陷我于首尾应敌的境地；我军先打惠州，就可以除去东征后顾之忧。蒋介石摆出一大套理由，强调攻下惠州有如何重大的战略价值，实际上是想要二师等队伍去打惠州、老隆，自己利用海上兵船运输的方便，去打海陆丰，先占汕头。

张民达和叶剑英看穿了蒋介石的用心。张民达一向瞧不起蒋介石，此刻听了蒋的"训诫"，拍着桌子反驳对方，力主不打惠州。

会议气氛十分紧张。

总司令许崇智听了双方的争论和苏联顾问加伦的意见，考虑到左、中翼滇桂军虽挂"免战牌"，惠州仍处在滇桂军围困监视状态。最后决定右翼军集中兵力，进攻当面之敌，举兵东下，直指海丰、潮汕。

在这场争论中，由于张民达、叶剑英等坚决主张不先打惠州，总司令最后作了决定，蒋介石也没有办法，只好同意先不打惠州。[①]

作战方针已定，会议转而讨论如何歼敌的具体计划。确定由张民达率领二师、四师主攻三多祝洪兆麟部，向潮汕进军；由蒋介石率领黄埔校军绕过三多祝，插向海丰，袭击叶举残部。

第三节　进军潮梅

白芒花会议后，张民达、叶剑英率领全师官兵，艰苦奋战，猛追猛攻。2 月 26 日占领了洪兆麟的指挥部，缴获山炮三门及许多枪支弹药，洪军全线瓦解，残部溃退海边，乘船逃跑。张、叶率二师继续向陈炯明老巢海陆丰进击。在当地共产党组织的农民自卫军的积极配合下，乘敌喘息未定，迅速攻克了陈炯明的出生地海丰县城。

海丰是陈炯明经营多年的老窝。他从民国初年当上广东都督，特别是黎元洪以总统名义授他"定威将军"的封号以后，便在海丰县城南修建了一座十分气派的"将军府"。27 日，二师入城后，师部进驻陈逆"将军府"。第二天拂晓，奉

① 访问李洁之谈话记录，1987 年 10 月。

命迂回海陆丰的蒋介石才率部赶到“将军府”。他见到二师官兵进军如此之快，也不得不表示佩服，连声说道：你们真是神速！

二师攻克海陆丰之后，乘胜猛追残敌，配合黄埔校军，次第收复惠来、揭阳、潮阳，于三月初抵达汕头。洪兆麟部败军，一部经饶平入福建，另一部逃入梅县境内。叶举和洪兆麟只身逃到香港和上海。张民达、叶剑英率部连续作战，占领梅县，歼敌六百余人。叶剑英被任命为梅县县长。

对于二师攻克梅县的详情，1925 年 3 月 31 日《申报》有如下报道：“驻梅县林部之游击队张鸣翔、黄伟两部，共千余人。19 日闻五华、兴宁被围，向县商会勒得二千元，率部开往平远、蕉岭，退入赣境。县长李吐麟逃。20 日，李云复残兵，由丰顺马头退回长沙圩，向梅县商会勒借二万元，商会无以应付。21 日许济部队抵梅口。许（崇智）委出叶宜伟（剑英）为县长，梅江上游，遂告肃清。”

二师部队占领梅县县城后，担任县长的叶剑英仍忙于军务，与张民达率部继续向北追击林虎残部，在大柘附近同敌殿后部队李易标和刘志陆两部相遇。敌兵力虽多，但已成惊弓之鸟，一触即溃。李易标的一个独立团全部被歼。张、叶率部乘胜追击，直至蕉岭。敌军残部逃离广东，窜入闽、赣两省。后来，困守惠州城的杨坤如部，经过廖仲恺派人策反，见大势已去，遂自动献城。果不出张民达、叶剑英当初所料，惠州不战而下。

这次东征，以共产党员为骨干的黄埔军校教导团和建国粤军二师及一、四师等革命队伍，士气高涨，锐不可当。当时的报刊有这样的记载：“二师历经石龙、新墟、淡水、增光、埔心、海丰直抵汕头，追击黄岗、饶平、潮州、隰隍、梅县、蕉岭诸敌，奋力扑进，所向披靡。”叶剑英第一次与黄埔校军并肩作战，感到大多数学生兵打仗勇敢，纪律也好，心中暗暗高兴。他常向身边的人夸奖说：“我亲眼看到学生军作战指挥很有条理，战术上也灵活机动，觉得黄埔军校没有白办，训练是很有成绩的。”[①]

在中国共产党的组织领导下，东江及潮梅一带的工农运动，蓬勃发展，群众纷纷起来支援东征军，不到两个月时间就打垮了兵力众多的陈炯明叛军，这使叶剑英进一步看到共产党和民众的力量，他的思想向共产党进一步靠拢了。叶剑英在这次东征中，也显示了出众的军事指挥才能。张民达很尊重叶剑英，常常当着二师军官的面夸奖他的参谋长思想新颖，才智过人，指挥有术，并且告诉部队，参谋长可以代替他指挥。他还严肃地对部下说：“谁反对参谋长就是反对我，拥护他就是拥护我。”张、叶这两个梅县出身的青年将领在战斗中结下了生死之交。

第四节　梅县县长

肃清梅县境内的敌军残部以后，叶剑英把主要精力转到了全县的政务方面。

① 叶剑英谈话记录，1982 年 2 月 27 日。

1925年3月25日，广州留守府向东征前线各军通报了孙中山3月12日在北京逝世的消息。叶剑英在梅县组织军民举办“孙中山先生追悼周”。30日在东较场召开各界民众追悼孙先生大会。叶剑英亲读祭文，缅怀孙中山一生革命的丰功伟绩，号召全体军民继承中山先生遗志，彻底消灭陈炯明叛军，把东征和国民革命进行到底。[①]

叶剑英做了县长以后，亲到东山中学、丙镇中学（即丙村中学）和学艺中学，宣讲革命形势，传播革命思想。他把孙中山的遗嘱和致苏联遗书念给大家听，还发表“关于苏联的革命和经济政策”等专题演讲，介绍苏联革命经验，勉励同学们关心革命大业，发奋读书，为革命为人民献身。梅县的青年学生们到处张贴革命标语，进行街头宣传、化装表演、提灯游行等活动，掀起了反帝、反封建的新浪潮。

叶剑英早就对旧县衙办案不公十分反感，在梅县执政后亲自察看监狱，了解案情，平反冤案。他十分关心发展教育事业，为解决学艺中学办学经费，决定由政府出面，通令全县征收生猪屠宰税，全部用来资助学艺中学。

雁洋故里的亲人们听说叶剑英当了县长，奔走相告，都为叶家出了个县官而自豪。他的几个远房伯父想让他给安排在县府当差。叶剑英耐心地对他们说：封建时代讲究一人得道，鸡犬升天，谁家出了个当官的，亲朋故旧全都沾恩带惠，坐享荣华。如今时代不同了，我们是实行孙中山先生三民主义的革命政府，与过去的县衙完全不同，不能随便安插人，请伯父们谅解。

伯父们还是通情达理的。但也有个别亲属想不通，在叶家祠堂内贴出了一首表示不满的打油诗：

1925年叶剑英出任梅县县长时的留影，中为叶剑英

① 访问辛镇仪谈话记录，1987年10月。

虎头山上英雄树，
英雄树开英雄花。
花开时节蕾满树，
为何不见花接花。

这首诗，从另一个侧面反映了叶剑英为官清廉的风貌。

叶剑英并不是不近情理的人，他对贫苦乡亲的困难总是极力想法帮助解决。雁洋有个叫赖宾庭的人，家庭负担重，被迫向一个乡绅借高利贷，因还不起钱，跑到南洋躲债。有人劝他的妻子“钓两尾鱼”到县政府去找县长。叶剑英见了，让她把鱼带回去自己吃，随即派人找来那个乡绅，申斥他放高利贷是不合法的，指出只能按正常利息还本付息。乡绅只好同意。赖宾庭的妻子十分感激，告诉她的子女世世代代不要忘了叶县长的恩德。直到现在，赖家后辈们还时常向人们讲起当年叶县长帮助他家渡过难关的故事。

在离梅县县城东北 140 里处的王寿山广福寺里，有个无恶不作的恶僧。百姓对他恨之入骨，但因其常用银两疏通官府，一直逍遥法外。当地受害乡民听说来了“革命县长”，就联名到县府投诉。那个恶僧听说此事，特意派人给县长送来三百块光洋。叶剑英知道后，严斥道：“别说三百块，就是三万块大洋也休想打动我！”令人将光洋悉数退回。接着，他根据县政府调查得到的确凿证据，下令将那恶僧捉拿归案，并召开公审大会，当场正法。民众拍手称快，一些土豪劣绅则闻风丧胆。

叶剑英在梅县执政期间，在繁忙的军政事务之余，还深入底层体察民情。一次，他到乡下访问，听到一个老同学说，县府有人正在用公款起屋。他回到县府一查，果然发现有个协助他料理财务的人挪用公款一百多块光洋给自家盖房子。叶剑英立即召集政府有关人员讲解孙中山的三民主义，说明政府人员要革除时弊、廉洁奉公的道理。那个挪用公款起屋的人自感惭愧，会后立即把一百多块银元退回来，并向叶县长作了检查。叶剑英厉行德政，除暴安良，不受贿、不收礼的事很快在梅县传开，远近的民众都说他是个革命的“清官”。

叶剑英不仅实行廉政，而且治军也很严。他每天工作无论多么紧张，总要抽出时间去巡查军队驻扎情况，一来关心部队生活，二来检查纪律情况。有一天，他巡查营房时，发现有个营长占用了房东准备娶儿媳的“洞房”。他找到那个营长，以严肃又和蔼的口气劝他搬家，说：“如果找不到地方，可以搬到我住的地方去。”说得这位营长面红耳赤，心悦诚服地搬出了“洞房”。还有一次，他微服出访，碰到一老一少，反映有个连队压价买粮。他立即找到那个连队，让他们把少付的钱送还卖粮老人。

在叶剑英的整顿下，二师驻军秋毫无犯，爱护百姓，受到梅县民众的交口称赞。

第五节　痛悼张民达师长

1925 年 3 月，正当叶剑英在梅县励精图治之际，从潮州传来了师长张民达不幸遇难的消息。叶剑英感到十分震惊和悲痛。他急忙安排了一下政务和军务，火速赶往潮州，处理张民达的丧事。

叶剑英到达潮州以后，方知张民达是坐船去汕头途经潮州湘子桥时，舟覆殉难。因水深流急，张民达的遗体尚未找到。叶剑英一面派人继续寻找遗体，妥善处理烈士的善后事宜，一面整饬队伍，安抚军心。

第二年春，叶剑英接到张民达遗孀邓淑贤的来信，得知张民达遗骸已在韩江下游找到，悲怀之余，总算得到一点安慰。他想起同张民达出生入死，并肩战斗的岁月，心情久久不能平静，提笔直接向广州国民政府主席汪精卫写了《请褒恤张故师长》的呈文。在呈文中，他满怀深情地追述了张民达的革命业绩，写道：

“张故师长平生笃信主义，确为先总理之信徒，其勇敢无畏，又为革命党之健将。……十四年春，复举东征，召集全师鼓励杀敌，有进无退，猛攻猛进，为唯一作战方案。故第二师为东征先锋军焉。石滩、淡水、海丰、潮州、隬隍、梅县、蕉岭诸役，均督率所部，奋力扑进，所向披靡。”

呈文的后半部对张民达的革命精神和品德，给予了高度评价：

“张故师长少年留学南洋，与军旅之事，虽非夙习，而不爱钱，不怕死，不应酬，无嗜好；只知有党，不知有身；只知有国，不知有家；只知有公理，不知有私情。其治军也，与士卒同甘苦，百折不挠。其应敌也，虽遇至难极险，而态度雍容，若克事然。其成功也，谈笑出之，视为寻常，无足措意焉者，洵为近代将官难能而罕睹，殆天生一具革命军人模范者也。”在呈文最后提出了褒恤的请求：“张民达生平不治家产，殁后两月遗腹生一女，孤寡茕茕，凄恻堪伤，可否援照将官阵亡条例，厚仪饰终典礼，从优褒恤遗属。并将生平信行及战绩，宣付国史之处。”①

后来，国民政府追赠张民达为陆军上将。中华人民共和国成立以后，叶剑英继续关心着张民达及其遗属的褒恤事宜。1952 年，他在广东主政时，特报请中央人民政府批准，给予张民达以烈士称号，重整烈士的故居和陵墓，并按时给烈士的妻、女发抚恤金。烈士遗属对此一直十分感激。②

第六节　平息香洲兵变

1925 年 4 月，叶剑英奉广东留守府和粤军司令部电召，从潮州到达广州商讨防范军阀杨希闵、刘震寰叛乱事宜。4 月 27 日，他忽然接到香洲独立营发生

① 汕头各界追悼上将张民达大会筹备处编印：《张上将民达事略》1926 年 8 月 15 日。
② 访问张玉维谈话记录，1987 年 11 月。

兵变的消息，感到十分吃惊和愤慨。

原来，滇、桂军阀杨希闵、刘震寰勾结驻石岐（今中山县）的粤军团长古鼎华，与隐藏在独立营内的一小撮反动分子，经过一段时间密谋，于26日夜发动叛乱，将思想进步的陈雨荣、李公剑等25位军官、士兵全部杀害了。他们还把刚运到的军饷劫走，运到坦州给土匪头子，壮大土匪武装，然后再折回湾仔逃往澳门去了。

叶剑英闻讯立即乘舰到达香洲，一面安抚群众，整顿队伍，收殓遇害烈士的遗体，一面迅即与澳门当局联系，派人捕获罪犯。几天后，十余名歹徒被引渡归案，正法示众。

为了缅怀烈士，独立营和香洲民众把死难烈士安葬于香洲狮山之阳。与此同时，叶剑英与邓良发起成立崇义社狮山保管委员会，筹集资金兴建烈士墓。香洲群众代表甘湖、甘金星等人联络群众九十多人参加，后来发展到几百人。叶剑英亲自主持召开了追悼大会，沉痛哀悼死难烈士。参加追悼会的有驻军全体官兵和各界群众、学生六百多人。叶剑英要求官兵们安定情绪，坚守岗位，继续为革命效力。

经过几天的紧张工作，香洲兵变平息了，善后事宜基本结束。5月，香洲独立营奉命改编为新编团，叶剑英兼任团长。不久杨、刘叛乱告急，叶剑英奉命离开香洲，返回二师。他率部日夜兼程，从东江向石滩进发，参加平叛作战。他指挥部队配合黄埔校军，在瘦狗岭、白云山一带向叛军发起猛烈攻击，将敌击溃。

1925年8月，前线战事稍平。这时，香洲烈士墓即将竣工，叶剑英应狮山保管委员会之请，为烈士墓园中的赍志亭撰写了碑记。他慷慨悲愤地写道：

“世上论兵变者有三：曰中反间，曰上虐下，曰索饷糈。方其未变也，蒸郁酝酿，波澜回涌；及已变也，焚掳劫杀，横决溃崩，莫之能御。数年来盖数数睹矣！而我香洲之变，无一于是也。呜呼恸哉！……死难之士，皆吾党英俊杰出之才，其志趣之高尚，气概之雄迈，操守之坚贞，精神之伟壮，诚难能而可贵者。今皆赍志而终，不克见其短衣匹马，尽节疆场，杀贼立功，重光家国，其恸何如！嘻！世路崎岖，人心叵测，自图其安，而予人以至危；见有贤智之高出己者，曾不思见贤思齐，而反忌其有所建树，不惜牺牲家国之英才，而讳人之功业莫出乎己上也。此其人之不肖，宁为天地之所容，鬼神之所许耶？悲世事之变幻，痛亡友之冤抑，伤人心之莫问，因刊石而记之。后之来者亦将不胜悲叹！……”①

赍志亭竣工后，叶剑英于10月3日在香洲与各界人士一起，为烈士举行了隆重的追悼大会。他并填写了一首《满江红·香洲烈士》词，对烈士表示深切悼念。词曰：

镇海狮山，突兀处，英雄埋骨。曾记得，谈兵虎帐，三春眉月。夜半枪

① 在珠海市党史研究室查阅的资料。

声连角起，繁英飘尽风流歇。到而今堕泪忍成碑，肝肠裂。

革命史，人湮没；革命党，当流血。看梼枪满地，剪除军阀。革命功成阶级灭，牺牲堂上悲白发。更方期孤育老能养，酬忠烈。[①]

叶剑英还布置新编团收集清理烈士遗物，指派专人送给烈士家属，同时还送去经叶剑英签名的“烈士墓全貌”“追悼会”“烈士遗容”3幅照片，以及金戒指1只，大洋100元作为抚恤慰问。他亲自将梅县籍的17位烈士的遗物护送到梅县，并登门拜访了附近的李公剑等几家烈属。参谋陈雨荣是叶剑英的结拜兄弟，牺牲时家里遗下母亲和妻儿。他母亲因受刺激，精神失常。他的妻子房礼妹既要侍奉婆母，又要抚养两个幼儿，生活十分困难。叶剑英不断接济他们，直到烈士的一对女儿长大成人。

新中国成立后，叶剑英任广东省政府主席时，每年都去看望守陵的甘湖伯，凭吊香洲墓。并热心关照当年同他一起奋战过的烈士的遗孤。1980年，叶剑英回故乡时，听说房礼妹尚健在，便亲切地接见了她。房礼妹将叶剑英55年前送给她的唯一的一张烈士照片又送给叶剑英。叶剑英用颤抖的双手抚摸着照片，不禁热泪盈眶。叶剑英离开故乡时，专门派人给房礼妹送去100元钱，并附一封短信。信中写道：“送上人民币一百元，聊为补贴家用，相信随着祖国四个现代化的迅速实现，家庭之困难必能逐步得到解决，望烈士之后人当继承遗志，为这一伟大的事业多做贡献。”[②]

第七节　二次东征

1925年夏，粤军第二师从东征前线回师，参加平定了杨、刘之乱。这时，由于师长张民达的意外遇难，许多“官迷”觊觎师长宝座，屡屡制造事端。叶剑英素以淡泊明志，与二师司令部人员、后方主任侯山等团结合作，支撑局面。侯山由于同叶剑英关系密切，不幸被一个叫“黑鬼宋”的军官暗杀。叶剑英受命接替侯山管理两广盐场，担任两广盐务缉私处代办的职务，负责稽查香洲一线的过往兵舰和商船。他在任职期间，廉洁奉公，将所收盐税款全部交公，用作军费，个人从不动用分文。

1925年7月，在中国共产党的倡议下，中国国民党把广东的大元帅制政府改组成委员制的国民政府。8月将广东的各系军队仿效苏联红军建制，统一整编为国民革命军五个军。蒋介石任第一军军长，周恩来任政治部主任。叶剑英所在部队合并到第一军，他仍担任新编团团长兼两广盐务缉私处代办。

这期间，国民党内部左派与右派之间的斗争日趋尖锐激烈。在国民党右派

①《叶剑英诗词选集》，人民文学出版社1983年版，第1页。

② 访问李鼎谋、陈元昭谈话记录，1987年10月。

的策划下，8 月 20 日，廖仲恺遭到凶手的暗杀，以身殉国。廖的被害激起了广大人民群众的巨大愤怒，对他的悼念形成了一场革命斗争。叶剑英对廖先生的遇害，悲愤交加，发誓为廖先生报仇雪恨。他登门去看望廖夫人何香凝和年少的廖梦醒、廖承志姐弟，表示亲切慰问。他代表新编团全体官兵参加丧礼，并送上一副亲笔书写的挽联：

廿载尽忠党国，宏济时艰，赫奕大名满海内；
崇朝遭狙云亡，天柱遽折，愁云黯淡笼羊城。

廖仲恺被害后，国民党内部的斗争更加激烈。右派分子争权夺利，互相倾轧。叶剑英对右派分子十分鄙视，坚持为确定的革命目标奋斗。1925 年 9 月他为老同学张国森所著《云南讲武学校华侨同学旋粤记》写序，充分表现了他的志向和情操。这篇序言写道：

“吾粤华侨留滇同学，先后归粤达三百人，尚无机会统一思想，向同一目标为吾党奋斗。类皆各尽所能，以供党务，扬镳分道，无畏至尊，年来事迹，莫之稽也。同学张君国森热心党务，辑留滇同学旋粤记成，以示余曰：为我序之。剑英忝辱同袍，返粤五年，勉随诸君子后，鸡鸣铁马，未渡黄河，社鼠城狐，依然窥伺。观吾同学为党奔驰于海内海外，以宣传为责者，惭何可言。夫吾党革命尚未成功也，愿吾同学，手旋粤记而读之，益期奋勉党事，庶几此记可以赓续成之。安知夫英雄轶事，不为他年考据家之津梁乎！”

在此期间，窜逃闽赣边境的陈炯明，乘东征军回师广州平定杨、刘，清理廖案之机，重新纠集各路叛军四万多人再次窜回韩江、东江地区，横行肆虐，荼毒生灵。一度归顺过来的杨坤如再度叛附陈炯明，盘踞惠州。而盘踞广东南路的邓本殷等叛军亦伺机蠢动，企图东西联合，夹攻广州。在这种形势下，国民政府命令国民革命军进行第二次东征。9 月 28 日，国民政府军事委员会任命蒋介石为东征军总指挥。叶剑英率新编团，同张发奎的独立旅和张民达、许济旧部一起，随东征主力第一军，向东江进发。

叶剑英率部作战，于 10 月初进占淡水。他奉国民政府命令将所部改为党军第一支队，任支队司令，旋即奉命返回惠州及博罗等处作战。当时的《广州民国日报》于 10 月 26 日作了如下报道：“前建国粤军第二师叶参谋长剑英将所部新编团出发前方，业经前报。兹查叶氏抵淡水后，即奉国民政府命令，将所部改为党军第一支队，以叶为支队司令。同时蒋总指挥并以我军右翼，着着胜利，兵力十分充足，特准叶司令率所部回驻惠州城及博罗等处，加入中路作战。叶奉令后，已率部队开抵惠城候令进取云。”

据东征老战士刘耀枢回忆，10 月 13 日，叶剑英率部配合友邻部队攻克惠州后，奉命留守惠州、博罗一带维持治安。11 月，东江平定，广东革命根据地基本统一。

在两次东征中，蒋介石知道叶剑英文武双全，能攻善守，是个“儒将”，便于12月电令调其任嫡系部队教导师的团长。1926年1月12日《广州民国日报》上曾披露：“东征军第一支队队长叶剑英，于前次奉命出发东江，对于讨逆，颇著劳绩，现在粤局既已统一，临时名义，极应取消。前经蒋总指挥委叶氏为教导师第二团团长。”不久，教导师改为二十师，叶剑英被提升为副师长。

1925年，对叶剑英来说是不平凡的一年。他在军事上大展宏图，发挥出了杰出的才能。两次东征中，他不仅与苏联军事顾问加伦、罗加乔夫等亲密合作，朝夕相处，而且时常接触周恩来，在思想上深受其影响。同时，他还结识了徐彬如（广东大学中共地下总支书记）、熊锐以及包惠僧（教导师党代表）等共产党员，向他们借阅马列主义的书籍，请教时局和理论问题，对共产主义有了更多的理解。徐彬如回忆说，东征以后，叶剑英越来越靠近共产党，在政治上更加成熟了。

第六章　随师北伐与加入中国共产党

第一节　在总预备队指挥部

1926 年，随着广东革命根据地的统一，工农运动猛烈发展，人民群众要求国民政府出师北伐，用武力推翻帝国主义和封建军阀在中国的统治的呼声越来越高。这年 2 月，中国共产党中央委员会在北京举行特别会议，确定党从各方面推动广州国民政府的北伐。

北伐战争的直接打击目标是受帝国主义支持的北洋军阀。当时的北洋军阀内部，已处在四分五裂的状况中。但从表面上看，仍然是一个庞然大物，存在着三大势力：直系军阀首领吴佩孚，控制着湖南、湖北、河南三省和河北保定一带，约有兵力 20 万人，它的主力一时还在北方的南口一带进攻冯玉祥的国民军；原属直系，后成独立势力的孙传芳，盘踞于江西、福建、江苏、浙江、安徽五省，号称“五省联帅”，有军队 20 万人，战斗力比吴佩孚强；实力最雄厚的奉系军阀张作霖，控制着东北三省，热河、察哈尔、京津地区和山东，兵力有 30 万人。这三股军阀势力总共有兵力约 70 万人。而国民革命军方面，北伐开始时只有广东的 6 个军（何应钦的第一军，谭延闿的第二军，朱培德的第三军，李济深的第四军，李福林的第五军，程潜的第六军），后来归附的有广西李宗仁的第七军和湖南唐生智的第八军，总共 8 个军。叶剑英所在的第二十师归第一军建制。当时国民革命军的总兵力有 13 万人左右。从兵力数量上看，虽然双方对比悬殊，但北洋军阀的统治久失人心，内部勾心斗角，尔虞我诈，存在着深刻的矛盾，这就为北伐军利用矛盾各个击破，提供了机会。

针对敌我力量对比的实际情况，国民革命军在以加伦将军为首的苏联军事顾问的建议下，制定了集中兵力、各个歼敌的战略方针：首先向湖南、湖北进军，长驱直进，迅速消灭北洋军阀中最薄弱的吴佩孚主力，争取张作霖、孙传芳两部在一段时间内保持中立；待两湖战场取得胜利后，再引兵东向，消灭孙传芳部；最后，北上解决实力最为雄厚的张作霖部，统一全国。

根据这个作战方针，1926 年 5 月，国民革命军第七军一部和第四军叶挺独立团等部作为先头部队，先行出兵湖南，援助正被吴佩孚的部将叶开鑫部击败而退守湖南衡阳的第八军唐生智部。7 月 9 日，国民革命军在广州市东较场举行隆重的誓师大会，然后兵分三路，正式出师北伐。

出师之始，蒋介石让何应钦率部驻防汕头，任命他的亲信、第一军第一师师长王柏龄代理第一军军长。接着，他又令第一军担任总预备队，任王为总预备队指挥官，负责指挥第一、二师，随他北伐。叶剑英被调任总预备队指挥部参谋长。

总预备队沿粤汉铁路乘车向北前进，经湖南郴州、衡阳，于 8 月 12 日抵达长沙。同日，蒋介石偕苏联顾问加伦将军及邓演达、白崇禧、唐生智等高级将领在长沙召开军事会议，决定迅速进攻湖北，主力直趋武汉，对江西暂取守势。王柏龄、叶剑英奉命于 8 月 25 日，由长沙向岳州进发。攻下岳州后，蒋介石以岳州为北伐军后方，命王柏龄、叶剑英率总预备队在此驻扎待命。

第二节　参加南昌之役

9 月 6 日，北伐军攻克汉阳、汉口。翌日，北伐军一部向江西进军。王柏龄、叶剑英奉命率预备队第一师自岳州开到浏阳集中，随即进占江西之铜鼓城，配合第六军东下攻打南昌。9 月 10 日，北伐军程潜部第六军第十九师向南昌发起进攻，王柏龄、叶剑英率领第一师助攻支援。由于得到南昌工人、学生及省署警备队的内应，一举攻克南昌。[①]

孙传芳听到南昌失守，大为震惊，迅速组织优势兵力夺回南昌。蒋介石闻讯，与加伦将军亲临前方督战，再攻南昌。加伦分析战场情况后，提议休整两周，集结力量，再重新组织进攻。但是，王柏龄不听加伦的劝告，争功逞能，急于进攻。

叶剑英冷静地分析了当时的敌我态势，同意加伦的意见。他对王柏龄一再申明自己的看法：孙传芳的精锐部队都集中在南昌。南昌三面环水，地势险要，即使我部孤军深入，打到城里，一旦敌人断了我军的退路，进去了也出不来。况且我军刚退，士气消沉，还是缓攻为好。

一向刚愎自用的王柏龄拒不采纳叶剑英的意见，贸然下令部队攻击，孤军突进。一部分部队突入城内，遭到敌军猛烈反扑，被分割包围，无法立足。王柏龄见势不妙，贪生怕死，率先逃跑。叶剑英和团长薛岳等只好组织部队仓促撤退，部队损失惨重。叶的护兵司徒发回忆说："当时好险呀！多亏参谋长救了我一条命。"

10 月中旬，北伐军再次发起攻打南昌的战役。叶剑英与第一师代师长王俊奉命率部参加南昌西北的王家铺战斗。

战斗经过是这样的：10 月上旬，李宗仁的第七军与孙传芳的部将陈调元所率三个师在王家铺南约十里处，鏖战几天几夜，不分胜负。蒋介石闻讯，恐第七军独力难支，即派第一师前去增援。叶剑英协助第一师代师长王俊指挥部队，从白山绕出昆仑台侧背，迅速赶到山脚下。他观察战场情况，看到交战双方已打得精疲力竭，战斗接近尾声，便向王俊建议说："他们已经打三天三夜了，我们稍加砝

---

① 访问慕中岳、李任夫谈话记录，1984 年 12 月 11 日。

码，敌人就退了。”他提议将部队主力迂回到敌人侧后去，正面用一小部分兵力佯攻，命炮兵向山上开炮，迫使敌军退却，然后在运动中拦头截尾，一举歼灭之。

王俊急于立功，不听劝告，将部队全部拉到正面，发起进攻。双方刚接上火，敌军看到北伐军援兵到来，连忙撤出阵地向后逃跑。王俊得意地喊起来：“敌人退了，我们追吧！”叶剑英看到这种不讲战术的愚蠢打法，气愤地说：“还追个啥！等你追下去，人家已经跑出几十里了，什么也缴不到。”

这次战斗，由于王俊不听叶剑英的意见，打了一个消耗仗。结果只缴到一个炮筒子。参加战斗的黄埔学生军怨气横生，把这件事报告了蒋介石。

第二次攻打南昌，北伐军又遭受重大损失，被迫撤围。

10 月下旬，武昌方向的北伐军主力兼程驰赴江西前线，参加第三次攻打南昌。11 月 8 日，北伐军终于攻克南昌，全歼敌江西总司令邓如琢防守南昌的部队。9 日，蒋介石率总司令部移驻南昌。由于王柏龄临阵脱逃，叶剑英率总预备队指挥部，随一师驻守南昌。[①]

南昌之役，费尽九牛二虎之力，使蒋介石深感自己的嫡系部队问题严重。他“痛诫”一、二师长官，责骂王柏龄、王俊“根本不是带兵人才”，提出对二王要惩办、撤职。他听说在南昌战役中二王不听叶剑英的劝告，以致连连失利，于是特意召许叶剑英佩剑晋见。

蒋介石见到叶剑英，先是夸奖一番，然后摊出了此次召见的底牌，说：“现在一师没人指挥，我看你就去一师当师长吧！”

叶剑英丝毫没有思想准备。他想到一师是蒋的嫡系，有些部下目空一切，很难管束，同二王的关系也很难处，而且对蒋介石的面目还看不清楚，所以婉言谢绝说：“谢谢校长好意，只是我身体不大好，待打完仗再说吧，我还愿意继续当参谋长。”蒋介石立即吩咐军医官给叶剑英看病。军医官煞有介事地检查了半天，拿不准是什么病。叶剑英便风趣地说：“我还没吃早饭呢，等你检查确诊，人都要饿死了。”军医官没有办法，只好胡乱开个药方子。叶剑英懂得一点中医，看了看方子，是些“太平药”，便叫护兵煎几付吃下去，应付了事。[②]

第三节　新编第二师代师长

南昌之役，北伐军俘虏了孙传芳的军官数百名，士兵数万人。蒋介石为了扩充实力，决定将收编过来的赣军组成新编军，任命叶剑英为新编军第二师代理师长。叶不便再推辞，只好受命。他在组建师部机构时，选调了一部分云南讲武学校、黄埔军校的老同学、老同事。蒋介石又从其他部队抽调黄埔军校出身的军官，充当师部和团、营、连的骨干。同时，叶剑英还招收一些有志革命的青年学

① 在南昌“八一”起义纪念馆查阅的资料，1990 年 12 月。
② 叶剑英谈话记录，1981 年 1 月 13 日。访问刘复之谈话记录，1994 年 9 月。

生充实到机关和部队。

不久，师部机关、教导队和三个团都成立起来，营和连的兵员也基本补齐，全师总共有六千多人。从师到连各级，都仿效苏联红军的编制，设立党代表，多由左派国民党员和地下中共党员充任。叶剑英提出“不要钱，爱百姓，不怕死”的口号，还规定了军官不准打骂士兵等军纪。部队成分虽然复杂，经过一段整训，政治素质有所提高。

新编二师组成后，很快就奉命开赴吉安。

叶剑英率部开进吉安城后，安顿好了部队，就召集各团军官开会，布置教育和训练。他利用总理纪念周这个讲坛和其他机会，每周向军官们至少作一次政治演讲，讲时局，摆敌情，号召大家北伐到底，统一中华。他提倡部队教唱革命歌曲，开展各种革命活动，支持男女青年军人演活报剧，进行街头演讲。

在吉安这一段时间里，叶剑英虽然与共产党组织没有直接联系，但时常能接受到部队左派军官和秘密共产党员的思想影响。他以极大的热情出席地方上的总工会、商民协会等组织、团体的会议，支持革命和进步的活动。他还让党代表、进步的军官与学生联合会、妇女联合会等进行联欢，演出节目。当时，中共地下组织领导的吉安县青工学徒联合会副主席吴富善就与叶剑英有过交往，得到过他的支持。吴富善谈起对叶剑英的印象，说：“他那时才三十岁，高高的个头，瘦条条，白白净净的面孔，不大穿军服，经常穿一身中山装。人很帅，也很威风。他的卫队，每人都带着二十响驳壳枪。但他为人和蔼可亲，思想进步，是个左派。我们常在县里开会碰头，见面。”

那时当个国民革命军的师长既神气，又阔气。出门不是骑马，就是坐轿子，前呼后拥，威风凛凛。在经济上实行委任经理制，即包干制。一个月全师军饷 15 万块银元。叶剑英当师长，从不克扣军饷。他告诫军需处长，不能贪污，每个月发完饷要清理账目，向他报告。叶剑英一向宽厚待人，关心部属疾苦，经常用自己的薪俸接济有困难的人，不论是谁，有求必应。每个月他都接到许多来信，有些老同学、老同事、老下级，这个结婚，那个报丧，每有所求，他都寄给几十元或上百元。他与身边的人平等相处。公务之余，常教他们骑马、射击，没有一点“官架子”。

第四节　通电反蒋与吉安暴动

叶剑英身在吉安，时刻关心着全国政局的发展，尤其关注着武汉与南京两个方面的政治动向。蒋介石在上海发动“四一二”反革命政变后，江西也很快陷入一片白色恐怖之中。吉安的反动分子，也在全城实行戒严，查封工会、农会、学生会、报馆等革命机构，强行押送国民党左派和革命团体负责人出境，并收缴了县农协自卫队的武器。共产党人被迫转入地下活动。[①]

---

① 在吉安市委党史办、吉安军分区查阅的资料，1990 年 12 月。

在这种严峻的形势下，摆在叶剑英面前有两条路：

一条是荣华富贵的路。这就是继续留在蒋介石嫡系部队，为蒋效命，升官发财。那时，蒋介石很赏识叶剑英。他不单单看重叶剑英年轻有为，才华出众，更重要的是因为这个出生在广东的“儒将”，曾经追随和保卫过孙中山，在广东地区和粤军中很有些影响。他想把叶剑英拉过来，利用其威望和才干，笼络人心，控制南粤。这就是蒋介石为什么几次给叶剑英封官晋爵，甚至允许他佩剑直入其私邸的缘由。

另一条是艰难曲折的路。这就是脱离蒋介石，另寻出路。蒋介石在上海发动反革命政变，大肆屠杀工人和共产党员。这时，谁是革命者，谁是反革命，真相大白。叶剑英终于看到了国民党右派的反动本质，认清了蒋介石的丑恶面目。蒋介石口头上高喊“国共合作”、“三大政策”，实际上是挂羊头卖狗肉。当需要工农大众替他打江山的时候，就满口的“扶助农工”，一旦江山得手，便“翻转猪肚就是屎”，立刻变成了“砍杀工农”。那些过去标榜自己是“左派”的革命者，这一次摇身一变，亮出了货真价实的右派嘴脸。右派掌了权，国民党就变了质，变得腐败无能，反动透顶。在他们的统治下，人民大众就遭了殃！

是反蒋，还是投蒋？事情就这样明摆着，毫无调和余地。在两条道路面前，需要迅速做出抉择。

叶剑英经过反复思索，终于选定了反蒋的路。选择这条险路，在他内心深处，是经过一番激烈斗争的。正如他事后回忆的：

“宁汉分家以后，蒋介石说汉口反革命，武汉说蒋介石反革命，两下吵。我对武汉没有多少怀疑。但蒋介石还是总司令。究竟跟着谁走？那时没人来，也没电报来。我就自己看报纸，关上门，想了几天，什么问题都想到了。我想到自己年轻时立志为国为民做点事，参加革命后当了师长。那时师长每月差不多都有二三万元收入。二三万元不少了，十个月就是二三十万，公公道道，做二三年师长就是个百万富翁。……如果只是为了个人，跟蒋介石走，至少可以做大官。但是，蒋介石在上海屠杀工人，屠杀群众，变成了十足的反革命！一个革命，一个反革命，阵线已很分明了。参加革命，还是反革命？想了想，只有革命才有出路。所以我就下了决心，通电全国反蒋。一边倒，倒到武汉方面。”[①]

叶剑英决心已定，便与几个左派军官谈了自己的想法，决定通电全国，公开反蒋。他召集全师军官开会，告诉大家：愿意革命的，拥护武汉政府的留下；拥护蒋介石，想去南京的，也请自便。

叶剑英亲自起草并领衔签发的反蒋通电，使当时的政界和军界十分震动，也大出蒋介石的意料之外。原第四军副军长陈可钰为这件事去报告蒋介石：“叶师长反对我们！”蒋介石不信，说：“叶师长不会反对我们。”陈第二次去报告：“叶师长真的反对我们！”蒋介石偏了偏头，说：“好啦，知道了，你下去吧。”还是将信将疑。[②]

---

① 叶剑英谈话记录，1981年1月13日。

② 叶剑英谈话记录，1981年1月13日。

这时，吉安二师的右派军官和“孙文主义学会”分子与当地右派势力勾结起来，准备闹事。叶剑英与左派军官紧急秘密商议，决定二师举行武装暴动，拉队伍北上，投向武汉国民政府。同时，他作了如下部署：（一）迅速查明各团、营官兵的动向，以及驻地情形，拟出分头袭击、扣押右派军官、收缴枪械计划；（二）挑选特务营手枪队、教导队可靠人员分头执行袭击、扣押人员和收缴枪械的任务；（三）完成任务后，举行誓师大会，迅速编成四个团，取道赣北，经武宁、咸宁，向武汉进发。①

吉安的反动势力也加紧了行动。他们的矛头直接指向叶剑英。这样，叶剑英在吉安便站不住脚了。他决定先去武汉进行联系。离开之前，左派军官和师部人员以给师座祝贺生日的名义，在师部驻地的后花园，几次摆宴集会，联络感情，交换情报，议论军机。有的团长急于举事，对叶剑英说：师座，还是快干吧！叶剑英示之以缓。最后一次集会，还摄影留念。这一照片，由当时师部的女军医陈子瓃藏在一具棺材底下保存下来。②

为了躲避右派的耳目，叶剑英一行数人化装秘密启程。他走后，二师左派军官成立了“临时革命军事委员会”，于5月6日通电讨蒋，电文载当日汉口《民国日报》。通电发出后，遭到右派分子激烈反对，双方剑拔弩张，二师陷于分裂状态。“临时革命军事委员会”经过多方酝酿，紧急磋商，于5月13日夜举行了武装暴动。左派军官们以敏捷的动作逮捕了反动军官，控制了部队。

暴动以后，“临时革命军事委员会”向武汉国民政府发电报捷，电文称：“本师反动分子暗中猖獗。（职等）于本月13日夜，协同农工群众，将本师反动分子肃清，从此绝对拥护中央，打倒蒋介石。”20日，在城内中山广场召开军民联欢大会。这次暴动，由于缺乏经验，孤军无援，很快就被朱培德第三军的杨竹轩、杨如轩所部包围缴了械。

蒋介石得知新编二师暴动的消息，大为恼火，立即让下属向国民党中央执行委员会起草了呈文：

“前新编第二师代理师长叶剑英，率师驻次吉安，勾结共产分子，阴（谋）叛党，竟于5月13日鼓动该师学生队及师部监护队，勾结当地农民自卫军，将该师忠实部队逼令缴械，并将忠实官佐逮捕监禁。该师长叶剑英及跨党分子张克等倒行逆施，谋叛党国，即通令各军一体严缉惩办，拟请准该逆等一体开除党籍。”

7月28日，南京国民党中央监察委员会召开第十七次常务会议，决定将叶剑英等“永远开除”出党。随即将呈文转给南京国民政府中央执行委员会，经8月5日第一一二次会议，决定咨请南京国民政府通缉。与叶剑英同案被开除国民党党籍并被通缉的还有张克、邹泰安、杜若、魏夔元、王彬、刘世璋、陈世光、

① 访问李明谈话记录，1988年4月1日。

② 访问陈子瓃、杨光、丘岱安谈话记录，1985年1月。

丘维汉、楼胜利、吴洁等，都是吉安暴动的发动者和参加者。[1]

第五节　彷徨武汉

叶剑英一行经九江抵达武汉。当时的武汉政府，在共产党的推动下，继续实行国共合作政策。在政府管辖地区，共产党组织发动工人为改善生活地位斗争。同时，成立了以毛泽东、邓演达、谭平山等五人为委员的全国土地委员会，成立中央农民运动讲习所，培养学员在广大农村开展惩治土豪劣绅和镇压反革命分子的斗争。

但是，这个政府不但成分极其复杂，内部矛盾尖锐，而且由于帝国主义和封建军阀势力的诋毁和破坏，在军事、财政等各方面出现了严重危机。蒋介石占据东南诸省以后，同四川军阀杨森遥相呼应，从东、南、西三面包围武汉，并勾结帝国主义对武汉实行经济封锁；奉系军阀张作霖又从北方窥伺，使武汉政府处于“四面楚歌”的困境；同时，市内连续发生米荒、盐荒、油荒、煤荒，物价飞涨，企业倒闭，工人失业，使得本已困难重重的武汉经济形势益显雪上加霜。

叶剑英面对武汉这种乱纷纷的现实局面，不由得重新陷入迷惘之中。汪精卫究竟会把武汉政府引到哪里去？叶剑英开始警惕地注视着他的动向。汪是经常以“左派”面目出现的资产阶级代表人物、大政治投机家。此刻刚刚复职，担任武汉国民政府主席，极力标榜自己是孙中山的“忠实信徒”，实则从骨子里反对三大政策，敌视共产党。“四一二”以后，他明里与陈独秀发表联合宣言，握手言欢，暗里又与蒋介石达成默契，准备在适当时候公开“分共”“反共”。

武汉国民政府除汪精卫之外，还有一个实力人物谭延闿。这个投机革命的前清翰林，武昌起义后曾任湖南都督，代行过国民党中央政治委员会主席和国民政府主席之职，现虽然向汪精卫交了权，不再代理主席，但仍担任国民政府军事部长等职，大权在握。他一面把自己打扮成“左派”，一面偷偷摸摸派人和蒋介石勾结，暗送秋波。汪精卫、谭延闿之流伪装革命，迷惑了相当一部分人。共产党领导人陈独秀推行右倾投降主义政策，步步妥协退让。武汉形式上是国共合作的天下，实际上是国民党假左派当家。

叶剑英乍到武汉，一时不摸底细。他为了找个立脚点，只好先去找谭延闿这个军事部长述职。他向谭延闿报告了新编二师和吉安的现状，请求接济枪械、粮饷。谭延闿这个脚踏两只船的老投机家，怎肯资助反蒋的二师呢？他劝叶剑英暂时留在武汉，看看局势的发展再说，叶剑英便暂时下榻在武昌朝阳旅馆。

朝阳旅馆是广东人开办的，常有广东籍的客人来往和住宿。一个偶然的机会，叶剑英巧遇梅县同乡李世安。李是个秘密的共产党员，1924 年 6 月在广东大学（后改名中山大学）读书时入党，毕业后回到梅县任教。在广州时，他和叶剑英就见过面。后来，他回梅县，在东山中学和学艺中学同时兼任训育主任和

---

① 在中国第二历史档案馆查阅的资料。

国文教师。1925 年第一次东征期间叶剑英任梅县县长，多次去过母校东山中学和新办的学艺中学，二人再次相见，建立了友谊。李还结识了东征到梅县的周恩来、邓颖超。他于 1927 年 2 月离开梅县到上海，在那里又见到周恩来。后来转到武汉，在市公安局当主任秘书，他以这个公开身份作掩护，从事党的地下工作。叶剑英在武汉见到了李世安，顿时有一种“他乡遇故知”之感。二人常常见面谈心，双方有了更深的了解。①

叶剑英闲住几日后，军事部来人通知他出席武汉政府召开的国民议会，会议由谭延闿主持，讨论宁汉分裂后的形势和前途。

在会上，叶剑英讲了对当前形势的看法以及反蒋的主张。他说：“有人说我是蒋介石的嫡系，蒋待我不错，蒋介石给了一个‘巴掌’（职权），我拿这个‘巴掌’打老蒋，这不合人情，对不住老蒋。其实，不是我对不住他。他在上海杀了那么多人，我怎能还跟着他干呢？”

在这次会上，国民革命军独立十五师师长贺龙也慷慨激昂地发表了反蒋谈话。叶剑英与贺龙第一次见面，对他的谈话留下了深刻的印象。

叶剑英参加完国民议会之后，动身返吉安。到了南昌，应邀出席当地驻军部分反蒋军官举行的集会，并见到了第三军军官教育团（即南昌军官教育团）团长朱德。叶剑英在集会上作了即席讲话。他慷慨陈词，激动地说：“有人问我反蒋图什么？我说我反蒋不图什么，只图个革命。我们革命的枪口要对准反革命。蒋介石自己跑到我们枪口上来，他自己当反革命，是自己找打的。我反对蒋介石不是因为有什么个人恩怨，而是因为他反革命。我们就是要讨伐反对革命的人……”②

朱德十分赞赏叶剑英的讲话，当场称赞他讲得好。

叶剑英后来打听到吉安局势动荡，只好从南昌又折回武汉。

他回到武汉，又一次陷入苦闷彷徨之中。吉安既然回不去，下一步究竟怎么办呢？

第六节　出任“铁军”参谋长

当时叶剑英在武汉还有两位老相识，一个是邓演达，一个是张发奎。邓演达在“四一二”反革命政变后，主持武汉三十多万人的群众大会，声讨蒋介石，积极开展反蒋斗争。蒋介石派人拉拢不成，就通电解散邓演达为主任的国民革命军总政治部。邓演达毫不理睬，继续坚持反蒋斗争。

张发奎在参加北伐后，因战绩卓著，升任被称为“铁军”的第四军军长。此刻他正踌躇满志，到处网罗人才。他听说叶剑英来到武汉，就邀请他来四军军

---

① 访问熊昳晖、宋志英谈话记录，1984 年 6 月、1992 年 1 月。

② 叶剑英在空军师校以上干部学习毛主席军事著作集训期间的讲话，1959 年 7 月 8 日。

部，留在自己身边工作。[①]

这时，宁汉分裂后的各种斗争日趋激化。中国政治舞台上出现了武汉、南京、北京三方对峙的局面。武汉政府虽然仍然代表着革命势力，但政府领导集团严重不纯。汪精卫假反蒋，真反共，面临外交、军事和财政等困难，领导核心加速分化。蒋介石以南京为中心，盘踞闽浙苏皖的广大江南地区，建立起完全背叛孙中山革命政纲的反动政权。北方的奉系军阀于1927年春，进兵河南，集结重兵于豫南的许昌、郾城、汝南一带，企图进攻武汉。在这种形势下，是东征讨蒋，还是继续北伐？武汉政府内部经过激烈争论，最后决定与西北的冯玉祥国民军配合，举行第二次北伐，先打奉系军阀。

4月19日，武汉国民政府在武昌举行了声势浩大的第二次誓师大会，继续北伐。随后各部相继出征。5月13日，北伐军下达总攻击命令。叶剑英在张发奎的前敌总指挥部，与邓演达、黄琪翔，以及加伦将军等一起参与作战指挥。北伐军经过上蔡之战、逍遥镇之战、宋庄之战，特别是漯河、临颍的激烈战斗，于6月1日击退奉军，与冯玉祥的国民军会师于郑州。那时火车已经不通，邓演达乘手摇的铁路压道车迎接冯玉祥。叶剑英同众军官一起去火车站欢迎冯玉祥。不料，冯玉祥到郑州后即与汪精卫、谭延闿、唐生智等举行秘密会议，因意见分歧，不欢而散。后来到徐州与蒋介石会谈，竟也主张"分共"，拒绝讨蒋。形势如此突变，叶剑英只好随第四军从河南班师回驻武汉。不久，叶剑英被正式任命为第四军参谋长（军长黄琪翔）。

1927年5月30日的汉口《民国日报》，刊登了这样一则消息《三军开赴吉安戡乱》，其内容称："（南昌27日专电）驻吉安新编第二师，胥日大反动，对军民联欢大会到会群众开枪，毙死兵民十余人。马日拂晓，我第三军之二十二、三、四各团，即奉命将其全部包围缴械，反动官兵，悉数俘获。"叶剑英返回武汉后翻阅旧报，看到这一消息，大吃一惊。显然，这是一篇颠倒黑白的消息，但也暴露出了一个严酷的事实：新编二师暴动已经失败。叶剑英对此感到非常惋惜，同时对反动的第三军的镇压行动，表示极大愤慨。这时，恰巧新编二师参谋长佴鹗到武汉找叶剑英。叶向他详细了解了二师举行暴动的经过。当他听说佴鹗被捕后，拒绝高官厚禄的引诱，只身脱险逃到武汉来投靠革命政府时，当即赞扬他有骨气。他把佴鹗留下来，在第四军司令部参谋处任第一科科长。

第七节　投入中国共产党的怀抱

叶剑英在第四军军部这一段时间，进一步受到进步的思想影响。四军里的共产党员、国民党左派比较多，政治工作比较活跃。在这种环境下，叶剑英对时局有了新的认识。他看到了汪精卫、谭延闿这些人已经越来越走向反动，国民党官

① 访问刘景容（张发奎夫人）谈话记录，1992年5月。

僚只谋一己私利，腐化堕落。只有共产党人大公无私，真心实意地为工农大众谋福利，能够救中国，把革命进行到底。因此，他更加坚定了加入中国共产党的决心。然而，此时此刻，在一片白色恐怖中去投靠共产党，要冒很大风险。“道路艰险何所惧，只身偏向虎山行。”尽管前进道路上布满荆棘，这条救国救民的道路叶剑英决心走定了。

形势错综复杂，到哪里去找共产党呢？有些公开的共产党人并不熟悉，又多隐蔽起来，一时找不到；即使找得到党，能够吸收曾是蒋介石嫡系的高级军官吗？自己过去申请入党就是因为这件事被搁置起来，现在再要求入党会不会如愿呢？叶剑英困惑着，思索着。

其实，他还不大知道，当时在“左”的思想影响下，妨碍他入党的有两顶“帽子”，除了“国民党嫡系军官”之外，还有一顶，就是“孙文主义学会分子”。当时曾在国民党军内任职的中共党员包惠僧回忆 1925 年第二次东征后一段经历说：“我同叶剑英这一次共事才认识的。……他是云南讲武学校毕业。同王柏龄有师生关系，因此我们的同志都把他作为孙文主义学会的人看待。他曾到政治部同我谈过两次话，并借阅马列主义书籍，我们经过了多次的接触，有相当的了解，但是当时我们对他重视不够，没有吸收他入党。”①

当时，武汉有股出国留学风。不少革命者都想留学苏联，或到其他国家去。叶剑英也想到列宁的故乡去探求共产主义。听说邓演达同苏联大使馆有联系，便去找他帮忙。邓演达此时同汪精卫已经闹翻。徐州会议后，冯玉祥在蒋介石的代表王正廷催促下，一日三电汪精卫，除了要求立即“分共”、逮捕陈独秀及其他共产党领袖外，公然指责邓演达“做了共产党的工具”，要求解除其一切职务。邓演达眼看国共合作的大好形势遭到破坏，北伐战争的胜利果实被右派窃取，忧心如焚。他继续同共产党人接触，维持合作局面，坚持斗争。他多次深夜造访汪精卫，申明大义，力图挽回危局。但汪拒绝劝告。他曾打算抛开汪精卫，与吴玉章、宋庆龄、彭泽民等组织革命行动委员会，挽回局势，继续革命。然而，这一计划也由于汪精卫的破坏，未能成功。他最后把希望放在共产党员较多、战斗力最强的第四军身上，多次找张发奎做工作，但张在汪精卫的煽动和拉拢下，害怕共产党得势后被夺去军权、夺走地盘，结果不听邓的劝说，也跟汪去搞“分共”的勾当。邓演达对大革命感到失望，又遭到排挤，心灰意冷，正在考虑出洋问题。就在这个节骨眼上，叶剑英向他倾诉了内心的矛盾和革命愿望，请求他介绍自己到苏联去学习，成为一个真正的布尔什维克。

邓演达对叶剑英虽然抱有好感，表示赞成叶出洋。但他考虑到形势复杂，要自己出面介绍，比较为难。因此，邓演达没有答应介绍叶剑英去苏联。叶剑英又去找共产党员李世安。他把自己渴望入党的要求和几年来在找党、入党问题上遇到的波折和苦恼都告诉了李世安，希望李能想办法介绍他加入中国共产党。李了

---

①《包惠僧回忆录》，人民出版社 1983 年版，第 204 页。

解叶剑英的过去，也了解叶剑英的现在。他从在第四军的中共党员、广东同乡柯麟、李人一等同志那里早已听说过叶的政治表现和革命志向，知道他曾多次表示过要跟随共产党革命到底的愿望，便应承下来。

李世安心里明白，像叶剑英这样的国民党高级军官，即或是已经通电反蒋，但要在基层党组织里讨论他的入党问题，还可能发生波折。于是，他带着叶剑英的热忱希望，秘密找到周恩来，向他汇报了这件事。

周恩来回忆起自己同叶剑英这位年轻将领的交往，当即肯定地说：他的底子我知道，是好的，我们应当表示欢迎。①

就这样，又过了一段时间，1927 年 7 月上旬，经周恩来同意，中共中央批准叶剑英为中共正式党员。为了保密和特殊的工作需要，党组织暂时不要他和其他党员进行联系，只让他与李世安等少数党员保持联系。

就在叶剑英入党前后的一段时间里，武汉的革命形势急转直下。7 月 14 日晚间，汪精卫不顾宋庆龄、邓演达等国民党人的劝阻，秘密召开“分共会议”，部署反共与“清党”。15 日，汪精卫反动集团进行疯狂大屠杀，大批共产党员和革命群众倒在血泊之中。革命的武汉一宿之间变成反革命的桥头堡。轰轰烈烈的大革命被彻底葬送了。在这种形势下，成千上万的共产主义战士英勇牺牲了，而有些号称革命家的人逃跑了，叛变了。武汉报纸每天都在显赫的位置上登载个人或联合声明、启事，宣布与共产党脱离关系。但是，那些真正的共产主义者却在这关键的时刻勇敢地投入了共产党的怀抱。“砍头不要紧，只要主义真！”叶剑英正是这一类共产党人。他从一个追随孙中山革命的国民党高级军官转变成为一个坚定的共产党员，从一个激进的民主主义者，成长为一个献身无产阶级事业的革命战士，走过了艰难的道路，经受了火与血的洗礼和复杂斗争的考验。他在大革命失败的低潮中，迎着反革命逆流加入中国共产党，表现出了他坚定的革命信仰和不屈不挠的战斗精神。他后来曾写过一首《题画竹》的诗：

彩笔凌云画溢思，
虚心劲节是吾师。
人生贵有胸中竹，
经得艰难考验时。②

这首诗，正是他自己革命精神和战斗品格的生动写照。

后来，叶剑英回忆自己从找党到入党的坎坷道路，不无感慨地说：

“1920 年打下广东，奠定了统一两广的基础。那时广州就可以读到列宁传记了。广州有共产党，有无政府主义，还有国家主义，面包、药瓶什么都有，真是

① 叶剑英就入党问题给中央组织部的复函，1980 年 10 月 7 日。访问李世安谈话记录，1992 年 5 月。
②《叶剑英诗词选集》，人民文学出版社 1983 年版，第 60 页。

'百家争鸣'。那时在广州一看戴软帽子的就知道是共产党，一看戴硬帽子的就知道是国民党。我最初还读过克鲁泡特金的东西，后来才逐渐从无政府主义转到共产主义。"

"我是1924年提出要求入党的，没有被批准。那时我在蒋介石手下的教导团当团长，有人说是蒋介石嫡系部队的团长，这没有说错。从1927年就反对蒋介石，经过这个考验，决心就定了，所以1927年7月正式参加了党。当时也不是对共产主义完全理解了，只觉得国民党不行，享乐腐化，必然失败，共产党朝气蓬勃，必然要胜利。后来，经过学习马克思主义，树立了共产主义世界观，懂得了社会发展的客观规律，懂得了资本主义必然灭亡，共产主义必然要代替它，如同资本主义必然要代替封建主义一样。这样，共产主义必然胜利的信念就始终坚定不移了。"①

叶剑英加入中国共产党以后，便义无反顾，勇往直前，投入到了新的革命洪流之中。

① 叶剑英1972年8月的一次谈话。

第七章　策应南昌起义

第一节　密议甘棠湖

加入中国共产党，使叶剑英实现了多年的夙愿。然而，摆在他面前的革命道路，却变得更加严峻艰难了。蒋介石和汪精卫相继背叛革命后，国内政治局势发生巨大的逆转，轰轰烈烈的中国大革命中途夭折。武汉三镇陷入腥风血雨之中。身在武汉、担任第二方面军第四军参谋长的叶剑英，目睹大批共产党人和革命群众惨遭杀害，心如刀绞，义愤填膺。他深深感到，在反动派的屠刀面前，共产党人没有自己的枪杆子是不行的。他更加痛惜新编二师的失败，多么希望能重整旧部，拉起武装，给反动派来一个反击啊！但是，中共组织却让他继续留在国民党军营垒中工作。

1927 年 7 月中下旬，中共中央为了反击国民党反动派，使革命走向复兴并取得胜利，决定在南昌举行武装起义，并成立了以周恩来为书记的前敌委员会领导起义。与此同时，一批党员干部相继云集九江，具体组织和领导起义工作。叶剑英随第四军军部到达九江。

九江，南开陆道，途通五岭，北守长江，来商纳贾，史称七省通衢，自古以来为兵家必争之地。此时城里城外驻满了军队。共产党能够掌握和影响的有贺龙任军长的暂编第二十军、叶挺的第十一军第二十四师等部，都驻在这里。此外，还有其他部队。九江城一时显得拥挤不堪。

第二方面军第四军军部设在甘棠湖附近。军长黄琪翔因汪精卫要他公开反共、“清党”，又面临着与新军阀争夺地盘的矛盾，满腹心事。于是，他不时邀请与他素有交情的叶剑英磋商军机大事。当时，叶剑英的中共党员身份极端保密，鲜为人知，但与叶挺保持秘密联系，与第二方面军总指挥部秘书长高语罕、第四军政治部主任廖乾吾等也有交往。他尽力将获悉的重要军事情报传递给中共组织。

准备参加南昌起义的大批部队和干部涌向九江、南昌，引起了反动派的注意。

汪精卫同张发奎等人经过秘密策划，决定以张发奎的名义，邀贺龙、叶挺上庐山开会，届时予以扣留。同时令贺、叶部队到九江、南昌之间的德安一带集结，然后以三个军的兵力，包围贺、叶部队。然而，他们万万没有料到，这个阴谋被在他们身边工作的叶剑英察觉了。

军情急如火。叶剑英连夜找到叶挺，将汪精卫等人的密谋悄悄地告诉他。他们商定，立即通知贺龙、廖乾吾和高语罕到甘棠湖烟水亭附近碰头，以划船赏景为掩护，共同商议对策。[①]

在甘棠湖上的一个小划子上，叶剑英将他在山上听到的汪精卫、张发奎密谋要调贺军长、叶师长上山的消息告诉了大家。

“他们要我们上山搞什么名堂？”贺龙一听急了，抢先发问。

“他们名义上要你们上山避暑，商议军情，实际上要把你们扣起来，罢掉兵权！”叶剑英沉静地回答，并将他所了解的内情和盘端出。

叶挺听后问贺龙军长上不上庐山，贺龙斩钉截铁地说：“我坚决不去！这是黄鼠狼给鸡拜年，没安好心。我们不上庐山，不去德安，只去南昌。”

叶挺接着说：“好，我们不能上他们的当。”

廖乾吾、高语罕支持贺、叶的意见。

经过短时间的磋商，做出了三项决定：（一）贺、叶不上庐山；（二）不能接受张发奎调贺、叶部队到德安集中的命令，贺、叶部队要立即开往牛行车站，乘火车到南昌去；（三）叶挺的部队先行，贺龙的部队随后行动。[②]

叶剑英最后对叶挺、贺龙、高语罕等说：“你们有什么动作请及时通报消息。”[③]

甘棠湖上的这次会议，史称“小划子”会议。它对保证起义领导人的安全和将起义的主力部队及时开往南昌，起了重要作用。

7月26日，叶、贺部队次第转移，沿南浔铁路线，开往南昌。此后，张发奎数次电催贺、叶上庐山开会，但他二人已到南昌，拒不从命。汪精卫不甘罢休，7月28日，他偕孙科、张发奎等从武汉赴庐山，召集朱培德、黄琪翔等开会，密商加紧“清共”行动。会议决定：（一）严令贺龙、叶挺限期将军队撤回九江；（二）封闭九江市党部、九江书店、九江《国民新闻》报馆，并逮捕其负责人；（三）第二方面军实行“清共”，通缉恽代英、廖乾吾、高语罕等人。会后，汪精卫等迭次下令催促第二方面军各部队立即“清共”，严令贺、叶将部队立即撤回九江，并阴谋加害一些共产党领导人。叶剑英在庐山会议上得悉内情，立即派人下山通报给了廖乾吾。廖及时转告恽代英、高语罕等。他们迅速离开九江，赶赴南昌参加起义。

第二节　巧献“计中计”

8月1日凌晨，由周恩来、贺龙、叶挺、朱德、刘伯承等领导的、具有伟大历史意义的南昌起义爆发了。经过四个多小时的激战，起义军全歼城内守军三千余人，占领南昌城。8月3日，起义军按照中共中央的预定计划，撤离南昌，向广东进发。担任起义总指挥的贺龙在起义的当天，即将这一重大事件通报给了在

---

① 叶剑英与萧克谈南昌起义，1979年7月16日。

② 王敏昭：《“八一”访问贺龙将军》，载重庆《新华日报》1951年8月7日。

③ 叶剑英谈话记录，1981年1月13日。

九江的叶剑英。叶剑英得到这一消息，心情十分振奋。

南昌起义，使国民党反动派惊恐万状。南京的蒋介石和武汉的汪精卫都急忙下令调集各路兵马，前去讨伐，妄图把起义军扼杀在摇篮里。汪精卫多次电令朱培德、张发奎速调赣东、赣南各处驻军“进剿”，将贺龙、叶挺等“叛乱附逆”，“一体缉拿”，“务获元凶”。张发奎闻变，亲率第二十五师师长李汉魂乘火车由九江至马回岭，企图阻止部队参加暴动。然而，第二十五师的一些部队在聂荣臻、周士第的率领下已向德安集中，并迅即向南昌开去。张发奎狼狈地返回九江。

张发奎眼看部下一个军和近两个师的部队跟着共产党跑了，气急败坏。他在九江召集黄琪翔、朱晖日、叶剑英等高级军官开会，商讨对策。会上，张发奎说叶挺、贺龙公然“叛变”，于公谊私情均不可谅解。朱晖日等极力主张立即派兵追击。面对这种形势，叶剑英心中十分焦急。他想，如果张发奎听了朱晖日等人的意见，真要率部追击起义军，起义军就要面临前后夹击的危险，后果将难以设想。他经过思考，决定利用张发奎一直想重新回到广东立足的企图，劝诱他放弃追击起义军的打算，以便保存起义军的实力。于是，他从容不迫地分析战局，侃侃而谈：叶、贺已撤离南昌，南下广东。广东李济深必不相容而派兵出击，广州城防随之空虚，这正是我们南下广东的大好时机。如果我军打起“援师讨逆”的旗号，直趋广州，比跟着叶、贺屁股打、两败俱伤要好多了。他向张发奎说：我们原来商量好的，到广东重新做起，如果尾追贺、叶，徒耗兵力，我军仍无立足之地，又怎样实现总理遗训、重新北伐呢？

张发奎听了叶剑英的意见，觉得很有道理。他自知以尚存的一万余兵力来对付贺、叶的两万多“叛军”，难操胜券，同时考虑到各方面的关系，遂采纳叶剑英的意见，放弃了尾追贺、叶的企图。

然而，张发奎毕竟怕担“通共”之嫌，又虚张声势，派出一部分兵力追赶起义军，以敷衍武汉政府。8 月 5 日，电告武汉政府，谓“职部积极进剿”，“本日先头部队已抵涂家埠”，“速向南昌追剿”。实际上，他率部追抵南昌后，又拖延时日，待贺、叶部队进兵临川、宜黄时，才派兵追赶。对于这一段史实，国民党出版的《国民革命军战史初稿》中有如下记载：“叶贺等遂东去抚州。张发奎率师追之。嗣忽分途，叶贺等由闽粤边境趋潮汕，张发奎部则改由南雄入粤。”[①] 其实，张发奎、黄琪翔的“追兵”，与起义军“嗣忽分途”，改向南雄，正是叶剑英向张提出“力主不追”的结果。这样，就使南昌起义军减少了被追击的压力，从而得以迅速打开南下广东的通道。

第三节　保护“革命火种”

在南昌起义之前，中共组织原计划还有一支革命武装力量，即中央军事政治

①《国民革命军战史初稿》第 3 卷，第 393 页。

学校武汉分校的师生，也准备参加起义。这个学校组建于 1926 年底。当时，第一次国共合作还没有破裂，革命势力在学校占优势，邓演达是代理校长，恽代英曾任政治部教官，陈毅任该校中共地下党委书记。学校是为继续北伐培养军政干部的一个基地，也是第一次国共合作时期武汉政府的一个重要支柱。全校有男女学生四千余人，革命气氛很浓。

但是，后来汪精卫日益反共，国民党反动派便把武汉军校的革命师生称做“赤子赤孙”，视为眼中钉、肉中刺，必欲除之而后快。对此，军校的中共组织采取了应急措施。党的领导人恽代英迅速离开学校。一些已暴露身份的共产党员也先后撤走，党的活动则由公开转入秘密。当时在第四军工作的叶剑英时刻注视着武汉军校动向，关心着它的前途和命运。

厄运终于降临。就在汪精卫发动反革命政变那一天，国民革命军第一方面军总指挥唐生智突然命令军校进行洪山野外演习。同时密令其嫡系军长何键、李品仙、刘兴等率队，将军校师生团团包围在洪山之上，企图一举歼灭之。

战事一触即发，情况十分危急。

叶剑英得知洪山演习与唐生智的阴谋后，即刻去找张发奎，劝他趁机解围，把军校这股武装力量收编过来以壮大二方面军的力量。张发奎接受叶的劝告，立刻亮出“左派”领袖的招牌，亲自出马交涉。

唐生智、何键慑于张发奎的压力，不得不终止其策划已久的反动阴谋。不久，武汉军校被张发奎宣布解散，改编为第二方面军的教导团，这支革命武装总算被保存下来了。

武汉中央军校改名为第二方面军教导团后，团内还有一百多名没有暴露身份的共产党员。全团编成三个营，以及炮、工、辎重、警卫各一连，另有一个女生队。原军校女生大队三百多名同学在改编时，被迫遣散。但是，游曦、郑梅仙、骆英豪、曾宪植等三十几个人坚持不走，被编入教导团。另外，还有以崔庸健为首的朝鲜学生一百多人。团长由原第二方面军参谋长谢膺白兼任。全团的教育、行政，均由国民党党部领导，而这个党部实际上为中共地下组织所掌握，团党部执行委员和各连（队）党部执行委员，多是中共地下党员。尽管如此，由于当时全国革命局势处在剧烈变动之中，学员们思想动荡，惴惴不安。

7 月 31 日晚，教导团根据张发奎命令，出发“东征讨蒋”。

教导团在赴南昌途中受阻，直到 8 月 4 日全团才乘船赶到九江。这时，张发奎突然下令缴械、“清党”。在这种情况下，已经暴露身份的陈毅连夜召集中共地下组织会议，决定：除秘密党员留下外，已暴露身份的党员迅速转移。陈毅带特务连长萧劲奔赴南昌。不少学员怕遭到国民党反动派的屠杀，又感到南昌起义已经失败，前途渺茫，于是纷纷离队。①

叶剑英把这一切看在眼里。他深知教导团是中共组织所能掌握的一支武装力量

① 访问许子威、程子华、曾宪植、许觉非谈话记录，1984 年 12 月—1985 年 9 月。

量，无论如何不能叫敌人吃掉了，也不能叫它自己垮掉了，要想尽一切办法把它保存下来，交给党使用。于是，他寻找机会，几次来到教导团，找教员和学员们谈话，做了许多鼓励工作。

一天，叶剑英见到团长谢膺白，谈起教导团的问题。谢膺白满腹牢骚地说："这个教导团不好管，我早就不想兼这个团长了。"叶剑英赶忙说："你不当教导团长我来当，怎么样？"谢同意后，叶剑英就去找张发奎。张此时正在为教导团的事大伤脑筋。他明知教导团训练有素，能打仗，是难得的队伍，但又怕管教不好，出乱子。叶剑英摸透了他的矛盾心理，就劝他留下教导团，稳住军心，日后好派用场，并且告诉他谢膺白不想再兼团长，自己愿意去接替，来了个"毛遂自荐"。张发奎满口答应。[①]

叶剑英在第四军中享有"儒将"的盛名。教导团的官兵听说有这位北伐将领来当团长，都表示欢迎。他到教导团上任后的第一件事就是体察下情。当他了解到在学员中仍然存在动荡不安的情绪时，就召开大小会议，耐心地进行劝导工作，同时召见特务连长等交谈，叮嘱带好部队。叶剑英和同学们站在平等的地位，语重心长地说，你们都是有志革命的青年，这次从武汉出发，经过长途跋涉，经历了很多难关，总算闯过来了。从斗争中长了见识，这是无价之宝。他引导大家正确认识革命前途，要求大家在国家处在外忧内患、四分五裂的形势下开辟革命道路。他说，革命任重道远，有时顺当，有时受挫，不可能一帆风顺。但是，应当记着，困难是可以克服的，出路总是有的。他每次讲话，总是鼓励大家努力练武修文，成为真正的革命军人，奋勇向前。

叶剑英的这些话，字字句句嵌入学员们的心坎，使他们拨开云雾，看到光明，浮躁的人心开始稳定下来。已经走散的学生纷纷来归。教导团重新集合起两千余人。接着，叶剑英又向张发奎要回部分枪支、弹药，将全团重新武装起来，稍事整顿，即随第四军开赴南昌。

教导团进抵南昌后，江西军阀朱培德又横生枝节，向张发奎提出解除教导团武装、肃清共党分子的无理要求。身为教导团长的叶剑英，挺身而出，仗义维护。他首先面见张发奎，提出将第二方面军军官教导团改名为第四军教导团，直接并入第四军建制，加强整顿管束，以缩小攻击目标，缓和与朱培德的矛盾。张发奎欣然同意。接着，叶剑英又向朱培德透露，教导团经过整肃、清党，不会在南昌闹事。朱培德权衡利害，终于未敢下手。

就是这样，在短短一个月的时间里，多灾多难的教导团从武汉到南昌，从军校改编到归属第四军建制，二次易名，多次受挫，遭到唐生智、朱培德的暗算和攻击。但是，在共产党组织和叶剑英的关照下，经过全体革命师生的斗争，终于闯过来了。叶剑英费尽心血为党保留下了这支革命武装。

这一年，叶剑英与教导团女战士曾宪植结婚。

---

① 叶剑英谈话记录，1981 年 1 月 10 日。

第四节　率教导团南下广东

8月中旬，第四军冒暑南进。叶剑英离开军部，亲自率领教导团沿着赣江南下，开始了千里跋涉。他命令放慢行军速度，以便与南昌起义的队伍保持距离。由于叶剑英在教导团出发前制定了严格的规章制度，因此一路上，部队井然有序，纪律严明。①

长途行军极为艰苦。南方炎夏的天气忽晴忽雨，山区的道路崎岖泥泞。许多学员跋山涉水，已属不易，再加上处处要提防反动军队的攻击和土匪、地主武装的袭扰，时常忍饥挨饿，露宿野外，渐渐地支持不住，累倒了，掉队了。有的产生苦闷情绪，甚至发牢骚。队伍里时不时有人哼起"断肠人在天涯"的小调。

叶剑英看到这种情况，把坐骑让给走不动的学员轮流骑，而自己坚持步行，边走边做工作。他鼓励大家说："干革命可不是简单的事啊！会遇到许多困难，吃很多苦，要咬紧牙关，才能渡过难关！"

叶剑英不仅坚持徒步行军，与大家同甘共苦，而且要日夜操持全团的军务和生活，事无巨细，都要亲自过问。他每天都要派人侦察敌情和行军路线，亲自调查社情和民情，制定颁发行军命令。团部油印的"逐日行军令"，对于行军序列、时间、路线、行程、途中大小休息地点、宿营地等，都规定得十分详尽准确，后面还带有附图，使人一目了然。行军途中，他经常召集军官在山林树丛中开会，研究部队教育以及露营、野炊、救护等问题。他还向一些连排长讲古代名将韩信、岳飞等带兵、作战的故事，启发部属要"自学成才""学战于战"。团里有两位营长是保定军校出身的老军官，经验多，他就注意多发挥他们的作用。他还特别关心团里的朝鲜族学生，行军途中向他们学日语，询问并解决他们的特殊困难。②

就这样，在教导团千里行军中，叶剑英把行军路途变成课堂，利用时间，进行政治教育与军事训练，为党精心培育这支武装力量。

还在叶剑英率教导团南下之前，中共中央在武汉召开了"八七"会议。会议总结了大革命失败的经验教训，彻底结束了陈独秀右倾投降主义在中央的统治，确定了土地革命和武装反抗国民党反动派的总方针。

8月下旬，叶剑英利用队伍在吉安小驻的机会，对前一段的行军进行检查总结。在总结会上，叶剑英向革命师生作了一次重要讲话。告诉大家准备打回广州，积蓄力量，举行第二次北伐，打倒新旧军阀，建立新中国！

9月，教导团到达万安。一天夜里，在这个水乡小镇上，教导团里的中共党委举行会议，邀请叶剑英列席。这是他入党以后第一次公开参加党的会议。会议在一所隐蔽的小屋里紧张地进行着，党委书记唐维主持会议。当讨论到下一步革命行动时，委员王侃予和李人一提出了在万安举行暴动的主张。叶剑英分析当时

---

① 在江西省委、赣州市（地）委党史办、档案馆查阅的资料，1990年12月。

② 访问何崇校谈话记录，1991年5月。

面临的形势，提出了否定意见，劝说大家不要在万安暴动，要插到广州，到敌人的心脏里暴动。对这件事，叶剑英回忆说："队伍开到万安，有一天，团党委书记唐维告诉我：'今天团党委开会，请你参加。'我是共产党员了，能参加党的会议，感到很高兴。会上讲到许志锐的二十六师从后方运来一大批物资，有好几十条船的弹药和军需品。有好几位同志提出要在万安暴动，把这些武器、弹药夺过来。唐维一时拿不定主意，征求我的意见。我考虑到，在万安暴动意义不大，且不说不易成功，即使成功了，以后向哪里去呢？"叶剑英耐心地给大家谈形势，分析当时的敌我力量对比和地理条件，极力主张去广州搞暴动。他说："跟在人家屁股后面搞，意义不大，真正的革命者要到敌人心脏里去暴动！"党委采纳了叶剑英的意见，放弃在万安暴动的想法。教导团继续南下，向广东南雄开进。

叶剑英提出的"到敌人心脏里暴动"的主张，同当时中共中央和广东省委的设想是基本一致的，也符合实际情况。当时南昌起义军已经南下，在万安暴动孤立无援，没有胜利把握。如果前面敌军回头反咬一口，两面一夹击，教导团肯定失败。而到广州去，那里是北伐的策源地，党刚刚举行过省港大罢工，群众基础雄厚。广州是全国著名的大城市，毗邻港澳，又是帝国主义和封建势力的老巢，如果在那里举行暴动，在中外会造成很大影响。更重要的是，南昌起义军已先去广东。教导团到了广州，举行起义，可以同他们携起手来，内外策应，胜可以守，败可以走。只要准备充分，指挥得力，成功是有希望的。叶剑英"到敌人心脏里暴动"的思想，显示了一个坚定的共产党人在国民党反动派的白色恐怖下不屈不挠的斗争精神。

不久，叶剑英率教导团进驻广东南雄。叶剑英向教导团内的中共组织建议，为了准备广州暴动，他先去广州，教导团再跟上来。党组织同意后，叶剑英召开全团军官会议，要求各营连继续抓紧训练，整顿军纪，并指示各伙食单位的经济委员清查公布账目，改善部队生活，防止贪污行为。他语重心长地对大家说："教导团是军官教导团，是培养军事人才的，我们要挑起革命重担，在第四军内外作表率。"

叶剑英先行赴穗后不久，教导团经韶关抵达花县。部队驻扎在花县新街进行整训。叶剑英精心培育的教导团不久之后成了广州起义的主力军。叶剑英后来回忆说："教导团是很好的队伍。如果调到部队，一个兵就可以当个连长。后来我到江西时，毛主席知道了教导团的情况后，也说：'哎呀，太可惜了！一千多人，要是到这里来了就好了。'"①

① 叶剑英谈话记录，1981年1月10日。

第八章　到敌人心脏里准备暴动

第一节　留在张发奎身边

1927 年 9 月底，叶剑英又回到了广州。

此时的广州，到处是一片凄凉景象。自广东“四一五”反革命政变之后，大批共产党员被捕杀，进步组织被破坏，革命形势同全国一样处于低潮。叶剑英忆起几年前热火朝天的大革命盛况和东征北伐中壮烈牺牲的战友，不禁满怀激愤。

然而，共产党人是杀不绝的。广州的党组织虽然被迫转入地下，但仍坚持顽强的斗争。中共广东区委（后改省委）原确定在 5 月初举行的全省总起义虽然未能实行，但在党领导下的广州郊区以及东、北江等地的斗争仍在继续。从 9 月到 10 月底，海陆丰和琼崖地区（今海南省）先后爆发武装起义，并建立了苏维埃政权和革命根据地。南昌起义和秋收起义的风暴，振奋了广东工农群众的革命情绪。一个新的革命形势正在广东地区逐步酝酿和形成。

就在南昌起义军南下之际，盘踞在广州的桂系军阀李济深同张发奎拉开了争夺战的序幕。李济深不但掌握着军事实权，而且担任着国民党中央政治会议广州分会主席和广东省政府主席的职务。他为应付南昌起义军进粤，急急忙忙调兵遣将去潮汕增援，广州几乎成为一座没有防守力量的“空城”。此时，早已觊觎广东的张发奎，一看时机已到，便让第四军军长黄琪翔打起“援李讨逆”的旗号，率领第四军从江西直驱粤北，转向广州，在李济深的“礼遇”下，浩浩荡荡开进了五羊城。

张发奎回到广州以后，以第二方面军总指挥的名义发表“凯旋宣言”，声称此次班师回粤有三大使命：第一，肃清共产党，铲除叶、贺逆军；第二，改善广东的政治；第三，扶植工农。他还搬出大革命时期的一些口号来欺骗群众。然而，他的真实意图则在于对李济深与南昌起义军之战作壁上观，等待双方力量削弱之际，乘机夺取广东全省的政权。[①]

叶剑英就是在张发奎雄心勃勃，欲掌广东大权的情况下回到他身边的。但是，却遭到第四军副军长陈可钰等一些高级军官的反对。对于这件事，叶剑英曾作过如下的回忆：

① 在中共广东省委、中共广州市委档案馆查阅的资料，1991 年 5 月、12 月。

我一到广州，见到了国民党的军官陈可钰和薛岳等。陈可钰是国民党的元老之一，曾当过孙中山的警卫团团长。陈可钰知道张发奎要继续留我在第四军，便跑去见张发奎说：叶剑英这个人靠不住，过去蒋介石对他那么好，结果他反蒋，这个人留不得。

那时，张发奎还有点革命气概，当场反驳说："反蒋？我也反！那时的蒋介石，该反就得反！"又说："你们不要老叶回来，我就叫他请假，到德国留学去。"

陈可钰找了张发奎以后，我去见张发奎，张问我："老叶，你回来，陈可钰、薛岳都反对，你看怎么办？"

我想了想说："我还是去外国学习吧。"张发奎劝我不要急着走，先打个出洋报告，领下留学费用，等将来一起走。

这样，我就留下来了，继续担任第四军参谋长。既然陈可钰等反对我回广州，那么，我的行动就要注意一下了。我把情况向当时党的负责人黄锦辉作了汇报，并报告了省委军委。①

第二节 摇接受党的秘密使命

黄锦辉是当时中共广东省委与叶剑英保持单线联系的负责人。他也是黄埔军校毕业生，参加过东征战役。1926 年底周恩来调离广州后，他负责广东省委军委工作。叶剑英到达广州不久，即与他秘密接上了头，向他汇报了教导团随军南下和此次单独来穗的工作情况，以及准备在广州暴动的设想。黄锦辉听完以后，首先肯定了叶的工作，并向他详细介绍了广州的革命形势，传达了中央和广东省委最近一个时期以来的指示和工作部署，其要点是：中央已于九月明确指示要发动广州起义；广东党组织的任务是利用李济深和张发奎两派军阀之间的矛盾，积极做起义的准备；要纠正消极等待叶、贺军配合起义的思想；省委正着手组织总同盟军罢工，扩大工人赤卫队，发动市郊农民暴动，并分化敌军使之一部分能站到工农方面来。在这次谈话中，黄锦辉还交给了叶剑英这样几项任务：（一）要在张发奎的第四军中站住脚跟，掌握敌军动态；（二）加强对教导团的控制，掌握好这支暴动的基本武装；（三）利用敌人的矛盾，分化削弱敌人力量，壮大革命力量。最后黄锦辉叮嘱：对张发奎不能抱幻想，要提高警惕，处处小心，不能露出马脚。②

叶剑英与党组织取得了联系，了解了党组织的意图，更加谨慎行事，在极其复杂险恶的环境中秘密地进行起义的准备工作。

9 月底，南昌起义军在国民党军的重兵围攻下，被迫撤出了汕头。10 月上旬，周恩来、贺龙、叶挺、张太雷、恽代英、聂荣臻等相继转往香港。这时，叶剑英

---

① 叶剑英谈话记录，1981 年 1 月 10 日。

② 叶剑英谈话记录，1983 年 5 月 3 日。

受党组织委托秘密前往香港，会见了广东省委委员恽代英，交换情况，进一步商讨了广州起义的问题。返回广州后，他把与恽代英交谈的情况向黄锦辉作了汇报。

叶剑英在广州立稳脚跟后，昼夜思虑着如何把他苦心培育的教导团调进广州。张发奎、黄琪翔本来是拒绝教导团来穗的。他们听到许多关于教导团“赤化了”的传言，此时正把教导团看做是“一颗拉了弦的手榴弹”，既想丢出去炸别人，又怕留在手里炸自己。叶剑英看透了他们的心思，几次找他们陈述利害：要想驱逐异己势力，扩大自己实力，非起用这支饶有作战能力的年轻武装不可。并且一再担保，只要使用得当，调度有方，不会发生任何意外。费尽唇舌，张、黄终于被他说通，同意把教导团调入广州。10 月中旬，教导团从广东花县新街出发，抵达广州北郊四标营。稍事休整，便获准重新发还武器，并补发了新的灰布军装。

教导团进驻广州后，叶剑英便设法与团内的中共地下党负责人唐维等取得联系。为了避嫌，他先向张发奎辞去教导团团长的职务，同时建议由杨澍松代理团长，李云鹏（中共地下党员）等人接任营长和连长。叶剑英部署停当，即来到教导团视察。这一天，他身着笔挺的军服，佩带短剑，英姿勃勃，出现在全团官兵面前。他首先问候大家，随即庄重地宣布杨澍松等人的任命，接着，讲革命的形势和任务，最后语意双关地说：当前，在我们面前展现着一条曲折的革命道路，希望大家不要低估自己的作用。要用高度的革命精神来接受紧张的训练。要养成服从军纪的良好习惯，为巩固革命策源地广东做出贡献！同学们听了老团长寓意深刻的讲话，对革命斗争的复杂性有了进一步的理解。

叶剑英根据中共广东省委军委的指示，在教导团内加紧部署起义前的准备工作。9、10 月间，党组织又发展了一批新党员。全团 1300 名学员和教官中，有 200 多名共产党员和革命积极分子，3 个营长有 2 个是共产党员，其他各级干部也大部分是共产党员。叶剑英还与团内党组织负责人一起迅速扩大“工农兵革命同志会”这一进步组织，并指导“同志会”开展小组活动，进行个别谈心，团结和教育广大士兵群众，使全团绝大多数官兵同情革命。通过这个革命组织，党的指示精神和“老团长”对起义准备的具体要求，得以在全团贯彻实施。由于党的领导加强，“孙文主义学会”的影响受到削弱，广州起义的武装准备工作有了迅速的进展。

第三节　调虎离山

按照中共广东省委和“老团长”的布置，教导团经常派出一些有战斗经验的学员深入到市区、工厂和工人住宅区，向群众宣传革命道理，指导工人纠察队使用武器。一些女生队的学员也穿起工人服，外出宣传，和女工一起讨论革命大事，受到工友们的欢迎。教导团的革命士兵与广大工人打成一片，阶级觉悟迅速提高。教导团党组织在叶剑英的提议下，还以加强训练为名，成立了一个“士兵训练委员会”，根据城市起义的特点，对各个连队各有侧重地进行巷战中的攻击、射击、投弹、爆破、刺杀和夜战训练教育，并对全团的勤务、司号、炊事、饲养、看护等300多人，按时进行军事政治训练。每天，在晨光熹微中，一队队的教导团战士便开始了长跑锻炼。他们向着沙河方向，一直跑到黄花岗。在巍然肃穆的七十二烈士墓碑前，列队集合，高唱革命歌曲，抒发战斗激情。教导团战斗力日益增强，政治影响日益扩大。

正当教导团厉兵秣马、待机而动之际，粤系张发奎与桂系李济深、黄绍竑争夺广东地盘的斗争愈演愈烈。

自从南昌起义军在潮汕失败之后，黄绍竑得胜回归广州，代任第八路军总指挥。李济深自恃实力壮大，遂成立临时军事委员会，自任军委主席，并企图取消第二方面军的番号，直接指挥第四军。张发奎也不示弱，表面上声称要出洋，暗地里却召集军官会议签名倒李。这时，遭到国民党政府排斥的汪精卫，想利用张发奎的实力，赶走李济深，插足广州。而被桂系军阀李宗仁、白崇禧以及唐生智排挤暂时下野的蒋介石，也施展其两面派手法，拉张反李，妄图坐收渔利。汪精卫迫不及待地跑到广州，到处发表演讲，宣扬他的“护党运动”和“在夹攻中奋斗”的陈词滥调，遭到广州工人群众的怒骂和讥讽。

叶剑英为了麻痹敌人，掩护自己，陪同张发奎、黄琪翔等举行所谓的“迎汪”大会。通过与汪、张的多次接触，进一步摸清了汪精卫的真实意图和汪、张之间的微妙关系。当时，汪精卫正与张发奎密谋，要将李济深调开，并乘机解除其部队的武装。叶剑英认为，两霸相争，必有一败，张、李矛盾，大可利用。于是等张发奎找他商量倒李之策时，他完全支持张的主张。不久，汪精卫以解决党内纠纷、出席国民党第四次中央执监委全体会议为名，于11月16日骗李乘军舰同赴香港并转道去上海。随后，黄琪翔即以“护党”名义发动了倒李的事变。一场争夺广东政权的军阀战争终于开场。

“事变”前夕，黄琪翔与叶剑英商量，决定以第四军教导团为主力，进行逐桂之战。17日凌晨，叶剑英向教导团下达了战斗命令。全团官兵按照预定部署，一举攻克了黄绍竑的第八路军总指挥部，接着占领黄埔军校、虎门要塞等地，夺取了兵工厂，捣毁了国民党广州政治分会清党委员会等据点。桂系部队节节败退，很快被逐出广州。黄绍竑早已预感到这场角逐的败局，非常痛恨背后出谋划策的叶剑英，曾两次派人暗杀他，均未得逞。这次“政变”本来要捉获黄绍竑，因他化装出走，没有找到。后来，黄从香港逃到广西去了。

在这场驱逐桂系军阀的战斗中，教导团不但为“四一五”反革命政变中死难的烈士们报了仇、雪了恨，增强了战斗意志和信心，还攻占了迫击炮制造厂，缴获了大批武器弹药，进一步武装了自己，并秘密地装备了部分工人赤卫队。从而分化和削弱了反革命力量，为起义积蓄了力量，锻炼了队伍。

张发奎、黄琪翔通过这场被南京政府称为“急煞人的广东事变”，夺得广州政权后，马上在东较场召开所谓“护党”祝捷大会。张、黄首先得意地发表演说，但未引起多大反响。随后，叶剑英登台发表支持工人革命斗争的讲话，受到了与会群众的热烈拥护。会场上成千上万的工人群众高举红旗，高呼“打倒新军阀！”“士兵弟兄们站到工人方面来！”等口号。他们还当场散发革命传单。教导团和一些同情革命的士兵被深深地感染，公开表示支持工人的革命行动。

“护党”祝捷大会上显示出来的工人和士兵的革命情绪，使张发奎大为惊恐。他进一步撕下“左”的假面具，采取了加紧镇压工人运动的步骤。同时，他对教导团越来越不放心。为了控制教导团，他将自己的表弟朱勉芳派往团里当参谋长，又安插一批亲信到教导团，严密监视革命师生的活动。但是，由于教导团的中共组织基础雄厚，叶剑英的影响较深，实际的领导权仍然掌握在“老团长”的手里。[①]

就在张发奎把注意力转向对付日益高涨的工人运动的时候，他们的对手李济深、黄绍竑却在暗中调兵遣将，组成东西两路军，准备打回广州。其东路军指挥为陈铭枢，辖第十一军约两个师的兵力，从汕头向惠州方向进击。西路军指挥为黄绍竑，辖桂军第十五军、徐景唐的第十三师等约四个师的兵力，集结于广西梧州等地，企图配合东路军夹击广州。

面对如此紧迫的形势，张发奎赶紧召集军事会议，商讨对策。会上，有的主张全面出击，有的主张先打东路之敌，有的主张先打西路之敌。各种意见，争执不下。叶剑英在发言中，首先分析了东西两路的敌情：东路陈铭枢由福州进入潮汕，实力较强，比较难打；而西路黄绍竑从广州败退广西，刚刚纠集起残兵败将，队伍虽多，多属杂牌，且立足未稳，比较好打。因此，他主张捏紧拳头，集中兵力打击广西一路来敌，先拿黄绍竑开刀。

张发奎采纳了叶剑英的意见。叶剑英见时机成熟，使出“调虎离山”之计，以参谋长的身份建议速战速决，说：“要打梧州，一定要全力以赴！”

张发奎任命黄琪翔为前敌总指挥，将广州防务交由叶剑英负责。黄琪翔根据叶剑英提出的作战方案，率第四军主力缪培南第十二师、许志锐第二十六师开赴肇庆、梧州一带，进击黄绍竑；派政变后新编的教导第二师黄镇球部增防西江；派薛岳师和李福林军的两个团去江门、四邑，以钳制态势向徐景唐的十三师逼近。其余部队也大都调至广州外围防守。这样，广州城内只剩下教导团和警卫团一个营及其他少数部队。广州一时成了一座“不设防的城市”，这就给革命武装起义造成了极好的时机。

第四节　加强起义武装力量

为了不失时机地变军阀战争为革命战争，党加快了起义的步伐。10 月至 11 月上旬，中共广东省委在香港连续召开会议，研究在广州起义的问题。正在香港养病的周恩来抱病参加会议，提出了许多中肯意见。11 月 17 日，就在张、黄发动政变，赶走李、黄的同一天，中共中央常委会议及时做出《广东工作计划决议案》，要求中共广东省委在城市和农村中发动和扩大武装起义，夺取广东全省政

① 访问宋维靖、魏鉴贤、左洪涛谈话记录，1984—1987 年。

权，建立工农兵代表会议的政权。

起义急需加强武装力量。为此黄锦辉特意交代叶剑英想方设法扩充和组建第四军警卫团。当时，新编的警卫团，共有两个营：第一营由第四军军部特务营改编，第二营由原李济深第八路军特务营改编。军官成分复杂，只有少数中共地下党员和进步人士。叶剑英受命后，即去面晤张发奎，向他提出广州城防空虚，亟待扩编警卫团。这时，张发奎正为工人闹事，驻守广州兵力薄弱，无力维持秩序而伤脑筋，于是听从了叶剑英的建议。叶剑英顺势推荐了中共地下党员梁秉枢担任警卫团团长。

团长问题解决了，其他的事，张发奎交给叶剑英全权办理。叶剑英想方设法安排了张诗教、陶剑寒（即陶铸）、蔡申熙等一批共产党员担任警卫团内的主要领导职务，并将三百多名曾参加省港大罢工的工人招进该团，编成第三营，由共产党员施恕之任营长。各连的排长和班长也大都由教导团调来的进步学员担任。叶剑英将警卫团的组建情况及时报告中共广东省委军委，得到了批准。

叶剑英根据党的指示，在广州起义前，拟订了初步的起义行动计划。他不仅秘密地准备了教导团、警卫团两支武装力量，还与其他国民党军中有革命倾向的老熟人李明和李洁之等保持联系，以便到时让他们策应起义。当时，驻扎在石龙的七十五团团长李明是叶剑英信得过的老部下，对共产党有好感。起义前几天，叶剑英要他在广州的堂弟李新俊（少校军官）特意到石龙告诉李明做应急的战斗准备，并约定了行动方向及联络暗号。叶剑英的机智果敢和周密策划，使敌人无法预料，连连中计。当时国民党广东省政府要员陈公博后来知道实情，叫苦不迭地说："军队有了异动分子已经很可虑，而高级将领就是共产党，尤其无法可以预防。……原来我们的参谋长兼教导团长就是共产党，警卫团的团长梁先生也是共产党！"①

但是，这个汪精卫在广州的代理人知道的并不完全，当时中国共产党除了掌握这两个团之外，还组织了三千余人的工人赤卫队和其他武装力量。

面对如火如荼的革命形势，张发奎使出了反革命两手：一方面，指使公安局长朱晖日加紧镇压工人运动；另一方面，多次表示要与共产党谈判，协商所谓"共同保卫广州，不让桂系卷土重来"的问题。

当时，共产国际派来中国南方指导武装斗争的诺伊曼（德国人），对张发奎的本质认识不清，认为张发奎与李济深的矛盾是小资产阶级与地主阶级的冲突，发动广州起义，就会帮助地主阶级，主张与张、黄举行谈判。党内也有人同意他的观点，遭到叶剑英、周文雍等主张起义的同志的坚决反对。

11 月 20 日，中共广东省委书记张太雷从上海来到省委所在地香港，否定了与张发奎谈判的意见，并向中央作了报告。26 日，他到达广州，当晚召开省委会议，根据中央的训令，决定在广州举行暴动，并组成了以张太雷为书记的革命

① 陈公博：《寒风集·军中巢记》，上海地方行政社 1945 年版。

军事委员会。

起义的步伐大大加快了。

第五节　设法稳住敌人

11 月 28 日，中共广东省委秘密散发了号召举行暴动的宣言。工农群众进一步行动起来。

张太雷多次召集教导团党员骨干唐维、王侃予、李云鹏等人举行秘密会议，具体商议起义的部署问题。事后，他们将会议内容转告叶剑英，听取他的意见。

12 月 4 日，张太雷代表省委于黄花岗召集教导团和黄埔军校特务营等单位的 200 多名党团员积极分子开会，动员大家做好暴动准备。

12 月 7 日，张太雷秘密主持召开了工农兵代表大会，正式决定 12 日起义。在这次大会上，张太雷发表演说，高度评价了教导团和警卫团这两支武装力量，他说："苏联十月革命，首先有列宁格勒的两团士兵同情工人，后来影响了帝俄在前方作战的部队，终于取得了革命成功。今天我们起义，也有两团士兵同情我们，如果打响之后，能够影响军阀们在梧州混战的部队，我们也有可能完成革命任务。……"

不料，共产党秘密准备暴动走漏风声，教导团内也有反动分子告密。汪精卫得知后，连夜派其妻子陈璧君从上海回广州，面告张发奎要立即镇压暴动。12 月 9 日，汪精卫连发三电给他在广州的代理人陈公博以及张发奎、朱晖日，要他们火速解散教导团，查封工人赤卫队总部，"认真清肃共党"，并严厉指出："所部凡有纵容共党者，立即严加惩办，决勿稍存宽恕"，"如苏俄领事有包庇情事，应即勒令出境"。

就在这时，中共设在小北直街的大安米店的武装转运站被敌人侦破，更增加了敌人镇压起义的决心。

本来，教导团参与广州暴动一事，张发奎已有耳闻，并准备加以镇压，只因没有抓到可靠的把柄，加上叶剑英在旁多次劝阻，极力保护，张才未及下手。此事中共东江特委在事后给省委的报告中曾经提到："这次广州的暴动，完全是以军官教导团做主力的。在我们未暴动以前，反动派对于军官教导团有一种风气，就是说军官教导团自官长以至兵士通通都赤化了，亟（就）要暴动了。所以张发奎、黄琪翔、朱晖日等的第一次军事会议时，朱晖日就主张要向他们大施屠杀。时叶剑英同志极力担保，黄琪翔亦表示不赞成此种主张（黄已向我们妥协），故他们第一次欲向我们屠杀的主张已经没有实现。"①

叶剑英不但担保教导团，还利用其特殊身份营救被捕的地下党员（包括省军委秘书麻植）和革命分子。随着时间的推移，张发奎看到共产党准备暴动的迹

①《中共东江特委报告》1928 年 1 月 13 日。

象愈来愈多，感到危险似乎正一天天临近，于是召开第二次军事会议，做出了屠杀全广州的革命分子的决议，并于 12 月 10 日密调黄琪翔所部从西江前线赶回广州，策划以武力进行镇压。

在此千钧一发之际，叶剑英挺身而出，面见张发奎："总指挥，根据我的侦察，所谓共产党暴动的情报并不可靠！"他分析形势说，共产党发动南昌起义业已失败，贺龙、叶挺败走汕头，绝对没有力量在广州暴动，不可轻信谣言。但是，张发奎的口袋里正揣着几封汪精卫发来的电报，内心还是疑多信少。叶剑英又向他说明自己是教导团的老团长，更了解教导团的所作所为，并一再担保："共产党暴动不成"，即使暴动了，光凭警卫团也对付得了。

这样，他一方面稳住敌人，另一方面，将所获敌人有关镇压起义的部署，随时报告党组织，暗地里通知教导团做好准备，警惕敌人袭击。起义前夕，叶剑英还特意到教导团，向全体师生严正指出："很遗憾，张总指挥听到坏人告密，诬指我们教导团要举行武装暴动，并且准备从外面调动队伍来缴你们的枪，为此，我已向总指挥当面辟谣，大家可以放心操练，不要听信坏人的谣言！"他联系国内形势，告诉大家："国民党内部斗争十分激烈。新旧军阀仍在津浦路混战，叶、贺队伍退到海陆丰，还要'聚众闹事……'"

这次讲话讲得非常及时，又很含蓄，局外人听来，是官长在教育部属，而在教导团革命师生听来则是传递消息，备受鼓舞。这可以说是叶剑英在起义前夕对教导团所做的一次重要的战斗动员。

为了麻痹敌人，教导团不动声色，按时作息，一切照常。只有少数党员在夜幕的掩护下，悄悄地进行着起义的准备工作。

第九章　广州工农兵起义

第一节　“夜半枪声连角起”

广州起义迫在眉睫。12 月 8 日，中共广东省委在《关于暴动工作的准备情形给中央的报告》中特意提出：“我们指导力量薄弱，希望恩来兄能即来。”但周恩来因工作离不开，未能来粤。

革命军事委员会根据叶剑英和其他方面提供的情报，决定于 11 日提前起义。中共广东省委派叶挺前来广州担任军事总指挥。他 12 月 10 日从香港仓促启程，当晚到达广州，立即投入了紧张的起义前的战斗部署工作。

10 日晚，起义总指挥部成员及有关人员举行了秘密会议。参加会议的有叶挺、张太雷、周文雍、黄平、聂荣臻、杨殷和徐光英；还有新任命的教导团团长李云鹏和各营营长叶镛、赵希杰、饶寿柏，警卫团团长梁秉枢，以及工人赤卫队、市郊农军的领导骨干多人。会议确定了起义的时间和各路起义队伍的战斗任务、行动路线、联络信号等，同时要求大家严守纪律，听从指挥，坚决完成任务。

午夜，在教导团的营房里，几名革命战士按照计划悄悄摸进参谋长朱勉芳的卧室，将其处决。与此同时，各连的反动分子也被一网打尽。紧接着，全团革命师生臂带红布条，鸦雀无声地集合在操场上。起义领导人张太雷、叶挺、恽代英等到达操场，简短地进行了战斗动员。

“夜半枪声连角起，广州工农兵起义。”

11 日凌晨 3 时 30 分，教导团打响了第一枪。震惊中外的广州起义开始了！

英勇的教导团全体革命官兵，高举带有镰刀斧头的大红旗，分三路出发，投入了市内的战斗。随后，梁秉枢等率领的警卫团、王侃予等率领的黄埔军校特务营，以及市内各地的工人赤卫队，犹如万箭齐发，向着各个指定目标发起勇猛的攻击。

东路，教导团主力直指沙河，那里驻有张发奎留下的一个步兵团。经过战斗，步兵团被打垮，六百余人被俘。接着，教导团主力又消灭了驻燕塘的炮兵团，尔后，回师市区，协助工人赤卫队攻占了反动堡垒公安局。

中路，教导团一部和工人赤卫队攻占了省政府及其以北的制高点观音山。

南路，警卫团第三营及工人赤卫队一部向第四军军部等地发起进攻，遇到顽强抵抗，未能攻克。

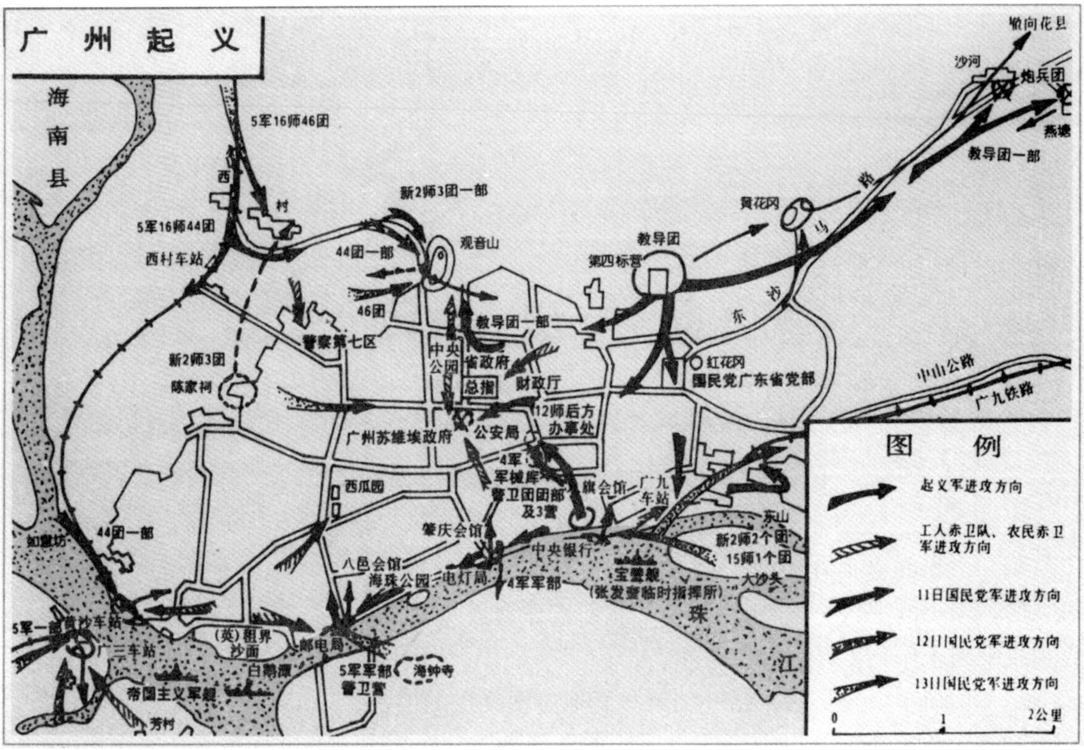

广州起义形势图

第二节　城区鏖战

起义的枪声迎来了羊城的黎明。

城内的敌军猝不及防，溃不成军。可笑的是，张发奎和陈公博在梦中被枪声惊醒，还打电话找叶剑英，命令他派兵镇压。及至得到教导团、警卫团相继“叛变”的消息，连衣服、鞋子都顾不得穿，狼狈逃窜到珠江南岸，找第五军军长李福林“保驾”！

12 月 11 日上午，广州市苏维埃政府和临时工农红军总指挥部在公安局宣告成立。苏兆征任苏维埃政府主席（未到职），叶挺任工农红军总指挥，叶剑英任副总指挥，[①]后被补选为中共广东省军委委员。

“夺得政权声势众”。广州城内满街奔走着“红带友”。总指挥部门前，工人们排着队领取武器。在总指挥部里，叶剑英协助总指挥叶挺紧张地指挥着各支起义队伍向纵深推进，扩大战果。到 11 日中午，起义军占领了无线电局、邮政局、各区警察署，以及其他国民党的党政机关，控制了广州市的大部地区，但第四军军部等据点的敌人仍在负隅顽抗。叶剑英离开总指挥部，冲到第一线指挥战斗。他先到维新路，指挥教导团士兵布防，又到文德路城隍庙门口，教不熟练的炮手

① 叶剑英谈话记录，1981 年 1 月 10 日。在广东革命历史博物馆查阅的资料，1991 年 5 月。

架炮，亲自指挥炮兵向敌人射击。[①]

敌人不甘心失败。他们在英、美、日、法等帝国主义支持下，加紧勾结，调兵遣将。陈公博、张发奎、黄琪翔等逃到珠江南岸以后，匆匆忙忙登上一艘军舰，到肇庆和江门等地调遣部队，大肆反扑，逐渐对广州形成合围之势，妄图把新生的革命政权一举扼杀在摇篮中。

叶剑英利用战斗间隙，返回总指挥部，同叶挺等冷静地分析了敌情，然后找到军事顾问诺伊曼和斯库托夫，提议迅速抽调兵力迎击来自北面的许志锐部和来自西南的李汉魂部敌军，还提出将起义队伍迅速转入农村的建议，但均未被采纳。叶剑英眼看第四军军部据点久攻不下，又得到警卫团第二连叛变的消息，心急如焚。他命令教导团炮兵连连长田时彦到指挥部，当面交代两项任务：第一，迅速率部队前往观音山解决叛变的警卫团第二连；第二，解决叛军后，即在山上架炮，居高临下，炮击第四军军部。田时彦率炮连到达阵地后，架好山炮，即派人与叛变的二连连长谈判。对方看到全市大部分地区已被起义军占领，便无可奈何地带领全连交枪归顺。接着，炮兵连将炮拉上山顶，炮口对准长堤方向，由炮兵指挥官杨达夫（朝鲜籍）亲自操炮，朝着第四军军部驻地肇庆会馆连连开炮。目标被击中，顿时浓烟四起，守敌乱了阵脚。

这时，停泊在珠江上的几艘英国军舰，对准天字码头一带的起义军阵地猛烈轰击。防守这一地带的工人赤卫队和警卫团士兵急报指挥部。叶挺、叶剑英立即下令教导团的炮兵连狠狠还击。敌舰连中数弹，见势不妙，急速向白鹅潭方向退去。但是，敌舰仅退至起义军炮火射程之外，又继续向岸上射击。反动军队也向市区步步进逼。

在这种紧迫的形势下，起义军总指挥部召集紧急会议，分析形势，讨论下一步行动方案。会上，叶挺、叶剑英、聂荣臻等认为起义虽然成功了，但敌众我寡，孤立无援，不宜坚守广州，建议将革命队伍拉出去，转向农村，与农军汇合。但是，诺伊曼等人激烈反对这种意见，并大声训斥叶挺等“动摇”，想当“土匪”。诺伊曼主张“进攻，进攻，再进攻”。经过反复争论，最后决定以教导团为基础，迅速扩建军队，把工人赤卫队和教导团编成三个师；打通与海陆丰的联络道路，组织农民队伍前来增援，打击敌人援兵；对尚未攻下的残余据点，采取军事打击与政治攻势相结合的办法，迅速予以解决等。可惜，由于敌人来势凶猛，这些决定和措施，没有来得及贯彻实施。

12 月 12 日晨，各国驻粤领事举行联席会议，决定派陆战队登岸，驻守沙面。原来欲图保存实力、按兵不动的李福林部，向江北市区发起进攻。起义军在叶挺、叶剑英、聂荣臻、杨殷等分头指挥下，在长堤一带四次击退了强行渡江的敌军。战斗中，叶剑英冒着枪林弹雨，拿着驳壳枪，在长堤第一线巡视布防，指挥战斗，还利用战斗空隙去探视伤员，巡查俘虏。

① 访问陈慧清、刘祖靖、刘少卿谈话记录，1984—1987 年。

12日中午，敌军攻占了广州制高点观音山的一些山头，有小股敌兵冲下山向吉祥路前进，使苏维埃政府所在地受到威胁。叶挺和叶剑英命令教导团团长李云鹏带领队伍夺回了被敌军占领的一部分观音山阵地。不久敌人后续部队上来，又重新向观音山阵地反扑，观音山再度告急！这时，叶剑英立即派红军指挥部副官陈赓[①]，率领部队前去增援。适逢徐向前率工人赤卫队亦奉命去增援，起义军经过猛烈冲杀，粉碎了敌人的多次反扑，守住了观音山阵地。

陈赓在起义后的报告中写道："当时负指挥之责者叶挺为红军总指挥，叶剑英为副总指挥。……12日午12时，李福林军约一团由观音山来攻我军，赓奉叶剑英命率队前往观音山与敌抗战。赓亲督队与敌奋战，约数小时将敌纷纷击溃，并缴得军械甚多。"[②]

敌军又一批援兵到来，向观音山阵地发起了新的反扑。

12日午后4时，教导团第三营第十连连长邱维达奉命来到总指挥部。叶剑英指着广州市地图问邱："你知道观音山这个据点的重要性吗？"

邱维达回答说："这是控制全城的制高点，决不能丢失。"

叶剑英当即命令："你火速带全连跑步前往观音山，支持陈赓部的战斗，坚决守住观音山！"

观音山虽然一时守住了，但从其他方向进攻的敌人又猛压过来。珠江南岸敌人在帝国主义军舰的掩护下，再次强渡珠江，进犯江北市区。叶剑英即调教导团第一、三营在永汉路布防，迎头痛击来犯之敌。但是由于敌众我寡，起义军兵力不济，部分阵地被敌占领。

这时，刚刚从西瓜园广场返回总指挥部的张太雷，听到一股敌军正向起义总指挥部扑来的报告，急忙乘车赴大北门指挥部队阻击，他走到大北街附近，遭敌伏击，中弹牺牲。[③]叶剑英得知这一不幸消息，不胜悲痛。

形势越来越严重。傍晚，起义总指挥部决定撤出广州，并分头向起义队伍下达了撤退命令。

当时仍在阵地上指挥战斗的叶剑英，未接到这一命令。黄昏后，他几经周折，找到司机罗炳等，要他们开汽车去东江联络彭湃的农军前来广州增援，罗炳等驾车冲出市区后，因在途中病倒，没有达到目的。

对于当晚最后撤离的情景，叶剑英回忆说："那一天晚间，当我从长堤巡视回来到苏维埃政府所在地时，一个人影都没有了。我上楼一看，财务部长的办公桌上放满了五十元、一百元的票子。我看了一下，又到楼上、楼下都找了一遍，见不到一个人。我当时没有想到把那些钱拿起来，将来交给党，白白丢在那里了。"[④]

这一天夜里，起义军主力从市区撤出，在黄花岗集中后，经太和圩向花县撤

---

① 与陈赓大将同名，后牺牲。

②《陈赓给朱斌的信》，载《广州起义》，中共党史资料出版社1988年版，第180页。

③ 访问张西蕾（张太雷之女）谈话记录。

④ 叶剑英谈话记录，1982年2月1日。

退。敌军以比起义军多十数倍的兵力向广州围攻。13 日上午，来不及撤退的部分起义队伍和工人赤卫队，坚守街垒，与敌人展开肉搏战。由于敌我力量悬殊，敌军陆续抢占了市内主要据点。13 日下午，广州全城被敌军占领。被喻为“广州巴黎公社”的这次起义失败了。

时隔 50 年后，叶剑英在《大革命失败与广州起义》一文中，对这次伟大的起义，曾经作过如下的评述：“广州起义留下的教训是多方面的，其中主要的一条是：无产阶级先锋队要派自己的干部下乡。……如果广州起义不留恋城市，在起义之后自觉地、主动地迅速向农村发展，与当时正蓬勃发展着的海陆丰农民运动相配合，建立农村根据地，开展以土地革命为中心内容的游击战争，那么，起义将会取得更大的胜利。”①

广州起义的火种并没有熄灭，参加起义的队伍大部分转移到花县，改编为工农革命军第四师，到达海陆丰，与彭湃领导的红二师汇合。当时，中共广东省委曾经决定叶剑英去当合编后的师长，恽代英去当党代表。东江特委得悉这一决定后，也曾给省委打报告，要求“快些派他们来”。但是，由于敌人封锁严密，交通被阻断，叶剑英没有去成。起义的另一部分队伍到达北江，在韶关附近，参加了朱德、陈毅率领的南昌起义部队，经过辗转斗争，上了井冈山。还有一部分人到广西，后来参加了邓小平、张云逸领导的百色起义和龙州起义。

“将成即毁原尝试，虽败犹荣应赞扬。”广州起义同南昌起义、秋收起义联系在一起，成为中国共产党独立地领导革命战争和创造人民军队的伟大开端。它是中国城市工农兵武装夺取政权的伟大尝试，在中国革命史上谱写了光辉的篇章。

第三节　秘密转移到香港

广州起义失败后，叶剑英暂时隐蔽在沙面租界。据李松宽、叶为梅回忆，第三天拂晓，他在党的地下交通员、广九铁路职工李运全的掩护下，装扮成铁路工人，从沙面搭省港航班前往香港。

叶剑英在香港，由于上了反动派的“黑名单”，随时都有遭到逮捕的危险，因此经常变换住址。他先在九龙油麻地，后又搬到香港新界居住。不久，他的弟弟叶道英陪着母亲、妻子也避居香港。全家人又搬到大埔墟一个住处安顿下来。②过了一段时间，叶剑英和隐蔽在香港的聂荣臻、恽代英等陆续接上了头。12 月下旬，他被通知到坚尼城（西环）羲金台 23 号四楼广东省委秘密机关，出席中共广东省委会议。当时，在一起开会的还有聂荣臻、恽代英、陆定一、黄甦等。③

聂荣臻在回忆这段历史时说：“在香港，剑英买了一部太平天国的野史，推

① 载《人民日报》1958 年 7 月 30 日。

② 访问梁碧光、曾庆石谈话记录，1981—1991 年。

③ 访问陆定一谈话记录，1989 年 4 月。

广州起义失败后，叶剑英秘密转入香港，从事党的地下工作。图为叶剑英（右）和同乡潘君勉在香港合影

荐给我看。我们一边议论太平天国革命失败的惨痛历史，一边总结南昌起义、广州起义成败的经验教训，越谈越投机，有时竟废寝忘食。在香港的交往，使我感到剑英精明强干，才华出众，分析问题精辟，对同志热情诚恳。从此，彼此视为莫逆之交。"[①] 聂、叶当时深感广州起义后起义军没有和农军联合起来建立根据地，是个大失误。他们曾向省委提了这方面的意见，可惜未被采纳。

叶剑英在香港"隐居"期间，除了读书、秘密访友之外，还尽自己最大努力，做一些有利于党的工作。

一天，一个叫陆久之的人，通过迂回曲折的关系找到大埔叶剑英的住处，请求帮助。

陆久之原是上海总工会秘书处工作人员，曾在周恩来、赵世炎、罗亦农、汪寿华等的直接领导下工作。"四一二"反革命政变后，陆暂避香港。叶剑英十分同情并支持他，让他寄宿在自己的住处。后来，叶剑英通过关系介绍陆回到上海，继续从事有益革命的工作。陆曾组织轮船招商局海员工会，酝酿发动罢工，未能成功。抗战胜利以后，陆久之同蒋介石与陈洁如所领养的女儿蒋瑶光结合，成为蒋介石的女婿。

叶剑英在香港期间，还接济和保护一些进步的同学和战友，秦元邦就是一个。秦是叶的同乡，也是梅县东山中学的学友，中共党员。他参加了南昌起义，随起义部队南下失败后只身到达香港，贫病交加，生活无着。一天，叶剑英在九龙码头上与秦元邦巧遇，得知他的困境，即邀他到九龙大埔堤家中暂住。此时，秦元邦正周身生疮。叶剑英尽管住处不宽敞，生活拮据，且不便在公共场所露面，还是想方设法为他求医治病。二十多天以后，秦元邦身上的疮被治好了。叶剑英又派人秘密将他送回广东梅县老家，使他继续参加革命斗争。[②]

在香港期间，叶剑英还与中共香港九龙区委负责人梁广以及地下党员柯麟、柯平兄弟等取得联系，进行秘密活动。为了避开国民党便衣特务的追踪，叶剑英和柯氏兄弟等平时很少外出，"贪婪"地阅读各种报刊资料和能够看到的党内文件，等待党组织的安排，时刻准备投入新的斗争中去。[③]

---

① 聂荣臻：《吕端大事不糊涂》，《人民日报》1986年11月1日。

② 访问秦元邦谈话记录，1985年7月1日。

③ 访问梁广、柯麟、柯平谈话记录，1986—1991年。

第四节　在莫斯科劳动大学

1928 年秋，中共组织决定派叶剑英去苏联学习。叶剑英听到这个消息非常高兴。多年的夙愿就要成为现实了！但他想到要离别母亲和家人，远走异国他乡，心里又有点惆怅。他是个孝子，对母亲的感情很深。他母亲听说儿子又要走，也暗暗流泪。叶剑英理解母亲的心情，何尝不想留下来，尽人子之道。但一想到革命重任在肩，只好劝说母亲再苦熬几年，等待光景好了，再回来团聚。他母亲是位贤惠勤劳、同情革命的老人，儿子长期离家，她已经习惯了。她虽然一时舍不得儿子离开，但并不拖儿子的后腿，反倒让儿子早一点启程。叶剑英把照顾母亲的事委托给弟弟叶道英，毅然告别了家人。

叶剑英坐船从香港到了上海。先期到达上海并在中共中央组织部做秘书工作的恽代英，热情接待了叶剑英等准备去苏联学习的七人，向他们传达了周恩来的指示，宣布由叶剑英当组长，负责带队。他还嘱咐说：到苏联学习革命理论，最多三年就可以回国。那里的斗争也很复杂，你们的主要任务是学习，要保持清醒的头脑。叶剑英表示，一定不辜负党组织的期望，把几个同志安全带到苏联好好学习。

叶剑英一行于 12 月 20 日从上海出发，经过大连、哈尔滨、满洲里，闯过一道道关卡，然后越过国境线，改乘火车，到达莫斯科。

按照初衷，叶剑英本来是要学军事的。他在国内投身革命，已经经历了十几年的军旅生活，积累了一些作战经验，很想到红军大学再深造一番，回国好继续驰骋疆场，从事武装斗争。没料到组织上却分配他到中国劳动者共产主义大学，学习政治理论，这与他的愿望有点矛盾。叶剑英的组织纪律观念一向是很强的，他想，自己刚入党，先提高一下马列主义理论水平，也是非常需要的，于是愉快地表示服从组织决定。随后，叶剑英和唐友章等一起到了位于莫斯科市特卡维斯卡亚街的学校报到。

1928 年的叶剑英

中国劳动者共产主义大学的前身是中国劳动者中山大学（简称劳动大学或中山大学）。中山大学是苏联为了帮助中国革命，于 1925 年 9 月创办的。中国共产党和国民党左派都送了不少人到那里学习。1927 年，蒋介石、汪精卫相继叛变革命，疯狂屠杀共产党和革命人民，引起了全世界无产阶级的强烈义愤。共产国际遵照斯大林关于“国民党反共，我们要给共产党培养干部”的指示，于 1928 年 4 月决定将中山大学改名为中国劳动者共产主义大学。此时，东方大学的中国班也合并到劳动大学里上课。

劳动大学由共产国际和莫斯科市委领导。学校党组织的领导机构是党的支部局，各班还成立了党支部。根据学生的文化程度和工作经验，分设普通班（正规班）、预备班和特别班，总共有20多个班500余人。

叶剑英入学后，被编入特别班。参加特别班的都是中共党内一些年龄较大，文化程度较高，并具有丰富实践工作经验的同志。董必武、何叔衡、林祖涵（林伯渠）、徐特立、吴玉章、夏曦、李国琛等老同志都在这个班。还有稍年轻的，如吴亮平、唐友章、杨之华（女）、李哲石（李文宜，女）、赵世炎、张志立等，共17人。叶剑英当时32岁，在班里算是比较年轻的。由于这个班年龄偏大，同学们戏称其为“老头班”。在劳动大学的每个中国学生都有一个苏联名字。叶剑英叫尤赫洛夫，是特别班党支部委员。他带着为中国革命寻求真理的愿望，如饥似渴地学习，下决心攻下俄语这一关。经过一年多的努力，叶剑英终于能自己看报，阅读一些简单书籍了。叶剑英还向在苏联高级步兵学校学习的刘伯承请教，交流学习俄语的经验。他与在莫斯科军事工程兵学校就读的师哲等也有交往。①

劳动大学为中国学生安排的主要学习课程有：社会发展史、辩证唯物主义、政治经济学。除了课堂理论教学之外，学校还经常组织他们到工厂和集体农庄参观访问，进行劳动实习。

叶剑英所在的特别班，学习的方式主要以自学为主。教员先作简要的辅导，然后把学习大纲、提示、必读书和参考书目以及讨论题发给大家。学习中强调联系苏联的实际。例如，学习政治经济学时，主要是围绕苏联经济建设进行讨论，最后由苏联教员通过翻译作总结。在校期间，叶剑英为人谦虚谨慎，好学深思，对许多重大问题，总是和同学们一起研究讨论，喜欢联系中国革命实际谈学习体会，并且注意做年轻同学的思想工作。他针对有人因革命起义失败而产生悲观情绪，开导说：“革命的道路是不平坦的，遭受挫折是难免的。失败是成功之母，革命不怕失败，就怕没有信心。我们应当相信真理在我们一边，正义在我们一边。只要认真记取经验教训，爬起来再干，不怕牺牲，革命一定会胜利。”

据吴亮平、陈修良、李文宜等回忆，叶剑英是个多才多艺的人，在紧张的课堂学习之余，常常拉琴，和同学们一起唱粤剧、京戏和革命歌曲。他常和董必武、林祖涵、徐特立等赋诗填词，互相唱和，跟大家在一起讲笑话、猜谜语。有一次他出了一个谜语：“生在山上，绿鬓婆娑，自归郎后，绿少黄多，受尽了多少折磨，历尽了多少风波，莫提起，提起来泪洒江河。”（打一物）同学们猜了半天都猜不出。叶剑英抖出谜底，说是撑船用的“篙”，大家齐声叫绝。叶剑英还常与徐特立等人到俱乐部去下棋。由于他们的棋艺精湛，经常引来同学们围观。

当时，苏联劳动人民的生活都很苦，劳动大学自然也不例外，但对中国学生还是尽量优待的。吃、穿、用全包下来。不但发普通西装，还发衬衣。每个月每

① 访问师哲谈话记录，1993年1月。

人发两个卢布。每年还组织学生到海滨地区休假、疗养。

20 世纪 20 年代末，苏联共产党开始了大规模的清党运动。在劳动大学学习的中国同志也参加了这次清党运动。学校成立了清党委员会。叶剑英接受审查，被认为“历史清楚”，就通过了。[①] 在清党中，王明（陈绍禹）一伙大搞宗派活动，他们在劳动大学把持支部局，拥护校长米夫，把中共“六大”会上的分歧带到学校，挑起激烈争论，制造两派尖锐对立。他们借反托派之名，打击持不同意见的同志。许多人受到处分和迫害。据唐友章、陈一诚回忆，叶因不理王明的一套，开始要被开除党籍，后降为劝告处分。直到中共“七大”时，中共中央明确宣布，在莫斯科清党时的处分不算数，叶剑英等人才被平反。

劳动大学在王明一伙的宗派活动影响下，组织和思想方面都出现了混乱。许多人对此表示不满，纷纷向共产国际和苏共中央写信，要求回国工作。学生们的意见反映到了斯大林那里，斯大林认为应当让所有劳动大学的中国学生和干部，一律回国，去接受实际斗争的考验，看看谁是真革命，谁是假革命。不久劳动大学正式停办。

1930 年夏秋之交，叶剑英与吴玉章、徐特立、林祖涵等二十多人一起，从莫斯科乘火车到达海参崴。然后从那里越过国境，经哈尔滨、大连、青岛到达上海。

叶剑英在两年的留学生活中，不仅系统地学习了马列主义的基本理论，而且参加了一些政治运动。他变得更加成熟了。

---

① 叶剑英谈话记录，1982 年 3 月 5 日。

第十章　中央革命军事委员会参谋长

第一节　前往江西苏区

1930年初秋，叶剑英回到了上海，受到了中央军委常委周恩来的热情欢迎。后来，周恩来便安排他与留学苏联归来的刘伯承、傅钟、李卓然等人一起，翻译苏军的步兵战斗条令和政治工作条例。译成后，由中央军委送往各苏区，供红军作战和训练参照执行。

1930年10月17日，中共中央政治局决定：由项英、毛泽东、周恩来、任弼时、朱德等9人组成苏区中央局，并组成了25人的苏区军委，叶剑英与彭德怀、贺龙、黄公略、邓小平、刘伯承、邓中夏、恽代英、李富春等为军委委员。

转眼又进入了新的一年。1931年1月7日，中共六届四中全会在上海召开。叶剑英列席了这次会议。[①]会上，王明等在共产国际代表米夫的支持下，以批判三中全会的所谓对于"立三路线"的"调和主义"为宗旨，强调反对"党内目前主要危险"的"右倾"，提出一系列比李立三的冒险主义还要"左"的错误观点。会议决定"改造充实各级领导机关"。瞿秋白、周恩来在会上受到严厉指责。原来不是中央委员、缺乏实际斗争经验的王明不仅被补选为中央委员，而且成为政治局委员。通过六届四中全会，王明等人实际上掌握了中共中央的领导权。从这时起，以王明为代表的"左"倾冒险主义路线在中共中央领导机关内开始了长达四年的统治。

对王明等人的"左"倾观点和宗派主义的思想作风，叶剑英在苏联学习的时候就深为不满。因此，他对王明等人此时进入党中央的领导层，心中产生了种种疑虑。但是，由于他刚刚回国，对党中央的内部情况还不够了解，加上他一向组织纪律观念很强，所以，心中疑虑没有表露出来。

不久，党中央决定派叶剑英到江西苏区工作。叶剑英启程之前，周恩来找他谈话，向他详细了解了在苏联学习的情况，同时告诉他，到苏区以后，先到刚成立的苏区中央局中央革命军事委员会参谋部工作。叶剑英表示完全服从党组织的决定。

那时，从上海到江西苏区一般都要经过香港，绕道广东，再入闽西。1931

---

① 叶剑英谈话记录，1983年3月7日。

年 1 月下旬，叶剑英从上海乘船，抵达香港。他找到弟弟叶道英的住所，见到了母亲。母子久别重逢，说不出有多么高兴！母亲多么希望成年的大儿子能留在自己的身边安安稳稳的过日子啊！但当她知道儿子肩负重任、只是路过香港时，又非常担心。这位饱经风霜的老人，心里明白，广州起义失败后，国民党曾悬赏十万大洋通缉自己的儿子，至今他仍是敌人黑名单上的重要对象，而香港的情况又非常复杂，国民党特务到处跟踪搜捕共产党。想到这一点，她提心吊胆，生怕儿子发生意外。叶剑英为了避开敌人耳目，只好经常变换住地。后来，他移住到跑马地老同学佴鹗家里。过了一段时间，中共闽粤赣边区特委书记邓发派来接叶剑英的大埔交通站站长卢伟良到达香港。卢伟良是一个早年参加革命的老交通，也是梅县人，先后护送过许多党的重要干部进入苏区。他到香港后，辗转找到叶剑英。两人虽然是第一次见面，但一见如故。

叶剑英向卢伟良询问去苏区的路线。卢伟良回答，通往苏区有水陆两条路可走。叶剑英表示要走陆路。当时准备同行的还有蔡树藩、陈友梅等。

离开香港的那天晚上，叶剑英与家人共进晚餐话别。他没有想到，这竟是与母亲最后的诀别。[①]

第二节　闽西肃反的困惑

叶剑英辞别家人后，与卢伟良等人按照约定的时间，扮作互不相识的旅客，一块儿从香港乘船，到达汕头。登岸后，改乘汽车至澄海。接着，开始步行。从黄冈圩到埔东一段，都是一些崎岖难走的山路，且常有反动民团和土匪出没。他们翻山越岭，躲过敌人的盘查，加紧赶路。为了减少赶路的疲劳，叶剑英一路上讲解《红楼梦》里的故事和诗词，还时常讲些笑话。经过一段艰苦行军，他们到达埔东游击区。游击区中共县委负责人饶龙光、贺遵道知道叶剑英等安全到达，非常高兴，热情接待他们。县委负责人请叶剑英给大家讲一讲国内外的革命斗争形势。叶剑英不顾旅途疲劳，满足了他们的要求，还同大家座谈，了解当地斗争的情况。他们在埔东住了三天。然后，县委派了一个班的红军战士护送叶剑英等人到达虎岗乡，受到闽粤赣边区特委书记兼军委书记邓发的热情欢迎。

虎岗乡在福建永定县，是闽西苏维埃政府所在地。叶剑英一到苏区，就感到进入了另一个天地，一切景象都是新鲜的。村村有游击队员、自卫队员带着大刀、长矛在放哨，家家墙壁上都贴着五颜六色的革命标语。穷苦百姓们由于打土豪分田地，个个喜气洋洋。置身于这种欢乐、喜悦的气氛中，叶剑英感到十分畅快。

然而，叶剑英在虎岗乡也遇到了一件使他终生难忘的事，即苏区肃反扩大化。一天，闽西苏维埃政府召开肃反大会，邀请叶剑英在会上讲话。盛情难却，他只好按照一般情况，在会上讲了肃反的重要性和应该注意的问题。他说：国民

① 访问卢伟良谈话记录，1991 年 5 月。

党反动派，在帝国主义指使之下，用最野蛮、最残酷的刑罚，不知残杀了我们多少革命的工农兄弟和革命领袖。我们对反革命分子，也决不能“姑息”、“仁慈”，对反革命的仁慈，就是对革命的残忍。我们要以革命的利益和工农群众的利益为前提。叶剑英因刚到苏区，不大了解情况，认为为了巩固根据地，有必要进行肃反；但又认为不能乱抓乱杀。所以在谈到处决反革命分子的问题时，他强调决不能用报复的手段，而应当用革命的法律。

叶剑英讲完以后，闽粤赣特委和闽西肃反委员会的主要负责人也在会上讲了话。他们在讲话中，大讲特讲所谓苏区的“社会民主党”反革命组织案件。叶剑英听了，感到迷惑不解。大会的最后一项议程是由苏区保卫部门负责人对一些“犯人”进行宣判。当保卫部门负责人念完一个人的所谓“罪行”材料后，主持会议的人就高声问：“犯人该不该枪毙？”台下的群众举手说：“枪毙！”就这样，有十几个人被判决处死。有的“犯人”听到判决后，当场高呼：“共产党万岁！”[①]叶剑英目睹这一情况，感觉有点不对头，就问会议主持人这是怎么回事？对方回答说，这是反革命分子要的花招，你看反革命分子多阴险，临死的时候还欺骗群众咧！叶剑英对这种解释很怀疑，心想哪有这样的反革命？但是由于他初到苏区，不熟悉情况，不便多说。几十年后，他回想起这件事，感慨地说：“今天看来，那时的打击面过大，有些不应该杀的杀掉了，不应该抓的抓起来了，这种肃反扩大化的做法，是很令人痛心的。”[②]

叶剑英在虎岗乡停留期间，还积极协助当地党组织开展工作。他对红军部队的思想教育和军事训练，以及扩大红军等问题，提出了许多重要意见，受到了当地党组织的重视。

第三节　参与反“围剿”的作战指挥

叶剑英一行在闽西停留了一个多月以后，于 1931 年 4 月初到达中央苏区。

当时，中央苏区在毛泽东、朱德领导下，刚刚取得粉碎敌人第一次“围剿”的胜利，巩固和扩大了根据地。中共中央在六届四中全会前决定，在江西省宁都县的小布成立中共苏区中央局，并指定周恩来、项英、毛泽东、朱德、任弼时、余飞、曾山等人为委员，周恩来任书记。在周恩来未到职以前，由中央派来的项英代理书记，同时撤销了以毛泽东为书记的红一方面军总前委。成立中央革命军事委员会，项英任主席，朱德、毛泽东任副主席。六届四中全会后，任弼时、王稼祥、顾作霖等作为中央代表团也来到苏区，并参加苏区中央局的领导工作。叶剑英到达苏区之后，被委派负责军委参谋部的工作。4 月 17 日，中央革命军事委员会决定在军委参

---

① 访问罗明谈话记录，1986 年 11 月。
② 叶剑英谈话记录，1983 年 3 月 7 日。

谋部成立由叶剑英、朱云卿、郭化若等 13 人组成的编辑委员会，叶剑英为总编辑。[①]叶剑英领导编委会，着手进行搜集中国红军英勇斗争的历史材料，介绍苏联及其他国家的军事作家的著述，并出版发行不定期的杂志等工作。

此时，正值中央苏区第二次反“围剿”作战的前夕。蒋介石不甘心第一次“围剿”的失败，于 4 月又调集 20 万军队，以何应钦为“陆海空军总司令南昌行营主任”，开始对中央革命根据地发动第二次大规模“围剿”。在这种形势下，苏区中央局召集紧急会议，讨论第二次反“围剿”的战略方针。叶剑英也参加了这一讨论。讨论中有些人主张“分兵退敌”，到根据地外面去打，或大撤退，大转移，退出中央苏区，摆脱敌人。这些意见得到项英的支持。而以毛泽东为代表的一些同志则表示反对，主张仍然采取“诱敌深入”的作战方针，在苏区里面迎击敌人。[②]

由于会上项英是中央局代理书记，又打着坚决执行中共中央六届四中全会指示的旗号，因而其主张得到了许多人的赞成。叶剑英刚到苏区不了解情况，未明确表态。

由于会上几种意见的争论相持不下，无法统一，苏区中央局决定召开有各军军长、政委参加的扩大会议。会上，毛泽东分析敌我形势说：敌军数量虽多，但都不是蒋介石的嫡系部队，他们内部矛盾重重，各自为了保存实力，以邻为壑，且地形不熟，情况不明，给养困难，士气低落。而我军有“三好”，即红军好、群众好、地形好。红军熟悉地形，依靠群众可以把敌人引到我们预想的战场去消灭。毛泽东提出，现在的问题是我们到底敢不敢打？许多军长、政委踊跃发言，主张坚决回击敌人的进攻，保卫红色政权。会议经过充分讨论，终于肯定了毛泽东提出的诱敌深入的战略方针，在苏区内迎击和歼灭敌人。

会议接着讨论如何打的问题。

有人主张先拣小的打，林彪等主张先打蒋光鼐、蔡廷锴的第十九路军，先拣强的打，“打得一拳开，迎得百事来”。毛泽东笑了笑说，这一拳打不开呢！不是百事不来了吗？他接着说，我主张打中的，中等敌人一打，那些虾兵蟹将就会逃之夭夭。毛泽东提出先在赣江西边打兵虽多但战斗力弱的第五路军，打垮他们之后可向东发展，在建宁、黎川、泰宁扩大根据地。叶剑英在会上边听边记，认真思考。他听到毛泽东精辟的发言，茅塞顿开，衷心拥护。

第二次反“围剿”战役在毛泽东正确思想的指导下，在朱德、毛泽东的直接指挥下，红军以 3 万兵力，在 15 天内，由西向东横扫 700 里，连打 5 个胜仗，歼灭国民党军 3 万余人。叶剑英参与了这次战役的指挥。他在总司令部里，认真学习毛泽东、朱德指挥红军作战的艺术，同时注意调查研究，掌握敌情、我情，逐步取得了运筹指挥的发言权。

第二次反“围剿”战役胜利之后，中央苏区军民在毛泽东指挥下，又从 7 月

---

① 中华苏维埃革命军事委员会第九号通令，1931 年 4 月 17 日。

② 在瑞金、叶坪纪念馆、江西省委、瑞金、宁都县委党史办查阅的资料，1990 年 12 月。

至9月取得了第三次反“围剿”战役的胜利。在这次战役中，叶剑英积极参与制定作战计划，出席军事会议，深入前线，指挥莲塘、良村、黄坡、老营盘、高兴圩等战斗，歼敌17个团、3万余人。[①]

苏区中央局会议关于战略问题的讨论和两次反“围剿”战役的伟大胜利，使叶剑英受到了极大的教育。他自己后来常说，那几个月，使他的思想认识产生了关键性的“飞跃”。通过会议的争论和战争实践，他深深感到毛泽东是杰出的政治家、战略家。毛泽东料敌如神，知己知彼，素孚众望，深得人心。他下决心拜毛泽东为师。他特地找到毛泽东，主动地向他汇报了自己思想变化的过程和体会。[②]毛泽东对叶剑英这种谦虚的态度表示赞赏和欢迎。

第四节　红军参谋事业的奠基者

1931年，日本帝国主义在东北制造了震惊中外的“九一八”事变。中国人民的抗日救亡运动掀起了新的高潮。

9月下旬，中国共产党在上海成立了以博古（秦邦宪）为首的临时中央政治局。11月7日至20日，中华苏维埃第一次全国代表大会在江西瑞金举行。大会选出毛泽东、周恩来、朱德等63人组成中央执行委员会，宣告中华苏维埃共和国成立。11月25日，成立了中华苏维埃共和国中央革命军事委员会（简称“中革军委”），朱德任主席，王稼祥、彭德怀任副主席，叶剑英任中革军委委员兼总参谋部部长（一般称总参谋长）。11月27日，在中央执行委员会下组织人民委员会，毛泽东被选为人民委员会主席，项英、张国焘为副主席。宣告中华苏维埃共和国临时中央政府正式组成，即日开始工作。

代表大会期间举行了阅兵式，叶剑英担任阅兵司令。

叶剑英担任总参谋长以后，一方面继续协助朱德等人指挥作战，同时，以大量精力，抓紧进行司令部机关的建设。当时，红军正处于初创后的发展阶段，各级司令部机关尚未建立起适应战争需要的参谋工作制度，机关的组织分工也很不完善，机关和部队的联系也不够畅通。随着战争规模的扩大，司令部机关在组织指挥上误时误事的现象日趋增多。为了适应战争的要求，叶剑英向中革军委提出了“建设精干的统帅机关”的建议。在朱德等的支持下，叶剑英与有关同志一起，研究确定了中国工农红军司令部机关的编制体制。按照这种编制体制，将原来分工不明确，体制不合理的一些机关部门予以精简合并，建立起作战、情报、通信、管理等部门，并对各机关的职责予以明确规定，进行了严格的分工。有一段时期，红军仿照国民党军队编制，也在司令部内设立了副官处。在精简机构时，叶剑英提议将副官处取消，其有关业务工作合并到管理部

① 访问刘恋（刘生雄）谈话记录，在兴国纪念馆、兴国县委党史办查阅的资料，1990年12月。

② 叶剑英谈话记录，1982年3月12日。

门。红军过去行军主要靠向导，不重视利用地图，有些参谋人员见到缴获来的敌人的地图后，看不懂，随便就丢了。后来在叶剑英的明令要求下，作战部门专门成立了地图科，注意搜集敌人的地图，学习利用地图，指导行军作战。此外，叶剑英还重视运用刚建立不久的无线电台，组织电台人员有计划地侦听和破译敌人的无线电信号，从而获取了大量敌人的情报。在通信建设方面，叶剑英十分重视统一全军的号音。那时，红军部队行军、作战和平时作息，大都是通过司号员吹号来统一调度。由于全军的号谱不统一，一些部队在行动中常常发生混乱现象。为此，叶剑英在 1931 年 11 月下旬，专门主持召开了红军司号员会议。11 月 29 日，又以中革军委的名义亲自起草和发布了关于统一全军号谱号音的“通令”。“通令”要求各军团、各军以下的指挥员，督促所属司号人员在短期内熟悉和掌握新的号谱，以便使全军尽快在统一的号音下行动。

在逐步建立健全司令部各部门机构的同时，叶剑英非常注意在实践中培养和提高参谋人员的军事素质和工作能力。叶剑英几次召集师以上参谋长会议，结合中国工农红军实际，讲述苏联红军作战经验和孙子兵法等，研究反“围剿”的战略战术。当时许多参谋人员缺乏文化科学知识，业务水平较低。他从实际出发，亲自给参谋人员讲课，讲解作战、情报、通信、机要、队列等方面的业务知识。他讲课时声音洪亮，简明扼要，善于用举例、比喻来说明深奥难懂的道理。他不仅在课堂上讲解，而且时常在现场做示范，手把手地教，百教不厌。红军总部的参谋人员都爱听他讲课，他们说：“我们的‘参座’不但是好领导，而且还是个好教员。”

当时，红军机关和部队中还存在着不少的游击习气。叶剑英向军委建议，加强对机关和部队的正规化教育，以逐步克服游击习气。他组织参谋人员研究苏联红军的参谋工作条例、步兵战斗条令和后勤工作条例。然后，参考这些条令、条例，结合中国革命战争和工农红军的特点，编写了自己的条令、条例，作为机关工作和部队战斗训练的基本依据。这些条令、条例的贯彻实施，对于克服游击习气，加强司令部和部队建设，使之逐步走向制度化、正规化，起了明显的作用。叶剑英还下令各师办一个教导队，每期一百人左右，训练基层骨干。①

这期间，叶剑英还参与了宁都起义的组织领导工作。起义部队是由原西北军一部改编的国民党第二十六路军。该军 1931 年春由山东调到江西，参加对中央苏区的“围剿”。在红军反“围剿”不断取得胜利和全国抗日反蒋浪潮的推动下，通过二十六路军内中共特别支部的积极活动，这支部队起义的条件逐渐成熟。起义前，在中共苏区中央局和中革军委的领导下，朱德、王稼祥、叶剑英等听取了有关情况汇报，并召开会议，分析了二十六路军起义的主客观条件，研究了起义的具体方案。叶剑英在约见二十六路军中的中共特别支部代表时，秘密交给他一张起义部署图，图上标明了起义后各军的行动路线与驻防部署。12 月 14 日

① 访问耿飚谈话记录，1991 年 3 月。

黄昏，赵博生（共产党员）和季振同、董振堂等率领二十六路军 1.7 万多人在江西宁都举行了起义。起义后，部队改编为中国工农红军第五军团，季振同任总指挥，萧劲光任政委，董振堂任副总指挥，赵博生任参谋长。叶剑英十分关心这支起义部队的建设。在整训过程中，他多次亲临视察，给部队讲话，说明什么是红军，为什么要参加红军；讲红军的官兵关系就是革命同志平等的关系；讲共产党的土地政策；讲红军同地方农民的关系，特别是红军同地方军的关系；等等。他强调说，红军不抓壮丁，不拉伕，你们之中，愿意参加红军的，我们欢迎，愿意回去的，我们不阻拦，还发给路费。他还特意委派王震等去起义部队，帮助解决起义部队的遗留问题，做好军官安置等善后工作。

1932 年 5 月，蒋介石自任鄂、豫、皖三省“剿匪”总司令，调集大批军队向鄂豫皖苏区发动第四次“围剿”。与此同时，他下令组成以何应钦为首的赣粤闽边区“剿匪”总司令部，指挥江西、广东、福建、湖南的国民党军牵制中央根据地红军的主力，并为大举进攻中央根据地做准备。叶剑英积极协助周恩来、毛泽东、朱德组织指挥苏区军民，昼夜反击敌人第四次“围剿”。6 月 3 日，同毛泽东联名签署电报致朱德、王稼祥，要求东路军各军在“三天内整理完毕，准备 9 号出动”；“8 号下午 2 时在官庄总司令部开军事会议，军长、军政委、军团总指挥、军团总政委、军团参谋长均到会”。叶剑英于 6 日上午赴上杭县官庄。7 月初，红军发起南雄、水口战役，打击了向江西“进剿”的国民党军粤军部队的气焰，基本稳定了中央根据地的南翼。叶剑英亲自到前线视察，了解敌情，并作战役部署。8 月上旬，苏区中央局在兴国举行会议，确定红军向北行动。叶剑英根据会议的决定，领导参谋人员制定了详细的作战计划。按照这个计划，第一步先攻打乐安，得手后，再攻取宜黄。中革军委据此向部队下达了发起乐安、宜黄战役的军事训令。在周恩来、毛泽东、朱德的直接指挥下，红一方面军于 8 月 17 日攻克乐安，20 日攻取宜黄。此役共歼敌约 3 个旅，俘敌 5000 余人，取得了重大胜利。[①]

周恩来于 8 月 28 日在给中央局的信中说：“本来过去军事行动向无方案的，所谓专于机动而不果决，这次我们力矫此弊，本着这个方案去做，实现和完成了第一步作战计划，获得伟大成功。”在这里，周恩来赞扬了叶剑英领导的参谋部工作。

攻下乐安、宜黄后，红一方面军按原定计划向东袭取南城，但在南城近郊受阻，与敌形成对峙局面。在这种情况下，叶剑英认真分析了战场的敌我情况，向中革军委领导人提出分一部兵力牵制南城之敌，而以主力直取距南城较远的崇仁县县城的建议。他具体分析说，崇仁守敌仅一个骑兵师的兵力，我军可以长途奔袭，出其不意地先攻下崇仁。届时，敌军必定来援，我军则可以逸待劳，聚歼敌增援部队。然而，叶剑英的这个积极的建议未被采用，以至坐失战机。但后来得到周恩来的肯定。周恩来在给中央局的信中说：“这一计划（剑英提出的），原是

① 在中国人民解放军档案馆查阅的资料，1990—1994 年 10 月。以下全书引用“军档”文电，不再另注。

根据敌情变动而提出的，我们因为坚守原定计划，企图先消灭朱绍良一路，故未采用，这确实是不善于机动的错误。”①

在异常残酷紧张的反“围剿”作战期间，叶剑英始终精力充沛，工作极富成效，受到毛泽东、周恩来、朱德的高度赞扬。红军的高级干部们都尊敬地称他为“叶参座”。

① 周恩来给中共中央的信，1932 年 8 月 28 日。原件存于中央档案馆。本书所引电文未注明出处者，均引自该馆档案资料。

第十一章　在红军学校与东南前线

第一节　挑起办校和作战两副重担

1932年10月上旬，中共苏区中央局全体会议在江西宁都召开。会议根据中共临时中央的有关决议和指示，开展了中央局从未有过的所谓“反倾向的斗争”，激烈地批评和指责毛泽东过去坚持的正确方针政策，提出“以粉碎敌人的大举进攻，夺取中心城市，争取江西首先胜利”的冒险主义的军事方针。会议在毛泽东是否继续留在前方指挥作战的问题上发生了尖锐的意见分歧。周恩来提出“泽东积年的经验多偏于作战，他的兴趣亦在主持战争”，建议让毛泽东继续留在前线，朱德、王稼祥也表示不同意解除毛泽东在红军中的领导职务。但这种意见没有被会议所接受。会后，中共临时中央，以要毛泽东主持中央政府工作的名义把他调回后方，随即撤销了他的红一方面军总政治委员的职务，由周恩来兼任。因叶剑英支持毛泽东，便同毛一起回到后方。

宁都会议后不久，中共临时中央又电示苏区中央局，令叶剑英和刘伯承对调，叶任中国工农红军学校（简称“红校”）校长兼政委，同时兼任瑞金卫戍区司令员。

这时，正值蒋介石集中兵力向中央苏区发动第四次大规模“围剿”之际。中革军委针对蒋介石的“围剿”部署，依据红军的实际情况，决定将中央苏区划分为东北、东南和赣江三个战区。各区设立总指挥部，统一指挥该区内红军和地方武装的作战行动。担任红军学校校长兼政委的叶剑英，于11月7日又兼任了东南战区的总指挥兼政委。他挑起两副重担，一方面指挥东南战区的红军和地方武装，配合东北战区的主力红军，反击敌人的“围剿”；一方面领导红军学校的教育训练工作。

红军学校创办于1931年秋。它是以闽粤赣军区彭杨军事学校和一、三军团随营学校等为基础建立起来的，校址在瑞金城东的谢氏祠堂。1931年11月，中革军委任命萧劲光为红校校长。1932年初，刘伯承任校长兼政委。中革军委还先后选派周以栗、林野、左权、欧阳钦、杨至诚、黄火青、伍修权、吴亮平、郭化若、陈伯钧、张如心、危拱之等担任学校的各级领导和军政教员，另外，还调李伯钊、赵品三、石联星、沈乙庚、施月英、施月娥、崔音波等负责开展学校的文化教育工作。

苏区中央局对创办这所学校十分重视。在建校之初，毛泽东曾意味深长地说过：新旧军阀都懂得，有权必有军，有军必有校。国民党办了个“黄埔”，我们要办个“红埔”，我们是人民的军队，为了战胜反动派，也要学会办校、治军，一定要把红校办成培养军事人才的基地，向部队源源不断地输送经过学校培养的、军政素质好的红军指挥员。经过前二任校领导和全体教员们的艰苦创业，短短一年多的时间，红校已初具规模。[①]

红军学校下设训练部、政治部、校务部。校部领导一身三任，既是领导，又是教员和学员。驻校学员仍保持战斗序列，编成连队，学制三至六个月不等，具体时间根据所学内容和前线需求情况而定。教学内容主要是军事政治理论、战略战术、政治工作、部队管理教育等。

叶剑英到校上任时，红校第三期学员尚未正式毕业。他着手做的第一件事就是对学校的基本情况进行详细调查。经过与训练部长林野、政治部主任欧阳钦、校务部部长杨至诚以及一线教学人员多次座谈，他很快就了解到，经过刘伯承等历届学校领导和全体教学员的共同努力，红校虽已初具规模，办得很有成绩，但也有些领导和教员不安心学校工作，缺乏长远的办学眼光，学校潜力没有充分地发挥出来，教学质量也亟待提高。叶剑英当即召开校务会，和大家研究如何在原有基础上继承刘伯承校长好的传统和作风，把红校办得更好。他在会上总结说：我们苏区的红军，从三四年前的几千人发展到今天的几万人，这是伟大的胜利。但是由于绝大多数红军干部没有受过基本的军政训练，组织指挥能力与实战需要有很大差距，急需培养提高。蒋介石连续三次对苏区“围剿”失败，正在纠集重兵，发动更大规模的进攻。我们急需扩大红军，保卫根据地，而扩大红军就需要大批训练有素的基层干部。所以，轮训干部，培养人才，是加强红军建设，保卫胜利果实的一项战略措施，是头等大事。我们红军学校重任在肩，一定要竭尽全力为革命培养更多的人才。

在第三期学员毕业典礼上，叶剑英勉励同学们到前方去，把所学的知识带到红军中去，创造铁的红军，以英勇斗争的精神，去消灭敌人。[②]

为了更多更好地培养前线需要的人才，叶剑英经与有关部门多次协商后，决定扩大招生名额，由第三期的 1500 人，扩大到第四期的 2160 人。同时在原有的几个学员连队的基础上，扩编为军事团、政治营，还成立了上级干部队，分别培养基层和团以上军政干部。学制分为三种情况：由红军部队送来的学员四个月毕业，由地方送来的学员和特种兵学员都是六个月毕业。

坚持什么样的教育方针，这是办好学校的一个带根本性的问题。当时，毛泽东虽然已经离开红军领导岗位，但叶剑英在领导学校工作的过程中，仍然继续贯

---

① 访问何长工、孙毅谈话记录，1986—1988 年。

②《红色中华》1932 年 10 月 16 日。

彻古田会议精神和毛泽东倡导的从战争中培养干部的训练方针。他在召开全校干部会议讨论办校方针时，毫不含糊地指出：毛主席是正确的，古田会议精神是对的，红校的教学和训练必须从红军的实际需要出发，吸收中央红军和其他苏区几次反“围剿”战争的经验，使干部通晓本行业务，提高阶级觉悟和基本战术素质。他参照苏联军事院校和中国黄埔军校的办学经验，结合中国革命战争的实际，进一步修订了红军学校的军政训练计划，同时将红军浴血奋战的宝贵经验加以整理和总结，用于教学实践之中。在军事课教学方面，主要结合中国红军的实际，从单兵的战斗动作，一直到班、排、连的进攻、遭遇、防御，系统地进行教学，提高学员的技术和战术水平。在政治课教学方面，讲解的主要内容有：马列主义的基本理论；共产党和红军的发展历史；红军政治工作的基本原则，政治工作三大任务，红军内部的官兵关系等。其中，相当一部分内容是讲政治指导员的职责，以及开展政治工作的方式、方法等。在教学时间分配上，根据不同的对象和课程，分别确定。军、政教学比例，军事团为6∶4；政治营为4∶6；上级干部队军事班为7∶3，政治班为3∶7；供给干部班，军政学习各占25%，还有50%时间学习供给课程。这样的时间比例，符合教学工作的实际，有利于各类人才的培养。

抓好教员队伍的建设，是办好学校的关键。当时教员队伍比较复杂，有的是从红军战斗部队抽来的各级领导干部；有的是留苏、留日学生；还有的曾是保定、黄埔军校毕业生，军政素质各不相同，学术观点也不一致。如何统一教学思想，是迫切需要解决的课题。叶剑英确定，采用学习讨论会的形式，组织教员学习毛泽东总结和提出的作战指导原则，学习古田会议决议，边学边教，长进很快，逐步形成了一支理论水平较高的教员队伍。如蔡畅、伍修权、张如心、朱瑞、郭化若、吴亮平、孙毅、冯达飞、陈明、武挺、王智涛、武元博（后改名洪水，越南籍）以及后来的陈唐、边章伍等都是很受欢迎的教员。除此之外，叶剑英还经常邀请一些领导同志来校讲课，毛泽东、朱德、周恩来、邓颖超以及陆定一、凯丰等都曾到校作过报告。

据孙毅回忆：“那时候的红校训练部有军事教员七十多人，政治教员三十多人，文化教员十几人。教员的质量都不错，教得很好，作用很大。叶校长要我虚心向老教员学习、请教。有一次我还得了奖，这对我是一个很大的促进，使我更加努力学习和工作。那时定期开总结会，表扬和批评开展得很好。叶校长说话很和气，不发脾气，和蔼待人，大家都愿意和他接触。”

第二节　严于治校

叶剑英在办校中，坚持严格训练、严格要求。他认为，平时训练中的“难”是为战斗中的“胜”打基础的，如果红校训练中不坚持从严、从难的原则，就不能练精武艺，不能锻炼意志。如果在校养成一种懒洋洋的作风，日后便带不出有战斗力的部队。他常说，“懒兵无战斗力”，“骄兵必败”。他明确提出，学校的起床、早操、就餐、集合、点名、熄灯等作息制度，要严格按照连队管理士兵的规定执行。如有违反者，要进行严肃批评。他强调通过平时的养成教育，培养学员雷厉风行、令行禁止的好作风，使他们在潜移默化中学会良好的带兵方法。

在叶剑英的带领下，学校领导干部在管理教育和实际操练中，处处体现“干部平时吃苦在前享受在后，战时冲锋在前撤退在后”的要求，用自己的模范行动教育学员，形成了良好校风。

严于治校的另一个重要方面，是对教学工作的严格要求，确实提高教学质量。采用什么样的教材，教给学员什么知识？这是能否提高教学质量的一个重要问题。在这方面，叶剑英亲自过问，严格把关。红校原来使用的军事教材，主要是翻译苏联红军《步兵战斗条令》，兼收德国、日本的操典等内容。叶剑英经过反复研究，感到不能老学外国的，应当依据红军自己的经验，结合红军的特点学习古今中外的军事知识。于是他主持编写了《步兵战斗条令》《指挥艺术》等教材，很受学员们的欢迎。

叶剑英在办校中对教员提出了严格要求，也提倡教员严格要求学员，“严师出高徒”。他要求教员认真备课，课前一定要撰写出授课提纲和讲义来。教员讲授之后，还要组织学员讨论，每周两次。他要求教员不断改进教学方法，提倡直观形象教学。他组建了红校模型室，展出各种兵器模型、各种战术图解、政治图表以及化学、物理学、天文学方面的仪器和生物标本等，共六百余件，大大增强了学员们的学习兴趣。

在叶剑英的领导下，红校在严格管理的同时，较好地实行了军事、政治、经济三大民主。教员、学员对问题有不同看法，允许进行民主讨论，实行官兵互教、互助、互学。学员对领导和党员的缺点也敢于当面提出批评意见。在经委会管理下，连队每月结算，公布账目。由于勤俭节约，每人每月尚能在有限的伙食费中，分到少许伙食尾子，用来购买一些日常生活用品。

红校在紧张的战争年代，在物资极端缺乏的条件下，很注意活跃文化生活，创造一个“严”与“宽”相结合的环境。学校的俱乐部和各连队的“列宁室”经常举办墙报、球赛、演讲会、娱乐晚会等各种活动。在叶剑英的关怀和支持下，红校还组织了文工团。此外，还有一批来自上海、武汉等大城市和留学归来的业余文艺骨干，像李伯钊、赵品三、危拱之、石联星、施月娥以及作曲家崔音波（朝鲜籍）等。学校经常组织文艺晚会。叶剑英和其他领导干部带头参加晚会。叶剑英会唱许多歌曲，还会弹琴，何长工会吹笛子，两人经常在晚会上表演弹琴唱歌，每次都博得大家喝彩。教员、学员欢聚一起，演出各种自编的节目。嘹亮的革命歌声，多彩多姿的红军战士舞，使校园充满了乐观和活泼的气氛。

叶剑英在领导学校工作的过程中，在严格要求教职工的同时，十分注意从政治上、生活上关心和爱护干部。他对身边的工作人员关怀备至，在百忙中抽出时间教他们识字、学文化。有时部队的同志给他送来狗肉，他便亲自下厨，做“狗肉餐”，和大家一起享用。

叶剑英不但对身边的工作人员体贴入微，对其他的同志也是如此。凡是和他交往过的同志都留下了深刻的印象。担任中共湘赣省军区代司令员的王震率领湘赣代表团来到红军学校见习和进修，叶剑英细心照料他们的生活，与王震倾心交谈，并同他一起研究教育训练课题，嘱咐他回去要办好学校。王震回忆说："我在中央苏区未见到叶剑英以前，以为这位智勇双全，久享盛名的'参座'，一定是上了年纪的首长。不料见了面，他竟是那样年轻，富有朝气，又是那样朴素，谦恭和蔼，使人深感可亲可敬。我永远也不会忘记他那种严于治军、严于治校和联系实际、联系群众的好思想、好作风。"[①]

据郭化若、刘少卿、王智涛、吴亮平回忆，这一时期，在王明"左"倾错误的影响下，有些在军队和政府工作的同志被扣上种种罪名，受到"残酷斗争，无情打击"。有的同志被送到红校以后，"左"倾错误领导者要求红校继续对他们进行"斗争"。叶剑英则顶住压力，采取灵活的办法，将这些同志保护起来，使他们免遭更大的不幸。

第三节　按实战要求教学

叶剑英在办校中始终抱定一个宗旨，即经过红校熔炉冶炼的学员必须成为符合实战要求的指挥员。

有些毕业后回到部队的学员来信反映，在学校学的内容大都很管用，但有些课程联系实际不够，说的多、练的少，打起仗来用不上。针对这种情况，叶剑英强调少讲空洞条文，侧重实际演练，多搞野外演习，加大训练难度。在他的组织指挥下，演习攻防科目，多选择夜暗阴雨天，涉溪水、踏深谷、钻密林、抢占山头。他鼓励学员说："苦练才能学到真本领。现在多吃点苦，战场上就可以少流血。"

身教重于言教。叶剑英身为校长，深知严格训练、严格要求，不能只对别人，而要从自身做起。他处处率先垂范，为人表率。每天很早起床，和大家一起出操跑步。他虽然已过而立之年，仍坚持在单杠上做打车轮、大旋转等难度较大的动作，给大家作示范，使许多青年学员敬佩不已。凡全校性的演练，他总是亲自审定预案，亲自主持现场示范，和大家一样在风雨中操练。瑞金城方圆 30 公里内的山山水水，到处都留下了他的足迹。

1933 年 2 月，红校第四期学员即将毕业。毕业前夕，叶剑英组织全校学员进行了一次大规模的演习。他把全校学员编成东、西两个师，主要课目是演习行军、宿营、进攻、防御，还有政治宣传工作等。按照预定方案，东、西两师从瑞金出发，至汀州进行巷战，至河田进行城市防卫战，在壬田圩进行遭遇战。整个演习从 2 月 4 日至 12 日，共用了九天时间，使全体学员在近似实战的条件下，受到了一次艰苦的磨炼。

---

① 王震：《叶剑英在 1976》序言，中央党校出版社 1990 年版，第 2 页。

对于这次演习，中华苏维埃政府机关报《红色中华》于2月25日作了长篇报道，赞扬这次演习有三个优点：第一，指挥员与政治工作人员都能研究每个时期的情况，很快下决心。第二，平时与战时的政治工作，都能够积极地进行，利用一切机会和方法来提高与保障战斗员的政治情绪，普遍地建立了红军与当地民众的关系。第三，演习中的攻击精神，非常旺盛。无论行军、作战、警戒都没有疲倦的表现。这次演习，是对红校教学工作和组织领导、后勤保障等其他工作的一次检验。演习的圆满成功，反映了学校以教学为中心的各项工作，确实开展得扎扎实实而又卓有成效。这是叶剑英校长和全校人员共同努力的结果。

红校还经常在苏联和中国的革命纪念日组织活动，使学员了解革命历史，提高政治觉悟和战斗意志。1932年12月11日，叶剑英在学校主持召开"广州暴动"、"宁都暴动"纪念大会。会场群众情绪激昂，誓要粉碎国民党反动派军队对苏区红军的进攻，为保卫苏维埃政权斗争到底。1933年2月22日，全校以团为单位举行庆祝苏联红军成立15周年纪念活动，23日在大操场举行报告大会，叶剑英在会上号召："学习苏联红军国内战争的经验教训，准备创造一百万铁的红军。"

第四节　建立红色据点，开展游击战

叶剑英在领导红军学校军事教育工作的同时，始终没有放松对苏区东南战区的反"围剿"战役的指挥。

1932年11月中旬，叶剑英赴闽西，与福建军区领导人研究迎击敌人"围剿"的战略部署。他们决定在闽西、赣南广泛建立有武装、有阵地、有群众的红色据点，争取把漳平、永安、建宁、泰宁等小块根据地连成一片。同时还决定，抽调部分工农干部骨干，经过军区训练后，派往白区，加强白区游击队和白军中士兵工作。

1933年1月，中共临时中央政治局因在上海无法立足，被迫迁入中央革命根据地。临时中央负责人博古等先后到达瑞金。其后，中共苏区中央局与中共临时中央合并，改称中共中央局。从此，中共中央局直接领导中央苏区的工作。10月初，共产国际东方部派驻中国的工作人员李德到达中央苏区，担任军事顾问。不久，在博古的支持下，李德实际上掌握了中革军委领导权。①

这期间，国民党军队对苏区的第四次大规模"围剿"已全面展开。叶剑英根据军委部署，指挥东南战区军民，积极开展袭敌、扰敌活动，配合北线主力红军打击敌人。1933年2月，叶剑英组织闽西、赣南独立师、团，以及闽西、上杭一带地方武装，破坏道路，断敌交通，迟滞由闽入赣的国民党军队的行动。②

3月，叶剑英获得国民党军第十九路军及部分福建地方军阀部队准备进犯长

---

① 叶剑英在庐山会议中南组发言。1970年8月25日。

② 访问方志纯谈话记录，1990年12月。

汀的情报后，随即将战区所属武装及红军学校第五期学员统一编成五个纵队，以迎击敌军的进犯。具体部署是：以一、二、三纵队为主力，向进占闽西清流县城一带之敌出击；四纵队打击连城、龙岩之敌；五纵队在赣南钳制广东方向可能来犯的敌军。叶剑英直接指挥对清流之敌的进攻作战。清流一带的敌军为福建军阀卢兴邦、张贞部所属的三个团。为了牵制其增援进攻主力红军的敌人，叶剑英根据军委意图，率部主动向清流之敌发起进攻，给敌以沉重打击，使敌军在较长时间内不敢轻易出动。战斗中，红军缴获了八挺德国造的勃朗宁轻机枪和一部分捷克造的自动步枪。这些武器在当时是比较新式的，叶剑英命部队将这些武器保管好，战后将带回红军学校，作为教学用的实物。

叶剑英身在东南前线，胸中始终装着整个苏区反“围剿”战役的全局。他根据战局的发展，多次主动向军委建议将南线的部队抽调到北线。1933 年 2 月，他将南线的两个师输送到北线。不久，又建议军委将南线的红十二军抽调到了北线。他将闽西四县的地方武装升级为正规部队，建立起红十九军，亲自兼任军长，负责东南战区的防御。他还将红校第四期毕业的四百多名连级干部，全部输送到北线主力红军部队，并决定将红校看护连的八十多名学员提前毕业，分配到前线部队工作。

在此期间，叶剑英还多次就整个反“围剿”战役的战局，向军委提出建议。他在致军委的《对目前战局及战略意见》中指出：目前应紧紧抓住西南反蒋的有利时机，集中全力在北线与敌军决战，以结束四次战役，开展新的战局；为确保北线决战的胜利，当将南线的红军部队全部秘密集中到北线，参加战斗；在南线另外组建新的独立师，在地方游击队配合下行动，麻痹闽、粤之敌；汀州、瑞金一带的防务，直接由红军学校师生担任。叶剑英的这些建议，均得到了军委的赞同并被采纳。

叶剑英率部在东南前线的积极防御和在兵员、物力等方面对主力红军的支援，对于取得粉碎国民党军对中央苏区第四次“围剿”的胜利，起到了重要的作用。

第五节　在闽赣军区

从 1933 年 5 月开始，蒋介石又调集 50 万兵力，策划对中央革命根据地进行第五次大规模“围剿”。

为了反击这次“围剿”，根据中共中央局提议，中华苏维埃临时中央政府下令将中央革命军事委员会由前方移至瑞金，增加博古、项英为委员，由项英代理主席。同时，在前方另组中国工农红军总司令部兼红一方面军司令部。5 月 8 日，任命朱德为中国工农红军总司令兼第一方面军司令员，周恩来为中国工农红军总政治委员兼第一方面军政治委员，叶剑英为中国工农红军总参谋长兼第一方面军参谋长。

叶剑英受命以后，先是在沙洲坝的乌石垄村组建起一个精干的司令部机关。

不久，又奉命调往前方协助朱德、周恩来指挥红一方面军作战。[①]

9 月 25 日，蒋介石乘红一方面军主力分头作战之际，以北路军三个师由南城、硝石向黎川发动进攻，开始对中央革命根据地进行“围剿”。中共中央局继续推行军事冒险主义，提出“御敌于国门之外”的错误方针，要求红军在根据地外战胜敌人，并争取苏维埃在全中国的胜利。

根据敌情的变化和作战任务的需要，中革军委决定成立建宁警备区和广昌警备区。1933 年 12 月 4 日，任命叶剑英为建宁警备区司令员，滕代远为建宁警备区政委。叶剑英到建宁后，又兼任闽赣军区司令员。

1933 年 11 月，红一方面军部分领导人和周恩来在福建建宁合影。左起：叶剑英、杨尚昆、彭德怀、刘伯坚、张纯清、李克农、周恩来、滕代远、彭国平

他领导各部队积极扩大根据地，开展游击战争，确保军区的后方安全、道路通畅、供给充足。樟村战斗后，他在军区召开黎川地区各级负责人会议，要求黎川武装“迅速经秦坳、九坊一带大山，靠紧新桥、泰宁创造巩固侧面根据地”，并指示要在黎川东南广泛发展游击战争，挺进胡坊侧面，骚扰黎川东面之敌。同时派出干部领导黎川西南武装，进攻敌人。

1934 年 1 月，红一方面军总部与中革军委合并，方面军所属部队由中革军委直接指挥，称中央红军。2 月 3 日，中革军委进行了改组，主席仍为朱德，副主席为周恩来、王稼祥，刘伯承任总参谋长，叶剑英任副总参谋长，但实际指挥权仍操纵在博古和李德手里。1934 年 1 月 22 日至 2 月 1 日，中华苏维埃第二次代表大会在瑞金沙洲坝召开。叶剑英被选举为中华苏维埃共和国第二届中央执行委员会委员。

1934 年 1 月 30 日，军委要求闽赣军区“应坚决把自己所属范围内的地主武装彻底肃清，巩固与发展新的苏区”。叶剑英随即部署以主力肃清建宁、安远、梅口三区内的地主武装大刀会、保卫团等，打通建宁通往宁化的道路，保障兵

---

① 在沙洲坝、乌石垄中革军委旧址纪念馆查阅的资料，1990 年 12 月。

站、医院的交通安全。各独立团、警备区机关、各部队、工作团、兵站医院等，到指定地区开展游击活动，肃清地主武装。他夜以继日，忙于指挥部署战斗，调动各方面力量，巩固后方安全。经过一个月的艰苦努力，建宁、安远、均口、依口、官仓、梅口、鱼潭等地相继建立了革命委员会，并进行了分田活动。作为战区司令员的叶剑英，不仅负责前线指挥，还要照顾后方供应。他发动群众筹粮，为部队准备了充足的粮食，在北线存米520多担、谷1170担，南线存粮5200多担，保障了主力红军的粮食供应。

不久，叶剑英主持成立了闽赣军区司令部。在他的指挥下，军区所属武装积极地配合主力红军行动。整个闽赣地区一度成为巩固的作战基地。

第六节　关心战士疾苦

1934年4月，叶剑英奉命到中华苏维埃共和国福建军区任司令员。不久，个别部队因疏忽警戒，发生被敌袭击事件。他和政委万永诚总结事件的经验教训，及时发出训令，要求部队加强行军、宿营时的警戒工作，随时准备打击敌人。

为了打破敌人的“围剿”，叶剑英组织福建军区野战司令部、政治部，领导地方武装开展游击战争，坚壁清野，断桥断路，骚扰敌人。一次，敌人拼凑了一个军的兵力向福建军区的前沿阵地龙燕镇一带和扁山要地进犯。当时，红军只有一个师守卫在龙燕镇一带，一个团守卫在扁山。在敌我力量悬殊的情况下，叶剑英为保存有生力量，命令部队暂时放弃龙燕镇和扁山，有计划地往福建的长汀方向退却。同时，他命令一部分红军部队利用山地的有利地形，声东击西牵着敌人的鼻子在山里兜圈子。在扁山通往长汀的一条河边，叶剑英直接指挥部队，伏击了敌军一个营，将敌全歼，缴获了一批枪支弹药。

叶剑英在指挥部队转战过程中，十分重视伤病员的救护工作。对身负重伤的指战员，只要他看到时，都要亲自察看。在撤出扁山的途中，叶剑英亲自率队在最后面阻击敌人，同时，命令一个班的红军战士边退却，边收容伤员。有两个负责收容的战士以为一名重伤员已牺牲了，就把他放在路边上。恰好叶剑英骑马赶来。他翻身下马，认真地检查了伤情，又摸了摸脉搏，发现这个伤员还活着，便立即要他们将伤员送到后方抢救。这时，追敌已近。在这个危险关头，他仍坚持要战士将这个重伤员抬走，命令道：“你们抬着这个伤员先走，我来阻击敌人，掩护你们。”后来，他经常教育部队说：在收容伤员时一定要仔细，不能粗心大意。每个红军战士都是我们的阶级兄弟，只要还有一口气，我们都要设法抢救，多救出一个红军战士，就为革命多增加一份战斗力量，要爱护我们自己的阶级兄弟呀！

闽西地区，地形复杂，山高路险。有一次，叶剑英带领福建军区前线指挥所，一口气走了95华里的山路，转移到汀州至连城间一座名叫凤凰山的高山山顶。他住在一个破庙里，指挥部队侦察连城一带敌军活动情况，监视和袭扰敌军。当时，红军被敌人严密封锁，几乎天天都要打仗，生活非常艰苦，缺粮少盐。粮食每人每天定量 6 两（16 两为 1 市斤），用小草袋蒸饭，每人每餐分一小袋饭。没有盐吃，就到山中老房子里去扫硝盐（白土）。硝盐同普通盐味道不一样，苦得令人难以下咽。没有医药，战士们害了痢疾，也只能每天喝一点稀饭，硬挺着。武器弹药也很缺乏，那时子弹多是土造的，打完还得拾回弹壳。在那样极端困难的情况下，叶剑英同大家同甘共苦，一点儿也不特殊。他白天指挥打仗，夜里还要起来亲自查哨，照看伤病员。有时他把自己分到的一小袋饭和白薯干留下来给伤病员吃。警卫员胡绍明行军中了暑，病得很厉害，叶剑英好不容易才搞到一点土药给他吃，并把自己的马让给他骑。胡绍明回忆起那段艰苦岁月，感动地说："叶司令待我们像亲兄弟一样，我有病照顾不了他，他反倒照顾我，那一次如果没有他细心照料，我恐怕早埋在凤凰山上了！"

不久，叶剑英率福建军区主力部队红二十四师发起连城战斗。战斗开始前，叶剑英和师长周建屏、政委黎林一起研究制订了战斗方案和兵力部署，但由于敌情发生变化，侦察不够周密，结果，部队在发起总攻后，遇到事先埋伏好的敌军猛烈阻击。叶剑英正随队前进，一看情况不妙，立即下令部队撤出战斗。据潘开文回忆，对这次失利，叶剑英战后主动承担责任，并作了检讨。但早就对叶剑英怀有成见的李德，借机把他从福建军区调到军委任四局局长。叶剑英对于这次"降职"使用并不计较。他任劳任怨，积极开展工作。他说："那时李德打击我，把我参谋长撤了，我当时考虑到，革命事业还很长，我做什么工作都是为革命，不能斤斤计较。"① 后来，毛泽东、周恩来夸奖他是能上能下的好干部。毛泽东曾多次对人说："剑英这个人对前几把交椅是不争的！"

① 叶剑英谈话记录，1982 年 3 月 12 日。

第十二章　万水千山长征路

第一节　保护革命骨干

中央苏区的第五次反“围剿”，在博古、李德等的错误指挥下接连失利。广昌失守之后，整个战役失败已成定局。

1934 年 5 月间，中共中央和中革军委设想，准备将红军主力撤离中央根据地，但没有适时做出转变战略方针的决断，转移的准备工作只在极少数中央领导人中秘密地进行。

这时，叶剑英刚从福建前线调回总部任军委四局局长，兼管军委直属队工作。他到任后，首先从各方面调查了解干部情况，及时地向军委提出了干部配备方案。当时，不少同志因为抵制“左”倾错误，受到残酷斗争，无情打击。有的被以莫须有的罪名撤职，开除党籍。在转移前，“左”倾错误领导者把这部分被打击的干部看作是“包袱”、“累赘”，想甩掉一批，杀掉一批。叶剑英在自己职权范围内尽最大努力，抵制了这种错误的做法。他亲自找这些同志谈话，深入群众中开展调查研究，深感其中的多数同志是对“左”倾错误领导不满，拥护毛泽东的好干部，有的人虽然犯过错误，但性质并不严重；有的则是编余干部。他认为，既不能把党的这些宝贵财富视为“包袱”，随意抛弃，更不能随意杀掉。因此，他力主这部分干部应该得到保护。于是冒着再遭打击的危险，仗义执言，尽量设法让他们随军突围转移。当时国家保卫局内部决定，对犯“错误”干部开列了一个留走名单。名单上有五六十个干部，分成 A、B、C 三类：一类是要杀的，一类是要留在苏区的，另一类是可以参加突围转移的。当保卫局长邓发带着这份名单，征求叶剑英意见时，叶剑英据理力争，要求尽量少留人，坚决反对杀人。凡是他了解情况的，逐个陈述自己的看法，极力加以保护。名单上有边章伍的名字，被划入要枪毙的一类。叶剑英说，这个同志我非常熟悉，他毕业于保定军官学校，很有学问，军事理论和军事素质比较高，是军队有用之才；他参加宁都起义也是有功劳的，工作很有成绩，他是个好人，怎能把人家列为反革命呢？邓发被说服了，便把边章伍的名字勾掉。此后，叶剑英与边章伍一起共事多年，从未向边提起此事。当边章武知道了这件事时，激动地向妻子陈宛文说，我这个脑袋是叶参座给保下来的，什么时候也不要忘了他的救命之恩！此事一直传为佳话。

叶剑英就是这样一位悄悄做好事，却从不宣扬自己的人。他在组织人事问题上，一向严守纪律，不随意议论不该议论的事情，不封官许愿，不送人情，充分体现出一个共产党人的坚定的党性立场。

那张干部“名单”是一个信号。叶剑英感到问题非常严重，自己有责任保护好一些蒙受冤屈的同志。

在一次讨论如何组织军委纵队的会议上，他向朱德、周恩来等军委领导人提出了妥善安置和保护干部的建议和方案，在他的提议下，经过军委批准，组成军委干部团（属随营学校），保留战斗骨干，收编红军大学和其他几所已被撤销的学校中的部分教员、学员和受“左”倾领导打击排斥的所谓“犯错误”的干部和编余干部。这些干部能分配到各个军团和安排在军委机关的尽量安排，随时可以调入。这样，保护了党和红军的一批重要干部，其中就包括萧劲光、郭化若等。这批干部在遵义会议之后，都先后恢复名誉并分配了工作，他们不仅在战争年代发挥了重要作用，而且在新中国成立以后，大都成为党和军队的高级领导干部。

但是，“左”倾错误领导者对于反对他们主张的干部继续采取能整就整、能甩就甩的办法，进行打击迫害。尽管叶剑英等主持正义的领导者竭尽全力进行保护，但由于自身处境也很困难，对一些被硬行留下、在当时很有影响的重要干部也爱莫能助，有的甚至是亲密战友，也无能为力。叶剑英后来回忆说：“李德那个人可厉害，他讲不赢道理，就用组织手段整你。长征时很多干部没带出来，像瞿秋白、古柏、毛泽覃、刘伯坚这些同志战死的战死，有的被杀掉。这都是李德他们搞的。”①

叶剑英与刘伯坚是十分熟悉的老战友。刘于1926年同邓小平、刘志丹等先后被派到冯玉祥的部队做政治工作。他的公开身份是国民军联军政治部副部长，深得冯玉祥的信赖。1931年在中央苏区参与策划组织宁都起义后，任红五军团政治部主任，功勋卓著。长征突围前，“左”倾错误领导者翻他的老账，无非是因为他在莫斯科东方大学学习期间，反对过王明宗派集团，因此，刘伯坚被留在苏区，担任赣南军区政治部主任。可是他并没有因为受排斥而消沉，仍然忘我地工作。为了护送主力红军渡过于都河，他亲临架桥工地，开展后勤支援工作，从早到晚，站立河畔桥头，为长征战友送行。他见到叶剑英，特意把酒饯别，倾诉衷肠。两位老战友恋恋不舍，心情十分沉痛。刘伯坚望着滚滚东流水，对叶剑英说：“大队人马向西转移了，我留在赣南没有什么作用，你还是想法反映反映，让我跟着走吧！”其实叶剑英又何尝未反映过呢？他曾几次把刘伯坚的要求向军委作了汇报，提议让他随队长征，但“左”倾领导者却说刘伯坚“婆婆妈妈的”，没有什么用，就是不同意他参加长征。叶剑英无可奈何，只好互道珍重，洒泪而别。后来，刘伯坚在赣南的一次作战中负伤被俘，坚贞不屈，壮烈牺牲。牺牲前，曾在狱中留下《带镣行》的著名诗篇。1962年，叶剑英在《建军纪念日怀

① 叶剑英谈话记录，1982年3月12日。

战烈》诗中赞曰："红军抗日事长征，夜渡于都溅溅鸣。梁上伯坚来击筑，荆卿豪气渐离情。"①

这是多么激越悲壮、寓意深邃的诗句啊！当年刘伯坚在于都河畔、黎板桥头，送行惜别的情景，跃然纸上，使人想起战国荆轲刺秦王，与易水畔击筑送行的好友高渐离的诗句："风萧萧兮易水寒，壮士一去兮不复还。"刘伯坚的壮烈一生，令人景仰不已。叶剑英每每回忆起这段历史，心情都分外难过，对"左"倾错误领导者深恶痛绝。他惋惜地说，他们在长征前有意甩掉的许多好同志，后来不少人惨遭敌人杀害，这是令人十分痛心的！

第二节　军委第一纵队司令员

"左"倾错误领导者在军事上的冒险主义、保守主义终于发展到了逃跑主义。1934 年 10 月 7 日，中央革命军事委员会发布命令："中央根据地各军区地方兵团，接替各线主力红军的防御任务。除以第五军团继续抗击向兴国进攻之敌外，将第一、第三、第八、第九军团从阵地撤下来，集中在兴国、于都、瑞金地区。"随后，第五军团亦从阵地撤离。紧接着，中央颁布《野战军 10 月 10 日至 20 日行动日程表》，具体规定了中央红军主力转移的出发日期和到达的地域。中革军委发出第五号命令，决定将军委、红军总司令部、总政治部及其直属部队组成第一野战纵队，与主力红军一起行动，叶剑英任司令员兼政治委员。纵队下辖四个梯队，又称军委第一纵队，博古、张闻天、周恩来、毛泽东、朱德、王稼祥、李德等随其行动。此外，中共中央机关、中华苏维埃共和国中央政府机关等单位组成第二纵队，亦称中央纵队，李维汉任司令员兼政治委员。

10 月 10 日，中央红军开始长征。中共中央、中革军委率领红一、红三、红五、红八、红九军团，军委第一、第二纵队，共 8.6 万余人，从瑞金等地出发西进，进行大规模的战略转移。为保守军事机密，中革军委规定军委及各部队对外使用的代号是：军委为"红星"，军委第一纵队为"红安"，第二纵队为"红章"。在战略转移前夕，总参谋长刘伯承因不满李德的错误指挥而被降职到第五军团当参谋长。从这时起至黎平会议，叶剑英以军委第一纵队司令员兼政治委员的身份主持总司令部的日常工作。

10 月 21 日，叶剑英率领军委第一纵队随主力红军从于都西南王母渡、新田之间，突破敌人第一道封锁线，于 25 日全部渡过信丰河。11 月 8 日，在汝城以南之天马山至城口间，通过第二道封锁线。15 日，在良田与宜章间，通过第三道封锁线。12 月 1 日，主力红军渡过湘江，通过敌人第四道封锁线。在突破这道封锁线时，面对国民党军几十万人前堵后追，博古等领导人一筹莫展，只是命令部队硬攻硬打。红军指战员经过浴血奋战，虽然杀开了一条血路，但却付出了

① 《叶剑英诗词选集》，人民文学出版社 1991 年版，第 139 页。

惨重的代价，中央红军折损过半，由出发时的 8 万多人很快地减到 3 万多人。红军战士的鲜血染红了湘江水，谱写了一曲悲壮的战歌。

突围行军中，叶剑英协助周恩来、朱德处理繁忙的军务，及时传达并贯彻执行军委的各种命令、指示，随时处理部队行军作战遇到的各种问题。他经常找负责人碰头，研究如何应付遭遇战和防止敌人空袭问题，组织部队克服各种艰难险阻，通过一道道封锁线。许多小事，他也非常细心。路过湘西少数民族地区时，住在老百姓的木板房里。这种木板房容易起火，他特意制定防火措施，防止发生火灾。一路上，他最关心的是掌握敌军的部署和动态。那时中共中央和地方党组织已经失去了联系，有关敌人的情报来源主要靠两条：一是地面侦察，二是通过无线电台侦听，破译敌台情报。叶剑英精心组织电台的同志分几个梯队交替行军，昼夜坚持工作，保证通信联络畅通无阻，及时地为军委提供准确的敌我情况动态。电台的人员少，工作很辛苦，叶剑英在艰苦的行军中，常去看他们，称他们是无名英雄，时时处处为他们着想，帮助解决各种困难。

红军渡过湘江，行进到湖南和广西交界的西延山区。这里，山势陡峭，道路崎岖。在一座高山上，叶剑英停下脚步，与警卫员、马夫一起稍事休息。叶剑英脚踏雷公岩，微蹙双眉，举目四望。耳旁正响着密集的枪声，那是后卫部队在阻击敌人。脚下，是几乎 90 度的陡峭险峻的悬崖，一条一尺来宽的石梯路，从山脚蜿蜒而上，旁边就是万丈深谷。走在这样的路上，令人头晕目眩，胆战心惊。伤病员们都下了担架，由同志们背着或搀着走。有几匹马踩空了脚，摔下了万丈深渊。此情此景，使叶剑英的心情十分沉重。

红军继续艰难前进。下了山，涉过一条小河，前面是一片开阔地。叶剑英带领队伍迅速通过开阔地，向对面的小山上走去。这时，周恩来走过来，告诉叶剑英命令部队切勿休息，立即前进，防止敌人空袭。叶剑英马上具体布置各单位注意防空。就在这时，敌机飞来了。叶剑英命令部队在路边隐蔽。敌机越飞越低。突然向着叶剑英及部队隐蔽的山腰处俯冲投弹。叶剑英见势不好，赶快跑开。刚跑了几步，一颗炸弹正好落在附近，“轰”的一声爆炸了。叶剑英摔倒在地。

“参谋长，你？！受伤没有？”警卫员范希贤见状，马上奔上来扶他。叶剑英自己爬了起来，踉踉跄跄地继续往前走去。这时，他才感到右大腿靠臀部的地方，一阵阵疼痛。用手一摸，鲜血已经渗透了裤子，不断地往下流。范希贤将他扶到一处平坦的地方，让他躺下，然后叫马夫立即去报告卫生部。

总卫生部部长贺诚闻讯赶来，把叶剑英扶上担架。当抬到总卫生部临时所在地时，伤口还在流血。同志们都关切地围上来询问他的伤势，他虽然感到痛得厉害，但却坚强地忍住，平静地回答说：“没关系，不要紧。”

医生检查，发现一块弹片打进了靠近臀部的地方，有好几厘米深。由于环境和技术条件的限制，弹片无法取出，只好留在体内了。医生对伤口做了简单的包扎，叶剑英便坐着担架，继续上路了。警卫员把棉大衣给他盖在身上，才发现大衣被炸穿了许多窟窿。原来，炸弹爆炸时，叶剑英正用右手拎着大衣。如果不是这件棉大衣护着，说不定还会有生命危险呢！叶剑英每谈起这次负伤留在身上的弹片，就风趣地说："留着它作纪念，可以使自己不忘过去。"①

叶剑英对待自己负伤不大在意，但他对待别人却非常关心，使许多同志感受到温暖。他带伤工作，劳累过度，又加上营养不良，身体消瘦，吐了几次血，但仍坚持行军，还经常把自己的乘马让给伤病员骑。参谋孔石泉在通过少数民族地区时，脚负了伤，走路困难。叶剑英把自己的马让给他骑。几十年后，孔石泉回忆起这件事，仍很动情地说："叶司令员很关心我，如果没有他的那匹马，我也许走不出少数民族地区了！"

第三节　在遵义会议的旗帜下

寒冬腊月，冷风逼人。中央红军在国民党军的重重包围和阻击下，冒着严寒，沿着崎岖难行的山路艰难前进。1934 年 12 月 11 日，红军占领了湖南省通道县后，中央部分领导人召开紧急会议，讨论了红军的行动方向。会上，毛泽东鉴于红一方面军渡湘江所受的严重损失和蒋介石在湘西靖县、绥宁、武冈一带企图围歼我主力红军的部署，建议放弃北上湘西与红二、六军团会合的计划，转向敌军力量薄弱的贵州前进。经过激烈的争论，周恩来、王稼祥、张闻天、朱德等多数人赞成毛泽东的主张，但博古、李德等坚持原议。红军继续前进，于 12 月 15 日占领了贵州黎平县城。

12 月 18 日，中共中央在黎平召开政治局会议，再次讨论红军的行动方向问题。会议经过争论，否定了博古、李德坚持按原定计划，往湘西与红二、红六军团会合的主张。做出了《关于在川黔边建立新根据地的决定》。决定指出："过去在湘西创立新的苏维埃根据地的决定，在目前已经是不可能的，并且是不适宜的"；新的根据地应该是川黔边地区，在最初应以遵义为中心之地区，在不利的条件下，应该转移至遵义西北地区。会议决定，红军继续向贵州西北前进。黎平会议进一步肯定了毛泽东的正确意见，使中央红军避免了全军覆没的危险。中共中央决定部队进行整编，军委第一、第二野战纵队合编为军委纵队，确定由总参谋长刘伯承兼司令员，陈云任政治委员，叶剑英任副司令员兼一局局长，负责指挥行军作战。

为了贯彻中央新的战略方针，周恩来、朱德、刘伯承、叶剑英研究制定了抢渡乌江、占领遵义的行动方案。1935 年 1 月 7 日凌晨，先头部队占领遵义城。9 日，中共中央、中革军委在当地人民群众的欢呼声中进入遵义城。1 月 15 日至 17 日，党中央在遵义召开政治局扩大会议。会议集中批判了王明"左"倾冒险主义在军事上的错误，通过了《中央关于反对敌人五次"围剿"的总结的决议》，重新肯定了以毛泽东为代表的正确军事路线。会议改组了党的中央领导，增选毛

① 叶剑英谈话记录，1982 年 3 月 16 日。

泽东为政治局常委。遵义会议结束了王明“左”倾冒险主义在党中央的统治，实际上确立了毛泽东在红军和党中央的领导地位，在最危急关头，挽救了红军、挽救了党、挽救了革命，成为中国革命的一次伟大历史转折。

遵义会议期间，中央纵队未单独设立司令部，由总司令部兼理。据黄鹄显、曾三、吕黎平等回忆，叶剑英在总司令部协助周恩来、朱德指挥作战，日夜守候在作战值班室，处理紧急军务。他拖着带伤的身体，不分昼夜地工作，有时一天只能休息三四个小时。他负责军委纵队的工作，还要领导军委一局的工作，每天不但处理大量上报下达的文电，有时还亲自起草电报。工作严肃认真，一丝不苟。他起草电报喜欢用毛笔写，一笔一画，工工整整。写完后又一字一句地点着看，认为准确无误了，然后写上“剑英”二字。他常对军委总部的参谋人员说，一字之差，可能会关系到部队同志的生死存亡，写好后一定要多看两遍。参谋起草的电报，他一字一句修改，有时只留下头尾，内容几乎全部改写，改完后，送给参谋重抄，然后他还要认真看两遍，才签字发出。有的参谋人员不懂电报中的韵目代日、地支代月时，他不厌其烦，把着手教，帮助参谋人员提高工作能力。

叶剑英十分关心遵义会议的进展情况，当他得知会议的结果时，十分高兴。他衷心拥护会议的正确决定，拥护毛泽东的领导，连夜向部队传达会议精神。

遵义会议后，中央红军决定北渡长江，与红四方面军会合。1935 年 1 月 19 日，中央红军向川南土城赤水方向开进。一天，中央机关行军到一条山谷时，突然从北边半山坡上冲来敌军一个连的兵力，向中央机关人员猛烈开火。毛泽东、周恩来、朱德等都在敌射击圈内，情况非常危急。中央机关人员只好躲进一条流水沟里。过了一会儿，敌军吹起冲锋号，冲下山来，高喊：“活捉朱毛！”在这千钧一发之际，叶剑英率队从后面跟了上来。他当即下令：“通信排跟我来！”亲自带领一个排迅速冲上南面的高山，集中火力向北边压下来的敌人还击。敌军遭到阻击，摸不清底细，不敢再往下冲。双方对峙了一阵，敌军退去。中央机关转危为安。大家说：“好险呀！要不是叶参谋长及时赶到，我们就要吃枪子了！”①

第四节　艰难的雪山行军

1935 年 2 月 28 日，在第二次占领遵义的老城老鸦山战斗中，三军团参谋长邓萍不幸牺牲。三军团向中央发电报，指名要求叶剑英去接任。中央考虑战斗正在激烈进行，前方需要派得力的人，便同意了三军团的要求。叶剑英在危难之际奉命前往三军团任参谋长，协助彭德怀、杨尚昆指挥三军团作战。

3 月上旬，中革军委在打鼓新场附近召开重要军事会议，研究成立军事指挥小组问题。出席会议的有军委委员以及一、三军团负责人，纵队司令员，政委等。三军团参谋长叶剑英和政治部主任刘少奇也出席了这次会议。会议经过讨论，确

① 访问范希贤、李质忠，颜太龙谈话记录，1987—1994 年。

定由毛泽东、周恩来、王稼祥组成三人小组，负责指挥全军的军事行动。就在会议讨论下一步红军进军方向时，敌机突然袭来。在危急时刻，叶剑英第一个想到的是毛泽东，他眼疾手快，拉着毛的手，急忙跑出屋子，隐蔽到山脚边的茅草地里。敌机空袭过后，继续开会。会后，叶剑英在三人小组和彭德怀、杨尚昆的领导下，制定三军团的作战计划，指挥部队趁夜经潭厂、两路口，袭取仁怀，三渡赤水。然后攻占铁厂、大村，在二郎滩四渡赤水、南渡乌江、直趋贵阳。[①]

部队人不歇步，马不停蹄，翻山越岭，来到金沙江畔。金沙江的支流很多，过每一道河，叶剑英都要亲自勘察地形，指挥架设浮桥，或组织人员向敌军夺船渡河。行军作战中遇到问题，他总是找几个科长来一起商量解决办法后向彭德怀汇报，最后再作决定。有一天，部队行军 80 里，到宿营地时已经很晚了，走在前边的部队突然来电说，行军前方有一座桥被水冲断了，需要连夜架修。这时大家经过一天的行军，人困马乏，已经很疲劳，叶剑英带伤走路，更是周身酸痛，但他仍然连夜召集司令部李天佑、孙毅等几个科长碰头研究办法，并要亲自带工兵连夜去赶修。几位科长看到他身体虚弱，坚决不让他去。叶剑英接受了大家的意见，将架桥任务交给孙毅。临走前，他对可能遇到的问题，又作了具体交代，才放心地让孙毅带工兵连 20 多个战士前去。他们走了几十里路，在河边整整奋战了一夜才把桥架通。

彭德怀、杨尚昆和叶剑英率领三军团渡过金沙江、大渡河后，乘胜继续北进。经林坪，从二郎山旁越过人迹罕至、野兽成群的深山老林，指挥部队击溃四川军阀杨森所部六个旅的堵截。于 6 月初，占领了天全、芦山、宝兴，为后续部队扫清了道路，迅速赶到夹金山脚下。

夹金山是红军长征翻越的第一座海拔 4000 米以上的大雪山。它位于四川宝兴县西北，懋功东南，高耸入云，气候寒冷，空气稀薄，山顶积雪终年不化。红军指战员从云南一路转战来到四川，每人只有一套单衣，要过雪山了，想补充点衣服也无处可寻。最初他们想带些烧酒御寒，但山脚下人烟稀少，哪里去找这许多烧酒？叶剑英找大家商量，布置部队要多准备生姜、大蒜、大葱、辣椒，以备上山冷时咀嚼压寒，并对爬雪山提出了一些具体要求。

上午八九点钟，部队开始上山。叶剑英拄着拐棍，口里含着姜片，与警卫员范希贤一起向山上攀登。雪山上的气候，变幻莫测，刚才还是阳光灿烂，过不多久就下起了鹅毛大雪。暴风夹着雪，打到脸上、手上，像刀割似的疼痛。叶剑英和大家一样穿着单薄的军装，冻得浑身直打哆嗦。人们用手捂着脸，冒着暴风雪，踉踉跄跄，艰难地行进着。如果不小心，掉进雪窝里或雪崖下，就永远也爬不起来了。好不容易走到山顶，叶剑英远远看见有三个人坐在那里，走近一看，三人都已冻僵牺牲了。他默默地摘下军帽，含着热泪向这些战友告别，陷入了沉思：自从离开中央苏区，一路上牺牲了那么多好同志。他情不自禁地低吟："越

---

① 在遵义会议纪念馆查阅的资料，1985 年 10 月 3 日。

过千山与万水，红军西游何时还？……”

爬过雪山，部队吃粮非常困难，只好靠野菜充饥。有的连野菜也吃不上，只好吃草根、树皮。为了搞到粮食，叶剑英率三军团教导营与藏民联系买粮。可是，沿途藏民多受国民党的欺骗宣传，都藏匿起来，不肯把粮食卖给红军。在这种情况下，叶剑英教育部队要爱护少数民族兄弟，不能违反群众纪律。他带头执行纪律，遵守少数民族的风俗习惯，并且规定了一些具体的政策和措施。叶剑英要求大家宁肯搞不到粮食，饿着肚子，也不准随意侵扰藏族兄弟。有的藏民因受反动宣传的欺骗，拿起大刀长矛对付红军。叶剑英教育部队，绝对不准还击。由于他带头执行中国共产党的少数民族政策，许多藏民很受感动，积极动员躲在山上的群众陆续回家，纷纷把余粮卖给部队，有的甚至乐于为红军带路。

经过艰苦、顽强的行军，叶剑英同部队一起到达四川西部懋功县（今小金）的达维镇。在这里，中央红军一部与红四方面军先头部队会师了。叶剑英估计，随着两军会师后力量的增强，全军在战略上将会很快打开一个新的局面。他衷心地期望着这种新的局面能够早日出现。

第十三章　与张国焘的斗争

第一节　北上与南下之争

1935年6月中旬，中共中央和中央红军与红四方面军在懋功胜利会师，两支部队总兵力约10万人。同日，在懋功县城召开了胜利会师庆祝大会，两军指战员兴高采烈，欢欣鼓舞。然而，就在广大干部战士欢庆会师的大喜日子里，红四方面军主要领导人张国焘与党中央之间，在红军前进方向和战略方针上，却出现了越来越大的分歧。[①]

中共中央根据华北事变后，全国抗日民主运动已走向新的高潮，华北已成为抗日斗争前线的形势，主张红军继续北上，建立川陕甘革命根据地，以便在北方建立抗日的前进阵地，领导和推进全国抗日民主运动。但张国焘依仗人多枪多，向党中央闹独立。他过高地估计敌人的力量，看不到革命发展的趋势，主张红军向边远地区实行总退却，提出向川、康地区退却或南下的意见。为了解决这一重大战略方针问题，党中央于6月26日在懋功北部的两河口召开政治局会议。会上，周恩来代表中共中央和中革军委作了报告，到会同志表示同意周恩来的报告。根据会议精神，政治局于28日做出了《关于一、四方面军会合后战略方针的决定》，指出："我们的战略方针是集中主力向北进攻，在运动战中大量消灭敌人，首先取得甘肃南部，以创造川陕甘苏区根据地，使中国苏维埃运动放在更巩固更广大的基础上，以争取中国西北各省以至全中国的胜利。"还指出："为了实现这一战略方针，在战役上必须首先集中主力消灭与打击胡宗南军，夺取松潘与控制松潘以北地区，使主力能够胜利地向甘南前进。""为了实现这一战略方针，必须坚决反对避免战争退却逃跑，以及保守偷安停止不动的倾向。这些右倾机会主义的动摇，是目前创造新苏区的斗争中的主要危险。"会上经过讨论，张国焘勉强同意毛泽东、周恩来等多数人关于北上的意见。中革军委根据这次会议确定的战略方针和作战部署，制定了松潘战役计划。会后，张国焘回到理县的住地后，立即致电中央，仍坚持南下，并在部队中散布不信任中央的言论，策动他的支持者向中央提出改组军委和红军总司令部的名单，竟然提出要张国焘任"军委

① 在小金县党史办查阅的资料，1985年9月26日。

主席”，并给予“独断决行”的大权。中共中央坚决拒绝了张国焘等人的无理要求，但为了照顾红军的团结，于6月29日任命张国焘为中革军委副主席，徐向前、陈昌浩为军委委员，7月18日决定把原由周恩来担任的红军总政治委员职务让给张国焘。张国焘勉强同意四方面军向松潘西部的毛儿盖前进。

这期间，四方面军总指挥徐向前积极主张做好两军的团结工作。他看到一方面军兵力消耗大，老干部保存多，就从大局出发，建议从一方面军抽调一批干部到四方面军工作，同时从四方面军抽调了三个团的兵力补充一方面军。张国焘也点名要叶剑英等一批领导干部和参谋人员去四方面军。党中央决定派叶剑英、李卓然等到四方面军工作。①

第二节　红军前敌总指挥部参谋长

7月21至22日，党中央在黑水芦花召开政治局会议（即芦花会议），与张国焘进一步会商，着重讨论红四方面军行动问题。张国焘、徐向前在会上汇报了红四方面军从鄂豫皖到川陕苏区的历史，与会同志充分肯定了红四方面军的各项工作成绩，赞扬了红四方面军广大指战员英勇善战的精神。同时也严肃地批评了张国焘的严重错误。

同一天，中革军委决定以原四方面军总指挥部为红军前敌总指挥部，徐向前兼总指挥，陈昌浩兼政治委员，并应四方面军领导要求，任命叶剑英为参谋长。

叶剑英接到命令后，向毛泽东、朱德、周恩来等告别，几位领导人同他进行了亲切谈话。随后，他带领红军总司令部机关的李荣、毕占云、吕继熙（吕黎平）、赖光勋、陈茂生等十余名作战参谋和机要干部，立即从黑水出发，去毛儿盖红军前敌总指挥部报到。

叶剑英到指挥部后，抓紧实施机关的思想建设和组织建设，同时积极准备攻打松潘。然而，由于张国焘的阻挠破坏和其他原因，使红军在毛儿盖地区耽误了一个多月，失去了占领松潘的机会。敌人在这一个多月内，完成了对红军围追堵截的部署。8月3日，中共中央被迫放弃松潘战役计划，决定改经草地北上。据此，红军总部制定了《夏洮战役计划》，将一、四方面军编为左、右两路军，以一方面军的第五军、第三十二军，四方面军的第九军、第三十一军、第三十三军为左路军，在朱德、张国焘、刘伯承率领下，从卓克基出发，经阿坝北进；以一方面军的第一军、第三军，四方面军的第四军、第三十军为右路军，在徐向前、陈昌浩、叶剑英率领下，从毛儿盖出发，经班佑北上阿西。党中央、中革军委随右路军行动。

在党中央一再催促下，张国焘才于8月初来到毛儿盖。他一到，就向中央发难，反对北上。中共中央不得已，于8月4日至6日再次在毛儿盖附近的沙窝召开

① 访问耿飚谈话记录，1991年3月。

政治局会议，讨论中央红军和四方面军会合后的形势与任务，继续解决组织问题。

张闻天在会上做了报告。会议通过了《中央关于一、四方面军会合后的政治形势与任务的决议》，重申了党中央两河口会议决定的战略方针“是正确的”。针对张国焘反对党中央和破坏红军团结的活动，决议明确指出：要“加强党的绝对领导；提高党中央在红军中的威信”，“一、四方面军的兄弟团结，是完成创造川陕甘苏区，建立中华苏维埃共和国的历史任务的必要条件。一切有意无意的破坏一、四方面军团结一致的倾向，都是对红军有害，对敌人有利的”。会议还讨论了组织问题。当时，张国焘以“提拔工农干部”为借口，提出再增加红四方面军干部九人当政治局委员（当时中央政治局委员只有八人），企图从根本上改变中共中央领导成分。会议拒绝了张国焘的无理要求，但是为加强党中央的领导，增进中央红军与红四方面军的团结，决定增补徐向前、陈昌浩、周纯全为中央委员，何畏、李先念、傅钟为候补中央委员，陈昌浩、周纯全为中央政治局委员。会议还决定：恢复红一方面军总部，由周恩来任司令员兼政治委员，陈昌浩任中国工农红军总政治部主任，周纯全为副主任。

沙窝会议之后，叶剑英召开总指挥部直属单位会议，传达党中央的决议，具体布置过草地的思想动员和物资准备工作，并要作战科提出行动路线的意见。当时，叶剑英忙得不可开交，他白天组织部队到处征粮，收购青稞，晚间还要同大家一起炒麦磨面，准备干粮。

在征粮的过程中，有的部队遭到敌人骑兵袭击。叶剑英分析骑兵的特点，提出了对骑兵的几种打法，并亲自到部队讲解打骑兵的要领，解决了当时在战术上以我之步兵战胜敌之骑兵这一大难题。

从毛儿盖地区北上，必须经过一望无际、渺无人烟的茫茫大草原。为了查明与找到过草地的捷径，以减少损失，缩短路程，叶剑英到三十军讲完打骑兵的战术要领后，在程世才军长帮助下找到了一位姓李的向导。他亲自向老李做调查，然后，迅速从三十军回到前敌总指挥部汇报情况，并提出愿率一部分兵力先行开路。毛泽东听取叶剑英汇报后，马上召集会议，进一步研究右路军北上的具体路线，最后肯定了右路军经草地到班佑，然后走拉卜愣的行军路线，并决定叶剑英率两个团先行开路。

第三节　过草地的开路先锋

8 月 18 日，叶剑英带着向导老李，率领三十军二六四、二六五团向草地进发，为右路军开路。程世才、李先念率领的三十军主力跟随前进。[①]

叶剑英走后的第二天，党中央政治局在毛儿盖开会，会议由毛泽东作关于夏洮战役行动方针的报告，通过了《关于目前战略方针之补充决定》，要求红军主

---

① 叶剑英谈话记录，1982 年 3 月 1 日。

力速占以岷州为中心的洮河流域地区（主要是河东岸），尔后向东进攻，以便取得陕甘之广大地区为根据地。并指出张国焘提出的以红军主力西渡黄河，深入青海、宁夏、新疆的错误主张，是“一种危险的退却方针”。会后，党中央和右路军其余三个军亦先后经草地北进。

茫茫草地，气候多变。荒无人烟，浊沼横潦。战士们走在烂草淤积的沼泽里，踏着一窝一窝的草蔸前进，偶尔失足，踩进淤泥中，就会向下陷去，越陷越深，以至没顶。

叶剑英抱病带领部队行军，和大家肩并肩、手牵手走在沼泽地里。别人休息了，他还要召开干部会，了解行军中的情况和问题，要求各单位加强政治思想工作，以顽强的毅力克服困难。同时，还要向前敌总指挥部报告敌情、地形、宿营地点以及大部队行军需要注意的事项等。

一天晚上，部队在沼泽地年朵坝宿营。只见满天乌云翻滚，顿时倾盆大雨直灌下来。因为没有帐篷，没有栖身之处，大家或蹲或坐，紧靠在一起，忍着饥寒，苦捱苦撑。程世才回忆说，那天夜里，我们和叶剑英坐在一块大石头上，全身都湿透了，冻得直打寒战。有些同志不声不响地在饥寒中倒下去了。叶剑英看到这种情景，就鼓动士气，给大家讲故事，领唱《国际歌》。高亢的歌声响彻夜空，使大家振奋起来。第二天早晨，天气晴朗，碧空无云，同志们集合在一块湿草地上，埋葬了战友的尸体。叶剑英领着大家伫立默哀片刻，以坚定的语气说：“我们活下来的人，要想着牺牲的同志。我们一定要走出草地，争取胜利！”

在草地走了三四天以后，带的干粮都吃完了。叶剑英就同大家一起找野菜，吃野菜。有人吃了中毒，浑身浮肿，躺在草地上，永远起不来了，部队减员越来越多。

部队又经过几天艰苦行军，好不容易来到了大草地北端的班佑。班佑，被大家想象成为“草原的天堂”，其实不过是二三十户游牧藏民的集居地。在这个小寨里并没有像样的房屋，有的只是用树棍拱起屋架、外面涂以牦牛粪的“牛屎房子”。

叶剑英和程世才等经过草地能住进这样简陋的房子，比起风餐露宿已经好得多了。他和大家生起火来，烤烤湿衣服，吃点炒面，睡上一觉，已经感到很满足了。多少年以后，他忆起“牛屎房子”的生活，还津津乐道。

班佑靠大路边，是敌人骑兵经常出没的地方。叶剑英在进班佑前一天，先头部队与敌骑兵相遇，打了一仗。进班佑后，敌人三千多骑兵又来向二六五团驻地进攻。叶剑英当机立断，与程世才一起指挥部队迅速占据有利地形，用密集火力阻击敌人。同时，命令二六四团增援，打退了敌骑兵的进攻。

在这次战斗中，缴获了敌军许多马匹。第二天，程世才派出两个营的部队去“打粮”，又从敌骑兵手中夺得了几匹马和一些牛羊。叶剑英向程世才建议，把战利品分出一部分送给党中央机关和后续部队。后来，秦邦宪见到叶剑英、程世才，感激地说：“你们送来一头牛，让我们饱餐了一顿，这是过草地后，我们得到的最好礼物！”

叶剑英抓紧在班佑小住的时间，继续找向导老李和当地藏民调查去甘南的行军路线。待毛泽东、周恩来、徐向前、陈昌浩等陆续到达班佑后，他向毛泽东等报告了先遣部队一路的情况和下一步部队行动的意见。他建议说，按照原计划去拉卜愣，还要走四天的草地，一路上会遇到许多敌人骑兵，不好对付；如果从班佑这里向东北转弯，越过巴西，占领包座，很快就可以到达甘南了。毛泽东翻看地图，又征求周恩来等人的意见，点头说，剑英的意见很好，我们就决定从这里转弯。此后，右路军即从班佑改道，向巴西、包座、俄界前进。叶剑英成功地完成了开路先锋的任务。

右路军到达班佑地区后，根据叶剑英带先遣部队侦察到的情报，获悉胡宗南部第四十九师已从松潘北上向包座地区急进，企图与驻守在求吉寺、钦多的敌第一师康庄团相配合，堵截红军北上。根据中央的部署，叶剑英协助徐向前、陈昌浩，在班佑制定了以第三十军全部和第四军一部歼灭企图堵截红军的包座之敌的作战计划。8 月 29 日，红军向大戒寺和求吉寺发起攻击。经过两天多的激烈战斗，于 31 日歼敌 1 个师约 5000 余人，俘敌 800 余人，取得了重大胜利。

包座战斗是在部队经过一星期的草地行军，缺乏粮食，体力疲劳，又与敌人骑兵作战之后翻山越岭的情况下，在没有居民点的一片原始森林地带进行的。徐向前、陈昌浩、叶剑英在下包座、钦多之间的未巴山上亲自指挥了这一战斗。红三十军与红四军在战斗中英勇顽强，不怕牺牲，机智歼敌，充分体现了徐向前倡导的狠、硬、快、猛、活的优良战斗作风。这次战斗的胜利，打开了通向甘南的大门，为红军北上创造了有利条件，因此受到了中共中央、毛泽东的高度赞扬。

前敌总指挥部于 8 月末经班佑、下巴西，胜利进驻古城潘州。中共中央和军委直属单位随后亦进驻潘州及其附近的上、下巴西和牙弄、阿西茸一带。红三军亦同时进抵上述地区，红一军则已向俄界进军。①

第四节　挫败张国焘的阴谋

当时的敌情是，蒋介石的主力尚在四川，位于松潘、漳腊地区的胡宗南部因其四十九师被歼，不敢再孤军北上。东北军于学忠部尚在两当、徽县地域，甘南兵力十分空虚。如果已占领阿坝地区的左路军能按原计划迅速北上，一定能够顺利进行夏洮战役，占领甘南，打开一个新的大好局面。

可是，张国焘的个人野心继续膨胀，处处同中共中央离心离德。他率领左路军到达阿坝之后，就按兵不动，拒不执行中央要左路军迅速出班佑向右路军靠拢、全力向洮河以东发展的指示。相反，他继续坚持要左右两路军全力出洮河以西，企图越黄河深入到青海、新疆等边远地区的主张。中央三令五申，一再催促他率部出墨洼（今麦洼）、班佑，同巴西地区的右路军会合。在这种情况下，张国焘才勉强率部向东挪动，但又借口“噶曲河水涨大，上下三十里均无涉点”，

① 在若尔盖党史办、文化馆查阅的资料，1983 年 9 月 21 日。

停止东进，拒绝向右路军靠拢。

9 月 3 日，张国焘致电徐向前、陈昌浩并转呈中央，提出改变北上方针，主张南下，要求“右路军即乘胜回击松潘敌，左路军备粮后亦向松潘进”，“茫茫草地，前进不能”，强令已经东进至墨洼附近的左路军先头部队第五军返回阿坝。据欧阳毅回忆，朱德和刘伯承对此坚决反对，并亲自到河边派人测试河水的深浅，认为部队完全可以过河，多次提出要部队按原定计划同已抵班佑、巴西的右路军会合，共同北上。但张国焘不予理睬。9 月 5 日，他命令当时尚在松岗、党坝、卓克基等地的左路军部队停止北上，就地“筹粮待命”。

随右路军行动的前敌总指挥部政委陈昌浩，对执行中央的北上方针持消极态度。那时，前敌总指挥部驻在巴西潘州的一个喇嘛庙里，离党中央驻地不远。毛泽东、张闻天、秦邦宪等领导同志，几次三番到前敌总指挥部开会，劝说陈昌浩等改变态度，坚持北上。但陈昌浩无动于衷，一切等待张国焘的电示行事。张国焘不仅不率左路军北上，反而于 9 月 8 日电令红四方面军三十一军军长詹才芳：“令军委纵队蔡树藩将所率人员转移到马尔康待命，如其（不）听则将其扣留，电复处置。”

1935 年 9 月 8 日深夜，中共中央和右路军领导周恩来、张闻天、秦邦宪、徐向前、陈昌浩、毛泽东、王稼祥等七人开会，着重讨论南下与北上问题。会后联名致电朱德、张国焘、刘伯承，指出：“目前红军行动是处在最严重关头，须要我们慎重而又迅速的考虑与决定这个问题”，并列举四条理由说明“左路军如果向南行动，则前途将极端不利”。电报在详尽分析了各种不利因素之后，恳切写道：“务望兄等熟思审虑，立下决心，在阿坝、卓克基补充粮食后，改道北进”，“以上所陈，纯从大局前途及利害关系上着想，万望兄等当机立断，则革命之福。”这封电报签署的时间是 9 月 8 日 22 时。就在同一时间，张国焘却给徐向前、陈昌浩发出指示：“一、三军暂停向罗达前进，右路即准备南下，立即设法解决南下的具体问题，右路皮衣已备否？”可见，张国焘的南下决心已定，并做出了部署。9 月 9 日，中共中央再电“国焘并致徐、陈”，认为张给右路军南下电令“完全不适宜”，强调“北上方针绝对不应改变，左路军应即速北上”。张国焘不但不听毛泽东等人的劝告，反而公然违抗中央的北上战略方针和历次决定，命令右路军南下，并企图分裂和危害党中央。当时任前敌总指挥部参谋长的叶剑英识破了张国焘的阴谋，立即报告了毛泽东。毛泽东感到事态严重，随即同张闻天、秦邦宪赶到第三军军部驻地，同在那里养病的周恩来、王稼祥等一起进行紧急磋商。党中央为坚持北上方针，避免红军内部可能发生的武装冲突，决定率红一、三军和军委纵队迅速转移，脱离险境，先行北上。

叶剑英返回前敌总指挥部（潘州镇汉官衙门）以后，又办了两件事：第一件，找司令部作战科副科长吕继熙（即吕黎平），要了一份十万分之一的甘肃地图；第二件，给带领宣传队在包座三十军慰问演出的红三军宣传部长刘志坚发报，要他见电立即返回红三军驻地。

就在中央决定北上的那天夜里，张国焘在命令右路军南下之后，于9月9日24时又致电党中央和右路军领导人，声称：北上会遇到不能克服的困难，红军南下更好，提出“南打又为真正进攻，决不会做瓮中之鳖”，要求中央考虑。实际上张国焘这时已经下令右路军南下，此电提出的所谓建议，显然是为了欺骗中央、掩盖其胁迫整个右路军南下的企图。党中央于9月10日凌晨率第一、第三军出发北上。

叶剑英对于获取张国焘密电的经过，曾作过详细的回忆。摘录如下：

大概在1935年9月上旬，我们到了巴西一带一个叫潘州的村子里。我和徐向前、陈昌浩同住在一间喇嘛庙里。中央机关和毛主席他们也住在附近。张国焘率左路军到了阿坝，就不走了，不愿再北进。中央多次催他北上，他就是不干。他还阻止陈昌浩等人北上。我们在巴西那一带等他。

9日那天，前敌总指挥部开会，新任总政治部主任陈昌浩讲话。他正讲得兴高采烈的时候，译电员进来，把一份电报交给了我，是张国焘发来的，语气很强硬。我觉得这是大事情，应该马上报告毛主席。我心里很着急，但表面上仍很沉着，把电报装进口袋里。过了一个时候，悄悄出去，飞跑去找毛主席。他看完电报后很紧张，从口袋里拿出一根很短的铅笔和一张卷烟纸，迅速把电报内容记了下来。然后对我说：“你赶紧先回去，不要让他们发现你到这来了。”我赶忙跑回去，会还没有开完，陈昌浩还在讲话，我把电报交回给他，没有出娄子。那个时候，中央要赶快离开，否则会出危险。到哪里去呢？离开四方面军到三军团去，依靠彭德怀。

毛主席提议上三军团开政治局会议，他们临走的时候，张闻天和秦邦宪找到我，对我说，“老叶，你要走啊，这里危险。”我知道有危险。但是我想，军委直属队还在这里。我一走，整个直属队就带不出来了。我要等直属队走后才能走。我对他们说：我不能走，你们先走吧。如果我一走，恐怕大家都走不了啦。我以后会来的。

究竟怎样带直属队走？我一时没有想好。忽然，我想起了张国焘要南下的电报，决定利用他要南下的电报做文章。

我先和徐向前讲：“总指挥，总政委来电要南下，我们应该积极准备。首先是粮食准备。先发个通知给各个直属队，让他们自己找地方打粮食去。限十天之内把粮食准备好。”他说：“好！”得到他的同意后，我写了个通知，准备发给各个伙食单位。通知上说，今天晚上两点钟出发，自己找地方去打粮。通知写好以后，给陈昌浩看，他认为很对嘛，应该先准备粮食。接着，我就找直属队负责人开会。参加的有李维汉、杨尚昆、李克农、萧向荣等，大概七八个人。我讲了这个事情。我说，中央已经走了，今天晚上两点我们也走。大家对表。早一分钟晚一分钟都不行，整整两点动身。我要求大家严格保密，同时要按规定时间行动。

会后，我回到喇嘛庙。我和徐、陈住在一个屋子里，一个人住一个角落。中间还有一盏马灯，我们是亮着马灯睡觉的。

那天晚上我怎么睡得着呢，睡过了两点就完了。我九点钟上的床，心里老在想着时间，十点、十一点、十二点、一点，我躺在床上不敢睡着，大约一点四十五分就起来了。我预先曾派了一个小参谋叫吕继熙，把甘肃全图拿来。我把它藏在我床底下的藤箱子里。我起来后，把大衣一穿，从床底下把地图拿出来，就往外走。

我先到萧向荣那里，他也刚起来。我告诉他，赶紧把地图藏起来，并说，这张地图你可千万要保管好，不要丢了，这可是要命的东西。当时，全军只有一份甘肃地图。我交地图给他的时候，离两点还有五分钟。我一摸身上，手枪忘记带了，要回去拿，萧向荣说："你不要回去，回去危险！"我说："不要紧的，我是公开出来的。出来检查去打粮的队伍。"

我回去拿了手枪，又轻轻推了睡在门口的"死卵"（警卫员范希贤），他没有醒来，我怕惊动旁人就走了。我装作巡视部队出发的样子，因为这是参谋长应该做的工作，不会引起怀疑。①

就这样，叶剑英当晚由于情况紧急，来不及通知毕占云、吕继熙、陈茂生等人，一个人离开喇嘛庙，匆匆跨出大门上路。他牵着一匹骡子，来到一个磨房附近，杨尚昆已在那里等他。草原上空乌云密布，地面寒气袭人。两个人一点也不感到冷，既紧张又兴奋，急忙赶路。走出不远，就听到后面传来的马蹄声。他们躲过"追兵"，又走了好一会儿，才赶到军委直属队休息的地方。据胡立教回忆，同志们看到他们来了，高兴地说："你们开小差跑出来了。"叶剑英风趣地说："不！不是开小差，而是开大差，是执行中央北上方针。"在一个岔路口，叶剑英碰到了正在焦急等待他们的彭德怀、张闻天、秦邦宪等。脱险后重逢，格外亲切，大家七嘴八舌，说得很热闹。这时，秦邦宪拉了他一把，说，参座，你还不快走！叶剑英立即起身，加快步伐，继续赶路了。夜黑路不熟，当叶剑英和杨尚昆赶上第三军部队时已是拂晓时分了。毛泽东、周恩来、王稼祥正在焦急等待呢。见了面，毛泽东高兴地说：哎呀！你们可出来了，好！好！我们真为你们担心。会齐了队伍，便朝第一军所在地俄界进发。

9月10日凌晨，中共中央在北上途中发出《中央为执行北上方针告同志书》，指出张国焘的南下方针"对于红军是没有出路的，南下是绝路"。号召党和红军坚决拥护中央的战略方针，迅速北上，创造川陕甘新区。同时再次致电张国焘："阅致徐、陈调右路军南下电令，中央认为完全不适宜的。中央现在恳切地指出，目前方针只有向北，才是出路，向南则敌情、地形、居民、给养都对我极端不利，将使红军陷于空前未有之困难环境。中央认为，北上方针绝对不应该改变，左路军应立即北上。……"中央走后，张国焘于10日凌晨4时又致电中央说，已得悉中央率第三军单独北上，表示"不以为然"，公开抗拒中央命令，仍坚持南下，拒绝北上。同日，党中央再次向右路军领导人徐向前、陈昌浩发出"指令"：张国焘

① 叶剑英谈话记录，1981年1月13日，1982年3月12日、4月2日。

令右路军南下，显系违背中央屡次之决定及电文。为不失时机地实现自己的战略方针，“中央已令一方面军主力向罗达、俄界前进。四军、三十军归你们指挥，应于日内尾一、三军团（第一、三军）后前进。”并指出：由于张国焘不能实行总政治委员之责任，违背中央战略方针，中央“特直接指令前敌指挥员（党员）及其政委，并责成实现之”，“以后右路军统归军委副主席周恩来指挥之”。

此时身为右路军政治委员的陈昌浩等公然站在张国焘一边。他送信或致电第一、第三军领导人并转全体人员，要他们反对中共中央，说什么“中央不经过总部组织路线，自己把一方面军部队及直属机关，昨晚开去”；“中央在毛周逃跑路线上，已经把一方面军几十万健儿葬送”。信中煽动说：“……胡为乎几个人作恶，分散革命力量，有益于敌”；“吾兄在红军久经战斗，当挥臂一呼，揭此黑幕”，要求“即率队转回阿西”。他公然挑拨第一、第三军和中央的关系，妄图拉拢彭德怀等领导人，同时，不折不扣地按照张国焘的“秘密命令”行事。陈昌浩发觉中央单独北上以后，立即召开高级干部会议，公开造谣说“中央投敌去了”，是“逃跑路线”，等等。据当时任第四军军长的许世友于 1982 年 11 月 24 日回忆，陈昌浩命部队作战斗准备，准备去追，竟给第四军下令要二十八团追击中央。许世友请示徐向前，徐向前说：“哪有红军打红军的道理！叫他们听指挥，无论如何不能打！”徐向前的这个决断，避免了两支主力红军的冲突，表现了一个无产阶级革命家、军事家以大局为重、以团结为重的恢弘气度。

由于徐向前、许世友和四方面军广大指战员的反对，陈昌浩没有派出二十八团，但他还是派四方面军副参谋长李特带了一队骑兵去追中央，进行“劝说”。同时还命令几个人拿着驳壳枪去追叶剑英，并交代：如果追不回来就打死他！据杨尚昆、伍修权、吴烈等回忆，当时李特等人在第三军后尾大吵大闹，阻挠北上，毛泽东、彭德怀、杨尚昆等同志出来见他们。毛泽东先给四方面军的同志分发了中央的告同志书，然后向他们分析了北上之利和南下之弊，说了一段很诚挚很感人的话：你们愿意留下的就跟着我们北上，不愿意留下的就回。请你们回去劝说张国焘、陈昌浩，希望他们认清形势，执行中央决定，率部北上。如果一时想不通，过一段时间想通了，再北上，中央也欢迎。我们先走一步，也是为了整个红军北上开辟道路。我相信，不出一年之内，你们还要北上的，一定会跟上来的。说罢，告别而去，重新上路了。但仍留下少数人保护道路、桥梁，准备随时接应四方面军同志北上。

中央北上后，陈昌浩还强行扣留胁迫一方面军的干部南下，不许他们跟中央北上。如李伯钊等几十名去四军、三十军演出和教歌归来的干部，一到巴西就被陈昌浩下令包围缴械，软禁起来，迫令南下。陈昌浩、李特、何畏等人在总指挥部和红军大学对没有得到北上通知而想返回一方面军的干部则采取了令人无法容忍的歧视态度。

9 月 11 日，叶剑英和大家到达俄界。同日，党中央为了争取张国焘改正错误，再次电令“张总政委立即命令左路军向班佑、巴西开进，不得违误”。张国焘置若罔闻，抗拒命令，反诬中央逃跑，制造分裂。他公然继续致电一、三军领导人，恶毒诬蔑中共中央率领红一方面军主力单独北上的行动。

9 月 12 日，中共中央政治局在俄界举行扩大会议，着重讨论与张国焘的斗争及今后的战略方针问题。叶剑英出席了会议。会议一致通过《关于张国焘同志的错误的决定》。决定深刻地揭发和批判了张国焘分裂党、分裂红军、反对北上战略方针、退却逃跑以及军阀主义的严重错误，号召红四方面军广大指战员，团结在党中央周围，同张国焘的右倾分裂主义作坚决的斗争。为了挽救张国焘，争取和团结红四方面军广大指战员，这个决议没有向全军公布，只发至中央委员。会议还决定将红一方面军主力和中央军委纵队改编为中国工农红军陕甘支队，彭德怀为司令员，毛泽东为政治委员，叶剑英为参谋长。第二天，中共中央率领陕甘支队由俄界地区出发。14 日，中共中央再次致电张国焘，再一次要张立即取消南下的决心及命令，服从中央电令，具体部署左路军与四军、三十军继续北进，指斥张国焘“不得中央同意，私自把部队向极端危险的方向（阿坝及大小金川）调走，是逃跑主义最实际的表现”。

但是，张国焘顽抗到底，一意孤行。他令左路军和右路军的四军、三十军南下后，对朱德、刘伯承等进行迫害，另立“中共中央”，宣布“撤销”毛泽东、周恩来、博古、洛甫工作，“开除”其中央委员及党籍，并下令“通缉”。宣布对杨尚昆、叶剑英“免职查办”，直至狂妄地要求取消党中央。他的反党篡军的罪恶活动发展到了登峰造极的地步。张国焘早在 1924 年 5 月就出卖革命，叛变了中国共产党。[①] 这一次反党篡军的罪行，只不过是他叛徒本性的一个十足表现而已。

第五节　“吕端大事不糊涂”

叶剑英在长征途中将张国焘企图危害和分裂党中央、红军的密电送给毛泽东一事，是中国共产党和红军与张国焘斗争的重要组成部分，也是叶剑英一生为党为人民立下的一大功绩。[②] 对于这件事的经过，中央和红军的领导人在当时和后来曾多次谈及。1935 年 9 月，毛泽东在哈达铺，向陕甘支队干部说，一、四方面军分家时，剑英给我送了电报，立了一大功。[③]1937 年 3 月，毛泽东在有张国焘等人在场的延安政治局扩大会议上说：“张国焘一到毛儿盖就反了，他就在这里大开其督军会议，用枪杆子来审查党中央路线。”……接着，在谈到左路军和右

---

① 详见中国第二历史档案馆《关于张国焘一九二四年被捕和叛变的记载》。

② 参见:《中国共产党历史》上卷，人民出版社 1991 年版，第 393 页；《中国共产党的七十年》，中共党史出版社 1991 年版，第 130 页；《毛泽东年谱》上卷，人民出版社、中央文献出版社 1993 年版，第 471 页；《周恩来传》，中央文献出版社 1989 年版，第 295 页；《中国人民解放军战史》，军事科学出版社 1987 年版，第 270 页；《中国工农红军第一方面军战史》，解放军出版社 1993 年版，第 569 页；《毛泽东选集》第 1 版、第 2 版中“巴西会议”的注释和校订说明。

③ 访问杨成武、吴烈谈话记录，1990 年 6 月，1994 年 10 月。

路军的问题时，毛泽东说："叶剑英同志便将秘密的命令偷来给我们看，我们便不得不单独北上了。因为这电报上说：'南下，彻底开展党内斗争。'当时如果稍微不慎重，那么会打起来的。"①

毛泽东在其他时间和场合也多次谈到这件事，并称赞叶剑英："诸葛一生唯谨慎，吕端大事不糊涂。"1967 年夏天，毛泽东视察大江南北，曾与杨成武谈起此事，摸着自己的脑袋，风趣地说："叶剑英同志在关键时刻是立了大功的。如果没有他，就没有这个了。他救了党，救了红军，救了我们这些人。"②1971 年 8 月 28 日，毛泽东在长沙同高级干部谈话时再次谈到："张国焘搞分裂，发个电报给陈昌浩、徐向前，里面说，要坚决南下，否则就要彻底解决。当时叶剑英同志当参谋长，他把这个电报先给了我，没有给陈昌浩、徐向前，我们才走了的，不然，我们就当俘虏啦。叶剑英在这个关键时刻是有功劳的。所以，你们应当尊重他。那时，我们的路线是正确的。那时军队如果不到西北，那里还有点根据地，那怎么能到华北地区、东北地区呢？怎么能在抗日战争时搞那么多根据地呢？"③

周恩来于 1972 年 6 月在批林整风汇报会议上就密电问题讲了很长一段话。他说："……剑英同志先得到张国焘的命令，一得到，马上就报告毛主席。毛主席得到这个消息，决心北上。……剑英同志先将密电报告了毛主席，因而脱险，立了大功。这件事情，是毛主席经常讲的，在座的不少同志听到。不是主席总是拿这个古人的事来比喻吗？宋朝不是有位吕端嘛。古人有两句话：'诸葛一生唯谨慎，吕端大事不糊涂。'主席拿这个例子多次说这个事。当时军队就行动了……后来陈昌浩看到电报，知道了这件事，要追。据这一次徐向前同志在小组会上说，他制止了。他反对这件事情，不让追。他说，哪有红军打红军的。我们相信徐向前同志的话，因为总有顾全大局的同志嘛。所以那一次是一个很险恶的环境。就是说，没有剑英同志立这个功，要不是毛主席出来制止……那个局势就很坏了。所以就是主席说的，人心，党心，党员之心，都是要团结的，不要分裂的。从这里也可以看出来，要分裂是极少数，那是一个惊险场面，在关键时刻才显出是同志嘛。古话说：'板荡识忠臣'嘛。"④

邓小平对张国焘的这一密电事件一直是肯定其存在的。他的女儿毛毛记述这一事件时写道："过草地后，张国焘一再迟滞，拒绝与中央和右路军会合，同时无视中央的一再劝告，密电在右路军当政委的陈昌浩把右路军拉出来南下，阴谋分裂和危害中央。这封密电，幸被右路军参谋长叶剑英看到，立即报告了毛泽东。"⑤

陈毅于 1964 年 12 月 18 日，在中央工作会议上，把毛泽东送给叶剑英的两

---

① 毛泽东在延安政治局扩大会议上的发言记录，1937 年 3 月 30 日。原件存中央档案馆。《毛泽东年谱》上卷人民出版社、中央文献出版社 1993 年版，第 666 页。

② 访问杨成武谈话记录，1989 年 4 月。

③ 毛泽东在长沙和丁盛、刘兴元、韦国清谈话记录（汪东兴参加），1971 年 8 月 28 日。

④ 周恩来在批林整风汇报会议上的讲话，1972 年 6 月 12 日。

⑤ 毛毛：《我的父亲邓小平》，中央文献出版社 1993 年版，第 363 页。

句赞语，写在叶使用的笔记本里：“剑英道兄正之：诸葛一生唯谨慎，吕端大事不糊涂。”[①]

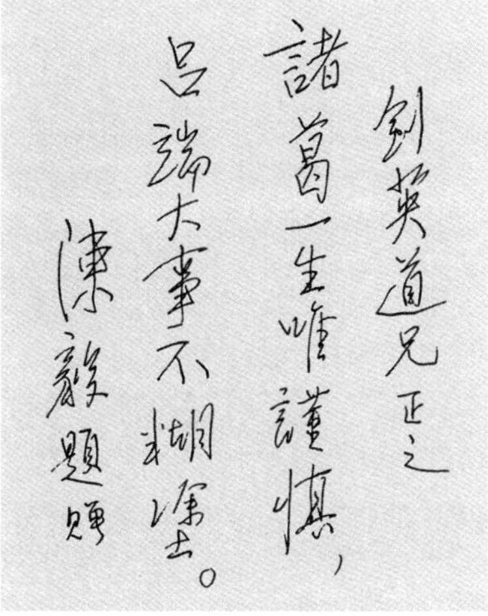

1964年12月18日，陈毅将毛泽东送给叶剑英的两句赞语写在叶剑英的笔记本上

徐向前于1977年5月14日叶剑英八十寿辰之际，赠叶一首“七绝”，其中写道：“吕端当愧公一筹，导师评论早已定。”[②]

张闻天和秦邦宪是巴西会议的参加者，也是重要的当事人。李维汉在《回忆与研究》一书中写到了这两位中央领导人当时谈话的情形：“有一次博古（秦邦宪）、洛甫（张闻天）对我说，两河口会议决定北上，但张国焘要两面派，表面上同意，心里是不同意的。……他还违背政治局会议的决定，密电要右路军立即南下。……洛甫告诉我，张国焘有电报说，如果毛泽东、洛甫、博古、周恩来等不同意南下，就把他们软禁起来。洛甫告诉我上述情况后，叫我负责把党中央机关、政府机关、总政治部等单位在次日凌晨带到巴西，会同党中央一路北上。”张闻天向刘英也曾讲过上述同样的内容。[③]

巴西会议的另一位参加者和重要当事人王稼祥曾向朱仲丽说过这件事：“叶剑英同志对党很忠诚、很机智，积极维护党的团结，他将张国焘背着中央下令右路军南下的密电及时报送毛主席，立了一大功。”[④]

朱德在1960年11月9日的谈话中说：四方面军到阿坝时，“张国焘就变了，要全部南下，发电要把北上的部队调回，我不同意，反对他，没有签字。后来电报由叶剑英同志截住，告诉了毛主席，没向下面讲，中央就马上决定单独北上了。如果调转，中央是很危险的”。[⑤]

彭德怀在《我的自述》中写道：“某日午前到前总，还在谈北进。午饭后再去，陈昌浩完全改变了腔调，……这无疑是张国焘来了电报，改变了行动方针。我即到毛主席处告知此事。……向毛主席报告后不到两小时，叶剑英秘密报告：张国焘来电南进，……我和叶剑英商量，如何偷出地图，和二局在明晨拂晓前到达三军团司令部北进，叶示意想办法。毛主席脱险来到三军团司令部，发了电给林、聂，说行动方针有变，叫一军团在原地等着。”[⑥]他在1959年8月的中共中央军

① 原件存叶剑英办公室。

② 原件存叶剑英办公室。

③ 李维汉：《回忆与研究》（上），人民出版社1983年版，第363—364页。访问刘英谈话记录，1986年10月。

④ 访问朱仲丽谈话记录，1989年5月。

⑤ 访朱德谈话记录，成都军区党史资料征集办公室整理，1982年。

⑥《彭德怀自述》，人民出版社1981年版，第202—204页。

委扩大会议上发言，也谈了叶剑英在与张国焘斗争中的作用。

杨尚昆1986年9月30日在一次谈话中，再次回忆了当时密电来往，直属队“打粮”，与叶剑英星夜出走，李特“追兵”，以及毛泽东劝阻，当众散发传单等具体情景。他说：“当时中央和我们对张国焘发密电给陈昌浩，分裂党和红军这件事，都是深信不疑的。如果没有叶帅获取那份密电，透露张国焘威胁并企图危害中央，中央为什么走得那样急，那样险呢？那岂不是发疯了吗？”[①]当时在潘州镇与杨尚昆同住一室的陆定一也回忆了类似内容。[②]1984年4月3日，杨尚昆与美国作家索尔兹伯里谈话，对这段史实作了更为具体的回忆。

1984年6月15日，李先念在与这位美国作家谈话时也谈到张国焘密电问题，他记得电文里有一句关键的话，指示陈昌浩：“彻底开展党内斗争。”[③]

聂荣臻在1977年5月14日为叶剑英祝贺八十寿辰，曾赠诗一首：“川西传讯忠心耿，京华除害一身胆。行若吕端识大事，功成绛侯有愧颜。”其中“川西传讯”即指张国焘密电事件。1986年，他在《吕端大事不糊涂》一文中写道：“1935年6月，红军一、四方面军会师川西懋功地区。9月，张国焘背弃中央北上的决定，分裂党分裂红军的野心达到顶点。张国焘居心险恶，竟企图危害中央，电令陈昌浩带领右路军，包括原一方面军的一、三军团全部南下。在此党和革命处于万分危急的时刻，剑英看到这份电报，火速报告了毛泽东同志，并设法提供了一份军用地图。中央决定立即率一、三军团北上，脱离了险境，使张国焘危害中央的图谋落了空，也使红军日后有了北上的胜利和抗日战争的发动。在俄界，剑英详细地向我讲述了这惊险的一幕。我由衷地敬佩剑英的机警和对党中央的无限忠诚。”[④]

1981年，邓颖超在接受爱泼斯坦、刘洪、曾淑芝采访时说：“他（张国焘）给四方面军陈昌浩发电报，要他武力解决毛泽东、周恩来、张闻天、博古等人，就是要把这些人抓起来。结果这份电报被参谋长叶剑英得到了，马上报了毛主席。毛主席英明果断，带领一方面军，连夜赶路七八十里，摆脱了四方面军。”[⑤]

薄一波在谈到叶剑英一生中两件最大的贡献时说：“一件是长征途中获悉了张国焘要陈昌浩南下的电报，及时报告毛主席，保证了中央和中央红军按原定方向北上。记得五十年代末或六十年代初，毛主席指定我把北戴河会议上的发言，修改后在中央工作会议上再讲一次，当我讲到旧戏中王佐断臂‘为国家尽忠心，昼夜奔忙’时，几位同志插话，毛主席突然站起来讲：剑英我送你一句话：‘诸葛一生唯谨慎，吕端大事不糊涂。’‘吕端大事不糊涂’，剑英足以当之！我想主

① 访问杨尚昆谈话记录，1986年9月。
② 访问陆定一谈话记录，1991年4月。
③ 哈里森·索尔兹伯里：《长征——前所未闻的故事》，解放军出版社1986年版，第318—325页。
④ 原载《人民日报》1986年11月1日。
⑤ 邓颖超：《坚定的信仰，不懈的奋斗》，载《中国建设》1981年第8期。

要指这件事，当然还有其他的事！”[①]

当时曾受叶剑英之托保管甘肃地图的萧向荣和接到叶剑英电报立即从包座返回总指挥部的刘志坚，以及在毛泽东、周恩来身边工作的叶子龙、陈昌奉、黄有风、范金标等回忆密电事件和中央脱险的经过，都证实了密电确实是迫使中央突然率领一方面军主力单独北上的一个决定性因素。

徐海东将军当年虽然没有直接接触张国焘密电事件，但他听毛泽东亲自向他谈过这件事的经过和叶剑英的功绩。徐文伯回忆说：“父亲生前非常敬重叶剑英，常常告诫我们要好好向叶伯伯学习，毛主席多次夸他大事不糊涂，当年张国焘闹分裂时，多亏他把张要右路军南下的密电送给毛主席。主席说，好险啊，差一点脑袋就搬家了！”

此外，还有一些与张国焘密电事件有关的当事人、知情人，以及许多参加过长征，了解同张国焘斗争情况的老同志，如凯丰、成仿吾、萧劲光、何长工、黄克诚、伍修权、罗瑞卿、耿飚、杨成武、宋任穷、许世友、宋时轮、李聚奎、王平、陈士榘、李伯钊、余秋里、欧阳毅、孔石泉、莫文骅、孙毅、方强、叶楚屏、吴烈、何廷一、曾希圣、童小鹏、钱益民、石敬平、贺俊桢、周涌、钱江、戴镜元、李质忠、颜太龙、范希贤、徐国珍等著文、谈话，回忆张国焘的密电事件，都有同样的记述。他们认为，叶剑英获取张国焘密电这一功劳已载入史册。当年，张国焘密令陈昌浩率右路军南下，是张国焘错误路线发展的必然结果。党中央同张国焘这场斗争，不仅关系到当年参加长征同志的个人命运问题，更主要的关系到党和红军的生死存亡。[②]

1982 年 3 月 12 日，叶剑英看过吕黎平回忆的电文抄件后说：“意思是这样。”其后，中共中央党史领导小组负责人杨尚昆、胡乔木要了解这方面的情况。10 月 6 日，叶剑英办公室工作人员摘录了毛泽东、周恩来、邓颖超等关于密电的谈话材料，并整理一份《关于吕黎平回忆长征途中张国焘“密电”事件的一些情况》。他们把这些材料呈报叶剑英。叶剑英看后，当即报给杨尚昆、胡乔木。[③]

1984 年 9 月 7 日，曾在长征途中任前敌总指挥部作战科副科长的吕黎平在军事科学院的一个小型座谈会上说：张国焘的电文内容以前我回忆的只是大意，事过五十多年，不一定记得一字不错，但有几点是肯定的：（一）坚决反对北上；（二）要右路军回头南下；（三）如中央不同意南下就要监视其行动，要“彻底解决”。此后他又有专著论述这一问题。[④]

中共中央对叶剑英在长征途中同张国焘的斗争，作了高度评价和明确的结论。1985 年 9 月 16 日，中共十二届四中全会在写给叶剑英的致敬信中说：“长征途中，您同张国焘企图危害中央和中央红军的阴谋进行勇敢机智的斗争，为党

① 薄一波接见广东叶剑英研究会等谈话记录，1994 年 7 月 5 日。
② 各同志的著作、回忆、访谈录，1937—1994 年。
③ 访问王守江、张燕谈话记录，1986 年 10 月。
④ 吕黎平：《红军总部的峥嵘岁月》，上海人民出版社 1993 年版，第 149—166 页。

立了大功。”叶剑英逝世以后，经邓小平审阅、中共中央书记处讨论通过、由胡耀邦于 1986 年 10 月 29 日代表中央在叶剑英追悼会上致的悼词中，再一次肯定了这一历史事实，说毛泽东同志后来屡次称赞这是叶剑英同志在关键时刻为党为革命建立的一个大功。

第六节　北上到吴起

1935 年 9 月中旬，陕甘支队在北上进军中，叶剑英协助毛泽东、彭德怀指挥部队斩关夺隘，越过岷山，于 17 日攻克天险腊子口。18 日占领甘南的哈达铺。陕甘支队在哈达铺进行休整。9 月 20 日，中共中央政治局常委会决定，红一军团改编为第一纵队；红三军团改编为第二纵队；中央军委纵队改编为第三纵队，叶剑英任司令员。休整后，叶剑英率领第三纵队继续北进。9 月 27 日，红军占领榜罗镇和通渭县城。在这里。叶剑英和几位同志从国民党报纸上看到有关陕甘苏区的消息，遂向中央提出北上陕北的建议。[①] 其时，中央也正在分析全国局势，对陕甘苏区和西北军的情况尤为关注。在榜罗镇，党中央政治局常委举行会议，根据陕北尚有相当规模的苏区和红军等情况，决定党中央率领陕甘支队进至

叶剑英（右）同张闻天在陕北

① 叶剑英谈话记录，1982 年 3 月 18 日。

叶剑英（右）同徐向前在陕北

陕北，和当地红军一起，保卫和扩大陕北根据地。会后，陕甘支队分三路北上，于 10 月上旬翻越六盘山主峰，在铁角城附近，与敌骑兵遭遇，发生激战。当时，彭德怀、叶剑英站在一个山头上的破庙里用望远镜观察敌情。突然，彭德怀一把将他按倒，一颗子弹从头上呼啸而过。叶剑英对这件事一直铭记心头，曾多次对孩子和身边工作的同志说："彭总救过我的命！那一次好险啊！"①

陕甘支队继续向吴起镇前进。在吴起镇何连湾一带，彭德怀、叶剑英指挥部队消灭了一股敌军。10 月 19 日到达吴起镇。叶剑英协助彭德怀指挥部队击溃尾追的敌骑兵两千余人。22 日，叶剑英出席了中央政治局在吴起镇召开的扩大会议。会议决定党和红军今后的战略任务是"建立西北的苏区，领导全国大革命"。

至此，中央红军胜利结束了历时 1 年、途经 11 个省的 2.5 万里长征。长征在中国和世界人民面前高高矗立起一座丰碑。它铭刻着红军男女战士们在中国共产党领导下英勇奋战的壮丽史诗。叶剑英以对党的耿耿忠心和殷红鲜血为这首史诗谱写的光辉篇章，永放光华。

① 访问叶剑英亲属谈话记录，1990 年 4 月。

第十四章　初到陕北

第一节　东征战役中的中路指挥

中央红军陕甘支队在陕西吴起镇（今吴旗县城）进行短期休整后，于1935年11月初到达甘泉地区同红十五军团（由陕甘红军和先期到达的红二十五军组成）胜利会师。

11月3日，中华苏维埃共和国中央政府决定成立中国工农红军西北革命军事委员会，同时决定恢复红军第一方面军番号，彭德怀任司令员，毛泽东任政治委员，叶剑英任参谋长，王稼祥任政治部主任。8日，叶剑英被任命为西北革命军事委员会参谋部参谋长。

11月下旬，叶剑英协助毛泽东、彭德怀指挥直罗镇战役，歼敌一个师又一个团，俘敌5300余人，缴枪3500余支。这次战役的胜利，打破了国民党军对陕甘革命根据地的第三次"围剿"，巩固了陕甘苏区，有力地配合了全国红军的行动，为中共中央把全国革命大本营放在西北举行了"奠基礼"。

这期间，日本帝国主义日益加紧扩大对中国的侵略，继攫取中国东北之后，又制造了华北事变。国民党政府却继续推行"攘外必先安内"的卖国政策，整个中国面临着沦为日本殖民地的危险。中日两国之间的民族矛盾急剧上升为主要矛盾，促使国内各阶级、各政治集团的政治态度发生了新的变化，全国各地抗日救亡运动风起云涌，势不可挡。

中国共产党和中国工农红军始终站在抗日救国的前列。1935年10月至12月，中共中央连续发表宣言和决定，号召全国人民和各党派、军队团结起来，抗日救国，反对蒋介石的内战政策。12月中、下旬，中共中央在陕西省安塞县瓦窑堡举行政治局会议，讨论党的战略方针与策略路线问题。会议通过了《关于目前政治形势与党的任务决议》，确定了建立抗日民族统一战线的总政策，同时确定党的战略方针是：在以坚决的民族战争反对日本帝国主义进攻中国的总任务之下，首先须在一切政治的、军事的号召上和实际行动上，"把国内战争同民族战争结合起来"，"准备直接对日作战"，"猛烈扩大红军"，红军行动与苏区发展以山西和绥远等省为主要方向。

在瓦窑堡会议讨论党的战略方针过程中，叶剑英拥护党的正确主张，并提出积极的建议。1935 年 12 月 19 日，毛泽东特复电叶剑英等："对战略方针的提议均收到，我完全同意兄等的意见。洛甫同志及中央各同志在大会上均无不同意见，政治局已开了三天会，很好地讨论了当前的形势力量与任务。后天讨论军事问题，详情后告。"

根据瓦窑堡会议《中央关于军事战略问题的决议》所确定的渡河东征的方针和国民党军企图阻止红军发展、围困陕甘地区红军的新情况，西北革命军事委员会于 12 月 24 日下达了《四十天准备行动的计划》。叶剑英根据这一计划，把全部精力投入到东渡黄河作战的具体准备工作之中。据程子华回忆，叶参谋长亲赴前线组织调查由延安、甘泉、左铺各地到黄河西岸临真镇的交通道路，同部队指挥员察看渡河地点，提出部队作战行动方案和建议，协助各部队收集和制造木船、皮筏等渡河器材，征调造船和划船民工，组建工兵部队进行造船、划船、架桥等技术训练和战术训练。

1936 年 1 月底，毛泽东来到陕西省延长县，与在这里的彭德怀、叶剑英等召开西北革命军事委员会会议，进一步研究了东征作战的问题。会后，彭德怀到黄河岸边详细侦察地形，了解敌军兵力部署、工事构筑、火力配备等情况，选择渡河点。叶剑英留在延长，组织地方党政机关，继续做渡河的各种准备工作，并对渡河先锋队和船工进行政治动员和技术训练。2 月 2 日，叶剑英致电毛泽东、彭德怀，提出应立即派人到延水南区黄河边，动员 60 名水手备用，并对渡河器材的筹备、部队集结待命等问题，提出了明确具体的建议。

毛泽东、彭德怀接到叶电后，于 2 月 5 日电示各部移动驻防位置，要求由叶剑英具体部署，并指定叶剑英将所准备的渡河器材，尽快交给一军团。叶剑英根据军委的指示，立即制定出行军、宿营计划，调整部署，组织部队向前沿阵地运动，并认真检查落实。2 月 8 日，毛泽东、彭德怀致电叶剑英，询问渡河准备情况，要求立即秘密征集皮筏水手；确定随军东征的地方干部、警卫连等今后归叶剑英指挥调动，并由叶剑英派山西游击队到延水城同另一独立营及两个游击队集中训练。叶剑英即命赖传珠、杨森率山西独立营及延水第一游击支队、延长第六游击支队开往延水城待命，并将 30 个渡河筏子交赖传珠带给一军团。随后，叶剑英将一方面军直属队带往川口镇集结待命。

2 月 18 日，红一方面军司令员彭德怀、政治委员毛泽东下达了东征作战命令。20 日 20 时，红一方面军以"中国人民红军抗日先锋军"名义，在毛泽东、彭德怀指挥下开始东渡黄河作战。

夜幕沉沉，河水滔滔。第一、第十五两个军团冒着凛冽寒风，利用夜暗从陕北绥德县沟口、清涧县河口开始强渡。叶剑英亲临渡口，检查渡河情况，并随时向毛泽东、彭德怀报告。21 日 10 时，叶剑英致电毛泽东、彭德怀：十五军团已渡河，一军团约下午 16 时才能过完。一方面军直属队拟本日 17 时开始过河。同日，叶剑英还将从前线接收的四百余名晋绥军俘虏官兵的安置情况报告了毛泽东。21 日晚，叶剑英最后率领一方面军直属队渡河。部队渡河后，按预定计划迅速向纵深发展。至23日，占领了三交、留誉、义牒各镇及其周围地区，完成了战役展开，取得东征战役的第一个胜利。[①]

东渡黄河后，叶剑英协助彭德怀指挥部队，在中阳县关上村、孝义县兑九峪等地区打退了晋绥军的反击，控制了石楼、中阳、孝义、隰县、永和等县，并大力开展群众工作，得到山西人民群众的热情支持。阎锡山仓促应战，惊恐万状，一面急电向蒋介石求援，一面调动部队向抗日先锋军反扑。红军将反扑之敌全部击溃，在上述数县广大地区建立起临时根据地。为了发展胜利，军委决定以这一地区为作战枢纽，分兵南下北上，组成右、中、左路军。以红十五军团主力为左路军，在徐海东、程子华指挥下，向北进攻；以红一军团主力为右路军，在林彪、聂荣臻指挥下，向南急进；以红十五军团的一个团又一个营、一方面军直属队和新成立的红三十军、山西游击队等部为中路军，由叶剑英直接指挥，以牵制和吸引晋绥军主力，支援左右两路军的进攻行动。左右两路军分南北两线向晋绥军进攻，迅速进抵侯马和太原近郊，占领了晋西南广大地区。

阎锡山为阻止红一方面军继续东进，集中14个旅，编为4个纵队，再次向石楼方面实施反击。蒋介石应阎锡山的请求，从3月上旬开始，先后派遣约10个师进入山西，同时命令西北军、东北军等部向陕甘革命根据地进攻。在这种情况下，红军左右两路军从南北两线向中路军靠拢，集中兵力准备歼灭敌人。

为了加强中路军的武装力量，中革军委于3月11日电令："一切在石楼机关、部队、游击队工作人员，归叶剑英统一指挥。"3月21日，毛泽东、彭德怀又进一步明令："为保障后方交通，赤化石楼全县、中阳南部、永和北部，猛烈扩大上述地区游击队、赤卫军、少先队，并达继续包围石楼之目的，所有上述地区内一切武装、部队统一归叶剑英指挥。"

叶剑英根据军委指示，指挥中路军与敌军巧妙周旋，钳制敌人，尤其注意控制石楼通往水头、石口镇、隰县、永和、留誉五条道路，充分发动群众，坚壁清野，阻截敌军的物资供给。

4月10日，中华苏维埃人民共和国中央办事处命令，任命叶剑英、聂荣臻、刘志丹为西北革命军事委员会委员。

4月中旬，敌军集中兵力进逼石楼。叶剑英一方面命令马家站兵站暂停向河西运送缴获的物资，一方面请示毛泽东、彭德怀同意，集结中路军主力在石楼城北30里处阻击敌人，同时在永和一线打击北进之敌。这样，石楼地区的紧张形势得以缓和，黄河渡口继续控制在红军手中，从而保证了前后方的交通运输和伤员的转运工作。与此同时，叶剑英组织部队大力开展地方工作，建立和发展抗日游击队，建立中共地方组织和政权，征集兵员，筹粮筹款。有一次，游击队在石楼县县长家炕里挖出六大罐银元。叶剑英命令部队将这些银元运回后方，用作红军的经费。

---

① 访问刘惠农谈话记录，1987年10月。

叶剑英领导的中路军兵力虽然不多，但他果敢机智，巧于用兵，吸引和钳制晋军主力，圆满地实现了军委的战略意图，受到毛泽东的赞许。

中共中央鉴于全国抗日形势的发展和晋西敌军变化的态势，于4月28日决定撤回河西，结束东征。5月2日，一方面军开始有计划地西渡黄河，至5日全部回师至延长、延川、永坪地区。叶剑英率部尾随十五军团西渡回师，胜利完成了东征任务。

红一方面军东征是在毛泽东指挥下一次胜利进攻的战役。这次作战虽然只有75天，但在战略上却有重大的历史意义。它使经过长征，刚刚立足于陕北的红一方面军在政治上、军事上由被动转入主动，并在一定程度上缓和了经济困难。

东征战役共消灭国民党晋绥军约7个团，俘4000余人，缴获各种枪4000余支，炮20余门；取得了强渡江河作战的重要经验，提高了部队的战斗力；迫使“围剿”陕北革命根据地的晋绥军撤回山西，打击了蒋介石、阎锡山的反动气焰，使陕北革命根据地得到恢复和发展。红军吸收新兵约8000人，筹款30余万元，并在山西20多个县开展了群众工作，宣传了中国共产党的抗日主张，扩大了党和红军的政治影响。

第二节　参与筹划西征

红军回师以后，蒋介石仍然坚持其“剿共”政策，调集军队准备对陕甘根据地发动新的“进剿”。在根据地东北面，有蒋的嫡系汤恩伯的一个师两个旅、阎锡山晋绥军的一个师又一个旅渡河入陕，协同陕北的井岳秀、高桂滋两个师，采取堡垒政策，步步进逼。在根据地西部，蒋介石将宁夏马鸿逵、马鸿宾的一部，部署于陕甘宁边界地区，防堵红军西进。在根据地周围的国民党军队中，只有张学良的东北军和杨虎城的第十七路军与共产党秘密建立了初步统战关系，不愿再同红军作战。在这种形势下，中共中央决定红军向国民党军力量薄弱的西部出征，以巩固和发展陕甘根据地，扩大红军，争取西北抗日力量的联合。叶剑英在西北军委参谋部，积极投入了西征战役的准备工作，参与制定了《西征战役计划》。1936年5月18日，军委下达了战役计划。计划确定：以红一方面军第一、第十五军团和第八十一师、骑兵团共1.3万余人，组成西方野战军，进行西征，彭德怀任司令员兼政治委员；第二十九军主力、第三十军和陕北地方部队、游击队，在陕甘革命根据地开展游击战争，钳制入陕的蒋介石中央军、阎锡山晋绥军和原在陕西的敌军，努力保卫陕甘革命根据地；红二十八军准备出陕南，会同在该地坚持斗争的红七十四师，在鄂豫陕三省边区开展斗争，吸引蒋介石中央军主力于自己方面，以策应西方野战军的行动。

但是，西征却遇到了盘踞在宁夏境内的马鸿逵、马鸿宾军的抵抗。他们凭借一些厚实坚固的“土围子”阻止红军前进。一方面军总部领导指示部队干部、战士献计献策，自做炸药，炸毁“土围子”。叶剑英致电在西安的李克农等，要他们设法从国统区购买硝药。同时动员部队能工巧匠自己动手制造炸药。他在驻保安的总部机关和直属队大会上进行动员，希望凡在家熬过硝、做过炸药的同志，都积极报名参加，并从总部抽调人员到盛产硝土的一军团所在地宁夏豫旺堡，组建一个小制硝“工厂”。经多次试验，终于制成了雪白的纯硝。他们再在硝中加上其他成分，制成炸药，送到前线。前线指战员用这些炸药，摧毁了敌人许多“土围子”。

第三节 争取东北军与十七路军

这一时期，全国抗战出现了新的形势，抗日民族统一战线工作，在东北军和十七路军中有了很大的进展。叶剑英根据党中央的指示，在参与指挥西征战役的同时，以主要精力投入对东北军和十七路军的统战工作。

东北军原是以军阀张作霖为首领、封建割据色彩极其浓厚的地方武装集团。这支军队，一方面与占领东北的日本帝国主义存在着尖锐的矛盾，另一方面又与企图兼并和消灭这支武装的蒋介石集团存在着尖锐矛盾。因此，在东北军中，存在着由来已久的抗日反蒋的积极因素。日本关东军炸死张作霖后，其子张学良易帜归蒋。1931 年“九一八”事变爆发在蒋介石的不抵抗政策之下，张学良只得流亡关内，蒋介石又把这支队伍推向反共的第一线，阴谋在内战中消灭之。东北军 1935 年入陕时有五个军一个师，号称 20 万人，在与红军作战中，被歼灭三个师，损失严重。蒋介石非但不给补充，还取消了几个师的番号。东北军官兵此时背井离乡，怀念故土，厌恶内战，不愿当亡国奴，迫切要求打回老家去，同时又深受蒋介石嫡系军队的歧视，反蒋情绪日益强烈。家仇国恨集于一身的张学良，受到中国共产党“八一宣言”和统一战线政策的影响，早有抗日救国、收复失地、报仇雪耻的要求。为了适应并推动这种有利形势，1935 年 12 月，党中央在瓦窑堡召开的政治局扩大会议上，就决定成立东北军工作委员会，以周恩来为书记，叶剑英为副书记。并确定彭德怀、李克农、朱理治、萧劲光、欧阳钦、聂洪钧等参加此项领导工作；朱理治、萧劲光负责日常领导工作。1936 年 1 月下旬，党中央指示中央联络局局长李克农释放直罗镇战役中俘获的东北军团长高福源，并要高为红军与东北军开展和平谈判事宜进行联系。当时，对东北军俘虏的管教工作统由叶剑英负责。高福源在红军中生活两个月期间，叶剑英曾耐心地开导教育他，向他分析抗日救亡的形势，告诉他蒋介石利用东北军、西北军打红军，实际上也是企图消灭这两支队伍，让他回去劝告张学良，都是中国人，不要自己打自己。

1 月 25 日，中共中央以毛泽东、周恩来、彭德怀、叶剑英、聂荣臻、刘志丹等红军将领名义发出《红军为愿意同东北军联合抗日致东北军全体将士书》，提出：中华苏维埃政府与工农红军愿意与任何抗日的武装队伍联合起来，组织国防政府与抗日联军，同日本帝国主义直接作战，收复失地。并表示：我们愿意首先同东北军来共同实现这一主张，为全中国人民抗日的先锋。接着，李克农与中共中央北方局代表王世英分别到洛川、西安，与东北军六十七军军长王以哲、十七路军总指挥杨虎城谈判，达成初步协议。4 月 9 日晚，周恩来亲赴延安城一座教堂内，与张学良就抗日救国问题举行会谈，双方达成了联合抗日的协议。

6 月中旬，叶剑英同李克农等奉命去蟠龙、琉璃坡、石家砭等地，了解中央军、东北军的兵力部署、进军动态，及时向毛泽东、周恩来报告敌情。并尽一切可能，利用各种关系，向东北军一〇七师、一一七师官兵进行政治宣传，积极开展统战工作。对如何防止敌军进攻瓦窑堡提出许多建议，并根据毛、周指示，进行了大量救护伤员、保障供给、修补道路等方面的工作。从 6 月 15 日至 22 日，一周之内，叶剑英亲笔给毛泽东、周恩来写信 14 封，并派卢伟良等专人送去。这些信忠实地记录了当时叶剑英辛勤工作的情形，内容涉及敌、我、友各个方面，不仅反映了当时抗战与统战形势任务的复杂与艰巨，也反映了红军内部机构、人事和教育以及协助延安地区干部开展工作等诸多问题。他在 6 月 20 日 7 时给毛泽东、周恩来的信中写道：

“刘惠农及政治部派来两个人，昨日均到宋家川布置一切，准备接收刘家坪伤病员（约 150 人），并由省一级机关派人动员伕子，续向榆树坪运搬。但本日伕子能有多少来，尚未得报，已催刘赶办矣。……这两天王辉正拟帮助特务队整顿队伍，而主要负责人都跑了。昨天，王辉问该队政委：特务队近来进行过什么教育？他答：军事、政治都是我一人担任。又问：那么你进行过什么教育？他答：我队尽是新战士。王问：你上过政治课没有呢？他说没有。像这个政委和斯大林同志所引证过的那一位不可救药的说空话的人，实在没有什么分别，建议撤换。”

第四节　在安塞领导东线工委

6 月 20 日，中共中央发出《关于东北军工作的指导原则》，提出了争取东北军到抗日战线上来是我们的基本方针。

为了加强对党的统一战线工作的领导，毛泽东于 7 月 9 日致电周恩来，要剑英到安塞指导工作。随后，叶剑英来到安塞领导东线工作委员会（简称“东线工委”），与朱理治、边章伍等一起作陕北地区东北军的工作，争取他们联合抗日。

据马文瑞、刘向三等回忆，叶剑英到安塞后，立即深入到各地工委调查研究，于 7 月 26 日召开安塞、延安两县工委及县一级机关负责人会议。在会上叶剑英详细报告了当前政治形势和任务，并依据党中央对东北军工作的指导原则，解释了争取东北军工作的目的，说明各级东北军工作机关的组织系统与同级党组织机关的互相关系。当晚和翌晨，叶剑英又分别主持召开了安塞、延安两县工委会议，讨论和决定了以下一些问题：（一）安塞工委由马文瑞、刘德明、时文平、李先河、石步月等组成，下设安塞办事处和枣园办事处，主要对象是东北军六八四团；（二）延安工委由萧离、刘仲明、白寿康等组成，下设牡丹川办事处及富川办事处、川口办事处，主要工作对象是东北军的六三一、六六〇、六八五团等；（三）对所工作的对象要深入进行调查研究，不仅了解部队的番号、位置、主官、历史、特点、一般来往电报，同时还要了解其官兵个人的履历、政治表现、嗜好、个性等情况，并设法接近和亲近他们，争取进行面谈；（四）在东北军中积极发展党的组织，应当在“抗日复东社”的政治组织中进行党的组织工作，发展时必须经过多次谈话，进行介绍、填表、上级机关派人谈话，举行入党仪式等程序，郑重履行入党手续。叶剑英还亲笔书写了党员宣誓词交给安塞和延安两工委负责人，以便在发展新党员时使用；（五）加派三个干部去延安周围的东北军六个团工作，并派边章伍去县工委帮助工作，等等。① 这次会议以后，叶剑英把领导的重点放在争取东北军六十七军的工作上。又将该军第一〇七师作为工作的突破口。

一〇七师先驻防于安塞附近，后移驻延安地区。师长叫刘翰东。安塞工委对刘师长及该师六三〇团一名叫陶翊周的营长做了大量工作，并发展陶翊周加入了中国共产党。陶入党后，叶剑英不时地穿着东北军的服装，出入该营防区，去做该营官兵的工作。一〇七师移驻延安后，叶剑英于 8 月 22 日单骑赴陶营，与陶会面。不巧，陶进延安城去了，没有见着。第二天，叶剑英以中央工委代表名义给陶写信，告诉他：党决定陶翊周为一〇七师党委书记，王昌奎、李朴玉为委员，刘仲明为中央巡视员（随一〇七师行动），负责指导并帮助一〇七师党的工作，“望积极无畏地为党工作”。

陶翊周见信后，遂将刘仲明安插到该营工作，随部队行动。由于叶剑英等积极开展工作，陶营士兵的觉悟有所提高，有些人便拖枪逃到红军中来，带走 16 支步枪，两挺机关枪。当时，东北军有规定，丢失枪支，要按价扣其直接长官的薪水。陶翊周无奈，只好求助于叶剑英。叶剑英报经周恩来批准，从安塞警卫营中抽调枪支送还给他。这样，互相帮助，加深了陶营官兵与红军的友谊。

叶剑英在争取陶营的同时，还亲自做一〇七师师长刘翰东的工作。刘翰东是一位具有爱国思想、要求抗日的将领。叶剑英派党在东北军的联络员与他秘密接触，发展关系，以后又亲自与他交谈，做他的工作。8 月 20 日，叶剑英和边章伍二人身着东北军军装，到延安城外 10 里处，与刘会面，并如数带去该师士兵投诚红军时携来的枪支，交还给他。刘翰东很感激，当场商定了双方交换枪支弹药的具体办法。22 日夜，刘翰东派副官到离延安城 20 里外的河庄坪，给红军送来 1.5 万发子弹，叶剑英带安塞警卫营二连在那里接收，并以机枪回送。通过多次交往，刘翰东加深了对红军的了解和信任，同意中共派人去六二一团开展活动。叶剑英与该团代理团长周振互通信件，建立了关系。经过一段艰苦细致的工作，终于在一〇七师、一一七师和其他一些部队中建立起了中共组织。

周恩来、叶剑英和东线工委还派刘培植（曾参与做过一〇七师长刘翰东工作）到一〇五师做刘多荃师长的工作。1936 年夏，欧阳钦给叶剑英、朱理治的信中说：“刘培植亦于昨日回来，结果比较好。刘多荃对我们的表示一贯的不坏

① 叶剑英给周恩来的信，1936 年 7 月 28 日。

的。同时刘培植同志还见了许多其他的人，影响都很好。……”叶剑英随即致电周恩来报告：“东北军工作仍是中心任务。陕甘来信。用复写纸写的材料《刘培植报告》，另有一份写给你的。据刘培植同志说，刘多荃师长允许他随部队行动。刘可随一〇五团行动，拟去信。”其后，叶剑英派刘随东北军行动，继续进行统战工作。①

在叶剑英主持下，东线工委还开办了杨家沟、枣园两个市场，发展集市贸易，恢复“红白通商”。当时东北军驻防陕北，人地两生，交通不便，粮草紧张，蒋介石对“杂牌军”又不及时供应，使东北军部队生活供给发生不少困难。在这种情况下，东线工委开设贸易市场，允许东北军官兵来市场购物，或到苏区采办货物，帮助他们解决粮、柴、肉、马料等物资匮乏问题，这实际上是一种十分有效的统战工作形式。在市场上，工委工作人员主动与东北军官兵接触，向他们宣传停止内战、一致抗日的道理。彼此之间思想感情进一步得到交流。叶剑英还请周恩来派人民剧社到安塞市场演出。这个由危拱之担任团长的剧团，第一次来演出，就吸引了大批东北军的士兵和群众观看，受到热烈欢迎。当东北军官兵看到剧社演的《亡国恨》这幕悲剧时，许多人当场流下热泪，泣不成声。剧社共演出六场，场场爆满。演员及工委人员借演出之机与东北军官兵谈话，并散发《打回老家去》等宣传品。东北军官兵不顾国民党政训处人员的破坏，坚持看戏联欢，效果极好。对于东北军中的右翼顽固分子、亲蒋的政训处人员的破坏行动，以及反动保甲人员，叶剑英指示安塞、延安两县工委发动群众给以打击。②

叶剑英在工作中及时向党中央和毛泽东、周恩来请示报告，发出了大量电文和书信。有时一日数封。仅从 7 月 28 日至 8 月 25 日就亲笔给周恩来等修书十封，报告对东北军和十七路军工作的情形。信中大至方针策略，小至遣员购物，都一一陈述，不厌其详。字里行间充满对革命事业的高度责任感和满腔热忱。

东北军的六十七军西移时，杨虎城的十七路军于 8 月下旬开始调往延安。为了打通与杨部的关系，做好该军的工作，叶剑英 8 月 18 日在给周恩来的信中写道：“十七路军工作，依我所知，不能完全照东北军工作指示原则，因该部与东北军有许多差异，虽然我们工作目的则相同。请令曾希圣同志送一份十七路军官长名册给我们。”对于十七路军的工作，叶剑英提出了与东北军大体一致又有区别的原则和办法：（一）拟抽出一部分干部进行训练，专门研究如何做十七路军的工作；（二）将对东北军进行工作的经验，传授给他们，以利尔后工作的开展；（三）为使十七路军工作尽快开展起来，应采取必要的组织措施，建议将县区工委与地方党组织合并，将地区划出一段（从苏区边线起到苏区内六十里止），成立边区工作委员会，统一党政军的领导，着重做争取白军的工作；（四）工委办事处工作人员随游击队行动，以游击态势进行十七路军的工作，俟双方沟通以

① 访问刘培植谈话记录，1994 年 10 月。

② 访问杨醉乡谈话记录，1991 年 9 月。

后，再选地设立机关，进一步开展工作。

为了开展对十七路军的工作，叶剑英还同边章伍、王立人、吕继才等同志进到延安城，分别活动，利用东北军的关系，与杨虎城部进行沟通，动员他们共同抗日。同时以安塞边防司令部中央红军警备团团长时文平的名义写信给杨部程鹏九团长，建议双方休战，彼此通商，并提请对方约束民团。为了争取杨部，叶剑英在军事方面也做了对付国民党军进攻的相应准备。[①]

在叶剑英直接领导下，东线工委经过一段时间艰苦工作，取得显著成效。由于抗日形势的发展和党的统战工作的深入开展，东北军、十七路军与红军不仅停止了敌对行动，而且和睦相处、互派代表、互通情报、互送礼品，使原来的“敌军”变成了“友好的邻居”，为西北地区抗日救国统一战线新局面奠定了基础。

8 月 25 日，叶剑英根据陕甘、安塞、延安三工委的工作报告，整理出一份工作小结，报告周恩来。

叶剑英在安塞领导东线工委期间，关心全局，积极搜集敌军和友军情况，随时通报中央。除此之外，他还极其关心红二、四方面军会师的情况。为了让这两个方面军顺利北上，与红一方面军会师，他及时通报敌情，介绍北上路线和沿途情形。7 月 8 日、15 日他致电刘伯承，分别通报甘肃马步芳、兰州于学忠、毛炳文、王均、鲁大昌以及张学良、杨虎城等军队部署情况。8 月 6 日、7 日又连电刘伯承，详细介绍从俄界至瓦藏寺、哈达铺的行军路线及沿途山水、桥梁、寺庙、居民等情况。叶剑英所提供的一系列情报，对红军三大主力的顺利会师起了重要作用。

---

① 访问周梵伯谈话记录，1991 年 9 月。

第十五章　西安风云

第一节　和平密使

1936年夏，日本帝国主义加紧扩大对华侵略，全国人民的抗日救国运动风起云涌。蒋介石置华北和全国危亡的局势于不顾，仍然顽固推行其“攘外必先安内”的反动政策，一方面对日本帝国主义妥协退让；一方面继续进行反共反人民的内战，大肆镇压各地的爱国进步力量。举国上下人心激愤，民怨沸腾。

张学良、杨虎城和他们统率下的东北军、十七路军广大官兵要求停止内战、一致抗日的呼声越来越高。蒋介石对张学良、杨虎城积极抗日的主张，不仅不予理睬，反而步步进逼，强迫他们向陕甘根据地进攻，限期“剿灭”红军。压力愈大，反抗愈烈。张、杨此时除继续与中共中央代表周恩来、叶剑英、刘鼎等保持频繁的接触外，还在西安成立了“西北抗日救国会”、“东北抗日救亡总会”，广泛动员西北进步士绅参加抗日。并于6月底，在王曲成立军官训练团，让共产党员刘澜波和一些进步人士讲课，向军官们灌输抗日思想。张、杨还派出代表分头向广西的李宗仁、山东的韩复榘、河北的宋哲元、四川的刘湘、云南的龙云、山西的阎锡山、新疆的盛世才等各地方实力派进行联络，宣传停止内战、联合抗日的主张。7月，张学良与中共代表密谈，磋商建立东北军、十七路军与中共联合抗日的“西北国防政府”。张学良几次提出，希望中共中央再派一些党和红军的高级代表去西安共同商讨进一步联合抗日问题。8月9日，毛泽东、周恩来等致函张学良，建议“兄部须立即准备配合红军选定九、十月间有利时机，决心发动抗日局面”，并表示准备派叶剑英等到西安同刘鼎一起协助张学良工作。8月13日，毛泽东致函杨虎城，写道：“先生同意联合战线，盛情可感。……先生之一切顾虑与困难，敝方均愿代为设计，务使先生及贵军全部立于无损有益之地位。”就是在中共中央和张、杨携手力促实现西北联合抗日局面的大背景下，中央决定派阅历丰富、多谋善断且对东北军情况有一定了解的叶剑英参谋长前去西安。[①]

---

① 在中共陕西省委、西安市委党史办、政协办公室、档案馆、博物馆、图书馆、八路军驻西安办事处纪念馆查阅的资料，1991年9月。

8 月 17 日，中共中央将东北军工作委员会改为洛川工委，叶剑英任书记，刘道生、欧阳钦、左洪涛、李仲英为委员，并决定叶剑英作为中共中央常驻代表密赴西安，进一步开展对东北军、西北军和整个西北地区的统一战线工作。叶剑英受命后，经过一段准备，于 8 月底 9 月初，同汪锋、潘汉年、边章伍、彭雪枫、刘克东等十多人从保安动身去西安。他们中间，有的是随叶剑英一道去西安做工作的，有的则是经西安转往他处执行其他任务。据汪锋、刘克东回忆，他们一行先在挪县（今为富县）进出边区的联络站集中，成立了临时支部，叶剑英为书记。从鄜县到西安途中的一切安排和注意事项都由叶剑英提出，大家研究决定。进入白区前，为了安全和保密需要，他们化装成从西北考察后返回南京的国民党军事委员会谈判代表团。根据每个人的身材、形象，分别打扮成不同的模样。因为边章伍身体胖，便扮成代表团的团长，穿高级料子服，胸前佩戴圆形蓝色徽章，还挂着勋标。其他人有的扮成秘书，夹着黑色皮包，有的扮成副官，穿少校军官服，扎武装带，蹬黑皮鞋，还有的扮成参谋、士兵，叶剑英扮马伕。走路时是按团长、随从、秘书、副官、参谋、士兵的顺序，马伕走在最后。他们化完装，你看看我，我看看你，如像“演戏”，不禁哈哈大笑起来。叶剑英严肃地说，这是政治斗争的需要，这“戏”一定要演好，如果露出马脚，可能有生命危险！一路上，大家按照叶剑英的吩咐办事，遵守纪律，互相关照。汪锋负责办“外交”，小心谨慎，巧于应付。经过一天行军，在事先约定的地点和东北军的“内线”接上了头，然后，换乘一辆汽车，赶往西安。

第二节　张公馆的“座上客”

当时，蒋介石派到西安的特务、宪兵很多，特务活动尤其猖獗，张学良的一举一动都处于特务的严密监视之中。张学良对于叶剑英的到来非常重视，事先对安全保卫工作作了周密的布置，在生活方面也作了精细的安排，让叶剑英住在他的副官、卫队营长孙铭九的家里。据孙铭九回忆，张向孙叮嘱：来人身系重任，无事不准打扰，要绝对保证安全，并提供一切方便。孙家距张学良的公馆不远，在金家巷的前面，是个小四合院。孙铭九安排叶剑英住进西厢房以后，特意叮嘱妻子：副司令交代，这位先生是个“重要人物”，要细心照顾，最要紧的是，不要让外人到这个房子里来，有什么事，一定要经过我。孙还向门卫说，这位先生是他的亲戚，出入随便，不准阻拦，更不允许跟踪！所以，当时外界几乎无人知道红军有个高级将领住在他家里。叶剑英住在孙家，仍然保持着红军的老传统，生活很朴素。他身着长袍或中山装，风度翩翩，和蔼可亲，俨然一副学者气度。他深居简出，谦虚谨慎，无事从不打扰孙家。孙的妻子后来知道了叶剑英的真实身份，想到他生活是那样简朴，深有感触地对孙铭九说：“这样的人，在东北军中是找不到的！”

叶剑英在西安期间，因地下隐蔽工作需要，曾一度转移到红军秘密联络点王政家安居巷甲 17 号（现为 1 号）居住。[1]

叶剑英在西安肩负着重大使命。在临行之前，党中央赋予他的主要任务是：（一）筹划组织西北国防政府；（二）组织建立抗日联军；（三）培养训练东北军内部的进步力量，组织有抗日思想的青年学生充当东北军的下级干部；（四）及时商议处理有关中共中央、红军和东北军之间的重要问题，等等。这些任务根据形势的发展，后来虽有变化，但始终坚持实行西北大联合，共同抗日。

10 月 5 日，叶剑英与张学良会谈。他详细介绍了中共中央于 8 月 25 日公开发表的《中国共产党致中国国民党书》的政治背景，说明中共在对待蒋介石问题上，从“抗日反蒋”到“逼蒋抗日”，是根据国内关系变化的实际状况而做出的重大政策变动，这也是接受了张将军的意见。一向主张“劝蒋联蒋抗日”的张学良听完叶剑英的这番解释后，十分高兴，表示今后要更多地承担劝蒋抗日的工作。接着，双方就迅速停止内战、联合抗日问题交换意见。叶剑英将随身带来的关于国共两党抗日救亡协定草案交给张学良。这个草案是在国民党代表与中共代表潘汉年经过几次秘密接触后，由中共中央为联蒋抗日而提出的。经叶剑英提议，张学良表示同意，再由他这个渠道向蒋介石转交协定草案。但是，他要求叶剑英以毛泽东、周恩来的名义给他写一封信，以作为他向蒋介石转递时的依据。叶剑英经电请中央同意后，立即补写了由毛、周署名的给张学良的信。信中提出：“只要国民党军队停止向红军进攻，不拦阻红军抗日去路与不侵犯红军抗日后方，我们首先实行停止向国民党军队的进攻，以此作为我们停战抗日的坚决表示。”信中最后希望张学良“将敝方意见转达蒋介石先生速即决策，互派正式代表谈判停战、抗日的具体条件”。张学良接信后，表示将尽快把抗日救亡协定草案连同此信转给蒋介石。

叶剑英与张学良继续商谈关于红军与东北军联合抗日的作战计划问题。张学良对中共中央拟定的红军抵抗日军的战略计划表示同意，并表示东北军将予以配合。他决定将六十七军集结于固原地区，五十一军集结于庆阳一带，一〇五师驻守平凉，以便在必要时与红军协同作战。

在商谈中，叶剑英根据党中央的交代，向张学良提出借款五万元，另给解决一万套棉衣的要求。张学良表示，借款的事，将努力去办。棉衣问题，马上可以解决，只是不便直接送往红区。他提出，可先派车从西安送往兰州方向，再由红军在半路上取走。叶剑英对张学良如此爽快与机警深表钦佩。

经过几天的会谈，双方就一些重要问题取得了一致意见，叶剑英将会谈结果及时报告毛泽东、周恩来，并于 10 月 10 日派刘向三给中央送去张学良的五万元借款。以后又给红军分批转送去御寒冬衣。

帮助张学良整顿改造东北军部队，这是党赋予叶剑英赴西安的一项重要使

---

① 访问郭维城、高存信、于文英谈话记录。《党史资料通讯》第 2 期，人民解放军总后勤部党史办编，1987 年 2 月 21 日。

命，也是叶剑英与张学良交谈的一个重要内容。当时，东北军的军官队伍比较老化，不少官兵思想陈旧，内部的派系斗争也很复杂。张学良对下属部队这些弊病深有痛感，准备通过整顿使部队尽快实现年轻化、精锐化。但如何进行整顿，却没有想出明确的办法。他非常希望叶剑英能为他出谋献策。叶剑英了解了东北军存在的主要问题后，向张学良提出，整顿改造部队，除做必要的人员调整外，重在思想方面的训导，并提出了加强部队政训工作的组织措施和具体意见。他的意见为张学良所采纳，并受到高度赞赏。著名记者范长江后来在《陕北之行》一文中这样写道："叶剑英曾应张学良之邀，秘密来西安，住张学良公馆附近，与张学良研究东北军的改造问题。叶对于东北军的政训工作提出意见，他的说法很使张学良受影响。"

叶剑英在西安还利用各种有利时机，帮助张学良解决"燃眉之急"，缓和他和蒋介石之间的矛盾，以应付复杂局势。10 月中旬，彭德怀率领的红军部队在宁夏固原地区李旺堡包围了马鸿宾的骑兵二〇七团，蒋介石急令张学良派东北军前去解围。张学良急得团团转，只好求助于叶剑英。叶剑英考虑到，这是进一步争取东北军、开辟西北交通线的一个好时机，应当帮一帮张学良。于是，他于 13 日、14 日连续发电报给毛泽东，转达张学良的意见，建议：（一）应允张的要求，放出被我军包围的马部骑兵团；（二）允许东北军刘多荃的一〇五师按规定时间前去接应；（三）我军派人随带呼号密码直接与前去接应的一〇五师取得联系，与该师"永远通好"；（四）李旺堡解围之后，该地区归我占领；（五）请派人与一〇五师洽谈今后交通问题，开辟西北新的交通线。

毛泽东同其他中央领导人经过研究，采纳了叶剑英的建议，命彭德怀部有意放出包围在李旺堡的马部骑兵团，并让开大路，在沿途布设宣传棚迎接刘多荃的一〇五师，让它接走马匪军。从此红军与该师互通友好，建立了密切联系。张学良对此事处理结果很满意，觉得共产党人"够朋友"，从而对叶剑英也更加信赖。

张学良还经常约请叶剑英在他的公馆会晤，有时由刘鼎陪同。从那以后与红军的交往也更为频繁了。到 1936 年冬，由于党和叶剑英在西安卓有成效的工作，使张学良对共产党的认识提高了一大步，使红军与东北军、十七路军的关系得到了进一步改善，东北军的实力地位得到加强。西北地区初步形成了红军、东北军和十七路军"三位一体"的新局面。[①]

第三节 广泛开展统战救亡工作

叶剑英在西安期间，还直接间接地与国民党代表秘密接触和谈判。10 月 10 日，毛泽东致电潘汉年、叶剑英：张子华[②]来电称，陈立夫曾约恩来飞赴香港或广

---

① 在张学良公馆旧址管理处查阅的资料，1991 年 9 月。

② 张子华，当时任中共中央对外联络局副局长。

州会谈。我们答复：先停战，后谈判。看其复电如何再说。不久，去南京谈判代表潘汉年、张子华回到西安，给叶剑英带来国民党提出的谈判基本条件：（一）苏维埃区域可以存在；（二）红军名义不要，改联军，待遇与国军同；（三）共产党代表公开参加国民大会；（四）即派人具体谈判。叶剑英于 10 月 15 日，将上述内容专电报告毛泽东。

叶剑英还经常与中共派到西安的工作人员以及党外各界人士秘密联系，了解政治、军事动向，开展抗日民族统一战线各方面的工作，处理各种问题。在工作中，他及时向中央请示报告，提供各种情报和建议。据不完全统计，叶剑英在 9、10 两个月中发给中央的电报即达三十余份。其中，除了向中央报告自己在西安的工作情形外，有相当一部分是反映敌军友军方面动态的，主要内容有：（一）日本对阎锡山、宋哲元、韩复榘、蒋介石的策略；（二）蒋介石对中央军、东北军、西北军等做出的兵力部署及调动；（三）蒋介石令其别动队侦察张、杨两部与红军联络的情报；（四）蒋介石准备来陕，令阎锡山、冯玉祥前来相会；（五）傅作义在保卫绥远口号下招募六千多人入伍，一再表示决心抗日；（六）阎锡山要其军训团主任组织部队训练，准备抗日；（七）张学良、阎锡山会谈情况，以及阎对我党的态度；（八）张学良去太原，与阎锡山一同去郑州见蒋介石，等等。叶剑英在分析敌军、友军各方面的动向和情况之后，不时地扼要提出自己的看法和建议，供中央决策参考。

10 月 14 日，毛泽东致电叶剑英："要延迟胡宗南进攻，使我在 11 月 15 日以前保持西兰大道于手中，以便红二、四方面军休息整理，顺利执行新任务。"叶剑英经过研究，与刘鼎联名在 10 月 18 日发给中央的电报中，明确提出：我们必须按军委决定，给胡宗南严重打击，只有在战略任务完成以后，通过谈判方式解决问题才有可能成功。叶剑英还将了解到的有关敌情，在向中央报告的同时，特意通报给红四方面军的朱德、张国焘、徐向前，供他们参考。

叶剑英在西安工作范围极其广泛。他在同各界人士交往的过程中，工作日程安排得满满的，非常紧张。经常废寝忘食、夜以继日地找人谈话、汇总情况、亲自向党中央起草报告。西安城内特务密布，如果稍有不慎，就有可能出岔子。在这样险恶的环境中，叶剑英要冒很大风险，但他总是镇定自若，倒是张学良常常提心吊胆，对他的安全放心不下。有一次，叶剑英到市里的一家澡堂洗澡，洗完澡还到饭馆吃了一餐饭。张学良知道后，告诫他说："叶先生，你不要老跑啊！你在澡堂洗澡，公开露面，要是被蒋介石派来的特务发现，就麻烦了，那我要负责的！"叶剑英感谢张学良的忠告，从此以后更加谨慎，一般不去公共场合露面了。[①] 但为了工作需要，他还是不能完全闭门索居，有时还要出入中共地下党和红军的其他秘密联络点。有一次。他在红军联络点王政家里谈工作，恰好刘鼎也去他家。刘鼎走近王家附近的吉祥巷，发现周围站着很多警察、宪兵，堵住路口，

---

① 叶剑英谈话记录，1982 年 3 月 18 日。

感到情况异常，便回头采取紧急措施，把叶剑英接走了。刘鼎回忆说，那一次好险啊，多亏张学良的副官帮了大忙！

第四节　与张学良紧急会晤

1936年10月下旬，红军一、二、四方面军三大主力会师于甘肃会宁、静宁地区，从而胜利结束了历时两年的全国红军的战略大转移——伟大的长征。

这时，蒋介石看到红军经过长征以后，人数大减，力量削弱，便认为这是消灭红军、荡平陕甘根据地的极好机会。于是，他在刚刚处理完陈济棠、李宗仁要求抗日反蒋的“两广事变”之后，腾出手来，便急匆匆调集重兵，准备对陕甘革命根据地进行新的“会剿”。

张学良对蒋介石的倒行逆施日益不满，他多次力劝蒋介石停止内战，一致抗日，但都被拒绝。当蒋介石得知张学良、杨虎城已同中共发生直接联系和西安群众要求“停止剿共、一致抗日”的声浪高涨时，更是迫不及待地要解决西北问题，加速“剿共”。10月22日，蒋介石亲率一大批军政要员飞到西安，向张、杨施加压力。蒋到西安后，分别召见张、杨谈话，宣布他大举“剿共”计划，部署东北军、十七路军立即做好一切准备，进攻陕北。叶剑英密切注视蒋介石的言行，冷静观察西安和其他地区的局势，随时将事态的发展向党中央作报告。

10月24日，蒋介石邀张学良等人一起登华山之后，再次召见张、杨，叫嚣在三个月之内把陕北红军全部消灭掉。张、杨不同意蒋继续“剿共”，慷慨陈词，遭到蒋介石严厉“训斥”。27日，蒋介石到王曲军官训练团向东北军、十七路军校以上军官“训话”，继续鼓吹“攘外必先安内”、“积极剿共”的陈词滥调，引起张学良、杨虎城和进步军官的强烈不满和愤慨，会场上“嗤鼻跺脚之声不绝”，几乎不能维持秩序。

叶剑英根据了解到的蒋介石在西安、王曲等地活动的情况，立即电告毛泽东、周恩来。在电报中，特意将蒋介石在军官训练团以及其他场合几次“训话”内容，归纳成要点附后：“A. 军人只要服从我；B. 敌人只是一个共产党；C. 救国主义只有三民主义；D. 等到消灭红军后，将领导你们走光明路。”

10月29日，蒋介石以“避寿”为名返回洛阳，实则召集会议，制订加紧进攻红军的军事部署。张学良乘为蒋介石祝五十大寿的机会，特用自己的飞机把阎锡山从太原接来，一起前往洛阳，同在那里为蒋祝寿的傅作义、徐永昌等，伺机劝蒋停止内战，联合抗日。蒋固执己见，拒不接受，并对张学良大发雷霆，当众辱骂张不尽责“剿匪”，使张十分难堪。叶剑英了解到这些情况后，连续电告中央：“蒋张会谈结果极恶。蒋表示匪不剿完，决不抗日”，“张、阎、傅、徐到达洛阳不得任何机会提出意见，满腔抗日热忱，无处说也”。叶剑英在电报中请示中央“拟离西（安）回保（安），详细报告”。

党中央收到电报后，经过研究，决定叶剑英暂不回保安。于是，叶剑英继续留在西安，进一步做张、杨的工作，观察事态的发展，随时向中央通报敌、我、友各方面的动态和情况，酌处各项事宜。

西北局势日益恶化。蒋介石为在西北大举“剿共”做准备，又从洛阳到太原、济南等地进行了一系列的部署。他筹划调集嫡系精锐部队 260 个团 30 余万大军，以蒋鼎文为西北“剿总”前敌总司令，卫立煌为陕甘绥宁边区总指挥，由军政部次长陈诚驻前方督剿，并扩大西安、兰州机场，增设能容 100 架轰炸机的地勤设备，准备亲自坐镇西安，继江西第五次“围剿”之后对中央红军发动第六次“围剿”。同时，在内部拟订对付张、杨的方案，如果他们违抗进剿陕甘苏区的命令，就将东北军、十七路军调离陕甘。

叶剑英将获悉的蒋介石的行动和军事部署情况，及时向党中央作了报告。毛泽东、朱德、周恩来于 12 月 1 日致书蒋介石，揭露其内战阴谋，敦促他立即停止内战，“化敌为友，共同抗日”。

这时，张学良、杨虎城与蒋介石的矛盾越来越激化。蒋介石委派蒋鼎文、卫立煌等担当西北军事、政治上的重任，事先并未与张、杨商量。对蒋、卫等人的任命，实际上等于撤销了张学良的西北“剿总”副司令兼代总司令和杨虎城的西安绥靖公署主任的职权。对此，张、杨十分不满。加上蒋介石频繁调动 30 万大军集结于平汉线和陇海线上，摆出随时杀奔陕西的态势，使张、杨如芒在背，惶惶不安。11 月下旬，张学良因日伪军再犯绥远，绥远前线形势日益严重，亲笔写信给蒋，请求亲率所部援绥，蒋复信不允。12 月初，张学良从蒋介石侍从室的“内线”中获悉：在钱大钧的办公桌上看到已拟好的调东北军去福建的电稿，这更加重了张学良的离蒋倾向。12 月 3 日，张乘飞机去洛阳见蒋，说部下因请求援绥抗日受阻，群情愤激，他已无法控制，请蒋亲自去解释政策。这时，蒋调集大军部署已定，命张先回，并答应次日亲赴西安。这一天，张学良回到西安后，情绪抑郁，坐立不安。半夜，让孙铭九请叶剑英到公馆来，紧急会晤。张、叶密谈后，叶剑英急电请示毛泽东。中共中央复电，要叶返回面商。①

12 月 4 日，蒋介石果然带着大批随从，杀气腾腾地直奔西安。他住在临潼华清池附近的“剿共”临时行辕里，召见张学良、杨虎城，发出最后通牒，提出两个方案，任他们选择：(一)服从“剿共”命令，将东北军，十七路军全部开到陕甘前线作战；(二)如不愿“剿共”，即将东北军调往福建，十七路军调往安徽，让出陕甘，由“中央军”去“剿共”。张、杨无法接受这两个方案，再次向蒋苦谏，又遭训斥。从此，张、杨遂进一步考虑实行“兵谏”，以至走上“逼蒋抗日”的最后一途。

叶剑英见蒋介石到来后的西安形势日益紧张，即按中央指示，悄然离开西安。临行前，张学良慷慨允诺，借给红军 10 万块银元，要他带走。叶剑英说：“少帅，你真是‘雪中送炭’啊！”当他到达保安城外时，远道来接的中央财政

---

① 叶剑英谈话记录，1982 年 3 月 16 日、9 月 2 日。

部长林伯渠早已守候在那里，笑眯眯地迎上前来。叶剑英见到他风趣地说：“林老啊，你不是来接我的，你是来接这许多光洋的！”说罢，两人相视而笑。[①]

第五节　协助周恩来和平解决西安事变

担任中革军委委员和中国红军副总参谋长的叶剑英回到保安后，毛泽东立即召开有张闻天、周恩来、秦邦宪等中央领导同志参加的会议，听取叶剑英汇报西安情况。会议进行过程中，机要秘书送来张学良发来的电报。电报中说，形势十分危急，请叶先生即来西安，共商大计。会议没有开完，毛泽东决定让叶剑英马上返回西安，并嘱咐他把总政治部主任王稼祥带去，通过张学良的关系，送王到新疆转赴苏联治病。

叶剑英一行，立即动身去西安。他们走了三天，当到达苏区和东北军防区交界处时，没有找到接头的人。叶剑英便发电报向中央问询情况，中央回电说：西安发生了事变，张、杨在临潼扣留了蒋介石。中央决定派周恩来、秦邦宪、叶剑英为中共代表赴西安，已请周恩来先去。你们即刻去延安城，张将派飞机来接。于是，叶剑英一行掉转马头，北返延安，坐上张学良派来的飞机赶往西安。

叶剑英到西安以后，才了解到西安事变的详细情形。

原来，12月12日凌晨，张学良、杨虎城将军在多次向蒋介石进谏，最后“哭谏”无效，被逼得走投无路的情况下，为了使蒋介石改变“攘外必先安内”的错误政策，抗日救国，毅然实行“兵谏”，在临潼华清池扣留蒋介石，同时在西安拘禁了一批国民党军政大员。

这一事变发生后，在中国和全世界激起了不同凡响。中国人民大众拍手叫好，国民党南京政府一片混乱。亲日派头子何应钦急于取代蒋介石的地位，极力主张“讨伐”张、杨，炸平西安，欲置蒋介石于死地。他竟于16日下令发兵进攻陕西，同时准备派飞机轰炸西安。日本帝国主义则欲加剧中国的分裂，扩大内战，以便独占中国，极力支持何应钦的行动。与此相反，以宋美龄、宋子文为首的亲英美派，力主用和平方式营救蒋介石，反对“讨伐”。支持蒋宋家族的英美两国由于其在华利益受到威胁，则竭力支持宋美龄营救蒋介石，和平解决西安事变。国内各地实力派对事变的态度更是复杂。坚决支持张、杨的抗日主张者有之；拥蒋讨张者有之；两面讨好者有之；趁火打劫，大搞投机钻营者亦有之。

张、杨发动西安事变后，通电全国，提出了抗日救国的八项政治主张，并宣布成立抗日联军临时西北军事委员会，张、杨分别担任正副主任委员。事变当夜，张学良致电毛泽东、周恩来：吾等为中华民族及抗日前途，不顾一切，今已将蒋等扣留，迫其释放爱国分子，改组联合政府，兄等有何高见速复。

西安事变爆发后，中共中央立即紧急商讨对策，经过反复研究，确定采取

① 叶剑英谈话记录，1981年1月13日。

和平解决西安事变的基本方针。毛泽东、周恩来等应张学良的请求，即复电张学良，表示对张、杨全力予以支持，拟派周恩来等到张处协商大计，并向张、杨提议调整防务，配合他们粉碎国民党“讨伐派”的武装进攻。随后，中共中央以红军高级将领名义给南京国民党中央和国民政府两次发出通电，表明和平解决西安事变的主张。

12 月 17 日，中共代表周恩来等一行乘张学良所派专机抵达西安，当晚立即与张学良会晤，谈到深夜，次日上午又拜会杨虎城，紧张地展开了各方面的工作。叶剑英到达西安后，立即协助周恩来进行工作。按照分工，周恩来侧重于政治方面，负责上层统战和群众团体工作；秦邦宪侧重于中共组织内部工作；叶剑英侧重于军事方面工作。张学良亲向周恩来提出，要叶剑英出任抗日联军临时西北军事委员会的参谋长，周恩来为此专电报告中共中央书记处批准。叶剑英以参谋长身份参加西北联军参谋团，与东北军、十七路军将领一起制订了抵抗亲日派“讨逆军”的作战计划和军事部署。同时他还积极参加谈判和其他工作。

这期间，南京方面在弄清了张学良、杨虎城和中国共产党无意加害蒋介石而希望和平解决这次事变的态度后，于 22 日派宋子文、宋美龄到西安谈判。从 23 日起，周恩来作为中共中央全权代表，和张、杨一起参加谈判，并首先提出停战及改组南京政府的 6 项主张。经过两天的谈判，同宋子文、宋美龄最后达成改组国民党和国民党政府、驱逐亲日派、释放上海爱国领袖和一切政治犯、停止“剿共”政策、联合红军抗日等条件。24 日晚，周恩来会见蒋介石，蒋当面表示同意谈判协定的 6 项条件，并表示他回南京后，周可去南京直接谈判。

在和平解决西安事变过程中，叶剑英协助周恩来日夜奔忙。他会见了各方面人士，同他们进行座谈，听取意见。他还采取出席报告会、个别出访等形式，进行统战工作，并将遇到的问题和解决意见及时向周恩来和中央请示报告。

12 月 23 日，叶剑英致电中央，报告说，各方人士对中国共产党和平解决西

协助解决西安事变的中共中央代表主要成员。右起：周恩来、叶剑英、秦邦宪

安事变有怀疑，主要问题是：共产党能否真正放弃阶级革命，改取“社会民主制”？红军能否取消，归中央改编，听从命令？今后能否割断同莫斯科或第三国际的关系？最近的政治主张是什么？党中央认为，叶剑英反映的问题带有普遍性。中央立即电复叶剑英，要求进一步宣传中国共产党的方针、政策。叶剑英根据中央的指示精神，广泛向各方人士进行解释，消除误解，扩大了党的统一战线政策的影响。

第六节 多方奔走，巩固和谈成果

就在西安事变即将和平解决的最后关头，发生了一件意外的事。

12 月 25 日，张学良没有同周恩来、叶剑英等商量，就放走蒋介石，并亲自陪同蒋介石乘飞机经洛阳飞回南京。此事在西安立即掀起了轩然大波。叶剑英后来回忆此事，曾这样说道：“后来张学良出了个岔子。他说抓是我抓的，放我亲自送。张学良亲自乘飞机送蒋介石到洛阳。张学良想当个梁山英雄，他不晓得蒋介石的立场顽固得很。张学良刚一出门，孙铭九就向周恩来和我报告：副司令走了，送蒋先生回洛阳。我们说，不行，你马上坐汽车把他请回来！待他坐汽车到机场，飞机已升空了。结果，蒋介石一到洛阳，就把张学良扣留起来了。”[①] 叶剑英对张学良送蒋之行，十分惋惜，一直关心他的处境，张学良也很珍视与叶剑英的患难之交。他在美国见到吕正操，表示很怀念老朋友“叶参座”。

当年，张学良陪蒋介石回南京，其动机尽管很复杂，但有一点是可以肯定的，即想使事变的结局变得更加圆满。然而，由于他对蒋的本质认识不清，此举却使他终生失去了自由。蒋介石回到洛阳就翻脸不认人，到南京后又背信弃义地推翻自己的诺言，发表了《对张杨的训话》，软禁了张学良。接着，派顾祝同为军事委员会西安行营主任，调集 37 个师的兵力开赴西安，妄图用军事压迫和政治欺骗的办法，搞垮西安的“三位一体”，削弱西北革命势力。面对大军压境、内战一触即发之势，中国共产党继续坚持和平解决西安事变的方针。毛泽东代表中共中央于 12 月 28 日发表声明，彻底批驳蒋介石的所谓“训话”。中共中央连续发表通电，坚决要求南京政府停止军事行动。

周恩来、秦邦宪、叶剑英对蒋介石的倒行逆施极为愤慨。他们通宵达旦地分析形势，研究对策。同杨虎城、王以哲等东北军、十七路军高级将领协商，确定由杨虎城领衔，于 1937 年 1 月 5 日发表了一份措辞严厉的通电，强烈抗议蒋介石扣押张学良将军的行径，揭露蒋介石重新挑起内战的阴谋。

西安方面，在政治上给蒋介石以反击的同时，在军事上也积极进行准备，以打破中央军的进攻。1 月 4 日，东北军、十七路军的高级将领共同协商并拟定联合作战方案。据李金德回忆，在联军参谋团会议上，叶剑英分析敌我友态势，提

---

① 叶剑英在空军师校以上干部学习毛主席军事著作集训期间的讲话，1959 年 7 月 8 日。

出在军事上应集中主要兵力，到东部正面防线，对付由潼关方向西进之敌，摆成一个鳝鱼篓子形，让敌人能进不能出，进来就把他吃掉！参谋团经过研究确定，除东北军在东部正面防线部署重兵，十七路军集结于渭北各县外，调动一部分红军主力，开进关中，集结于咸阳、洛川一带以配合东北军、西北军作战，造成进可以攻、退可以守、战则能胜、和则有利的局面。

在此期间，叶剑英尽力协助周恩来奔走于东北军、西北军和国民党留守西安人员之间，艰苦工作，维护团结，稳定局势。蒋介石的侍从室主任钱大钧在事变时负伤，此时住在西安养伤。叶剑英陪同周恩来特意去看望了钱大钧。接着，周、叶又去邵力子（事变前任陕西省主席，事变时也被张、杨所拘留）家里走访，表示慰问。他们向钱、邵两人转达了中共中央对和平解决事变后的期望。希望钱、邵两人以大局为重，说服留守西安的国民党大员，坚持团结，抗战救国。同时，又劝说杨虎城派人到南京、奉化与蒋介石会谈。

东北军、西北军内部在战与和的问题上仍然存在着尖锐分歧。受命于张学良代理指挥东北军的杨虎城，在外有重兵压境，内有和战之争的情况下，处境越来越困难。这时，叶剑英主动接近他，帮助他出谋划策，处理各种棘手问题。杨虎城是一位早年拥护孙中山革命的爱国将领，从第一次国共合作开始，一直同共产党人保持着良好的关系。他头脑敏锐，韬略在胸。有一次，叶剑英陪同周恩来访问他时，正谈话间，正好他的秘书拿来一份材料，让他签字。他让秘书给他念。秘书念完之后，他立即指出哪些地方需要改动，而且提得恰到好处。叶剑英看到这个情景，对杨更加敬佩，说他真是“长期锻炼出来的将才”。

为了防止“战祸起于萧墙之内”，叶剑英在周恩来领导下，多次同东北军、十七路军的主战、主和两派交谈，开导他们以国家民族利益为重，认清形势和前途。但是，坚持同中央军交战的“少壮”派继续闹腾，有人竟扬言：“向叶参谋长来个兵谏！”1月27日晚间，孙铭九等找到周恩来、叶剑英，在他们面前长跪不起，哭着要求红军出兵帮助他们打仗，救张学良将军回来。周恩来、叶剑英反复劝说也不听。为防意外，周恩来决定将共产党派到西安工作的大多数人转移到三原红军驻地。叶剑英则留下来，陪同周恩来继续奔走于各方，耐心工作，平息风波。

1937年1月30日，天空飘着小雪。叶剑英陪同周恩来乘车到三原云阳镇红军司令部，同张闻天、彭德怀、任弼时、杨尚昆、左权等开紧急会议，反复讨论是否帮助东北军出兵与中央军打仗问题。会后，周、博、彭、任等联名致电毛泽东、朱德、张国焘等，提出两个解决问题的方案。大家认为，这一仗本来是不该打的，但是考虑到东北军和十七路军是我们的朋友，只要他们两方意见一致，红军可以暂时保留自己的意见而支持他们的主张，配合他们一起打。当晚，周恩来、叶剑英赶回西安，分别将这个决定告知杨虎城、东北军将领和少壮派军官。他们听后都感到高兴。接着，叶剑英同东北军、十七路军的参谋长一起具体地研究了军事部署和作战计划。

然而，东北军中主战的“少壮派”和主和的“元老派”意见仍不一致。在“少壮派”提议下，东北军、十七路军的团以上军官在渭南东塬张家堡召开军事会议。叶剑英应邀出席会议并在会上发表讲话，他说：“我们大家应该团结起来，加强‘三位一体’，巩固统一战线，争取张将军早日返回，共同抗日，收复失地，使我们祖国能够成为一个独立自由、民主、强大的国家。”杨虎城也在会上讲了话。在他们讲话之后，和、战两派仍然争论不休。争到最后，形成如下决议：在张学良未回以前，坚决不撤兵；中央军如再进逼，不惜决一死战。到会的四十余名军官在决议上签了字。1 月 31 日晚上，在西安粉巷王以哲家里又召开三方最高军事会议，经过激烈争论，周恩来、叶剑英再三说服，最后做出宜和不宜战、促进和谈成功的决定，并决定派代表李志刚赴潼关与中央军代表在和谈文件上签字。然而孙铭九、应德田、苗剑秋等少数人仍然坚持主战意见。2 月 2 日上午，“少壮派”突然下手，闯入王以哲家中，开枪打死了王以哲。“二二”事件严重地破坏了东北军的内部团结，破坏了西安与南京谈判和营救张学良的行动。

爱国将领王以哲的被害，激起了东北军广大官兵的愤慨。西安城内谣言四起，到处笼罩着恐怖气氛。为了平息风波，制止事态扩大，周恩来亲自到王以哲家吊唁，帮助处理善后。叶剑英立即派刘澜波到渭南，向驻防前线的东北军将领传达“事件”的经过，宣传中共中央反对“二二”事件的态度，继续维护“三位一体”，坚持贯彻和平解决西安事变的方针。同时，周恩来、叶剑英等经过研究，派刘鼎护送孙铭九、应德田等几个肇事者到三原云阳镇红军驻地，再转往平津，避免了东北军内部报仇性的互相残杀。

这一段工作异常紧张和危险，稍有不慎就会使西安事变的成果毁于一旦。当年曾在西安工作的童小鹏、宋黎、常黎夫等回忆说，西安事变后，在军事方面，主要是叶剑英分管，因为他过去在国民党中间是个知名的人，对西安方面也比较熟悉。他在军事、情报这方面是内行的。周恩来负总责，叶剑英、秦邦宪协助周恩来一起工作。叶剑英肩上的担子不轻啊！

在周恩来、叶剑英等人的努力工作和斡旋下，西安方面在“二二”事件后不久，终于同南京方面达成了避免打仗的协议。

第七节　主持西安红军联络处

“西安捉蒋翻危局，内战吟成抗日诗。”

“西安事变”的结局尽管有些波折，但这次事变毕竟迫使蒋介石停止了十年内战。它成为中国现代史上从内战向抗战转折的一个重要枢纽。

西安事变后，国共两党代表正式开始了接触和谈判。南京政府派出顾祝同（军事委员会西安行营主任兼第一集团军总司令）和张冲、贺衷寒为国民党方面的谈判代表；中国共产党方面则以周恩来和叶剑英为谈判代表。从 1937 年 2 月 11 日开始，国共双方经过一个月的谈判，于 3 月 8 日达成协议。当晚，顾祝同等人电告蒋介石作最后决定，以便执行。

不料，两天以后，国民党方面由贺衷寒提出一个修正案，对原已达成的协议作了重大的改动，提出许多中共方面无法接受的条件。周恩来立即将情况电告中共中央，并根据中央电示，约见张冲，表示共产党不承认贺案，要求见蒋解决。张冲表示可将周恩来的意见转报蒋介石。据龙飞虎回忆，2 月 13 日，周恩来奉命返回延安开会，并等候与蒋介石谈判。叶剑英则留守西安红军联络处（后改为八路军西安办事处），与顾祝同等保持联络，继续磋商国共合作事宜。

1937 年周恩来（后排左一）、叶剑英（后排左五）与西安红军联络处工作人员合影

红军联络处是十年内战后，中国共产党在国统区公开建立的第一个办事机构。它位于西安城内新城的北门外七贤庄 1 号。这里原是德国医生海伯特·温奇（共产党员，曾任张学良牙科顾问）开设的一家牙科诊所。曾掩护中共地下活动，并帮助解决一些陕北红军所需的医疗器材和药品。国际主义战士海伯特在事变那天上午外出，不幸中流弹牺牲。经过周恩来、叶剑英与张学良协商，红军联络处便设在他的诊所。叶剑英主持红军联络处，同中央先后派来的李克农、张文彬、李涛、宣侠父等一直与国民党方面继续保持联系，并与各方人士接洽，为国共合作奔走，多方面地开展工作。他非常注意调整东北军、十七路军与红军的关系，帮助解决一些内部矛盾，继续维持“三位一体”联合抗日的良好局面。他还负责与国民党代表交涉领取经费、被服、装备等事，并讨论在兰州设立红军联络处问题。

4 月 15 日，国民党谈判代表张冲急匆匆飞到西安，找叶剑英磋商蒋经国从苏联回国问题。蒋经国在第一次国共合作时赴苏留学，“四一二”反革命政变后，

1937年，周恩来（右）、叶剑英（左）与国民党谈判代表张冲在西安红军联络处合影

蒋经国在苏联曾发表声明与蒋介石脱离关系。1937年3月初，张冲建议中共通过在苏联的蒋经国来做蒋介石的工作，周恩来当即将这一情况电告中央，并建议中央同共产国际商量。经中共多方工作，苏联政府决定送蒋经国回国，并预定4月17日抵达上海。张冲此行即是为这事特来同叶商量的。叶剑英当天致电中央请示："张冲早晨到西安，说蒋经国于本月17日到上海。张意要我们派人于18日乘飞机到沪与经国谈话，指示他活动方针及今后与党联系。张因不见我方消息，特来西安一次，在16日飞沪见经国，问周何日来西安。"

4月16日，毛泽东、周恩来电示叶剑英，可同张冲去沪见蒋经国，希望示意他以民主思想影响其父，增强其"对统一战线和共产党的信心"。"一切工作要适应环境去推动蒋，不要操之过急。"同时嘱叶将中央关于国民大会选举法的修改意见与张冲当面商榷，要他转达蒋介石、陈立夫及国民党中央常委会讨论。叶剑英虽因故未去，但按照中央的部署积极进行这一工作。此间，他还接待一些国民党及其他各界来访人员，向中央反映有关情况，并负责处理各种问题。

第八节　营救西路军战友

叶剑英在红军联络处，还有一项重要任务，就是通过同国民党谈判，营救红军西路军失败后的被俘人员。1937年4月3日，中共中央致电叶剑英，要他向顾祝同提出：如果马步芳所部俘虏了徐向前、陈昌浩及其他干部，应严令其不得有任何残害行为。同日，毛泽东致电叶剑英，要他向顾祝同进一步交涉，令马步芳把集中在凉州的红军被俘人员全部调到平凉，经国民党第二十五师驻地，转交红四方面军，并制止马步芳残害与压迫被俘官兵。4月13日，毛泽东、周恩来连电叶剑英：西路军工委来电，约18日可抵敦煌，现有人数九百多，枪五六百，望你向顾祝同交涉，务使这批人到敦煌后马军不得为难。万一要枪，给他，人员必须全部送至兰州转给我们。叶剑英当即找顾祝同交涉此事，并要求派张文彬等去青海接回被俘的人员。4 月 15 日，叶剑英复电："顾已电马家敦煌部队勿再攻击，被俘人员开兰州处置，如俘徐、陈等干部不得残害"，"顾确以行营名义通令各军今后对红军要以友军看待，不得小视，且已得到各军将领复电遵照办理"。

18 日，毛泽东、周恩来致电叶剑英：送兰州的河西红军，望速向顾祝同接洽，派张文彬去接或开至平凉接收。后张到兰州经交涉，将被关押的部分西路军指战员解往西安，回到苏区。

一天，叶剑英突然收到一封没有寄信地址的信，他感到很奇怪，拆开一看，才知道是红四方面军三十军参谋长黄鹄显从西安一所监狱里托人寄出来的。原来，黄鹄显随西路军在河西走廊同马匪军作战时被俘，后来被送到西安，关押在新城监狱。同他一起被关押的，还有西路军的三十多名营以上干部。黄鹄显回忆说，我当时从一个看守监狱的士兵口中得知，国共正在谈判，在西安七贤庄有个红军联络处，周恩来、叶剑英在那里工作。我做通了那个士兵的工作，给叶剑英参谋长写了一封信，说明了情况，请那位士兵帮助寄了出来。

叶剑英收到信后，立即向周恩来作了报告。周、叶随即同蒋鼎文等进行交涉，并派联络处秘书孔石泉到新城监狱，将黄鹄显等人营救了出来。

在西安，叶剑英还亲自出马营救出许多西路军被俘人员。有一次，他得悉国民党当局押送一部分西路军被俘官兵从兰州到达西安火车站，并要转往他处。事不宜迟，他立即亲自跑到西安火车站，同国民党押送人员进行交涉，要求他们放人。对方毫不讲理，叶剑英十分生气。他急中生智，奔到站台上对被俘的同志大声喊道："我是红军的叶剑英参谋长，请同志们下来跟我回去！"话音未落，被俘战友纷纷从车上跳下来，理直气壮地跟着叶剑英回到七贤庄。[①]

七贤庄 1 号不仅是中共在西安公开的统战机关所在地，也是地下党的一个联络点。战斗在国民党统治区的中共地下组织经常通过这里向党中央反映情况，党中央也常交代叶剑英负责办理各地地下党组织的事情。叶剑英利用自己的公开合法身份，做了大量秘密工作。当时，有一些爱国青年学生和进步人士前往陕北，到达西安，都由红军联络处负责安排。著名作家丁玲从上海来到西安，就是叶剑英帮助联系车辆，派人护送到保安的。不少红军的干部和人员，也要经过七贤庄联络处，由叶剑英负责转送到其他地方。还有些红军负伤人员，如贺炳炎、谭友林等将领，也是经过叶剑英送地方医院救治的。由于来往人员很多，有一个时期，联络处的三辆汽车不停地跑，还不够用。叶剑英还要过问后勤工作，那时做军装、被服，陕北要比西安贵许多，叶剑英和联络处的同志设法在西安做好运到陕北。一个月要定做和运送几千套、上万套。其他的军用物资、医疗器械、药品等也是由联络处来经办的。叶剑英大小事都要管，忙得不可开交。

---

① 访问曾威谈话记录，1991 年 11 月 15 日。

由于红军西安联络处的出色工作，对团结各方人士共同抗日发挥出越来越大的作用。西安各界对它十分重视，国民党特务却加紧了对它的监视。叶剑英身居仅有几平方米的平房里，巧妙地应付各种复杂的情况。始终保持冷静头脑，沉着机智地与国民党顽固派进行斗争。他不顾个人安危，时刻关心着周围同志的安全。有一次，国民党特务突然绑架了联络处人员宣侠父，叶剑英挺身而出，亲自向国民党当局提抗议，坚决要人。后来，国民党当局不得不将宣侠父放回。

叶剑英为了国共合作、共同抗日的大业，身负重任，两下西安，在充满惊涛骇浪的险恶环境里，经过前后三百多个日日夜夜艰难曲折的斗争，终于完成了党赋予的重大使命。在卢沟桥事变的炮声中他又开始踏上新的更为艰难的征途。

第十六章　辗转奔波为抗战

第一节　在西安继续进行国共谈判

1937 年 7 月 7 日，日本帝国主义者制造卢沟桥事变，发动了蓄谋已久的全面侵华战争。中国守军第二十九军一部奋起抵抗，全国性抗日战争从此开始。

7 月 8 日，中共中央发出《中国共产党为日军进攻卢沟桥通电》，指出：在平津危急、华北危急、中华民族危急的关头，“只有全民族实行抗战，才是我们的出路”。呼吁全中国人民、政府和军队团结起来，筑成民族统一战线的坚固长城，抵抗日本的侵略。广大人民群众热烈响应中国共产党的号召，掀起了抗日救亡的热潮。

这时，叶剑英仍在西安，工作更加紧张忙碌。他遵照中共中央的指示，与各界抗日爱国人士频繁交往，昼夜接见各方面、各阶层代表，听取他们的呼声和建议，商谈抗日救国的办法。7 月 9 日，他将西安各抗日救亡团体的意见概括整理成四点建议，向党中央作了报告。四点建议是：促请南京政府派部队增援在卢沟桥奋起抗战的二十九军；红军立即作准备增援华北的动员；向在卢沟桥英勇抗战的二十九军致电表示支持和慰问；派人前往华北，组织抗日义勇军。毛泽东当晚即电复叶剑英：请答复救国会及各方，我们同意他们的各项要求，并且正在做。请他们努力与政府、国民党部及各界领袖协商，迅速组成对付大事变的统一战线。

叶剑英根据毛泽东、朱德的指示，以中共和红军代表的身份，继续与国民政府军事委员会西安行营代主任蒋鼎文、第一厅厅长侯成如以及东北军、第十七路军等部队保持联系，就国共两党合作、红军改编与使用等问题，进行会谈，并将谈判情形和有关建议及时报告给党中央。

7 月 17 日，蒋介石在庐山发表谈话，表示了抗战的决心。叶剑英在分析蒋介石的谈话内容和当时形势的基础上，于 20 日致电毛泽东、洛甫（张闻天）：中央社发表蒋 17 日对卢沟桥事件的谈话，极为重要，我党应有所表示。党中央、毛泽东完全赞同叶剑英的建议，电告叶剑英：拥护蒋谈话通电，准备数日内发出。根据新情况，党中央拟发表第二次宣言。7 月 21 日，党中央正式发布了《中共中央关于目前形势的指示》。叶剑英见电后立即复电中央，表示完全拥护，并进一步提出：“目前应发动全国抗战。只有发动全国抗战，在抗战过程中团结全国，才能取得民族解放战争全部胜利。”

7月31日，叶剑英与蒋鼎文继续会晤，要他转告蒋介石，红军改编至8月上旬可以完毕。改编后的指挥机关，按照中共中央意见，朱德、彭德怀任正、副主任。不能以“改编红军”为名而不设指挥机关，由蒋直接指挥。会谈中，叶剑英得知南京国民政府军事委员会即将召开国防会议，蒋介石有邀请毛泽东、朱德赴会的意图，便以“万万火急”电报致中央书记处：“蒋目前的困难是平津陷落，和平绝望，牺牲已到最后关头，……后方无一省一军不拥护中央，蒋无可借口，亦无谎可说，蒋只有决心抗战才能维持统治。国防会议的做法是要抗战，大家一致来抗，毛、朱已在被请之列。我想毛不必去，朱必须去。免为人所借口。”中央确定派周恩来、朱德和叶剑英去南京参加国防会议。

第二节　出席南京国防会议

8月9日，朱德、叶剑英在西安与云南省政府主席龙云同机飞往南京。8月11日，周恩来、朱德、叶剑英在国民政府军事委员会军政部谈话会上分别发言。8月13日，周、朱、叶给中共中央的电报中说：“我们已渐取得公开地位，南京各要人及刘、白、龙[①]等均见过。”随后，叶剑英被邀请出席军政部长何应钦主持的讨论会。在会上，他就“政略战略”等问题作了长篇发言。[②]

叶剑英首先对中日战争中的敌我力量、国际因素以及战争的发展进程，作了分析和估计。他指出：我之战略重点若放在上海方面，即使取得胜利亦不能扭转全战局；如果将重点放在平绥线，则可转移全战局，并能破坏敌人的整个计划。战争将是持久的，我们不仅要动员国内力量，而且要大力争取国际援助。

叶剑英在谈到战略与战术关系问题时说：“虽战略上持久，但战术上仍应采取攻势，以求速战速决。战略上虽采取内线，但战术仍应取外线，随时包围敌人。故，集团防御战争，广大游击战争，广大民众之运动战，以此三原则以行作战。”

叶剑英在发言中，还谈到武装民众、政治工作、粮食补给以及创办专门刊物，介绍中国抗战及阿比西尼亚（今埃塞俄比亚）、西班牙抗战的经验等问题。[③]

叶剑英的发言得到许多与会者的赞同，对于国民政府军事委员会制定全国抗战的战略方针起到了积极的作用。

通过周、朱、叶出席会议和进行统战工作，中国共产党在南京逐步取得了公开合法的地位。在会议期间，叶剑英利用各种机会和场合同南京党政军各界要人以及冯玉祥、刘湘、唐生智、白崇禧、龙云、张发奎、黄琪翔、黄绍竑等将领会晤交谈，积极促进抗日统一战线的工作。[④]从接触中，他亲身感到，南京主战空气

---

①“刘、白、龙”指刘湘、白崇禧、龙云。

② 在中国第二历史档案馆查阅的资料，1985年11月。

③ 叶剑英在南京军政部讨论会上的发言，1937年9月5日。

④ 访问侯达、沈永椿谈话记录，1987年12月。

1937年8月，叶剑英（前左一）、朱德（前右一）、周恩来（后左一）等在参加南京国防会议期间的留影

越来越浓，主和者不得人心。对于蒋介石的抗战态度和军事部署，也有了进一步了解，心中有了数。国防会议结束后，叶剑英等即搬入南京中央路鼓楼附近傅厚岗66号（现为青云巷11号）办公。以后在此正式设立了八路军驻南京办事处。

8月13日，日军进攻上海，淞沪抗战爆发。同一天，叶剑英和周恩来、朱德就同国民党谈判条件向中共中央提出建议：（一）努力抗战，以巩固蒋介石的抗战决心；（二）红军立即改编，争取开动；（三）力争发表《中共中央为公布国共合作宣言》；（四）催促南京发表红军改编后正副指挥的任命。叶剑英协助周恩来奔走于国民党军政要员之间，积极开展团结抗战工作。他们多次同何应钦、蒋鼎文等会谈。一次，周、叶应何应钦之邀赴宴。正在用餐中，蒋介石打电话给何应钦。何接完电话回到席边，大声说："报告你们一个好消息，委员长说要坚决抗战啦！"周、叶当即说道："如果蒋先生真能坚决抗战，那当然是一件大好事。"何应钦接着说："敌人在上海都打我们了嘛，我们还不抵抗？"叶剑英说："如果不抵抗，大家都要当亡国奴了！"①

8月18日，中共中央书记处给周恩来、朱德、叶剑英发出《关于与国民党谈判的十项条件的训令》，提出两党合作须建立在一定原则上。目前最重要的问题，是使中国共产党和红军取得合法地位。要求国民党迅速公开发表中共宣言，同时要求蒋介石发表谈话；公开边区组织和指挥部；承认红军充任战略的游击支

① 叶剑英谈话记录，1982年3月25日。

队；在总的战略方针下进行独立自主的游击战争，发挥红军特长，以及立即发给红军以平等待遇之经费和补充器物等各项条件，以便红军早日开赴前线杀敌。根据《训令》提出的原则，周、叶与国民党当局经过反复谈判，就一些重要问题达成了协议。其内容包括红军改编后的名称、人数、编制，正副总指挥人选等。

在此期间，叶剑英还协助周恩来与国民党中央宣传部部长邵力子、国民党中央执行委员会委员于右任等交涉商谈，达成了中共在南京出版《新华日报》和《群众》周刊的协议。又同国民党中央及地方实力派商谈在南京、兰州、武汉、衡阳等地设立中共代表团和红军办事处，以及湘、赣、闽、粤、浙、鄂、豫、皖8省13个地区红军游击队的改编问题。还特意会见四川省政府主席刘湘，双方商定互派人员建立联络关系。事后中共中央派罗世文等到刘湘处工作。

第三节　营救“政治犯”

当时，在南京“首都反省院”关押着一大批中共党员和革命同志。从“西安事变”和平谈判开始，中共中央就把“释放一切政治犯”作为国共两党重新合作的一项重要要求提出来，进行多次交涉。“七七”事变之后，国民党政府迫于全国各阶层民众一致要求释放政治犯的压力，释放了一批关在南京中央军人监狱的刑期较短的政治犯，但对一些“重要的政治犯”却不予释放。“八一三”之后，日军飞机轰炸南京，“释放政治犯”的呼声越来越高，监狱难友强烈要求出狱，到前方打鬼子去。请愿、绝食、抗议的斗争越来越激烈。在这种形势下，周恩来和叶剑英想方设法了解监狱难友情况，并利用谈判机会，多次进行公开交涉，营救被关押在南京几个监狱里的同志。8月18日，他们驱车来到“首都反省院”看望狱中难友。到达之后，他们首先向反省院院长提出，要看望夏之栩、王根英和熊天荆。院长派人把三名难友带来会见。据夏之栩回忆，周恩来、叶剑英一见她们便笑着说：“你们还认识我们吧？”夏之栩等人激动地说：“认识！认识！”接着，周恩来和叶剑英问道：“这个反省院关了多少人？还有我们认识的同志吗？”她们答道：“大概关了一百多人，男的多，女的少，很多人改了名字。”这时，周恩来问陪同在一边的该反省院院长说：“她们出去，要办什么手续？”那院长说：“哎！填个保单，她们就可以走。”周、叶说：“我们保行不行？”“你们俩位保还不行呀！没有话说。”随后，周、叶提出要去看望其他难友。那院长满口答应，并马上命令看守，要他们把各监牢里的人全部带到大礼堂集合，说是周先生、叶先生要看看大家。很快，周、叶和大家见了面，向大家表示关心和问候，并且简要地讲了国际形势和国共合作的问题。周、叶讲话以后，当即作保，先将夏之栩等三名同志接出了反省院。接着，周恩来、叶剑英指派人员专门到几个监狱调查核实，然后，开列出名单，向国民党要人。不久，周恩来离开南京，这项工作就由叶剑英主持，继续与国民党打交道。经过多次交涉，将五百多名难友从国民党监狱中救出。其中有共产党员钱瑛、刘宁一、帅孟奇、彭镜秋、黄文

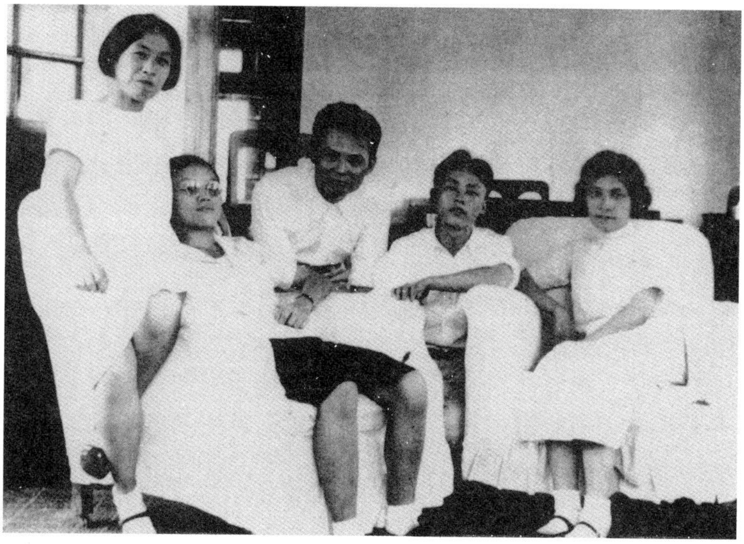

1937年8月，叶剑英同童小鹏与被营救出狱的女同志合影。左起：夏之栩、张元、叶剑英、童小鹏、熊天荆

杰、王鹤寿、刘顺元、郑绍文、曹瑛、赵希愚、谭天度、萧桂昌、顾玉良、周云德、陈曾固、喻屏、陈春林、熊有清、陈霖、何洛等。这批人出狱后，大部分经西安转送到了延安，一部分送到衡阳八路军办事处办的训练班学习，少数就地分配了工作。后来，他们中的少数人在革命战争中牺牲了，大多数在新中国建立以后担任了重要领导职务，为党和人民做出了贡献。谭天度老人在百岁诞辰时，向来祝寿的同志们说，我能活到今天多亏当年周恩来、叶剑英解救十年牢狱之灾！

1937年8月21日，周恩来离开南京去山西。此后，在国共两党谈判中一些未能解决的遗留问题，由叶剑英与国民党继续谈判和交涉。在周恩来离开的第二天，南京国民政府正式宣布中共在西北的主力红军改编为国民革命军第八路军。8月25日，中共中央革命军事委员会主席毛泽东和副主席朱德、周恩来正式发布关于红军改编为国民革命军第八路军的命令。9月11日，按照国民政府军事委员会命令，第八路军改称第十八集团军，隶属第二战区，朱德为总指挥，彭德怀为副总指挥，叶剑英为参谋长，左权为副参谋长，任弼时为政治部主任，邓小平为副主任。第八路军下辖第一一五师、第一二〇师、第一二九师。改编后，各师在总指挥部率领下，东渡黄河，开赴华北前线，对日作战。中共中央为了加强统一战线工作，决定成立长江沿岸委员会，周恩来、秦邦宪、叶剑英、董必武、林伯渠为委员，周恩来为书记。

10月3日，朱德、彭德怀致电军政部长何应钦、正副参谋总长程潜、白崇禧："兹派职路参谋长叶剑英为驻京代表，李克农为驻京办事处主任，以后钧部所发与职路之一切军需、军械等概由该办事处主任李克农署名领取，特电谨呈备案。"

第四节　在南京八路军办事处

叶剑英作为中共和八路军驻南京正式代表，与中共中央代表秦邦宪等，以公开合法的身份，遵循中共中央制定的抗日民族统一战线政策和各项指示，积极地开展工作。

全面抗战开始不久，国民党内一部分别有用心的人就大造舆论，把红军改编为八路军和苏维埃政府改为边区政府说成是中国共产党向国民党投降。针对这种情况，叶剑英在南京向美国合众社记者爱泼斯坦发表谈话，进行辟谣。叶剑英严肃指出：日本帝国主义是中华民族最主要的敌人。中国共产党主张同国民党及全国其他党派加强团结，组成民族统一战线，是为了争取抗日战争的胜利。在抗日民族统一战线中，共产党与国民党的关系是平等合作的关系，不存在共产党对国民党投降的问题。共产党同国民党合作抗日，并不是因为改变了主义，放弃了原则，相反正是根据马克思主义的原则，我们才这样做。国共两党，不但抗日时可以合作，就是将来抗战胜利后进行国家建设，也可以合作。叶剑英痛斥谣言制造者们说："现在谁反对这个合作就是汉奸，谁破坏这个合作就是为敌人效劳。"

为了进一步揭穿谣言，叶剑英采用各种方式，宣传八路军的抗战战绩。平型关首战告捷，国民党的宣传机器却避而不谈。有些记者问宋美龄，在平型关打日本的是不是共产党领导的军队，宋竟予以否认，公开撒谎说是国民党的军队。对此，叶剑英在南京特意接见《京华晚报》记者，畅谈山西战局和平型关大捷的真相，实事求是地宣扬八路军在抗日前线所发挥的作用，提高了八路军的声望。

叶剑英还根据党中央指示，就南方游击队改编问题，同国民党进行了多次谈判。9 月下旬，叶剑英和秦邦宪与国民党代表经过谈判，商定将南方八省区中共游击队的主力编为一个军。9 月底，蒋介石核定："任命叶挺为新编第四军军长。"秦邦宪、叶剑英将此事向中共中央报告后，中央电示：叶挺须来延安会谈后，可去闽粤边或闽浙边指挥当地游击队，并以此为基础，扩大部队。10 月 2 日，毛泽东致电秦邦宪、叶剑英："令项英到南京，告以政策，到宁后并令其来中央讨论南方的游击队改编问题"，指出："南方游击队万不宜集中，项在江西的做法，上了国民党的当。"项英到南京后，会见秦邦宪、叶剑英，共同商议南方各省游击队面临的形势及改编意见。根据党中央确定的方针政策，叶剑英和秦邦宪告诉项英，应注意保存南方原有的战略据点，坚持抗日民族统一战线，不能放弃独立自主原则。在此期间，叶剑英、秦邦宪、董必武共同商议鄂豫皖边区高敬亭部和湘鄂赣边区傅秋涛部改编事，并向中共中央建议："南方各地游击队，似以集合成为一个军，归八路军指挥为好。"[①] 项英于 11 月 7 日去延安，向党中央汇报请示新四军组建等问题。叶挺也于 11 月初去延安，返回南京后找叶剑英，具体商谈成立新四军问题，21 日两人面见蒋介石会谈。项英、叶挺从延安回到武汉后，立即着手筹建新四军军部。

这一时期，叶剑英还广泛接触国民党上层和社会各界人士，并就陕甘宁边区、海南岛游击区的特区范围和急需的经费，以及太原失守后的战略部署等问

① 在八路军南京办事处纪念馆查阅的资料，1985 年 11 月。

题，同国民党谈判。[1]根据谈判进展的情况，叶剑英和秦邦宪致电中共中央，预测国共两党关系有趋于恶化之势。毛泽东于 11 月 11 日在该电文上批示："国民党自大主义依然十足，国危至此，还是统制政策不变，我们唯有坚持原则立场，逐步前进，最后冲破国民党的统治。"

1937 年 11 月，历时 3 个月的淞沪会战结束。日军于 11 月 12 日占领上海后，立即直逼南京。国民党军队虽然在南京外围同日军进行了多次战斗，给予敌人一定的杀伤，但终究不能阻挡多路日军的猛烈攻击，节节败退。叶剑英与李克农于 11 月 20 日给毛泽东、张闻天的一封信中叙述当时情形写道："胡宗南、张发奎、薛岳三部均受了相当损失。薛岳本人曾泅水五次脱离敌人，黄琪翔也几乎是只身幸免。现在敌人分三路向南京前进，一路由江阴以海军突破封锁线赶南京，一路由长兴、吴兴赶芜湖企图包围南京，正面则沿京沪路向南京推进。闻已决定南京不采取死守方针，现在南京城防司令由刘湘指挥，城郊司令由唐生智指挥，白崇禧本人则暂留南京，指挥防守南京的总的方面。南京街道上已在开始架设铁丝岗，秩序紊乱。"国民党军丧失斗志，南京市民怨声载道。

当时南京的特务和亲日派乘机掀起一股猛烈攻击共产党和八路军的声浪。叶、李在信中说："CC 与汪精卫亲日派之活动日来更是活跃。现在他们正拼命宣传我八路军之胜利全属'宣传'，并有谓'八路军军费十分之一是作战，十分之九用作宣传'等等。南京 18 日中央日报上且公开发表社论，谓'某些游击部队活动之宣传与游击战术之说，不必过分估计'。汪精卫则公开宣称：'沉着工作较之热烈宣

1937 年 11 月，南京八路军办事处往武汉撤退前，全体工作人员合影。右一为叶剑英

① 访问马白山谈话记录，1987 年 12 月。

传更为重要，只唱高调不负责任的人，只晓得民众大会，不值得一辩。’”

叶、李在信中报告说，鉴于南京政府各机构负责人员均已撤离南京，南京八路军办事处也准备撤离，“将于22、23日由陆路经芜湖转赴武汉”。并对潘梓年、章汉夫和报馆人员的撤离步骤和路线作了妥善安排。

第五节　迁移武汉

1937年11月下旬，叶剑英同办事处人员一起撤离南京。他们乘汽车经芜湖抵达武汉。

素有“九省通衢”之称的武汉三镇，曾是中国民主革命策源地之一。南京失陷前后，这里已成为国民党统治区的政治中心。国民政府的军政机关和全国性的救亡团体以及军政要员、著名爱国民主人士均云集于此。中共中央代表董必武已先期到达武汉。10月，八路军驻武汉办事处正式成立，地址在汉口安仁里1号（后迁至中街89号，现为长春街57号）。李涛、钱之光先后任办事处处长。[①]

叶剑英到达武汉办事处，立即着手了解各方面的情况，开始了紧张的工作。12月7日，叶剑英致电毛泽东、洛甫、博古和周恩来，在详细地分析了国民党内主战派与主和派的情况后，得出结论说：“目前形势有利于抗日民族统一战线的巩固和发展，只有从各方面巩固和发展抗日民族统一战线，支持战争，才能使国民党从亲日派中脱出抗日力量，得到进一步的团结，才能另来一套新的做法，使战争形势转向胜利。”

1938年，叶剑英（左）和董必武（中）、吴玉章在武汉八路军办事处

① 在中共湖北省委档案馆、八路军武汉办事处纪念馆查阅的资料，1993年5月。

12 月中旬，中共中央政治局会议决定由项英、周恩来、秦邦宪、董必武组成中共中央长江局，领导南方各省党的工作；由周恩来、王明、秦邦宪、叶剑英组成中共代表团，驻武汉八路军办事处，继续同国民党进行谈判，协商国共两党合作事宜，推动统一战线工作。

12 月 21 日，国共双方就成立两党关系委员会问题达成协议，参加委员会成员中共方面为王明、周恩来、秦邦宪、叶剑英；国民党方面为陈立夫、康泽、刘健群、张冲。蒋介石表示：照此做去，前途定见好转，今后两党关系由陈立夫等同中共代表团共商一切。

12 月 23 日，叶剑英出席中共代表团和中共中央长江局举行的联席会议。会议认为，中共代表团和长江局领导成员大致相同，为工作集中和便利起见，决定二者合并，对外称中共代表团，对内称长江中央局；中共代表团和长江中央局由项英、秦邦宪、周恩来、叶剑英、王明、董必武、林伯渠组成；暂以王明为书记，周恩来为副书记。长江局下设秘书处，李克农任秘书长；参谋处，叶剑英任参谋长；民运部，董必武兼任部长；组织部，秦邦宪兼任部长。会议并决定将以上各项呈报中央政治局批准。会议还重点讨论了新四军问题，认为：南方各地区的游击队应迅速集中，全部开往抗日前线；作战地区可以浙赣铁路划界，路北为第一战区，路南为第二战区；江南部队在各战区的分布数目待部队集中后再定。

会后，叶剑英同周恩来、董必武、项英、叶挺等商谈组建新四军军部等问题。25 日，新四军军部在汉口成立。叶剑英常到新四军军部和叶挺家中，与叶挺交谈抗战形势和任务。[①] 新四军军部迁往南昌后，由八路军武汉办事处代办新四军驻汉办事处的一切工作。

1938 年，随着战争形势的日趋复杂，叶剑英在武汉的工作更加紧张繁忙。他身处同国民党谈判交涉的第一线，既要同王明、周恩来、秦邦宪、董必武一道，出席中共代表团和长江局的联席会议，讨论有关军事和其他各方面的问题，又要出席国共两党关系委员会会议，谈判有关共同的政治纲领以及团结抗战、边区地域、政府组织、军队扩编、财政供给等一系列问题。在谈判中，叶剑英分析日军进攻的形势，将毛泽东和中共中央来电提出的关于长江南北作战部署和华北、西北设防的意见，想方设法转达给蒋介石。与此同时，还同各方面爱国民主人士商谈救国救民的大事。为此，长江局专门设立了“友军工作组”，在叶剑英等领导下专做军事统战工作。据李伯球回忆，叶剑英和周恩来在武汉先后接见了川军邓锡侯、刘文辉及滇军龙云的代表等，交谈合作抗日、互相帮助问题。与卢沟桥抗日名将何基沣洽谈后，介绍他去延安参观访问。在台儿庄战役中负重伤的国民党一二七师师长陈离来汉治疗，叶剑英闻知后，立即与董必武等去医院看望慰问。陈深为感动，诚恳表示伤愈重返前线后，加强国共合作。他升任副军长后，继续与共产党保持联系，合作抗日。周恩来和叶

① 访问廖似光谈话记录，1991 年 5 月。

剑英还与一些战区司令长官联系，商谈在该战区所在地设立“民众动员委员会”、“抗敌工作委员会”等机构团体，开展抗日宣传、组织等工作。叶剑英还应邀为国际反侵略宣传周“儿童日”、《新华日报》创刊题词，给坚持在前方抗日的将士写信慰劳，等等。按照党内分工，他还要向党中央随时报告战事进展情况，并提出各种建议。

1938年1月初，叶剑英受中央委托，陪同周恩来、董必武向新四军第四支队负责人高敬亭等传达中共中央关于开展敌后游击战争，发展抗日武装力量的指示，要第四支队从湖北黄安七里坪、河南确山竹沟向东挺进抗日，建立敌后抗日根据地，坚持游击战争。他还先后到中共湖北省委在黄安七里坪主办的游击战争训练班和国民党在武昌珞珈山主办的短训班、冯玉祥在武昌的手枪营，主讲《论持久战》和游击战术的课程，对官兵和青年学生们进行敌后游击战争的教育。5月，徐州失守后，他又与周恩来一起向中共河南省委书记朱理治、省委军事部长彭雪枫等传达中央《关于徐州失守后华中工作的指示》，要求河南省委立即贯彻执行。河南省委根据指示，对广泛开展全省各地的游击战争作了具体部署，并动员一万多城市工人、学生、革命分子回乡开展工作，沿陇海、平汉线组织游击队，建立根据地。以后省委又派萧望东率部队从竹沟挺进豫东敌后，成立新四军游击队，将工作重点逐步移向豫东，开创苏鲁豫抗日根据地。

为了适应战争形势的变化，长江局加强了对中南、华南地区中共地下组织的领导。广州失陷前，中共广东省委军委书记尹林平请示长江局，要求加强农村工作，建立农村小块游击区，组织和扩大工农武装，准备打游击战。负责军事工作的叶剑英立即复电同意，并作了具体指示。叶剑英还与香港中共地下组织取得联系，开展统战工作。

这期间，叶剑英与周恩来一起，多次参加了蒋介石召开的高级将领会议，讨论华北战局；同蒋介石、何应钦谈判向八路军、新四军提供武器和技术人才等问题。然而，这一问题由于蒋介石的有意拖延，始终没有得以解决。

由于历史原因，叶剑英在国民党军界，尤其是在上层高级将领中享有很高的声望，一些真心抗日、即将奔赴前线的将领们都十分愿意找他交谈，听取这位第十八集团军参谋长的意见。3月上旬，桂系将领白崇禧奉命去徐州协助第五战区司令长官李宗仁指挥作战，临行前特意把周恩来和叶剑英请到自己的住处，诚恳地请教五战区对日作战方略等有关问题，周、叶建议在津浦线南段由李品仙、廖磊两个集团军在新四军参谋长张云逸率部配合下，采取以运动战为主、游击战为辅的联合行动，运动于淮河流域，威胁日军，使之不敢贸然北上支援从华北南下的日军。同时，在徐州以北必须采取阵地战与运动战相结合的方针，守点打援，以达到各个击破的目的。后来，周、叶还亲自送毛泽东的《论持久战》给白崇禧，向他详尽地解释这一著作在整个抗战中的战略意义，白将此书印发给桂系师长级军官阅读。白崇禧走后不久，周、叶又派张爱萍以八路军代表的名义去见李宗仁，劝他在济南以南，徐州以北抵抗日军，同日军打一仗。这些建议为白、李两人欣然采纳，客观上促成了台儿庄战役的胜利。周、叶还会见了时任白崇禧的机要秘书、中共地下党员谢和赓，对谢在广西的工作作了明确指示。他们还派张友渔到第一战区政治部主任李世璋那里做设计委员，以便加强同程潜的联络工作。[①]

叶剑英在武汉同各方面的接触很多。他不但派干部到新四军，动员一些青年学生去解放区，利用各种机会做国民党军队的工作，还要做海外华侨的工作，与宋庆龄、何香凝密切交往。抗战当中，海外华侨捐献了大批钱物。这与叶剑英的努力是分不开的。

为了扩大共产党和八路军坚持抗战的影响，叶剑英公开发表了许多文章和演讲，宣传和介绍毛泽东的《论持久战》的思想和党的统一战线政策。据马海德、爱泼斯坦、郭庆兰（柯棣华夫人）回忆，叶剑英还同周恩来、秦邦宪分别会见国际友好人士斯诺、艾黎、斯特朗、马海德、史沫特莱、爱泼斯坦等，同他们亲切交谈，宣传抗日，争取国际支援；他与周恩来、董必武等会见印度援华医疗队的阿尔泰·爱德华、巴苏华、柯棣华、木克华、卓克华（为了表示对中国人民的友好，他们都在自己名字后加上一个“华”字），并在欢迎大会上致辞，高度赞扬印度人民对中国抗战事业的援助和对争取世界和平所做出的贡献。

武汉八路军办事处虽然只是共产党在国统区的一个小小的政治机构，但却像大海中的一盏灯塔，在黑夜里放射着光芒。当时国民党办的《抗战》杂志曾有一篇署名“实甫”的文章这样写道：“八路军驻汉办事处会客室是一间小房子，陈设简朴，没有沙发和椅子，仅当中有一茶几，四周放着几把小圆形凳子。进门的

1938 年，叶剑英在武汉八路军办事处研究抗日战争形势

① 夏衍回忆，1988 年 7 月。访问黄施民、李沛群谈话记录，1991 年 6 月。

右边墙上，挂着两幅五彩的国耻表：一是关于不平等条约的，一是关于丧失国土的，显示着这里是一些为民族解放而苦斗的战士居住的环境。叶剑英很忙。他沉着练达，态度和蔼，谁都看不出他是运筹帷幄、勇敢善战的人民解放的斗士。”①

这一年3月，发生了一个“陈独秀事件”。事件的起因是这样的：3月中旬，国民党办的《武汉日报》等报纸，连续发表信件文章，攻击国共合作是“出卖工农利益”、“牺牲阶级立场”。陈独秀在信中并称，他与中共领导人秦邦宪、叶剑英、董必武曾多次会见，表示愿意回到中共的领导下工作，共同为抗战效力。秦、叶、董于3月20日在《新华日报》上发表一封公开信。

原来，早在1937年9月，陈独秀出狱后，第一次托罗汉来找秦邦宪、叶剑英、董必武谈，说陈愿回到中共的领导下工作。秦、叶等认为陈为中国托派之领袖人物，事关重大，应向中共中央请示，让罗汉到陕北找中央去汇报。罗离南京后，陈第二次又托李某来谈，说陈已与托派决裂，很想一见。秦、叶与陈独秀会见。在交谈中，他们要求陈表明对抗日民族统一战线的态度，脱离托派。陈表示赞成抗日民族统一战线政策。在此之后，陈独秀又托人来要求叶剑英再和他见一面。这次会见时，叶剑英根据中共中央意图，要求陈公开向全国表示三点：对抗战的态度，对民族统一战线的态度，公开反对托派之理论与行动。后来，中共中央明确向陈提出三项条件：（一）公开放弃、坚决反对托派全部理论与行动，并公开声明同托派组织脱离关系，承认自己过去加入托派之错误；（二）公开表示拥护抗日民族统一战线政策；（三）在实际行动中表示这种拥护的诚意，并说明在上述三条件实现后方能考虑其他问题。因此，叶剑英、秦邦宪、董必武在声明信中，追述了他们三次与陈独秀会见的经过，特在报纸上予以披露，“说明真相，而杜招摇”。②

第六节　华南之行

1938年5月，叶剑英因病去香港就医，路经广州。当时日军正向武汉步步进逼，并有传言要进攻广州。广州民众中弥漫着一种惶恐不安的气氛。在这种情况下，叶剑英不顾病痛，决定在广州小住，利用这个机会与中共地下组织负责人云广英等取得联系，了解情况，给予指示。同时以合法身份同国民党军政界及各界友好人士接触座谈，安定人心，促进统战工作。他还应邀去广州中山大学和广雅中学看望师生，发表演讲。③在中山大学，他与学校萧冠英原来约定讲《中日战争形势和我们的任务》这个题目，后来根据广大师生最关心、迫切需要弄清的问题，讲了“日寇会不会来进攻广东”、“这次中日战争局面怎样发展下去”、“国共

①《抗战》杂志，1937年第12期。

②《新华日报》1938年3月20日。

③ 访问云广英、欧初、黄焕秋、梁威林等谈话记录，1984年5月—1991年12月。

两党最近的关系”、“苏联会不会出兵帮助中国呢”、“八路军的近况怎样”等6个问题，对大家存在的疑虑问题一个一个做了回答，博得一阵阵掌声。他在分析中日战争的国际、国内条件，瞻望抗战的前景时，乐观地说：“我们更应该了解怎样去争取以后的胜利，我们并不能因此觉得悲观。相反的，我们觉得这次失败，正是我们中华民族一个千载难逢的机会，它给予我们一个深刻的认识、教训和反省，使我们还有充分的时间来改正我们的错误。”他针对广东抗战问题，意味深长地说：“我们不但不能说，日本帝国主义不会来进攻广东，我们可以高枕无忧，多睡几点钟觉，相反的，我们的一切宣传、组织、训练、煽动、解释和教育，都应该公开地教育本省的民众，使他们都知道日本帝国主义会随时随地都有进攻广东的可能。”最后，他说道：“中华民族正如一叶扁舟漂流于革命的高涛中，它最后或能够达到独立自由幸福的彼岸，抑或中途沉沦于苦海，这种命运是操在我们民族自己的手上，而看我们是否有抗战到底的最后决心来决定。”①

叶剑英的演讲，既切合实际，又富有情趣，深深吸引了听众。广州的报刊纷纷转载，一时“洛阳纸贵”，成为人们议论的中心，大大鼓舞了广东人民的抗日情绪。

叶剑英还时常举行记者招待会，回答记者提问，并参加各种乡友、诗友聚会，谈诗论文，咏唱山歌，激发大家的抗战热情。他还接见《抗战大学》的主编陈华，应邀为其《红五月专刊》题词：“民族解放的血花”，并嘱陈华邀请国民党在广东的要人李汉魂、陈铭枢、李振球、曾其清以及国际反法西斯同盟日本盟员鹿地亘、池田幸子夫妇等为其刊物题词，扩大统一战线。

叶剑英在香港就医时，曾到九龙元朗“荫华庐”潘君勉家中作客，受到热情款待，并与潘家人合影留念。潘在叶剑英的启发下，串联香港商界捐献巨款支持神圣的抗战事业，并通过叶的关系将两名侄儿送到八路军参加抗日。

为了答谢港、澳各界和海外侨胞对抗日战争的支援，叶剑英同八路军办事处同志多次写信或致电表示敬意。1938年8月27日，周恩来、叶剑英、廖承志、潘汉年致电新加坡各华侨团体，表示：“诸侨胞忠诚爱国，累寄款项援助，不仅同人等万分钦佩，亦使我前线英勇将士为之感奋。”

叶剑英在港澳治病期间，秘密到八路军驻香港办事处指导工作，与廖承志、潘汉年等交谈。他曾一度住在老战友、地下党员柯麟家里，得到柯麟、柯平兄弟的悉心照料。柯麟问他：“我们还要坚持多少时间，才能取得最后胜利？”叶剑英回答：“扎下根子，准备坚持十年，迎接胜利。”他鼓励柯氏兄弟在港澳积极开展抗日宣传，扩大统一战线，为抗战胜利后的工作打下基础。同时，提醒他们要格外小心谨慎，机警行事。

叶剑英从香港返回武汉不久，日军对武汉发起了进攻。他和周恩来等根据毛泽东关于保卫武汉和坚持抗战总方针的指示，尽力敦促蒋介石当局发动群众保卫

① 叶剑英：《论抗战中的几个主要问题》，载《叶剑英抗战言论集》，新华日报馆1940年3月印行，第45—64页。

武汉，迟滞敌进，争取时间。

1938 年 10 月 21 日，日军占领广州，国民党当局下令武汉实行紧急疏散。就在临撤退前的紧张时刻，八路军总司令朱德于 22 日飞抵武汉，参加蒋介石召开的军事会议。他住在武汉鄱阳街 1 号郭沫若家，彻夜和周恩来、叶剑英交换意见，然后面见蒋介石商谈八路军扩充编制、增加经费和派部队到华中战场开展游击战争及国共合作举办游击干部训练班等问题。国民党方面，由康泽出面招待朱德，并邀周恩来、叶剑英、郭沫若等作陪。过了两天，时局日危，由周恩来和叶剑英精心安排，秘密护送朱德去汉口机场飞往湖北襄阳，转经陕西三原，返回延安。① 朱德离汉之后，周恩来、叶剑英即开始组织办事处人员、物资分三批撤离。第二批撤离人员在途中遭敌机袭击，大部分遇难。25 日凌晨，叶剑英和周恩来率领最后一批撤离人员，在汉口沦陷前数小时乘大卡车离去。途经湖北应城、天门、沙市、公安到达湖南常德，于 27 日辗转到达湖南长沙。

湖南省首府长沙，这个自古号称“荆豫唇齿，黔粤咽喉”的中南重镇和历史名城，一时取代了武汉三镇，成为全国的政治中心。蒋介石和国民政府军事委员会的各部长官以及陈诚的第九战区司令部虽都在这里落脚，却并没有长期驻守的打算。一种纷乱悲观的气氛笼罩着长沙城。

叶剑英到达长沙的当天晚上，就应郭沫若之邀，在国民政府军事委员会政治部第三厅（厅长郭沫若）的时事座谈会上，作了题为《广州、武汉沦陷后的抗战局势》的长篇发言。他从分析抗日战争的性质说起，列举了中国抗战取得的进步和日本遇到的困难。在科学地分析坚持抗战的诸多有利因素的基础上，他充满信心地说：“汉口、广州虽已沦陷，不必悲观。我们抗战胜利是有把握的。”“困难一定要克服，而且是可能克服的。”“我们必须在发展的过程中去把握抗战胜利的前途！”他的这篇发言，有力地批驳了“亡国”论的论调，强烈地感染和振奋了与会人员的情绪。

蒋介石和国民政府的一些大员们在长沙匆匆开了几天高级军事会议，检讨武汉作战经过之后，就转移到南岳衡山去了。

周恩来和叶剑英继续留在长沙，参加国民政府军事委员会有关部门召开的军事会议；接触各界友好人士，商谈抗战救国事宜；致信香港《救国时报》，控诉日军侵略暴行，宣传八路军在敌后的战绩，动员广大华侨支援抗战。

同时，他们与中共湖南省代表一起，会晤了湖南省主席张治中。张治中在谈话中表示，长沙万一不守，省府将迁沅陵，他则在宝庆指挥保安部队和人民武装，协助国军进行敌后游击战。他请叶剑英担任省府高级顾问来指导游击战。叶剑英欣然允诺。

这期间，叶剑英还协助周恩来处理了大量党务工作。他们派出李克农和吴奚如等赴桂林筹备组织八路军桂林办事处。同时，对搞好新四军主要领导人之间的

---

① 叶剑英谈话记录，1982 年 4 月 8 日。

团结做了许多工作。11 月初，他们电告项英：要改善与叶挺的工作关系，为了统一战线的发展，应将去香港的叶挺请回新四军，这样对工作有利。他们还几次出席中共湖南省委、长沙市委召集的会议，宣讲抗战形势和任务。为了营救蔡和森烈士的家属，叶剑英还派办事处工作人员朱慧去湘乡永丰镇看望蔡母，接蔡的儿子蔡波出来读书。

第七节　长沙大火中脱险

就在周恩来、叶剑英等日夜为抗战奔忙的时候，蒋介石亲自主持制定了一个所谓“焦土抗战”的计划。11 月 12 日上午 9 时，蒋介石给张治中下达密令：“长沙如失陷，务将全城焚毁。望事前妥密准备，勿误！”张治中当即召集会议，负责筹备。据邱南章回忆，周恩来、叶剑英对此事全然不知。12 日上午，他们出席第三厅在离开长沙前举行的孙中山诞辰纪念会，然后帮助第三厅及八路军办事处人员继续向湘潭县下摄司分批撤退。直至深夜，送走李克农、童小鹏等离开长沙后，准备睡上一觉，第二天早晨再撤离长沙。临睡前，叶剑英还打电话给张治中，询问敌情。张回答，国军仍坚守在汨罗防线，敌人没有过河。叶剑英又照例检查了人员、车子等情况，才上床睡下。谁知就在这时，长沙火起，八路军办事处也被火烧着。叶剑英与周恩来从火海中脱险。叶剑英后来回忆当时的情景，说：“那天夜里，我们睡在办事处的楼上。为了防止有人偷汽车，就把汽车放在大门口，派个警卫员睡在汽车里头。没过多久，来了几个放火的人。他们‘砰、砰、砰’地敲汽车，说：‘他妈的，你们还不走，烧死啰！’警卫员邱南章起来一看，城内已是满天红光，马上‘咚、咚、咚’地跑到楼上来报告：‘参谋长，参谋长，大火烧来了！’我一看，火都烧到我们房子了，就喊快救火。说着我走下了楼，到外面一看，满天红光，赶快跑回楼上找恩来同志，那时他是副主席。我说：‘副主席！副主席！烧房子了。’他说：‘那样惊慌干什么！’我们一起下楼来，出了大门，从一个巷子往外走。火已经快烧到巷子里来了，四面都是火。我们往城外方向跑，途中遇到三四个人，便问：到湘江走哪里？因为刚出火海，搞混了方向。有个人指着说：‘到湘江往右边走。’我们沿着他指的方向，一直跑到湘江边，沿着江边一直走，走到天亮，长沙的大火还在烧，噼里啪啦地响。我们好容易脱离了火海，当天撤到了湘潭。”①

就这样，一场大火烧了几天几夜，烧毁长沙市区房屋 5 万多栋，居民死伤 2 万余人，而敌人此时还在 200 公里以外！国民党当局一手制造的这场骇人听闻的“长沙大火事件”，遭到国内外舆论的一致谴责。周恩来、叶剑英迅速组织八路军办事处和抗敌演剧队人员返回长沙，进行善后救灾。他们严厉批评所谓“焦土抗战”政策，向国民党最高当局提出拨款救灾、清理街道、安置灾民的办法，强烈

① 叶剑英谈话记录，1982 年 3 月 25 日。

要求惩办放火首犯。同时为当“替罪羊”的张治中作解释工作。蒋介石为了平息众怒，下令将“直接责任”者酆悌（长沙警备司令）、徐昆（保安团长）、文重孚（长沙市警察局长）三人判处死刑，给予张治中革职留任处分。对“长沙大火”事件，张治中在自己的长篇回忆录中辟有专门章节，追述甚详。[①]

张治中在另一本书中谈及此事，对周、叶不无感激之情。他写道：“长沙发生大火，各方面尤其党内平日不满意在湖南倡导社会改革运动的顽固分子对我的攻击更甚，我总不置一词，而中共朋友反为我解释，给我以慰藉。……在各方面纷纷落井下石使我感到四面楚歌的情形下，他们对我亲切的同情，也是我毕生难忘的一件事。”[②]

① 《张治中回忆录》，文史资料出版社 1985 年版，第 362 页。
② 张治中：《我与共产党》，文史资料出版社 1980 年版，第 11 页。

第十七章　在南岳游击干部训练班

第一节　训练班的副教育长

武汉、广州相继失守之后，中国半壁河山沦入敌手，抗日战争进入了相持阶段，在全国人民奋起抗战的形势下，国民党当局接受了共产党人的建议，决定在湖南南岳衡山举办游击干部训练班（简称“南岳游干班”）。这是抗战时期国共合作，发展统一战线的一个创举。

此举酝酿已久。早在日军占领广州，武汉即将失守前夕，朱德到武汉与周恩来面见蒋介石时就提出国共合作办游干班的建议。1938 年 11 月 25 日至 28 日，周恩来、叶剑英出席蒋介石在南岳召开的军事会议，再次向蒋提出这个问题。蒋介石在会上说：“二期抗战，游击战重于正规战。”并决定办游干班，要中共派干部去教游击战战法。会后，周、叶就有关办班的具体问题与国民党方面达成协议，并向中共中央作了汇报。毛泽东在同中央几位负责人研究这一问题时说：“去吧，讲我们的一篇道理。”随即，中共中央确定，派叶剑英带一批得力干部去南岳参加主办游干班。①

于是，叶剑英在衡阳八路军办事处与周恩来反复商量，决定抽调李涛、边章伍、薛子正、吴奚如、李崇等去担任教官，以及刘澄清、徐天宝、陈宛文、李蕴玉等参加工作，配备一个武装班，立即着手从组织上、教学上进行准备工作。②

这期间，中共中央正酝酿对党在南方国统区的组织领导机构进行新的调整。1938 年冬，在党的六届六中全会上决定撤销中共中央长江局，成立中共中央南方局，负责领导华南及西南各省的工作。南方局的成员有周恩来、秦邦宪（博古）、凯丰、张文彬、徐特立、吴玉章、叶剑英、廖承志、吴克坚、邓颖超、刘晓、高文华、董必武，以周恩来为书记。1939 年 1 月 13 日，中央书记处复电南方局：以周、博、凯、吴、叶、董六人为常委。南方局遵照党中央指示讨论了组织分工问题，叶剑英负责对外联络工作。

西南游击干部训练班（简称“游干班”）成立后，国民政府军事委员会正式任

---

① 叶剑英谈话记录，1982 年 3 月 25 日。

② 在中共衡阳市衡山县党史办查阅的资料，1986 年 12 月。

命汤恩伯为主任，叶剑英为副主任。不久，改由蒋介石兼任训练班主任，白崇禧、陈诚兼副主任，汤恩伯任教育长，叶剑英任副教育长。周恩来被聘为训练班的国际问题讲师。叶剑英接到通知后，率领中共方面参加办班的教官、工作人员、武装警卫班共 30 余人前往南岳报到。1939 年 2 月 15 日训练班举行开学典礼。

第一期学员共招收了 1046 人，编为 8 个大队。第一、二、三队为各战区送来的军官，第四队为汤恩伯部第三十一集团军教导团的一个队，并有少数战区送来的军官。第五队为军委会政治部及红十字会等各单位送来的青年学生。第六队为西南行营派送的军官与学生及八战区迟到军官，并有上海纱厂女工抗日宣传队 50 余人。第七队主要为曾被国民党衡山县党部解散的衡山青年战时工作队。第八队为国民党中央军校调来的一队工兵学生。各战区送来的军官大部分具有黄埔军校、南京军校以及云南讲武堂、东北讲武堂毕业的学历。这些人当中少部分是上校、中校军衔，大多数为少校军衔。各队均不分学员职级与水平，采用混合编制。训练班有教官和科室管理人员 95 人（中、少将 11 人）、8 个大队的长官 52 人（少将 4 人）。学制定为 3 个月。训练内容包括：军事教育，以游击战的战略、战术及爆破技术为主；政治教育，以民众运动及游击战政治工作为主。军、政教育课程比例各队有别，大致占受训时间的 55% 和 45%。

训练班本部设在南岳圣经学校。叶剑英和中共方面人员集体住在山脚下一处名为“桔盈圃”的庄园内，并配有电台一部，救护车一辆。

在主办训练班过程中，叶剑英力争采用红军军事教育的一些行之有效的办法：努力实行民主管理，坚持启发式教学，同教职学员打成一片，大力开展学习竞赛和实践活动，加强政治工作和思想工作。叶剑英经过认真思索，向汤恩伯提出了在训练班实行“自觉纪律”，强调学员自动、自觉、自愿地参加学习和遵守规章，官长起带头作用，坚决反对粗暴作风。这是国民党军队中从未听说过的新鲜事，实行以后受到了学员的普遍拥护，各队队长也多表赞成。凡是有关教育训练方面的事情，汤恩伯都请叶剑英主持。有些学员开始瞧不起“土八路”，认为游击战搞不出什么名堂来，后来一听讲课，觉得很有道理，就逐渐佩服起来了。

据薛子正、吴奚如、刘澄清等回忆，叶剑英借鉴红军学校办学的成功经验，强调教育训练要从抗战的实际出发，严格要求。各门课程的教学大纲和讲义教材，都由他直接审定。他还注意言传身教，鼓励和指点初次任教的薛子正、吴奚如、李崇等八路军教官说，不要慌，充分准备好教材，拟个提纲去讲，千万不要死背；上课时要面向学员，不要光盯着讲义，要自然。还说：“你们是共产党的干部，讲课只能讲好，不能讲坏。”并告诫全体工作人员：“我们是共产党员，每个人都是共产党代表团的成员，我们的一言一行，都代表党，不能给党丢脸。”他还亲自制定“工作六大注意”，即：坚定的立场，苦干的作风，谦和的态度，简朴的生活，虚心的学习，严肃的纪律，并书写张贴在八路军教官集体办公的第一教官室的墙壁上，用以自励和互勉。在备课试讲和课终讲评时，叶剑英还特意邀请其他各主要教职员来参加讨论。对此，汤恩伯很赏识，他几次在会议上表扬

1939 年 2 月，叶剑英（右二）与南岳游击干部训练班领导人员合影

第一教官室的工作方式与作风。

训练班开课后，经过一段实践，叶剑英于 4 月 23 日写了《参加南岳游击干部训练班工作情形报告》，派人送给在重庆的周恩来，并报中央。这个报告对训练班的准备工作及具体组织情形作了详尽的汇报。首先，他概括了教学生活方面的九个优点：（一）较广泛地实行民主。建立了“学员自治会”，学员代表参加学校各种会议。（二）教授法部分地采用了启发式。（三）教员学员均实行集体研究、集体创作。（四）实行“教”、“学”、“做”三合一。（五）教职员与学员生活打成一片，均参加朝会、早操、集体就餐等。（六）区队长由学员选充，提倡自觉纪律。（七）建立学员小组会议（党的、学习与生活的）。（八）建立课外工作，各队出壁报。（九）以南岳附近三个区为实习区，每星期日集体到那里做实际的民众工作，各队订立竞赛条约。报告的最后部分对训练班的作用、前景作了充分估计，写道：“根据我们现在已有的材料看来，的确证明（国民党方面）开办游训班的动机是包含着两方面的；一方面是真正为了开展敌后游击战的目的，这是为着抗战利益的好的动机；另一方面则包含着控制敌后游击战以限制我党所领导之敌后游击战的企图。在这一企图下，渗入了不少以“混资格”为目的的分子。因此，我们的第一个结论是：学员中好的多、坏的少，控制游击战的企图则是越上级越明显，而属中央军派来的学员又较其他派系的为明显。少数顽固分子的阴谋是存在的。根据上列分析，我们认为在统一战线的前途上，这次的工作是有不少作用的。我们相信在游击战方面，首先使他们认识了游击战的重要性与非神秘性，实际地体验了游击战中‘政治重于军事，民众重于士兵’的真理（我们的教材，也着重解释这两个口号）。这就使那些为抗战利益的进步学员，找到一条光明大道，而更接近于我们。同时也给那些少数顽固分子从事实上证明了中共对友

党的诚恳态度，与对国家民族的无限忠诚，使他们那种不敢公开的企图，受到了群众的监督、良心的谴责，而有所顾虑，可能使其中一些成见较浅的分子有所觉悟。因此，我们的结论是这次参加游训班的工作，由于我们有坚定的立场，诚恳的态度，一般的说是有收获的，对统一战线是有利的。”①

第二节 备受欢迎的“游击战争战略家”

在训练班，叶剑英不仅负责筹划全盘教育工作，而且亲自讲授“游击战争概论”这门主课。其他的几位教官负责讲授游击战术和游击战中的政治工作。

叶剑英每星期讲课两次，听众很多，有时达两三千人。连国民党第九战区的一些军官也慕名从长沙、衡山赶来听课。当然，来听课的人动机并不相同。据沈醉回忆，戴笠听说叶剑英等在南岳讲课，很想把中共打游击的一套办法学过来，便设法派军统临澧特别班的两个副大队长到训练班工作、听课。当时来听课的，甚至还有南岳各寺庙的和尚。课堂容纳不下时，就在外面广场讲大课。叶剑英上课时通常身穿一套褪了色的军装，讲得深入浅出，通俗易懂。他那精辟的见解，出色的口才，儒雅的风度，深深吸引住了所有在场的听众。

当时国际新闻社的一位战地记者高咏，听了叶剑英的讲课后大为赞扬。他在一篇通讯中，用一大段文字描绘了叶剑英在讲授“游击战争概论”一课时受到学员热烈欢迎的情景：“在课堂上，游击战争战略家叶剑英先生的游击战争概论一课，最为学员们所爱好。这一门课，在课表上规定是二十小时，占全班军事学科七分之一，每次上课两小时，总要发生学生提延长时间的要求。每一次上课，都是肃穆的空气统治着课堂，游击战争的革命意义，游击队产生的客观条件，游击战的运用，……每一个单字，都在每一个听众的脑子里爬过，也都在每一个听众的笔记簿上爬过。下课的号声响了，听众还是不愿意走，‘再讲五分钟好不好？’，这个问题常常发出来，这话语里充满了迫切的求知心与战士的要求。”②

叶剑英不仅讲游击战，而且讲军民团结，讲坚持抗战的道理。有一次，他讲到军民关系，用鱼和水的关系说明进行游击战争必须要紧紧依靠群众，在敌后作战一时一刻也离不开群众。汤恩伯在旁听了，用手指着叶剑英对学员们说：过去我们为什么老打不过他们呢？因为他们同群众是鱼水关系。

叶剑英非常注重实践，为了锻炼学员在游击战争中开展政治工作和民运工作的能力，他倡议各队利用节假日到乡间去，并且常常亲自带队前往，训练学员掌握实地宣传组织民众的方法，学习八路军的作风，密切与当地群众的联系。

但是，训练班内也不是风平浪静的。随着局势的变化，国民党当局在日本

---

① 叶剑英给中共中央、毛泽东的报告，1939 年 4 月 23 日。

② 高咏：《记南岳游击训练班》（写于 1939 年，作者系国际新闻社记者，原文拟在衡阳《大刚报》登载，后被国民党战时新闻处扣发）。

帝国主义加紧诱降下，酝酿着反共分裂阴谋。汤恩伯的态度也有所变化。训练班中的顽固分子借机寻衅，散布流言，制造摩擦，暗中监视中共人员。他们不准学员个别接近中共人员，害怕被“赤化”。面对这种情况，叶剑英领导代表团全体成员对训练班里的国民党顽固分子进行了有理、有利、有节的斗争，争取团结更多的抗日爱国军官学员，扩大中国共产党抗日民族统一战线的影响。[①]在圣经学校礼堂的学员大会上，在例行的总理纪念周上，叶剑英和其他国民党官员经常发表各自的抗战主张，有时观点相左，甚至发生争执。一次，汤恩伯在学员“朝会”上公开说：“蒋委员长对打败日本是完全有把握的，但各种迹象表明，共产党今后是否能服从国民政府的领导，令人产生怀疑。”叶剑英立即上台发言：“中国共产党对国共合作的诺言是忠实履行的，实践孙中山先生的救国主张也是矢志不渝的，不像有些人早上恭读总理遗嘱，晚上恭读总理遗嘱，天天阿弥陀佛，却不去真正进行实践，这样究竟对国家、民族有什么用？！”说完拂袖而去。

叶剑英驳斥汤恩伯的事，轰动了整个训练班，造成了很大影响。兼任训练班副主任的陈诚急忙赶来训话。他貌似公正地说：“教育长与副教育长闹意见，是怎么一回事？古人说君子与君子无争，何以故？以能互让故也。他们二人都不能互让，所以争起来了。由此观之，两个都不对。”

面对训练班内时时泛起的恶流浊波，叶剑英大义凛然，明辨是非，处处维护抗日民族统一战线，争取与多数的国民党官员合作处事。他与后来担任教育长的李默庵一直保持着友好关系。李是黄埔第一期学生，十分尊重叶剑英。时过40年之后，李从美国归来，特意看望叶剑英，还恭敬地称他为“老师”。李回忆这段往事，感慨地说：“我是他的学生，在南岳，凡是教育方面的事，都由他做主，他讲的游击战术课，改变了国民党军将领只打正规战的观念。我们也学着发动民众，开展游击战争，消灭敌人有生力量，不计一城一地之得失。这在国民党军中开创了先例，对推动抗日战争起到了很大的作用。”[②]在训练班第一期任政治部主任的陈烈，曾经加入过共产党，大革命后期脱党，但在国共合作、共同抗日方面表现积极。叶剑英就不咎既往，注意团结，使他在训练班中发挥了应有的作用。由于叶剑英等始终坚持党的抗日民族统一战线的方针，积极宣传抗日主张，争取团结训练班中一切可以团结的国民党人员，尽管蒋介石密令汤恩伯“谨防共党”，然而共产党、八路军的威信仍然越来越高。许多学员自动到南岳书店购买、阅读毛泽东的《论持久战》、列昂捷夫的《政治经济学》、艾思奇的《大众哲学》等书刊。训练班中共产党方面人员举行“五一”国际劳动节纪念晚会，许多国民党军官偷着来参加。

---

① 访问罗文浪、何正风谈话记录，1986年11月。

② 访问李默庵谈话记录，1990年9月。

第三节 “我来唱一个”

中共代表团在南岳，生活节奏很紧张，食宿条件比较差。叶剑英和大家一样，艰苦朴素，坚强乐观，朝气蓬勃地进行工作。叶剑英襟怀坦白，对身边的国民党同事以诚相待。这对国民党人员是极好的教育，使他们从共产党人的工作和生活中看到了一个崭新的世界，心向往之。有些人主动靠拢八路军教官，谈心交友，深感十年内战导致国难家破、外寇入侵，盼望着从此携手重建新国家！学员吴众等拜访叶剑英，表示结业后要效力战场，同共产党游击队并肩作战。叶剑英热情地表示欢迎和支持。吴众深受教益，更加追求进步，后来和石坚、吴澎、邝定家等毅然参加了新四军一支队。吴众回忆说：“我曾两次前往中共代表团驻地访问。第一次去访问，正好是午睡的时候，叶副教育长亲切接待我们。我们告诉他，将来到前方，希望和八路军、新四军的游击队取得联系，他表示欢迎。我毕业后想到广州去，那里有八路军的游击队，希望介绍与游击队取得联系，他也同意了。第二次我们去拿介绍信，那天他不在，正好代表团全体人员会餐，他们留我们三人吃了饭。由吴奚如亲笔写了一封信给广东曲江十八集团军办事处主任云广英。”

训练班住在山区，生活十分枯燥、单调。叶剑英带头活跃文化生活，通过开展歌咏演出、读书等文娱活动，提高了大家的文化情趣，并十分注重借此搞好同友军的关系，扩大共产党、八路军的影响。训练班成立后不久，国民政府军事委员会政治部第三厅所属的抗敌演出队第八队到南岳演出。演出队到南岳的第二天，训练班在南岳镇上唯一的“大饭店”南濠酒家举行欢迎宴会。队员们见了叶剑英，都把他围起来，问这问那，争着和他在一桌吃饭，边吃边谈。宴会快结束时，国民党的几个官员突然起哄，要演出队的女队员唱歌。由于他们态度不严肃，八队的队员产生了反感，会场上的气氛顿时变得紧张起来。这时，叶剑英从容不迫地站起来，说：“我来唱一个。”说着，他清了清嗓子，把一只脚踩在桌边的一条小凳子上，声音洪亮地唱起了陕北小调《开荒》：“开荒呀！开荒！前方的战士要军粮。织布呀！织布！前方的战士要衣服。大嫂嫂，老爹爹，丈夫娃娃不要惦记他。我们努力耕织，不少他们穿吃，打败鬼子好回家！”一曲终了，大家非常高兴，报以热烈的掌声。这时叶剑英提议：“八队同志也唱一个！”八队照例由女队员站在前排，先后齐唱了《红缨枪》《大刀进行曲》等歌曲。宴会最后在活跃、友好的气氛中结束。叶剑英在南岳，一直与八队保持着联系，看他们的演出，给以亲切的关怀。①

第四节 动员南岳佛道教界抗日救国

周恩来虽然离开了湖南，仍十分关心训练班的工作。4 月中旬，他特地赶到

① 刘斐章：《叶帅歌声犹在耳》，载《湖南日报》1986 年 11 月 2 日。

南岳，以国民政府军委会政治部副部长的身份，检查游干班的工作，并应大家的请求给学员们作了题为《中日战争之政略与战略问题》的长篇报告，引起了强烈的反响。周恩来、叶剑英在南岳还广泛接触各界爱国人士，引导和支持他们采取各自的方式参加抗日救亡。叶剑英到半山亭寺庙进行宣传讲话，题写了抗日诗词，还陪同周恩来一道会见了祝圣寺法师暮笳、演文、巨赞等人，和他们讨论抗日救亡工作。周恩来在暮笳的纪念册上亲笔题词："上马杀贼，下马学佛。"强烈地触动了南岳宗教界。后来，巨赞法师在田汉引领下来会见叶剑英，洽谈甚欢。叶剑英联系佛教哲理，宣传团结抗战的道理，使巨赞甚为感动。巨赞同暮笳法师率南岳僧侣二百多人，发起"南岳佛教救国协会"。叶剑英知道后建议改称"南岳佛道教救难协会"，以体现"佛教救苦救难"宗旨，团结更多的和尚、尼姑和道教徒一起，从事抗日救亡活动。5 月 7 日，在该协会成立大会上，叶剑英作了题为《普度众生，要向艰难的现实敲门》的讲演。他说，当我国家民族危难之时，奉劝各位爱国僧侣不要再独坐禅房祈祷、祝福，逃避艰苦的现实而想象将来，那是空洞的无内容的幻想。在亡国灭种的大祸已临到我们的头上时，要行动起来，走出禅房，参加抗日救亡运动，团结全国佛道教徒成为全民族的抗战的一部分。讲话结束时，他引用苏联作家高尔基的一句名言："站在革命的火焰面前，要自己首先跳进去，才能显现出伟大灵魂的光辉。"宗教界许多爱国人士听了演讲，备受鼓舞，欣然表示要奋身救国。巨赞、暮笳法师组织了一批青年和尚，成立流动工作团和宣传队、救护队，在湘潭、衡山、衡阳等地积极宣传抗日，抢救被敌机炸伤的难民。《救亡日报》刊登了叶剑英的这篇讲演，并发表专文，声援和支持宗教界组织起来抗日救亡。巨赞法师还创办了名为《狮子吼》的月刊，宣传抗战。①

第五节　"到敌人后方去，把鬼子赶出去"

第一期学员毕业之前，叶剑英组织指挥了一次大规模军事演习。演习中，学员七队充当"假设敌"。这次演习，由于准备充分，动作逼真，接近实战，学员们一致感到收获很大。国民党的一些官员也对演习作了肯定的评价。国民政府军事委员会军训部专员程兆熊在对游干班的《视察报告书》中写道："学员曾向余言及游击战术一课之实地演习情形，谓绝非纸上谈兵之可比，该班训练切实，当可想见。"

5 月 15 日，南岳游干班第一期学员举行盛大毕业典礼。当叶剑英讲完话带头高呼"抗战到底！""打倒日本帝国主义！""中华民族解放万岁！"的口号时，会场上群起呼应，激昂的呐喊声震撼着南岳群山，激励着抗日将士的斗志。许多人依依不舍，拿着自己的笔记本、纪念册，纷纷请求叶副教育长题词留念。叶剑英根据不同对象，分别在他们的笔记本、纪念册上题写了"到敌人后方去，把鬼子赶出去"，"路是人走出来的"，"要做大事，不做大官"等寓意深刻的语句，

---

① 全国佛教协会理事会办公室提供的资料。访问曼慈法师等谈话记录，1986 年 12 月。

并签上自己的姓名，以资勉励。学员程鲁后晋升为白崇禧部下的少将纵队司令，1948 年感念当年叶剑英的教诲，毅然弃旧图新，率部起义。新中国成立后，他当选为衡阳市政协委员。回首当年，他感慨地说：那时叶副教育长在我的笔记本上写了八个字："要做大事，不做大官"，落款"恭录总理遗言，以赠程鲁同学"。当时我还不大理解，以为只有做大官才能做大事，后来看到国民党大势已去，大官也做不成，又想起叶的题词，感到"反戈一击"才叫大事。国民党汕头驻军某部少校营长李平，学习期间，成为八路军教官的"一个真挚的朋友"。他临毕业向叶剑英等人辞行时，坚定地说："我一定把这儿所学到的知识，全部运用到实际的战争里！我将用新的战术，与敌人决一雌雄！"这位黄埔出身的青年军官，在共产党、八路军的影响下，成为"一个少壮、勇猛而且进步的军人"，不久，在汕头与日寇血战中以身殉国，实践了自己的诺言。

叶剑英率领共产党人员参加举办南岳游击干部训练班，取得了很大成功，发挥了重要的作用。周恩来后来给中央的报告中写道："中央军最重要，但最难接近，最难工作。""南岳训练班较珞珈山（训练班）更有成绩。这几乎是我们接近中央军官最好的机会，只可惜人去少了。因为人去的多，不仅可以扩大我们的影响，而且可以培养我们自己（的）知名干部。"[①] 事实的确如此。通过办班，不仅接近了大批国民党军的中高级军官，而且向他们宣传了毛泽东《论持久战》的思想和关于游击战的战略战术，宣传了共产党的抗日路线、方针、政策，使学员认识了游击战的重大意义，并且实际演练了游击战的战法，增加了持久抗战的必胜信心。不少学员毕业以后，运用游击战术，活跃在各地抗日战场上，配合八路军、新四军作战，打了不少胜仗。更有些人效法共产党的办法，直接或间接地支持敌后游击队，开展游击战争，打击敌人。在蒋介石的反共高潮中，有些人写信或想办法派人与"游干班"的中共教官联系，有的还到重庆八路军办事处，寻找曾在"南岳游干班"当过教官的同志，送信送地图。后来，由于国民党特务活动猖獗，他们不能直接去重庆八路军办事处，就把地图、情报包好，写上名字，寄送《新华日报》门市部。日寇投降后，重庆《新华日报》社经常收到这批学员的来信或寄来的东西。

第六节　团结桂系抗战

叶剑英作为南方局的领导成员之一，在主持南岳游干班期间，十分关心湖南地下党和八路军办事处的工作，及时给予指导和帮助。他乘坐一辆由爱国人士胡文虎、胡文豹兄弟赠送的有永安堂万金油商标的特制汽车，时常来往于南岳、衡阳之间，兼顾地方党的工作，积极开展统战活动。他和秦邦宪去邵阳八路军办事处机关，参加了中共湖南省第一次党代表会议，在会上传达了党的六届六中全会

①《周恩来传》，人民出版社、中央文献出版社 1989 年版，第 433 页。

精神，并对开展抗日游击战争和做好党的地下工作做了指示。叶剑英利用他的公开合法身份，把衡山县地下党介绍的一批青年学生吸收到游干班第七队学习，其中许多人后来成为革命军人和优秀的党的干部。他还多次接见南岳地区的抗日报刊记者，谈抗战问题，宣传八路军的战略战术，强调游击战是弱国战胜强国的正确途径。当田汉率领抗敌救亡京剧团巡回演出到南岳时，叶剑英亲自带他们在衡山师古桥向民众演出，激发乡民和士兵抗日保国的民族气概。演出之后，叶剑英登台向观众挥手致意，并发表了激动人心的讲话，动员群众团结起来，把日本鬼子赶出去！观众听了叶剑英的讲话，群情振奋。

演出后，叶剑英和田汉去师古桥一所小学校访问，同学校一位姓邝的女教师亲切交谈，了解她在工作上的困难与要求，高度评价了教师们在全民抗战中的作用。这位女教师深为感动，拿出纪念册，请叶剑英题词。叶剑英示意她请作家田汉题诗。田汉想到德国著名军事家赫尔穆斯·卡尔·毛奇的事，挥笔写下了一首七绝："风云叱咤老毛奇，却把奇功属教师，师古桥边嘶战马，将军亲作教师时。"这首诗既肯定了教师的作用，又描绘了屡建"奇功"的叶剑英将军的高大形象。它不胫而走，很快在群众中流传开来。

这期间，衡阳八路军办事处举办党训班，叶剑英给予了具体的指导，并从南岳训练班派出八路军教官给湖南、两广来的五十多名党员干部讲课。叶剑英不论白天黑夜，对于凡是来访的人，都热情接待，尤其对地下党的同志，他更是亲切交谈，具体指点。地下党员们都感到很受教育。

叶剑英在南岳训练班期间，还利用各种机会来往于桂林、重庆之间，进行统战工作。

当时的广西，已成为中国西南抗日大后方。桂林是国民党桂系集团势力的中心，又是共产党与内地及海外联络的一个重要的交通枢纽。因此，团结桂系坚持抗战，有着十分重要的意义。据沈毅然、何启君等回忆，叶剑英在党中央、南方局领导下，以公开的身份，多次到桂林做了多方面的工作。他到桂林时，经常住在黄琪翔为他提供的一处住处。这里实际上是八路军办事处的一个秘密联络点。他与李克农等一起研究具体工作部署，领导办事处人员着重做好桂系的统战工作和广大后方军民的抗日宣传工作。

1939 年 5 月 28 日，在桂林各界团体联合举办的第十八次时事讲座大会上，叶剑英发表了《积小胜为大胜》的演说。听众非常踊跃，到会有一千多人。叶剑英在演讲中，精辟地分析了抗战进入第二期以后的时局，指出我们虽然在战略方面还是以持久来对付速决，可是在战术上则可运用"用全力求小胜"、"以大力打小仗"的办法，消耗敌人的力量，增加自己准备反攻的力量。一定不要忽视小胜，而要争取小胜，"积小胜为大胜"。他说，我们在战略上的防御和战术上的运用，一切都是为着进攻，争取最后胜利的到来。这个时期，桂林出版的《救亡日报》《扫荡报》，及在桂林发行的《新华日报》上，曾先后发表了叶剑英的《二期抗战与游击战》《正规军当前的任务》《在敌后的两年》《游击战线上目前军事问题》等演讲和文章，为扫清在国统区曾流行的“亡国论”，坚持团结抗战，坚持持久战，增强抗战最后必胜的信念，起到了很好的作用。

为了团结桂系坚持抗战，反击国民党顽固势力阴谋反共投降的逆流，叶剑英协助周恩来对桂系首领李宗仁、白崇禧等人及桂系内民主人士，做了大量的统战工作。他还先后应邀到广西学生军第二团、国民党集团军军官团向官兵们作了《现阶段的游击战与正规战》《国际形势与抗战形势》的演讲，受到欢迎。5 月 21 日，叶剑英应广西省主席黄旭初和地方建设干部学校教育长杨东莼的邀请，在白崇禧的陪同下，骑马到桂林东郊学校，向全校师生作了题为《当前战局之特点》的演说。他还接受进步教授等的邀请，为广西大学全体师生作过形势报告。

当时在桂林，国民党当局也曾酝酿与共产党人合作举办南岳式的游击干部训练班。《新华日报》记者以“游击干部的‘熔炉’”为题报道说：“游击干部训练班在中国抗战史上是新的一页。在桂林计划如何开办的时候，只要有叶剑英先生来当副教育长，那就好办。他是内行。”①

叶剑英在南岳和桂林期间，还同后来成为越南民主共和国主席的胡志明有过一段亲密交往，建立了深厚的友谊。当年胡志明从延安到重庆，又到桂林，在桂林八路军办事处救亡室工作很长一段时间。尔后曾以“八路军桂林办事处通讯班长”的身份到南岳训练班学习和工作。叶剑英回忆说：“我在南岳训练班时，胡志明就在我那里，当挂名的秘书，大家叫他胡光，后来回国了。建国后有一年，他来中国，同毛主席、周总理谈话，说：‘我们今年国庆，想请叶剑英同志全家去。他是我的上司。’毛主席说：‘志明同志，您今天还讲这个话，您已经做越南的领袖了。好，就让他们全家去吧！’后来，我全家到越南去了一趟。”②

1939 年上半年，叶剑英从桂林去贵阳，带领贵阳交通站负责人之一袁超俊去国民党贵州省党部，找其书记黄宇人交涉营救 1938 年 2 月被国民党反动派逮捕的中共贵州省工委黄大陆、李策、王轼、严金生等同志。

1939 年 6 月初，中共中央调叶剑英去重庆，协助周恩来主持南方局的工作。南岳训练班的有关工作由李涛负责。由于蒋介石在抗战中蓄谋掀起反共高潮，训练班办到第三期时，中共方面的教官和工作人员便全部撤出了。

叶剑英率中共代表团参加举办的南岳游击干部训练班，尽管时间不长，却在国共合作的抗日战争史上，写下了十分重要的一页。

---

① 在八路军桂林办事处纪念馆查阅的资料，1987 年 12 月。

② 叶剑英谈话记录，1982 年 3 月 27 日。

第十八章　战斗在重庆

第一节　痛斥“平江惨案”制造者的罪行

1939年6月9日，叶剑英来到中国西南山城重庆。

这时的重庆，是中国抗战的陪都，国民党政府所在地，也是中国共产党中央派出的代表机关中共中央南方局的所在地。叶剑英到来后，担任南方局常委兼军事部长、统一战线工作委员会副书记，在南方局书记周恩来直接领导下立即投入紧张的工作。①

这时，全国抗日战争的局势正朝着日益恶化的方向发展。日本侵略者占领武汉、广州以后，开始对南京国民党政府采取政治诱降为主、军事打击为辅的策略，在继续对华南、华中地区进行军事进攻的同时，加紧进行政治诱降活动，积极筹划“蒋汪合流”，企图诱使蒋介石集团就范。早已沦为汉奸的汪精卫正在与日寇进行卖国谈判。国民党政府对日妥协和反共的倾向日益增大，连续制造了一系列反共摩擦事件，准备掀起反共高潮。面对这种困难复杂的局势，周恩来、叶剑英等遵照中共中央《关于反对投降危险的指示》，决定集中全力巩固国共合作，继续贯彻抗日民族统一战线的政策，与大大小小的投降分子、反共分子制造的一切投降阴谋和反共行为进行坚持不懈的斗争。

叶剑英来到重庆的当天，就与周恩来分析在国共两党发生摩擦的情况下日军新的动向，并致电毛泽东，作了如下预测：从军事观点看，日军如攻西北，主力仍会在晋西南三角地区渡河，目前还未准备好。从政治观点看，日军有单独攻入陕北以降低我们的影响，并增强国民党进攻我方借口的可能。

6月10日，叶剑英陪同周恩来面见蒋介石，商谈近期抗战与国共合作中的问题。由于蒋介石此时正热衷于策划反共阴谋，致使商谈没有取得结果。周恩来于18日离开重庆返回延安。

平地起风波。6月12日，国民党军第二十七集团军根据蒋介石的密令，突然包围袭击设在湖南平江嘉义的新四军留守通讯处，惨杀新四军参议涂正坤和通讯处军需员吴贺泉，并将八路军少校副官罗梓铭等人活埋，制造了“平江惨案”。由

---

① 在中共重庆市委档案馆、红岩、曾家岩革命纪念馆，重庆参事室查阅的资料，1984年11月。

1935年，在重庆珊瑚坝机场。左起：邓颖超、周恩来、张冲、叶剑英

于国民党当局严密封锁消息，叶剑英直到7月1日才获悉此事，当即致电国民政府军事委员会副总参谋长白崇禧、军政部长何应钦，向国民党当局提出严正抗议。22日，周恩来、叶剑英致电军令部长徐永昌并军委会及各部长官，严正驳斥国民党军歪曲报告惨案经过及当局对新四军平江留守通讯处的诬蔑，要求派员驰赴肇事地点，查明真相，为死难者雪冤，将凶手治罪。蒋介石为敷衍舆论，责成第九战区代司令长官薛岳进行所谓调查。而薛的报告，依旧将“犯法者文饰为有功”，“无辜者武断为有罪”。28日，周恩来、叶剑英再电国民政府军政部长何应钦并军委会及各部长官，据理驳斥国民党的诬蔑攻击，要求另外遴派公正大员前往平江嘉义调查，将其肇事者交法庭审判，并保障被害人家属及同事有陈诉与质证之自由。

“平江惨案”发生后，中共中央高度重视和关心，连续提出郑重抗议，要求严肃追究事件凶手的责任。8月1日，中共中央在延安召开各界人士追悼“平江惨案”被害烈士大会，毛泽东在会上发表了《必须制裁反动派》的演说。

8月13日下午2时，第十八集团军办事处在重庆红岩村举行追悼新四军平江嘉义留守处被害同志大会。叶剑英主持大会并作了长篇报告，他义正辞严地指出：“平江新四军通讯处在涂正坤、罗梓铭两同志领导之下，在平江嘉义镇工作了一年又九个月。在这一期间，该处负责治愈伤病员使其重返前线者七十余人。涂正坤兼任过平江动员委员会委员，积极参加兵役动员工作，曾经协助政府肃清平江附近土匪。在武汉撤退时，帮助友军收容伤病员，并妥善送交友军。事实恰恰说明，涂、罗两同志领导的工作，不仅不是勾结土匪，而是帮助政府肃清土匪；不仅不是劫夺友军，而是帮助友军收容伤病员；不仅不是破坏团结，而是更加巩固民族团结；不仅不是捣乱后方，而是帮助政府安定后方。”接着他驳斥了顽固派的诬蔑，说：“平江残酷的事件，所根据的口实只是一种狼要吃羊的借口，用来掩盖那些破坏抗战的顽固分子实行反共的狠毒企图的。军队抗战于前，奸徒捣乱于后，公理不会容许的，抗日军民不会容许的。”叶剑英最后号召：“全国同胞，应该坚持国内的团结，克服投降分裂的危险，推动全国各方面的进步，加强抗战力量，才能排除万难，争取战争的胜利，完成民族解放的伟业。”

“平江惨案”激起了全国各地爱国军民的强烈义愤。在长沙、南昌等地，在共产党组织主持下连续召开了追悼会、纪念会。毛泽东、周恩来、朱德、彭德怀、叶剑英等领导人亲自撰写挽联、挽诗，凭吊“平江惨案”死难烈士，谴责国民党顽固派。叶剑英的挽诗是：

人类有余悲，豺狼亦已歌；
何以寄凭吊，按剑复摩娑。

其后，叶剑英怀着极大的义愤撰写了《论平江事件》，深刻地揭露“平江惨案”的事实真相，全面地评价了平江新四军办事处为抗战做出的积极贡献，痛斥国民党顽固派的血腥罪行。文章一针见血地指出：“某些反共顽固派和汪精卫投降派，实质上同是日本法西斯的工具，葬送民族的掘墓人。他们的反共活动，是与从前已经公布、现在听说的所谓限制异党活动的决定互为因果的。”

第二节　与何应钦的交锋

风云变幻。叶剑英密切注视着国内外时局的变化，与南方局军事组钱之光、李涛、边章武、曾希圣、薛子正、王梓木、雷英夫、张清化、陈家康、傅大庆等同志经常分析“敌、我、友、外”各方面的情况和动态，研究对策，进行各种形式的斗争。①

1939 年 9 月 1 日，法西斯德国大举进攻波兰。3 日，英、法对德宣战，英、美、法各国害怕日本与德国配合在东方向他们发动进攻，一方面表示同情和支持蒋介石政府的抗战，以牵制日本；另一方面则希望在不损害其在华既得利益和牺牲中国部分权益的条件下，同日本达成妥协。蒋介石受日本的诱降和英美对日本侵略采取绥靖主义政策的双重影响，加紧推行其消极抗战、积极反共的政策。这一年 11 月间，何应钦和贺耀祖（国民政府军事委员会办公厅主任）约见叶剑英，挑衅性地提出一些无理要求。何应钦声称：第一，为了维持法币信用，你们在华北不能自发钞票。第二，你们过去答应委员长，在军队改编两年后可以由中央派少数人到军队中工作，现在已两年多了，为使宣传口号得到兑现中央政府特派人到第十八集团军政治部工作，以资联络。第三，以后发给十八集团军的经费，直接发到师，以免你们把军费用到其他方面，如延安办许多学校之类。第四，委员长训示，如同意上述意见，第十八集团军可增编成为三个军六个师。对这些问题，何应钦要叶剑英致电延安征询意见。叶剑英经请示中共中央后，以个人名义

① 访问雷英夫、张清化、冯大璋、黄常等谈话记录，1988—1993 年。

作了如下答复：（一）八路军并未发行钞票，河北地方政府所成立的银行及其所发行的钞票应如何统一，请中央（国民政府）转知各地方政府共谋解决。（二）关于人事任免，事实上已经统一，八路军团长以上官长，都是呈请中央委任的，至于中央要派政工联络员的问题，须请示前总。（三）经费用途，我军都用到军队本身，陕北所办各种学校，其经费均源自学生自筹及南洋华侨捐款。对于叶剑英针锋相对、有理有据的回答，何应钦只好保持缄默。

1940 年 1 月 4 日，叶剑英在重庆与何应钦再次举行会谈。何要求中共取消所谓“违令扩充”的部队及“非法”设立的军区，企图限制共产党抗日武装力量的发展。叶剑英说：“这些军队和军区，是在抗日斗争中发展起来的，它肩负着严重的抗敌任务，故不能取消。”他进一步指出：为坚持抗战，争取胜利，国民政府应允许八路军现有的三个师扩编为三个军、九个师，并承认陕甘宁边区及其所辖地区，承认在抗日前线肩负着指挥抗敌任务的各军区。因何应钦坚持其无理要求，这次谈判无任何实质性进展。

何应钦在谈判桌上和叶剑英的交锋，只不过是国民党顽固派制造一系列反共“政治摩擦”的一个插曲，顽固派在加紧制造更大的“军事摩擦”。这两种“摩擦”构成了一曲反共的大合唱，声浪越来越高。1939 年冬到 1940 年春，蒋介石布置石友三所部进攻河北南部的八路军；朱怀冰、庞炳勋、张荫梧、侯如墉等部进攻太行山八路军；阎锡山所部在晋西地区进攻共产党所领导的新军决死队；蒋鼎文、胡宗南所部进犯陕甘宁边区，从而掀起了第一次反共高潮。这是抗日战争进入相持阶段后，日寇对正面战场减少军事压力，采取以政治诱降为主，对八路军、新四军和各抗日根据地加紧“扫荡”，实行“三光”政策的情况下，蒋介石集团为对日妥协投降进行准备的一个重要标志。共产党、八路军和各抗日根据地人民在坚持有理、有利、有节的原则下，被迫进行自卫还击，粉碎了这次反共高潮。

第三节　“叶剑公舌战群儒”

1940 年 3 月，蒋介石在重庆召开各战区军以上参谋长会议。国民政府军事委员会通知十八集团军参谋长叶剑英和新四军参谋长张云逸参加。蒋介石企图通过这次会议，公开宣布共产党、十八集团军的“罪状”，进而发动更大规模的反共高潮。

在会议开始之前，蒋介石作了精心安排：由他以军事委员会委员长的名义，要求检查 1939 年底至 1940 年初对日军冬季攻势作战失利的原因，企图歪曲事实，加罪于十八集团军，并提出整顿军纪、军令的口号，目的在于逐步消灭十八集团军、新四军。安排天水行营、第二、第八、第十战区及第三十四集团军的参谋长发言，向十八集团军发起围攻，进行诬蔑诽谤，制造“惩办讨伐”的口实。但对国民党军在华中进攻新四军的事实避而不提，以便集中攻击十八集团军。规定每个战区集团军参谋长的发言都不得超过 30 分钟，这样就可以限制叶剑英参谋长的申辩发言。

叶剑英在接到国民政府军委会的开会通知时，正在养伤。几天前，他从红岩村外出办事，因天雨路滑，不慎滑倒摔伤了胳膊。在这种情况下，第十八集团军驻重庆办事处内部对于叶是否出席会议有几种意见：一种意见认为这种会是例行会议，开不出什么名堂，叶又在病中，可以不去。另一种意见认为，叶不去不好，因为张云逸不能来，来了按规定也没有发言权，如果叶不去，只有新四军参谋处处长萧正岗一人参加会议，难以应付。还有一些人担心这次会议正值国民党顽固派掀起的第一次反共高潮失败的时候，蒋介石很可能要搞阴谋诡计，不宜前往。

叶剑英和南方局的秦邦宪、董必武等商量后，认为这是全国性的会议，不论发生什么情况，都要做好准备，应付这场斗争，于是决定自己带病出席。为了更好地应付复杂的局面，赢得这场“交战”的胜利，叶剑英组织军事组和有关人员日夜加班工作，搜集资料，分析形势，研究对策；通过各种关系，了解蒋介石的企图和各有关战区、集团军派来参加会议人员的动态；汇总八路军几年来的战绩和 1939 年冬季作战的材料。同时，叶剑英和重庆十八集团军办事处的同志一道查找了过去积累的摩擦材料，请刚到重庆请求赈灾的冀南代表齐燕铭等，详细地介绍了石友三所部在冀南制造摩擦、迫害人民、破坏抗战的许多典型事例；请刚从山西战区来的地下党的同志和朋友，介绍阎锡山所部进攻山西新军并准备对日妥协投降的材料；同时向有关方面收集到朱怀冰、张荫梧、侯如墉等制造摩擦进攻太行山八路军的许多罪行材料，特别是找到了张荫梧联合日伪皇协军共同进攻八路军的命令、文件等最有说服力的铁证；还找出了国民党军委会政治部印发的《敌伪广播》材料，上面载有 1939 年 11 月 19 日共同社有关中共晋察冀部队在涞源县作战中，击毙日军独立混成第二旅团旅团长阿部中将详细情况的广播原文。日本共同社在这篇广播中，称阿部中将是日本的“名将之花”，说他“在与八路军三天惨烈的血战中，作了悲壮无比的牺牲”，因而日本“全军将士，莫不切齿痛恨，立誓尽歼共军，以飨阿部中将之英灵”。这篇报道从反面有力地证明了八路军是全国最坚决抗战并得到了最光辉战绩的主力军。这无疑是一个有力的宣传武器，对国民党所谓八路军“游而不击”的流言是最好的反击。

根据党中央、毛泽东提出的坚持抗战反对投降，坚持团结反对分裂，坚持进步反对倒退的方针，叶剑英确定在这次会议上的态度是拥蒋抗日，反对摩擦，一切以抗战、团结、进步的大局为重，充分摆事实、讲道理，晓以大义，争取更多人的同情，粉碎国民党顽固派的阴谋诡计。

开会那天，叶剑英按照规定，身着黄呢子军服，佩带中将军衔，进入会场。他虽然伤未痊愈，臂带石膏夹板，但仍精神抖擞，仪态从容。

会议刚开始，蒋介石就杀气腾腾地批评冬季攻势打得不好，要进行检讨，整顿军纪军令。接着，话锋一转，说接到很多人报告；这次冬季攻势之所以失败，是因为十八集团军“游而不击”，“破坏抗战，制造摩擦”等不法行为所造成的。现在要彻查此事，严肃军纪。

蒋介石的话音一落，按照他们预定计划，天水行营参谋处一个姓盛的处长就破阵而出，说第二战区之所以没有完成冬季作战任务，是因为山西新军叛变，十八集团军公开掩护叛军，袭击友军，不让民众与友军接近，致使友军作战十分困难；冀察战区没有完成冬季攻势作战任务，是因为十八集团军屡次袭击鹿钟麟、石友三、侯如墉、夏维礼等部，给敌人以“扫荡”的机会。接着，第二战区参谋长楚溪春，冀察战区参谋长黄百韬，第八战区章参谋长，第十战区周副参谋长，第三十四集团军参谋长罗泽闿等连珠炮式地发言，抛出什么十八集团军“袭击友军”“掩护叛军”“破坏政权”“强征粮食”“滥发钞票”“贩卖毒品”等罪名，大肆进行攻击。蒋介石、何应钦自以为得计，眉飞色舞。而那些比较正直的且有抗日救国心的人，则提心吊胆，为共产党、八路军的代表叶剑英参谋长捏一把汗，为团结抗战的前途和国家民族的兴亡担忧。

面对种种充满恶意的攻击，叶剑英不动声色，泰然自若，冷静地倾听每个人的发言，准备后发制人。第一天散会回来，他立即同南方局的领导同志和有关工作人员一起，针对会议上反映的问题，将原来准备好的发言，进行了修改补充。

3 月 8 日，叶剑英见时机成熟，便要求发言。在得到会议主持人同意后，他仪态大方地走上讲台，环顾四周，胸有成竹，有针对性地集中讲了两个问题：一是作战问题，二是摩擦问题。

关于作战问题，叶剑英主要讲了八路军的战略指导思想以及如何按照统帅部的抗战命令，艰苦奋战并获得伟大战果的情况。他首先说明，华北战场是整个抗战的重心，十八集团军坚持华北抗战，必须同敌人进行全面的斗争。华北敌后是一盘棋，各个地区，包括山地、平原、湖、海和城市、乡村，包括党、政、军、民、学、野战军、地方军、民兵自卫队等，必须互相配合，必须军民结成一体，才能坚持抗战，争取胜利。为此，十八集团军进出敌后各区，发动群众，建立政权，积极配合作战，乃是抗日战略的需要。其次，他讲到，抗战两年半来，十八集团军在敌后作战，克服了缺衣少食，缺乏武器弹药和敌人残酷“扫荡”等种种困难，付出了巨大代价，获得了辉煌的战绩，计大小战斗 2689 次，歼敌 8 万余人，十八集团军将士阵亡 1.5 万余人，负伤 4 万余人。十八集团军的战绩不仅为全国人民和全世界进步人士所称道，为蒋介石和统帅部所嘉奖，也为敌人所承认。第三，叶剑英说明，八路军接到统帅部举行冬季攻势作战的命令时，华北敌军正在对晋察冀等根据地进行大“扫荡”。尽管十八集团军许多部队正在进行紧张的反“扫荡”作战，但仍然抽调了 15.5 万余人的兵力，周密部署，努力作战。他列举大量事实详细说明了十八集团军冬季攻势战役的具体部署、作战经过和所获战绩，特别引用国民党军委会印发的敌伪广播材料，说明十八集团军不仅圆满地完成了冬季作战任务，而且完全是按照最高统帅部的抗战命令办事的。十八集团军坚决、积极、英勇的作战行动，同国民党军队在正面战场上消极抗战，望风而逃的情况，形成了鲜明的对照。

叶剑英以这些从战略到战役战斗方面的具体事实，有力地驳斥了所谓十八集团军“游而不击”的论调，粉碎了蒋介石想借检查冬季攻势作战失败为名，加罪于十八集团军的阴谋。

叶剑英紧接着谈摩擦问题：

他首先承认，各有关战区和集团军所提摩擦事件，是抗战中的一个严重问题。接着，他提出了从政治上、战略上正确解决这一问题的四个原则。第一，我们提出摩擦问题的目的是要把摩擦事实加以研究，找出摩擦的原因，求得正确解决的方法以消除摩擦，决不应是扩大摩擦。第二，许多摩擦都是由于政治意见、战略思想的分歧和奸人的挑拨离间所造成的，如果把摩擦的现象当成原因来看待，抹杀了产生这种现象的政治、战略原因，仅仅从武装冲突的本身来解决，这个问题不仅不能解决，反而会产生更严重的后果。第三，有人把十八集团军当作异军看待，这是完全错误的，这是许多摩擦发生的根源。抗战中各友军由于各种历史、地理等原因，确实存在着不同的特点，但只要团结抗战就都是友军，不应看作“异军”。政府的政策应该一视同仁，发挥各自的长处，求大同存小异。第四，十八集团军和友军之间的摩擦不是不能解决的敌我矛盾，而是在大敌当前全民抗战的前提下，所存在的局部的、一时的现象，换句话说，抗战中民族矛盾是第一位的大问题，摩擦则是从属的。决不能搞颠倒了，更不应有意把局部摩擦扩大为全面内战，干那种亲者痛仇者快的蠢事。

叶剑英对各地摩擦的具体情况，实事求是地说明了真相。如对发生在黄河以东、以北的华北敌后摩擦问题，黄河以西、以南的陕甘宁边区的摩擦问题，他抓住何应钦当时说过的一句话为根据，说明这两个地区的摩擦属于政治问题，应该由国共两党谈判解决，不是参谋长会议讨论的范围。这样高屋建瓴地提出问题和认识问题，就从气势上压倒了对方。对于在河北等地区发生的摩擦问题，叶剑英列举事实，澄清事实真相，说明错误完全在国民党军队方面，十八集团军则是处处以国家民族利益为重，只是在忍无可忍的情况下，才被迫自卫还击的。叶剑英指出，有些国民党军队，为了反共反人民，不惜和日伪军勾结，围攻十八集团军，惨杀抗日的人民群众和干部，这是无耻的卖国行为。[①]

叶剑英在发言过程中，全场座无虚席，鸦雀无声，当讲到 30 分钟时，军委会参谋次长刘斐遵照蒋介石的命令，警告说时间到了。这时叶剑英向蒋介石说：“委座，我还没有讲完！”蒋只好让他讲下去。当讲到张荫梧勾结日伪军进攻十八集团军的罪行时，蒋介石沉不住气了，大声质问：“有这回事吗？”叶剑英响亮地回答：“有！”立即把缴获的张荫梧和日伪军勾结的有关材料拿出来，一件一件宣读，并交给蒋介石看。蒋介石做梦也没有想到叶剑英的皮包里藏着这些“法宝”，而且又当场示众，弄得唉声叹气，直摸脑袋。叶剑英越讲越有劲，一直讲了一个半小时。由于他的发言大义凛然，有理有据，使许多人心悦诚服。[②]

会议结束后，陪同叶剑英赴会的新四军参谋处长萧正岗，一跨进八路军办事

---

① 叶剑英：《关于作战与摩擦问题》1940 年 3 月 8 日。

② 访问李世鹏、曹美成谈话记录，1984 年 12 月。

处的大门，就高兴得跳了起来，绘声绘色地向大家讲起了叶参谋长发言的前前后后，会场上人们情绪的急剧变化，与会人员的热烈表情及蒋介石、何应钦等的狼狈窘态。大家听了都非常高兴，办事处里一片欢腾。

正当大家说得热闹的时候，电话铃响了。军事委员会委员长侍从室来电话说，蒋委员长要请叶剑英参谋长去吃晚饭。大家不明白这是怎么一回事，正在分析的时候，侍从室又打来电话，说蒋委员长今晚有事，改日再请叶参谋长吃饭。半个钟头以内蒋介石侍从室连着打来两个完全不同的电话，说明内中必有缘故，很可能是蒋介石进退两难，政策上有什么变化。叶剑英回忆说，这件事，没有蒋介石批准，下边不敢打电话。但究竟是怎么一回事，当时弄不大清楚。后来，才知道其中奥秘。据日本出版的《蒋介石秘录》中记载，蒋介石 1940 年 3 月 7 日曾拟定了一个对十八集团军参谋长叶剑英的“训示”，要点是：（一）不应以防地为私有，不应掩护叛军，袭击友军。（二）应言行一致，协力互助，建立共信。（三）不应擅委官吏，更不应残杀政府官吏。（四）不应尽征民粮，断绝民食。（五）不应擅发私钞。蒋介石原以为叶剑英在会上遭到围攻是无法招架的，顶多申辩几句。这样蒋介石就可以在晚宴上用“训示”的办法，宣布十八集团军的五大“罪状”，然后发动更大规模的军事进攻就师出有名了。万没有想到叶剑英一篇讲演，把蒋介石的预谋打乱了，使其处于十分被动的地位。侍从室按预先的布置通知了叶剑英赴宴，蒋介石在散会后，神情沮丧，下令赶快取消晚宴，取消“训示”。这就是蒋介石那天既通知叶剑英去参加晚宴，马上又取消了晚宴的真正原因。

1940 年底到 1941 年初，第二次反共高潮爆发。从第一次反共高潮到第二次反共高潮，能够争取到十多个月的时间，原因是多方面的，有政治的、军事的、国内的、国际的各种因素，叶剑英在参谋长会议上的有力反击，也是其中的一个重要原因。这次会议之后，叶剑英给党中央写了一个报告，连同发言稿一起送上。毛泽东把叶剑英的这篇著名讲演稿交给中央领导同志和其他同志传阅，并在讲演稿上作了批示：“叶剑英同志 1940 年 3 月初在全国参谋长会议上的报告，此报告得到了广大的同情。”董必武赞誉这次讲演是“叶剑公舌战群儒”。秦邦宪高兴地说：“参座，老将出马，大败蒋家，打了一个大胜仗！”后来，毛泽东在中国共产党“七大”期间的一次发言中说，叶剑英在长征中获取张国焘的密电，立了一功，挽救了中央，避免了损失。在重庆与国民党斗争，“舌战群儒”又立了一功，有这两条是完全可以信赖的。

第四节 新四军北移的谈判

叶剑英在与国民党顽固派斗争的同时，继续协助周恩来等与国内外友好人士会晤，促进抗日民族统一战线工作的发展。

1940 年 3 月 26 日，南洋华侨回国慰劳团发起人、华侨筹赈总会主席陈嘉庚、副主席庄西言等一行五人，自仰光飞抵重庆，代表南洋近 800 万华侨，回国慰劳和考察，准备将广大民众和各党派团结抗战等材料，带回南洋，增加侨众的爱国热心，更好地以财力援助祖国抗战。4 月初，叶剑英同林伯渠、董必武至嘉陵宾馆访晤陈嘉庚，又在八路军办事处举行茶话会，欢迎陈嘉庚一行。叶剑英等相继在会上致词。5 月，陈嘉庚率领慰劳团第一组到达延安，受到毛泽东、朱德等中共领导人及广大军民的热烈欢迎。7 月 24 日，叶剑英会见从延安等地返重庆的陈嘉庚，就国共两党关系和谈判情况再一次进行了交谈，促进了团结抗战大业。叶剑英在重庆期间，在周恩来领导下，与董必武、徐冰等建立南至香港、东至上海、西至西康，包括江西、两湖、两广、云贵川各省的秘密交通线。他通过中共在香港的地下组织，与港澳以及海外侨胞取得联系，进行团结抗战。①

1939 年和 1940 年夏，越南胡志明（胡光）曾来重庆，与叶剑英等会晤，就国际形势以及印度支那共产党的活动、越南国内建立根据地、开展武装斗争等问题交换了意见。胡志明在红岩八路军办事处住了一个多月，叶剑英和办事处同志给以热情帮助。叶剑英和秦邦宪在重庆还热情接待来访的印度国大党领导人尼赫鲁，洽谈抗日救国和维护世界和平问题。

国民党顽固派发动第一次反共高潮被打退后，尽管中共方面一再表示出改善国共两党关系，继续团结抗战的诚意，然而蒋介石并没有停止制造反共摩擦。他继续在国共双方已经达成协议的问题上无理纠缠，在华北、山东、华中等地连续制造了一系列袭击八路军、新四军部队，杀害共产党员及其家属的严重事件。

为了克服国民党顽固派的反共逆流，挽救时局危机，1940 年 6 月上旬，刚刚从苏联疗伤回国经延安返渝的周恩来偕同叶剑英，与国民政府军委会正副参谋总长何应钦、白崇禧，就共产党的合法地位、陕甘宁边区的承认、十八集团军和新四军的扩编以及作战地区的划分等问题进行了多次谈判，并向他们递交了中共关于解决目前危局，加强团结抗战的提案。提案要求国民党政府保障各抗日党派之合法存在；释放一切在狱之共产党员；停止查禁各地之书报杂志，给《新华日报》的出版发行以法律保障，允许其登载中共之文件及领导人之言论文章；承认陕甘宁边区（23 县）隶属行政院，以林祖涵为边区政府主席；准许十八集团军（八路军）扩编为三个军九个师，新四军增编为七个支队；军械粮饷及医药卫生、交通器材供给应与中央军同等待遇，并划分国共军队的作战区域。7 月 2 日，国民党方面将一复案交与周恩来、叶剑英。接着，双方代表围绕两案中所涉及的各项问题，反反复复地展开了一场拉锯式的谈判。

6 月以后，国民党驻苏北的韩德勤部、江南冷欣部及皖南的五十二师迭次包围袭击新四军，并切断交通，事态日益严重。7 月 7 日，周恩来、叶剑英两次致函何应钦，要求国民党最高军事当局立即制止韩德勤等部袭击新四军，制止石友三集团军对第十八集团军的进攻。同一天，国民党战时新闻检查局无理扣压了叶剑英撰写的《第十八集团军抗战三年的几种统计数字》及新四军政治部主任袁国

① 访问鲁明、袁超俊、苏惠、李静谈话记录，1991—1994 年 9 月。

平所写的《三年来坚持大江南北敌后抗战之新四军》两文,《新华日报》即日发表启事，声明两文“奉命免登”，揭露了国民党当局进行新闻封锁的丑行。

鉴于国民党顽固派在皖南及其他地区制造反共摩擦呈有增无减之势，叶剑英在周恩来领导下，同国民党政府展开了一连串的谈判和斗争，并将所了解的顽军动态及时报告中央。7月8日，周恩来、叶挺、叶剑英、袁国平联名致电毛泽东、朱德、王稼祥、项英并转刘少奇等：鉴于顾祝同正趁重庆国共谈判的机会，企图切断江北、江南新四军的交通，制造摩擦；李品仙也在压迫李先念部退过平汉路西，建议此时宜专打顾祝同和李品仙，以分散中央军和广西军联合逼我的阵势。7月17日，周恩来和叶剑英就国民党军陈长捷部3个团在日军掩护下，分两路由晋西东渡汾河，向晋冀豫边区所辖之安泽县晋家山一带进犯事，再次致电何应钦，要求予以制止。

9月6日，周恩来、叶剑英电告中共中央、中央军委：国民党军令部已向第三战区司令长官顾祝同发出扫荡长江南北新四军的命令。当天，中央军委即将周、叶所报情况转告中原局、新四军，正式发出《关于新四军应准备自卫行动的指示》，指示强调：“请叶（挺）、项（英）、胡服准备自卫行动。皖南尤须防备。”

此时，国内的政治局势由于受到国际形势影响而急剧恶化。9月27日，德、意、日在柏林签订协定，正式结成三国同盟。与此相应，英、美也签订了协定。这两大集团势力，此刻都在重新衡量中国这个砝码，极力拉拢蒋介石。一方要蒋放弃抗日，加入德、意、日同盟，德国出面劝和，日本加紧诱降；另一方则许以厚利要蒋加入英美同盟。同时，蒋介石还在继续得到苏联的援助。如此一来，蒋介石身处国际上的三大势力之间，自感左右逢源，举足轻重，便有恃无恐，为所欲为，急欲在国内再度掀起反共高潮。

对于这种乌云滚滚、风雨欲来的险恶形势，中共中央和南方局都作了充分的估计和准备。根据中央的部署，南方局决定把重庆整个党的组织由公开、半公开状态转入地下，彻底改变领导方式。10月4日，南方局讨论了内部组织分工，根据周恩来的提议，南方局设立统一战线工作委员会，董必武任书记，叶剑英任副书记，下分军政、党派、社会、青年、妇女五个小组，分别由叶剑英、秦邦宪、董必武、蒋南翔、邓颖超负责，并专设“叶剑英工作处”。10月16日，南方局致电中央，就此作了专题报告。

局势果然急转直下。10月19日，在蒋介石操纵下，何应钦、白崇禧向朱德总司令、彭德怀副总司令、叶挺军长发出“皓电”，诬蔑八路军、新四军，自抗战以来“不守战区范围，自由行动”，“不遵编制数量，自由扩充”，“不服从中央命令，破坏行政系统”，“不打敌人，专事并吞友军”等，并迫令八路军、新四军之各部队，“限于电到一个月内全部开到中央提示案第三问题所规定之作战地境内，并对本问题所示其他各项规定切实遵守，静候中央颁发对于执行提示案其他各问题之命令”。（所谓“中央提示案”，即将活动在江南和整个华中的八路军、新四军全部赶到黄河以北）。这个“皓电”成为第二次反共高潮的信号和起点。

中共中央严正驳斥了“皓电”的反共诬蔑，在揭露国民党反共投降的阴谋的同时，为了顾全大局，缓和同蒋介石的关系，制止或延缓国民党反共内战的爆发，决定将新四军军部和皖南部队北移。同时，通知全党在思想上准备应付最黑暗局面的到来，对可能出现的某种形式的内战要有高度精神准备，对国民党掀起的反共高潮，将实行“政治进攻、军事防御”的斗争策略。11 月中旬，毛泽东速电致周恩来、叶剑英对付国民党掀起反共高潮的具体斗争部署。

根据中央的指示精神，周恩来、叶剑英等常常是彻夜不眠地分析形势，对如何答复“皓电”的内容、时机和形式等重大问题，以及共产党在政治上、军事上应采取的策略措施等，都及时地向党中央、毛泽东提出了很多切实、有益的建议。

11 月 30 日，周恩来和叶剑英根据毛泽东对国民党采取“表面和缓，实际抵抗，有软有硬，针锋相对”的斗争方针，就新四军北移问题，同国民党代表、军令部次长刘为章（即刘斐）谈判。刘称蒋介石表示可以将北移限期推迟，但各地冲突必须停止。周恩来、叶剑英表示，江南新四军决定移动，其余有困难；停止冲突必须由国民政府军队“立即停止军事行动”。12 月 5 日，周恩来、叶剑英致电中共中央，建议以朱德、彭德怀、叶挺、项英名义电复刘为章，要刘顾全大局，停止桂军和霍守义师对江北新四军的进攻。12 月中旬，又电告毛泽东、朱德：李品仙歼灭新四军渡江军队的计划是经何应钦核准的。

为了贯彻执行中央的指示，在此期间，叶剑英陪同周恩来同刘为章和张冲（即张淮南）在重庆连续进行多次谈判。在谈判中，为了击破国民党掀起的反共高潮，坚定地贯彻中共中央提出的十二项谈判条件：（一）我同意将皖南部队北移，但需延缓开动时间。（二）我苏鲁皖部队不能开动，只是皖南的移动。（三）我华北八路军因无粮饷、弹药，准备南下。（四）国军应停止进攻陕甘宁边区。（五）国民党释放罗世文，我释放孙启人。（六）应停止在陇海路、咸榆路捕人扣车。（七）张国焘、叶青不应聘为参政员，否则中共参政员将退出参政会。（八）桂林八办不能撤销。（九）国民政府应给八路军、新四军发饷，欠饷亦应补发。（十）停止石友三隔离黄河的行动。（十一）保障我在各地办事处之安全。（十二）拒绝同何应钦、白崇禧谈判，要求与蒋介石直接谈判。在 12 月 24 日的谈判中，叶剑英郑重表示：“中国共产党的让步是有限度的，‘佳电’提出新四军过江，已表示让步，如果国民党再不停止进攻，陕北封锁仍不解除，那么，兵戎相见，演成内战，责任完全在国民党。”12 月 30 日下午，国民党代表在谈判中正式宣称：奉蒋介石指示，“中央提示案”内容不变，日期可以延缓。要求 12 月底，江南新四军移到江北，江北八路军移到老黄河北。越年 1 月底，江北新四军移到老黄河北，否则冲突避免不了，一切谈不上。周恩来、叶剑英再次向对方郑重申明：第一，江南新四军已经决定移动，其他我军不动；第二，冲突如有，其原因决不如此，最近霍守义师南下，攻击十八集团军彭部，他们已再三让步，故目前国民党必须停止在陕北、皖南和苏北的军事行动。

在同国民党代表谈判的同时，叶剑英协助周恩来，通过各种渠道揭露国民

叶剑英（前排左三）、董必武（后排左一）等与外国友人在一起

党制造摩擦、破坏国共合作的行径。他们布置工作人员把国民党制造摩擦的文电和反共文件汇集成册，秘密发出，还寄往八路军驻桂林和西安的办事处，广为散发，同时委托国际友好人士王安娜等通过外国朋友把材料带到香港向国外散发。

尽管局势发展已如此严重，但是，中共中央东南局书记兼新四军副军长的项英，却没有坚决执行中央一系列重要指示，对国民党顽固派可能发动的突然袭击，估计不足，缺乏准备。这就使新四军处于十分危险的境地。

第五节　揭露“皖南事变”真相

1941 年 1 月 6 日，爆发了震惊中外的“皖南事变”。1 月 4 日奉命北移的新四军军部和所属部队 9000 余人，于 6 日在皖南泾县茂林地区突然遭预先埋伏的国民党军第三战区司令长官顾祝同、三十二集团军总司令上官云相所指挥的 7 个师 8 万多人的包围袭击。新四军被迫抗击，血战七昼夜，弹尽粮绝，除 2000 余人突围外，其余 6000 余人大部壮烈牺牲，一部被俘。军长叶挺被扣，项英、袁国平、周子昆遇难。

事变后的第 6 天，1 月 12 日，周恩来、叶剑英和办事处的同志正在《新华日报》报馆举行该报创刊 3 周年纪念活动，突然接到中共中央书记处关于新四军在皖南惨遭国民党包围袭击的告急电和中央关于向国民党提出严正交涉，并向各方呼吁的指示，他们立即中断纪念活动，迅速找到国民党谈判联络代表张冲，向国民党方面提出抗议，要求“急电制止”。同一天，周恩来、叶剑英复电党中央，报告了同国民党代表刘为章交涉的情况，电报说，已告诉刘为章：我华北、华中将士得到新四军在茂林被围攻噩讯，义愤填膺，怒不可遏，只有迅速解除围攻，才能免除危机；提出要蒋介石、何应钦立令顾祝同解除茂林包围，让出新四军经苏南渡江的道路。同时直函向蒋抗议，坚持非经过苏南过江不可。请中央询问叶（挺）、项（英），究竟他们采取哪条道路折进苏南，以便作具体的交涉。据当年南方局工作人员左仲平回忆，叶剑英在曾家岩亲自给在上饶的国民党军将领上官云相打电话，痛斥其袭击新四军军部的暴行，上官云相狡辩说，这是“误会”，叶剑英驳斥说：“什么‘误会’？你们所讲的‘误会’就是何应钦、白崇禧一手策划的阴谋！你们‘围剿’了新四军军部，但是新四军的部队还在，八路军也不会袖手旁观的，你们要对后果负一切责任！”

1月13日晨，叶剑英通过电话责问三战区参谋长邹文华：对新四军之北移，你们不但不予以帮助，反借口狙击，这是破坏国共关系，将使问题更难解决。接着，周恩来、叶剑英向何应钦、白崇禧、刘为章、张冲提出最严重抗议，并要他们立刻转达蒋介石，要求立刻解除对新四军的围攻，否则国共关系破裂之责将全由你方担负。14日，周恩来、叶剑英再次致函蒋介石，要求他下令立即停战撤围。17日，周恩来和叶剑英获悉国民党反动当局发布通令，诬蔑新四军叛乱，悍然宣布取消新四军的番号，再次向张冲提出严重抗议。当天夜里，得悉《新华日报》关于揭露皖南事变真相的报道和社论被新闻检查官扣压，周恩来立即为《新华日报》题写了“为江南死国难者志哀”和“千古奇冤，江南一叶，同室操戈，相煎何急？”两幅题词，要报馆将题词手迹制版登在被扣去的稿件位置上，加快编排和制版印刷，组织好发行力量，抢在次日各大报发出之前送到广大读者手中。第二天一早，载有周恩来题词的《新华日报》便到达读者手中，并出现在重庆大街小巷的阅报墙上，报纸销量从平时的1000份猛增到5000份。蒋介石看到报纸，大发雷霆，把陈布雷、戴笠骂了一通，说周恩来的题词比一篇社论还重要。

在这些日子里，叶剑英常常是废寝忘食，通宵达旦，陪同周恩来与国民党当局抗议交涉，不仅为解救新四军之危急尽最大努力，还帮助解决贵阳、桂林等八路军办事处交通站等遭到的迫害问题，与此同时，还与梁漱溟、沈钧儒、邹韬奋、张申府、章伯钧、黄炎培、张君劢等爱国民主人士多次交谈，揭露国民党制造摩擦的真相，巩固和发展抗日统一战线。[①]1941年1月14日，同苏联驻华使馆武官崔可夫商谈，听取他的建议。

为了彻底揭露国民党反动派制造“皖南事变”的真相和欺骗宣传，周恩来和叶剑英商量，决定写一篇传单广为散发。叶剑英立即召集军事组和其他有关人员共同研究，连夜赶写了《新四军皖南部队惨被围歼真相》一文，概括了八个问题，列举大量事实揭露国民党制造“皖南事变”的真相和阴谋。传单写好以后，叶剑英作了反复修改，于19日晨送给周恩来审阅定稿。周恩来看完，高兴地说：“恰到好处。”亲自修改了几个地方，指示要赶快印刷，秘密散发出去。传单印好以后，大家分头出动，冲破国民党特务的重重阻挠，通过各种关系和渠道散发到山城重庆，“皖南事变”真相很快大白于天下。

为了表明中国共产党对“皖南事变”的严正立场，中共中央军委发布命令，宣布重建新四军，任命陈毅为新四军代理军长，刘少奇为政治委员，张云逸为副军长，赖传珠为参谋长，邓子恢为政治部主任。同一天，中共中央军委发言人对

---

① 访问吴南生谈话记录，1986年4月。

新华社发表谈话，提出了中共关于解决“皖南事变”的十二条办法。

1 月 24 日，周恩来、董必武、叶剑英联名致电中共中央，报告“皖南事变”后各民主党派的动向，说他们对国民党大为失望，痛感有加强团结的必要。已与我们交换意见，我等深表赞同。有些民主人士近因当局之压迫，日渐左倾，提出以联苏、联共为中心，主张与我党更密切合作，我们已表示赞同。第二天，中共中央书记处回电：必须采取尖锐对立的步骤回答蒋介石 1 月 17 日的步骤，政治上取全面攻势，军事上取守势。周恩来将中共中央解决“皖南事变”、挽救时局危机的十二条办法面交张冲转国民党中央。

不久，蒋介石通过张冲找周恩来、叶剑英，希望恢复两党谈判并以允许中共在江南部队集中延期北移，新四军归入八路军扩大其编制等为条件。周、叶答复：不实行十二条，决无谈判可能。叶剑英针对蒋介石曾以番号、枪支、子弹、医药四者为诱饵，诱降中共某部失败这一历史事件，写下“两手弹四弦，目送飞鸿去”的诗句讥讽之。[①]

叶剑英在重庆期间，与周恩来、董必武等先后住在红岩和曾家岩 50 号，一直受到国民党特务、宪兵、警察的严密监视。特别是 10 月中旬，何、白“皓电”事件之后，蒋介石密令手下监视周恩来、叶剑英，不得让他们离开重庆。国民党特务头子徐恩曾、戴笠、康泽密商逮捕四川省全部共产党员。面对一片白色恐怖，叶剑英一往直前，毫无畏惧，针锋相对，进行了大量的公开与隐蔽相结合的活动。钱之光回忆说：“从武汉到重庆，叶是周的得力助手，声望比较高，有的事情周出面，有的事情叶出面。皖南事变，叶花了很大的力气。有好几个晚上都没有睡觉。有时，快要开饭了，我说：叶参谋长，吃饭了。他说：不吃了，还要打个电话。我们那时紧张得很，新四军军部被包围了，我们办事处也准备被包围。重要的东西都清理了。准备跑不出去，进集中营。”

获取准确的情报是开展斗争的重要环节。为了及时掌握国民党反共投降、破坏捣乱的情报，叶剑英让曾希圣等出面，同国民党政府军统局电讯总台报务员张蔚林（曾在上海入党，后失掉联系，主动到曾家岩 50 号，要求恢复党籍）以及与张一起工作的冯传庆建立秘密联系，并根据他们的表现和要求，经过考验，吸收他们加入中国共产党。以后又令张露萍（又名黎琳，从延安调到重庆南方局的地下党员）与张、冯接上头，秘密打入军统局内部，获取了许多重要情报。不幸，他们的活动被敌发现，被捕后英勇牺牲。他们的革命事迹鲜为人知，一直湮没无闻。1983 年 7 月 10 日，86 岁高龄的叶剑英听了中共四川省委组织部复查小组人员的汇报之后，激动地说：“我想得起，张露萍同志外号叫‘干一场’。”（因为黎琳在延安抗大时经常指挥大家唱“拿起刀枪干一场”的歌子，所以延安的很多人都叫她“干一场”）。7 月 26 日，叶剑英就这件事特意给中共四川省委复查小组写了证明：“四十年代初，我们有两名同志打入戴笠那里，后来暴露了。一天，

① 访问王匪谈话记录，1991 年 6 月。

有一个人找到周公馆，我们决定送他去延安。我送给他一件皮大衣，并且把他送到江边。但他来的时候已经被特务盯上了，后来被戴笠的人捕去了。”由此，张露萍以及与她联络的七位“军统”成员，终于恢复了英雄本来面目，一同被追认为革命烈士。①

第六节　身在虎穴，正气凛然

环境越艰险，斗志越坚定。叶剑英与周恩来带领南方局的同志们，以大无畏的革命精神，在艰难、险恶的环境中，顽强地坚持斗争。他们经常对大家进行革命传统教育。有一次，在南方局召开的全体人员大会上，他和周恩来讲完话后，领着大家高唱革命歌曲。第二天国民党特务部门就在南方局驻地周围增加了人员，进一步加强了监视。面对这种情况，叶剑英坚定地对大家说：“我们共产党人天不怕，地不怕，要沉着应付，处于虎口，稳如泰山。”

1940 年 5 月，朱德经洛阳准备来重庆，曾作《出太行》七绝一首，叶剑英诗以和之：“将军莫唱大刀头，沦陷山河寸寸收。勒马太行烟雾外，伊谁与我赋同仇。”② 表现了同仇敌忾，寸土必争，抗战到底的坚强意志。朱德读后，亲笔录下，倍加赞赏。

这一年，叶剑英在重庆读到地下党辗转传来的方志敏烈士狱中手稿，他异常激动，立即建议《新华日报》刊登《可爱的中国》，并向在场的同志讲述方志敏烈士的斗争业绩，然后挥笔写下《看方志敏同志手书有感》：“血染东南半壁红，忍将奇迹作奇功。文山去后南朝月，又照秦淮一叶枫。”③ 后又将这首诗题写在方志敏同志的遗照上。周恩来非常喜欢这首诗。在一次南方局和八路军办事处工作人员大会上，周恩来对大家进行革命英雄主义和革命气节教育。他讲了方志敏、陈铁军、周文雍在刑场上的故事，特意背诵了叶剑英这首诗，号召大家向烈士学习。在场的同志深受感动和教育，纷纷向叶剑英索诗，竞相传抄。郭沫若读后，特次叶韵和诗一首：“千秋青史永留住，百代难忘正学功。纵使血痕终化碧，弋阳依旧万株枫。”

根据斗争形势的发展和需要，叶剑英在重庆期间，先后多次陪同周恩来、董必武等与国内外友好人士会晤，并出席各种讲演会、纪念会，发表抗战救国言论，同时为报刊撰写了许多文章，谈形势，论战略，宣传共产党和毛泽东的全面抗战路线，介绍敌后游击战和全国军民抗战的战绩、经验，驳斥某些诬蔑中华民族抗战的谬论，产生了广泛的影响。《新华日报》社应广大读者的要求，于 1940 年 3 月将他公开发表的部分文章汇编成《叶剑英抗战言论集》，予以正式出

---

①《党没有忘记他们——红岩英烈》(上)，四川人民出版社 1984 年版，第 4 页。

②《叶剑英诗词选集》，人民文学出版社 1991 年版，第 23、37 页。

③《叶剑英诗词选集》，人民文学出版社 1991 年版，第 23、37 页。

1940 年，叶剑英在方志敏烈士的照片上题诗，表现了他爱憎分明的立场和敬仰英烈的情怀

版。全书分为“论战局”“论抗战中的几个主要问题”“论战略”“论敌后抗战”“八路军抗战的经验”“纪念和悼文”及“其他”等 7 部分，共 31 篇，13 万多字。该书由各埠大书店经售，成为当时发行量很大、深受读者欢迎的一部书。书的后面附有一名记者写的《叶剑英将军访问记》，称叶是全国“著名的抗日健将”，“具备着我们理想中的一个青年革命将领应有的农民般的诚朴，书生般的冷静和英雄般的勇敢”。[①] 国民党统治区的《新闻天地》发表一篇署名文章，对叶剑英和他的文章这样评价道：“叶剑英是广东人，他在军事上有极高的素养，抗战初期他发表的《敌人跳我们笑》一文，不仅阐释了游击战略，抑且才华洋溢，脍炙一时。”

著名新闻记者赵浩生回忆他在一次舞会上，与叶剑英一起谈论朗诵英国诗人雪莱的作品时写道：“我的舞伴（读英国文学的女大学生）并不知道他是谁，当我告诉她这位熟记雪莱作品的人就是叶剑英将军时，她吃惊之余，对她所受的十几年的反共教育都产生了疑惑，她没有想到被称为‘共匪’的将军，却是一位如此博学多才、温文儒雅的人物。”[②]

这一年，叶剑英与南方局机要工作人员吴博结婚。

叶剑英在重庆期间，热情关怀周围的同志，与傅大庆、冯大璋夫妇，许涤新、方卓芬夫妇，曹瑛、陈维清夫妇等建立亲密友谊。这些同志至今保留着叶为他们拍摄的照片、撰写的结婚贺联。

随着形势的发展，根据中共中央“驻渝干部要尽量减少”的指示，1941 年 2 月 1 日，叶剑英奉命从重庆飞返延安。离渝时，周恩来将给毛泽东的信及南方局为中央筹措的经费交给叶剑英带回。此外，叶剑英还带有南方局直接领导下的党与非党干部及所联系的同情分子的撤退、疏散和隐蔽计划。叶剑英同赖祖烈一起，乘坐一架国民党政府派的小飞机，经汉中于 2 月 2 日到达延安。据赖祖烈回

---

① 原文见《云南日报》，1939 年 9 月 2 日。

②《人民日报》海外版，1986 年 11 月 5 日。

忆，叶剑英顾不得休息，立即到杨家岭见毛泽东，将周恩来给中共中央和毛泽东的信以及邓颖超送给毛泽东的照片亲手交给他，向他汇报了皖南事变前后同国民党谈判的情况。两人进行了长时间的亲切谈话。当晚，毛泽东致电周恩来："剑英本日上午十时抵延，畅谈五小时。收到来示，欣慰之至。报纸题字亦看到，为之神往。小超同志照片收到，谢谢。"

从此，叶剑英结束了长达四年之久的在国统区的统战工作，回到了延安。从南京、武汉、长沙、南岳、桂林到重庆，叶剑英作为驰骋于第二次国共合作战线上的"三骑士"（中外有识之士称周恩来、董必武、叶剑英为中共的"外交三骑士"）之一，作为周恩来的得力助手，以他特有的胆识和才智，同国民党进行多方面的接触和多种形式的合作与斗争，在统战工作中发挥了重大作用，建立了不朽的功绩。

第十九章　延安岁月

第一节　重返军委参谋部

叶剑英刚刚踏上延安这块已经阔别五载的土地，一项艰巨的重任便落在了他的肩头。

1941 年 2 月 14 日，中共中央书记处通告全军："叶剑英同志已回延安，现任中共中央军事委员会参谋长，驻延安办公。"

从这一年开始，敌后抗战进入了最艰苦、最困难的时期。日军集中重兵疯狂进攻根据地，实行军事、政治、经济、文化的"总体战"，频繁进行大规模的"扫荡"，妄图隔绝各抗日根据地的联系，消灭抗日人民武装力量。国民党当局则继续执行消极抗日、积极反共的政策，不断对八路军、新四军和各抗日根据地进行军事进攻和经济封锁。同时，有相当一部分国民党正规军扯起"曲线救国"的破旗，公开投敌，充当伪军配合日军作战。在这种严重形势下，中共中央为打破敌顽夹击，战胜严重困难，制定了一系列正确的方针和政策，指引着中华民族的抗战巨舟，劈风斩浪，顽强向前。

叶剑英长期战斗在统战工作的岗位上，熟悉和了解敌、伪、顽、友等各方面情况，加上他本人的军事造诣和谋略才干，到统帅部工作以后，受到毛泽东等中央领导的器重，成为毛泽东、朱德指挥全国敌后抗战的得力助手。对叶剑英，朱德有过这样的评语："我们队伍里这样的人才不是多了，而是太少了，要充分发挥他的作用！"叶剑英以高明干练的中共中央统帅部"参座"闻名于军内外，受到干部和群众的尊重和信赖。[①]

此时，"皖南事变"的余波尚未平息。2 月 23 日，叶剑英致函国民党谈判代表张冲，重申中国共产党对"皖南事变"和蒋介石 1 月 17 日命令的立场，并列举事实历数了国民党在"皖南事变"后，对中国共产党的政治压迫与军事进攻有增无减的种种行径。信中最后指出："本党中央认为十二条办法如不能获得满意解决，各种政治压迫与军事进攻如不停止，则国共关系与时局危机，必将益形严重，一切空言延宕之办法，将毫无补于实际。""倘能由贵党方面采纳十二条办

---

① 访问康克清、陈慧清、谭友林、罗青长、蓝祥辉等谈话记录，1987—1994 年。

法，使目前不幸事态转祸为福，则非仅两党之幸，民族国家实利赖之。”

4 月 29 日，叶剑英陪同朱德与国民党驻延安联络参谋陈宏谟谈话，进一步指出，国共关系如要好转，国民党中央目前至少应采取下列办法：（一）停止逮捕共产党人员，停止反共军事行动和交通封锁；（二）继续发给十八集团军各月份经费并补充弹药；（三）新四军余部尚有八九万人，应即整编；至于移防一节，如政治上有确实保证，自可商量，否则于情于理碍难遵命。30 日，陈宏谟等电告军令部，由军令部提出核议意见，报何应钦。何答应研究解决。

设在延安城西北王家坪的中央军委，是中共中央指挥抗战的“大本营”，从这里发出的每一项指示，下达的每一个号令，无不牵动着各抗日根据地乃至全国的神经。叶剑英作为军委参谋长，深知自己肩上的分量，日夜思虑着如何给中央、军委当好参谋。他经常对参谋部的同志说，参谋部的工作非常重要，处理问题要特别谨慎，要遵照党中央和毛泽东主席的意图办事，照顾好上下左右关系，尤其要多考虑到下边部队的困难。他以身作则，带头学习贯彻党中央、毛泽东的指示，细致、周密地处理问题。那时军委总部有一个不成文的规定，就是一切工作节奏随着毛泽东转。毛泽东习惯于夜间工作，叶剑英也通宵达旦地坚守在岗位上。他工作十分忙碌，每天要办理几十件以至上百件中央军委上呈下达的文电。凡军委机要处来的电报，送谁，抄谁，都要经过他批发，急件随到随办。由他代军委起草的许多文电，都要呈毛泽东主席、朱德总司令审批后签发，大多由“毛、朱、王、叶”[①]联名发出的。

为了给党中央和军委当好参谋，更有成效地指挥抗日战争，叶剑英十分重视从政治上、组织上和业务上加强参谋部的建设。原来军委只设一、二、三局，根据形势发展的需要，他亲自主持成立了四局，主管教育和行政。同时在各局实行精兵简政，提高了工作效率。

“作之君，作之师”，叶剑英奉此为铭，既作群众的领导，又当群众的老师。他遇事总是先作学生后作先生，学习十分刻苦。他弄来一大块青石板，架在窑洞门口当桌子，常坐在桌前读书写作。那时候生活条件差，晚上看书点根蜡烛就很不错了。他不但自己学，还规定学习时间和制度，组织有关的领导干部、机关干部一起学。学习的内容有马克思、恩格斯、列宁、斯大林和毛泽东的军事著作，特别是毛泽东的持久战的战略战术原则，同时学习苏联红军将帅的军事理论，学习孙中山和中国古代的军事理论。为了使干部能读懂原著，他还特意组织干部进修日语、俄语和自然科学知识，指定江右书、伍修权等教课，定期组织考试。他还不定期地给总部机关干部、延安军事院校作时事政治报告，用中共和苏共党史上的经验教训和自己的切身体会，教育大家认真学习马克思主义的政治、军事理论和哲学，强调把唯物辩证法正确地运用到军事领域中，作为研究、指导战争的唯一武器。他还非常关心中央警卫团的学习，亲自去讲课，帮助官兵提高文化水

① 毛、朱、王、叶，即：毛泽东、朱德、王稼祥、叶剑英。

平和理论水平。[①]

1941年5月5日，在马克思诞辰123周年之际，叶剑英在延安在职干部纪念学习会上，作了题为《加紧学习马克思主义的政治与军事》的报告。他在报告中，首先引用恩格斯于1874年论及革命斗争形式问题时的阐述，即与政治、经济两种斗争并立的还有理论斗争，说明加强理论学习的重要性。然后他从分析孙中山领导中国民主革命和国民党几十年的军事活动开始，一直到中国共产党领导的国内革命战争和抗日战争，总结其中的经验教训，强调指出："从理论上、技术上提高我们的战斗力，换一句话说，用马列主义的军事理论，用现代军队的技术知识来教育我们的军队，是非常重要的工作。"他语重心长地说："一个革命的军事干部，必须学习马列主义的政治，犹之乎一个革命的政治干部，必须学习马列主义的军事一样。不懂马列主义，不能成为革命的军事家，等于不懂军事不能成为革命的战斗的政治家一样。……善于领导政治斗争的领袖，同时也善于领导军事斗争。革命的政治和军事的统一性，及军事对于政治的依从性。战争是政治的继续，已成为不可争辩的真理。"[②]叶剑英从20世纪20年代初追随孙中山革命、投身革命军队算起，这时他已在中国现代军事领域中活动了整整20年，他的这篇饱含经验及哲理的报告，在当时产生了广泛的影响。这一年冬，叶剑英担任中央军委军事教育委员会委员和军事学院副院长（朱德为院长），为军事教育事业做出了更多的贡献。

第二节　运筹谋划，持久抗战

科学分析抗日战争的形势，预见其发展进程，研究对敌斗争策略，是军委参谋部的一项重要任务。据柯柏年、罗青长、朱军等回忆，叶剑英经常教育总参谋部的同志要善于根据战争风云的变化，客观地观察形势，认识战争的发展趋势，正确地指导战争。他特意在一局作战室组成了一个研究时局和战略的班子，对国际国内敌、我、友各个方面的态势进行专门的研究，随时了解和掌握情况。并定期组织参谋人员综合分析各战区的情况，整理成《作战周报》，供军委首长参阅。他还经常邀请中央和各根据地、各战区的领导同志前来王家坪参加参谋部分析研究敌情和研讨战略的会议。朱德、贺龙、陈毅、徐向前、聂荣臻、陈赓、罗瑞卿等都参加过这种活动。大家在这种研讨会上提出的意见和建议，为军委制定战略和策略，起到了重要的作用。

1941年下半年，叶剑英与王稼祥根据毛泽东的指示，结合当时各根据地对敌斗争的实际，共同主持起草了《关于抗日根据地军事建设的指示》，经毛泽东、

① 访问尤桂林、耿飚、刘煜谈话记录。在中共延安市委党史办、档案馆、纪念馆查阅的资料，1991年4—9月。

②《共产党人》第19期，1941年8月。

朱德审阅、修改后，于 11 月 7 日以中央军委名义正式下达。“指示”明确规定：每个根据地的军事机构均应包含主力军、地方军、人民武装（即不脱离生产的自卫队及民兵）三个部分。军事建设的中心注意力，应放在地方军及人民武装的扩大与巩固上。主力军应采取适当的精兵主义，其工作重心是提高其政治军事技术的质量。“指示”对地方军及军区的职责、自卫队及民兵的组织、活动方式以及军队与民兵的武器等问题，都提出了具体要求。

在贯彻落实军委指示的过程中，叶剑英十分注重整理和总结各根据地斗争经验。他同军委总部的同志一起，从群众的实践中，逐步摸索出根据地军民在困难时期对付敌人的办法。主要的有：（1）实行主力兵团地方化，地方兵团群众化，大力发展民兵，广泛开展游击战争；（2）采取内线与外线相结合、分散与集中相结合的作战方法，歼灭敌人的有生力量；（3）“敌进我进”，派遣短小精干的武装工作队深入敌后之敌后，发动群众，摧毁伪组织和伪政权；（4）争取与瓦解伪军，巩固与扩大地方武装（县大队、区小队、游击小组），恢复和扩大根据地等。这些办法，为广大军民所掌握，变成强大的力量，使八路军、游击队在敌后站稳了脚跟，有力地打击了日本侵略者。

为了准确及时地获取情报，指挥战争，根据叶剑英的提议，中央军委于 1941 年 10 月 29 日，正式做出了《关于建立情报网的决定》，决定在十八集团军总部、各敌后根据地新四军，首先建立起十个情报网的联络基点。叶剑英对每个联络点抓得很紧，使各地同延安总部的情报联络渠道畅通无阻，保证了中央、军委准确及时地掌握情况、指挥作战。

在各地建立情报网的同时，叶剑英组织各根据地设立气象观察所，建立健全气象观察制度，不但保证了当时作战指挥的需要，也为根据地的气象观察和农业生产提供了方便条件。

为了及时反映敌、伪、友、我的军事动向和各方面情况，叶剑英组织总参谋部人员汇编《军委战况通报》《作战室周报》等，每期都亲自审批。随着第二次世界大战形势的发展，他又在总参谋部成立了资料研究室，编辑《国际资料》，负责收集、整理各交战国的战况，研究外国军事动态和军事著作。毛泽东看了这些材料后很高兴，说这样做“大有帮助”，并且嘱托叶剑英对作战局和资料研究室的同志在生活上多加照顾。叶剑英非常重视通信联络工作，组织出版《通信战士》，并为之题词：“革命的马达在飞转，产生出解放人群的热，幸福的光。”总部的通信工作受到各战区的赞扬。有一次，胶东军区司令员许世友因与中央恢复了中断很长时间的电讯联络，高兴地派人专程到延安，送给中央一根黄璨璨的金条。毛泽东亲自把这根“进贡”的金条，奖给了总参谋部作战部门。

第三节　科学预测苏德战争爆发后日军动向

1941 年 6 月 22 日，苏德战争爆发。德军突然袭击，攻势猛烈，很快逼近列宁格勒，苏军处于极其被动的地位。在这种严重形势面前，中国战场上的日军会如何动作？八路军、新四军的战略方向应如何确定？这是关系到中国抗战和全世界反法西斯战争前途的一个值得认真思索的问题。叶剑英及时组织总参谋部人员进行讨论，召开时事座谈会（邀请当时在延安的日共党员野坂参三参加），分析了日军北进、南下的两种可能性，认为中共的战略思想和战争准备的重点应当放在对付日军南下方面。叶剑英将这个倾向性意见及时上报中央，以供决策参考。这时日本统治集团内部对南下与北进问题也存在着争论。9月6日，日本“御前会议”秘密地采纳大本营和政府联席会议制订的《帝国国策实施要领》，决定发动太平洋战争，“不惜对美（英、荷）一战”。后来战争的发展，特别是日本偷袭珍珠港事件证明，叶剑英对日军动向的分析预见是正确的，对中共中央制定有关方针决策起了重要作用。

这一年11月9日，叶剑英与李克农为重庆召开的国民党爱国志士张冲追悼会送挽联：“豺虎尚纵横，大局岂堪重破坏。巴渝多雾瘴，忠魂何忍早游离。”①

这一年12月，中共中央决定在太行山抗日根据地，为刘伯承50诞辰举行庆祝活动，以表彰他的革命功绩，鼓舞敌后军民的士气。16日，叶剑英从延安特发来两首祝寿诗：

（一）
太行游击费纠缠，
撑住平辽半壁山。
遍体弹痕余只眼，
寿君高唱凯歌旋。
（二）
细柳营中寂不哗，
枪垣炮堵即吾家，
将军五十人称健，
斩得倭酋不自夸。②

1942年，日军华北方面军对中共华北抗日各根据地进行更为残酷的“扫荡”和“蚕食”。为了消灭中共华北局和八路军总部机关和部队，从5月中旬开始，采取铁壁合围、捕捉奇袭等战法，对太岳、太行抗日根据地进行夏季“扫荡”。在反“扫荡”中，中共北方局机关和八路军遭日军合围，经奋勇战斗，虽突出重围，但八路军副参谋长左权于25日英勇牺牲。噩耗传来，叶剑英无限悲痛。为悼念和歌颂这位抗日英雄写下了《满江红》壮烈词章：“试看那，汉家旗帜。剩

① 叶剑英谈话记录，1982年4月8日。
②《叶剑英诗词选集》，人民文学出版社1983年版，第5—6页。

1942年，叶剑英在延安

水残山容我主，穿沟破垒标奇迹”，“风起云飞怀战友，屋梁月落疑颜色。”① 左权牺牲后，彭德怀曾向中共中央提出，要文韬武略兼备的叶剑英来前方协助作战指挥。毛泽东和朱德、王稼祥经过研究，认为叶剑英不能离开军委，未能成行。

叶剑英在延安最高统帅部继续密切注视着苏德战场战局的发展。1942年7月，德国法西斯军队在苏德战场南翼实施突击，集中重兵进攻斯大林格勒。有些人被德国法西斯得逞于一时的表面现象所迷惑，看不出其外强中干的虚弱本质。叶剑英提醒大家观察战局要着眼于发展，透过现象看本质，对苏军转败为胜，要有充分的信心。果然，苏军于是年11月即在斯大林格勒粉碎了德军的进攻，转入反攻，次年2月取得了扭转整个苏德战争局势的巨大胜利。怎样估计这一胜利？是一般性的，还是带决定性的？当时延安各界对此众说纷纭，认识不一致。叶剑英再次组织总参谋部人员展开讨论，正确分析苏德战场上两军力量的对比及消长趋势。他得出结论说，这次胜利是整个苏德战争的转折点。他把这一意见亲自整理成书面材料上报党中央，受到了毛泽东和朱德的赞扬。②

第四节　打一场“政治宣传战”

1943年夏，国民党政府借“共产国际”解散之机，妄图发动第三次反共高潮，调动50万大军准备进攻陕甘宁边区。6月9日，何应钦、白崇禧、胡宗南等在陕西光天县举行军事会议，策划进攻陕甘宁边区。18日，胡宗南在洛川召开军事会议，部署进攻陕甘宁边区，准备分九路闪击延安。7月2日，胡宗南电令各部于10月前完成一切准备，待命行动。这时八路军主力部队大都在抗日前线，党中央、毛泽东等领导人所在的延安地区只有三四万留守部队。面对这种大兵压境的形势，叶剑英沉着冷静，同总参谋部的同志昼夜不停地商讨对策。他考虑到，根据敌我兵力对比，动用武装力量打退国民党军队的进攻，难以取胜。经过反复研究，他根据孙子兵法“实而备之，强而避之”，想出了一个类似诸葛亮“空城计”的作战方案，破例使用中共内线所掌握的敌情，公开揭露国民党的

---

①《叶剑英诗词选集》，人民文学出版社1983年版，第5—6页。
② 访问伍修权谈话记录，1992年5月。

进攻阴谋，发动全解放区军民以至全国进步力量，奋起反对和制止反动派破坏抗日、挑起内战的罪行。他的这个以智取胜的退兵之计得到参谋部“高参们”的赞同，但是又考虑到公开发表采用特殊手段所获得的敌军情报，可能会给中共的情报工作带来不利的影响。为此，他特意找来军委主管情报部门的戴镜元等人征求意见。经过再三研究，大家认为，从斗争全局出发，权衡利弊，应当公开揭露，我方情报工作虽然会受到一些影响，但只要采取必要措施可以挽救。[①]

毛泽东、朱德对叶剑英这个建议，十分赞赏，完全采纳。决定除按预定计划部署兵力，作好保卫边区的自卫准备外，大力开展政治攻势，动员一切舆论，广泛开展宣传战，公开揭露国民党反动派调动兵力、破坏抗战、制造内战的阴谋。7 月 3 日、4 日，毛泽东连电致西安周恩来和重庆董必武，通报蒋介石调集二十余师兵力包围陕甘宁边区，让他们立即将上述情况向外传播，特别通知英、美有关人员，发动制止内战运动，同时找胡宗南、张治中、刘斐等交涉制止，愈快愈好。从 7 月 4 日开始，朱德以十八集团军总司令名义连电蒋介石、胡宗南、何应钦，揭露其“闪击延安”的兵力部署，“内战危机，空前严重，抗战前途，千钧一发”。呼吁团结，避免内战。新华社广播了朱德电报全文，并详细公布了国民党军队调动的情况。7 月 7 日，毛泽东主持中共中央政治局会议，讨论关于对付国民党发动的反共宣传与准备进攻陕甘宁边区问题，做出了四项决定，并于 8 日通电各中央局、中央分局。根据毛泽东的意见和中央政治局的决定，7 月 9 日，延安各界群众三万余人举行纪念抗战六周年大会，紧急动员全边区人民制止内战，保卫边区。大会发出呼吁团结、反对内战的通电，揭露国民党发动内战的反动行径，要求蒋介石等立即撤退包围边区的国民党军队，避免内战，严惩挑拨内战的反共特务分子和通敌叛国的汉奸。同一天，朱德再致电蒋介石、何应钦、胡宗南等，抗议国民党军队炮击陕甘宁边区关中分区警戒阵地，要求制止进攻。7 月 11 日，新华社发表了毛泽东为此写的新闻专稿，12 日，《解放日报》发表了毛泽东写的社论《质问国民党》，对蒋介石和国民党极力反共、破坏团结抗战和准备进攻陕甘宁边区这种亲痛仇快的行径，提出严厉的质问和抗议。[②] 在此期间，国内外记者纷纷询问国民党当局发动内战的真相。敌后各抗日根据地军民和国民党统治区爱国民主人士纷纷集会，发表声明和通电，声讨顽固派。在宣传闪击明显奏效的同时，中共中央增调部分兵力充实陕甘宁晋绥联防军，在军事上也做好了应付突然事变的准备。

这一场以军事实力作基础的声势浩大的政治“宣传战斗”，赢得了国内外各界人士的同情。由于中共掌握了国民党军队的一切行动计划直至兵力部署、行军路线等确凿的情报，并对其揭露无遗，使得正在日夜调兵遣将，准备内战的国民党顽固派大为震惊，十分狼狈，进退维谷。

---

① 访问戴镜元谈话记录，1992 年 5 月。

②《毛泽东选集》第 3 卷，人民出版社 1991 年版，第 909 页。

蒋介石、何应钦等见阴谋败露，陕甘宁边区军民做好了应战准备，正严阵以待，同时又迫于国内外舆论一致谴责的压力，只好改变计划，下令收兵。7 月 10 日，蒋介石即令胡宗南停止行动。11 日，蒋、胡均复电朱德总司令，声明无进攻意图。胡宗南则解释说："敝部换防，请勿误会。"于 12 日下令部队开始后撤。就这样，国民党顽固派发动的第三次反共高潮又以其失败而告终。后来，胡宗南恼怒地下令对其内部进行清查，欲找出泄露军事机密者，给予严惩。查来查去，没有结果，只好不了了之。

第五节　同中外记者参观团的友好交往

1944 年，中国共产党领导抗日军民渡过了极端困难时期，开始转入局部反攻。这一年也是苏联红军反法西斯战争取得决定性胜利的一年。中国共产党领导的武装力量在各敌后战场发动局部反攻，接连取得胜利，消灭与拖住大量日军，使其不能增援太平洋战场。这种客观现实的情况，引起美、英统治集团的重视。1944 年初，美、英等国的驻华大使就向共产党方面提出，要求派英国、美国、加拿大、奥地利等国记者，到延安和其他解放区亲眼看一看，做些实地考察。

中共中央同意了这一要求。6 月 9 日，中外记者参观团穿过国民党军队的层层关卡，到达延安。

这个记者团成员中的外国记者有：美联社、美国《基督教科学箴言报》的斯坦因，美国《时代》杂志、《纽约时报》、《同盟劳工新闻》的爱泼斯坦，合众社、伦敦《泰晤士报》的福尔曼，以及路透社、塔斯社记者等；中国方面则有《中央日报》、中央社、《新民晚报》、《扫荡报》、《大公报》、《时事新报》、《国民公报》、《商务日报》的记者等。国民党中宣部负责检查国外稿件的一个宣传处长携带着一部电台随行。国民党中统局也派遣特务人员冒充记者混入参观团，企图进行破坏捣乱活动。

记者参观团来到延安的当天，首先由八路军总部秘书长杨尚昆出面接洽安排。下午 5 时，由叶剑英以十八集团军参谋长名义设宴为他们洗尘，表示热烈欢迎。10 日下午 5 时，朱总司令在王家坪礼堂设宴款待中外记者们。叶剑英代表朱总司令致欢迎词。

6 月 22 日，叶剑英在王家坪礼堂向中外记者参观团作了题为《中共抗战一般情况的介绍》的长篇报告。为了使外国记者准确无误地听清这个重要报告，当场分发了译成英文的小册子。

叶剑英在报告中分敌、伪、友、我四个方面介绍了截至 1944 年 3 月前敌后战场的基本情况。他指出："中国抗战，一开始就分为正面和敌后两大战场；而自 1938 年 10 月武汉失守以后，敌后战场就在实际上成了中国的主要战场。"叶剑英说：我们的友军在抗战初期，还能配合作战。但自 1939 年以后，集中力量对中共搞摩擦，在正面战场上，都丧失了战斗力。我党担负抗击的敌人，占 84%或六分之五以上，而国民党抗击的敌人仅占 16%，即不足六分之一。究其

1944年6月，叶剑英（左二）在延安宴请中外记者西北参观团

原因，就是因为国民党的方针是厉行专制，压迫民主，自己保存实力，准备铲除异己。最后在介绍八路军、新四军的情形时，叶剑英指出：中共领导的部队，在华北、华中、华南三大敌后战场上团结各界人民，创立了15个以上的抗日民主根据地，军队发展到47万，民兵200余万，人口为8600万。在各根据地，都由人民选举抗日地方政府，执行“三三制”，减租减息，发展由自卫军、民兵组成的游击队，发展生产，肃清汉奸等项政策，党政军民结合一体，在七年当中毙伤敌军350113人，毙伤伪军239952人。赖有这些敌后战场，才挽救了中国免于被日寇灭亡。叶剑英专门宣读了在八路军、新四军中为中国人民的抗战伟业而献出了生命的国际友人的名单，并对历年来盟国朋友对我国的援助表示感谢。叶剑英还对国民党调集重兵攻击、包围、封锁我根据地，派遣大批特务进行破坏，断绝一切接济，并阻断国际朋友对中共的援助等恶劣做法进行了揭露。报告结束时，他诚恳地表示：“我们希望尽可能迅速地结束这种状况，改善国共关系，而开辟一个真正团结抗战的新环境。”①

对于这个被誉为“第一流的报告”，中外记者听后反应十分强烈。有的外国评论家说，叶的报告“掷地有声”，是“集毛泽东、周恩来、朱德与中共高层意见于一身的谈话”。

6月25日，叶剑英与朱德又同英国记者斯坦因和美国记者福尔曼进行了长达四个小时的谈话，回答并说明了这样几个问题：（一）共产党军队在战时敌后的潜在力量；（二）共产党对国民党的关系、态度以及同国民党、美国及英国武装力量合作能够采取或应该采取的形式；（三）战后共产党军队将为保持远东和

① 叶剑英：《中国抗战一般情况的介绍》1944年6月22日。

平而斗争。

叶剑英的报告和朱德的谈话，通过中外记者传播到中国大后方和世界许多国家以后，引起了中国人民和世界许多国家政府和人民的巨大反响，国内外舆论对中国共产党在抗战中的地位和作用给予了新的评价。特别是对国民党已备感失望的美、英等国家的一些政府要员与高级将领，更加关注共产党领导下的敌后战场。中国战区参谋长史迪威将军一再强调美国政府必须给共产党军队以与国民党军队同样多的援助。

第六节　与美军观察组谈判

中外记者参观团访问延安后一个月，在史迪威将军的大力提议和赞助下筹建起来的、并且得到美国总统罗斯福坚决支持的美军观察组，开始分批到达延安。观察组组长是美国陆军中有名的“中国通”戴维·包瑞德上校，下设政治情报组、陆军情报组、海军情报组、气象组和营救（飞行员）组。美国陆军中缅印战区司令部在给包瑞德上校的行动指令中，明确规定观察组的任务是：收集一切有关日军和中共的情报，特别要重视“共产党对战争所能做出的贡献的估计”，“共产党战争能力的潜在贡献的估计”，“援助共产党，以增强他们战斗力的价值的最有效的办法”等。

7 月 22 日下午，美军观察组（代号“迪克西使团”）第一批人员乘坐的一架美制 C–47 型运输机飞临延安（第二批 8 月 7 日到达。驻延安美军观察组共 18 人）。周恩来、叶剑英等前往机场迎接。那天，延安机场刚抢修不久，跑道路面基础不牢。飞机降落的时候，出了点小故障，叶剑英急忙走上前去察看，关切地问道：“飞机坏了没有？”曾长期担任过美国驻华使馆武官的包瑞德当即用汉语回答：“伤人乎？莫问马。”叶剑英事后谈起这件事笑道：“我知道他是一个中国通，想不到他还真有点学问咧！”①

观察组到延安后，7 月 26 日，叶剑英陪同毛泽东、周恩来等举行盛大晚宴欢迎美军观察组第一批人员。席间，毛泽东同他们亲切交谈，气氛融洽。8 月 3 日上午，叶剑英向他们全面介绍了敌后战场情况和部队的编制、组织装备等情况，比向中外记者团所介绍的更为详尽，引起对方极大兴趣。包瑞德不时提出这样那样的问题，叶剑英在政策许可的范围内尽量满足他们的要求，会谈中有问有答，气氛十分融洽。叶剑英谈话结束时，美军观察组成员全体起立，包瑞德致辞说：“今天，叶将军所作的报告是很有趣味很有价值的，我们能听到叶将军的报告是很荣幸的。叶将军，你以这样充分的对我们的信任来作报告，我向你保证，对你报告的这些材料，保证以很小心谨慎的态度对待之。”

正式会谈之余，叶剑英还特意到包瑞德住地去看望他，同他亲切交谈。双方

① 叶剑英谈话记录，1982 年 4 月 5 日。

1944 年 7 月 22 日，叶剑英（左三）在延安机场欢迎以包瑞德上校为组长的美军中缅印战区驻延安观察组成员

还在友好气氛中交换了一些情报和军用品。时隔 25 年后，包瑞德在他撰写的回忆录《美军观察组在延安》一书中介绍叶剑英将军时这样写道："他是一个子较高、英俊精干的人。他总是麻利地出来进去，似乎不像一般的久经战争磨炼的共产党人。讲话过程中，他可能试图夸大共产党军队的重要性，但总的来说，他的介绍是客观的。这证明，国民党对共产党的批评是过火的。"

美军观察组在延安参观、考察，观看八路军部队军事技术表演，观感极佳。8 月下旬，美军观察组在叶剑英的精心安排下，派丁甘如副处长等陪同，分小批赴太行、山东、华中等抗日根据地考察，历时 4 个半月，行程 2000 英里。实地考察给他们上了深刻生动的一课。① 观察组政治情报组组长谢伟思在他的第二十六次报告中称："共产党在各游击基地均居优势并具影响力，且已获得农民与自由人士之支持。"鲁登在向美驻渝大使馆的报告中写道："经数月华北、察绥实地证实，中国共产党及其军队深得人民拥护和爱戴。……"

意外的是，美军观察组的惠特塞上尉在山西农村考察期间遭到日寇杀害。八路军总部决定把美军观察组在延安的食堂改为"惠特塞纪念堂"，朱德亲笔为纪念堂题了门匾。朱德、叶剑英还致函远在美国的惠特塞夫人，表示"深为悼惜"。

1944 年 12 月 15—17 日，叶剑英陪同毛泽东、朱德、周恩来继续与包瑞德、伯德上校等会谈有关双方军事合作问题。

为了表彰包瑞德在华工作成绩，在延安特意举行了美国陆军中印缅战区统帅部对包瑞德的授勋仪式。毛泽东、朱德等出席了仪式。

1945 年 6 月 2 日，包瑞德离开延安之后，叶剑英应美军观察组的邀请，同

① 访问丁甘如谈话记录，1987 年 11 月。

1944年，叶剑英（右一）陪同毛泽东、朱德、周恩来等会见美军观察组成员

1944年，叶剑英陪同美军观察组来到南泥湾三五九旅参观

毕德金中校、斯文生少校及斯特尔上尉就美军负责在华建立美军通讯网、在延安设立侦察电台、派驻美军联络员等问题进行会谈。由于对方提出了一些无理要求，缺乏真诚合作的态度，会谈未能达到预期的目的。[①]

第七节 在延安整风运动中

在抗日战争面临严重困难的时期，中国共产党为了增强党的战斗力，使全党在思想上、政治上、组织上得到进一步统一，确定在党内进行一次普遍的马克思列宁主义思想教育的整风运动。这次整风运动从1941年5月毛泽东所作《改造我们的学习》的报告开始准备。9月，中央政治局扩大会议讨论了党的历史问题。会上高度评价了毛泽东的思想和实践，严肃批判了王明的错误路线，同时开展了批评和自我批评。叶剑英出席了这次会议，于9月12日作了发言。他在发言中用反主观主义、反宗派主义的精神来剖析自己。他说，要"脱裤子"赤裸裸地检查自己，看看自己有无犯过错误的"伤痕"。他回顾了自己参加革命二十余年来走过的道路和所做的工作，深感学习不够，表示今后在工作中学习，向毛主席学习，肃清思想上的主观主义。"[②] 随后，叶剑英积极参加中央高级干部学习班，认真学习毛泽东的整顿三风的报告和其他有关文献，研究马克思主义理论和党的历史经验，对存在于自己头脑和工作中的不足与缺点作了认真系统的检查总结。

整风运动全面开展起来以后，中共中央决定在整风的同时，进行一次普遍的审查干部的运动。这个运动本来是要解决敌我矛盾的问题，肃清、争取并改造潜入共产党、八路军、新四军中极少数的特务、破坏分子。虽然中央在决定中强调整风和审干二者在性质上互相区别，不能混淆，但事与愿违，在运动进行过程中，出现了严重混淆敌我两类矛盾的问题。尤其是1943年夏在延安开展的"抢救运动"，问题更为严重。叶剑英和其他一些同志感到审干的"抢救运动"做法不对头，直接向党中央负责同志谈了自己的看法："延安哪有这么多特务呀？如果这样的话，那延安还能不能存在？这样搞法不行。"此事得罪了极力主张搞"抢救运动"的康生。康生一伙告他的"阴状"，说他右倾，还制造借口，搞逼供信，蓄意迫害他的亲属，直至两次剥夺了他参加中央政治局扩大会议的权利。后来，毛泽东提出九条方针，强调"调查研究，一个不杀，大部不抓"，才纠正了"左"的做法。[③] 叶剑英在军委直属队自始至终坚持实事求是，抵制"抢救运动"的过火行为。他几次深入到二局等单位，贯彻落实党的正确的方针政策，找挨过整的干部一一谈话，弄清问题，纠正错误，使绝大多数干部得到甄别平反，重新走上工作岗位。原重庆曾家岩周公馆的收发员左仲平，曾和叶剑英一起工作过，后来调到定边苟

---

① 叶剑英与美军观察组毕德金中校、斯文生少校等谈话，1944年6月2日。

② 叶剑英在中共中央政治局扩大会议上的发言，1941年9月12日。

③ 叶剑英谈话记录，1982年4月1日、2日。

叶剑英（后排左三）在听毛泽东（中立者）作整风问题的报告

池盐务局当领导。在整风运动中，有些人根据左仲平的父亲曾在国民党军队里当过军需官这一情况，推测他父亲是国民党“CC”特务，并把他本人打成“特嫌”，将其开除党籍。左仲平多方解释都没有用，被下放到吴起县政府当一名文牍秘书。他多次申诉，毫无结果，非常苦恼。后来，叶剑英知道了这件事，亲自写了一封“左仲平同志在政治上没有问题”的证明信，派人送给吴起县县长。当县长向左仲平宣读叶剑英的信和组织上为他平反而做出的决定时，他感动得当场哭了起来。[①]

第八节　参加党的“七大”

1944 年 5 月 21 日，中共六届七中全会召开，主要讨论党的历史问题，为党的第七次全国代表大会的召开做准备工作。全会最后一次扩大会议通过了《关于若干历史问题的决议》。叶剑英参加了这次会议，积极拥护会议所做出的“决议”。

这一年，叶剑英突然得知远在家乡的母亲沉疴不起，不幸逝世。他怀着十分悲痛的心情写下了“尸骨抛沟曾逆料，阿母生我最艰难”的诗句，并特意留须，以示怀念。他说：“每当我摸到胡子，就想起母亲，我要用伟大的母爱，去爱全中国人民。”后来，他从家人手里得到母亲的照片，十分珍爱，在照片旁边恭敬地题写两行字：“为人民的儿子而微笑，为人民的儿子而欢心。”他把母亲的照片镶在镜框里，一直挂在自己的卧室里，每天望着她老人家，寄托自己无限的哀思。

1945 年 4 月 23 日至 6 月 11 日，中国共产党在延安召开了第七次全国代表大会。叶剑英以大后方代表团团长的身份出席了大会，并当选为中央委员。他

---

①《萦思录——怀念叶剑英》，人民出版社 1987 年版，第 232 页。

在大会发言中，代表大后方代表团全体同志，表示完全拥护“七大”的政治路线、组织路线和军事路线，拥护毛泽东、刘少奇、朱德同志所作的报告，并且以整风精神进行了自我批评。他回顾自己做参谋工作25年，18年在党内，7年在党外。总结三条经验教训：第一，要学会认识敌人、朋友；第二，要学会组织队伍；第三，要学会指挥。他说：“我把它编成三句话，认识敌友，组织队伍，指挥作战。这是我最近学会的。党的路线，放手组织群众，也是最近学到的。……这次参加整风学习，我也没有整好，只是有了一股劲，要干，不怕自己胡子长。”最后表示今后有信心搞好，主要靠毛主席和中央同志的教导，帮助进步。

在延安艰难的岁月里，大家工作异常紧张繁重，生活极其清苦。在这样的条件下，叶剑英始终以积极乐观的态度，和大家一起动手改善物质文化生活。他响应党中央、毛泽东提出的“自己动手，自力更生，艰苦奋斗，克服困难”的号召，领导军委机关、部队积极开展大生产运动。他从重庆带回用苎麻纺成的线和织成的布，在延安办展览，试制推广。①他不仅带头在参谋部驻地周围开荒种地，纺线织布，养猪种菜，而且非常关心在延安附近南泥湾屯垦的三五九旅，多次亲临视察，指导生产和训练。当年的三五九旅旅长王震在回忆这一段历史时，激动地说：“那时，叶参座非常关心我们，一来了，饭也顾不上吃，就到屯垦地段去视察，和战士们一起座谈生产经验，商量怎样达到生产自给的指标。为了保卫延安，打退胡宗南部队的骚扰和进犯，他亲自指示预定战地和布防。有一次部队搞野外演习，他来到现场观察指示，要求很严，边看边做笔记。演习结束后，他作现场讲评，鼓励部队既要会生产，又能打仗，要练出杀敌真本领。他讲得很幽默，很有风趣，在场的官兵和美军观察组都听得入神，感佩不已。我至今还保留着他在练兵场上讲话的照片，每次看到它，心情都很激动。”②

为了活跃机关业余生活，叶剑英组织机关的文娱骨干，开展文化娱乐活动，调剂精神生活。没有乐器，他自己动手做了一架扬琴。他打扬琴、拉二胡，弹奏广东音乐《小桃红》《雨打芭蕉》……，指挥大家唱《黄水谣》《救亡曲》《延安颂》《渔光曲》等歌曲。在他的带动下，机关同志也行动起来。有的制作了羊皮小鼓、马头胡琴等各式各样的乐器，经常组织演出。他们还常组织舞会，叶剑英特意请从莫斯科回来的女同志教那些日夜伏案工作的干部跳舞。从中央首长到普通干部，工作之余，翩翩起舞，既锻炼了身体，又增进了相互间的了解和交往。美军观察组成员也兴致勃勃地参加跳舞，还请叶剑英带一些同志参加“鸡尾酒会”。有人感到自己是“土八路开洋荤”，叶剑英笑着说：“土！怕什么？将来我们也会洋起来的。把你们带去就是要显示我们的力量，让他们看看你们就是革命的接班人！”圣地延安，欢歌笑语，充满了革命朝气。他还组织干部战士学习文化，开展读书

---

① 访问吴有恒谈话记录，1987年11月。

② 访问王震谈话记录，1989年9月。

叶剑英（右）在陕甘宁边区大生产运动中纺线

活动。至今人们回忆起来，仍然十分留恋那一段艰苦而又欢快的生活。[①]

叶剑英在延安期间，还积极支持并参加"怀安诗社"，与诗坛诸老朱德、林伯渠、董必武、谢觉哉、徐特立、吴玉章、续范亭等人唱和，以诗言志，以诗抒怀。那时没有条件出诗刊，怀安诸老写诗，自备一册，将自己的新作抄上去，送与另一人，另一人添上自己的新作，送与第三人，如是辗转传递，互相唱和，名曰《怀安诗抄》（后在《解放日报》副刊上开辟"怀安诗选"专栏）。叶剑英这一时期的著名诗篇有 1941 年 9 月写的《寄续范亭司令并呈怀安诸老（二首）》：

（一）
孙陵碧血长青苔，
阿斗昏庸事可哀！
剩有残躯效李牧，
雁门关外杀敌回。
（二）
投身革命将何事，
老者安之少者怀。
君独伤时异工部，
小戎离黍托诙谐。[②]

董必武在读罢叶诗后，特赋诗曰："季子徐君（指吴玉章、徐特立）气谊投，希深君复（指谢觉哉、林伯渠）亦风流。指挥能事朱司令，慷慨悲歌叶剑侯。"

① 访问路宝银、高全夫、朱慧、王敏清谈话记录，1989—1994 年。
②《叶剑英诗词选集》，人民文学出版社 1983 年版，第 5 页。

有一次，叶剑英向重庆派驻延安的国民党联络参谋说："请告重庆当局，古人说'有奶便是娘'，今日无奶也是娘。没有吃，没有穿，没有枪弹，我们也是要坚决抗战到底的。"续范亭听到这番话很受感动，挥笔写下一首赠叶剑英将军的诗："十八集团参谋长，有谋有勇且知方。我与将军交未久，青年食堂共一觞。酒味虽薄情谊重，满座宾客尽贤良。慷慨痛陈天下计，兄弟誓死不阋墙。最后一句酸辛话，今日无奶也是娘。"[①]

在延安物质生活极其困难的条件下，叶剑英坚持一贯的联系群众的作风，关心他人胜于关心自己。他自己和在那里读书的儿子选平穿着带补丁的衣服和旧大衣，把新大衣送给别人；把别人送给他补养身体的药品送给体弱生病的同志和生了孩子的女同志。印度籍柯棣华医生牺牲后，叶剑英经常去看望他的夫人郭庆兰和未满周岁的婴儿印华，请他们一起吃饭，并让夫人帮助喂孩子，给以无微不至的关怀和照顾。军委机要秘书张明的夫人生孩子，身体虚弱，没有奶水，孩子整天饿得哇哇直哭。叶剑英知道了，就把伙房每天分给自己的半磅牛奶，送给孩子吃，还亲自去看望，并把自己小孩用的小床送去。对于生病住院的同志，他总是抽空去医院探望，有时还亲自写信问候。对于家在国民党统治区有困难的同志，他特意打电报给在重庆的周恩来，请他设法予以帮助。总参谋部一局局长伍修权调到东北去执行紧急任务，他夫人身体不好，孩子又小，无人照顾。叶剑英告诉他，放心走吧，家里的事由他负责照顾。伍走后，叶剑英对他家属关怀备至。不久，又派人把他的夫人、子女安全送往东北，与伍修权团聚。伍修权一家人后来回忆起这件事，都感念不已。

①《续范亭传》，山西人民出版社 1979 年版，第 261 页。

第二十章　在军调部的四百天（上）

第一节　停战令颁发前后

1945年8月15日，日本宣布无条件投降。9月2日，日本天皇、政府及帝国大本营的代表在投降书上签字。至此，中国人民历时八年之久的抗日民族解放战争胜利结束。

抗战胜利以后，全国人民迫切希望实现和平民主，休养生息，以恢复战争创伤。8月11日，中共中央在《关于日本投降后我党任务的决定》中指出，国民党正准备抢夺抗日胜利果实，中共应准备对付内战；同时，将依据国内外形势，恢复与国民党的和平谈判，以求成立民主联合政府。而蒋介石在美国政府的支持下，玩弄反革命两面手法，一面准备发动内战，一面侈谈国内和平，电邀中共中央主席毛泽东到重庆举行和平谈判。中国共产党针锋相对地采取了革命的两手：一方面积极准备对付国民党军队的进攻，另一方面决定同蒋谈判，争取国内和平。经过43天的国共重庆谈判，于1945年10月10日签订了《政府与中共代表会谈纪要》（即“双十协定”）。

“双十协定”的重要内容之一，是尽快召开政治协商会议，停止国共两党军事冲突，各党派在一起共商国是。1945年11月，美国统治集团企图运用政治的手段，帮助蒋介石建立一个统一的、亲美的政府，以实现其“不战而控制全中国”的目的。美国派遣马歇尔以总统特使的身份，于12月15日启程来华。12月16日，担任军委副总参谋长的叶剑英作为中国共产党出席政协会议的代表之一，在周恩来率领下，从延安飞抵重庆，并与国民党代表就停止国共军事冲突问题进行谈判。12月23日，叶剑英与周恩来拜会了马歇尔。1946年1月5日，国共双方代表初步达成《关于停止国内军事冲突的协议》。1月10日，国共双方正式签订停战协定并颁发了停战令。为了贯彻实施停战令，双方决定建立一个军事调处机构，并签署了《建立军事调处执行部的协议》。按照协议规定：军事调处执行部（简称“军调部”）设委员三人，其中一人代表中华民国国民政府，一人代表中国共产党，一人代表美国政府。虽然“美国参加军事调处执行部仅为协助中国委员实施停止冲突命令”，但美方代表仍被邀请充任主席。三委员各有否决权，一切事宜，均须经三人一致通过。经三委员一致同意的正式训令，以中华民国国民政府主席的名义公布。[①]

为执行建立军调部的“协议”，中国共产党、国民党政府及美国方面都派出了自己的代表。叶剑英受中共中央派遣，出任军调部中共代表。国民党政府代表为郑介民，美国方面的代表为饶伯森（又译“罗伯逊”）。

叶剑英在重庆参加政治协商会议的同时，积极进行赴北平参加军调部工作的准备。他认真领会中共中央关于争取和平、准备对付内战的决策精神，分析国内外形势，把握谈判的方针、政策和策略。他清醒地看到：美国参加谈判的根本目的，是要摧毁中国人民的革命力量，扶持国民党政府统治全中国，以便在中国推行它的殖民政策，但在当时国际舆论和国内广大人民群众要求中国停止内战、改组国民党政府的情况下，不得不在表面上采取调停的姿态来处理中国问题。国民党政府同意停战并参加军事调处，其目的是遏制、削弱中国共产党和中国解放区军队的力量，争取时间，调兵遣将，准备全面内战。而中国共产党则要利用军调部这一合法机构，揭露国民党反动派的内战阴谋和军事进攻罪行，保护革命力量，为实现国内和平而努力。这样看来，即将开始的军事调处将是一场充满各种矛盾的极其复杂、尖锐的斗争。

叶剑英又仔细研究了谈判对手的情况。

郑介民，时任国民政府军事委员会军令部第二厅厅长兼军委会调查统计局局长。1898 年出生于广东省海南岛（今海南省）文昌县，1925 年毕业于黄埔军校，随即赴苏联入莫斯科中山大学学习。回国后，历任蒋介石的侍从副官、广西省政府委员、国防部参谋本部上校参谋、少将处长。抗日战争爆发后，升任现职。

饶伯森，1894 年出生于美国弗吉尼亚，青年时期曾专攻银行学、经济学及商法。第一次世界大战中入美国航空学校受训，为驱逐机驾驶员。1922 年任银行及信托公司经理、交易所长等职。1942 年脱离企业界，步入政界，担任美国政府租借法案对奥执行处处长，后入国务院研究中国问题。1945 年 4 月，随美国国务卿参加旧金山会议，与出席会议的中国代表团商讨中国问题。同年 5 月来华，任美国驻华大使馆经济事务参赞、代办。

这就是叶剑英即将在谈判桌上面临的对手，一个是国民党的政客兼特务头子，一个是美国政府的所谓“中国通”。

1946 年 1 月 10 日，叶剑英出席了举世瞩目的政治协商会议。13 日，他同郑介民、饶伯森及各自的随行人员一行 15 人，从重庆乘专机飞抵北平。叶剑英等住进了北京饭店。

当天，叶剑英在北京饭店会见记者，发表了简短谈话。他说：本人从未来过故都，适才于北平上空俯视一周，深感其名不虚传，堪称我国最伟大的都市。这次我等三委员北来，负责执行部工作，决心本着合作精神，采取一致行动。他

---

①《停战谈判资料》，四川人民出版社 1981 年版，第 3—4 页。

叶剑英同国民党代表郑介民（右）、美国代表饶伯森（中）在北平军事调处执行部

着重指出，今日和平建国乃为全国一致要求，我们当立即停止冲突，恢复交通，从事建设。[①]

第二节　组建军调部中共机构

三委员到达北平以后，立即着手建立组织机构。按照马歇尔、周恩来、张治中军事三人小组在重庆最初协商的方案，军调部三方人员的配备名额为：美方125人，国民党方面和共产党方面各170人。在组织结构上，规定三委员各带助手、随员数人，下面各设一参谋部，配若干参谋人员。执行主任由美国人白罗德担任。这一职务犹如三委员的参谋长，可直接指挥三方参谋人员。预定派出八个执行小组。但是，工作正式开展以后，由于局势的变化和任务的增加，三委员对组织问题进行了多次协商，组织机构随之不断地扩充和加强。首先确定在三委员之下各设一名参谋长：中共方面由耿飚担任（不久由罗瑞卿接任）；国民党与美方分别由蔡文治、海斯凯担任。在各自参谋长之下分设四个科：计划执行科、新闻发布科、总务科、通讯科。叶剑英为了加强中共方面的力量，利用军调部更多地开展工作，经报请中共中央批准，在机构和人员配制上又有所变化：在委员之下设一秘书长，由李克农担任，管理秘书、通讯、机要、编译、救济等组；参

①《军事调处执行部三方面委员昨飞北平》，载《新华日报》1946年1月14日。

谋长之下设计划执行科、新闻发布科、行政科；另外，还设了几名顾问，由饶漱石、滕代远、徐冰等担任，马海德则以卫生顾问名义参加工作。①

在机构组建过程中，中共方面人员由于通讯不畅，交通阻隔，要在较短时间内集中到北平，困难很大。为此，叶剑英及时请示中共中央，请中央迅速从各地抽调人员赶赴北平，并解决电台配备问题。同时，他利用美国政府提供给军调部的飞机，分别派李克农、罗瑞卿飞往延安、晋察冀等地，专程接到北平的工作人员。他还从各解放区来军调部汇报战地情况的人员中，物色合适对象留下来工作。另外，又从北平地下党选调了一批工作人员。

叶剑英对调到军调部工作的干部十分关心，逐个同他们谈话，要求他们尽快适应新的斗争形势和环境，主动、机智地进行工作。他还教给他们参加谈判斗争的艺术和方法，告诉他们，同国民党代表和美国人打交道时要注意：第一，话不要说得太多，每说一句话都要经过充分的考虑，话一说出口就不好改变；第二，三方达成协议并签字时要慎重，写在纸上的东西，用斧头砍都砍不掉；第三，要注意保密工作，防止他人钻空子；第四，要及时请示报告，以便统一步调。②

1月22日，叶剑英在给冀中军区司令员孙毅的信中，曾谈到抽调人员、组建机构的情况："我们于13日由渝飞平，已十日了。先后到此的有罗瑞卿、李聚奎、耿飚、李克农、伍云甫等五十多名同志。今天可能到的有滕代远等十多位同志（由太行飞此）。山东、华中各地同志，亦派人来此。北平城正放射着国内和平的异彩。虽然各地仍继续有一些大小的冲突，历史的总趋势是和平与民主，这是不可抗拒的力量。"

机构刚刚建立，叶剑英就紧张地投入了新的斗争。从他2月9日写给在军委

1946年，叶剑英（右二）在北平军调部同中共代表团工作人员在一起

① 叶剑英办公室张廷栋等提供的档案资料。

②《李聚奎回忆录》，解放军出版社1986年版，第237页。

总参谋部工作的戴镜元的信中，可以看出他的境遇和心绪。信中写道："我刚到渝不久又飞平，现处在和美国人、国民党人三方合作、三角斗争中，这是新学校、新课程，做错了不少，也学得不少。""我还好，只是把我忙瘦了许多。"

5 月 24 日，马歇尔、周恩来、张治中三人小组电令北平军调部三方各增设一副委员，并明确副委员可全权代理委员离职时之职务。据此，美方的吉伦、国方的蔡文治、中共方面的饶漱石分别出任副委员。参加军调部三方的工作人员，亦大大超过了原来的规定数额。据不完全统计，整个军调部人数最多时达九千余人（中共方面仅六百余人）。这是一个相当庞大、复杂而又特别的机构。中共方面先后参加军调部工作的主要负责人，除委员、参谋长、秘书长、顾问之外，还有：执行处长宋时轮，交通处长耿飚，整军处长陈士榘，新闻处长黄华，秘书处长冯铉，行政处长伍云甫。东北执行分部中共方面负责人为饶漱石、李立三、伍修权。还有薛子正、张经武、荣高棠、赖祖烈、黄逸峰、柯柏年、黄镇等，也先后担任过一些部门中共方面的领导职务。

第三节　停战原则谈判的波折

军调部作为履行停战协定的机构，首要任务是实行军事调处。主要方法，是遵循 1 月 10 日中国共产党与国民党政府签订的停战令，通过三方会谈，商订出关于停战原则的协议，予以发布，国共双方共同执行、遵守。对于发生冲突的地区，则派遣由三方代表组成的执行小组或交通小组，到实地调查双方争端的真相，就地解决各种问题，制定地区性的协定，使双方部队共同遵守，保证实现停战。执行小组不能解决的问题，呈报军调部处理。军调部不能解决的问题，上报军事三人小组议决。

叶剑英与国、美代表就停战原则达成的第一项协议，是 1 月 15 日发布的第一号公告并附"和字"第一号命令。第一号公告宣告：军调部将于 1 月 16 日派美国海军陆战队的飞机往绥远、山东、河北各省的 14 个城市、村庄，散发 1 月 10 日的停战令。"和字"一号命令的内容为具体调处河北省永丰县境内国共军队的军事冲突。命令要求双方即刻停止冲突，各留在原地，停止敌对状态，恢复城内外交通，并允许粮食、商品出入。总的看来，三委员对这一协议达成得比较顺利。而争论激烈、斗争复杂的是军调部"和字"第二号命令、关于修订"和字"第二号命令的电报、"和字"第六号命令等协议。

军调部刚开展工作不几天，叶剑英就同国、美代表开始了关于停止国共双方军事冲突的具体原则的谈判。国、美代表的主张是，停战以后双方部队必须实行隔离，才能防止冲突再起，而隔离则以城市为基准，占城者不动，城外者撤退一日行程（60 里）。叶剑英则提出，停战以后主要是恢复 1 月 13 日 24 时的位置，谁非法侵占则由谁退出，被侵占者回到原来位置，双方均复位，冲突自无。这个争执由美方折衷后，把两方意见都容纳进去，拟定了"和字"第二号命令，三委员于1月20日签署后予以发布。这一协议从表面上看双方互有让步，双方意见均有采纳，似是公平合理，其实对中共方面不利。

“和字”第二号命令第一条实施停战的原则这样规定：“所有冲突的双方部队，接到本执行部的停战指示以后，必须立即停火，并施行双方冲突部队的隔离，以保证冲突不再发生。”这一条中并具体规定，双方撤离冲突地点一日之路程至少为60里。这一命令发布不久，各地小组均发生了争论，国、美方代表到处要中共军队撤退。听命于蒋军的伪军从被围的城镇出来扰乱，蒋军并越出点线故意向解放区军队挑衅，其阴谋在于迫使各地解放区军队都向后撤退60里。叶剑英很快发现了这些问题。同时，中央也来电指示，要求纠正这一规定。叶剑英立即动员中共方面人员，围绕执行“和字”第二号命令问题，开展新的斗争。1月24日，他致电陈毅、饶漱石、刘伯承、邓小平，提出：“执行部‘和字’第二号命令关于停战隔离之规定分为原则与办法两项，原则是要停战，要隔离，要恢复联合命令中所规定的时限以前的位置。隔离之办法必须按照当时当地的情况适当规定。……各地区在实施停战隔离之时，必须根据情况决定。各停战小组的中共代表，在实际执行隔离时有自己的否定权，可以坚决抵抗并将办法中实际行不通的情形电告我们，以便根据实际材料作新的规定。”1月27日，叶剑英又致电各解放区负责人，对如何执行“和字”第二号命令提出一些具体的变通办法，供各地在同国民党方面交涉时参考。与此同时，在执行部三委员会议上，叶剑英对国、美方面要求解放区军队撤退的无理要求坚决予以驳斥。他指出：（一）对包围中的伪军（如：枣庄、德州、兖州、聊城、永丰、元氏、保定等）应是解放区军队受降问题而非部队隔离问题；（二）同蒲路南段未发生冲突事件，没有实行隔离的必要；（三）大同等地阎锡山军出城挑衅，是破坏停战令行动，应予以处罚，不应令解放区军队撤退。否则赏罚不明，鼓励了挑衅的一方；（四）集宁虽暂有冲突，现已停止并且已经隔离（傅作义军已撤至旗下营）。集宁原为解放区军队驻地，无再撤出的必要。同时，为证明“和字”第二号命令本身的缺点，并使国、美方面也感到有不利之处，叶剑英具体指出两个地区，国民党方面应当撤退：一是平绥路青龙桥地区的蒋军，应离康庄60里（如此必须撤至南口附近）；二是豫北蒋军应撤离孟县60里（如此即退到黄河以南）。国、美代表无法答辩，终于同意修正原令。2月4日，三委员发布“和字”第二号命令的修正指示，其主要内容是：拟定“和字”第二号命令之际，执行部各委员会曾商定停止冲突及撤退一日行程（60里）之办法，但凡有执行小组在场或虽无执行小组在场，而双方部队已建立联络机构之处，前述议定办法可经双方同意就地按照情况加以变更。

在“和字”第二号命令修正案发布前后，叶剑英向各执行小组中共方面代表发电指出，坚持恢复1月13日位置是实施停战的基本原则，必须切实监督执行，反对强调隔离部队而取消原来目的，对各地蒋军拒不执行者必须严肃处理。与此同时，叶剑英同饶伯森单独进行多次谈话，说明中共方面对恢复1月13日位置有最大诚意，只要蒋军肯撤出非法占领地区，解放区军队1月13日以后占领的地方均可全部退出。中共方面并拟出解决这一问题的草案事先交美方考虑。美方这时正为战斗序列问题未达成协议而焦虑，便借机提出，在此命令草案中加入战斗序列的内容，要双方指挥官召开会议，在小组监督协助之下，提出双方战斗序列，以便具体商讨 1 月 13 日位置问题。这显然是一种交换条件。叶剑英权衡利弊，认为利大于弊，于是表示同意。随后经反复讨论，于 3 月 22 日签订了“和字”第六号命令。这一命令的主要内容是：为彻底停止冲突起见，政府及中共军队必须停驻于 1946 年 1 月 13 日 12 时整所在之位置，任何部队曾越过上述位置者，应立即退回。任何指挥官如不遵令撤退至 1 月 13 日 12 时之位置或双方同意之改正位置，将以违反停战令论罪。

自此以后，在停战问题的谈判上，中共方面便完全转入主动，国民党方面在政治上完全处于被动。

后来，叶剑英曾就“和字”第二号命令发布前后的情况回忆说：

“军调部刚刚开始工作时，我们没有经验。美国人起草了个协议条文，送给三方委员，说是已经讨论过的东西，各方的意见都吸收了，要求签字。那时黄华做我的翻译。当时我想，刚一开始就闹僵了不好。于是我采取灵活的办法，在协议上签了字。协议公布以后，很快发现问题比较大。我立即给我方各战略区部队打电报，告诉他们，在执行中要坚持有理有利的原则。我一连发了几个电报给部队。后来中央领导对这个事情也有批评。六号命令发布以后，中央领导又来电报，给予了表扬。那时，我们同美国人和国民党代表一起谈判，一开始确实缺乏经验啊。”①

第四节　执行小组的使命

调处各地军事冲突，主要是通过向冲突地区派遣执行小组的方式来进行。执行小组是军调部领导下的基层组织。1946 年 1 月 15 日军调部三委员经过协商，确定其任务是执行军调部的协议，对国共双方军队执行停战令和军调部协议的情况实行监督。

既然派遣执行小组是履行停战的主要手段，那么，往哪些地区派出执行小组，就成为国共双方争论的突出问题。国民党方面拼命要求向对他们有利的地区派小组，以便谋取军事上的好处。面对这种情况，叶剑英根据中共中央和周恩来的指示，同中共方面人员一起，商定了对付国民党和美国人的基本办法：在解放区军队力量薄弱的地区，要争取派遣执行小组，防止敌人进攻；在蒋军集结重兵的地区，要配置执行小组，以监视敌军的调动；在敌人可能利用的港口，应争取派小组，以防对方通过港口运兵；在敌人准备进攻的重点地区，必须派出小组，以便制止敌人的进攻和揭露他们的阴谋。

同时，叶剑英还提出，要充分利用建立军调部协议中“三委员各有否决权，

---

① 叶剑英谈话记录，1982 年 4 月 15 日。

一切事宜均须经三人一致通过”的规定，来对付国、美方面的勾结，遇到国、美双方联合对付我们的时候，我们即可使用否决权，使他们的阴谋无法得逞。

在半年多的会谈斗争中，军调部先后向各地派出 29 个执行小组，7 个交通小组。这些小组，是由三方协议派遣的。尽管国民党方面有美国代表的帮助和支持，但是，由于叶剑英和中共方面人员针锋相对的斗争，结果，双方提议派遣成功的停战小组的数目大体相等。①

军调部的第一个执行小组，是派往绥远（今属内蒙古）集宁地区的。停战令发布时，集宁县城在解放区军队手中。国民党方面为了抢夺战略据点，于停战令生效后的 1 月 14 日凌晨 2 时，向解放区军队驻守的集宁县城发动进攻，并于上午 11 时占领了该城。解放区军队调整部署，包围了该城，同国民党军展开了争夺战。郑介民得知这一消息，立即提议军调部派一执行小组去集宁，监督停战。叶剑英根据集宁前线发来的情报，严正指出，集宁在 1 月 13 日前，为解放区军队驻守，国民党军队进占，违犯了停战令，必须立即退出。郑介民狡辩说，1 月 13 日 24 时停战令生效时，国民党军队就在集宁城内。他反诬共产党军队挑起冲突，向集宁城的国民党军队进攻。

美方委员饶伯森见双方争执不休，遂以“中间人”的身份予以调解。他判定，1 月 13 日 24 时国共双方军队均在集宁城内。因此，要实现集宁的停战，双方军队均撤出集宁一日行程（60 里），划集宁为中立县城。但是，郑介民仍坚持要解放区军队单方面撤退。叶剑英则严词拒绝。事情就这样僵持着。到了 1 月 17 日，叶剑英得到解放区军队在 18 日前有把握夺回集宁的情报，于是，表示同意国、美方面关于派执行小组去集宁的提议。1 月 18 日上午 11 时，当由国民党、美国和中共代表组成的执行小组乘飞机在集宁降落时，集宁已无战事。小组代表们看到的情景是：共产党军队驻防在这座县城，社会平静，秩序良好。小组的美方代表耸了耸肩，摊开双手，无话可说。国民党代表虽然窝着一肚子火，但也无可奈何。

郑介民对这次失败很不甘心，耿耿于怀。3 月，马歇尔、周恩来、张治中三人小组视察集宁时，军调部三委员和晋绥军区司令员贺龙陪同。郑介民和张治中又提出了集宁调处的是非问题。周恩来、叶剑英当然毫不让步。后来，马歇尔只好说：“过去的事情就让它过去了，更重要的是今后的事情。”

围绕集宁调处问题的斗争，是中共代表团在叶剑英领导下坚持停战原则的一个成功范例，它对于后来中共方面处理其他地区的军事冲突问题，提供了经验。

第五节　东江纵队撤退与中原军区突围

广东东江纵队的处境，是叶剑英一开始就十分关注的一个重要问题。东江纵队在 8 年抗战中，积极打击日伪军，先后建立了总面积达 6 万余平方公里、人口

① 访问耿飚谈话记录，1991 年 3 月。

约450万以上的解放区。香港沦陷后，他们救护港九同胞脱险，援助香港文化界人士，支援英美军事当局工作，受到中外人士赞扬。然而，国民党当局竟将这样一支抗日有功的人民军队诬蔑为“土匪”，在停战令颁布以后，公然以“剿匪”为名，疯狂地向东江纵队进攻。

为了制止国民党军队的进攻，叶剑英在军调部三委员会议上，多次提出，应迅速派执行小组到广东调处。国民党代表极力反对，声称广东没有中共部队，没有必要往那里派出执行小组。叶剑英则摆出事实，据理力争。后来，郑介民、饶伯森被迫同意派出广东执行小组。1月25日，该小组代表抵达广州。

执行小组到达广州的次日，广东国民党军方就发表谈话，拒绝承认中共领导的华南抗日游击队，污蔑游击队为“土匪”。对于国民党当局颠倒黑白的谎言，小组中共代表方方理直气壮地进行了驳斥。在北平军调部，叶剑英一次次地揭露广东军事当局进攻东江解放区的罪行，要求军调部立即发电制止，并令广东执行小组到现场监督停战。

在国内外进步舆论的压力下，经过军调部的督促，广州行营于2月18日“奉命同意”广东执行小组前往惠州地区“视察”。

2月25日，叶剑英致函郑介民和饶伯森，指出张发奎让广东小组赴惠州，是精心策划的骗局。因为，他们事先已派出军队进攻并占领了惠州我东江纵队驻地。他们让小组到达该地“视察”，无非是为其“东江无共军”的谎言进一步找借口。叶剑英再次呼吁广东军事当局停止对东江纵队的进攻，并允许小组对真实情况进行调查。

然而，广东军事当局一意孤行，继续阻挠调处。在此情况下，叶剑英致电在重庆的周恩来，请三人小组讨论广东调处问题。三人小组研究了叶剑英的电报，经过磋商，国民党和美国方面的代表不得不承认以曾生为司令员的东江纵队的存在，并同意将东江纵队撤离广东，由美方协助运送山东烟台。

东江纵队撤退的协议达成以后，广东小组就实现这些协议的具体内容，继续进行商谈。至4月下旬，大多数问题都已得到解决，但有两个问题在广东小组和军调部本部又进行了反复磋商，才达成协议。

其一，关于东江纵队撤退途中的安全问题。中共代表主张，为保证东江纵队由内地撤到海岸港口的安全，驻淡水的国民党部队应撤到平山，驻龙岗的部队撤至平湖或深圳。国民党代表坚持原来驻军的位置不动。在三委员会议上，郑介民说，如果驻龙岗和淡水的国民党部队撤出，到时地方民团发动进攻，他们不能负责。鉴于这种情况，叶剑英提出三点建议：由军调部三委员致电张发奎，令其保障东江纵队撤退安全及考虑走廊区问题；在东江纵队撤退途中，除派小组随行监视外，并令该地国民党部队派联络参谋随军行动；由叶剑英与郑介民分别致电张发奎，请他重新考虑东江纵队撤出的安全。郑介民对此表示没有意见。饶伯森见此情景，开玩笑说：我非常同意这个办法。两位委员都是广东人，我想一定能得到一致协议。

其二，关于东江纵队撤退费用借款问题。中共代表计算需要法币[①]9.8亿元，国民党代表提出为2.73亿元，因数目相差较大，无法取得协议。在三委员会上，美方代表提出一个3.326亿元的折中方案，征求双方代表意见。双方代表对此仍存在分歧。后经军事三人小组商定，由广东当局垫付粮款3.7亿余元。与此同时，叶剑英经请示中共中央同意，在军调部又设法筹集了一部分经费，派人送给东江纵队。此后，东江纵队按指定地点集中，除复员1700名战士外，留下2500人，由曾生司令员率领，于6月29日开赴大鹏湾。傍晚，北撤部队登上军调部派来的美军的五八五号、五八九号、一〇二六号三艘军舰，30日8时起航，7月5日，安全抵达山东解放区烟台市。至此，叶剑英心中的一块石头才落了地。

中原地区的军事冲突，是叶剑英通过军调部迫切需要解决的又一突出问题。停战令公布后，中原军区部队为执行停战协议，从桐柏山区转移到了鄂豫交界的罗山、光山等地区。然而，国民党方面一再违反停战协议，先后调集11个军26个师共30余万人的兵力，将中原军区部队重重包围，妄图予以“围歼”。

军调部建立不几天，叶剑英即将中原地区的严重局势提到了国民党和美国代表面前，要求立即派出执行小组去监督停战。而国民党代表却借故拖延。经过叶剑英一再争取，国民党和美国代表才同意组成由中共代表薛子正、国民党代表邓为仁和美方代表福特组成的汉口第九执行小组。1946年1月下旬，小组奔赴河南罗山、应山视察，并会同当地国共双方驻军代表——中共代表王震、国民党代表宋瑞珂，签订了《罗山协定》与《应山协议》。两个协议中规定，双方部队在国共问题未解决之前，均停驻于现地，不得向对方进攻。可是，国民党军队不仅不执行协议规定的停战条款，还变本加厉地向中原军区部队发动进攻，占领解放区村镇1000余处。他们还派遣特务到中原军区部队驻地造谣、放毒、暗杀，并实行经济封锁，妄图“困死饿毙”解放区军民。

对于中原军区部队的困境，叶剑英忧心如焚。2月中旬，他就如何解决中原军区部队的粮食供应问题，向军调部提出两项紧急措施：第一，准许中原军区部队主力根据联合命令第二条规定，移驻于平汉路西产粮区，以便就地解决粮食困难；第二，如上述措施难以实现，中原军区部队则转移到皖东、苏北地区，靠近新四军军部，以便于将来进行整编。国民党和美国方面的代表对此却不同意。3月初，叶剑英随军事三人小组到武汉视察，又提出中原军区部队易地就食的问题，国民党政府代表仍表示拒绝。

中原军区部队和中原局总共有近八万人，每月需要补助给养经费法币三亿元左右。为了解决这一难题，叶剑英在极其困难的境况下，利用他在军调部的合法地位和身份，采取许多措施筹集经费，然后设法送到中原军区，帮助他们渡过难关。

---

① 1935年11月4日国民党政府实行法币政策，规定以中央银行、中国银行、交通银行（后增加中国农民银行）发行的钞票为法币，禁止银元在市面流通。同时规定法币汇价为一元等于英镑一先令二便士半。至1946年，法币已急剧贬值。1948年8月19日，国民党政府发行金圆券以代替已崩溃的法币。

为了更有效地制止国民党军队对中原军区部队的进攻，叶剑英在军调部经过反复斗争，并经过周恩来在三人小组的努力，迫使国民党、美国方面的代表同意，于5月10日签订了《关于停止中原内战的汉口协议》。此后，国民党军队的进攻行动暂时有所收敛。

第六节　恢复交通线之争

在紧张激烈地进行停止军事冲突问题谈判的同时，叶剑英还同国民党和美国方面的代表，进行了关于恢复交通问题的谈判。

早在1945年8月至10月国共两党在重庆谈判时，恢复交通就是一个争论很大的问题。中共代表提出：恢复交通必须以全面停止内战为前提，必须停止国民党部队对解放区的进攻和侵占。国民党代表不同意中共方面意见，并以“遣返日俘”和“恢复经济建设”为名，要求解放区军队让出铁路线。由于双方立场、主张尖锐对立，虽经多次会谈，均未达成协议。随着停战令的颁发，恢复交通的问题随即提上了军事调处的重要日程。

在军调部三委员讨论如何恢复交通的会议上，叶剑英提出，恢复交通与停战问题既有联系又有区别。在双方冲突地区，只有先停战，交通才有恢复的可能。而且，恢复交通还有比较复杂的技术问题和物资准备问题，以及铁路、公路、水路的恢复修整等一系列问题，都需要认真考虑。他建议先做调查，制定一项计划，然后由三委员讨论决定。他还主张把对日军的缴械与遣返，铁路警戒与路线管理等问题，同恢复交通放在一起讨论。

此时，蒋介石正积极调兵遣将，部署全面内战，急需靠铁路运兵。郑介民根据蒋介石的旨意，极力主张先讨论恢复铁路交通，其他问题暂时放后。美方代表虽说法不同，但实际上与国民党代表唱的是一个调子。后来，三委员同意授权三方的参谋长拟定一项恢复交通的基本方案。争论了两个星期，迟迟未能达成协议。

为进一步阐明中共方面的原则立场，叶剑英于1月28日下午，邀请美方委员饶伯森和执行主任白劳德进行私人谈话，就如何改革交通机构，实现民主管理问题，提出三点建议：交通部门在组织上可采用过渡时期的办法，设立交通委员会，在军调部领导之下，处理一切交通问题；各级交通机构，应实行民主管理，应有中共代表参加；鉴于遣送日本俘虏与恢复交通有关联，应把受降与遣俘问题包括在交通委员会的工作范围之内。

饶伯森对叶剑英的三点建议表面上不置可否，但行动上继续寻找借口支持国民党代表提出的“先恢复铁路交通，其他问题暂时放后”的主张，会谈没有结果。后来，经重庆军事三人小组会谈，达成一项关于恢复交通的协议，作为“和字”第四号命令下达双方部队执行。2月14日，军调部三委员据此就修复铁路的程序问题举行会谈，确定在华北、华中8条铁路线上，设立七个交通小组。在交通小组出发前，叶剑英、罗瑞卿于2月18日对中共方面执行“和字”第四号命令应注意哪些问题，提出八项措施，报告中共中央。中央立即全文批转给各战略区执行。这个电报，对已经达成的协议应当怎样贯彻，对未达成协议部分应当如何对待，以及执行协议后可能出现的问题，需要采取什么对策等问题，都做出明确规定，为交通小组中共代表指明了斗争的方向。

经过一系列磋商，7 个交通小组根据本地区实际情况，先后签订了一些地区性的临时协定。按照协议规定，解放区军民积极开展铁路修复工作。他们在技术、器材极端困难的情况下，动员一切人力，不分昼夜，不避风雪，抢修铁路、桥梁，主动平毁在解放区交通线上的堡垒、壕沟和工事。在短短的 20 多天内，津浦、胶济、陇海、平绥等铁路的干线和支线，就有 851 公里通车，其余也在修复中。

但是，国民党军队却拒不执行“和字”第四号命令。他们在津浦、平汉、平绥、胶济等沿线不仅不平毁工事，反而大修特修新的堡垒工事。他们还违令调动 51 个军、129 个师，共 131 万多人，并不断向解放区发动进攻。对此，叶剑英进行了全面揭露，多次提出抗议。

在执行“和字”第四号命令的过程中，国民党代表还就解放区的铁路和邮政管理问题无理纠缠，妄图由国民党政府交通部委任人员管理解放区的铁路，并企图以考试为名剥夺解放区邮电人员的资格。叶剑英同他们进行了面对面的说理斗争。

经过叶剑英和军调部中共方面人员不屈不挠的斗争，国民党政府和美方代表被迫同意：在 2 月 15 日前（军调部第十一号公报发出时间），中共方面在铁路、邮政所委派的人员继续留任，以后委派需经再度讨论。这样，挫败了国民党妄图插手解放区铁路和邮政管理的企图。

第七节　安平事件

1946 年 6 月 26 日，蒋介石悍然撕毁国共两党之间的停战协议，以 30 万大军向中原军区部队发动进攻。以此为起点，相继在晋南、苏北、鲁西南、胶东、冀东、绥东、察南、热河、辽南等地，向解放区展开大规模进攻，发动了全面内战。在此危急形势下，中原军区部队顽强反击，分几路主动向预定地区进行战略转移，经过多次激战，于 7 月底以前分别到达华中解放区和陕西南部、湖北西北部地区，建立了陕南、鄂西游击根据地。

国民党发动全面内战后，随着战火的蔓延，军调部的斗争更趋激烈。1946 年 7 月 29 日，在位于河北省香河县平津公路线上的安平镇，发生了一起美蒋军队联合进攻中共军队的严重事件。

本来，驻天津和塘沽一带的美国海军陆战队是以“帮助”中国遣返日俘为名来华的。他们为了顺利在平津之间通行，多次向军调部中共委员叶剑英请求，准予他们通过解放区军队驻守的香河县路段。叶剑英经请示中共中央批准，给他们发了护照，并且规定美军通过这段公路时，必须插上美国国旗作为标志，以免发生误会。

然而，美国海军陆战队不守信义，屡次向解放区军队挑衅。为此，叶剑英曾多次以备忘录形式，向美方委员饶伯森提出抗议。

7 月 29 日这一天，美军联合国民党部队向安平镇发动了进攻，解放军被迫自卫。战斗持续四个多小时后，国、美方面派出增援部队，并以美机多架助战，解放军被迫撤出安平。国、美军队遂占领该镇。

“安平事件”迅速引起了中外舆论和各方人士的关注。

在军调部，国、美代表不顾事实，首先向叶剑英递交了所谓“抗议”备忘录，称美军在安平遭到解放军“预谋”的伏击，伤亡 15 人。叶剑英则根据晋察冀军区副司令员萧克从承德的来电，就美军联合国民党军向冀东解放区发动进攻一事，分别向饶伯森和郑介民提出抗议。

军调部三委员就三方递交的备忘录举行会谈，最后确定成立第二十五特别小组进行调查。其任务是调查谁先发动进攻，以及冲突部队的番号及其主使者。

小组代表出发之前，叶剑英主持召开了中共代表团党组会议，研究斗争策略。他在会上指出，“安平事件”同以往冲突事件的性质不同。它表明美军参加了中国的内战，侵犯了中国主权。小组会谈开始，应反对美方继续担任主席；小组的一切活动，应先确定调查程序，谁不按程序办事，谁就要负破坏调查工作的责任。

第二十五小组的活动一开始，就围绕着调查程序和小组主席问题争论不休。由于国、美代表对这些问题持不公平态度，致使小组先后举行 11 次会议，均未得到任何结果。

为了打开小组会谈出现的僵局，三委员多次举行会议。叶剑英在会上一再提出，应按照三方对等的原则，首先解决调查程序和小组主席问题。经过反复协商，三委员终于在 8 月 14 日达成八条协议草案。然后，叶剑英与饶伯森又飞赴南京。周恩来、叶剑英与马歇尔、饶伯森在南京再次进行协商。最后，由周恩来和马歇尔批准了第二十五特别小组调查程序和主席由三方轮流担任的协议。

根据调查程序的规定，特别小组到安平镇察看了事件现场，听取了美方三个“证人”的报告，访问了香河县中共方面的五位证人，最后还访问了晋察冀军区司令员聂荣臻和驻华美国海军陆战队司令骆基。经过反复调查，事件经过终于搞清楚。就在小组准备向三委员写出调查报告之际，美方代表忽又节外生枝，提出有两个新“证人”，要求小组询问取证。

叶剑英接到小组中共代表的报告后，同意再作一次让步，并提出除询问他们的新“证人”外，还要询问参加作战的国民党军队有关官兵。但是国民党方面的代表表示反对。小组谈判再度陷入僵局。后来，马歇尔竟令小组的美方代表单独询问所谓的新“证人”，并说必要时可单独发表公告。

由于国、美方面代表的破坏、阻挠整个调查工作时断时续，一个多月后，终于无法再继续下去。中共方面不得不于 9 月 9 日，举行中外记者招待会，单独公布事件的真相，叶剑英向记者发表了《关于安平事件调查结果的声明》，中共方面参加小组的代表黄逸峰公布了《军调部第二十五特别小组中共代表关于安平事件调查报告书》。叶剑英明确强调，安平镇发生的事件，是美国海军陆战队在冀东若干地区，不断配合国民党军队向解放区进攻的必然结果。他向美方提出四点强烈要求：（一）美军应向我方正式道歉，并保证不再发生类似事件；（二）立即把安平镇交还我方；（三）驻华美军应全部撤出中国；（四）美国政府必须停止对国民党政府和军队的援助，以维护中美人民之间的传统友谊。

叶剑英的声明和中共方面关于“安平事件”调查报告的公布，澄清了事实真相，粉碎了国民党企图借此类事件将美军拉入中国内战漩涡的阴谋。在这种情况下，美方不得不考虑直接卷入中国内战的后果。9月中旬，马歇尔被迫下令，撤走驻秦皇岛至塘沽之间的美国海军陆战队。这是解放区军民在中共的“针锋相对”方针指导下进行斗争的结果，也是叶剑英在军调部谈判桌上进行斗争取得的又一重要成果。

叶剑英在军调部领导中共方面人员，还就全国其他地区军事冲突的调处问题，同国民党和美国方面代表进行了反复的谈判和斗争。其中主要有：东北地区，华北的河北、山西、绥远等省的部分地区，中原的新乡、安阳等地，华东的山东、江苏省的部分地区，等等。通过斗争，在一段时间内阻止了国民党军队的进攻，赢得了应付国民党发动全面内战的时间，捍卫了革命利益。

第二十一章　在军调部的四百天（下）

第一节　坚守阵地，岿然不动

1946 年，北平在国民党反动派的统治下，特务警察横行，流氓地痞肆虐，社会秩序十分混乱。人民群众的安全自由没有任何保障。

叶剑英带领军调部中共代表团，在异常险恶的环境中战斗和工作，犹如身在虎穴。国民党当局对军调部的美方和国民党方面人员，严加保护，周到备至，而对中共代表团及其在各地执行小组工作的中共人员，则违反协议，多方刁难、威胁，制造事端，甚至肆意逮捕和暗杀，严重危害中共方面人员的安全与自由。叶剑英在执行调处全国各地军事冲突任务的同时，还要同国民党当局破坏民主、危害中共方面人员安全自由的行径进行斗争。

2 月 20 日上午，叶剑英像往常一样，从景山东街住处到达设于协和医院的军事调处执行部办公。11 时许，他接到中共方面有关人员报告：东四牌楼一带，有所谓“河北难民还乡请愿团”纠集数千人举行反共示威，沿途高喊“打倒共产党”、“取消解放区”等反动口号，并散发反共传单。获此情况，叶剑英立即同参谋长罗瑞卿等人冷静地作了分析。他认为，这一事件有可能是国民党当局有预谋的反共活动，因此，必须提高警惕，密切注视事态的发展，防止那些特务和反动分子到军调部来捣乱。

事情的发展果然不出叶剑英所料。下午 2 时，自称为“河北难民还乡请愿团”的一伙暴徒，由少数特务率领，包围了军调部，进行所谓示威“请愿”，矛头直接指向中共代表团。当暴徒夺门而入时，在军调部门前值勤的警察却不加阻拦。暴徒们狂呼反共口号，要求中共代表叶剑英委员出来见面。

这时，叶剑英正在办公室同美方委员饶伯森商谈工作。他得到工作人员的报告后，立即对郑介民、饶伯森说：“这事你们都看到了，我出去见面，看他们能怎么样！”工作人员担心叶剑英的安全，劝阻他不要出去。叶剑英说：我们共产党人代表真理，代表正义，不惧怕任何邪恶反动势力。他坚持要出去。同志们无奈，只好向叶剑英建议，让那些“示威”者推举出代表，再予以接见。

叶剑英从容地来到院中。面对那十几个气势汹汹的“代表”，大义凛然，高声说道：“我就是中共代表叶剑英，你们有什么问题，可以提出来，由我转给十八集团军驻北平办事处。”

“我的房子被共产军分了，地也被占了，要立即退还！”

“我们村子被八路军占领，全家被赶了出来，有家不能归！”

“我们要求取消解放区！”

…………

几个人在起哄。

叶剑英冷静地听完了“代表”们的叫嚷，义正辞严地说：“我们共产党在解放区实行的政策，你们是知道的，土地不能只归少数地主所有，而应当使广大农民都获得土地。这就是孙中山先生早就说过的：耕者有其田。现在，我们解放区有的实行减租减息，有的已经开始土地改革，这是合情合理的。当然，个别地区可能有过火行为，我们一经发现，是会纠正的。”叶剑英用威严的目光扫视了一下众人，继续说：“你们这样胡闹是非法的！我们军调部三方面都不赞成你们这样干。如果你们继续这样干下去，我就上告到你们的蒋委员长那里去！”

然而，少数暴徒在特务唆使下，不仅不听叶剑英的解释，反而强行冲入执行部中共代表团办公室，对中共方面人员肆意侮辱和威胁。在这伙暴徒中，除了地主“还乡团”分子，地痞、流氓外，还有国民党北平市政府的职员和十一战区司令长官部机关报《建国日报》的记者等人。反动气焰十分嚣张。这时，执行部美方委员和国民党方面的委员也不得不出面加以劝阻，但暴徒们继续捣乱，直到天黑，才呼啸而去。

这起严重危害执行部中共代表团安全的政治事件，是在当时平津国民党特务机关暗中指使和反动报刊进行反共叫嚣的鼓动下发生的。事件发生后，叶剑英多次向饶伯森、郑介民交涉，饶、郑二氏才同意以执行部三委员的名义，向北平市政府提出严重抗议，并电请蒋介石从严惩处为首分子。与此同时，叶剑英决定由参谋长罗瑞卿出面，向记者发表谈话，进一步揭露事实真相，谴责国民党当局的特务活动。

郑介民虽然答应了叶剑英的正义要求，保证不再发生类似事件，但在军调部本部和各执行小组，中共方面人员安全受到危害的事件仍时有发生。据不完全统计，在2、3两个月中，国民党军队、特务危害中共方面人员安全事件共发生13起；4月至6月达到34起。国民党方面企图通过制造这些事端，迫使中共方面从军事调处机构中自动撤退，以配合其加紧内战的准备和发动。但叶剑英遵照党中央的决策部署，领导中共方面人员，坚守阵地，岿然不动。

第二节 《解放》报事件

1946年4月3日，在北平又发生了一起警察、特务无理搜查和逮捕新华社北平分社和北平《解放》报社人员的严重事件。

早在军调部成立初期，叶剑英根据三委员达成的有关新闻问题的协议，报请中共中央批准，在北平领导创办了新华社北平分社和《解放》报。中共中央确定由徐特立任北平新华分社和《解放》报社社长，钱俊瑞任代理社长兼总编辑。报社和新华分社的社址设在北平宣武门外方壶斋9号。两社均于2月下旬正式成立，并向北平市有关当局办理了登记手续。2月22日，《解放》创刊号正式出版发行。这是第一张公开在北平发行的共产党报纸，立刻在各阶层引起了巨大反响，几千份报纸被抢购一空。报社加印3000份，很快又告售罄。这张版面不大的报纸，由于宣传了共产党的方针政策，介绍了解放区欣欣向荣的景象，同时揭露了国民党统治区的黑暗与腐朽，反映了人民群众的愿望和心声，受到广大读者的热烈欢迎和喜爱。该报为三日刊，自27期起改为二日刊，其影响日益深远。

军调部的国、美两方代表和国民党北平地方当局感到这张报纸对他们极为不利，视为眼中钉，千方百计加以破坏，必欲除之而后快。他们派出特务，殴打报童，撕毁报纸，甚至威胁印刷厂，不准印《解放》。在这些手段都不能达到目的时，便采取了更加恶毒的法西斯手段。

4月3日凌晨3时，北平警备司令部、北平警察总局出动军警宪兵及便衣特务等200余人，突然包围了新华分社及《解放》报社。许多武装军警、宪兵登上屋顶，以两挺机关枪封锁报社大门，然后由便衣特务胁迫当地甲长上前敲门。门刚打开，武装军警多人即冲进院内，闯入各办公室、寝室搜查，声称是检查户口。全副武装的士兵不断挥舞刺刀、盒子枪，高声叫嚷。警察不但对全体人员搜身，而且在寝室和办公室里，肆意翻箱倒柜。最后，由于未找到任何武器或违禁品，只好暂时退去。

事情还未了结。天明后，军警、宪兵、特务100多人又强行闯入社内，来势更凶。他们以所谓新华分社一部分工作人员户口登记未竣为名，捣毁分社，绑架新华分社全部人员，押往北平警察局外二分局。

与此同时，北平市军警宪特又非法逮捕了《解放》报社代理社长兼总编辑钱俊瑞、发行科主任马建民等10人，还逮捕了叶剑英的军事顾问滕代远的秘书李新等。中共方面人员被捕总数达44人。当天上午，经过中共方面严正交涉，北平警察当局被迫将滕代远的秘书等5人放回，其余39人仍关押狱中。

这一事件发生后，叶剑英立即分别致函国民党北平行营主任李宗仁、十一战区司令长官孙连仲、北平市长熊斌，提出严重抗议。他严厉谴责国民党北平军、警、宪、特当局非法逮捕中共方面人员的罪行，严正提出："非法逮捕执行部工作人员与家属及其他负有和平使命而来的中共人员的严重事件，已再一次严重地损害了执行部的尊严，危及目前中国初步奠基的和平团结的局面，极端违反国、共、美三方关于成立执行部并由政府方面负责保障安全之协议，也违背蒋介石代表政府在政协会上所作的庄严诺言。"

叶剑英就这次严重事件同时向郑介民、饶伯森提交了备忘录，他在备忘录中指出："这些事件，以及秘密袭击和搜查我军事顾问滕代远将军的住地，逮捕滕的秘书，是破坏和平与民主的预谋的一部分。袭击和逮捕执行部的人员，则进一步违反了国共双方关于设立执行部的协议。我已向有关方面提出抗议，要求释放被捕人员，并向被捕人员、向新华分社和《解放》报社道歉，要求惩处肇事者，赔偿损失，并保证今后不再发生此类事件。”

叶剑英还向在重庆的周恩来致电，详细报告了事件经过。周恩来、董必武等联名致信王世杰等人，转述了叶剑英关于北平“四三事件”的电报全文并要其转呈蒋介石，指出：此一连串行为，显然是与全国各地一切反共反政协反民主的破坏罪行相联系的，是有人操纵指使之有计划有布置的阴谋。因此，敝党特再一次提出严重抗议，要求政府：（一）立即释放被捕人员。（二）严惩北平军警宪负责当局，并保证以后不得再有此等事件发生。（三）停止全国特务活动。（四）向执行部中共代表及《解放》报社、新华分社道歉并赔偿损失。

在北平，叶剑英一面派人向被捕人员传达他关于“坚持斗争”的指示，一面继续同北平地方当局交涉。4 月 3 日，他亲自约见北平市长熊斌，当面提出抗议。熊斌在事实面前，只好承认这一事件不该发生，口头保证以后不再歧视中共人员，并交代北平警察总局负责人向被捕人员道歉。叶剑英遂与滕代远、罗瑞卿、李克农等人驱车至北平警察总局。中共方面被捕人员见到他们，激动不已。在警察总局负责人当面道歉后，由叶剑英率领大家乘车出狱。路经东西长安街时，大家点燃鞭炮，高呼口号：“要求民主！”“取消特务！”“毛主席万岁！”“中国共产党万岁！”这一行动，伸张了真理和正义，在群众中造成了声势和影响。

出狱人员到达军调部中共方面驻地以后，中共代表团召开了欢迎大会。叶剑英在会上首先致辞，高度赞扬了被捕人员的革命精神和气节，向大家表示热烈欢迎和亲切慰问。他要求大家继续为中国的和平民主事业进行坚持不懈的斗争。钱俊瑞在会上报告了斗争经过。与会人员受到很大教育。

出狱人员返回报社驻地，立即恢复了新闻出版工作。在新一期报纸上，全文刊登了北平警察当局无理逮捕中共人员的事实和中共人员斗争经过，再次给国民党反动当局以有力打击。

1946 年 5 月 29 日凌晨 2 时半，国民党北平当局以所谓“未经中央核准”、“于法不合”等为借口，又勒令《解放》停刊。当日晚 8 时，竟在《解放》报社门口贴上布告和封条，将报社及新华分社查封。同一天，北平市的报纸、杂志、通讯社被查封者竟达 77 家之多。

叶剑英一面向党中央和已到南京的周恩来报告这一情况，一面向国民党北平市政府当局提出严重抗议。同时，向军调部国民党方面的代理委员蔡文治、美方委员饶伯森连续发出备忘录，严正指出：《解放》报及新华社北平分社，是中国共产党在华中、华北地区中唯一的言论机关，执行部中共代表团及各地小组中共代表遵照执行部三委员新闻协议，均将执行部之各项公报、命令委托该报及通讯社代为发布。现在政府方面已封闭中共方面报纸及通讯社，中共认为，今年 1 月三委员达成的新闻协议及联合新闻科 1 月 19 日协议的条件，均已被国民政府当局破坏，该项协议将自然失去效用，执行部中共代表团及各小组中共代表将不再受这些协议的约束。

5 月 30 日，叶剑英带领在北平的中共方面驻石家庄、太原、高密、晏城小组的代表和军调部中共全体人员，至宣武门外方壶斋 9 号，慰问被国民党当局非法查封的《解放》报及新华分社工作人员。叶剑英在现场发表了简短的讲话。他说："北平《解放》报每日销售四万余份，为北平市报纸销数之冠，这是一种最好的民心测验，是人民事业胜利前途的象征。《解放》报和新华分社，因为替老百姓讲话，宣传正义，无情揭露反动派罪行，才被他们视为眼中钉，而不惜破坏诺言，强行封闭的。国民党反动派虽然猖獗一时，但在人民的力量面前，终会自食其法西斯暴政的恶果。中国的和平民主事业一定会胜利！"①

当日下午 4 时，叶剑英举行中外记者报告会，严厉揭露和斥责国民党当局的法西斯暴行。他对到会的 50 余名中外记者说："北平市的反动当局，在 5 月 29 日封闭了 77 家报纸、杂志、通讯社，迫使 77 家言论机关不能继续与读者见面，这是扼杀民主与自由的反动行为。"他严正指出："中国共产党在北平的机关报《解放》及其通讯社新华社，一贯地为反对内战、呼吁和平而努力，对好战分子的内

1946 年 5 月 30 日，叶剑英（右一）在北平《解放》报社门前公开揭露国民党当局非法查封该报社的暴行

①《叶剑英同志慰勉北平〈解放〉报人员》，载《解放》日报 1946 年 6 月 14 日。

战阴谋，经常给以无情的揭露。因此，反动的好战分子视之为眼中钉，不断地给以压制和破坏。今天，当他们坚持在东北继续扩大内战，企图造成全国规模的大内战的时候，公然查封我们的《解放》报和新华社，这是对全国和平事业的严重打击。”叶剑英呼吁中外记者：“要以高度的警惕性来重视这一严重的事件，要以十分明确的真实性来报道这一真相，动员起全国和全世界的舆论，来制止国民党这一反动措施，挽救陷入危机中的中国民主。”①

第三节　黑暗中的灯塔

军事调处执行部中共代表团，是中国共产党驻在国民党统治下的北平的一个公开合法机构。叶剑英根据党中央指示，利用各种机会，在北平广泛地开展统一战线工作。在代表团内部，专门设立了一个负责统战、联络工作的小组。叶剑英对这个小组的工作十分重视。他反复交代说：“我们到北平来，不光要同国民党和美国人作斗争，还要广泛地进行联络、争取工作，要利用各种可能的办法，宣传解放区的优越性和政策，扩大我们的政治影响。”他还特别强调：“解放区非常缺乏知识分子，缺乏人才。党中央要求我们多做工作，尽量多争取一些知识分子和各方面人士到解放区去工作。”统战组的干部们想了很多办法，广交朋友，工作开展得卓有成效。

有一次，统战组的艾大炎等接待了住在中共代表团驻地附近的北京大学著名法学教授陈瑾昆。陈瑾昆对国民党政府的腐败十分不满，主动要求接近共产党。叶剑英亲切会见他，表示欢迎。彼此寒暄以后，叶剑英诚恳地告诉他，有什么心里话都可以说。

教授的话匣子打开了。

“我是搞法律的。说句不自谦的话，在当今的中国，我是这方面的专家，却发挥不了什么作用。国民党政府虽然也制定宪法，也搞一些法律，但是，许多东西都是骗人的。他们实行的，实际上是国民党一党的党法，姓蒋的一家的家法。这个政权腐败到如此程度，还有什么希望！”教授说着说着，浑身激动得颤抖起来，“我把国民党同共产党作了很长时间的比较。我发现，只有共产党才是真正为全国老百姓谋利益的。我佩服、赞同共产党的主张，希望能为共产党做些事情。”

叶剑英听了教授的话，由衷感佩。他对陈瑾昆说：

“我很佩服教授的见识。我们中共代表这次到北平参加军事调处，有许多工作要做。我们希望同更多的北平知识界、科学界、教育界的人士交朋友。如果教授利用自己的身份和关系，能在这方面发挥作用，我们将非常欢迎。”

陈教授满口应允，表示愿意提供自己的住所，作为中共接触各方面人士的一个联络点。

---

①《叶剑英同志发表谈话，严重抗议当局摧残言论空前暴行》，载《解放》日报 1946 年 6 月 2 日。

此后，中共代表团联络组的人员，便经常利用陈教授的住所开展活动。不久，叶剑英以中共代表的身份，借陈教授住所举行了一次宴会，宴请在北平的其他民主人士和著名专家、知识分子，其中有张东荪、李锡九等人，气氛相当热烈。1946 年 12 月，陈瑾昆教授抛弃住房和家产，到了延安，成了解放区的一位法学专家，新中国建立后曾任中央法制委员会副主任、全国政协委员。

中共代表团住在北平，就像这黑暗古都中闪闪发光的一座灯塔。广大人民群众，各界进步人士时时都在仰望着这座灯塔，不断有人主动找上门来，靠近共产党。许多人指名要见叶剑英委员。负责警卫工作的人员，从安全的角度考虑，常常想让别的干部代替叶剑英出面接待。叶剑英知道后，批评说："人家来找我，并不是找我个人，而是找共产党。如果我不出面接待，岂不使人家感到失望吗？安全工作是要注意，但更要注意共产党的形象，共产党的影响。"

一天，翠明庄中共代表团接待室走进来一男一女。男的自称是国民党十一战区司令长官孙连仲部下的一名少将，女的是他的妻子。他们不满意国民党打内战，特来向叶剑英委员报告重要情况。

接待人员马上向叶剑英作了汇报。叶剑英想了想，说："立即通过地下党的线索，查明此人的真实身份。"

第二天，地下党组织报告，来人确实是孙连仲部下的一位少将。于是，叶剑英要求尽快安排会见。然而，如何会面，却成了一个难题。中共代表团住地周围布满了国民党的特务，自然不便，只好在外边另找地方。而代表团的人员、车辆，只要一出大门，立即就有特务跟踪。叶剑英委员出门，目标更大，跟踪的特务更多。怎么办呢？叶剑英同统战组的艾大炎、警卫人员李树槐等一起商议。大家提了几种办法，都觉得不理想。最后，还是叶剑英想了一个"甩掉尾巴"的计策，大家听了齐声说"好"！

1946 年，叶剑英在北平军调部

这天上午，叶剑英同艾大炎一起，带了两名警卫人员，乘车离开了翠明庄。住地附近的特务一看，叶剑英的座车出门了，立即跳上早已伪装好的小车，远远跟在后面。叶的座车左转右转，兜了好几个圈子。特务们紧紧跟随，咬住不放。过了一会儿，叶剑英座车开到东安市场大门口，突然停住。一行人下车后，装作买东西，走进了市场。特务们也赶紧停车，留下二人盯住叶剑英的座车，其余二人一阵小跑，紧跟上来。只见市场里人头攒动，拥挤不堪。特务们四处搜寻，却不见叶剑英一行的踪影，只好垂头丧气地转回来，同留下的特务一起看住座车。他们心想，跑得了和尚跑不了庙，你的车在这里，看你能飞到哪里去！

他们哪里晓得，叶剑英一行进了东安市场以后，立刻迈开大步，分开众人，很快从另一个门走出去，乘上早已由地下党安排好的另一辆车子，飞快驶去。

在东城青年会旁边一间不起眼的屋子里，叶剑英同那位国民党少将夫妇见了面。少将向叶剑英报告了孙连仲部准备进攻解放区的作战计划。叶剑英对他们表示感谢，热情地鼓励他们夫妇追求光明，站到人民方面来。叶剑英还给他们分析了中国的政治形势，指出，如果蒋介石继续进攻解放区，坚持打内战，最后必将走向灭亡。中国共产党一定会赢得全国的胜利。少将完全同意叶剑英的看法，并表示以后要跟着共产党走，决不再为蒋介石政府卖命。叶剑英请他暂时继续留在国民党军队中，利用合法身份，帮助共产党工作，并让他以后直接同艾大炎联系。后来，这位少将又几次向中共方面提供了有关国民党军队的重要情报。在解放战争后期，他毅然脱离了国民党军队，加入了革命队伍的行列。[1]

叶剑英还经常向军调部翻译人员王光美询问了解大学校园里的情况，了解北平学生和教授们关心的问题，以及社会动向等，并经过王光美等多方联系，接见了许多教授，进一步开展统战工作。后来，王光美去延安前向他辞行，叶剑英亲切地嘱咐说："青年人要有理想，要把学习的知识用来为人民服务。到解放区去，要有吃苦的思想准备。知识青年要正确看待工农出身的同志。"

第四节 "我们一定会回来的"

1946 年 6 月 26 日，国民党一手策划的全面内战爆发了。随着战争规模的扩大，军调部的工作变得日益困难起来。叶剑英根据党中央指示，在十分险恶的条件下，继续领导代表团坚持斗争。但叶剑英对斗争前途仍然充满信心。他以积极乐观的态度迎接即将到来的"翻天覆地"的斗争和伟大的胜利。这从他写给在莫斯科学习的大女儿叶楚梅的一首长诗中可以看出他的心境：

亲爱的梅儿：——爸爸有你而感觉骄傲。
　　鼓起你的劲儿，踏上你的长路。
　　这不是日暮途远呀！红日恰在东升。
　　阳光照着艰险的途程，比起黑夜里摸索，要便宜得万万千千。
　　急进吧！追上那先头出发的人们。
　　急进吧！再追上一程。
　　那里有广漠无边的地盘，等待着你们去开垦。
　　那里有大批优良的种子，等待着你们去拿回来散播，赶上春耕。

---

① 访问艾大炎谈话记录，1986 年 3 月。

人民要翻身了，许多人已经翻了身。
敌人着慌了，不顾一切地起来作绝望的抗衡。
这是人类历史上最热闹的场面。
急进吧！再追上一程。
我们不是速胜论者。
欢迎你们能够赶上这一场翻天覆地的斗争。
我想你们没有一个是“坐享其成”的人。
你们是铁中铮铮。

爸爸

1946 年 12 月 6 日北平[①]

由于斗争形势急转直下，从 1946 年 9 月开始，叶剑英组织中共方面人员开始分批撤往解放区，留下少数人坚持工作。中共中央指示叶剑英本人早日撤离军调部，但他向中央说明情况，坚持同少数干部一起冒着危险战斗到最后。1947 年 2 月 21 日，也就是蒋介石发动的全面内战打了七个多月之后，叶剑英才带领最后一批中共代表团人员，乘军调部提供的三架飞机离开北平，回到延安。离开北平前夕，叶剑英在北京饭店同各界友好人士话别。他坚定地对大家说，我们离开北平只是暂时的。我相信，过不了几年，我们一定会回来的！

叶剑英在军事调处执行部，率领中共代表团战斗了约四百天，同国民党政府和美国代表进行了艰巨复杂的谈判斗争。深刻地揭露了国民党反动派破坏和平、挑起内战的阴谋，从全局上有力地配合了中国共产党及其领导下的军队同国民党反动派的斗争。

---

① 叶剑英：《给叶楚梅的信》，载《老一代革命家家书选》，中央文献出版社 1990 年版，第 73 页。

第二十二章　领导中央后方委员会工作

第一节　从延安到临县三交镇

叶剑英从北平回到延安的时候，延安城正笼罩在一片紧张的战争气氛之中。

1947 年 3 月，国民党军队由于无力继续进行对解放区的全面进攻，便集中兵力，重点进攻山东和陕北两个解放区。中共中央面对国民党军队对陕北的进攻，决定主动放弃延安。中央指定叶剑英、杨尚昆负责驻延安各机关撤退的组织指挥工作。3 月 18 日，中共中央、中央军委机关在西北野战部队的掩护下，全部撤离延安。同时，任弼时电告晋绥军区的贺龙和李井泉，中央直属队将转移到晋西北。

3 月 29 日，中共中央于陕北清涧县枣林沟村举行会议，决定：毛泽东、周恩来、任弼时率党中央的精干机关继续留在陕北，指挥全国解放战争；刘少奇、朱德和一部分中央委员组成中央工作委员会前往华北，进行中央委托的各项工作。随后，中共中央又决定叶剑英、杨尚昆等组成中央后方委员会，以叶剑英为书记，杨尚昆为后方支队司令，在晋西北临县地区，统筹后方工作。

3 月下旬，叶剑英东渡黄河，前往晋西北地区。从延安撤退的中共中央和中央军委机关 3000 余人，经过艰苦行军，至 4 月上旬陆续到达山西省临县三交镇双塔村及其附近的 10 多个村庄。

三交是一座山乡小镇，东倚吕梁山脉，西临滚滚黄河，是山西省通往陕西省的要冲之一。三交又是 1941 年即被八路军解放的老解放区，人民群众觉悟高，对中国共产党及其领导的人民军队怀有深厚的感情。听说中央机关要来，他们主动腾出窑洞，准备物资，热情迎接。4 月 2 日，周恩来、刘少奇、朱德、董必武、贺龙、叶剑英在三交开会，讨论中央工委、后委的工作。这次讨论的问题，由周恩来回陕北同毛泽东、任弼时研究后确定了下来。

叶剑英、杨尚昆等领导的中央后方委员会，是一个十分庞大的摊子。它包括：军委总参谋部一、二、三局一部分，军委总卫生部，中央办公厅、城工部、交际处、外事组、立法委员会、妇委、工委等部分单位以及中央警卫团的一小部分，还有烈士家属等。以后，从国民党统治区撤回的干部，也陆续到达三交。中央后委领导的人员最多时达 5000 余人。

中央和军委机关撤到三交以后，许多人听到革命圣地延安被国民党军队占领，又听不到党中央和毛泽东的消息，一时不了解战局的发展，十分焦急。针对这种情况，叶剑英立即决定给后委的干部们作一次形势报告。

4月的一天下午，后委的工作人员和家属，听说叶“参座”作报告，一个个急切地涌进会场，坐在老槐树底下静候。不多时，叶剑英来到会场。他举起双手向大家致意，并告诉大家，毛主席很好，中央的领导同志们都很好，他们仍转战在陕北。接着，他介绍了解放军在西北和全国其他战场的战况，说：目前的形势对我们很有利，我们给胡宗南留下了延安一座空城。敌人虽然进了延安，但他们背了个包袱。我们在延安附近连续打了胜仗。当然，战争是残酷的，艰难的。同志们要有精神准备，克服困难，战胜困难，要有胜利的信心。大家听了叶剑英的讲话，消除了自延安撤退以来笼罩在心头的沉闷情绪，受到了很大鼓舞。[①]

为了加强对后委机关的统一领导和指挥，叶剑英明确提出：中央机关合并后，要加强集中领导；各机关的任务，按组织系统落实；加强组织纪律性，纠正某些散漫的现象；充实业务人员，减少杂务人员；各机关只开展补助性、供给性的生产，使工作人员集中精力从事工作；适当地、妥帖地安置老弱、幼小、疾病人员，减少工作机关的负担。为此，特设中央直属纵队管理处，在中央副秘书长直接指导下，统一管理中央直属机关的供给、卫生、党务、教育、行政各事项，形成一个行政管理系统。后委其他领导同志一致赞同叶剑英的意见。[②]在叶剑英的主持下，后委的组织系统很快进行了调整和整顿，统一了领导。接着，叶剑英要求各部门立即恢复业务工作，并向军委机关提出一些题目，责成各有关部门负责人进行研究。这些专题主要是：自延安到临县的行军总结；保卫工作；保密工作；情报保障；通信联络；后勤供应保障等。尔后，叶剑英多次主持后委领导同志开会，对上述题目逐个进行研究讨论。参加讨论的除后委负责人叶剑英、杨尚昆、李维汉、李克农、邓颖超（不久到中央工委工作）等人外，还有帅孟奇、戴镜元、王诤等。经过多次讨论，做出了相应的决定，各部门迅速将各项业务工作开展起来。

第二节　中央的“耳目”

中央后委的首要任务，是协助留在陕北主持中央工作的毛泽东、周恩来、任弼时指挥全国的解放战争。为此，既要担负中央的后方保障工作，更要做好参谋部的工作。叶剑英在统筹后委全面工作的同时，将大量精力放在领导军委总参谋部的工作上。总参谋部机关除留下少数机构和人员跟随中央前委以外，大部分都撤到了三交，由中央后委领导和指挥。中央在陕北指挥全国的解放战争，要了解全国的战争动态和国内外政治、军事形势，主要靠后委提供情报。中央同全国各

① 访问张明、任友青谈话记录，1985年5月。
② 叶剑英：《关于后委机关调整和业务工作的意见提纲》1947年7月。

战略区的通讯联络，也主要靠后委保障。因此，后委的任务十分繁重。叶剑英十分重视情报工作，他说：情报是指挥员定下作战决心的重要依据，后委要充分利用电台集中和驻地固定的有利条件，为中央做好情报工作。他经常听取情报部门的汇报，及时给予指示。1947 年 5 月 18 日，叶剑英在听取情报工作负责人戴镜元的汇报后，作了明确指示。他说：情报工作的方针，应以抓战略侦察为主。要加强对国民党中央重要的军事部门、特务系统和各大战区的侦察，注意收集战略性的情报。按照叶剑英这一指示，情报部门立即对工作作了调整和部署。他们想方设法克服许多困难，完成任务。电源不足，就采用手摇马达发电。设备性能差，就想办法进行改善。在不长的时间内，他们就在原有基础上增加了二十多部电台，提高了工作效率。一次，叶剑英到情报部门驻地检查工作，发现有些电台架设方向不对，便对戴镜元说：电台这样架设，不利于对敌工作。戴镜元很快同工作人员作了研究，大家都觉得“参座”的意见提得好，立即对电台的位置重新作了调整。叶剑英还提出情报部门每天收集的情报，要及时报告给他，同时编一个军政情况汇报，及时通报给中央的毛、刘、周、朱、任五位领导。6 月 5 日，叶剑英又指示戴镜元，通知各大区野战军的情报分支机构，要把所得的情报，每三天或者五天向总部汇报一次，以便总部全面地加以综合整编，上报中央和军委。这样，便形成了一个全军性的情报网。有些重要的军事情报，叶剑英以自己的名义直接向中央报告。如 1947 年 6 月 12 日，他向正在陕北天赐湾驻扎的中央前委报告，追击中央前委的国民党军董钊部整编第一军，已到巡检司、马家台一带，前委机关西去如受阻，建议往杨桥畔之东南、青阳岔以北之线东向小理河。中央前委机关随后重返小理河一带，并在此驻扎一个半月，举行了著名的小河村会议。6 月 22 日这天，他又两次致电中央，报告获得的国民党在沈阳、长春的军队准备增援四平街国民党守军的计划。

后委的情报工作不仅保证了中央和军委耳聪目明，有效地进行指挥，而且有力地配合了人民解放军各战略区的作战行动。1947 年 6 至 8 月，为了配合刘邓大军强渡黄河，进军鲁西南，挺进大别山等战略性作战行动，情报部门先后及时提供了国民党军队的作战部署、兵力配置和蒋介石对战局的判断等极有价值的情报，使中央和刘伯承、邓小平在明了敌情我情的情况下，及时下定决心，正确选择战机和作战方向，保证了战役的胜利。这期间，人民解放军在西北、中原、华东、华北等各个战场的重要作战，情报部门也都及时提供了可靠的情报，因而受到中央和各战区指挥员的赞扬。华东野战军司令员陈毅、副司令员粟裕就不止一次地说：总参情报部门的情报搞得及时准确。邓小平直到 1975 年，还没有忘记情报部门在解放战争中立下的功劳。这年 4 月，他见到戴镜元时，感慨地说：我们在解放战争时期情报工作做得好，对敌人的情况了解得很清楚，对解放战争的胜利发挥了很重要的作用。[①]

---

① 访问戴镜元谈话记录，1990 年 8 月。

通讯联络，是总参谋部一项非常重要的工作。叶剑英对这项工作也十分重视。他要求通信部门的同志兢兢业业做好本职工作，时刻保持中央和各地通讯联络的畅通，不能出任何差错。中央军委的电台，90%以上都集中在三交，党中央、中央军委的命令、指示，绝大多数都由后委转达。各战略区和国民党统治区地下党的许多电报，也是由后委向中央转报的。根据中央的指示，后委还负责各战区的经验交流。各野战军的作战经验总结，绝大部分都先送到中央后委，再由后委整理上报中央，或介绍给各战略区。在人民解放军由战略防御转入战略进攻阶段以后，许多部队迫切需要了解城市攻坚作战经验。叶剑英指示参谋人员，及时组织总结和介绍了解放军解放石家庄等战役的经验。1947 年底，陈毅去陕北参加中央会议，途经三交时，叶剑英请他介绍了华东地区人民解放战争的经验。叶剑英组织参谋部人员，认真研究全国解放战争的战局，及时向中央提出了许多关于战争指导方面的建议，为中央所采纳。

后委还是一个人员和物资的中转站。由中央工委和各解放区筹措的供应中央的物资、经费，以及部分兵员，都是先集中到后委，再由后委运送给中央的。叶剑英还多次同各战略区联系，为陕北战场征召、训练新战士。1947 年 6 月至 7 月，他与晋绥、晋察冀解放区联系，征召了一个团的新战士，并配足武器，经过短期训练，开往陕北。

后委为协助和保证中央指挥全国解放战争，做了大量工作。正如王震回忆所说："那时毛主席、周恩来、任弼时在陕北打圈圈，彭老总带我们在前边打仗，剑英同志在山西三交的窑洞里，默默无闻地担负着中央后委工作。不只是管后方保障，更多的是做参谋部工作。每天，我们军队的行动，敌人兵团的运动，双方态势的变化，都得及时掌握，并向统帅部通报。那时，后委实际就是军委的参谋部，中央的'耳目'，做了大量工作，受到了毛主席的赞扬。"

第三节　城工部与外事组

叶剑英在抓紧军委参谋部工作的同时，还以很大精力关注中央机关的工作。中央城工部，负责对全国各地的地下党工作和统一战线工作的统筹和联络，部长由周恩来兼任，李维汉任副部长。撤离陕北时，李维汉和城工部迁到了后委。在周恩来领导下，叶剑英与李维汉具体指导了各地地下党的工作。

1947 年 4 月 29 日，中央在给各中央局、分局、区党委的指示中说，城工部自去年年底改组以后，其任务已定为：在中央规定的方针下，研讨与经管蒋管区的一切工作，并训练从事这方面工作的干部。现在除各解放区的中央局下设城工部外，各解放区的区党委，如周围有蒋管区可进行工作的也得设城工部。5 月 5 日，中央又发出关于蒋管区工作方针的指示，提出：要保护中国共产党及民主进步力量，以继续加紧开展人民运动；要坚持放手动员群众进行反美反蒋的方针，将公开合法的斗争与隐蔽的斗争结合起来；蒋管区城市工作，一切要从长期存在打算，以推动群众斗争，开展统一战线，如此，方能“配合解放区胜利，推动全国新高潮的到来”。[①] 叶剑英、李维汉组织城工部人员认真学习中央的这些指示，并结合各地的情况具体贯彻落实。5 至 6 月，叶剑英同李维汉及城工部人员一起，对蒋管区的农村武装斗争、统战工作、党的组织、城市斗争等问题研讨出一个提纲，报中央批准后，发给了中共中央香港分局和上海分局参考。同时，还抽调了 20 名经过学习及土改斗争锻炼的得力干部，从 7 月起陆续派驻蒋管区，加强了对蒋管区斗争的领导。这期间，叶剑英与李维汉一起，多次根据中央的指示，致电香港分局方方、林平和上海分局的刘晓、刘长胜，就组织机构、游击战争、爱国民主运动等问题，提出了重要意见，有力地指导了党在蒋管区各项工作的开展。

根据中共中央指示，叶剑英将原军委外事组改组为中央外事组。1947 年 5 月 11 日，他就外事组的改组及工作开展情况向中央作了报告。报告中说：外事组包括前京（南京）平（北平）渝三地外事人员，已于 5 月 1 日改组，主任由叶剑英兼任，副主任王炳南。现有工作人员二十余人，分为三个处：编译处由徐大年负责，研究处由柯柏年负责，新闻处由董越千负责。各部门已于 10 日开展工作。他在报告中还谈到了各处的工作计划。编译处主要翻译毛泽东文选，编译有关介绍土地改革和解放区文化的材料；研究处主要研究国际形势、党的外交政策，编写有关参考资料；新闻处主要编发和油印新闻材料。[②]

当年曾参加中央外事组工作、后来做了多年外交工作的凌青回忆说：“1947 年 4 月在山西临县成立了中共中央外事组，为中央直属八大单位之一，叶剑英同志兼任外事组主任。我在研究处一科任科长，研究美国情况，编辑过一本《美国手册》。那时我们不光坐机关，还下乡参加土改。这样一直到全国解放，我们便参加筹建中华人民共和国外交部机关。”

第四节　出席全国土地会议

1947 年 7 月，叶剑英从山西临县到河北省建屏县（今平山县一部分）西柏坡村出席中央工委召开的全国土地会议。刘少奇主持会议，并作了报告和总结。9 月 10 日，叶剑英在会上作了发言。他首先强调了贯彻中央颁布的土地法的重要意义，接着，着重谈了外线作战问题。他说，党中央确定的自卫战争第二年的方针，就是要把中共主要力量，打到外线去，打到蒋管区去，举行全国性的反攻。这一方针，是党中央、毛主席根据战争发展的规律提出来的，是斗争形势决定的。他认为，解放军进行外线作战，存在着不少有利条件，主要是：（一）蒋管区人民欢迎我们打过去；（二）蒋军士气低落，兵力空虚，是可以打出去的；（三）蒋管区在人力物力方面都有很大潜力，我们打出去以后，可以就地得到补

---

①《周恩来选集》上卷，人民出版社 1980 年版，第 271 页。

② 叶剑英：《关于外事组改组及工作情况给中央的报告》1947 年 5 月 11 日。

充。解放军进行外线作战，也存在一定的困难，但在中央和军委的领导下，困难是能够克服的。叶剑英强调指出，摆在老解放区面前的任务是要大力支援外线作战。要抽调、训练、输送干部，参加新解放区建设工作。还要在武器、物资、兵员等方面帮助外线作战的部队。

解放战争时期的叶剑英

叶剑英在报告中，还就蒋管区的城市工作和军事上的一些具体问题，如加强武工队的组织、战地俘虏工作、农村建设和消灭地主武装等提出了重要意见和措施。①

全国土地会议从 7 月 17 日一直开到 9 月 13 日才结束。会后，叶剑英离开西柏坡村，返回中央后委驻地。途经山西五台县时，中共五台县委正在召开全县区委书记联席会议。与会同志听说叶参谋长来了，纷纷要求他给大家作一次形势报告。叶剑英在报告中，再一次谈了外线作战问题。他说：过去在解放区打仗，吃的是解放区的粮，要的是解放区的兵，花的是解放区的钱。现在形势变了，党中央要求我们进行外线作战，打到蒋管区去，向蒋管区要粮、要钱、要兵，以加快解放战争的进程。解放区的干部要适应新形势，树立全局观念，积极参加新解放区的建设，为争取全国胜利早日到来多做贡献。五台县委积极响应叶剑英的号召，先后动员组织几批干部，随军进入湖南、广东、内蒙古、新疆等新解放区，在工作中发挥了重要的作用。

叶剑英在五台县暂住期间，抽暇参观了中国四大佛教名山之一的五台山。他看到寺内许多文物古迹遭到破坏，心情很沉重。陪同的人员告诉他：群众说五台山的和尚是大地主，和尚下山收租还带兵和枪。土改中，群众斗争了和尚，把寺庙的许多东西当成大地主的浮财分了。叶剑英听了这话，沉吟了许久。下山后，他对县委负责人说：你们领导群众反对地主阶级，包括反对封建迷信，这都是对的。但是，反对封建剥削制度，破除封建迷信，同破坏历史文物是两码事，不能混为一谈。五台山寺庙，是劳动人民修建的，体现了中国古代建筑艺术和风格。庙中的东西，大多是中华民族珍贵的文化遗产，破坏了十分可惜。你们应采取措施，保护这些历史文物。县委的领导们听了叶剑英的话，很受教育，并很快采取

① 叶剑英在土地会议上的讲话，1947 年 9 月 10 日。

了一些保护文物的措施。

叶剑英对五台胜境及其被破坏的情况感触很深，挥笔写下组诗《过五台山》（三首），以纪其事：

一

千年古刹千年债，
万个金身万姓粮。
打破禅关惊破梦，
未妨仇恨是清狂。

二

荒凉殿宇有啼鸦，
稀世藏经灰化也。
昔日庄严金佛像，
而今流落万人家。

三

南台山上白云低，
人在云中路径迷。
可有神工能扫雾，
让吾放眼到平西。[①]

第五节 临县反“左”

叶剑英于 9 月下旬回到双塔村，继续领导后委各项工作的开展。11 月底，他西渡黄河，前往陕西米脂县参加中央会议。会议分为两个阶段，从 12 月 7 日到 24 日为准备阶段，25 日至 28 日为正式会议。在准备阶段，会议又分为政治、军事、土地改革三个小组，讨论研究当前形势和党的政策。叶剑英担任土地改革小组副组长，同组长任弼时一起主持土地问题的讨论。在讨论中谈到农村土地政策和阶级政策时，叶剑英语重心长地说：“内战时由于‘左’的错误政策，却把自己孤立了。苏区里赤白对立，买不到东西，像海中孤岛，白区里剩下些光棍党员，最后连根都拔掉。现在我们得到了广大人民的支援，蒋介石集团则日形孤立。但是我们并不是没自己被孤立的可能。只有正确的执行联合中农，联合中小资产阶级的政策，才可避免。”[②] 在正式会议阶段，讨论通过了毛泽东所作的《目前形势和我们的任务》的书面报告。1948 年 1 月，叶剑英回到中央后委，立即向干部传达了中央工作会议精神，组织学习讨论毛泽东的报告。这期间，中共中央还提出了土改

---

①《叶剑英诗词选集》，人民文学出版社 1983 年版，第 7 页。

② 转引自《谢觉哉日记》（下），第 1175—1176 页。

中注意纠正“左”倾偏向的问题。中共中央晋绥分局发出了《关于改正错定成分与团结中农的五项指示》，要求对解放区土地改革中发生的“左”的做法进行纠正。中央后委所在地临县的土地改革，是以康生为首的土改工作团主持，于 1947 年 3 月开展起来的。在运动中，康生推行“左”倾政策，高划成分、乱打乱杀的现象比较严重，一些坏分子借机报复，杀害了许多革命干部和群众。

临县土改中出现的这些错误倾向，引起了广大干部和群众的不满。晋绥分局的指示下达以后，临县的部分县区干部，对土改工作团能否真正贯彻分局的指示表示怀疑。他们想到，中央后委就住在本县，后委书记叶剑英是中央委员、中央军委领导人，因此，希望他能出面领导纠正本县土改中的偏向。临县县委副书记冯文耀来到双塔村，向叶剑英简要汇报了土改中的问题，同时反映了干部群众要他出面领导纠正偏向的愿望。

叶剑英对临县土改中出现“左”的偏向早有所闻。听了冯文耀的汇报后，他感到问题比较多。遂答应一面向中央请示，一面找些干部群众代表，开座谈会，进一步了解情况。

叶剑英邀请了临县劳动英雄、副县长刘万山和部分区委领导干部开座谈会。同时，又同杨尚昆等一起到附近农村作实地调查。经过座谈和调查，叶剑英掌握了许多第一手材料。

经中共中央同意，叶剑英于 1948 年 2 月中旬，在三交镇召开纠正临县土改偏向的会议。参加会议的有县委、县政府负责同志，各区区委书记和土改工作团的成员。会议原定开两至三天，但到会的同志认为问题太多，一致要求延长会议时间，切实把问题搞清楚，结果开了 13 天。

会议开始时，叶剑英根据中央“十二月会议”精神和临县土改中的实际情况，作了报告。他着重讲了形势问题以及怎样划分阶级问题，对待各个阶级、阶层的政策问题，如何处理打人杀人的后遗症问题和平分土地问题。[①]

在谈到形势的时候，他说，中国革命斗争二十多年，从来没有出现过目前这样好的形势。在政治上，全国人民心向共产党，向往解放区，蒋介石的处境空前孤立。在军事上，解放军已逼近长江，离全国胜利已经不远了。要夺取胜利就要团结更多的人，分清敌我友，善于向同盟者作必要的让步，才能团结 90%的人；要善于分化 10%的革命对象，最大限度地孤立敌人。总之，要牢固树立团结 90%的观念。在谈到怎样划分阶级的问题时，他重申中央的规定：对生产资料的各种不同占有关系，是划分阶级的唯一标准。并向大会宣布了中共中央关于划分阶级的八条新规定，指出孤寡残废，以及教师、医生、工人有部分土地出租或请人代耕者，都不能定为富农；对富农与中农的界限要分清，只要剥削不超过总收入的 25%，都是富裕中农；对革命军人成分的评定，要持慎重态度，否则会影响部队的巩固。他要求到会同志，严格掌握中央关于划定成分的标准，回去认真作一次

① 叶剑英在临县土改纠偏会议上的讲话，1948 年 2 月。

检查，对的就坚持，错的要坚决纠正过来。关于对待各个阶级、阶层的政策，叶剑英说，我们党领导土改的目的，是消灭封建剥削制度，地主富农作为一个阶级是要消灭的。但是，对待地主、富农分子，应和贫农、中农一样分给土地和财产，并在劳动中把他们改造成为自食其力的新人。对中农要团结，中农在农村中人数占50%以上，对战争出力多，贡献大。在农村团结了中农，就团结了大多数。在城市，团结了中小工商业者，就是掌握了党的政策。关于如何处理打人杀人的后遗症问题，叶剑英主张，要用冷静的头脑来考虑和处理，不能草率从事。他提议由县司法部门与各区人民法庭，组织一个专门机构，受理死人案件。受难者和被诬陷者，准其申诉；搞错了的，由公家负责赔偿；假公济私和蓄意陷害他人者，要依法严惩。关于平分土地问题，叶剑英根据中央关于区别老解放区、半老解放区和新解放区，采取不同的土地政策的精神，再次强调临县是老区，不实行平分土地，而应采用抽多补少、抽肥补瘦的办法，解决贫雇农的土地问题。①

与会人员根据叶剑英的报告，结合实际进行认真讨论。叶剑英每天听取各小组的汇报，同大家一起研究纠偏的办法。2月24日，大会进行总结。叶剑英又就如何处理打死人和退赔等问题，作了进一步说明。

三交纠偏会议以后，土改工作团和临县县委、各区区委认真贯彻会议精神，纠正过去出现的“左”的偏差，妥善处理一些遗留问题，得到广大干部群众的拥护。各项工作逐渐走上了正常发展的轨道。

第六节　与群众共甘苦

叶剑英在中央后委期间，工作异常忙碌。他的女儿向真回忆说：“记得1947年，我们住在山西三交双塔村。父亲整天忙碌，晚上看文件至深夜，从第二天燃余的蜡烛的长短可以推知他究竟睡过觉没有。”② 双塔村生活十分艰苦。后委的炊事人员常常到河里捕鱼，到山上拣木耳来改善生活。叶剑英有时亲自去打山鸡。打到以后，便请杨尚昆、马海德等和身边的同志们来一起分享。他对干部和群众的生活十分关心。对于一些干部的家属问题、孩子问题，他总是挂在心上，经常过问，并帮助解决困难。他还经常同当地群众谈话，了解他们的生产、生活情况。

一天早上，叶剑英散步来到村外，看见许多老百姓挑着水桶排队。他走到山脚下的水井边，只见下面有个小坑，仅仅有浅浅的一点浑水。挑水先要下十多个台阶，到达坑底，然后用瓢一下一下地把水舀进桶里。水量很小，挑一担要花很长时间。

看到这种情景，叶剑英的心情很不平静。他想，根据地的人民多好啊！他们无私地支援革命，支援战争，可他们的生活却是这样艰苦！回到驻地，他立即将

① 叶剑英在临县土改纠偏会议上的讲话，1948年2月。
②《萦思录——怀念叶剑英》，人民出版社1987年版，第259页。

后委的有关负责同志找来，对他们说：“双塔村的群众吃水这样艰难，我看了心里很难过。我们应该帮助群众解决这一困难。”当时，从陕北调来的一些石匠正在山脚下挖防空洞，修指挥所，叶剑英决定让他们暂停几天，为群众突击打井。同时，抽调一些身强力壮的战士一起干。叶剑英尽管工作很忙，每天早晚都要抽空到工地去看看工程进度，并和大家一起搬石头。同志们劝他休息，他笑着说：“为群众打井，我也应该出一分力嘛。再说，我还等着水喝呢！”

经过连续几个昼夜的奋战，这口井在原有的基础上，又向下挖了一丈多深，井水变清，井的容积扩大了，还垒起了井台。从此，双塔村的群众再也不用排队挑浑水了。群众喝着清冽可口的井水，十分感激地说：“叶参谋长为我们做了一件大好事！”①

1948 年 3 月，中共中央根据人民解放战争胜利进展的情况，决定毛泽东、周恩来、任弼时离开陕北，前往晋察冀解放区，中央机关也随之迁往，同中央工委、后委机关合并。同月，叶剑英率领后委机关部分人员离开双塔村，向晋察冀解放区进发。

---

① 访问路宝银谈话记录，1991 年 9 月。

第二十三章　在华北军大的领导岗位上

第一节　“得天下英才而教之，一乐也”

叶剑英于 1948 年 3 月率中央后委机关到达西柏坡以后，立即部署军委各机关，恢复正常的业务工作，使军委参谋部这架机器迅速运转起来。

这时，人民解放战争已快要进入第三年了。全国各个战场的形势，继续朝着有利的方向发展。为了进一步加速解放战争的进程，党中央、中央军委决定，继续扩建人民解放军，准备打更大规模的歼灭战。为此迫切需要大批军政干部。毛泽东、朱德、周恩来经过反复酝酿，决定按照办红军大学、抗日军政大学的办法，在华北创办一所军政大学，调叶剑英去任校长兼政治委员。

叶剑英愉快地接受了这一使命。“得天下英才而教之，一乐也。”叶剑英常将这句古语挂在嘴边。早在人民解放军进入战略进攻阶段不久，叶剑英鉴于人民解放军参谋人才缺乏的状况，就曾准备向中央军委提出办一所参谋学校的建议，为部队培养参谋人才。1948 年 2 月中旬，他特地派总参谋部童陆生处长率一个调查组，到晋绥和晋察冀军区及其所属的军事学校进行调查，考察部队参谋人员现状，征求意见，搜集有关学校教育的资料，以便正式向军委提出办学的建议。现在，中央决定他去办综合性的军政大学，比他原先的设想更进了一步，他感到十分荣幸和欣慰。

军政大学校址设在河北省获鹿县南新城村，由五个单位合并组成。这五个单位是：晋冀鲁豫军区的军政大学、陆军中学、青年教导团，晋察冀军区的军政干部学校、步兵学校。总人数达 1.2 万余人。学校的重大问题由中央决定，日常工作、后勤供应由华北局负责。为了工作方便，中央特决定叶剑英任华北局委员。

5 月 21 日，中共华北局召开会议，讨论了军政大学的工作。叶剑英参加会议并发了言。会议经过讨论，确定军政大学首批招生名额为：步兵团级干部 500 人，营级干部 1000 人，炮兵、工兵、参谋、摩托专业和政工干部各 500 至 600 人，共招收学生 4000 至 5000 人。①

---

① 叶剑英：《华北军政大学的工作报告》1948 年 9 月 4 日。

第二节　统一思想，协调步伐

5 月 23 日，叶剑英到校任职。他集中一段时间，听汇报，开座谈会，调查研究。经过紧张工作，他对学员、教员、工作人员的情况有了初步了解。从学员的情况看，有从旅团长到连排长职务的干部，还有一部分战士；有军事指挥员、政工人员、通信员、警卫员、地方武委会干部，还有刚从敌军中解放过来的青年军官。这些学员，文化程度、工作经历，各不相同。从教员的情况看，人数严重缺乏，按编制还缺四分之三。已有教员的教学经验不足，教材奇缺，难以实施正常的教育计划。

学员和学校工作人员的思想比较混乱。不少干部认为，成立华北军大，只不过是精兵简政的一项措施，对学校担负着为革命战争培养干部这一光荣任务认识不足。有些机关干部，不安心学校工作，想到前方去。有些学员不安心学习，认为学校学习的东西，到前方用不上。尤其是工农出身的学员，担心文化程度低，学不好，希望组织上分配工作。有些旧军官，对革命形势认识不清，为人民服务的思想尚未确立，有悲观失望情绪。

为了使学校各项工作尽快走上正轨，叶剑英针对干部和教员、学员中存在的问题，进行了一系列艰苦细致的组织工作和思想工作。

当务之急是着手建立、健全各级机构，配备好各级领导班子。根据中央和军委的决定，学校的领导除了校长兼政委叶剑英之外，还有副校长萧克，副政委兼政治部主任朱良才。在组织机构方面，机关设教育部、政治部、校务部和校首长办公室。大部下面设二级部或处、科。全校学员编为学员大队，在校首长和各机关领导之下进行教学工作。在建立行政机构的同时，建立了各级党的组织。经中央和华北局批准，由叶剑英、萧克、朱良才、教育部长谭家述、办公室主任薛子正、政治部副主任李克如等六人组成校党委会，统一领导全校的工作。党委分工，叶剑英负责全盘工作并分管教育，萧克分管行政，朱良才分管党政工作。

根据叶剑英的提议，学校党委领导成员，组成三个领导小组。以叶剑英、谭家述、陶汉章（教育部副部长）三人组成教育小组；以萧克、李钟奇（校务部长）、牟泽衔（校务部副部长）组成行政小组；以朱良才、李克如、黄作珍（组织部长）组成党政小组。凡学校党委要讨论和决定的全校性教育、党政和行政方面的问题，均由有关小组事先进行研究，提出意见和方案，然后提交校党委讨论。这样做，既调动了各机关部门的积极因素，又提高了党委会的工作效率。

办好学校，必须统一全校人员的思想，齐心协力搞好教育和训练。叶剑英同萧克、朱良才商定，从 5 月 31 日至 6 月 3 日，校党委连续召开了三次会议，集体听取关于教育工作、政治工作、校务工作的汇报，对各方面工作的方针和重要问题做出了决议。6 月 9 日，校党委召开有机关各部门和学员大队负责人参加的扩大会议，叶剑英在会上作了报告。

叶剑英在报告中首先谈到军大的任务是要招收 4000 名学员，对他们进行培养训练，提高技术、战术和正规化水平。在技术方面，除了刺杀、投弹、射击、土工作业四大技术之外，增加爆破和坑道作业两项技术的训练。在战术上，着重培养团级干部，要求不仅懂得团的组织指挥，而且要懂得师的组织指挥，并且要求学习和了解毛泽东的战略思想。在正规化方面，要适应战争发展的要求，强调统一，加强组织纪律性，反对无政府主义。加强政治教育，重点搞好毛泽东的思想和党的政策与策略的教育，提高学员的政治思想水平。其次，叶剑英指出，华北军大接受上述任务，是经过中央、军委和华北局认真讨论之后确定的。这既是战争的要求，也是军委和华北局赋予的任务。最后，对于如何完成办校任务，叶剑英提出了八条措施：（一）加强党的领导，实行党委统一领导下的首长分工负责制，抓好思想政治动员，搞好物质保证。（二）组织和发挥骨干的作用。（三）充分利用校刊指导工作，使校刊成为全校集体教育、集体学习的工具，联系群众的桥梁和开展批评与自我批评的武器。（四）加强干部工作。（五）实行教育民主。（六）普遍采用助教制度。（七）与前方取得必要的联系。（八）善于团结和发挥专家的作用。

为了落实校党委扩大会议的决议和叶剑英报告的精神，学校召开了连以上干部大会，叶剑英作了《认清形势与任务，坚决为党的教育事业而努力》的报告。他在分析人民解放战争的大好形势的基础上，着重指出，形势虽然大好，并不是没有困难，要看到斗争还很复杂、艰巨，夺取全国胜利还要作巨大的努力。看不到这一点，就会盲目乐观。办好军政大学，必须认清革命形势，才能明确方向和责任，才能了解教育上的一切要求都是人民解放战争发展的客观要求，而不是主观的想象。他要求学校要进行统一正规的教育与建设，反对无政府、无纪律现象和游击习气。所有从事教育工作的同志，都要认清职责，从军事上、政治上、政策策略上、文化科学知识上帮助学员，使他们经过一个阶段学习后，能尽快掌握本领，有把握地走上战场，去指挥一个团、一个营，指挥特种兵部队，完成战斗任务。

接着，学校分别召开了政工、教育、行政工作会议，深入解决各方面的问题。在全校政治工作会议上，叶剑英作了《加强政治工作，完成教学任务》的报告，提出要加强党对学校工作的领导，加强政策和策略教育；要耐心做好思想工作，把全校人员的思想统一起来，积极性调动起来，团结一致办好学校。在教育工作会议上，叶剑英强调要认真研究如何完成党赋予的培养和输送战争所需要的大批军队干部的任务。要实行教学民主，善于辨明真理，坚持真理。他勉励大家要学习毛泽东思想，做一个毛泽东式的革命军人。在这些全校性会议上，滕代远、萧克、朱良才等也分别讲了话。叶剑英通过健全组织机构、召开校党委扩大会议和业务工作会议这“三把火”，扭转了几个单位刚合并时的分散和混乱状况，加强了集中统一，推动了各项工作的开展。

第三节　为贯彻党的方针而教学

正当学校各项工作全面展开之际，迎来了中国共产党诞生 27 周年纪念日。叶剑英同校党委其他同志商议决定，将庆祝党的生日与学校开学典礼结合起来，并请中央和华北局的领导人到会讲话。学校随即根据这一决定，进行各项筹备工作。

1948 年 7 月 1 日下午 5 时半，学校隆重举行庆祝“七一”暨华北军政大学开学典礼大会。朱德总司令和华北军区副司令员滕代远、晋冀鲁豫边区政府主席杨秀峰及华北、华东、中原等地区人民解放军部队的代表，出席了大会。

大会首先进行了阅兵式，朱德、叶剑英等乘坐吉普车，检阅步兵方队和坦克车队。接着，叶剑英致开幕词。他回顾了中国共产党自诞生以来的战斗历程，说明纪念“七一”和学校诞生的重大意义，着重指出，华北军大的诞生，是人民革命战争发展史上的产物，标志着人民军队正规化建设开始进入了一个新的阶段，对于加速解放战争的进程，争取全国胜利早日实现，对于促进解放军建设，都具有现实的和深远的意义。他号召全校人员，要为实现中央军委和华北局赋予学校的任务而努力奋斗。

朱德在会上作了重要讲话。他代表党中央、中央军委和毛泽东主席，向大家表示慰问和祝贺。他讲了党的历史，军队的历史，指出华北军大是在继承红军大学、抗日军政大学的传统基础上，适应解放战争形势的需要而创办起来的，任重而道远。他特别指出，叶剑英过去当过红军学校的校长，有丰富的办学经验。中央军委下了很大的决心，把叶剑英调来当校长。华北局也下了决心，搞好物资方面的供给和保障。希望大家共同努力，把学校办好，为人民立功。

滕代远、杨秀峰以及国际友人马海德等先后在会上致词，祝贺军大的成立。大会在热烈的掌声和嘹亮的歌声中胜利结束。

华北军大究竟要遵循什么样的教育方针？这是叶剑英受命办校以后一直萦回在脑际的一个重大问题。经过与学校其他领导同志酝酿，在开学典礼以后，叶剑英明确提出，学校各项教学活动中，应当认真贯彻党中央、毛泽东主席提出的现阶段全党全军工作的指导方针，即：军队向前进，生产长一寸，加强纪律性，革

1948 年，叶剑英陪同朱德、聂荣臻在华北军政大学视察

命无不胜。他说，这个指导方针，同时就是军大的教育方针，就是说，军大当前的教育除了为现阶段的方针服务以外，没有别的方针。军大是为实现这一方针在教育上所提出的任务而奋斗的。

叶剑英对教学过程中的主要环节、重要问题，总是直接过问，狠抓不放。他提出，教学的内容，主要是军事、政治和管理教育。军事方面，首先要抓好毛泽东军事思想的教育，特别要注重学习毛泽东主席总结的“十大军事原则”，在此基础上抓好战术、技术教育。在战术上，要进行进攻战、攻坚战、山地战、水网战、河川战的训练，并加强各兵种合同战术的教育；在技术上，着重进行炮兵技术训练，重点是山炮技术训练；工兵技术训练以爆破和架桥为主，同时进行坑道作业与筑城训练。政治教育有四项：马列主义基本理论；中国革命的基本问题与中国共产党；时局与任务；党的政策。政策教育，包括新民主主义革命的总路线总政策、土地政策、城市工商业政策、新区政策、俘虏政策。此外，还有战时政治工作等。管理教育主要是：人民军队建军原则及管理教育部队的方式方法，内务条令和纪律条令。

为了解决教材缺乏的困难，叶剑英动员大家出主意想办法。他综合一部分干部的意见，提出把国内外军事学校的基本教材收集起来，然后按照华北军大的教学目的，由学校组织力量，自己编写。原则是从实战需要出发，同时照顾学员的接受能力。在编写战术教材过程中，他要求编写人员注重研究各战略区的实战经验，使教材的内容更符合实战的要求。经过半年的努力，全校有计划地编译了三十多种军事教材和二十余种政治教材，为全校统一教学内容，打下了良好的基础。

第四节 “搬师请贤”

学校要办好，教员是关键。然而，教学工作刚开始的时候，教员却非常缺乏。叶剑英带领部分干部，调查了解教员队伍情况，发现能够上课的教员只有36人，按学校教学单位所需教员数额计算，缺额达75%。面对这一困难，叶剑英想到了俄国十月革命胜利后，列宁利用旧军官作教员，创办陆军大学的经验。于是，他果断地提出：“在那些脱离敌人营垒的旧军官和被我们俘虏过来的人中，吸收一些有真才实学的人来学校任教。”他把这种做法称之为“搬师请贤”。经过各方面的努力，学校陆续接收了一大批投考来的、起义来的和解放来的国民党军旧军官。对此，有的同志不大理解。个别学员甚至说：“常败将军教常胜将军，这是给自己抹黑！”有的教员也说：“过去没有他们，我们一样办教育。”叶剑英听到这些反映后，就及时做思想工作，并提到校党委会上进行专题讨论。他说：“争取、团结、改造、使用旧军队和旧军官问题，在党的七大文件中，已有明确的论述。中国的旧军官人数很多，不能简单地对待，必须争取、改造和使用他们，因为这不是少数人的问题，我们的眼睛要看到几百万。”他在讲到争取、改造旧军官的可能条件时，特别引用了《共产党宣言》中的一段话："在阶级斗争接近决战的时期，统治阶级内部的、整个旧社会内部的瓦解过程，就达到非常强烈、非常尖锐的程度，甚至使得统治阶级中的一小部分人脱离统治阶级而归附于革命的阶级，即掌握着未来的阶级。所以，正像过去贵族中有一部分人转到资产阶级方面一样，现在资产阶级中也有一部分人，特别是已经提高到从理论上认识整个历史运动这一水平的一部分资产阶级思想家，转到无产阶级方面来了。"[①] 他以马克思、恩格斯的教导来统一大家的认识，并要求学校各级党的领导人及有关同志，对旧军官要做到思想上重视，态度上诚恳，政治上平等，生活上关心。因此，这些刚从旧营垒转到革命道路上来的同志都心悦诚服地接受帮助、教育、政治思想水平不断提高，在教学中发挥了积极作用。

叶剑英的言传身教，对旧军官的改造、团结起到了特殊作用。他早年追随孙中山革命，毕业于云南讲武学校，曾执教于黄埔军校，后来又去苏联共产主义劳动大学学习。回国后，到中央苏区任红军学校校长，抗日期间又作过多年统战工作，可以说集军事、政治、外交才能于一身，在军内外颇有影响。旧军官出身的教员虽然大都毕业于中外各种军事学校，但在叶剑英面前，多属晚辈。他们敬佩叶剑英，也愿意聆听他的教诲。当时，有些教员，一时还放不下过去的"官架子"。叶剑英就诚恳地对他们说：我和你们一样都是从旧社会过来的，旧军队那一套再拿到革命队伍中来，还有多大意思呢？人过来了，架子也要放下来；架子放下来，才能从思想上站过来。话不多，却很能启人深省。叶剑英从来不以老资格自居，而是以诚相待，平等相处，使一些原来对共产党有误解的人，逐渐地消除了误解。有一位姓周的教授，资格老，水平较高，在同行中有一定威信，人皆呼之为周老。叶剑英尊重他，也称他为"周老"，常同他商量教学中的问题，并通过他做旧军官的思想工作，收到了很好的效果。

第五节　教学民主

叶剑英十分重视教学民主。他认为，教学民主既是教学原则，也是教学方法，当教员与学生之间、教员与教员之间、理论与实践之间发生矛盾时，可以通过发扬教学民主来解决。他将整个教学过程分为教学准备、施教、检查三个阶段。

第一阶段，主要是做好教学的准备工作，写出讲授提纲。由主讲的教学组根据上级的方针和计划，拟出草案，然后到学员中深入进行调查，了解学员的文化程度、有无作战经验以及对课目的要求与建议。在此基础上写成讲授提纲，再将提纲交给有学员代表参加的教育准备会反复讨论、修改、补充，最后通过。有了讲授提纲，还要确定讲授方法，准备模型、沙盘、图表等教学器材，便于学员听课和理解。

---

①《马克思恩格斯选集》第1卷，人民出版社1972年版，第261页。

第二阶段，主要是授课。教员授课不是一个人，而是由若干教员、助教组成的教学组。整个教学组的教员都一起去上课，其中一人主讲，其余旁听。叶剑英强调授课要有针对性。一次，他在听取教育部同志的工作汇报中，了解到教军事地形学的教员提出了“三不讲”，即学员用不着的不讲，学员接受不了的不讲，没有准备好的不讲。他认为这“三不讲”的经验很好，随即向全校教员进行推广。在授课的基础上，要组织好讨论。讨论时，学员围绕教员讲授的内容进行理解、消化，有实践经历的学员可以结合自己参战的经验和战例进行发言，这样不仅可使其他学员受到教育，也可以使教员从中受到启发。最后是做好总结，不仅要总结课目内容，而且要总结教学方法及学员们的学习心得。

第三阶段，主要是通过考试来检查教学的效果。由上而下定期召开教学检查会，由下而上召开学员代表座谈会，总结检查教育计划、教材内容、教学方法和教学保障等。

叶剑英办校的一个重要指导思想是理论联系实际。他要求把学校的教学与正在进行的解放战争的实际结合起来。校教育部经过研究，随即抽出一批教员组成战斗参观团，先后前往太原、济南等地，实地参观人民解放军正在进行的太原战役、济南战役等战役、战斗，收集有关资料和作战经验，回校后给大家作战役报告，使教员和学员受到了生动实际的教育。

这一系列的教学原则与方法的实施，使学校的教学活动呈现出生动活泼的局面。教员积极、认真、负责地施教，学员主动地进行学习，教学质量不断提高。

为了办好学校，使教育质量更上一层楼，叶剑英深入动员各级干部带头学习。一次，他在校党委扩大会议上谈到干部的学习问题时，说：“干部学习是一个任务，不是一个额外负担。古语说过‘不教而战是谓弃之’，意思是说：军队一定要有教育，如果不经过教育，而拿去打仗，那就是抛弃。我们的部队是有教育的，远至红军成立以至现在，我们就抓紧军队的军事政治教育工作，教育早就成为我军的生活要素。不论在前方或在后方，只要有点滴时间，我们就进行军事、政治教育，这是我们经常的工作。但今天根据我们学校的具体情况，必须要向全校干部提出‘不学而教是谓害之’的警语，作为加强干部学习的动员。”①他认为，要办好学校，必须把全校中、高级干部先动员起来，弄通思想，带头学习，才能纠正经验主义与事务主义的思想作风，推动学校教学工作的发展。他对干部（包括教员）的学习提出了以下几个方面的具体要求：（一）关于学习态度。要有虚心的态度，提倡“相师”，即相互为师。干部与干部之间，上级与下级之间，教员与学员之间，互相学习。（二）关于学习内容。包括四个方面：一是马列主义理论，这是最基本的。二是军事科学，包括战略、作战艺术，还包括国家的经济与政治问题。三是教学业务，学习自己要教别人的东西，先学后教。四是党报，通过学习党报，了解时事，了解政策，了解马列主义和军事科学。

① 叶剑英在华北军政大学校党委扩大会议上的结论，1948 年 11 月。

（三）关于学习的组织检查。采取查笔记、查书本、查写作的办法。查笔记，就是要求读书要写摘要；查书本，就是要求在读过的书上画标记，写眉批；查写作，即要求写读书心得。

叶剑英要求全校干部认真学习，自己更是以身作则，抓紧时间，刻苦读书。萧克回忆说："剑英同志很重视学习。他很用功，读书多，知识面很宽，很有学问。有一次，他送给我两卷本的《苏联国内战争史》让我读。我发现，他在书中作了不少眉批，画了许多圈圈点点，可见他看得非常认真、细致。"[①]

第六节　物质保障

叶剑英对学校的后勤工作倾注了大量心血。他对校务部的同志说，物资保障用之于人，要保证身体健康；用之于工作，要保证教学需要。校务部根据他的指示，组织建立了器材室和印刷厂，统一管理全校教学器材采购、制作、供应和教材、资料的印刷。学校还建立了生产基地，开展农副业生产，改善全校人员的生活。

叶剑英十分重视群众对后勤保障工作的反映，及时提出改进措施。一次，他在听取学校各单位的情况汇报时，一大队政委徐兴华背了一首学员写的打油诗："生活太单调，出去逛逛庙。庙中泥菩萨，比我更枯燥。"他听后很感兴趣，问清了此诗的来龙去脉：原来，由于学校住房紧张，许多干部学员家属来到学校后，住房一时解决不了，只好与爱人分住。这些干部南征北战多年，同家属团聚很少，现在家属来了，却没有住处，思想上不免有些情绪。一个星期天，几个团职学员出去散步，来到镇外的一个小土地庙。其中一人在庙门上写下了那首诗，另一个学员见了，又补上两句："转身往回走，回去睡大觉。"

叶剑英让徐兴华将这首打油诗重念了一遍，略一沉思，也加上两句："楼下死了人，楼上不知道。"意思是说，这么大的事情怎么不报告。他当即指示，来队家属住房问题要马上解决。经过研究，决定将各队住处进行调整，腾出一些房子，作为来队干部家属的临时住房。

住房问题解决后，又出现了吃饭问题。来队家属增多了，学校的存粮很快就吃完了，影响了学员的生活。有的学员又编了顺口溜："华北军大开饭店，老婆小舅来吃饭，队上存粮两千斤，不到三月全吃完。"有的领导听了，觉得是发牢骚。叶剑英了解情况后，认为不能简单地把它看成是牢骚怪话。家属吃粮不能从学员的口粮中扣，更不能降低学员的口粮标准。他立即向华北局写了报告，使干部家属吃粮问题得到解决。后来，全校随队家属越来越多，产生了许多实际问题。叶剑英对政治部、校务部负责同志说，应该将干部家属组织起来，学习文化，同时做一些力所能及的事情。政治部、校务部经过反复研究并报叶剑英等领导同意，成立了一个家属半工半读学校，将干部家属动员起来，每日半天学习政

---

① 萧克：《记叶剑英同志二、三事》，载《解放军报》1983年7月10日。

治和文化，半天学习织布、织毛巾。同时建立子弟学校，使适龄儿童能上学读书。这样，干部家属每月可从学校得到一部分劳动收入，又提高了文化水平。干部子女也有了受教育的机会，使干部解除了后顾之忧。①

第七节　教学水平的新高度

1948年8月24日，叶剑英根据党中央的通知，前往西柏坡参加中共中央政治局扩大会议。会议根据战争形势的发展，继续强调了1947年中央前委在陕北靖边县小河村召开扩大会议确定的战略目标，在五年左右的时间内从根本上打倒国民党的反动统治。会议结束后，叶剑英返回军大，立即召开一系列会议，传达中央政治局9月会议的精神，研究贯彻落实的措施，同时总结学校四个多月来的工作。他在校党委扩大会议上所作的结论性报告中，提出了完成学校任务所要抓的六个方面的问题，即教育方针；教学民主；干部坚持学习；加强纪律性；争取、团结、改造、使用旧军官；接受批评建议。后来，他将这一报告记录稿又进行了整理，于11月17日呈报给党中央和中央军委，并写信给军委毛泽东主席和朱德、周恩来副主席。信中说：

"我在军大校党委扩大会议上的结论，初步整理了出来。这里的干部学员，要求铅印，以资研究，但不知其中有无不妥或错误之处？谨将原件呈上，请审查指正，并示知可否付印，以便遵照。"12月3日，朱德复信给叶剑英，信中说："在校党委扩大会议上讲话我已看过，你们在校内做教育是好的，不长的时间，得出一种教育方法，使教者学者都有进步，特别是争取了解放军官的学与教，这是一个创造。讲话可以印，可以作他校借鉴。"

1948年12月中旬，叶剑英任北平市军事管制委员会主任兼市长以后，仍然兼华北军大的校长、政委，对学校的各项重要工作实施领导。学校日常工作则由萧克副校长主持。经过一年的工作，学校在各方面都取得了显著成绩。朱德在华北军大成立一周年之际，特意为之题词祝贺："你们进行了很多工作。收集了过去的战争经验，编写了许多教材，训练了一部分教员，教育毕业了一大批学生。这是你们与全体教职员努力的结果。你们的教育方法，走上了正规化的道路，为国防教育打起了新基础。"朱德的题词，代表了中央军委对叶剑英领导和主持的华北军政大学工作的评价。华北军政大学的创办，在人民解放军军事教育的历史上写下了重要的一页。

---

① 徐兴华：《叶剑英同志在华北军大》，载《星火燎原》1983年第1期。

第二十四章　新北平市长

第一节　从石家庄到北平

1948年冬，人民解放军发起的平津战役的隆隆炮声，在华北大地上空震响。战役进行过程中，叶剑英即同彭真一起被召到西柏坡毛泽东简陋的办公室里，领受了接管北平的重任。叶剑英被任命为中共北平市委副书记、北平市军事管制委员会主任兼北平市市长，彭真被任命为中共北平市委书记，赵振声（即李葆华）为第二副书记。毛泽东满怀期望地对他们说："这次接管北平，影响到中外，你们务必达到像沈阳、济南那样的接收和管理成绩，不要落在沈阳和济南之后，特别要防止出现一些'左'的做法。"

按照党中央的通知，从各地抽调的参加接管北平的干部，先到保定集中。叶剑英于12月15日从石家庄到达保定，一面等待参加接管北平的干部前来报到，一面筹备建立接管组织机构等具体事宜。

1948年12月17日，中共北平市委第一次会议在保定举行。会上，叶剑英宣布了中央批准的北平市委、市军管会、市政府的组成及主要负责人的任命，并作了重要讲话。他说：这次接管北平，意义十分重大。北平是一座中外闻名的历史文化古城，接管工作进行得如何，直接关系到共产党和解放军的声望，也影响到其他尚待解放城市的接管。我们每个人都要认清自己肩上的责任。叶剑英对进城初期的主要任务作了简练的概括，这些任务是：迅速消灭混乱现象，安定社会秩序，系统地进行接管工作；肃清反革命残余；动员力量，向城市输送煤、粮等生活必需品，力求保证对城市人民的供应；迅速恢复生产。他特别告诫大家：要严格执行政策，遵守纪律，注意保持无产阶级的优良作风，防止剥削阶级思想作风的侵蚀和影响，防止少数人腐化堕落。

根据市委的决定，北平军管会下设物资和文化两个委员会，具体负责接管工作。物资接管委员会由戎子和任主任，文化接管委员会由钱俊瑞任主任。叶剑英要求两个接管委员会的干部，认真学习中央的方针政策，搞好对接管对象的调查研究，对哪个部门准备接管什么，被接管的单位在什么地方，里面有什么人员和物资，都要尽量搞清楚，不能打乱仗。他提醒大家，根据东北和其他解放区接管城市的经验，应该做到各按系统，自上而下，原封不动，先接后分，不要搞得支离破碎。

从 1948 年 12 月下旬开始，接管人员先后抵达北平城西南的房山县。这时，国民党驻守北平的华北“剿匪”总司令傅作义，虽然已同中共进行和平谈判，但在军队改编等重要问题上，仍犹豫不决，观望等待。对此，解放军平津前线司令部根据中共中央关于保护文化古都，力争和平解放北平的指示，在继续同傅作义谈判的同时，积极做好攻城的准备。

叶剑英和彭真利用解放军同傅作义谈判的这段时间，抓紧训练接管干部，组织大家学习党中央《将革命进行到底》的新年献辞和毛泽东关于时局的声明，提高对全国形势与和平解放北平必要性的认识，进一步明确军管时期的任务和政策纪律。叶剑英给接管干部作了几次形势报告，他说：将革命进行到底，消灭反动势力，特别是消灭国民党军队的办法有两种，一是用武力解决，一是通过和平谈判，将国民党军队和平改编。消灭反革命军队是要消灭作为四大家族支柱的武装力量，而不是把他们个个杀掉。因此，用和平谈判、和平改编的方法，解决反动军队，同样可以达到消灭反动势力的目的，这与将革命进行到底是完全一致的。[①]大家听了叶剑英的讲话，澄清了一些模糊认识，更加积极自觉地投入到和平接管北平的各项准备工作中去。

这年年底，叶剑英与华北军大学员李刚在房山县良乡结婚，后因感情不合于 1955 年离异。

第二节 “联合办事处”主任

1949 年 1 月 21 日，解放军同傅作义经过多次谈判，终于达成了《关于和平解决北平问题的协议》，北平获得了和平解放。接管大军随即移驻北平西郊的青龙桥一带，叶剑英则住进了颐和园内万寿山上的益寿堂。几天以后，平津前线司令部根据中共中央指示，决定成立由中共和傅方参加的“北平联合办事处”，负责进行北平的接管工作。中共参加办事处的代表是叶剑英、徐冰、陶铸、戎子和。傅作义方面的代表是郭宗汾、焦实斋、周北峰。叶剑英任联合办事处主任。

1 月 29 日，叶剑英在颐和园景福阁主持召开准备进行北平接管工作的重要会议。为了开好这次会议，前一天，叶剑英给傅作义写了一封亲笔信：“宜生先生勋鉴：联合接交机关拟于明日（二十九日）下午二时在城郊开筹备会，请转告贵方参加人适时到会为荷。”[②]傅作义接信后，准时派出代表携带他的亲笔复函赴会。傅作义在复函中写道：“剑英先生勋鉴：一月二十八日大函敬悉，兹派郭宗汾、焦实斋、周北峰前往参加，即请查照，并颂时祺！”[③]

会议开始后，叶剑英再次表示欢迎傅方代表同中共进行合作。他在讲话中高

---

① 叶剑英在北平接管干部大会上的讲话，1949 年 1 月 2 日。

② 在北京市档案馆查阅的资料。

③ 在北京市档案馆查阅的资料。

度赞扬傅作义对北平和平解放做出的贡献。着重申明“联合办事处”机构应该遵循的三条原则：“第一，双方在共同工作中，如果出现原则问题的分歧，希望朋友们要从共产党人的原则立场来理解我们。这种立场就是：维护最大多数人民的长远利益。第二，共产党人是履行诺言的，凡是我们通过了的决议，签过了字的文件，我们是坚决执行的。第三，我们愿意和真诚的朋友长期合作，并且希望有更多的贵方的有识之士同我们合作。如果能将北平的经验推广到太原、大同、南京乃至全中国，那就更好了。”

傅方代表频频点头表示赞许。郭宗汾说：“叶先生的讲话很谦虚、和蔼，所讲的几个原则我们都同意，回去一定转给傅先生。”

随后，叶剑英向郭宗汾等仔细询问了城内国民党军队、警察、特务的情况，了解了治安、交通、金融、粮食供应的情形。傅方代表提出联合办事处的性质问题，叶剑英明确答复这个机构属于工作机关而不是政权机关。[①]

1949 年 2 月 2 日，北平军管会从西郊进驻城内。2 月 3 日，人民解放军举行盛大的入城式。叶剑英同平津前线司令部及华北局、北平市其他领导人一起，在前门箭楼上检阅了参加入城式的队伍。

2 月 12 日，北平市各界人民在天安门广场集会，欢庆解放。叶剑英在会上发表了重要讲话。他宣布北平市在军事管制的时期，要完成“系统建立人民的革命政权，推行新民主主义的政策”，“消灭一切混乱现象，建立人民民主的经常的秩序”等六大任务。他坚定地表示：“我们中国共产党北平市委、军事管制委员会和北平市人民政府，在中国共产党平津前线总前委领导下，在人民监督和协助下，坚决地为完成上述任务而斗争。”

叶剑英的洪亮声音，通过扩音器传遍了天安门广场的每个角落，通过无线电

1949 年 2 月 12 日，叶剑英在庆祝北平和平解放大会上发表讲话

① 北平联合办事处会议记录，1949 年 1 月 29 日。访问周北峰谈话记录，1982 年 11 月。

广播传到了中国已解放的地区和尚未解放的地区，传向了全世界。后来，毛泽东主席见到叶剑英，风趣地说：“我听收音机了，你那个讲话真是‘声嘶力竭’啊，为新政权呐喊，就是要有这么一股劲头！”

第三节 紧张接管

从2月初开始，北平的接管工作在叶剑英、彭真的领导下全面展开。根据中共中央的指示精神，叶剑英与市委、军管会的负责人经过多次讨论、研究，将接管工作大体划分为政权接管、物资接管、文化接管三个方面，并组成相应的机构进行对口接管。叶剑英同彭真一起，对接管工作从整体上实行有力的领导与指挥。在接管的指导思想上，叶剑英再三强调要依靠党组织和人民群众。他说，北平的地下党组织和广大工人、职员、学生、群众及一切进步力量，是中国共产党进行接管工作的支柱。只有紧紧地依靠他们，接管任务才能顺利完成。

叶剑英直接组织并参加了对旧政权机构的接管。首先接管的是旧北平市政府机构。1949年2月3日，叶剑英市长和徐冰副市长，召集旧北平市政府人员，宣布对市政府进行接管，并交代了中共的方针政策。2月4日下午3时半，在原国民党市政府会议厅举行了隆重的接管仪式。此后，叶剑英又有步骤地领导接管了各区政权，并先后建立起了各区人民政府。①

物资方面的接管情况比较复杂。军管会所属的物资接管委员会，负责接收敌伪产业及公共物资财产，没收官僚资本，直接代管属于国家的企业。叶剑英每天都要听取物资接管委员会主任戎子和的汇报，及时掌握接管进度，处理工作中遇到的难题。

一天，叶剑英了解到这样一件事：西郊有一支骆驼运输队，大约有二三十人，靠从门头沟往市区运煤为生。中共方面去接管时，没有傅方代表参加，也没有带联合办事处的介绍信，只召集他们讲了一番话，宣布将运输队接管，让其照常运输。可是，第二天这几十人都跑光了。有的同志觉得一个小骆驼队，跑了也没什么。叶剑英却从中发现了问题。他责问接管的干部：“为什么不请傅方代表参加呢？进城之前，我们就已反复强调，要准备同党外人士合作共事，而我们一些同志对此认识不足，习惯于自己包打天下。尽管有了联合办事处这样的组织。也不注意很好地去发挥作用，这不对嘛。”

叶剑英在同傅方代表的合作中，既坚持原则的坚定性，又注意策略的灵活性。每逢合作中遇到矛盾，他总是在坚持原则的前提下，有理有利地予以解决。2月中旬的一天，戎子和在组织接管一座仓库时，遇到了阻力。他向叶剑英请教办法。叶剑英没有就事论事地答复，而是告诉他，在联合办事处工作，要多开动脑筋，注意方式方法，讲究策略艺术。既要充分发挥对方代表的作用，又要加快

① 访问焦实斋谈话记录，1986年2月。

接管工作的步伐。在大的原则问题上不让步，但在一些小的、具体的问题上，就不要同对方过于计较。有些对方认为有用而我方觉得无关紧要的东西，对方即使一时不愿交，也不要强求，将来都会变成我们的。

戎子和从叶剑英的一席话里领会到了高超的斗争艺术、工作方法，并向参加接管的同志们作了传达，大家都感到工作的方向更明确了，工作进展也更为顺利。

接管工作是一项政策性很强的工作。叶剑英总是要求参加接管的干部，加强政策纪律观念，严格请示报告制度。尽管如此，有时也发生一些问题。如物资接管委员会财政部未经请示，接管了存放在荷兰领事馆的联合国经合总署援华的一部分面粉，引起了涉外事件。叶剑英高度重视这件事，立即报告党中央，对有关人员进行了严肃的批评教育。然后，他根据中央指示，以军管会主任的名义，致信经合总署的代表，义正辞严地反驳了对方对中共的攻击，妥善地处理了这一事件。

经过一个多月的紧张工作，政权和物资方面的接管取得很大成绩。原旧政权下属的一些主要单位都被顺利接收过来。其中，有国民党军"华北剿总"系统和伪中央系统在北平的党、特、军、政、警等机关；有四大家族掠夺华北人民的中央、中国、交通、农业各银行在北平分行；有作为华北交通、联络枢纽的铁路、邮政、电讯全部系统。有石景山发电厂、炼钢厂、兵工厂等重要工业企业。被接管的职工及一些技术人员等，共九万多人。

关于文化方面的接管，虽然由军管会的文化接管委员会具体负责，按系统按部门进行接管，但叶剑英感到文化教育部门的知识分子多，接管的政策性很强，因此，大小事情他都亲自过问。他反复告诫大家：对于知识分子一定要按党的政策办事，除个别反动的以外，所有的知识分子都要接收过来，充分发挥他们的作用，为新中国服务。文化接管委员会每接管一所大学，他事先都要了解这所学校的历史和现状，一再交代要关心和爱护知识分子，妥善处理师生员工中的问题。一些大学被接管后，钱俊瑞前去作报告，每次报告的提纲，叶剑英都亲自审阅。他还定期邀集北平一些有名望的知识分子开座谈会，向他们讲解党的知识分子政策，回答他们提出的各种问题，并诚恳地征求他们对建设新北平的建议。被邀集的著名知识分子中，有陆志韦（燕京大学校长）、叶企荪（清华大学校长）、张奚若、钱伟长等人。由于正确贯彻执行了党的知识分子政策，北平市的知识界绝大多数都拥护共产党的领导，并对接管工作给予了有力的支持和配合。经过一段时间的紧张工作，完成了对清华、北大、戏剧学校、电影制片厂、北平图书馆、故宫博物院以及新闻出版等三十多个文化部门的接管。

3 月上旬，接管北平的主要工作基本结束。叶剑英于 3 月 10 日签署了《北平市军管会关于处理旧人员和接管工作的指示》。这个文件指出，3 月份的中心任务应该是如何把从国民党反动派统治下解放出来的北平更好地领导和管理起来，使中国共产党更进一步和北平二百余万人民紧密结合在一起，为肃清潜伏特务及反动政权统治的残余，为建设新北平而奋斗。同时，向军管会各部门提出了后续任务。

北平接收工作，历时 3 个多月，进行得稳妥、周到、顺利，没有出大的乱子。这是中共中央正确决策、领导的结果，同时，也是与叶剑英、彭真及参加接管的广大干部忘我的工作以及傅作义方面的配合分不开的。北平接收工作的成效，赢得了中外舆论的赞扬。国民党统治区出版的《新闻天地》有一篇文章这样写道："叶剑英领导的中共干部，为了打稳中共未来首都的基础，接管是审慎、周到、仔细、严密的"，"几乎做到尽善尽美的程度。"这个看法是对北平接收工作的一种客观而又公正的评价。

第四节　整顿秩序，恢复生产

1949 年 3 月，中共七届二中全会后不久，党中央和人民解放军总部确定由西柏坡迁往北平办公。叶剑英于 3 月 24 日赶往涿县高碑店，迎接北上的毛泽东和中央其他领导人。25 日，又与在北平的其他负责人一起，陪同毛泽东、朱德、刘少奇、周恩来、任弼时，在北平西苑机场检阅了中国人民解放军第四野战军一部。

当叶剑英将主要精力转向城市的治理和建设时，摆在他面前的，是一个百业待举、百废待兴的局面。如何创业兴业，使全市各项工作逐步开展起来？他同市委、市政府其他负责人研究确定，首先必须加强新生革命政权的建设，建立和完善各级政府机构。

市政府是北平市的最高执政机构。在如何建立新的市政府的问题上，有关部门曾提出了两个方案：一是以旧架子为基础，加以改良和精减；二是另起炉灶。叶剑英坚持认为，按照马列主义关于国家政权的学说，必须打碎旧的国家机器，建立新的政权机构。他和彭真对两个方案反复研究，感到第一种方案虽然较简便，但依然是"旧瓶装新酒"，如果以旧政府机构和人员为基础，组成新班子，其旧作风的残余很容易保留，无论怎样改良和精减，也很难完全跳出旧圈子。因此，倾向于采取第二种方案，以中共的干部组成新的骨干队伍，负责领导市政府

叶剑英（左一）迎接北上的毛泽东、朱德、周恩来、任弼时等中央领导人

叶剑英（右）陪同毛泽东在北平西苑机场检阅人民解放军

各部门的工作；同时吸收一部分思想比较进步的原旧政府机构人员参加工作。叶剑英十分重视从旧人员中发现和选拔人才。在市政府4月份召开的一次干部大会上，他诚恳地说："我们对于一切能为人民做事的干部，要尊若贵宾，若有人才被埋没了，未被发现，可以自告奋勇，申请担负重责，为人民挑一个更重的担子，我们是欢迎的！"在叶剑英的关照下，新的市政府留用了一批经过改造愿为人民服务而又有真才实学的人员。他们在工作中发挥了应有的作用。

在确定了市政府的建设方案并付诸实施以后，叶剑英又主持研究制定了《关于废除伪保甲制度建立街乡政府初步草案》。草案明确规定了彻底废除旧政权后过渡时期的城区（郊区）的政权组织系统和产生办法，城区和郊区的街乡按照这一草案规定，迅速将各级基层政权组织建立起来。

衣食住行关系到千家万户的切身利益。这方面问题解决得好坏，直接影响到人心的向背和新生人民政权的威望。在中共北平市委的领导下，叶剑英带领军管会和市政府的同志们，一开始就抓紧了安定全市二百多万人民生活这一基本问题，其中最突出的是解决粮、煤、水、电的供应和统一货币。军管会和市政府在进城前，叶剑英和彭真就指示军管会有关部门，从华北其他地区调运和储备了大批粮食、煤炭及油盐等物资，进城后，采取各种方式将必需的生活资料供应给市民，保证他们的生活需要，并认真贯彻执行中央制定的金融货币政策。市政府按照中央规定，以中国人民银行发行的人民币为北平市本位币，以冀南银行发行的钞票（简称冀钞）和东北银行发行的流通券（简称东北券）为辅币，对伪金元券实行收兑办法，并在市民中进行宣传动员，让工人、学生及其他劳动人民享受优待兑换。不久，又对银元实行了禁止流通、买卖的政策。通过这一系列措施，逐步稳定了北平市场物价，人民生活得到稳定并有所改善，从而安定了民心。

要使民心向党，安居乐业，还需要进一步整顿治安、建立革命秩序。北平曾经是国民党反动派在华北的政治、军事中心，解放后，潜留了大批特务，散兵游勇、土匪小偷、银元贩子也到处为非作歹。加之流散在民间的武器被匪特利用，严重危害人民生命财产的安全和社会秩序的稳定。这些情况，使叶剑英焦虑不安。北平是中共中央所在地，是即将成立的新中国的首都，是全国政治文化中心。必须迅速地有步骤地采取措施，从根本上解决社会治安问题。叶剑英以军管会主任名义发出布告，明确提出要保障全体人民的生命财产，维护社会安宁，确立革命秩序。接着，陆续发布了关于“收缴一切非法武器”“北平市国民党特务人员申请悔过登记实施办法”以及“一切社会团体均须申请登记”等布告和通知。在发布这一系列布告和通告的同时，他和彭真领导警备部队和公安部门采取有力措施，坚决打击和肃清暗藏的敌特，捕捉劫盗匪徒，处理散兵游勇。同时，开展号召反动党团人员和特务分子自首登记活动。到 1949 年秋仅半年时间，就破获潜藏特务匪徒策划的各种阴谋暴动案 83 起，总共肃清职业特务 6700 余名，查处散兵游勇 3.7 万多名。破获制造伪钞、盗窃、抢劫案件 1.4 万多件。收缴了大批敌特电台、枪支和炸药。

初步解决了治安问题以后，叶剑英紧接着将改进交通秩序、整顿摊贩的问题提上了日程。当时，市内摊贩大都占据要道、路口等繁华地区，妨碍交通，时常引起车祸，并有特务坏人混入摊贩队伍，乘机捣乱，秩序十分混乱。为了解决这一问题，搞好市政建设，叶剑英责成市政府有关部门调查研究摊贩市场的情况，尽快拿出整顿的意见和办法。5 月 23 日晚，他与彭真一起，专门主持召开了北平摊贩代表座谈会。会议一开始，他谦虚地称代表们为“先生”，说：“我们对摊贩还没有管过，我们还是学生，你们是先生，要同你们商量一下，如何管理。集中大家的意见以后，我们便去办。这里，我先向大家提一个问题。”他看了看众人，问道：

“过去，国民党的市长们，国民党的市党部和你们开过会没有？对你们用什么方法管理？”

在座的摊贩代表们闻听此言，情绪一下活跃起来：

“那些大官我们连见都见不到，还同我们开什么会呀！”

“警察宪兵动不动就用皮带抽打我们！”

“他们对我们的办法是强制和压迫！”

叶剑英听了大家的意见，继续说道：“是呀，国民党不把人当作人看待，而是当作毛驴一样看待，说打就打，这是他们的反革命本性决定的。只有共产党和共产党领导的人民政府，才真正把人当作人看待，尊重人民，全心全意为人民服务。”

接着，叶剑英深入浅出地讲了对摊贩进行管理的必要性，提出了整顿的明确要求：第一，位置要摆得适当，需要迁移的就选择地方迁移，有的可就地整理。第二，要有手续，登记，领牌照，要纳税。第三，摊贩们要组织起来。他说：“有组织则秩序容易搞好，且可以避免坏人侵入，什么事情都可以有秩序的办理。”

就在这次座谈会后，叶剑英根据同摊贩代表商量的办法，以市长名义发布了

《北平市人民政府关于管理摊贩及棚户暂行办法》，对依法办理登记手续，领取营业牌照，按章交纳租税等事项做出了明确规定。经过整顿，全市4.2万户摊贩各得其所，秩序井然，既保护了摊贩的合法营业，又使市政和交通得到了很大的改善。

“市政工作的基本任务，是发展生产。也就是把一个消费的城市改变为生产的城市。”叶剑英1949年4月在北平市人民政府第一次科长以上干部会议上讲的这一番话，道出了他治理北平市的一个重要指导思想。

发展生产，繁荣经济，是改善人民生活，巩固新生人民政权的物质基础。而这个问题，对新生的北平尤为重要。解放前的北平市，经济凋零，生产甚少。解放以后，官僚资本企业已被没收、接管，变为公营企业。对私营民族工业则采取了保护的方针。为了迅速恢复和发展北平市的生产，叶剑英同市委、市政府其他领导同志，遵照党的“公私兼顾、劳资两利、城乡互助、内外交流”的“四面八方”政策，认真钻研经济建设和生产问题，循序渐进地开展了各项工作。

叶剑英和彭真深入到各厂矿，调查研究，召开厂方、工人各种座谈会。向工人群众、民族资本家和工商业者宣传解释中国共产党的政策，并对各厂家分别提出了不同的要求。经过反复动员，广大工人和业主的积极性有了明显提高，他们抓紧生产，使工厂产品的产量迅速回升。

在动员生产的基础上，叶剑英领导市政府，进一步抓了公营企业和私营企业的管理问题，以进一步解放生产力，促进生产的发展。在公营企业中，强调对管理工作进行改革，克服部分领导者中存在的强迫命令、脱离工人群众等官僚主义倾向。同时，建立有工人参加的工厂管理委员会，实行民主管理，贯彻群众路线。在私营企业中，着重根据党的“公私兼顾、劳资两利”的政策，抓了劳资关系的调整，并实行了劳资双方签订集体合同的制度。双方有了合同约束，劳资关系逐步走上正轨。资本家和工人从思想上弄清了只有在生产的发展中才能使双方获得利益的道理，因而纠纷减少了，生产积极性也更高了。

叶剑英、彭真和政府有关部门还采取由政府投资、银行贷款、开辟原料来源和产品销路等办法，从经济上对公私营企业给以实际的帮助，解决企业生产中的困难。

为了解决“城乡互助，内外交流”问题，叶剑英紧紧抓住了沟通城乡贸易这个环节。市政府成立了城乡贸易指导委员会，积极地发展同许多地区的贸易关系。1949年6月，在叶剑英的直接领导下，市政府工商局举办了工业展览会，邀请华北各地和其他解放区派代表团来北平参加，举行各种座谈会，交流情况，了解对方的需求。叶剑英在贸易座谈会上就工业、农业和商业的相互关系及贸易工作的重要性，作了重要讲话。他说：“在恢复和发展生产的任务中，中心工作当然是发展工业；但要更好地发展工业，就必须重视发展农业生产；农业生产发展之后，能供给城市以原料和粮食，能提高购买力，扩大市场。在这里，城市要供给农村以农具、肥料等生产资料。为了工业农业的发展，城乡必须互助。而工业农业经济，又需要经过商业才能沟通起来。如果工农业产品没有销路，工农业生产就不能继续发展。因此，只有正确地指导贸易，发展贸易，去扩张销路，才能发展工农业。”叶剑英的这些见解，体现了马克思主义政治经济学的基本原理，也符合当时北平经济建设的实际，对于正确地发展生产起到了指导作用。展览会开得很成功。北平市与各地成交了大批货物，开始建立了与各地交换物资的关系，扩大了北平市工业生产的原料来源和产品的销售市场，促进了生产的发展。经过半年多的时间，北平市的生产得到迅速发展。公营企业的生产率有明显提高，私营企业的产值也有了迅猛增长。

叶剑英在大力抓好北平城区各项工作的同时，对北平市郊区的工作也给予了应有的重视，倾注了心血。

解放之初，郊区的土地问题尚没有获得妥善解决。农民们对生产抱着观望的态度。叶剑英经过调查了解，责成市政府负责郊区工作的部门，尽快制定相应的政策。不久，市政府宣布了土地“谁种谁收”的暂行政策，安定了农民的生产情绪。政府给郊区农民贷款人民币 2000 万元，帮助他们购买农具、种子、牲畜、肥料等。同时，组织兴修水利，打井修井，抗灾救灾。清明节时，又发动群众植树，号召“一人一株树”，扩大城乡绿化面积。市政府成立了郊区土改委员会，具体领导郊区土改工作。经过近一年的时间，市郊各区土改工作先后完成，生产进一步得到发展。

第五节　发展科学教育事业

北平市作为文化古都，文化、教育、卫生等事业具有一定的基础。但是，要按照共产党的政策来发展这些方面的事业，需要做许多艰巨的工作。

在教育事业方面，叶剑英同彭真等一起，首先研究了大学教育问题。1949 年 3 月上旬，他们提出了“关于公立大学的几个方针问题的意见”和“关于私立大学的处理办法”。对于公立大学，实行“抓紧思想领导”“进行合并”“迁移校址”等方针。对于私立大学，根据不同的情况给予不同的处理，有的和公立大学合并，有的继续维持私办，有的实在办不下去，若校方主动提出，可以实行接管。他们将这些意见向党中央作了请示报告，得到批准，即付诸实施。

在中小学教育方面，叶剑英提出，必须按照新民主主义教育方针，建立民族的、科学的、大众的教育内容，培养具有为人民服务思想和专门知识技能的人才，以此为改造和发展北平市中小学教育的目标。为了有步骤、有计划地实现这一目标，市政府对各中小学采取先维持原状，按时开学，再有步骤地进行接管与改革。改革先从行政方面着手进行。在公立学校中实行机构精简，撤换思想反动的或不称职的少数教职员。在经济上做到公开、节约，杜绝贪污现象。在教学上，废止旧教材，使用新教材，增设新的政治课，对学生进行思想教育。并逐渐建立起民主管理制度，启发学生树立民主自觉的学习精神，扫除国民党时代对学生实行封建法西斯式控制的现象。

为了团结并改造旧教师，市政府协助教联筹委会举办各种讲座、座谈，成立

1949 年夏，叶剑英在北平住所的庭院内读书

政治、国文、历史等学科的研究组织，并举办暑期学习会，将中小学教员集中起来进行短期培训、学习。市政府还对家庭贫苦或因家在外地而断绝了经济来源的学生，发给临时救济金，以保证家境贫寒的优秀学生获得求学的机会。1949 年 6 月上旬，叶剑英出席北平市中小学教职员代表会议，在讲话中对中小学教育工作者们提出了三点要求：一是要给予新的一代科学的、而不是愚昧落后的教育。二是要用新的道德来教育新的一代。三是要努力帮助农民及其子弟提高文化水平。他还要求中小学教育工作者加强自身的学习，努力提高教育能力和水平。

在卫生事业方面，叶剑英领导市政府，重点开展了防疫、环境卫生、医药救济、学校卫生等工作。解放前，北平城内包括天安门广场、东西长安街等，到处都是成堆的垃圾。各级政府机关人员深入基层、居民中间，进行总动员，突击大扫除。在三个月的时间内，全市清除了国民党统治时期多年积下来的垃圾 20 多万吨，粪便 20 多万斤。与此同时，在城市和郊区对群众普遍进行了防疫注射，给 5 万多名群众进行了免费治疗。

叶剑英在北平期间，还出席了一系列全国性会议，并在这些会上发表了重要讲话。4 月 18 日，他在中国新民主主义青年团第一次全国代表大会闭幕式上讲话。他重点向大家介绍了时局特别是与南京政府进行和平谈判的情况，同时要求青年一代发扬毛泽东主席倡导的愚公移山的精神，继续同帝国主义和封建主义势力作斗争。他还要求青年们讲卫生、讲体育、讲学习，努力完成历史赋予青年一代的使命。7 月 2 日，叶剑英出席全国艺术工作者代表大会开幕式并发表讲话。他指出，文学艺术战线是一条重要的战线，文学艺术工作者应该担负起肃清封建主义和资本主义残余，教育人民的任务，为人民提供更多更好的精神食粮。7 月 14 日，叶剑英在全国第一次科学会议筹委会正式会议上致词。他提出，一个真正的人民的科学家，要有坚定的人民立场，老实的科学态度，科学队伍要真诚地团结起来，积极地为人民工作。

第六节　廉洁奉公

“政者，正也。”叶剑英在领导市政建设中，要求政府的工作人员正人先正己，搞好自身建设，廉洁奉公，全心全意为群众谋利益。他自己作为一市之长，则率先垂范，克己奉公。不论在工作上和生活上，不搞特殊化，不贪图物质享受，保

1949年，叶剑英在北平

持入城前艰苦朴素的作风。

有一天，军管会物资部长童陆生找到叶剑英："报告参座，现在物资都分配得差不多了。我给军委机关分了一批东西，其中有些被服和办公用具，每个领导干部都分配一点，您要点什么？"

"我？什么都不要。"叶剑英这阵子忙于给各单位分配物资，自己从未想到要分点什么。

"我是正式向您报告这事，不是随便说的。"童陆生认真地说。

叶剑英抿着嘴笑了："我是军管会主任，又是市长，领导接管了这些物资，怎么能自己给自己分配呀！"市长正式地作了答复。

叶剑英领导接管的旧北平市党政军机构的物资，在仓库里堆积如山。其中，有各种各样的高级家具，有成千上万件毛毯、被服，还有珍奇古董、名人字画，他一件不要，两袖清风，廉洁奉公，以实际行动体现了中共七届二中全会关于进城以后，要保持艰苦奋斗作风的精神，为军管会和市政府全体同志树立了榜样。

在廉洁奉公方面，叶剑英"以身先之"，也要求下属这样做，决不许任何人"以身害之"，即使是小事也不放过。市政府有一个留用的旧职员，经常看戏不买票，戏院很有意见。事情反映到叶剑英耳朵里，他一了解，这个人还有其他腐化行为。于是，果断决定将他开除了，并下令将此事登载在《人民日报》（北平版）上，以便教育更多的人。

有一次，北平警备司令部副政委莫文骅，找到叶剑英，请求给警备部队值勤的战士们批几辆自行车。未想到，这点小事，叶剑英反倒认真起来。

"哪里有自行车？"

"警备部队守卫的一座仓库里就有一批车子。可战士们一辆也没有动用。他们成天跑路，能不能给他们解决几辆值勤用车？"

叶剑英沉吟了一会儿，说："战士们自觉遵守纪律的精神，很使我感动。批一些车子给他们，以便值勤，完全应该。可是，现在要东西的单位太多。我们军管会所属单位应该以身作则，起模范作用。宁肯自己吃点苦，也要尽量把东西分给别的单位才好。"他说到这里，用手指了指莫文骅，又指指自己，笑着说："我们之间的个人关系很好，但是不能私相授受啊！老莫，你说对吗？"

莫文骅觉得叶剑英的话十分在理，当即表示："参座讲得很对，我们是应该高风格，先人后已。"

"我不批车子，部队不会有意见吧？"

"不会的。部队进城以前，进行过政治纪律方面的教育和大讨论，开展了'评入城资格'的活动，觉悟都有很大提高。他们感到，能入城参加警卫工作，是一件十分光荣自豪的事。有些没被评上入城资格的战士，还哭鼻子哩。"

叶剑英听了，哈哈笑起来。

第七节　与南京国民党政府代表团和谈

人民解放战争的节节胜利，迫使蒋介石向中国共产党发出了虚伪的求和声明，企图用缓兵之计，阻止人民解放军渡江南进。中国共产党为了迅速结束战争，实现真正的和平，减少人民痛苦，同意在"惩办战争罪犯""废除伪宪法""废除伪法统"等八项条件的基础上，同国民党进行和平谈判。

1949年4月1日，双方在北平开始谈判。中国共产党参加谈判的首席代表是周恩来，代表有林伯渠、林彪、叶剑英、李维汉、聂荣臻。国民党方面的代表是张治中（首席代表）、邵力子、黄绍竑、章士钊、李蒸、刘斐。

在这次正式谈判之前，叶剑英奉中共中央之命，以他特有的谈判经验和魄力，在北平多次接待了南京方面的代表及有关人士，磋商和谈的有关事宜，为双方的正式谈判铺平了道路。

1月下旬，南京国民党政府代总统李宗仁和白崇禧派出他们的私人代表刘仲华、黄启汉到达北平，求见中共中央的领导人。叶剑英根据党中央的指示，在颐和园接见了他们，并进行了长时间的谈话。黄启汉、刘仲华介绍了蒋介石下野的经过，以及李宗仁、白崇禧的处境和政治态度。他们谈到：李、白同意以毛泽东主席1月14日《关于时局的声明》中指出的"惩办战争罪犯"等八条为基础，进行和平谈判。特意先派他们来北平同中共进行联络，表示"求和诚意"，希望中共方面能尽早与李、白进行谈判。李、白愿与中共达成默契，在京沪一带作战中与中共军队相配合，具体方案要等待叶剑英参谋长指教。叶剑英认真听取了黄启汉、刘仲华的谈话，对他们表示：欢迎你们到北平谈和平谈判问题。在当前的形势下，虽然中共完全可以用武力彻底消灭国民党反动派，但我们仍然愿意同国民党南京政府和任何国民党地方政府或军事集团进行和平谈判。他提醒国民党方面的人士要识时务，顺应潮流，向人民靠拢，才有光明的前途。叶剑英同黄、刘谈话以后，立即将谈话内容电告中共中央。周恩来以中共中央名义起草回电，肯定叶剑英同黄启汉、刘仲华的谈话，指示要加强对桂系军阀的工作，加强对国民党反动统治者内部的分化瓦解。如果李宗仁、白崇禧确有接受毛泽东主席所提八条和反对美、蒋的真意，就应当采取切实的行动。据此，叶剑英再次同黄、刘谈话。商定刘仲华留在北平负责联络。黄启汉返回南京后，向李宗仁汇报了在北平见到叶剑英的情况及谈话内容。李宗仁高兴地说："总算很快就搭上了关系。"[①]

2月上旬，叶剑英在百忙中接见了以大学教授和国策研究会人员为主组成的"南京人民代表团"。叶剑英耐心地听取了他们的意见，并进行了友好谈话，要求其为实现真正的和平而做出自己的努力。中旬，李宗仁政府又向北平派来一个由主和派和上海资产阶级代表组成的"上海和平代表团"，其成员是颜惠庆、章士钊、邵力子、江庸。代表团来平前，叶剑英即通知南京方面三条注意事项：（1）双方谈话要守秘密，非经许可不得向报界发表；（2）不准新闻记者随行；（3）以私人资格来平，不得代表政府。2月14日，代表团飞抵北平。15日，叶剑英到六国饭店会见四位代表。下午，设宴招待代表团和同机到达的全体人员。然后，又根据中共中央指示，分别同代表团成员进行了个别谈话。除和平谈判这一主题外，还有关于南北通商、通航、通邮、通电等问题。颜、章、邵、江都向叶剑英表示了自己的意见。他们的共同立场，是使革命带上温和色彩，南北议和，承认中共领导，排斥蒋系，容纳桂系及江浙资产阶级。叶剑英对他们说，蒋、宋、孔、陈四大家族发动的和谈，是美国指使下的和平攻势，并无和平诚意。现在，蒋介石、顾祝同、孙科等正在美国策动下积极备战。中国共产党向来是主张和平的，蒋、宋、孔、陈四大家族为首的国民党反动派，是发动战争、祸国殃民的罪魁祸首。现在要和平，必须在中共提出的八条基础之上，特别是第一条惩办战争罪犯的基础之上，才有可能获得。叶剑英告诉他们，中共正在和各民主党派商量战犯名单及其他和谈的有关问题。一俟准备就绪，即将通知南京政府，约定时间地点，开始谈判。你们几位以私人资格先来商谈，中共甚表欢迎。你们的意见，都将转达给中共中央。

叶剑英同四位代表商谈历时一个星期。接着，毛泽东和周恩来又在西柏坡接见了他们，就和平谈判等问题广泛地交换了意见。毛泽东并请代表团转交给李宗仁一封信。2月底，代表团返回南京，被各界称之为"和平使者完成了使命"。4月1日，中共同南京政府经过三个月的反复联系、商讨的和平谈判，终于在北平举行。谈判共分为两个阶段。第一阶段从4月1日至12日，双方代表就各项问题广泛进行商谈，其中主要的是战犯问题和人民解放军渡江问题。中共代表坚持无论和谈成功与否，人民解放军都必须渡过长江。但在战犯处理、对待国民党政府和军队人员以及联合政府组成等问题上，中共代表表示可以照顾到国民党各方的情况，给予宽大处理。在谈判过程中，叶剑英还以北平市长身份，就北方和南方之间恢复通航、通邮及商业联系问题，同国民党方面的代表交换了意见，欢迎他们在这些方面发挥作用。4月13日至15日，谈判进入第二阶段。中共代表团在吸收南京政府代表团提出意见的基础上，提出了《国内和平协定草案》。经过双方会商，达成《国内和平协定》。中共代表团宣布4月20日为南京政府最后签字日期。

4月20日，南京政府决定拒绝在《国内和平协定》上签字。4月21日，毛泽东和朱德向人民解放军发出"向全国进军的命令"。这样，叶剑英同中共其他

① 黄启汉：《一九四九年和谈回忆》1980年1月。

几位代表的和平谈判使命便告结束。

南京国民党政府虽然拒绝和平，但它的下属并不都是铁板一块。叶剑英利用一切有利的条件和机会，争取尚未解放地区的国民党将领弃暗投明。他听说原国民党北平市警备司令周体仁，要求回云南老家，便设宴款待，并请他带信给过去在云南讲武学校的校友、国民党云南省政府主席卢汉，劝他认清形势，顺应潮流，靠拢人民。卢汉在昆明认真考虑了叶剑英的传话，并设法通过关系，与叶剑英取得联系。1949 年冬，在人民解放军大举进军西南的情况下，卢汉决心起义。起义前夕，他派出亲信取道香港到达广州，向叶剑英汇报起义打算。叶剑英立即将情况转报中共中央，中央很快作了具体安排。12 月 9 日，卢汉率云南国民党地方组织、政、军系统成功地举行了起义，云南人民获得了和平解放。在云南起义前后，叶剑英还派人争取了过去在粤军中的老同事、国民党军第十八兵团中将司令李振，在成都前线起义，加速了国民党军队在成都战役中的失败。

第二十五章　解放广东

第一节　“泉水”

1949 年 7 月，中共中央为了加强对广东、广西地区党政军工作的统一领导，决定组建新的中共中央华南分局。8 月 1 日，中央任命叶剑英为华南分局第一书记，张云逸为第二书记，方方为第三书记。华南分局隶属华中局领导。随后，中央和军委又任命叶剑英兼任广东军区司令员、政治委员。中央军委还决定，将第二野战军第四兵团、第四野战军第十五兵团作为一个临时性的独立兵团，由第四野战军统一指挥，在叶剑英和两兵团负责人带领下，向广东挺进。

叶剑英离开北平之前，毛泽东几次找他谈话，就解放广东、广西问题作了重要的指示。他告诉叶剑英，这次南下，先到江西赣州同四兵团、十五兵团负责人及方方等人会合，然后召开会议，着重解决好党、政、军领导机构的组成和各级干部的配备、解放广东的作战步骤、接收及管理广东的各项政策、准备对付帝国主义的经济封锁和军事干涉等八个方面的问题。毛泽东特别强调了团结问题，要求叶剑英和南下的同志，对原华南分局及各级党委在广东工作的成绩要有恰当的估计，要处理好南下的部队官兵、地方干部同当地干部之间的关系。

叶剑英向毛泽东汇报了南下的准备工作情况。他觉得干部不足是一个突出的问题，并风趣地说：“主席，华南解放晚，别处都把干部要走了，剩下能分配给我们的干部太少了，好比我们客家话中的‘水尾田’，流到最后剩的水就不多了。您看怎么办？”

毛泽东一听笑了。他借叶剑英的比喻，也很风趣地回答：“‘水尾田’是‘水尾田’，但那里有一股泉水嘛。”①

毛泽东话音刚落，两人开怀大笑起来。叶剑英心里明白，毛泽东讲的“泉水”，是指以方方为主要领导的原华南分局、两广纵队和人民群众，在那里蕴藏着取之不尽、用之不竭的人才资源。

毛泽东要求叶剑英自力更生地解决干部问题，同时也指示中央组织部尽力为华南多分配一些干部。中组部从北平、山东、华北军大及一些大学生中，挑选了

① 叶剑英在中共中央华南分局扩大会议上的讲话，1952 年 6 月 30 日。

一大批干部，陆续输送到华南。

第二节 赣州会议定大计

1949年8月9日，叶剑英离开北平南下，经武汉、九江、南昌等地，于9月上旬到达江西南部的赣州。赣州是一座具有二千多年历史的古城。发源于武夷山脉和南岭山脉的贡水和章水，在这座城边汇合，成为赣江。此城距广东北部边境百余公里，是江西至广东的要冲。在叶剑英到达赣州之前，参加解放广东的军队、地方的负责同志遵照党中央的指示也都陆续到达赣州会师。他们之中有：第二野战军第四兵团负责人陈赓、郭天民、刘志坚；第四野战军第十五兵团负责人邓华、赖传珠、洪学智；原华南分局书记方方；两广纵队负责人曾生、雷经天等。大家从四面八方汇集到一起，重任在肩，都感到格外亲切和激动。他们在叶剑英的主持下，就解放和接管广东城乡的一系列重要问题，开始进行紧张的运筹。

军事行动，是摆在众人面前最紧迫的问题。9月7日，叶剑英首先主持召开作战会议，分析敌情，制定广东战役作战方案。根据从各方面获得的情报，广东守敌连同由闽、赣逃粤的国民党军第十二、第四兵团在内，共3个兵团11个军约15万人，统由华南军政长官公署司令长官余汉谋指挥。其第四、第二十一两兵团共7个军，沿粤汉路韶关至广州一线布防，企图阻止解放军南进；其第十二兵团的2个军位于潮安、汕头地区，策应粤北作战；另有2个军位于湛江、海南岛，保持其退路。叶剑英和陈赓等人根据敌情，决定：依照军委意图，先消灭北江、东江一带国民党军队，进占曲江、惠阳，创造条件，争取和平解放广州。如果国民党军队在广州顽抗，则坚决以武力消灭之。为了达到战役的突然性，各部队必须于9月底以前到达预定地域集结。十五兵团集结于江西南部的南康、信丰地区；四兵团集结于广东北部的南雄、仁化、汝城一线；两广纵队集结于江西省兴国县以南地区。

作战会议根据敌情可能发生的变化，制定了两套作战方案。一是，如果敌人扼守曲江、英德之线顽抗，四兵团主力则沿粤汉路向南攻击前进，十五兵团则由集结地域插至英德或其以北地区，断敌退路，争取歼灭国民党军四个军的兵力。两广纵队经惠阳向南迂回，并相机占领惠州，视情况必要时以一个军加强之。原华南分局领导的地方武装则积极向潮汕方向佯攻，牵制与迷惑敌人。二是，如果国民党军集中兵力据守广州、虎门等地，四兵团则沿粤汉路南下进至广州以北、以西，十五兵团进至广州以东，两广纵队插至广州以南，截断广州、虎门之间的联系，合力聚歼广州之敌。

作战会议之后，叶剑英与陈赓联名将战役计划上报中央军委及四野总部。中央军委于9月12日由毛泽东复电叶剑英、陈赓："两兵团第一步集结并休息数日，第二步齐头进至曲江、翁源地区并休息数日，第三步协力夺取广州，除此以外均同意。"叶剑英和两兵团负责人根据军委的指示，立即部署了军队的行动。

关于军队的指挥问题，第四野战军总部在7月下旬曾指示，由四兵团军、政首长指挥两兵团的行动。自叶剑英到来以后，两兵团负责人一致请他统一指挥。叶剑英考虑到自己是分局第一书记，不仅要管军队，还要管地方的事情，难免分散精力，便仍坚持由陈赓统一指挥两兵团和两广纵队的作战行动，并将这一意见上报给中央和华中局，得到批准。至于军队系统和华南分局的关系，各兵团负责人都表示接受华南分局领导。凡属带方针性问题和全盘计划都提交分局讨论，以取得党、政、军、民的一致配合，不再另组前委。

野战部队的行动计划确定以后，叶剑英又同方方一起，制定了广东地方武装配合作战的计划。该计划对潮汕、惠州、西江南北岸、茂名等地的配合作战问题，作了具体布置。叶剑英、方方向广东各区党委强调："此次华南解放战争，是华南最后彻底解放的一战。各地务必在党、政、军、民中，充分动员，做好参战、支前工作。"[①]

9月中旬，叶剑英主持召开了三次华南分局扩大会议，着重解决华南地区党政军统一协调问题，以及后勤和支前工作问题。参加会议的有军队和地方各方面负责人。在讨论中，大家感到，几十万大军入粤作战，后勤、支前任务十分艰巨，所需要的粮食、油盐、菜蔬、草料、木柴、交通工具、民工担架，数量都很大，要在短期内迅速筹集和动员起来，困难确实不小。此外，两兵团官兵的夏衣都已破烂，急需更换，仅胶鞋就缺二十多万双。

面对这些问题，叶剑英提出，地方和部队都要发挥积极性、主动性。一方面，地方党、政、民在这一时期必须集中一切力量，用尽一切办法，努力完成支前任务；另一方面，部队不要坐等，完全依赖地方的支前工作，而应随时协助地方筹措粮草，动员民工，组织运输，并准备在必要情况下自己直接就地筹粮。只有这样，才能保证不误战机。为了切实保证支前任务的顺利完成，叶剑英主持华南分局做出了《关于支前工作的决定》。决定对支前工作的任务、困难作了具体分析，对于支前的组织领导、粮食的筹集、民工担架的动员以及公路、桥梁的修建都作了具体规定。决定要求广东全省特别是粤北全区各级党政机关，必须将支前工作作为目前最重要最紧急的中心任务，各方面的工作，都应围绕着这一中心任务来进行。

第三节　与林彪的分歧

建立和健全组织机构，配备好干部，是摆在叶剑英面前的又一个重要问题。他遵照中共中央的意图，经过反复思索，并与分局的负责同志们多次商量，确定：广东省政府由叶剑英任主席，方方、古大存、李章达为副主席；广州市军管会由叶剑英任主任，赖传珠、王作尧为副主任；广州市政府由叶剑英兼市长，李

---

① 叶剑英、方方：《关于解放广东部署给各区党委的指示》，1949年9月15日。

章达、朱光、梁广任副市长，并安排对革命事业有贡献的一至二位民主人士任副市长；广州警备司令部由十五兵团兼任。其他的机构设置和干部安排，如省政府委员和广州市军管会成员的组成人选、广东各军分区的划分以及广州卫戍部队、警备部队配置等，也进行了商拟，统一了认识。这些人事安排，都先后得到了中央的批准。

叶剑英还根据中共中央的指示，召集华南分局和野战部队的负责人详细研讨了有关城市接收、城市管理、外事工作等方面的政策，并做出了明确的规定。

从 9 月 21 日开始，华南分局在赣州召开干部大会，由叶剑英做综合报告，陈赓做军事问题的报告，方方做了关于广东情况的介绍，两兵团的其他负责人，两广纵队负责人，粤东、粤北、赣南三个区党委的负责人，也在会上讲了话。叶剑英在报告中谈了任务和情况、城市政策、城市管理、团结会师、加强领导五大问题。他首先介绍了全国解放战争的大好形势，提出了解放华南的任务、途径和办法。同时还提出了准备对付帝国主义可能发动的武装干涉和封锁的任务。他强调城市管理要严格执行政策和纪律。最后，在谈到团结问题时，他说："团结会师，这是中央所再三指示我们的"，"团结问题要特别注意"，"现在是五湖英雄集中在一起，要把英雄主义发挥到集体上去，要正确而恰当地去处理事情。全体干部要团结起来。"①

叶剑英的这个报告，集中体现了十多天来一系列会议的主要精神，对广东的解放及其以后各项工作的开展，具有重要的指导作用。

9 月 28 日，叶剑英和陈赓联名签发了《广州外围作战命令》,《命令》通报了敌情，分析了粤敌今后的动向，下达了迅速解放全广东的任务。《命令》规定：为便利作战指挥，以四兵团为右路军，十五兵团（欠四十八军）为左路军，两广纵队、粤湘赣纵队、粤中纵队组成为南路军。命令对各路军的进军方向、路线以及相互之间的协同，作了详细部署。

1949 年 10 月 1 日，中华人民共和国正式成立的开国大典在北京举行。叶剑英在赣州，从收音机里收听了这一具有伟大历史意义的盛典的实况转播。赣州市也举行了有解放军指战员和人民群众数万人参加的庆祝大会。在这欢乐的时刻，叶剑英和南下的二十多万指战员无不为新中国的诞生而振奋，同时更加感到了肩上责任的重大。

从 10 月 2 日开始，各路军按照预定的部署，向余汉谋集团发起进攻，广东战役正式打响。经过勇猛战斗，10 月 7 日，右路军攻占粤北重镇曲江。左路军亦于 10 月 6 日和 9 日进占翁源、新丰。南路军则沿和平、龙川、河源向前挺进。10 月 10 日，人民解放军推进到清远、佛冈地区，眼看广州指日可下。就在此时，第四野战军司令员林彪，忽于 10 月 10 日 7 时致电军委，"建议陈赓兵团即由现地（英德、韶关线）沿公路直向桂林、柳州之线前进，借以增大消灭桂敌的

① 叶剑英在赣州干部会议上的讲话，1949 年 9 月 23、24 日。

计算”，并称“目前似应以集中兵力歼灭白兵力为主”。林彪对当时形势和敌情的估计是：由衡宝南退之敌军七军、四十八军主力共四个师，已被四野部队包围于祁阳以北地区，敌其他各军亦正回头北援。韶关至广州线之敌主力正向铁路以西撤退，广州必将放弃。

中央军委鉴于这种情况，于同日 23 时复电林彪、邓子恢及叶剑英、陈赓：“完全同意陈赓兵团即由韶关、英德之线直插桂林、柳州断敌后路，协同主力聚歼白匪”，“邓华兵团及曾生、林平等部，独立相机奔取广州。如何部署，由叶、方、邓、赖筹商电告。”

林彪仍不满意中央军委关于“相机夺取广州”的指示，在军委复电后的第二天即 10 月 11 日 10 时，他又向军委发出长达一千多字的电报，极力坚持他不打广州的理由，认为：“为了广东之敌不退回广西，则我应暂不继续进攻广东”，“首先达到歼灭广西之敌，然后在军政配合下，以四野部队解决广东之敌”。如果目前拿下广东，在交通、供应、财政、军事等各方面都对我军不利。“仅仅只有在政治影响上能有较大的收获，但实际的得失相比并不合算”。因此，“建议陈、邓两兵团皆勿继续南进，而以邓之两个军监视广东敌人”，“陈赓部则西进，参加广西作战。只要广西敌被歼，很多敌人皆可争取和平解决。故歼广西之敌，已成当前时局的中心环节”。“无论祁阳以北之敌能否被歼，目前我军仍不宜攻占广东”。

叶剑英和四兵团、十五兵团负责同志收到中央军委 10 日 23 时电后，立即进行认真的讨论研究，认为林彪估计广州之敌会向广西撤退集中，判断有误。据当时从香港等地得到的情报，敌人是打算在广州外围抵挡一阵，然后继续南逃，退入海南岛或从海上逃跑。而我军又正高速向广州挺进，战场形势对我十分有利。如果此时四兵团丢开广州，西入广西，不仅广州一时不能攻下，到广西也会由于路程太远而赶不上，难以断敌退路。有鉴于此，叶剑英和两兵团负责同志果断地决定，直接给林彪发报，坚持四兵团先参加打下广州，再入广西的原作战计划。电文中说：

“以目前情况，四兵团已前进到清源地区，本日在英德以南 60 里之连江口，我先头部队正在围歼敌之两个团，十五兵团本日正围歼佛冈敌之一个团。各兵团正以每日行 130 里以上速度向广州前进中。

“在此情况下，四兵团为贯彻执行断敌后路的任务，如向桂林，直线距离有 1300 里，以时间计算，不如十八军、四十六军及十三兵团来得快。因此，我们意见，四兵团不如直下三水，打下广州后不停留地用水路运输，经梧州直取南宁。

“广州守敌增加了胡琏兵团。四兵团若不参加，仅邓、赖兵团两个军（六个师）及曾、雷、林平部攻打，则时间拖长了。四兵团如立刻向桂林、柳州前进，实际上仍须集结队伍重新动员的时间，一方面路远赶不上，另一方面广州不能获得迅速解放，有两头失当的顾虑。”

这个电报是 11 日 13 时发出的。林彪收到后，于当日 21 时又致电军委并叶剑英等人，称：“关于广东战役问题，我们意见已详本日 11 时电。在广东敌人不与我作正面战斗的情况下，我们仍主张暂不夺取广州，以免促成粤桂敌人之集中。”但是，对于叶剑英和两兵团负责人的来电，他也认为值得考虑，在电报最后表示，“在对粤敌企图未判明和我军能否抓住敌人未得证实以前，陈、邓两兵团目前仍继续照原计划向广州前进”。

中央军委和毛泽东在全面研究了两广及云贵地区的敌我态势后，于10月12日2时和6时连续发电给林彪及叶剑英、陈赓等人，明确指出：“如广州之敌并不向广西逃跑，则陈、邓两兵团仍执行原计划占领广州不变。”

林彪当天即复电毛泽东：“所考虑的诸点甚为正确”，表示同意陈、邓两兵团继续向广州前进。[①]

10月13日，叶剑英主持召开华南分局会议。与会同志一致表示，坚决执行军委、毛泽东电示的方针，全力夺取广州。部队不停地向南猛进，连续攻克敌占城镇。10月14日下午，解放军攻占广州市，将胜利的旗帜插上了五羊城头。此后，四兵团执行中央军委、毛泽东的指示，继续向南追击由广州沿西江逃跑的余汉谋残部，于24日将敌第二十一兵团部及第三十九、第五十、第二十三、第七十军等部包围于阳江、阳春间的平岗圩、白沙圩地区，经激烈战斗，于26日将敌四万余人全部歼灭。

广东战役以后，四兵团及十五兵团一个军西入广西作战。十五兵团大部留驻广东，在地方部队配合下，迅速追歼残敌，扩张战果，在不长的时间内，将广东大陆全部解放。

1949年10月14日，广州解放。图为叶剑英（左三）、邓华（左一）等检阅入城部队

① 以上有关向广州进军的资料，均系在军事科学院图书馆查阅。

第四节　组织解放海南岛战役

1949 年 12 月中旬，随着广西战役的胜利结束，整个华南大陆全获解放。这时，盘踞在海南岛（今海南省）和在湘粤桂战役后逃向该岛之敌余汉谋、白崇禧残部，经过整顿补充，拼凑成了 5 个军共 19 个师，加上部分海军、空军、特种兵和地方团队，共 10 万余人，在海南防卫总司令薛岳的指挥下，组成了环岛的立体防御，企图凭借海峡天险，负隅顽抗，长期盘踞。这样，解放海南岛就成为刻不容缓的任务。

海南岛又名琼崖，位于南海北部，与雷州半岛隔海相望，海峡宽 11—27 海里（约合 20—50 公里），面积 3.3 万余平方公里，当时人口近 300 万，是中国仅次于台湾岛的第二大岛，是华南的海上屏障，战略地位十分重要。岛上有中国共产党领导的二十余年来英勇坚持斗争的琼崖纵队（简称琼纵），建立了以五指山为中心的根据地。华南大陆解放后，琼崖人民与琼崖纵队为了配合人民解放军渡海作战，在中共华南分局和琼崖区党委领导下，一面不断粉碎敌人“清剿”、“扫荡”，积极打击敌人，扩大解放区；一面大力进行迎接南下主力部队渡海作战的准备工作。

中央军委对于如何解放海南岛问题，向四野及华南分局、广东军区先后作了一系列重要指示。12 月中旬，军委明确指示，解放海南岛的任务，由四十军和四十三军担任。1950 年 1 月中旬，军委又指示说：海南岛渡海作战，应不依靠北风而依靠大机帆船；要充分看到解放军作战的有利条件；岛上有琼崖纵队配合，敌人战斗力也较差；华南分局应加强对岛上敌军的策反工作，分化几部敌军于作战时起义；争取在春夏两季内解决海南岛问题。遵照中央军委指示，第四野战军命令第四十、第四十三军和加农炮兵第二十八团、高射炮兵第一、第九团及工兵一部，共十万余人，组成渡海作战兵团，由中共华南分局第一书记、广东军区司令员兼政治委员叶剑英统一领导，第十五兵团司令员邓华、政委赖传珠、第一副司令员兼参谋长洪学智和第十二兵团副司令员韩先楚具体组织指挥，发起海南岛战役。

任广东军区司令员兼政委时的叶剑英

初期，第四野战军首长根据渡海航行需要的季节、风向等方面的条件，要求第四十、第四十三军力争在旧历年前，即 1950 年 2 月中旬以前行动，并且要求一次能运送一个军的兵力登陆。然而，由于船只准备工作方面的困难，加上部队缺乏渡海经验，需要进行海上训练，旧历年前行动实在来不及。考虑到这种情况，叶剑英与第十五兵团负责人提议，经过中央军委和毛泽东同意，决定将渡海作战时间向后推迟几个月。

这期间，华南分局和广东军区电令琼崖纵队司令员冯白驹，要求其详细报告岛上敌军兵力、布防情况和中共琼纵的战斗力及根据地分布情况。冯白驹先后派出琼纵副司令员马白山、参谋长符振中等，带领约一个连的兵力偷渡过海，到达广州，当面向叶剑英和十五兵团负责人汇报情况。叶剑英和十五兵团负责人详细地了解了岛上敌情和琼纵的接应能力，研究了马白山、符振中他们偷渡海峡的经验，认为旧历年前大规模作战虽然来不及，但可以部分小部队实行偷渡，上岛与琼纵会合，先打小规模的运动战和游击战，并增强岛上接应大军登陆的力量。

决心定下后，叶剑英即派洪学智到武汉，向林彪报告偷渡打算。林彪听了洪学智的报告，没有明确表态。他让洪学智赶赴北京，直接向军委和总参谋部汇报。朱德、聂荣臻在北京听取了洪学智的汇报后，经过研究，同意先派小部队偷渡的计划。

1950 年 2 月 1 日，在叶剑英的领导下，广东军区和十五兵团召开了军以上干部参加的广州会议。会议根据军委的指示和调查了解的渡海作战的各方面情况，研究分析了解放军作战的有利条件和不利因素，确定了战役指导方针。大家认为，从敌我的情况对比看，总的形势对我十分有利。敌人仓皇退集，立足未稳，士气低落，战斗力差；解放军在全国胜利的鼓舞下，士气高昂，同时有长期作战的锻炼，经验丰富，战斗力较强。敌军脱离人民，孤军守岛；而解放军有琼崖纵队接应登陆，有根据地、游击区可以作登陆后的依托，还有陆上岛上人民群众的支援，完全有胜利的信心和把握。但解放军也有不利的因素，主要是：敌人有 30 多架飞机和 50 艘兵舰，对解放军渡海航行威胁很大；解放军没有大规模渡海登陆作战的经验，更没有在海上同敌机敌舰作战的现代武器和装备。根据这些情况，大家认为，要充分发挥解放军的长处和优势，努力改变和避开解放军的短处，积极利用敌军的弱点，克敌制胜。叶剑英和与会人员一起反复研究，制定了“积极偷渡，分批小渡与最后登陆相结合”的战役指导方针。①

不久，十五兵团根据中央军委和四野总部的指示，组成前敌指挥部，具体指挥渡海作战。叶剑英在广州，一面掌握战局的发展，一面全力领导支前工作。他在全省支前工作会议上，深刻而又形象地说：“后勤、支前工作十分重要，它就像人的血管给人体的各部分输送血液一样，要源源不断地把粮食、弹药和物资输送到前线，保证作战的需要。”会后，在他主持下，华南分局做出了《关于支援海南岛作战的决定》。叶剑英要求各级党政机关全力做好支前工作，一切为着争取海南岛战役的胜利。并指定尹林平具体负责省支前司令部工作。经过 4 个多月

---

① 邓华：《解放海南》，1980 年。访问方强谈话记录，1987 年 2 月。

海南岛人民欢庆解放

的艰苦努力，为支援海南岛战役共征集和修装了帆船 2600 余艘，动员船工 1.2 万余人，修建公路 3200 余公里、桥梁 94 座、渡口 6 座，征集粮食 7000 余万斤，动员民工 96 万余人、牛车 4.5 万余辆次，运输了大批的物资。

渡海作战部队积极贯彻广州作战会议确定的战役方针，抓紧海上训练，设法进行偷渡。结果，四十军某师一个加强营，于 3 月 6 日偷渡成功。叶剑英得到消息，立即致电表示祝贺。接着，四十三军某师一个加强营也于 3 月 11 日偷渡成功。海峡天险终于被解放军勇士们突破了。有了两次偷渡的经验，解放军逐步增加了登陆的兵力，先后又进行了两次较大规模的登陆。4 月 16 日晚，解放军主力发起大规模的渡海登陆作战。在军事进攻的同时，叶剑英以广东军区司令员兼政治委员的名义，公开发表了告海南岛敌军官兵书，号召他们认清形势，放下武器，进行战场起义或向解放军投诚，争取光明的前途。这个号召书，对敌军官兵在政治上、心理上起到了动摇、瓦解作用。4 月 17 日凌晨，解放军主力部队在琼崖纵队和先前偷渡登陆部队的配合下，在海南岛北部海岸胜利登陆。4 月 23 日，解放海口。敌军大势已去，全线向南撤退。解放军于 24 日分成东、中、西三路，发起追击战。经过一个星期的纵深追歼作战，歼灭守岛敌军 3 万余人，其余国民党军逃往台湾。1950 年 5 月 1 日，解放军解放了全岛。

此后，5 月至 8 月，解放军又相继解放了万山群岛和南澎岛，粉碎了国民党军对珠江口的封锁，开通了广州通向外洋的航道。至此，广东省除少数岛屿外，全部获得了解放。

第五节　领导两广剿匪作战

国民党军的正规武装被赶出华南大陆以后，各地仍残留有大批土匪武装。他们明火执仗，为非作歹，直接威胁着新生革命政权和人民生命财产的安全。面对这种情况，叶剑英提出，必须坚决地、尽快地剿灭华南地区的土匪，建立革命秩序，保证城乡各项工作的顺利进行。他根据党中央关于剿匪肃特的指示和中央军委、中南军区的部署，拟订了华南地区的剿匪方案。

剿匪工作先从广东地区展开。1949 年 11 月，叶剑英明确提出要把“剿匪肃特，巩固治安”作为广东当前军事工作的主要任务之一。12 月，华南分局和广东军区联合起草并发出了《剿匪指示》。指示中说，“目前第一阶段，以军事进剿土匪为主，配合政治争取分化工作”；“第二阶段实行发动群众反恶霸，结合清匪的方针”。指示根据广东匪情的特点，对剿匪中的具体政策等问题作了明确规定。

1950 年初，中南军区要求在三四个月内，迅速剿灭股匪、残匪，尔后进一步发动群众，展开反霸斗争，彻底肃清散、潜匪。叶剑英和广东军区的负责人，根据中南军区指示，分析了广东土匪的特点，制定了 1950 年剿匪计划。同时确定，各地区的剿匪工作由该地区地方党委统一领导，执行剿匪任务的部队首长参加地方党委任常委或第二书记，党政军各部门齐心协力，密切配合；根据中央关于剿匪“必须军政结合，剿抚兼施”的原则，结合广东匪情的特点，实行“以政治为主，军事为辅”的政策；发动和依靠群众，配合军队剿匪；采取进剿、驻剿和清剿三个步骤，分别对付大股土匪、小股残匪和散潜土匪。

从 1949 年底至 1950 年 3 月，广东军区部队除参加解放海南岛及沿海岛屿者外，其余均投入了剿匪工作。经过几个月对北江、西江及其他地区的重点进剿，几股较大的土匪遭到了沉重打击。但在美蒋集团有计划的布置和煽动下，广东匪患仍很严重，有些地方匪情还有所发展。面对这种情况，叶剑英和军区负责人，经过研究决定，于 3 月下旬召开了军区第一届剿匪会议，着重批判了太平麻痹思想，纠正重生产、忙整编、忽视剿匪的偏向。4 月，在叶剑英领导下，军区又召开了高干会议，进一步明确指出剿匪是当前压倒一切的中心任务，并向部队下达了“土匪不灭，决不收兵”的命令。

经过半年多的进剿和驻剿，粤北、珠江等原来匪患较严重的地区和其他地区的股匪，大部被解放军歼灭。以后，在叶剑英和华南分局的提议和主持下，广东军区又几次召开剿匪会议，调整兵力部署，至 1951 年 5 月，又歼灭土匪 2 万余人。至此，广东境内的股匪十多万人被基本肃清。

在领导广东剿匪工作的同时，叶剑英根据党中央指示，抓紧了广西地区的剿匪工作。

1950 年 6 月，朝鲜战争爆发，美帝国主义出动陆、海、空军实行武装干涉。10 月，中共中央做出“抗美援朝，保家卫国”的决策，中国人民志愿军出国作战。在这种形势下，台湾国民党当局蠢蠢欲动，妄图趁机反攻大陆。有鉴于此，11 月 14 日，毛泽东电示叶剑英：为对付台湾蒋匪帮可能向广东进犯，有增强广东兵力之必要。为此必须提前肃清广西匪患，以便从广西抽出一个军增强广东。希望迅即前往广西帮助工作一个时期，抓住工作重点，限期肃清土匪。11 月 17

日，毛泽东又发电指示："只有迅速将广西土匪肃清，广东土改完成，才能对付可能的事变。"

当时广西匪情十分严重。而解放军一些部队执行剿匪政策不力，致使土匪的嚣张气焰没有受到应有的严厉打击。中央数次发电批评，指出要改变清匪不力、手软的倾向。

叶剑英遵照党中央、毛泽东指示，立即赶赴广西南宁，经与张云逸等商量，主持召开了中共广西省委扩大会议，讨论部署广西剿匪工作。会上，广西各地委及军分区负责同志汇报了剿匪进展情况。中共广西省委书记兼省政府主席张云逸作了工作报告。尔后转入分组讨论。大家在讨论中，对省委的工作特别是剿匪工作的领导、部署提出了建议。11 月 30 日，叶剑英在会上作了重要讲话，指出，今天的广西，是人民的广西，战斗的广西，是毗连着越南，负有国际任务的广西。可是，广西虽然解放了，人民有了自己的政权，但广大农村的封建势力尚未摧毁，公开的反动武装尚未消灭，土改尚未完成。群众普遍有四个要求：要肃清土匪特务、要吃饭、要有人身安全、要有土地进行生产。这四个要求中，最主要的是剿匪，匪不肃清，其他都谈不到。叶剑英肯定了广西一年来工作中的主要成绩，同时指出了存在的缺点。他形象地说："世界革命与战争的音乐交响着，旋律一度比一度快，而我们打板的人，还悠悠地敲着慢板，这就不合毛主席的拍子了。因此，我是来告诉同志们，我们现在要把板子打快一些，才配得上世界的音乐。"他要求大家必须好好体会毛泽东主席指示的精神，迅速地定期定额完成肃清全省土匪的任务。对于如何完成广西当前的任务，叶剑英说："完成任务的条件，决定于正确领导，领导的正确性具体表现在：有重点，有组织，有办法。"所谓有"重点"，就是不单纯把完成剿匪任务看成是军事工作，而是要看成整个工作的重点，要确定重点地区，提出重点任务、重点要求。所谓"有组织"，就是党、政、军、民、财，五管齐下，全面进行工作，组织工作委员会，以总其成。所谓"有办法"，是对于收枪、反霸、没收、镇压等，要根据"首恶必办，胁从不问，立功受奖"的政策，定出具体的适合于当地人民要求的几条，使大家知道如何去做。叶剑英最后强调说："一切工作都应该从发动群众着眼，都是为了把群众发动起来。任何忽视发动群众，不与群众运动密切结合的作风，都是有碍任务的完成的。"① 叶剑英实事求是的发言，受到了与会同志的欢迎。

叶剑英与广西省委、军区的负责人一起，认真分析全省的匪情，具体落实了剿匪部署，将广西全省分为北区和南区两个重点区：北区为桂林、南宁、梧州地区。这是一个三角地带，内有大、小瑶山，有土匪 2 万余人，是敌人有计划布置的潜伏力量。解放军集中 13 个团的兵力进剿之。南区为玉林、博白及钦廉地区，亦有土匪 2 万余人，解放军以四十五军为主，组织 10 多个团的兵力进剿之。叶剑英说："这南北二区的土匪，如能肃清，广西局面基本上可以打开了。"剿匪部

① 叶剑英：《抓紧广西剿匪工作》，1950 年 11 月 30 日。

署下达后，各野战部队和军区负责同志，反复讨论，统一了思想，决心定期定额完成任务。叶剑英对省委扩大会议的结果很满意，并将情况向毛泽东作了汇报。

叶剑英在这年底从广西南宁回到广州以后，继续过问和抓紧广西的剿匪工作。至 1951 年 5 月 1 日，广西军区按照党中央、毛泽东的要求，如期完成了消灭广西全境股匪的任务。据统计，广西全省在一年零八个月的剿匪斗争中，共歼灭土匪 46.3 万余人，缴获各种枪 50 万余支。

华南地区剿匪作战的胜利，为全地区的政权建设和经济的恢复与发展，以及边防的巩固创造了重要的条件。

第二十六章　开创广州工作局面

第一节　接管广州

1949 年 10 月 21 日，叶剑英同方方及十五兵团负责人一起，从江西赣州到达刚刚获得解放的广州市。

“百战归来意气雄”。[1] 叶剑英自从广州起义失败离开这座城市以后，弹指一挥间，22 年过去了。广州，这个使他流过血汗、魂牵梦萦的地方，曾留下他多少追求和向往，多少欢乐和忧伤……。眼下，当他以中国人民解放军高级将领，华南地区党、政、军最高负责人的身份，重新踏上这块土地时，不禁思绪翻腾，感慨万端！

然而，当叶剑英从对过去的追忆中回到眼前的现实时，看到的却是另一番景象：由于国民党的长期统治，加上蒋介石政府撤退大陆时的洗劫，广州这座具有光荣革命传统的城市，已经没有了大革命时期的勃勃生机，变得百业凋敝，满目疮痍了。

共产党能治理好这座城市吗？帝国主义者和国民党反动派曾经预言：共产党是管不好这座城市的！不仅如此，他们还企图利用广州邻近港、澳的条件，千方百计进行破坏，并伺机反扑，以夺回他们失去的天堂。而居住在港、澳、广州的一些市民对共产党的治理能力也心存疑虑。面对这种严峻的情况，作为华南分局第一书记兼广州市委书记、市长的叶剑英明确提出，广州是华南第一大城市，要开创华南地区工作的局面，首先必须打开广州市的工作局面。中国共产党有能力有办法治理好这个城市。叶剑英主持华南分局开会研究决定，先集中一段时间，以主要精力开展广州市的工作。

首先从做好全市的接管工作打开局面。在市军管会领导下，成立了接管委员会，具体负责全市的接管。叶剑英提出的接管工作的原则是：把接与管统一起来，接为了管，接服从管；要系统、完整地进行接管；在重视对物资接管的同时，也要重视对人才和文件、档案的接收；在接收中要做到两快两慢，即对政权和物资部门的接收要快，对文化和侨务部门的接收要慢。他还对接管的纪律和对

---

①《叶剑英诗词选集》，人民文学出版社 1983 年版，第 3 页。

旧人员的处理办法，提出了明确的意见。[①]

接管工作全面展开以后，叶剑英多次听取接管委员会负责人的汇报，及时解决各种问题。由于领导得力，组织严密，加上叶剑英已有领导接管北平市的经验，因此，广州的接管工作进展较快。到 1949 年 12 月上旬，整个接管工作就基本结束了。据不完全统计，行政部门共接管原国民党政权系统的单位 137 个；财经部门接管银行、工厂、仓库等 78 个单位；交通电讯部门接管电业、工厂等 83 个单位；文教部门接管公立专科以上院校 8 所、中等学校 11 所、小学 93 所，以及报馆、通讯社、文化馆、戏院等 29 个单位；军队系统接管医院、仓库等 87 个单位。加上其他单位，总共接管 534 个单位，接收旧人员 3.43 万余人。

第二节　“治安战役”

叶剑英在领导全市接管工作的同时，抓住全市的治安、供应、金融等突出问题，展开了一个又一个“战役”。

治安的混乱状况令人十分忧虑。从公安部门和警备部队调查汇报的情况中，叶剑英了解到，全市尚有国民党散兵游勇 10 万多人，旧警察和常备自卫队 1 万余人。大街上公开设有许多赌摊，赌博成风。沿长堤马路有许多淫书、春宫图出卖，还有不少娼妓。国民党特务部门还常将流散到港澳的散匪有组织地派往内地，有时一天就派回 400 多人。他们携带凶器，进行盗窃抢劫等破坏活动。在广州市区，抢劫、杀人等案件最多时一天达 46 起。还有一些不法分子，公然冒充中共军管会的接管组织和人员，到一些单位进行所谓的接管工作，败坏军管会的声誉。

如何改变这种局面？叶剑英提出，最根本的办法是依靠和发动群众，特别是要发动广州的工人和学生，共同起来进行整顿治安的斗争。于是，从进城第三天开始，他就同华南分局和广州市的领导人一起，陆续分头召开工人、学生、教师、工商业界代表的座谈会，讲解共产党的城市政策，征求大家的意见。各方面的代表对于如何治理广州，特别是如何尽快扭转城市的混乱现象，打击土匪、特务气焰，提出了许多办法。这更加坚定了市领导尽快搞好治安工作的决心和信心。

当务之急是取缔那些冒牌的接管组织和人员。叶剑英将这一任务交给广州市警备部队和公安部门执行。警备部队经过侦察，掌握了冒牌组织的基本情况之后，制定出周密的行动方案。警备司令部向各所谓“接管组织”负责人发出“请柬”，“邀请”他们按规定时间前来“议事”。当这些人到达会场时，警备司令部负责人当即严肃地宣布：你们都是非法组织，必须立即解散，停止一切活动，并将经手及接管的资财全部移交警备司令部！非法组织的头目们，慑于人民政权的强大威力，被迫交出了随身所带证件、符号及材料。正办理手续过程中，非法组织中有人突然开枪，当场打死警备司令部一名干部。警卫战士被迫开枪自卫，逮捕了顽

---

① 访问杨应彬谈话记录，1986 年 11 月。

抗分子。接着，到各非法组织住地，收缴了他们私藏的枪械 600 余支，并将各组织人员 800 余人集中起来，一一甄别，对大部分受骗者，予以教育后释放。而那些罪恶累累的土匪、特务，理所当然地受到了新生人民政权的严厉制裁。

为了进一步打击匪特气焰，扩大中国共产党和人民解放军的影响，叶剑英倡议开展劳军运动。华南分局和广州市的人民群众热烈响应，以各种方式慰劳人民解放军。

10 月 28 日，叶剑英以市长兼广州市军管会主任的名义，举行盛大宴会，欢迎和慰劳参加解放广东的人民解放军军政干部，并在会上发表了热情洋溢的讲话。他赞扬解放军官兵在解放广东的过程中所表现出来的吃苦耐劳、英勇作战、不怕牺牲的精神，称赞他们为广东人民立了大功，特别表扬了为解放广州出了大力而又不入广州市的纪律严明的四兵团部队。11 月 11 日，广州举行大规模的庆祝解放大游行和人民解放军入城式。叶剑英同华南分局、广东省政府、十五兵团的负责人方方、邓华、赖传珠、李章达等在广州市人民政府门前检阅了参加入城式的部队和群众游行队伍。这些活动，也从政治上、心理上有力地打击了土匪、特务的反动气焰。

11 月 27 日至 12 月 1 日，叶剑英主持召开了广州市第一届各界人民代表会议。参加会议的包括各民主党派、人民解放军、工人、学生、郊区农民、归国华侨、文化界、教育界、工商界、宗教界以及广东各地区和广州市政府的代表，共 368 名。叶剑英在会上致开幕词。他概述了广东人民 100 多年来的英勇斗争和在中国共产党领导下 28 年的光辉战斗历程，提出了广州市当前的主要任务，就是要加强人民民主专政，整顿好治安、金融秩序，恢复和发展生产。他满怀信心地说："让我来代表大家说一句不算骄傲的老话吧：天下事大定矣，吾人好自为之。人民群众，就是国家的主人。全体主人翁们！让我们亲密地团结起来，亲密地合作起来，克服一切的困难，战胜内外的敌人，建设我们的新广州。"叶剑英的话，反映了广州市各界人民的心愿，大家表示衷心拥护。

会议听取了广州市副市长朱光代表市政府所作的解放 43 天以来的施政报告，讨论并通过了关于肃清匪特、巩固治安的方案；成立了广州市各界人民协商委员会，叶剑英任主席。代表们还提出了许多提案。12 月 1 日，会议胜利闭幕。叶剑英在闭幕词中充分肯定了会议的成绩和收获。同时，再次强调了人民民主专政问题，他说："我们一定负责地把广州的匪特肃清，巩固广州的治安。广东的珠江三角洲好像是南中国的一扇大门。鸦片战争以后，帝国主义踢倒了它，一向门户洞开。他们要进就进，要出就出。现在，人民的主要任务就是要把大门修建起来，中心的工作要从广州做起。我们必须剿抚兼施，水陆并进，文武并用，以整顿珠江三角洲的治安，并进一步巩固国防。对于潜藏在这里的匪特，要像理发一样采取推、剪、刮的三个步骤，把他们剃光。"

第一届各界人民代表会议以后，叶剑英为会议专刊题词："实行人民民主专政"。为了有效地在广州市实行人民民主专政，建立正常的革命秩序，叶剑英领导市军管会和政府采取群众与公安、警备部队相结合的办法，进一步整顿治安。市政府组织起 4300 多人的人民纠察队，协助警备、公安部门缉匪破案。公安、警备部队也有组织地派出一批干部战士化装成便衣人员，深入街头，进行不定时间、不定地点的检查。对于进行抢劫的匪徒，就地实行镇压。这样一来，匪徒在光天化日之下进行抢劫的猖獗行径终于敛迹。据不完全统计，1949 年 11、12 两个月，共破获抢劫、偷窃等案件 1000 多起，收缴各种枪 2500 多支，处理散兵游勇 2 万余人。

1950 年 3 月 3 日，蒋介石集团派飞机对广州市进行野蛮轰炸。敌机在空中飞，暗藏在市内的敌特就在地面放火或打信号弹指示目标。这次轰炸，给广州市人民的生命财产造成了巨大损失。空袭过后，叶剑英领导省、市政府一面安置受难同胞，一面号召防空肃特，并要求公安部门和警备部队狠狠打击暗藏敌特的破坏活动。经过公安、警备部队和广大群众的共同努力，两个月内，破获特务案 97 起，挖出特务 189 人。此后，广州市社会秩序和治安局面进一步好转。[①]

第三节　“把粮食运进来”

治安状况稍为好转之后，叶剑英又把工作重点转向另一个大难题，即广州市的粮食和生活必需品的供给问题。早在赣州会议期间，叶剑英根据接管北平时解决供给问题的经验，就同方方等人一起研究了广州解放后的供应问题，并以华南分局的名义向广东各地委发出指示，要求筹集粮食，供应广州市。可是，由于匪特到处进行抢劫破坏，特别是在西江、珠江一线，以“大天二”（土匪恶霸认为上天第一，自己第二，自称“大天二”）为主的武装匪特劫船、走私活动十分猖獗，水陆交通时常受阻，因此，各地供应广州的粮食和其他生活物资运不到城内。在这种情况下，叶剑英将投诚起义的原国民党江防舰队组织起来，派往西江和珠江两条水道上巡逻，打击“大天二”的活动，检查来往船只，杜绝粮食走私。他还要求市政府有关部门组织征粮队，到各地乡村征粮，运往广州。通过这些措施，广州的粮食供给问题初步得到了解决。

1950 年初，广东各地城乡面临着春荒问题，在乡村征粮已很困难。叶剑英同省、市政府负责人经过研究，决定发动城乡人民，自力更生，节约用粮，度过春荒。同时，设法从国外进口一部分粮食。可是，由于新中国刚刚建立，帝国主义国家实行封锁政策，周边一些国家也尚未同新中国建交，故难以同他们开展贸易。叶剑英提出，利用民间渠道想办法。他找来省政府商业厅长朱竟之、副厅长邓文钊和侨委负责人伍治之等人，一起研究解决粮食问题的办法。

“我有一个想法，”叶剑英同众人商量说，“能不能利用一些归国华侨在国外的关系，以别的名义将粮食买到，先运到香港，再设法转来广州？”他的这个提

① 访问廖似光、孙乐宜、马甫谈话记录，1986 年。

议得到邓文钊的赞同。邓文钊主动要求提供自己在香港的房子，作为活动的落脚点。邓还推荐蚁美厚等人来办这件事。

蚁美厚，泰国华侨，祖籍广东省澄海县，在泰国主要经营船务和进出口贸易。他同情支持国内的人民革命斗争。1949 年 6 月，他被邀请回国准备参加全国政治协商会议，10 月底回到了广东。

叶剑英听了伍治之、邓文钊对蚁美厚情况的介绍，当即同方方找到蚁美厚，详细询问了他在国外的经营业务，然后说道："这件事情需要你出力，具体办法还要仔细研究。总之，一是要快，二是要稳妥。广州的人民需要这批粮食。"蚁美厚欣然领命。他赶到香港，给仍在泰国的夫人和女儿打长途电话，要她们购买一批大米，然后通过五福轮船公司转运至香港、澳门。经过一番艰难曲折的过程，才将大米买妥并分批运抵香港、澳门。接着，又经过港澳爱国知名人士何贤、马万祺、柯平等人设法，终于在 1950 年春把大米运到了广州。那时正是青黄不接的时候，又赶上解放军准备解放海南岛，军队、地方都需要粮食。从外国购买的粮食运进来后，一部分供应给城乡群众，一部分供应给进军海南岛的解放军部队，缓解了粮食供应方面的困难。①

第四节　金融斗争

广州在金融物价方面斗争的尖锐和复杂程度，在全国新解放的大城市中是屈指可数的。叶剑英在他主持起草的华南分局给中南局并报中央的一份报告中对此曾作过深刻的分析：广州过去是帝国主义国家对中国长期进行经济侵略的重要市场，一大批买办官僚地主分子以广州的十三行一带为基地，大肆进行金融投机，走私贩私，炒卖金银、外汇。靠此维持生计者达到数万人，几十年来已形成行帮。他们与京、津、沪、汉、港、澳等地建立了密切联系，与帝国主义、资本主义势力互相勾结，与土匪、流氓、大天二、黑社会组织、特务、军阀连成一气，有较深固的社会基础，组织严密，势力很大。特别是由于广州与港澳毗连，在国内外反动势力作用下，使广州及其四乡成了港币盘踞的市场，市民、乡民的一切交易，均以港币为本位币。在这种情况下，要在解放之初的短时间内，建立起以人民币为本位币的金融体系，并稳定市场物价，难度确实很大。

为了尽早确立人民币的地位，1949 年 10 月 18 日，叶剑英就让广州警备司令部负责人以广州市军管会的名义，发出布告，宣布禁止银元流通，以人民币为本位币。11 月 2 日，省、市人民银行成立，正式开展业务，调整了人民币兑换港币的比价，政府开始收税，各公私企业一律收用人民币。因而人民币的地位暂时得以稳定。但是，从 11 月中旬开始，由于受全国性物价波动的影响，大批游资流入广州，以十三行为大本营的地下钱庄和金融投机商人乘机兴风作浪。他们

① 访问蚁美厚谈话记录，1986 年 11 月。

公开散发行情单，称人民币为杂币，煽动拒绝使用人民币，并制造谣言，说解放军滥发钞票，每个团都配有一架印钞票的机器，支前司令部抛出了大量票子抢购物资。不久，市面上还发现了假钞票。广州市的物价一时直线上升，广大市民在经济上受到很大损失，人心浮动。群众纷纷要求取缔地下钱庄，严厉打击金融投机活动。面对这种情况，叶剑英同华南分局及广州市委市政府的领导同志多次开会，研究解决办法。他分析说，广州金融混乱的状况固然与外地游资涌入和供求关系有关，但是最根本的原因还是旧有的、潜在的经济体系在作怪。因此，必须采取经济的和政治的两种手段，给这种经济体系以严厉打击。在他主持下，华南分局和广州市委做出决定，采取取缔非法地下钱庄，向商人借款支前，开展拥护人民币的宣传运动等紧急措施，从根本上扭转广州金融的混乱局面。

在采取这些紧急措施之前，叶剑英要求市政府组织有关部门和人员，对地下钱庄和“剃刀门楣”（即兑换钞票的档铺，意思是进出门都要被剃一刀）的情况进行秘密调查，搞清楚它们的名称、位置、主管人、商业情况，印假行情单和假钞票的线索，然后列表登记，经市政府审查批准后再行查封，以便稳、准、狠地进行打击。

12月5日，在叶剑英直接领导下，在广州全市发动了一场“金融战役”。下午2时，市公安总局干部，一部分警备部队和工人、学生，突然出现在太平南路十三行一带，对分布于该地区172家钱庄中的130家进行检查，将其经理、主管及账目、密码等证件带走，其余财物予以封存，并留下武装人员看守。然后，对拘捕人员进行审讯，分别情况进行处理。对其中的大部分人员，经过教育后，给予释放或保释。对于利用官僚资本进行大规模投机者，则予以严惩。

扫荡“剃刀门楣”是与取缔地下钱庄同时进行的，这一任务由各区公安局干部与部分学生执行。各个行动小组乘上汽车，每到一处“剃刀门楣”摊档前面，便突然停下，将坐档的人带上车，同时没收其财物，然后向群众进行宣传。群众对此无不拍手称快。当日共捕获坐档者522人，亦分别情况进行了处理。①

这天，还采取了另一项措施：向商人进行支前借款。其目的在于紧缩银根，回笼货币。叶剑英主持制定的借款政策是：只向商人借，工业户不借；营利多者多借，营利少者少借；投机性商业多借，必需品商业少借。各行业平均借款额，以10%左右为限。这一工作由市政府各局干部负责进行。下午2时，市政府有重点地召集各行业商人，首先传达市第一届各界人民代表会议精神，向大家提出借款150亿元（旧币）的任务，并讲明了借款的目的和原则，请大家讨论。接着，由141个行商推选出总评议委员会，按行业分摊借款数额。然后，市政府派干部到各行户民主评议每户借款数。最后，市政府有关部门对借款数额进行核准，由市工商局发出通知书，请各行户在规定的时间内向银行交款。结果，借款任务顺利完成。

广州市的“金融战役”，由于指挥有方，计划周密，组织严密，行动迅速，

① 华南分局：《广州市对金融斗争报告》1949年12月25日。

取得了很大的胜利。次日，在叶剑英和市政府的组织下，全市的工人、学生 2 万余人，采用花车、秧歌等形式，开展拥护人民币、拒用港币的宣传运动。同时，市政府派出人员，专门抽检商人是否以人民币为本位币记账。经过这许多措施，人民币的信誉、地位迅速上升。12 月 6 日，黑市价格即与公开价格取齐。香港的反动报纸对此惶恐不安，攻击说："叶剑英洗劫十三行！"敌人叫骂，人民叫好。广州市人民衷心拥护政府的这一果断措施，纷纷赞扬说："政府做得好，做得对！""共产党真有办法，五六千人同时行动，事先一点消息都没有走漏，解决问题既迅速又干脆，真了不起！"

金融斗争的胜利，为全市经济的恢复和建设创造了良好的条件。

第五节　市政建设的起步

1950 年元旦，广州市政府在观音山运动场举行体育表演会，叶剑英高兴地出席了大会。这一天，人山人海，刚刚平整过的场地容纳不了到会群众，以至在周围斜坡、山头上都站满了人。叶剑英见此情景，对在场的朱光副市长和青年团广州市工委负责人说："能不能组织全市青年进行义务劳动，挖土方扩建场地？市政府再拨点钱，在场地四周建上看台，这里就成为一座名副其实的体育场了！"朱光等人连声赞同。

大会开始以后，先由运动员进行了部分体育项目的竞赛表演。然后，叶剑英在会上发表讲话。他号召大家积极参加体育活动，锻炼身体，以更强健的体魄和饱满的热情投入到建设新广州的事业中去。同时，他号召全市的青年进行义务劳动，用双手建设人民的体育场，作为广州市举行运动大会和群众集会的场地。叶市长的号召得到广大青年的热烈响应。大会后，在叶剑英、朱光的直接过问下，市政府拨出二亿元（旧币）经费，并组成一个筹建小组，具体负责组织施工。广州市的青年们踊跃参加义务劳动，每天都有上千人分批进场挖土运土。干了一段时间，天公不作美，春雨绵绵，工地泥泞不堪，严重影响工程进度。正在这个时候，叶剑英来到工地视察。他了解情况后，很快就调派来机械筑路队，以后又派来工兵部队帮助施工。这样，这个能容纳数万人的有四百米跑道的正规体育场在较短时间内便建成了，叶剑英提议将它正式命名为"越秀山体育场"。

海珠桥，是广州市内横跨珠江的南北交通要道。国民党军队在溃逃时，丧心病狂地炸断了这座大桥。巨大的钢梁，一头搁在桥墩上，一头落到江水之中，严重地影响了交通。叶剑英和省、市的领导经过研究，决定立即修复海珠桥。在修桥过程中，他经常了解进展情况，及时解决各种问题。如何把插入江中的大钢梁弄出水面？这是一大难题。叶剑英对工地负责人说，要依靠群众，发动群众想办法解决。建桥工人们开动脑筋，在江面上固定一只大木船，然后利用潮水的起落，用木头和砖头硬是把钢梁顶了起来。叶剑英从工人身上看到集体的智慧和力量，高度赞扬他们的创造精神。1950 年 11 月 7 日，海珠桥修复工程竣工，叶剑

叶剑英在广州群众大会上发表讲话

英高兴地出席通车典礼仪式并剪彩，向全体工程技术人员和建桥工人表示衷心感谢。[1]这期间，他还以极大的魄力，制定了开发黄埔港的蓝图，并直接组织领导对黄埔港的疏通、治理工作，为后来这个港口的建设与发展打下了基础。

广州市的各项事业逐步恢复和发展起来。全市人民看到城市面貌的一天天变化和自身生活的改善，从心底里感到高兴。他们对于在人民政府领导下建设新生活的信心更强，热情更高了。在这种情况下，反动势力特别是潜藏匪特怀着刻骨仇恨，加紧了破坏活动。他们窥测时机，企图暗杀叶剑英等领导人。在市政府所在地，曾发生两起特务将炸弹扔进院子中爆炸的事件。还有一次，叶剑英外出开会乘车返回住所途中，藏在一辆停在岔路口的卡车中的特务向叶剑英开枪行刺。由于司机的机智躲避，叶剑英幸未受伤，但座车被击中。不久，市公安部门获得国民党特务当局在香港成立行动小组，训练特务，伺机潜入广州刺杀叶剑英的情报，立即向华南分局和党中央作了汇报。毛泽东对叶剑英和华南分局其他领导同志的安全极为关心。他一面指示公安部门加紧采取反特措施，一面给叶剑英发电嘱咐：注意安全，不要在公开场合露面，如集会、讲演等。叶剑英深深感谢党中央、毛泽东的关怀。回电说，我及分局同志，应遵来示，提高警惕，加强保卫，免遭暗算，同时加强侦察破案，镇压敌之阴谋。尽管敌人阴谋行刺，叶剑英却一如既往地开展各项工作。他深信人民的力量是无敌的。只要群众一起来，敌人的任何阴谋，都是注定要失败的。在越秀山下召开的群众大会上，在中山纪念堂举行的报告会上，人民群众仍能时时看到他那魁伟的身影，听到他那洪亮的声音。人们从市长身上看到了一个大无畏的共产党人的形象，备受鼓舞，更坚定地投入到建设新广州的斗争中去。[2]

---

① 梁广：《我所了解的叶剑英同志》，载《广州日报》1986 年 10 月 29 日。

② 访问李玉山、薛焰谈话记录，1986 年 11 月。

第二十七章　建设新华南（上）

第一节　确定大政方针

广州市的工作局面打开以后，叶剑英即把主要精力转向华南分局和广东省政府的工作。早在 1949 年 10 月、12 月，中央人民政府先后任命他为广东省人民政府主席、广州市人民政府市长、中南军政委员会副主席。党政职务集于一身，他深感肩上的担子不轻。

根据党中央的意图，华南分局应负责广东、广西两省和广州市的工作。叶剑英在千头万绪的工作中，始终把加强党的领导放在首位。他认为，加强党的领导是做好一切工作的根本。必须建立集体领导和个人分工负责相结合的党委制。各级党委会、党组，应定期地有准备地召开会议，讨论上级的政策和指示，决定本单位、本部门的重要问题。党委的成员，要认真负责地执行上级指示和党委决议，特别要负好掌握政策之责、团结干部之责和联系群众之责。叶剑英充分发挥华南分局"一班人"的作用，领导人民群众为开发华南、建设华南、尽快改变华南地区的面貌而进行了大量的工作。

华南包括广东与广西，人们习惯地称为"两广"。解放之初，广西的工作主要由华南分局第二书记张云逸主持，叶剑英将主要精力放在广东方面。广东全省面积 22 万平方公里，人口 3100 多万。怎样才能使全省的建设，特别是政权建设和经济建设全面开展起来？早在赣州会议期间，叶剑英就对此作过认真思考。当时，他曾形象地把广东全省比作一条"龙"，把以广州为首的城市比作"龙头"，广东农村比作"龙身"，沿海岛屿比作"龙尾"，提出了"抓住龙头带动龙身龙尾"的设想。到了 1950 年，他进一步完善了这一设想，明确提出了"巩固城市，依靠农村，面向海洋"[①] 的经营全省的工作方针。按照这个方针，把广东的城市、农村、海洋联成一个整体，以先进的城市指导农村、支援农村；以广大农村作为城市的依托，组成巩固的城乡联盟和工农联盟；以城市、农村帮助和支援海岛；以海岛作为巩固国防的前哨，保障城乡改革和生产的发展。在巩固城市、农村、海岛的基础上保卫好辽阔的海疆，利用和开发好海洋的资源。实践证明，这是从

① 叶剑英:《在广东省首届民政会议闭幕式上的讲话》，1950 年 9 月 20 日。

广东实际出发贯彻党中央方针政策的带全局性的根本大计。

第二节　城市工作

城市工作是华南地区、广东全省的重点工作之一。叶剑英根据中共七届二中全会关于把工作重点由农村转向城市的精神，首先结合广东的实际，抓紧开展城市工作。

由于历史的原因，广东城市比较发达。叶剑英经过调查研究，提出，城市工作需要建立一个领导体系。省应以广州为中心，领导几个较大城市；地委以较大城市为中心，领导大县城；县城领导镇。这样，通过抓好大城市，推动中小城市，并通过抓圩镇，联系广大的农村。当时，广东的城市，工业基础薄弱，商业畸形膨胀，具有明显的半殖民地经济特征。即使在首府广州市，规模较大的工厂也没有几家。各城市的工厂都开工不足，失业问题直接威胁到劳资两个方面。鉴于这种情况，叶剑英根据党中央的政策和部署，在广东解放初期，着重抓城市工业生产的调整和恢复问题。他主持华南分局和广东省政府进行多次研究，认真执行党中央关于公私兼顾、劳资两利的政策，对工业和商业采取部分调整措施，缓和了劳资之间的矛盾，使生产能在一个适度的水平上维持、恢复并逐步发展。

1950 年 6 月，中共中央召开了七届三中全会，制定进一步调整工商业的政策。叶剑英在这次会议上结合广东的情况所作的发言，引起了毛泽东的很大兴趣。叶剑英在发言中说："广东在公私、劳资、城乡、内外的许多工作上遇到了一些困难，也的确有些毛病和麻烦。……应该采取调整的办法，达到共存共荣，和平转变。"毛泽东听到这里，赞扬说："讲得对！"叶剑英说："在这一个时期，政权制度是新民主主义的。生产建设的武器就是调整，也就是限制。依靠调整、限制，达到公私兼顾，劳资两利，城乡互助，内外交流，也就是达到恢复、发展生产，繁荣经济的目的。"毛泽东对此不仅完全赞同，而且还补充道："有些是我们要自己限制，要把尾巴夹紧一点。"叶剑英深为自己的看法得到毛泽东的赞同而高兴。他继续发言说："自己办的贸易、办的工厂多了，公的多了，私的就会垮，也要限制一下。公的劳动条件太高，也要限制一下。现在的政权是共产党领导的政权，是大家都承认和拥护的，生产手段也是社会主义的，所以我想是可以搞好调整的。要以调整的方法来克服生产中间所发生的毛病，不要使这些毛病发展到激烈的对抗，要互助互利，达到各得其所，这是有利于恢复发展生产的，也是有利于人民的。"

叶剑英开完这次全会回到广东，立即主持召开了全省市镇工作会议，狠抓中央全会精神的贯彻落实。他认为，恢复和发展城市生产，最根本的是要调动工人的生产积极性，解放生产力。经过会议讨论研究，确定了管理城市工厂的方针，主要内容是：依靠工人阶级，团结技术人员，在党的统一领导下，发挥全厂人员的积极性，在搞好生产的基础上提高工人福利。这一方针在各工厂实行以后，工业生产恢复和发展的速度明显加快了。

1951 年 7 月下旬至 8 月上旬，叶剑英根据中共中央中南局关于开展城市民主改革的指示精神，主持召开了华南城市工作会议，专门研究城市民主改革的政策、方法等问题。他在这次会议中的讲话和其他一些讲话中，对民主改革的必要性、目的、政策、方法等问题作了明确的阐述。他说，由于广东是新解放的地区，所以无论在工厂、企业、码头、行业各方面仍存在着一些封建残余势力和反革命分子，他们控制着一部分群众，恐吓、威胁和欺压工人，破坏生产；还存在着反革命组织及不合理的生产管理制度。如果不经过民主改革，就不能彻底肃清封建残余势力、反革命势力，同时也就不能搞好生产。生产搞不好，城市的根本问题便不能解决，政权便不能巩固。[①]

叶剑英对民主改革的方法、步骤提出了重要意见。他强调要做到“五有”，即有力、有证、有底、有理、有法。所谓有力，就是要建立领导核心，培养积极分子，团结广大群众，形成有力的强大的队伍；有证，就是对反动势力必须经过调查研究，了解情况，掌握材料，然后报告上级批准，再开展斗争；有底，就是说要有计划有目的去进行工作，做到心中有数。对内部和外部问题要有区别，不能都采取同一方式进行斗争；有理，就是要以说理的方法，作为主要的斗争方式；有法，指处理一切反革命分子，要根据政策法令和法定手续，不能只相信自己的拳头。

叶剑英还提出在改革中实行系统的方法，并把这种方法形象地比喻为“一筒竹”运动，意思是把一根竹子的一切关节都打通，使之成为一个系统或整体。他解释说：“开展城市的民主改革运动必须有系统地进行，所谓‘一筒竹’，是说明事物之间有着互相关联的系统，如航运、码头和船舶；城市、农村和圩镇；工厂、运输和市场；它们之间构成一个不可分离的有机联系，这是‘一筒竹’的概念。”[②]他要求各级领导者要正确掌握政策和运动发展的规律，经常纠正偏向，使运动沿着正确的方向前进。

在华南分局和叶剑英的领导下，全省城市的民主改革工作经过半年多的时间，就胜利完成了。在此基础上，叶剑英进一步抓紧组织发展城市的生产。在认真进行调查研究的基础上，他提出了许多发展生产的具体措施和办法。为了加强私营工厂对生产的管理，他提出组织工厂的生产委员会，以工人为主，资本家也参加，民主管理工厂。为了解决资金不足的问题，他提出多方面开辟资金来源，可以动员部分工人参加集资。这些措施，有利于调动工人和资本家双方的积极性，推动生产的发展。

1951 年，叶剑英根据中央人民政府政务院财政经济委员会的指示，直接领导和组织在广州举行了华南土特产交流大会。这次大会由他亲任筹备委员会主

---

① 叶剑英：《在华南分局大中城市工作会议上的总结》1951 年 8 月 5 日。

② 叶剑英：《在华南分局大中城市工作会议上的总结》1951 年 8 月 5 日。

任，广州市副市长朱光等人任副主任。他强调这次大会是华南经济力量的总检阅、总调查、总宣传、总交流，一定要办好，并动员了3000名工人，1000多名教授、专家、教师、学生和干部参加筹备工作。与此同时，华南各地如广西的南宁、梧州，广东的湛江、西江、珠江、潮汕等地区，都动员了大批的人力、物力，先后举办了土特产展览交流大会或小型展览会，为在广州举办全华南的土特产展览大会创造了条件。经过四个月的筹备，大会于10月14日广州解放两周年的日子里胜利开幕。叶剑英为大会题词："华南的山区水域平地蕴藏着丰富的资源，位于亚热地带，具备着优良的生产条件，同胞们，用我们的勤劳、智慧和经验来建设我们伟大的祖国！"这次展览交流大会，达到了活跃与繁荣华南经济，促进华南城乡、华南与全国各地物资交流的目的。

叶剑英针对广东城乡之间的圩镇商品经济比较发达的特点，强调要做好城市和乡村工作，必须抓好圩镇这个中间环节。他在省、地、县的各种会议上，多次强调圩镇工作的重要性。他交代华南分局政策研究室，对圩镇工作进行认真的调查研究，拿出加强圩镇建设的有效办法来。1950年5月，他亲笔起草了华南分局《关于圩镇工作给各地委的指示信》，强调做好圩镇工作是打通城乡关系、实现城市对乡村领导的关键，要求各地区尽快把圩镇工作开展起来。

9月，叶剑英提议召开了圩镇工作会议，并在会上作了重要讲话。他从贯彻中共七届三中全会决议和巩固工农联盟的高度，再次强调圩镇工作的重要性。他认为，做好圩镇工作，是贯彻党中央关于工作重心转移的实际步骤，也是逐步消除旧社会遗留下来的城乡对立、巩固工农联盟的实际步骤。他深刻地分析了圩镇的地位和作用，说："圩镇一方面紧贴着农村，掌握着农村，另一方面又连结着城市。从农村方面看，它是周围乡村的上层建筑；从城市方面看，它是城市的基层组织；从城乡关系看，它是城市和乡村之间联络的纽带。如果把圩镇周围的农村比作人的头发，那圩镇就是头发集起来的辫子。抓紧了圩镇，形同抓住了辫子，抓住了圩镇周围的农村。因此，城乡互助也好，帮助农村也好，一定要经过圩镇来做工作。"

叶剑英关于重视圩镇建设，把圩镇作为城乡的中间环节来抓的思想，体现了党的城乡经济建设的重要政策思想。实践证明，它不仅符合广东经济建设的实际，对当时的经济建设起了重要作用，而且有普遍的指导意义。它对于我们今天的改革开放，特别是发展农村乡镇经济，仍然具有重要的现实意义。

第三节　农村建设

广东解放时，全省有农民2800万人，占全省人口总数的90%。农民问题，是一个十分重要而又突出的问题。对此，叶剑英有深切的感受。他说："30年来的经验证明，前方作战，出兵出粮的是依靠广大农民；巩固后方，发展生产，也是依靠广大农民；而要依靠农民，不提高他们的觉悟，不发动对封建势力的斗争，不解决他们的切身问题是不可能的。”[①] 对于长期受地主、富农剥削压榨，刚刚获得解放的农民来说，土地问题，是切身问题。要解决土地问题就必须进行土地改革。

中共中央在全国大陆（除西藏外）业已解放的新形势下，决定在约有 2.8 亿农业人口的新解放区，采取有区别、有步骤的方针，开展土地改革运动，并于 1950 年 6 月由中央人民政府颁布了《中华人民共和国土地改革法》。叶剑英根据党中央的土地改革政策，结合广东的实际，全力领导进行土改。土地改革是推翻农村强大深厚的封建势力，建立和巩固人民民主专政的一场空前深刻的社会变革，必须进行认真的准备。在 1950 年 1 月召开的广东首次党代表会议上，他提议将“准备土改”列为会议的一项重要议程。以后，他要求分局和省政府有关部门，加强对农村情况的调查研究。5 月，中南军政委员会委员李坚真被分配到广东工作，叶剑英便让这位曾在闽西参加过土地革命、解放战争时期又在华中参加过土改工作的老红军女战士具体负责全省土改工作。他与方方派李坚真带领调查组，到兴、梅及珠江三角洲地区做调查。一个多月中，他们调查了农村土地占有情况，群众的生活情况，群众的觉悟程度和对土地的要求，以及基层干部和党组织的情况等。李坚真等人回到广州向叶剑英、方方汇报后，叶剑英明确提出：“农民对土地有迫切要求，我们就要尽快开始土地改革。”为了使全省的土改能够顺利进行，叶剑英与华南分局其他领导同志经过商议，决定先选择粤东的兴宁、龙川、揭阳三县作为典型，进行实验，以便取得经验，向全省推广。叶剑英说：“广东是新解放区，干部没有土改经验，我们先从三个县开始搞，但着眼点要放在全省，从三县的土改中取得经验，培养干部，逐步向全省铺开，就是‘全省着眼，三县着手’。”叶剑英将在三县进行土改试点的部署，先后向中南局和党中央作了汇报。10 月，毛泽东指示说，土改面积除规定三县外，其他各地委均需选一个区进行试点。叶剑英和华南分局根据毛泽东指示，又增加了惠阳、鹤山、曲江、宝安、遂溪、丰顺、英德、普宁等 8 县为土改试点县。叶剑英告诫土改工作团的同志们，要不折不扣地执行中央的方针、政策。要紧紧依靠贫雇农，团结中农，团结大多数，结成农村反封建的统一战线。要注意斗争策略。对地主的斗争，侧重点放在发动群众，揭发地主阶级剥削的罪恶上，除少数罪大恶极及公开和我们对抗的恶霸要坚决镇压外，一般不要在肉体上消灭，斗争要说理讲法。[②]

土改工作团到达各试点县以后，根据党中央的方针、政策和叶剑英的指示，积极稳妥地开展工作。他们一般采取了三个步骤：一是访贫问苦，扎根串联，发动和组织群众诉苦，斗争恶霸；二是在基本摸清各家各户情况的基础上，划分阶级成分；三是没收和征收地主、富农多余的土地、财产，分配给无地少地的贫雇农。

---

① 叶剑英：《在华南分局扩大会议上的总结报告》1952 年 7 月 6 日。

②《李坚真回忆录》，中共党史出版社 1991 版。

在土改试点过程中，叶剑英同方方一起，及时了解进度，掌握情况，研究政策，解决问题。他根据中央颁布的土改法和中央有关文件规定的大政方针，结合广东的实际，同华南分局、省政府、省土改委员会负责人一起，研究确立了一系列适合广东特点的具体政策。这些政策强调，要坚定地依靠贫雇农，团结中农，中立富农，孤立和消灭封建地主阶级；要照顾华侨，保护华侨的正当权益；要从发展民族工商业和巩固工农联盟出发，保护工商业者的利益；要搞好渔业的民主改革，消灭渔业中的封建剥削制度；要适当照顾小土地出租者、自由职业者、起义人员、民主人士的利益。这些政策，对保护和发展广东城乡生产力，具有十分重要的作用。

经过近半年的工作，各试点县的土改基本结束。叶剑英和华南分局充分肯定了土改试点县的成绩，并亲自总结经验，向全省推广。1951 年春，叶剑英在华南分局召开的土改工作会议上，作了重要讲话。他要求大家认清广东土改面临的形势。美帝国主义在朝鲜战场遭受一连串失败以后，企图利用蒋介石进攻华南地区。因此，广东可能有小战。战争要求土改，不仅要求必要的时间，而且要求必要的空间（战场）。这就要发动群众加速进行土改，巩固南中国的大门。叶剑英对于如何领导土改运动，提出了“四个结合”：（一）时间与空间结合。各级领导要根据农业生产季节性的特点，着眼于战争形势的发展，分别地区，争取时间，有重点、有次序、有选择地进行工作。（二）点与面结合。必须从点着手，从面着眼，由点到面，逐步展开。（三）热与冷结合。要经常保持领导者和领导机关头脑的冷静，同时又要经常保持群众运动的热烈。（四）快与稳结合。要以稳中求快的方针，使土改运动迅速广泛地开展起来，在稳的基础上求快，又在快的要求下求稳。叶剑英还亲自下乡到惠阳、鹤山、顺德等地视察；并召开会议与一些县、区负责人吴有恒、郑群等座谈，研究解决土改中遇到的问题。在叶剑英和华南分局的部署下，全省加快了土地改革的步伐。

领导广东省人民进行土地改革时期的叶剑英

就在叶剑英和华南分局领导广东土改试点县的工作稳步向前发展的时候，中南土改委员会的负责人到了广州，对广东土改试点县的工作提出批评。他们认为，土改试点县的工作缺乏农运高潮，党内部分同志未坚决站在农民方面；照顾其他阶级多，照顾农民生活少；对敌人不够狠，对群众不够热。叶剑英和华南分局的领导人充分考虑了他们的意见，但认为土改试点县的工作是根据中央制定的土改政策，从广东的实际出发的，成绩是主要的，经验也是可行的。他们继续坚持按照原来的方针、政策，进行全省土改。为了进一步增强土改的力量，叶剑英要求多动员组织有斗争经验的南下干部，与当地干部一起参加土改；同时，他还同部队有关负责人商定，抽调大批指战员，对25个县的土改工作实行包干。这样，土改工作进行得更加扎实而有成效了。[①]

1953年4月18日，叶剑英以广东省人民政府主席的名义发出布告，向全省人民宣布：全省土地改革的任务已胜利完成。今后农村工作的任务，是进一步团结各阶层人民，全力发展生产，开展爱国增产运动，进行经济建设，继续改善人民生活。他把党和政府的一系列政策，公开告知全省人民，以保护和发展土地改革的胜利成果。这些政策的主要内容有：提倡勤劳致富，爱国发家；确保各阶层人民的土地、房屋及各项财产的私有权利及劳动所得；允许自由雇工，保证借贷自由；强制地主劳动，并保护地主的劳动所得；贯彻查田定产，依率计征，依法减免的农业负担政策；贯彻奖励爱国增产政策以及不违农时，精简会议，任何工作不得妨碍生产，等等。这一布告，受到了广大农民及全省各阶层人民的拥护和欢迎。

第四节　巩固新生人民政权

在全面开展土地改革运动的过程中，叶剑英根据中共中央的决策和部署，领导开展了广东的镇反运动。解放初期的广东同全国一样，帝国主义、官僚资本主义的统治虽然被推翻了，但它们极端仇视新中国。残存的特务、土匪、恶霸地主、反动党团骨干分子、反动会道门头子，不甘心他们的失败和灭亡，互相纠合，内外策应，进行种种捣乱、破坏活动，妄图颠覆新生的人民民主政权。根据广东全省1950年一年的不完全统计，残存匪特所进行的袭击、暗杀、破坏、放火、放毒事件共达488起，杀害中共军政人员、农村干部及农民积极分子1898人，破坏桥梁18座，毁坏粮食14140担。反革命气焰十分嚣张。

为了打击反革命势力，保卫和巩固新生的人民民主政权，中共中央几次发出关于镇压反革命活动的指示，从1950年10月起，又决定开展全国规模的镇压反革命的群众运动。叶剑英多次主持召开华南分局会议，研究如何落实中共中央的决策，布置广东地区的镇反工作。他明确提出：抗美援朝、土改、镇反，是目前三大中心工作，必须在抗美援朝与土改两大高潮中发动群众完成镇反任务，并以坚决镇反来保证抗美援朝与土改的顺利进行。在最近，务必坚决贯彻镇压方针，主要对象为特务、土匪、恶霸及黑社会的首恶分子。要从发动群众、加强破案、突击侦捕三方面着手，着重打击现行的反革命分子。要在不错抓错杀的原则下，

① 访问吴有恒、郑群、左洪涛、刘田夫、杨立等谈话记录，1986年。

有领导、有计划、有准备地进行，坚决、大胆、放手地动员群众，反对宽大无边，优柔寡断，姑息养奸，贻害人民。[①]在叶剑英和华南分局的领导下，广东镇反从1950年11月中旬贯彻中央公安会议精神开始，至1951年2月的3个半月中，就已取得初步成绩，处决了一批反革命分子，破案108起。在破获各种案件的过程中，还缴获了大批证件与武器。

中共中央、毛泽东对广东和华南地区的镇反工作十分重视，多次直接发来电报，给予指导。1951年1月22日，毛泽东在给叶剑英及广东军区几位负责人的电报中指出："望注意镇反工作。凡与剿匪有关的匪首恶霸大特务，可由军区军分区的军事法庭判处死刑；凡与剿匪无关的反革命重要分子，则由地方法庭及军管会的军法处判处死刑；乡村普通恶霸及不法分子，则由农民斗争、监视及由人民法庭判刑，如此分三方面进行，可期迅速，又较妥当。"电报还指出，对于重要反动分子，必须坚决予以打击，才能降低敌焰，伸张正气。周恩来并就广东的一些重要的有影响的反动分子的处置问题，直接发电给叶剑英，进行查询并提出意见。叶剑英根据中共中央的指示和政策，继续抓紧开展镇反工作。至1951年4月底，整个华南地区的镇反工作已取得了很大成绩，计破案3617起，捕获了一批反动分子。叶剑英在9月28日给毛泽东的报告中说："从运动的结果看，最显著的和行动性的反革命分子已基本上受到了打击。广大人民因此更加拥护我们，并给了目前正在猛烈开展的农村土地改革和城市民主改革与抗美援朝运动创造了有利条件。"

广东的农村工作经过土改、镇反及清匪反霸，进一步打开了局面，取得了新的成绩。

叶剑英在领导开展城市民主改革和农村土地改革的同时，还领导全省沿海和海岛的渔民，开展了民主改革运动。1951年7月5日至14日，华南分局召开了广东省第一届沿海工作会议。叶剑英出席会议并作了重要讲话。他说，广东海岸线长，岛屿多，沿海和岛屿上生活着大批渔民、盐民。解放后，我们虽然在渔民和盐民中进行了一些民主改革，但不系统，也不彻底。必须结合土改、镇反和抗美援朝运动，放手发动渔民群众，开展渔业改革，使渔民翻身做主人。会后，他主持华南分局，相继做出了《关于沿海渔民工作若干政策问题的规定》《关于配合城市民主改革与农村土地改革，系统地开展沿海渔民运动的指示》。沿海各地党组织和干部按照华南分局和叶剑英的指示，深入开展民主改革运动。他们组织渔民、盐民，斗争渔霸、盐霸，镇压反革命分子，在沿海及海岛建立起人民当家作主的基层政权。同时，加强渔民、盐民与内地的联系，在沿海村镇建立水上渔民的居住点。发放渔贷、组织渔业合作社，开设水产市场。这些措施的实行，使广东沿海和岛屿开始呈现出新的气象。

---

① 访问安平生谈话记录，1984年11月。

第五节　经济领域的斗争

1951 年底，中共中央决定在国家工作人员中开展“反贪污、反浪费、反官僚主义”的“三反”运动。1952 年初，又决定在全国资本主义工商业者中开展“反行贿、反偷税漏税、反盗骗国家财产、反偷工减料、反盗窃国家经济情报”的“五反”运动。叶剑英坚决贯彻中共中央的决定，领导开展了广东省的“三反”“五反”运动。1951 年 12 月 21 日，他在广东省、广州市各界人民代表会议协商委员会联合举行的会议上，作了题为《在反贪污、反浪费、反官僚主义的基础上厉行节约，增加生产》的动员报告。他说：“毛主席在中国人民政协第一届全国委员会第三次会议上，向全国人民提出增加生产，厉行节约的中心任务。这一任务在目前来说，是支持中国人民志愿军取得抗美援朝胜利的中心环节；从长远来说，是积累资金，进行经济建设大业，按计划，大规模，快速度来实现国家工业化的根本方法；从思想改造来说，是肃清旧社会余毒，避免剥削阶级思想对我们干部进行腐蚀的有效办法。应当指出：增产节约，最大的敌人是贪污浪费与官僚主义。要进行增产节约的工作，只有放在反贪污反浪费反官僚主义的基础上，才能成功。”

叶剑英的这些话，有很强的针对性。当时，就广东地区看，贪污浪费与官僚主义等问题也十分严重。在政府机关和企事业单位中，一些贪污分子采取各种各样的手段，盗卖国家资财、勾结私商、投机倒把、走私漏税、盗卖商情、篡改合同、暗收回佣、敲诈勒索、乱罚乱收。少数单位甚至集体贪污，上下蒙蔽。一些部门和工厂、企业的浪费现象也十分惊人，给国家资财造成了很大损失。而许多贪污浪费事件之所以发生，主要又是一些政府机关和工作人员中的官僚主义造成的。因此，要反贪污、反浪费，必须同时反对领导机关中的官僚主义。只有反了领导机关中的官僚主义，才能更有力地与贪污浪费现象作斗争。也只有揭发了领导机关中的各种程度的官僚主义以后，才能更深刻地教育干部。

在华南分局和叶剑英的直接领导下，广东省、市党政军机关的“三反”运动经历了三个阶段。第一阶段，主要是批评领导上的铺张浪费与官僚主义。第二阶段，领导和群众一起，集中力量，打击贪污分子。第三阶段，集中全力打击大贪污分子。经过这几个阶段的斗争，运动取得了显著成绩。

广东同全国其他地区一样，随着“三反”运动的深入，陆续揭露出资产阶级分子大量违法的事实。从 1952 年初开始，叶剑英遵照中共中央的部署，又领导在全省开展“五反”运动。运动中，反复动员和发动工人、店员职员，站出来检举资本家的不法行为，同时也要求不法资本家主动坦白。为了摸索经验，并用事实教育群众，叶剑英和华南分局决定，首先在广州市的新药工业、新药商业、粮食加工业和植物油等四个行业展开“序幕战”。“序幕战”中揭露出的事实，令人触目惊心。新药业全行只有 231 户，被查出盗骗国家财产达 1000 亿元（旧币）以上。他们制卖假药，严重地影响人民的健康，甚至危害人民的生命。粮食加工业，是解放以来接受国家委托加工扶助最多，因而从奄奄待毙转为欣欣向荣的行业之一。可是，这一行业中一些资产阶级分子多方欺诈，大量盗窃，甚至偷运粮食出口，拿霉坏的大米套换人民解放军的粮食和失业工人的救济粮。植物油业的不法资本家勾结帝国主义分子，派遣人员打进国家经济机关，盗窃国家经济情报，严重地破坏了植物油的对外贸易管理，使国家财产和产区农民都受到很大损失。特别值得重视的是，广州市的不法资本家，利用广州是进出口岸的方便条件，不顾国家民族的利益，偷运钨砂、锡、锑等战略物资出口资敌，偷运大米、黄金、白银出口，又从国外奸商手里换来吗啡、鸦片等毒品以及许多有害国计民生的商品偷运进口。他们在经营必要的进出口物品时，则投机取巧，兴风作浪，进口劣货充好货，破坏价格政策，抗拒国家管理。他们还进行集团走私，逃汇套汇。针对这些严重事实，叶剑英要求在“序幕战”取得初步胜利的基础上，迅速扩大斗争规模，在各个行业都尽快开展起来。同时，他多次主持华南分局开会，对全省其他大中城市的“五反”斗争做出了布置，确定了方法步骤，强调从调查研究入手，实事求是，对不同情况具体分析，区别对待，规定严格的政策界限。

经过半年多的斗争，至 1952 年 6 月，广东省的“三反”“五反”运动取得了重大胜利。在国家机关工作人员中，清除了一批贪污腐败分子。在资本主义工商业者中，也挖出了一批五毒俱全的不法资本家。并根据党的政策对其进行了严肃处理。这场斗争，对于巩固人民民主专政，保卫人民革命胜利果实，恢复和发展国民经济建设，都具有重要的意义。当然，在“三反”“五反”运动中，一些单位也出现了打击面过宽，伤害了一些好人的现象。叶剑英在领导运动中，一旦发现问题和偏差，便要求各级领导及时纠正。但有些单位仍留有“尾巴”。后来，随着党的政策的深入贯彻，遗留的问题逐步得到了妥善解决。

第二十八章　建设新华南（下）

第一节　为新中国的橡胶事业奠基

1951 年初，中共中央根据中国经济建设和国防建设的需要，做出一项重要的决策：在华南地区建立橡胶生产基地，发展新中国的橡胶事业。中央还决定，由中共华南分局第一书记叶剑英直接挂帅，负责大面积植胶的组织领导工作。

叶剑英受命后立即行动起来。他指示省政府有关部门，认真研究海南岛、雷州半岛等地的气候、土壤等方面的资料，提出在这一带大面积种植橡胶树的可行性意见。同时，与政务院林业部等单位联系、磋商，落实有关具体事宜。这年 9 月，他同政务院副总理陈云一起，在广州主持召开了华南垦殖筹建工作会议，研究决定了组织机构、发展规划和科研工作等方面的事项。11 月，按照中共中央的决定，在广州成立了华南垦殖局，叶剑英兼任垦殖局局长。为了统一思想，明确任务，他主持召开垦殖局工作人员大会，并作动员报告，阐述发展橡胶事业对于发展工业、巩固国防、实现国防现代化的重大意义，要求大家全力投入这一光荣事业。会后，叶剑英带领一批中国和苏联的林业、橡胶方面的专家及有关负责人，深入到雷州半岛、海南岛进行考察，了解和掌握这一带橡胶树生长分布的第一手资料，熟悉有关橡胶生产的科学技术知识。他不辞辛苦，翻山越岭，亲自考察土地、气候和一些有代表性的橡胶树的生长情况。在徐闻县境，他和考察人员一起，先后发现了老橡胶树两千株以上，在茂名县也发现了七株，都是一二十年的老树，而且是巴西树种。事实证明，雷州半岛完全可以种橡胶树。在当时的情况下，发现一株橡胶树，就像发现一颗宝石一样令人高兴。一次，叶剑英听说位于粤西山区的高州县县城附近也发现了三株橡胶树，非常高兴地对身旁同志说："这三株橡胶树说明，从这里开始，一直向南，都可以种橡胶！"高州县位于北纬 22 度线上，这三株橡胶树的发现，把中国当时能够种植橡胶树的地带又向北大大地推进了。

在海南岛，叶剑英组织人力深入细致地了解全岛橡胶树种植的历史和现状，经过反复调查核实，搞清了全岛橡胶树的数目和分布情况。在此基础上，他又从北到南，从西到东，深入到橡胶园，认真地了解橡胶生产的现实状况。在那大、文昌、南桥等几个较大的胶园里，他饶有兴趣地观看了从割胶、收浆到制胶片的加工过程，对胶园职工特别是一些华侨老胶工熟练的制胶技术和丰富的经验，十分赞赏。他要求当地负责人，尽快组织人力，保护好现有胶园，管理好橡胶树；要防止反动分子搞破坏；要锄掉杂草，消除荒芜，以利胶树生长。

经过20多天的深入考察，叶剑英掌握了大量第一手资料。回到广州，他立即提笔给毛泽东主席和中共中央写信。接着，又以中共华南分局第一书记的名义，向中央写了“目前橡胶工作上应抓紧之重点”的报告。叶剑英在信和报告中提出：

高雷、海南，土壤肥，荒地多，可以大力发展橡胶。初步看法，在这些地区经营几百万亩胶林，是可以在数年之内做到的。

海南、高雷地处国防前线，发展橡胶事业必须有足够的国防力量加以保护。因此，要把橡胶事业的发展同国防建设和其他经济建设事业结合起来，要调整前线的军事部署，加强铁路、公路、邮政、民航等方面的建设。

加强海南岛党的领导和行政机构，将海南行政公署改为海南岛人民政府，成立中共海南岛党委，直属华南分局领导；抓紧整顿和巩固现有的橡胶基地，抓好种、苗、树、胶四个环节，特别要注意整顿苗圃和组织收种，立即进行橡胶林地的勘测、设计和开荒，并加紧培训干部与橡胶的试验研究工作。

将华南垦殖局迁到湛江，以便就地指挥，及时解决问题。[①]

中共中央和毛泽东十分重视叶剑英的这些意见。毛泽东逐句逐段看了叶剑英的信和报告，在一些重点问题下面做了记号，并将信和报告中提出的各项建议、问题，迅速批转给其他领导同志阅，并请周恩来办理。不久，中央经研究同意叶剑英提出的各项建议，并采取措施，组织各方面有关力量，逐步予以落实。

为了迅速建立起一支橡胶垦殖队伍，叶剑英四处奔走，想方设法，花费了大量心血。他经过认真考虑，向中央提出抽调部分军队，组建华南林业工程部队的建议。党中央很快采纳了这个建议，迅速抽调了约两万名部队指战员，组建了林业工程第一师、第二师和一个独立团，分驻湛江、海南和广西地区，担负起了垦殖橡胶的光荣任务。对于这支新建的生产建设部队，叶剑英十分关心和爱护。他亲切接见部队负责同志，长时间地同他们谈话，要求他们转好思想弯子，安心橡胶垦殖事业，同时要继续保持和发扬军队的优良传统。为了组建一支橡胶科技队伍，他在给党中央、毛泽东的报告中，建议中央号召橡胶专家和技术专家前来工作，到北纬22度来站队。经中央批准，将当时中山大学、广西大学两所学校的林业专修班，改为橡胶训练班，提早毕业，并全部拨给华南使用。叶剑英把华侨看成是垦殖橡胶的重要力量，多次听取爱国华侨陈嘉庚的意见。他教育林业工程部队：“要向爱国人士学习，华侨陈嘉庚先生就有经验，要向人家学习，听人家的意见。”他还要求将广东各地懂橡胶种植技术的归国华侨动员起来，经过培训，派到胶园担任技术人员。[②]

大面积植胶必须有足够的种子。当时，种子来源十分困难，叶剑英确定，主

---

① 叶剑英：《关于发展橡胶问题致毛泽东并中央的信》，1951年12月14日。

② 访问王昌虎、陈枫、杨光等同志谈话记录，1983—1986年。

叶剑英（左）在海南了解橡胶种植情况

要依靠海南岛一带原有的老胶林来解决种子问题。他对于如何解决采种、运种和播种方面的困难，提出了一系列意见。在开始采集种子的时候，由于干部和职工缺乏经验，一些私营胶园便把未成熟的种子卖给国家，有的还把种子放在水中浸泡加重。结果，种子在地里不能发芽，国家受到损失。叶剑英了解到这种情况后，明确地说："这不能怪老百姓，主要是我们工作做得不好。"接着，他对如何从私营胶园中收集种子，作了具体布置，指出"要'点种定购'，让种子成熟下地才拣"。林业工程部队的干部战士根据叶剑英的意见，在种子成熟季节，先将胶树下的草除干净，然后昼夜守候在树下，屏声静气地倾听种子在树上成熟的爆裂声，及时将落地的种子捡起来。叶剑英还充分肯定了群众提出的"一粒种子，一粒黄金"的口号，强调"种子问题很重要，要解决种子问题，一颗都不能浪费"。为了将采集到的种子及时运出海南岛，叶剑英责成垦殖局在海口市设立了运种指挥部，在海口秀英码头设立转运站，并请当地驻军支援车辆和舰艇参加抢运。1952 年秋，在抢运橡胶种子的过程中遇到了台风，影响了运种速度，叶剑英便要求民航部门派出飞机参加抢运。就这样，一批批种子安全及时地从海南岛运送到了雷州半岛及广西、云南等地的胶园和苗圃基地。

科学植胶是发展橡胶垦殖业的重要环节。叶剑英认为，中国植胶的自然条件，本来就不如赤道附近的国家。要发展橡胶业，必须加强科学研究工作。早在 1951 年底，他就根据专家的意见，做出了在华南垦殖局下面设立橡胶研究所，在现有橡胶基地设立试验站，立即开始品种、育苗、繁殖、割胶等各项技术研究的决定。为了筹建研究所，叶剑英动员组织了华南的专家，成立橡胶研究会，由当时广州市人民政府委员、中山大学教授、农业专家丁颖及李沛文负责，一面进行筹备工作，一面开始进行部分项目的研究。在他的直接过问和关怀下，经过两年的筹备，华南亚热带作物研究所于 1953 年成立。著名科学家乐天宇、彭光钦担任副所长，所长由华南分局秘书长李嘉人兼任。后来，研究所逐步发展成为规模较大的热带作物研究院。

科研机构建立起来了，还要有方针可循。叶剑英提出的科研指导思想是："科学研究与生产相结合，以科学来指导生产，从研究中得来的经验，在实践中去检验。"[①] 他强调科研工作者"首先要学习马列主义的思想方法、工作方法，一是科学家到现场去指导实际生产；二是回来后要总结工作，把经验、方法印成小本子，拿来教育干部"。[②] 至于橡胶本身的研究，叶剑英指出：要抓好"种、苗、树、胶"四个环节，从苗到树这六七年中，有很多问题。例如：如何育苗护苗，如何定植，如何施肥防害（风、火、水、草、虫）以及土壤问题，繁殖问题，割胶加工问题等，都是环绕着种、苗、树、胶四大环节产生的，希望在这四大环节中研究出一套理论、技术、方法，用来教育我们的干部。一次，华南垦殖局负责人向他汇报情况，谈起了用天然有机肥改良土壤等问题，他十分赞赏，并说，这个经验古代就有了，清朝的龚自珍有两句诗："落红不是无情物，化作春泥更护花"，这两句政治含义很强的诗所概括的自然现象，也是一个真理。垦殖局的负责人听了这番话，非常信服。他们要求各农场胶园大力发展天然有机肥，大大增强了土壤肥力。不久，华南垦殖局湛江分局新建一个农场，便将其命名为"春泥农场"。

台风，是海南岛地区的不速之客，是橡胶树生长的一个大敌。叶剑英根据专家们的建议，于 1951 年底提出，要重视在胶园四周建设防风林，以减少和防止风灾损失。后来，有些胶园总结经验教训，提出了"依山靠林"的植胶方案，有山，有防风林带，既可挡风，又可保温，对橡胶树的成长十分有利。这个方案得到叶剑英充分肯定。在叶剑英的指导下，科技人员、工人和干部们不断探索，使胶树的成活率越来越高，面积越种越广，橡胶的产量逐年增长起来。

经过两年多的努力，以海南岛为主的橡胶种植基地基本建立起来，为中国后来橡胶事业的大发展奠定了坚实的基础。

1959 年，叶剑英视察海南热带作物研究院时，曾深情地赋诗一首：

四十年前旧橡园，
将来发展看无边。
橡胶好比人中脚，
结合机床更向前。[③]

叶剑英热情赞扬新中国建立初期橡胶种植的成功，并对中国橡胶事业的发展前景寄予了殷切的期望。

---

① 叶剑英：《在华南垦殖局工作人员大会上的讲话》，1951 年 12 月 26 日。
② 叶剑英：《在华南垦殖局工作人员大会上的讲话》，1951 年 12 月 26 日。
③《叶剑英诗词选集》，人民文学出版社 1983 年版，第 28 页。

第二节　创办南方大学

叶剑英在领导华南地区政治、经济、军事建设的同时，对教育、文化、科学、卫生事业同样十分重视，并倾注了大量心血。

筹建和创办南方大学是叶剑英在华南文化教育战线兴办的一件大事。早在1949年夏天，中共中央确定了解放华南的战略计划以后，毛泽东在北平当面指示叶剑英：要在南方办好一所大学，可取名南方大学，并亲笔写了“南方大学”四个大字交给叶剑英。叶剑英当即通过中央组织部，抽调了曾在延安抗大等校担任过教授的哲学家陈唯实，以及在华北大学等校从事教学工作的十几名干部和学者，于8月中旬随军南下，到达江西赣州，开始进行南方大学的筹备工作。

在叶剑英的直接领导下，筹备人员集中学习了党的教育工作方针和知识分子政策，拟定了南方大学的教育方针、招生简章、组织机构和开办经费预算等项工作草案，并上报中央审批。广州解放后，筹备南方大学的工作干部和教学人员，从赣州随军南下，抵达羊城。在广州光孝寺成立办事处，开展工作。

这时，曾在第二次国内革命战争时期代理福建省委书记和担任过中央党校教育处长的罗明，以及从广东、香港等地调来南方大学工作的教授、专家张明生、卓炯、罗克汀、李曼辉和各级行政干部、教职人员也陆续来到广州报到，投入紧张的筹建工作。①

为了使南方大学有一个较好的教学环境，华南分局在叶剑英的主持下，决定将广州东郊石牌原国民党“总统府”作为南方大学的校址。并立即清理环境，修缮校舍。11月中旬，举办预备班，为大量招生做好准备。

华南分局为了加强领导，办好南方大学，专门成立了以叶剑英为主任，方方、赖传珠、邓华、古大存、陈唯实、罗明等10人为委员的南方大学委员会，全面领导南方大学的工作。同时，任命叶剑英兼任校长，陈唯实、罗明为副校长。第一期录取学生4329名。这些学生分别来自19个省市和港澳以及东南亚地区，其中有许多华侨青年。

1950年2月1日，在南方大学的开学典礼上，叶剑英和华南分局宣传部长萧向荣等讲了话。叶剑英在讲话中，阐明创办南方大学的目的就是为了培养大批人民需要的人才，以适应华南地区经济建设的需要。他勉励大家诚心诚意学习，毕业后全心全意为人民服务。并亲笔题词：“大家同心协力，为办好一个南方大学而奋斗！培养干部，扩大影响。”全校教职学员还宣读了誓词，给毛泽东主席发了致敬电。②

南方大学从成立到1952年10月结束，共办了三年时间。在此期间，叶剑英

---

① 访问罗明谈话记录，1986年11月。

② 罗明、李又华、黄家驹：《回忆叶剑英老校长创办和领导南方大学》，载《南方日报》1986年11月8日。

多次关心并直接主持研究学校的大政方针等一系列问题，为办好这所学校呕心沥血、竭尽全力，从组织机构、师资、学制、课程设置和招生事宜等都亲自过问，特别是一开始就注重提高教学质量。学校共培养出正式毕业生 18230 名。还有 1200 多名教职工在这个革命大学里锻炼成长。这为数近 2 万名的革命干部和专业人才，在华南及其他一些地区的革命和建设事业中，艰苦奋斗，建功立业，发挥了骨干作用。

叶剑英早在 1949 年 4 月就曾经说过：抛开文艺建设、思想建设、文化建设，单纯地搞经济建设、物质建设，是不可能搞好的。他在领导广东省的全盘工作中，始终把文化事业看作是整个建设事业的一个重要组成部分，并且不遗余力地推进其发展。广州刚解放时，一批文化界人士从香港返回广州，叶剑英立即高兴地接见他们，鼓励他们充分发挥聪明才智，为新中国的建设服务。画家关山月等将在香港画成的一幅毛泽东巨幅画像赠送给人民政府。叶剑英代表省、市政府接受了这一礼物，并指示有关部门将这幅画像挂到了广州市爱群大厦上。[①]1950 年 9 月，华南首届文学艺术工作者代表大会在广州举行，叶剑英出席会议并作重要讲话。他提出，文艺工作者要用自己的作品去教育人民、鼓舞人民，为创造新生活服务。文艺工作者队伍要加强团结，向着共同的革命目标，齐心协力地向前迈进。

第三节　发展统一战线

统一战线是中国共产党争取革命斗争胜利的法宝之一。新中国建立以后，中共取得了政权，有的人对统一战线工作有所忽视。叶剑英却认为，新中国的革命和建设事业，仍然需要调动各方面的积极因素，求得各方面的支持和帮助。民主人士、知识分子、爱国华侨，他们都是不可忽视的力量，应当充分发挥他们在革命和建设事业中的作用。

叶剑英十分注意在各级政府机构中，安排一些对革命事业有过贡献的有名望的民主人士担负领导工作。他多次主持华南分局开会，讨论研究这方面的问题。民主人士李章达，当过孙中山的警卫团团长兼大元帅府参军，在抗日战争和解放战争时期，曾任国民党广州行营的中将高级参议，是当时国民党广州行营主任张发奎的老上级。他长期反对国民党打内战，在政治上同情共产党，并做过有益的工作。解放以后，他留在广州。经过叶剑英和华南分局领导人提议并报告中央批准，李章达担任了广州市副市长和广东省政府副主席。早期同盟会会员、中国民主同盟成员丘哲，拥护、支持中共领导的新民主主义革命斗争，积极参加抗日斗争，多次掩护中共地下工作人员。叶剑英在抗日战争时期就同他有交往。新中国建立以后，丘哲先后担任了广州市副市长、广东省副省长职务。叶剑英尊敬地称

① 访问关山月谈话记录，1985 年 10 月。

年长他 12 岁的丘哲为“丘老”。[①] 一次，丘哲设家宴招待叶剑英，饭后，叶剑英诗兴大发，当即作“在丘老家宴”诗一首：“蛇羹鱼弹胜莼鲈，越秀山前客不孤。溜到新歌翻旧调，顿念乡思起乘除。”[②]

对于其他各方面的民主人士，叶剑英也十分注意发挥他们的作用。他倡导在工业、财经、文教等系统每周开一次民主人士茶话会，并确定为制度坚持下来，定期开会。他在百忙中，尽量抽出时间，参加会议，直接听取和采纳民主人士对政府工作的意见。在他的领导和关怀下，广东省和广州市的一些有名望的旧官员、旧军人、旧知识分子和专家，工作和生活都得到了妥善的安排，积极性得到了发挥，在各项事业的恢复和发展中起到了一定的作用。

叶剑英常常提醒省、市的领导同志：有些人在民主革命时期干过坏事，但后来为革命事业做过一些工作。对于这样的人，我们要正确对待他们。原宋子文的广东税警团骨干分子莫雄，是国民党高级官员，曾参加过镇压广州起义。他的堂弟莫应在香洲兵变时又曾参与谋害叶剑英。但他后来与共产党有联系，做过几件好事，如曾把蒋介石布置第二次“围剿”红军的军事会议的情报交给中共地下组织。他在贵州毕节地区当专员时，曾为长征路过该地的红军部队提供过方便，等等。新中国建立后，叶剑英得知他到了香港，便亲自给他写信，要他回广州参加建设工作。莫雄从香港到达广州，叶剑英很快接见，并给他安排了工作。镇反运动开始后，有人主张要杀掉他。叶剑英说：这个人在历史上有罪也有功，现在表现也不错，不能杀，要保下来。后来，还安排他当了广东省政协副主席。叶剑英亲自过问和关照过的民主人士及其家属究竟有多少，谁也记不清了。他对于统一战线工作，从不满足于一般的号召，而是把工作具体地做到每个人的身上和心上，使他们实际地感受到共产党和人民政府的关怀、温暖，并尽其所能为人民做些有益的工作。“文化大革命”期间，叶剑英也尽自己所能保护了那些应该保护的人，后来又帮助他们平反了各自的冤假错案。许多直接受到他关心照顾的民主人士及其家属，一说起叶剑英，常常热泪盈眶，内心充满了感激敬爱之情。

叶剑英在主持华南分局工作期间，还根据中共中央的指示，直接领导了香港工委的工作。凡是有关香港的重要问题，他都亲自过问和处理，并及时向中共中央汇报。华南分局的正确领导和香港工委卓有成效的工作，对于新中国成立初期香港地区的稳定和发展，起了重要的作用。

第四节 在“反地方主义”的漩涡中

1952 年，正当叶剑英在华南艰苦创业、大展宏图的时候，平地风波起。这一年 6 月，毛泽东突然将叶剑英、方方、陶铸召到北京开会，会议主要内容是批

---

① 访问梁淑钊（丘哲夫人）谈话记录，1986 年 11 月。

②《叶剑英诗词选集》，人民文学出版社 1983 年版，第 28 页。

评华南分局领导工作中的“错误”。原来，中南局和华南分局的少数领导人片面地向毛泽东反映，说华南分局在农民问题上“右倾”，并存在着“地方主义”（主要指方方）。

所谓农民问题上的“右倾”，就是指叶、方在广东农村土改问题上“右了”、“慢了”，是“和平土改”。实际上，叶剑英是根据中共中央关于三年左右完成土改的指示，结合广东的实际情况部署土改运动的。从土改准备、试点到推广，每一个计划和各阶段进展情况都上报给中共中央、中南局，并得到批准的。叶剑英在领导土改中，特别强调注意对华侨和民族工商业者的政策，要求区别对待，适当照顾他们的利益，搞得稳妥一点，这是符合广东的实际情况的，也是有远见的。这并不是什么“和平土改”。所谓“地方主义”的错误，对于叶剑英、方方来说，也是不存在的。方方作为华南分局第三书记，主管分局的组织干部工作。在干部的分配、使用问题上，是根据叶剑英在赣州会议提出“搞五湖四海”的原则进行的，地委以上干部是经过分局集体讨论决定的。1950 年以后，陆续调来了几批南下干部和转业到地方工作的军队干部，叶、方都给予了恰当的安排，有些人还放到重要的领导岗位上。叶、方在工作中尽管存在一些不可避免的缺点，但绝不是排斥外来干部，更不是搞“地方主义”。历史事实证明，叶、方当时使用、安排的地委以上干部，绝大多数是经得起各种考验的优秀干部，后来大部分担任过省一级的领导职务。因此，加在叶剑英、方方头上的所谓两个“错误”，是根本不存在的。

然而，在当时的历史条件下，叶剑英、方方不能不接受由中央出面所作的批评，并违心地进行了检查。叶剑英、方方、陶铸从北京开会回到广州后，于 1952 年 6 月 29 日至 7 月 6 日，召开了华南分局扩大会议，开展所谓反农民运动中的“右倾”、“反地方主义”的斗争。叶剑英在 6 月 30 日的会议上，为了顾全大局，作了检讨，7 月 6 日又对会议作了总结报告。在这两个报告中，他对所谓农民问题上的“错误”和“地方主义错误”，都承担了责任。他反复说：“在农民问题与地方主义倾向问题上，我都应负主要责任，因为我是分局的主要负责人。”“总之，分局领导及方方同志在工作上的错误，我要负总责任。”[①] 方方在会上也作了检讨。但会议上有人认为方方的检讨很不深刻。有的同志在发言中，对“地方主义”进行了严厉的批评。会议结束后，由陶铸主持起草了分局及各地区反地方主义会议情况的综合报告，华南分局将这个综合报告连同叶剑英的检讨报告、总结报告和方方的检讨，陶铸等的发言一并报给毛泽东、中共中央和中南局。综合报告除叙述了这次“反地方主义”的经过和概况外，特别列举了“地方主义”的“严重表现”，分析了“地方主义的危害性”，甚至把“反地方主义”提到“敌我斗争”的高度。[②] 随后，方方等一批干部受到了不同程度的处分。

---

① 叶剑英：《在华南分局扩大会议上的总结报告》，1952 年 7 月 6 日。

② 华南分局：《分局及各地区反地方主义会议情况给党中央、中南局的综合报告》，1952 年 8 月 19 日。

实践是检验真理的唯一标准，历史是公正的裁判。当年华南分局党内开展的这场斗争，经过了三十多年革命和建设的实践以后，是非界限更清楚了。这场斗争把华南分局工作上的某些不足和党内的不同认识当作“右倾”和“地方主义”错误来批判，挫伤了不少地方干部，造成了不良的后果。1979 年 8 月，广东省委对反“地方主义”问题进行了复查，并向中央写了请示报告。不久，中央批复，同意广东省委意见，纠正了当年对叶剑英和华南分局其他领导人的错误批判。1986 年 10 月叶剑英逝世以后，经中共中央书记处讨论通过的悼词，对他当年主持的华南分局的工作，给予了充分的肯定，做出了公正的评价。悼词说：“建国以后，叶剑英同志主持华南、中南地区工作，领导完成华南地区的剿匪任务。他在领导广东省的土地改革运动中，根据党中央的方针政策，同广东省的实际相结合所制定的一系列具体政策，历史证明是完全正确的。”

叶剑英逝世后，薄一波发表文章，就过去广东反“地方主义”问题，根据自己当年参与调查处理的亲身经历，作了实事求是的说明，予以澄清。他在文章中写道：

1952 年 6 月，“毛泽东同志主持在中南海颐年堂召开了一次讨论广东问题的会议。会上批评了广东工作中存在‘地方主义’问题，但毛泽东同志在讲话中强调指出，叶剑英同志在华南工作是有成绩的，他对这个问题没有什么责任，更不能说他是搞地方主义的头头，大家要理解他。当然，包括剑英同志在内，各地的同志都应从这件事中总结教训，防止今后再发生此类错误。尽管这样，剑英同志在随后不久召开的华南分局扩大会议上，还是作了自我批评，承担了‘未能及时发现’的领导责任。这说明他是胸怀豁达、严于责己的。

“现在，事情已经看得很清楚，当时批评广东一些同志的‘地方主义错误’，存在着把问题简单化、扩大化的倾向，在后来的反右斗争中又对他们进行批判、斗争和处分，更是不正确的。1979 年 8 月，广东省委对这一问题进行了复查，并向中央写了报告。10 月，中央批复，同意广东省的分析意见，对此事进行了纠正。”①

1994 年，中共中央批准中央纪委关于撤销对方方解放初期所受处分的意见。中央认为，解放初期方方在华南分局和叶剑英同志领导下，为建立和巩固人民政权、恢复和发展广东经济做出了贡献，应予肯定。当时对方方的批判缺乏事实依据，应予否定。决定撤销原来给予方方的撤职处分，为其恢复政治名誉。这样，广东解放初期的所谓“反地方主义”斗争，从组织上、政治上均得到了彻底纠正。

第五节 巩固国防南大门

叶剑英在任华南分局第一书记期间，一直担任广东军区司令员兼政治委员职务，负责对广东地区军事工作的统一领导。1951 年 5 月 1 日，华南军区正式成立，叶剑英任军区司令员，谭政任政治委员。华南军区统一指挥驻广东、广西地

① 薄一波：《经得艰难考验时》，载《人民日报》1989 年 8 月 10 日。

区的 7 个野战军和华南各特种兵部队以及广西、粤东、粤西、海南四个军区。

华南军区面临的首要任务，是准备对付美国为配合其侵朝战争而纠集蒋介石集团对华南地区可能发动的进攻。为此，叶剑英遵照军委指示，主持制定了各种情况下的作战计划，同时加强战场建设，抓紧部队的组建、扩建工作。以海军建设为例，经过一年多时间，就有较快的发展。叶剑英在 1952 年 1 月写给毛泽东与军委的报告中说："从组织情况上看来，华南海军已是初具规模的一支海军了。去年经过一年来的政治整训与战斗训练，在战斗力上已开始协同陆军在琼州海峡与珠江口两处要点上担负海防任务。"

在叶剑英和军区其他负责人的正确领导下，华南地区的部队、民兵和人民群众一起，不仅多次歼灭了小股窜犯沿海、边境的匪特，而且成功地粉碎了美蒋集团妄图大规模偷袭潮汕、海南岛等地的企图。1952 年秋，美帝国主义在朝鲜战场上连遭失败以后，便阴谋唆使蒋介石集团袭占海南岛，妄图在中国南疆再开辟一个战场，牵制中国人民志愿军的抗美援朝作战。美国政府给蒋介石军队运送了大量武器弹药，并派出了大批军舰，准备为蒋介石运兵登陆。而当时人民解放军在海南岛的守备兵力却十分薄弱。中央军委和中南军区指示华南军区，紧急加强海南岛的战备工作。叶剑英立即召集华南分局和军区的负责人开作战会议，讨论在海南岛抗击敌人偷袭登陆的作战方案和措施。他在会上说：海南岛的战略地位十分重要，是华南门户的前哨，无论如何，也不能让美蒋占去。如果敌人占领了海南，不仅对我军所进行的抗美援朝作战不利，而且会对广州、华南以至全国的安全造成极大的威胁。会议根据军委和中南军区的指示，决定迅速派部队渡海，加强海南岛的守备力量，同时派军区司令部参谋长吴克华任海南军区司令员，统一指挥全岛的野战部队和地方部队。按照中央军委的命令，一部分部队从大陆日夜兼程，开往海南岛。渡海的船只不够用，就借用民船。很短的时间内，数万名指战员便集中到海南岛，同岛上的人民一起筑起了抗击来犯之敌的铜墙铁壁。美蒋集团获此情报，不敢再轻举妄动，其阴谋袭占海南岛的计划遂告破产。

随着华南沿海防御力量的增强，敌人进行大规模窜犯和袭击的阴谋难以得逞时，又改为以"钻"为主的方式，继续同新生人民政权进行较量。叶剑英号召华南的党、政、军、民做好防止敌人偷钻的工作，强调指出："过去国民党对付我们共产党的办法有五个，捉、杀、打、骂、钻，现在前四个办法都不行了，还剩下最后一个办法，就是钻，从海外派特务或小股部队，钻到大陆来捣乱。华南地区处在与敌斗争的最前线，应当高度重视防钻工作。"[①] 他要求把防钻斗争同各项工作紧密联系起来，依靠工农兵群众来做好这一工作；要大力做好宣传工作，提高党政军民对这一问题的重要性的认识；要进一步健全和巩固农村各级政权组织，依靠部队和民兵，继续肃清土匪，清除隐患；要加强城市工作，抓好治安、警备，使反动分子无空可钻。

---

① 叶剑英：《在广东军区高级干部会议上的报告》，1950 年 8 月。

为了更有效地打击敌人的偷钻活动，叶剑英同军队、地方的负责人反复研究，确定并采取了一系列重要措施。首先，建立海边防组织机构，加强海边防防御体系。发动沿海和边防的群众，全力参加海边防斗争。沿海各地区均成立海防、海岛和边防工作委员会，专门领导群众进行对敌斗争。其次，加强海边防部队，统一调配力量，将公安部队、地方部队和主力部队分层配置，构成层层罗网。敌人即使钻进来，也插翅难逃。第三，将海、边防地区的渔民和民兵组织起来，充分发挥他们在海边防斗争中的作用。第四，开展反空降斗争，坚决打击敌人空降特务的活动。这一系列措施的实行，取得了明显成效。边防军民先后歼灭了多股偷袭偷潜的国民党军，并捕歼了数百名空投的特务，有效地保卫了陆海边防的安全。

1952 年 8 月中旬，叶剑英感到胸部疼痛，有时心律失常。这是心脏病的症状。中共中央得到叶剑英的病情报告，立即派医疗专家到广州为他治疗。接着，又派飞机将他接到北京治疗和休养。叶剑英这次患病，与到华南三年来的紧张工作、过度劳累有关，同时与在党内受到不公正的批评，致使精神上受到某些压抑也有关系。叶剑英到北京疗养了八个月。1953 年 2 月，他的病情基本好转，便写信给毛泽东，要求回华南工作，并希望给予指示。此时，中共中央对他的工作已另有考虑，在名义上，仍保留中共中央华南分局第一书记（直到 1955 年 5 月华南分局撤销时止）。5 月，他被调到中共中央中南局任代第一书记、中南军政委员会代主席。在此之前，他已被任命为中南军区代司令员。10 月，中共中央又调他回中央军委工作。此后，他将自己的全部精力，投入到了国防现代化建设的斗争之中。

第二十九章　主持训练总监部工作

第一节　对现代战争的思考

1953年10月，叶剑英离开中南，返回北京，走上中央的领导岗位，担任中共中央军事委员会委员、中央人民政府人民革命军事委员会委员。12月，出席全国军事系统党的高级干部会议，作了“关于建军若干问题”的发言。1954年6月，任中央人民政府革命军事委员会副主席。9月，叶剑英出席第一届全国人民代表大会，并在大会上发言。在这届大会上，他当选为人大常务委员会委员，后任中华人民共和国国防委员会副主席。11月9日，叶剑英被任命为中国人民解放军武装力量监察部部长。

20世纪中期，世界各国军队的武器装备发生了很大变化。以核能、电子计算机和航天技术为重要标志的现代科学技术在军事上的应用，原子弹、导弹、火箭等新式武器的不断出现，极大地改变着战争的样式和进程，这就给世界各国的国防建设和军队建设提出了新的课题。为适应这一新的形势，毛泽东从20世纪50年代初就开始设计建设现代化国防的蓝图，提出了建设一支“优良的现代化革命军队”的总任务。

叶剑英根据毛泽东的指示，多次发表文章和讲话，积极探讨未来战争和现代条件下的军队建设与作战问题，阐述人民解放军在原有基础上建立一支现代化、正规化的强大的国防军的重要意义。他还对人民解放军由单一兵种型向诸兵种合成型军队转变过程中出现的新问题，如各军兵种的领导机构如何设置，组织指挥系统、编制体制如何确立，政治工作、教育训练如何进行，武器装备、供给保障如何加强，等等，提出了明确具体的建议。

在全国军事系统党的高级干部会议和其他会议上，叶剑英多次发言。他分析了人民解放军的现状，认为，军队虽然逐步实现了由“小米加步枪”的单一兵种到诸兵种合成军队的战略转变，武器装备有了稍许改善，指战员的军政素质有了一定的提高，但从整体看来，军队的建设距离现代战争的要求相差很远。他着重指出：现代战争已进入原子时代。在我们面前出现的将是一幅全新的战争图画。他形象地说，雷达的发展，使战场成为一眼望尽的象棋盘。红外线的使用，使黑夜变成白天。风火轮、雷震子、土行孙、千里眼、顺风耳等《封神榜》上的东西，有许多都在我们的时代出现了。[①]1954年12月，叶剑英在军委扩大会议上的发言中科学地分析了20世纪以来世界上发生的大规模的现代战争，从总体上概括了现代战争的三个明显特性：（一）战争出现的突然性（“不宣而战，迅雷不及掩耳”）；（二）战况发展的迅速性（“地中鸣鼓角，天上下将军”，“瞻之在前，忽然在后”）；（三）组织协同的复杂性（“诸军种、兵种在时间、空间上的组织协同，复杂的作战指挥”）。他提出：为适应现代战争的特点，必须加强军队的现代化建设，加强战备，进行现代条件下的军事训练，迅速提高部队战斗力。[②]

这一年，叶剑英身体不适，但仍带病坚持工作。他两次去青岛、北戴河疗养。5月，在青岛，与郭沫若相逢，两位老友忆往事，谈诗文，漫步海滨，游泳垂钓。他用自己钓来的鱼请郭氏夫妇吃“全鱼餐”，畅叙友情，纵论天下事。[③]在病休中，犹然为国事担忧。在《青岛浴感》一诗中写道：

小楼明一角，深隐绿丛中。
海阔天如盖，山遥岛似熊。
轻波垂钓叟，旭日弄潮童。
忽忆刘亭长，苍凉唱大风。

他望着浩瀚大海的层层波澜，心潮起伏，急切地希望早日恢复健康，为军队和国防现代化建设效力。他在《北戴河休养》一诗中这样写道：

大陆回环海一湾，
望中迢递起层澜。
双凫碌碌沙鸥懒，
病卧东山惜岁年。[④]

第二节 主管全军的军事训练

1955年4月，叶剑英被任命为中国人民解放军训练总监部代部长，代替刘伯承主持全军的军事训练工作。担任副部长的有张宗逊、萧克、李达、周士第、彭绍辉、郭天民等同志。训练总监部下设计划监察部、陆军训练部、院校管理部、科学条令部、军外训练部和军事出版部等部门。

这一年9月，叶剑英被授予中华人民共和国元帅军衔，同时获得一级八一勋章、一级独立自由勋章、一级解放勋章。此后，他把主要精力投入到了新时期国

---

① 叶剑英在全国军事系统党的高级干部会议上的发言，1953年12月。
② 叶剑英在军委扩大会议上的发言，1954年12月。
③ 访问李德才、宋继庆、佟祥泰谈话记录，1990—1991年。
④《叶剑英诗词选集》，人民文学出版社1983年版，第11页。

防建设和军队革命化、现代化建设之中。

为了加强国防现代化建设，中央军委根据中共中央、毛泽东提出要搞“两弹”的决策，开会研究原子弹和导弹等尖端武器的研制，并着手进行筹备工作。但在会议上，大家的意见并不完全一致。叶剑英态度鲜明，极力支持并赞同毛泽东、周恩来的意见，主张搞“两弹”，并逐步用之于加强部队装备和训练。此后，叶剑英就“两弹”和人造卫星研制、发射问题多次配合聂荣臻元帅，向有关部门了解情况，作指示、批示，并就有关问题向毛泽东、周恩来请示报告。[①]

1955 年 9 月，叶剑英被授予中华人民共和国元帅军衔

原子武器的出现，为新中国国防现代化建设和开展现代条件下的军事训练带来了新问题。部队在开始进行现代条件下的军事训练时，在一些干部中存在着对原子武器威力认识不足和夸大原子武器作用的两种倾向。针对这种情况，叶剑英从 1955 年上半年开始组织全军各大军区司令员、政治委员等高级指挥员参加的战役法集训，在集训的总结讲评中，他进一步分析了现代战争中原子武器的性能、作用以及对军队建设的影响。他肯定原子武器是一种具有很大威力的突击武器，但又告诉大家，只靠原子武器并不能解决战争的胜负。原子武器的产生和使用不仅不能代替其他兵器的作用，恰恰相反，原子武器要有其他兵器的密切配合，才能发挥作用。在使用原子武器的条件下，各军种、兵种、各勤务部队的任务不但未减低，反而加重了。同时，原子武器也是可以防护的。在今后战争中，对原子武器的防护应该看作是最重要的战斗保障之一。他深刻指出：“帝国主义集团的武装力量是强大的、凶恶的、狡猾的。我们要战胜装备有各种现代武器的敌人，除了需要政治经济的优越条件以外，在军事上必须有受过严格的现代化军事训练的军队，必须有头等的现代化的装备，必须有大量的、优秀的、有现代军事科学头脑的指挥干部，才能够战胜敌人。”[②]

在全军高级指挥员战役法集训之后，叶剑英到辽东半岛参观旅大要塞区、海岸炮兵、机械化师等，以及抚顺、沈阳等地的军工厂，了解战备设施和部队训练情况，总结经验，并对发现的问题，提出了许多改进意见。[③]

---

① 访问熊光楷谈话记录，1991 年 3 月。
② 叶剑英：《第二次全军在职高级指挥员战役法集训总结讲评》，1955 年 6 月 15 日。
③ 访问汪玉峰谈话记录，1986 年 12 月。

1955 年 7 月，叶剑英（左）与朱德在一起亲切交谈

为了加强部队在现代化条件下的战备训练，叶剑英在这一年 8 月向军委提出了关于全军战斗训练原则的报告。报告中强调要加强在原子武器条件下的军队训练和夜间战斗的训练。这个报告经军委批准，迅速下达全军施行。

20 世纪 50 年代初，叶剑英积极参与中共中央、中央军委支持越南抗法战争的工作。在此期间，他与早在中国大革命时期相识、曾参加过广州起义的越南同志洪水（原名武元博，劳动党党员）重逢。洪水来中国后，曾一度在中共中央联络部任职，在越南抗法战争期间负责与越南党和国家的联络工作。叶剑英等经常请洪水介绍越南情况，与他一起探讨抗法战争的战略战术问题。1954 年夏，洪水从南京军事学院毕业，被分配到中央军委条令局任副局长，继任《战斗训练》杂志社社长兼总编辑，被授予少将军衔，他常向叶剑英请示汇报工作，叶剑英对他给予无微不至的关怀，两人结下了深厚的友谊。后来，洪水患肺癌，叶剑英多次去看望他，亲自帮他求医找药，安排住院。1956 年 9 月洪水离开中国返回自己的祖国越南。叶剑英率军委各总部负责人萧克、孙毅等到火车站送行。洪水于 10 月 21 日不幸逝世，叶剑英非常怀念这位中国人民的亲密朋友、杰出的国际主义战士。[①]

① 孙毅、郑维山、盛治华：《越南人民的优秀儿子，中国人民的亲密朋友》，载《人民日报》1994 年 1 月 9 日。访问韩守文、陈寒枫（洪水之子）谈话记录，1994 年 6 月。

第三节　辽东半岛军事演习

叶剑英不但从理论上潜心探索现代条件下的战争和训练问题，而且更注重实践，从理论和实践的结合上来研究这一问题。

1955 年 11 月，叶剑英主持了人民解放军空前规模的辽东半岛抗登陆演习，亲自担任总导演。为了组织好这次演习，他事前去辽东地区和部队做了大量调查研究和周密细致的准备工作。参加演习的有海陆空三军指战员 6.8 万余人。这是人民解放军第一次组织进行的在使用原子、化学武器条件下，方面军抗登陆战役中集团军海岸防御演习。目的在于摸索现代战争条件下训练和作战经验，用比较标准的动作、形象教育的方法来训练军队指挥员和部队。[①]

中共中央、全国人民代表大会常务委员会、国务院、国防委员会特别关心这次演习。刘少奇委员长、周恩来总理、邓小平、彭德怀、贺龙、陈毅副总理，国防委员会聂荣臻副主席等，都亲临现场参观指导，使参加演习的广大官兵受到了极大的鼓舞。

关于这次演习的意义，叶剑英指出：辽东半岛在中国国防上处于极为重要的地位。它濒临黄海，与山东半岛环抱渤海，是首都北京的门户、东北的屏障。这里，历史上曾遭敌人几次入侵。从辽东半岛的地理位置和以往战史以及当时的国内国际形势来看，在辽东半岛进行抗登陆战役演习，在国防建设上具有重大的意义。由于新式兵器的出现，必然影响到以往战斗、战役的样式，对军队的指挥方法也将产生若干的变化。此次演习就是在双方使用原子武器与化学武器条件下来组织实施的，这对人民解放军现代化建设也有着重要的意义。

演习过程中，叶剑英非常重视运用毛泽东军事思想作指导。他认为，毛泽东提出的十大军事原则对现代战争仍然具有重要的现实指导意义。他针对某些人提出的“毛泽东军事思想不能解决现代化作战问题”的论调，举例说明如何把“不打无准备之仗”、“以歼灭敌人有生力量为主要目标”、“集中绝对优势兵力”、“创造战场”等原则运用于现代战争之中，战胜敌人，帮助大家提高对毛泽东军事思想的认识，加深理解。

在演习中，叶剑英坚持贯彻了党对军队的绝对领导和政治工作原则，注重发扬人民军队的优良传统。整个演习，既坚持集团军党委集体领导，又充分发挥集团军首长组织指挥战役的积极性，探讨在现代战役中如何实行集体领导下的首长分工负责制的问题。

针对现代战争规模很大，参与作战的军种、兵种很多，情况变化急剧以及战争残酷性带来伤亡较大等特点，叶剑英要求各级指挥员要有高度的政治责任心，高度的爱国主义，高度的自我牺牲精神，并能主动地与友邻部队协同一致，达成战役、战斗的目的。他说：“在战争中，我们不仅要求军队积极

---

① 访问宁文烟谈话记录，1986 年 2 月。

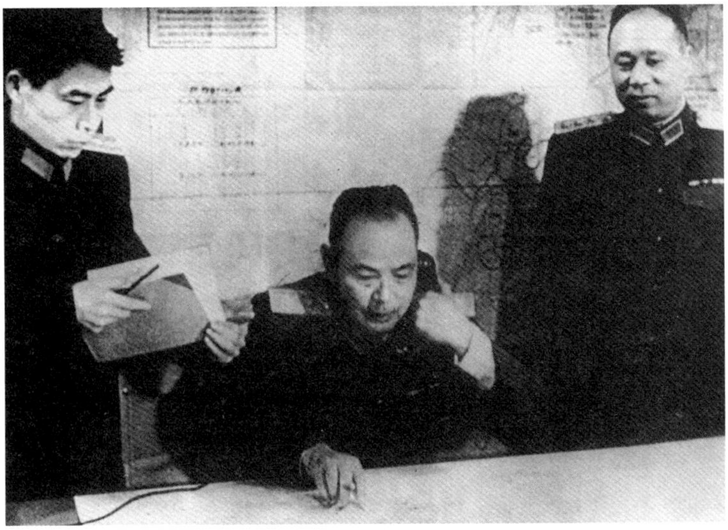

1955年11月，叶剑英（中）组织辽东半岛方面军抗登陆战役中集团军海岸防御的军事演习。这是他在给演习部队下达攻击命令

顽强地进行作战，同时要求广大人民坚决支援我们作战，没有政治工作和政治条件也是不行的。政治工作在今后的战争中，不仅不应该削弱，相反的，更要加强。”

演习中，叶剑英还认真探讨了战役组织指挥上的许多问题，如关于对敌人主要突击方向的判断；关于战役的布阵；关于抗登陆战役过程中反突击时机和反突击地区；关于战役计划的拟制；关于协同动作和军队指挥问题，等等，都总结了很多有益的经验并做出了精辟的论断。①

这次演习要求高，难度大，条件比较艰苦。叶剑英在军事上严格要求的同时，很注意改善部队的物质文化生活。据宋任穷回忆，那时他和许多同志白天演习，夜里睡在火车上。叶剑英特意组织舞会，请大家跳舞、唱歌。有一次还邀请他赴“狗肉宴”，笑谈演习趣事。

这次演习在中共中央和中央军委首长正确领导下，经过全体同志共同努力，十分成功，取得了良好的成绩。

通过演习，训练了18个兵团以上的领率机关和32个实兵团（包括陆军、空军及海军），同时也教育了来自全国各地的高、中级干部及总导演部的干部，使他们初步认识了在新条件下抗登陆战役的理论原则和战役组织与实施的工作程式、方法。对敌人登陆以后的反冲击、反突击，直到合围歼灭敌人；对在抗登陆战役中组织各军种、各兵种的协同动作以及司令部内部的工作协同等，都进行了比较全面的演练，丰富了在新条件下进行战役组织与指挥的知识。指挥员们普遍反映，两个多月的学习，胜读十年兵书。

这次演习之后，叶剑英先后到广州军区、南京军区召开座谈会，总结演习的经验，继续研究现代条件下军队训练问题。回到北京后，他又召集海军、空军各

① 叶剑英：《一九五五年辽东军事演习的总结讲评》，1955年11月15日。

兵种、北京军区等单位的负责同志汇报部队战备训练情况，并研究安排下一年度的工作。

第四节　军队建设中的“八个关系”

叶剑英在致力于领导部队现代化建设，加强现代条件下军队训练的同时，非常关注军队的革命化建设。他认为，军队的现代化和革命化，是个统一的整体。要通过党的工作、政治工作，使军队革命化，又要通过军事训练，使军队现代化。现代化是军事任务，同时又是政治任务；革命化是政治任务，同时也是军事任务，不能把两者分割开来。他在分析部队的现状时指出：“我军虽然随着现代化建设的发展，在编制、装备、制度、工作方法等方面有了重大的变革，但是人民军队的本质并没有动摇过、改变过。但是，这决不是说我军在现代化建设中没有问题和矛盾，没有偏向和错误。相反，问题不少，缺点也相当严重。举其大者如：有人主张把政治工作在军队中的作用降低到只是保证指挥员决心和军事任务的地位。有人反对在军队中继续实行民主制度，采取群众路线。有人主张军队提建设计划可以只按军事需要，不必考虑可能与否，因为那是国家的事，因此，计划不要怕大，费用不要怕多。近几年来军队中不关心士兵和下级生活，不关心人民生活，不愿倾听下级意见，不愿实事求是办事的偏向也有了发展等。这些现象虽然从整个军队建设方面来看，只是局部的、个别的，但由于它们都是影响到我军根本性质的问题，因此是严重的。现在这些不正确的观点和做法，虽然已受到了批判和抗拒，有的已经纠正，但是并未彻底解决，仍有进一步澄清的必要。”

基于这样的认识，1956 年 9 月，叶剑英在中国共产党第八次代表大会召开前夕，向中央军委提出了加强军队革命化、现代化建设的建议：“为了进一步加强我军建设，今后除应继续努力提高军队的现代化技术装备、加紧正规训练、学习国际上的先进军事经验和科学知识外，还必须特别强调坚持和发扬我军的优良传统。例如党委集体领导下的首长分工负责制度、民主制度、政治工作制度、群众路线、实事求是的作风等，以保持人民军队的本质。”主要的是要正确认识和处理好八个方面的关系：（一）国防建设和经济建设的关系。国家经济建设是国防建设的物质基础，国防建设则是经济建设的保障，没有国家工业化，就不可能有军队的现代化。为了适应国家经济建设的需要，我们准备逐步缩减军费开支，裁减军队员额，并用积极的行动参加国家经济建设工作。但我们也建议国家的经济建设，必须适当的照顾国防的需要。除保持和发展一定比例的国防工业外，其他工业和经济建设，还应把平时和战时的需要密切结合起来。（二）人和技术的关系。我们是人民的军队。人，是军队中最主要的、最根本的因素。但是，军队没有一定的技术装备是不行的，技术落后了是要挨打的。我们的任务是把两者结合起来，一方面要充分发扬人的积极性和创造性，一方面要努力提高我军的技术装备水平，加强部队的训练和科研工作。（三）军事工作与政治工作的关系。我军是我党和中国人民进行革命斗争的工具。既需要有坚强的军事工作，又需要有坚强的政治工作，两者不可偏废。但军事必须服从政治，政治是主要的，政治工作是军队的生命线。（四）官兵之间与上下级之间的关系。现在我军上下级之间和官兵之间的关系，不如以前那样融洽亲密。军阀主义、命令主义、官僚主义都有了一定程度的发展，假如不迅速采取有效措施加以扭转，必将削弱我军的战斗力。为此，除应加强教育外，还必须修改现有条令和制度中那些不妥当的规定，才能从思想上、组织上、制度上贯彻官兵一致、上下一致的原则。（五）集中和民主的关系。民主、集中是一个问题的两方面，是相辅相成的统一体，应当把两者密切结合起来。现在我军已由单一兵种发展为诸军兵种合成军队。为了实施有效的领导和指挥，进一步强调一下统一集中是必需的。（六）军队和群众及地方党政的关系。拥政爱民是我军的光荣传统。近几年来，自我们陆续驻进新营房，集中力量进行现代化、正规化的训练以后，和群众及地方党政关系逐渐疏远。为了密切军队和群众及地方党政关系，军队必须接受地方党的组织、政府和群众团体的监督，军队负责人应参加地方党委、军队工作必须受军队上级党委和所在地方党委的双重领导。（七）现实和发展的关系。军队现代化必须从现实情况出发，适当的照顾到发展。既不能脱离现实而空谈发展，也不能只看到现实不考虑发展。我军要发展，而且要用尽快的速度，但发展不能只凭热情和主观愿望，不能脱离现实条件和客观规律，否则便是空想。必须坚持实事求是的原则，依据我军现有的物质基础，适当的照顾发展。（八）学习外国先进军事经验和发扬我军优良传统的关系。为了加速我军的现代化建设，必须大力学习外国的先进军事经验，但是，我军在学习外国经验时，必须结合中国的实际情况，结合我军的历史经验。我们固然必须反对骄傲自满、固步自封的经验主义，但也要防止妄自菲薄的自卑观点，既要虚心，也要有自信心。叶剑英以马克思列宁主义、毛泽东思想的科学态度和辩证唯物主义的思想方法，针对部队中的现实问题提出的这些中肯意见，在国防建设和军队建设新的实践中，发挥了积极的指导作用。①

第五节　发扬优良传统与学习外国经验

在 20 世纪 50 年代初期，全党全军都面临着一个如何学习苏联和其他国家的经验问题。尤其在 1956 年苏联共产党召开二十次代表大会，批判对斯大林的个人崇拜以后，中共中央发出通知，要求全党认真学习《改造我们的学习》《关于无产阶级专政的历史经验》等五个文件，“克服学习马克思列宁主义和外国经验中的教条主义倾向”。根据这一精神，叶剑英对如何从实际出发学习外国经验，保持和发扬人民解放军的优良传统这一重要问题，进行了有益的探索。他在全军第六次军校会议上的总结发言中，形象地比喻说：“目前看来，学习苏联先进经

① 叶剑英：《关于军队建设问题的一些意见》1956 年 9 月 10 日。

验，有两种学习的方法：一种人是学老牛吃草，不分青红皂白，通通吃下去再‘反刍’；一种人是学西方寓言上的驴吃草，东瞻西望老吃不下，自己都快要饿死了，还是一根草都没有吃进去。前一种人说，你根本没有吃或没有尝过味道，怎么能分析好坏，结论是赞成做老牛。但后一种人反驳说，学习要有选择，但他们老迟滞在选择阶段，结果是做老驴。我想，这两个方面应该加以批判的结合。就是说首先要认真学，要把先进的东西通通吃下去，不要东瞻西望。但在学习中要加以分析批判，学到手以后，又要加以发展；不加思考、不加批判，分不出青红皂白，是盲目的学习。照样教，照样学，不用脑子的学习，是搬教条。要提倡学习上用脑子，反对思想上的懒汉。有人把学习看成是简单的事，也不好。马克思说：‘在科学上没有平坦的道，只有不畏劳苦沿着陡峭山路攀登的人，才有希望达到光辉的顶点。’万事起头难。学习就是这样，我们要克服开端的困难。我们不是为学习而学习，而是为了实践而学习。”①

这一年 10 月，叶剑英在他主持召开的军委训练委员会扩大会议上，再次强调，要用批判的态度去学习，并提出实事求是是批判的标准。他进一步指出：“所谓批判的学习态度，就是不迷信，不盲从，不做条文的俘虏。只有理解它的精神和实质，才能达到真正的理解。如果单纯地从一个片面去理解，没有分析比较，没有批判，不能联系实际，不能实事求是，就必然产生主观主义——即教条主义和经验主义。”他针对有人提出的“先要学会，再行批判”的观点，引用恩格斯《反杜林论》中“认识就其本性而言，或者对漫长的世代系列来说是相对的而且必然是逐步趋于完善的”论述，说明学习是永远不可能完善，永远没止境的。如果要等学会了再来批判，那批判就永远不能实现，而成为空话。他说：“我们在学习方面，不论对外国经验或我军历史经验，都应该从事深入的、全面的研究工作，深刻地理解它，具体地分析它，有机地联系它，多方面地比较它，才能达到正确地认识它，实事求是地运用它。这就是要按照当时的时间、地点和条件去理解原则和运用原则，那种背诵条文、洋洋自得的学习态度，不是正确的态度。”他要求全军干部和教学工作者树立正确的学习态度，掌握正确的学习方法，要善于分析研究，要“批判性地学习”和“建设性地批判”、“创造性地批判”。由于叶剑英提倡批判地学习外国经验，使当时军内一度出现的某些“五照”（照搬、照翻、照印、照发、照行）现象得到了一定的纠正。②

为了进一步解决这方面的问题，叶剑英根据中共中央和毛泽东有关反教条主义的指示，于 1957 年 3 月 15 日至 5 月 3 日，主持召开了训练总监部（简称训总）党委扩大会议，检查训总的工作。会议就训练指导思想问题开展了学术讨论与争鸣。参加会议的有训总的主要领导干部萧克、李达、张宗逊、郭天民、周士第等以及训总所属各部、处的负责人。据叶楚屏、陶汉章、莫阳等回忆，

---

① 叶剑英在全军第六次军校会议上的结论，1956 年 6 月。

② 叶剑英在军委训练委员会扩大会议上的总结，1956 年 10 月。

这次会议围绕着如何评价学习苏联先进经验，是否应在原子条件下进行训练以及如何进行反教条主义斗争等问题，展开了讨论和辩论。叶剑英仔细地听取各方面不同的意见，并先后作了三次讲话。他着重讲了学习苏联先进经验和发扬人民解放军优良传统问题，强调端正学习态度和方法，同时强调领导要有自我批评精神，敢于承担责任。他说："毛主席指示要学习先进的，可见有先进的就有落后的；要结合我军优良传统，可见有优良的就有不优良的。这就要求我们在教学工作上树立批判的态度。"叶剑英在会上强调"要站稳发言的岗位，带头作自我批评"。他严肃地说："我们训总对军委来说，是负责实施军委训练命令的机关，但同时又是指导全军训练的负责机关。训练有成绩，我们有份；有错误，我们也有责任。离开了自己的岗位，就是逃避责任。"他要求经过这次会议在反对主观主义的同时也反对官僚主义，整顿作风，使训练部门的工作有个转变。同时要求"对下面的积极因素要加以支持。"5 月 3 日，叶剑英在最后一次讲话中进一步指出，要认真总结几年来的训练工作，并且下功夫创造我们自己的东西。他说："口口声声反教条主义，若会议得不到结果，会议本身就是教条。"这次会议对全军训练工作如何发扬我军优良传统，学习苏联先进经验问题，作了进一步探讨。

1957 年 10 月，叶剑英再次主持召开了军委训练委员会扩大会议。他在这次会议的报告中比较系统地总结了几年来全军在现代（原子时代）条件下进行训练的经验。主要是：（一）军队训练必须"全面规划，加强领导，首长负责，亲自动手"。（二）军事训练要同我们的战略方针相适应。叶剑英强调指出，我们要在训练中贯彻国家和军委既定的积极防御的战略方针。他认为，"积极防御"就是进攻的防御。我们必须训练部队在战役战术上积极组织进攻，消灭侵入我国领土和领空的敌人，同时，我们还必须拥有原子弹、氢弹等现代化的强大武器装备以防御敌人。只有这样，才能贯彻积极防御的战略方针。这就是说，战略上我们是防御的，战役战术上我们是进攻的。因此，在现代条件下训练军队，不但不违反积极防御的方针，而且恰恰是为了执行这个方针。叶剑英引用"盘马弯弓箭不发"这句古语，解释说："我们的态度，不是偃武修文，而是盘马弯弓。只要看到敌人一动，我们就把箭发出去。我们的原则是：不打第一枪，不发第一箭，不先发制人。否则政治上就被动。"（三）训练必须从实战出发，与战备结合。叶剑英指出：陆军采取野营、转移驻地和作业场，空军采取紧急转场，海军采取转移海区等办法，就会使训练同备战更加密切地结合起来，就会使军队把平时的训练当作实战来看。（四）训练重在干部。叶剑英经过亲自实践，总结出军官技术训练的经验是"摸、爬、滚、打"；搞好军官战术训练的经验是"抓、钻（钻技术、钻理论、钻条令）、操、演"。他强调这些经验亟待普及、推广。叶剑英在这次会议报告中，再次强调指出："在现代条件下训练我们的军队，并不否定我们过去的传统和经验。我们的态度应当是：发扬我们的优良传统，学习别人的先进经验。从形容词来讲，这里需要分清的一个是'优良'，一个是'先进'，发扬的是自己的‘优良’传统，学习的是人家的‘先进’经验。”[①]

叶剑英从1954年11月开始，相继在武装力量监察部和训练总监部工作，到1957年12月离开，整整在这两个部门工作了三年。在此期间，他竭尽全力，日夜操劳，为军队和国防现代化做了大量的工作。在他的积极参与和领导下，全军实施了有计划的正规训练，到1957年底，基本上统一了陆、海、空三军的训练计划，加强了各级司令部机关的建设，提高了首长和司令部的组织指挥能力，提高了军兵种合成军队战术技术水平。同时，他多次主持召开院校会议，加强了全军正规院校的建设，建立了基本适合人民解放军情况的各项制度，培养了26万名干部和近3万名教员，为把人民解放军建设成为一支优良的现代化革命军队打下了基础。

1956年12月31日至次年1月21日，叶剑英（右二）率领中国军事友好代表团访问缅甸

这一期间，叶剑英还先后出席了全军后勤先进工作者代表会议、炮兵积极分子代表会议、通信兵技术竞赛大会以及海、空军有关会议等，并分别就现代条件下加强后勤工作，加强空军、炮兵和通信兵建设的重要意义及根本要求，作了重要讲话。他对体育工作给予了热情关怀和支持，帮助“八一”队解决困难，多次接见运动员和教练员。[②]同时，他还参加了一些外事活动，先后出国访问缅甸、苏联、印度、波兰等国家，并写了西行杂诗《赴莫斯科途中》（十四首）和《访问印度》（二首）、《访波杂咏》（八首）等诗篇。他在访印期间写下不少诗篇，由随行的邓家栋教授译成英文，受到印度友人赞赏。因旅途劳累，叶剑英在加尔各答突然发病，尼赫鲁总理得知后，亲自探视，并派私人保健医生诊治。[③]1956年底，叶剑英作大西北之行，沿甘肃永登、武威、张掖、酒泉、敦煌，直至新疆伊犁。他深入河西走廊，沿途考察，视察了玉门炼油厂、酒泉夜光杯厂、酒泉中学等地，并亲切地接见了驻敦煌的骑兵三团

① 叶剑英在军委训练委员会扩大会议上的报告，1957年10月。

② 访问周之同谈话记录，1986年10月。

③ 访问邓家栋谈话记录，1989年10月。

官兵。[1]他在此行中，望长城内外，戈壁滩头，逸兴遄飞，诗如泉涌，录下沿途自己所见所闻所感，写成了著名边塞诗《西游杂咏》。他在诗中讴歌“铜铁煤油遍走廊，戈壁荫成瓜果乡”的甘肃；赞美“最新人物最新装，引得春风度玉关”的玉门；吟咏“拔海二千七公尺，乌鞘白衣卧云天”的永登；评点“五凉故事谈遗老，西夏钟文在土楼”的武威；记述“风雪关山访古来，评泉品酒看光杯”的酒泉；描绘“老子青牛去不还，而今钻探满天山”的新疆，[2]妙语连篇，珠玉闪光，自始至终贯穿一个“建设祖国边疆”的主旋律。

1957年11月2日至月底，叶剑英（右二）与彭德怀率领中国军事友好代表团访问苏联

1958年1月22日至3月3日，叶剑英率领中国军事友好代表团访问印度

1958年10月10日至26日，叶剑英率领中国军事友好代表团访问波兰

① 在中共甘肃省委党史研究室，武威、酒泉市委党史征集办，酒泉夜光杯厂，酒泉中学，敦煌研究院、博物馆等处查阅的资料。访问徐国珍、苟鑫、秦助国、杨廷成等谈话记录，1991年。

② 叶剑英:《远望集》，人民文学出版社1979年版，第16页。

第六节　在“反教条主义运动”中

从 1957 年下半年开始，全军的“反教条主义”运动逐步升级。在这场运动中，南京军事学院院长刘伯承元帅和主持训总工作的叶剑英都遭到批判。两位元帅从大局出发，主动承担责任，尽力保护从事军事训练的部门和干部。1958 年 4 月 8 日，叶剑英来到南京军事学院，在全院教职学员干部大会上发表讲话。他在讲话中，对军事学院工作中的成绩作了充分肯定，反对给军事学院戴教条主义的帽子，并勇于承担责任。他说：“有人说学院是教条主义的头头，但应该说，全军包括院校和部队都有教条主义的成分，当然不必按上一个教条主义的帽子。过去军事训练中出现教条主义倾向，主要责任在领导。训总首先应作自我批评，不要把责任推到底下，因为我们照搬、照翻、照印、照发，毫无疑问你们底下只好照办，我们四照，你们只一照。”

叶剑英在这次讲话中，怀着崇高的敬意，谈到老战友刘伯承，对这位受到不公正批判的军事理论家作了高度赞扬，给以深切的慰藉：“我们的刘伯承同志经历了四十多年战场生活、军队生活，精通俄文，战斗经验丰富。像他这样的同志是很少的。他很红、很专，就是不健。他八九次受伤，为革命为人民流了很多血，是我们国家和人民的宝贝，应该很好地维护他的健康，以便他能更好地负责国家大事。”① 叶剑英这番话，在当时军队反教条主义空气浓厚的情况下是很难得的，表现了一个共产党员敢于坚持真理的态度和对老战友的真挚情感。在场的 2000 多名教职员听到他的发言无不为之感动，报以热烈的掌声。

叶剑英从南京返回北京不久，即出席中央军委于 5 月 27 日至 7 月 22 日召开的扩大会议。通过这次为时达两个月之久的、有一千多名军队高级干部参加的会议，把全军的“反教条主义”运动推向了高潮。林彪从会议一开始就煽风点火、含沙射影，别有用心地攻击军事学院和训练总监部，攻击主持这两个单位工作的刘伯承和叶剑英。在会议的“高温”下，训练总监部被说成是“教条主义的司令部”，军事学院被说成是“教条主义的大本营”，毛泽东对这两个单位也提出了批评。在这种情况下，叶剑英不得不违心地做了“工作的检讨”。在外地治病疗养的刘伯承也抱病出席了会议，并作了检查。后来的实践表明，20 世纪 50 年代，为适应国内外形势的发展和人民解放军现代化建设的需要，根据党中央和毛泽东主席的指示，在全军开展学习苏联先进经验，是必要的也是正确的。后来在训练和教学中出现了一些问题和偏向，但并未形成“教条主义”思想体系，因此，从上至下大规模地反教条主义，造成扩大化，不适当地伤害了许多同志，这是错误的。粉碎“四人帮”以后，当年这场运动遗留下来的问题逐步得到妥善解决。1980 年秋，邓小平代表中共中央明确指出：1958 年“那次反教条主义是错误的”。

---

① 叶剑英在军事学院教职学员干部大会上的讲话，1958 年 4 月 18 日。

第三十章　开拓军事科学研究（上）

第一节　创建军事科学院

20世纪中期，随着现代科学技术的飞跃发展，军事科学领域出现了一系列新问题，世界各国都在努力加以研究和探讨。人民解放军在新中国建立以后，虽然已由单一兵种逐步转变为拥有一定现代化武器装备的诸军种、兵种合成军队，但在军事理论指导上还不能完全适应新形势的发展需要。叶剑英作为主管全军军事教育训练的军委领导人之一，清醒地认识到了这种形势，深感建立与发展人民解放军自己的军事科学，势在必行。他经过调查研究和深思熟虑，于1956年秋向军委和毛泽东主席提出建立军事科学院，全面系统地开展军事科学研究工作的建议。这一具有远见卓识的建议，立即得到了中央军委和毛泽东主席的批准。10月31日，叶剑英主持拟定了《军事科学院组织机构与建院方案》。12月4日，经军委批准，成立军事科学院筹备委员会，由叶剑英任主任，黄克诚、张宗逊任副主任，彭绍辉、甘泗淇、洪学智、余秋里等任委员。

创办军事科学院，对人民解放军说来是个创举。叶剑英受命后，与筹委会的同志一起，立即着手调配干部，组织力量建院。在选择院址时，他亲自参加勘察。经过多方磋商，选定了香山附近环境幽静的一块地方作为院址，并与建筑专家反复商量，定下全院的布局和楼房设计。同时，他召开各种会议，研究制定军事科学院的组织规程和编制体制，明确军事科研任务和指导思想，并同有关机关协商，有计划地选调干部，以便于建院后能迅速开展研究工作。[1]

1958年1月8日，总政治部批准组成军事科学院临时党委，叶剑英任临时党委书记，委员有宋时轮、彭绍辉、杨至诚。1月11日，叶剑英主持召开临时党委第一次会议。这次会议的重点是讨论军事科学院工作计划大纲。叶剑英对大纲中有关建院工作，如营房建设、组织建设、制度建设、班子配备、干部学习以及同驻外武官建立科学研究的联系等问题，发表了中肯的意见。他把即将成立的战理、战术、战史、外军等几个学术研究部比作是“几个大的车间”，明确要求各“车间”根据大纲拟订具体工作计划。他指出：“目前重点是战术，其次是战役、

①《关于建立军事科学院机构的问题》1956年10月31日。

1958 年 3 月 15 日中国人民解放军军事科学院成立相关人员合影留念。前排左六为军科院院长兼政委叶剑英

战史，最后才是战略。”他要求全院要深入研究马列主义的军事学说和毛泽东的军事著作，以此为武器解决战役、战术的研究以及编写战史等问题。并且强调军事科学院是“生产部门”，要出成品。他语重心长地说：“如果一年、两年没有出成品，或出的净是废品，别人就会认为搞这个机关没有必要，如果开张三年还搞不出成品或出一些废品，别人会考虑这个机关要改组。”①

1958 年 3 月 15 日，中国人民解放军军事科学院召开建院大会。院长兼政委叶剑英向全院人员讲话，首先提出军事科学院的性质是“学习、研究、生产的三者统一的机关”。接着，他着重说明用马列主义、毛泽东思想总结人民解放军经验，从事军事科学研究的极端重要性。指出，军事科学不同于自然科学，是研究战争的理论科学。世界上有很多理论，不一定都是科学，而马列主义的军事理论却是真正的科学。这种理论概括起来就是毛主席常说的战争的规律和战争指导规律。我们研究军事科学，就是要解决对战争规律的全面的系统的认识。针对当时军队内部有些人不重视总结自己经验的倾向，叶剑英深有感触地说：我们自己有经验没有？打了二三十年仗，经验多得很，一个小小的战斗，都包含有真理性。但是这些真理的颗粒还被埋藏着，埋藏在毛主席脑子里头，在元帅、兵团、军领导同志的脑子里头。为此，必须把各个负责同志脑子里的东西用什么方法搞出来。原料取出后又如何整理？要像国棉工厂那样，经过多道工序，把棉花织成布，变成成品。

叶剑英语重心长的讲话，使全院研究人员深受教育和鼓舞，但也有少数同志不安心搞研究工作。他反复耐心地进行思想教育，说：军事科学研究工作关系到未来战争的胜败，只要战争危险存在一天，就不能放松这项工作。大家要“安居乐业”，要有“工作在科学院，死在红山口”的长期打算。

① 叶剑英在军事科学院临时党委第一次会议上的发言，1958 年 1 月 11 日。

第二节 确定科研方向

为了把军事科学院办得更好，叶剑英向毛泽东主席报告了建院经过，并对军事科学研究工作的方针、任务、对象及方法步骤等一系列问题，作了请示。这个报告，可以说是一份军事科学院总的工作大纲，是为全院工作奠基定向的重要文献。

在报告中，叶剑英首先从部队作战、训练亟待解决的问题出发，说明创建军事科学院的必要性和重要性。突出的两个问题是：其一，部队和学校训练所采用的各种条令均是从苏联翻译过来的，它不可能与我国我军情况完全相适应，如我国的经济条件、地形、气候，我军现有的装备、优良传统等，与苏军有很大的差别。几年来，许多事例证明，完全采用苏联的一套，很难避免产生死搬硬套、削足就履的教条主义倾向。有的学院学员反映，教员上课很少举我军的战例。南京部队反映，他们部队在搜捕匪特的战斗动作中，竟完全采用正规的战斗方法，导致了不必要的伤亡。由此可以理解，编写适合我军的作战条令，已成为当务之急。其二，我军有丰富的战争经验，这是客观存在的历史事实，可是除了建军原则、军事路线、战争理论、战略问题，在毛主席的军事著作中作了系统的总结、丰富和发展了马克思列宁主义的军事理论外，在战役和战术方面尚缺乏全面的总结。目前如不抓紧时机，采取老少合作的方法，有计划、有步骤地研究和总结，因循下去，待老成的凋谢了，就会有失传之虞。

由此他进一步论证说：“军事科学上，不进则退，‘落后的总是要挨打的’。为了摆脱我军在现代战术和科学技术上的落后状态，为了适应未来战争的需要，将目前我军各军种、兵种、各高级院校已经分别建立起来的研究机构组织起来（一部分是自发性质的组织），以便统一规划，组织协作，交流经验，建立一个军事科学院，亦属必要。”

关于军事科学院应当遵循的工作方针，叶剑英在报告中初步拟定：以马列主义、毛泽东思想为指针，采取厚今薄古，学习、研究、生产三者相结合的方法，广泛地利用现代科学技术的成就，从我国、我军的实际情况出发，研究出适合我军在未来战争中所需要的战术、战役的指导思想及作战方法，编写出我军的作战条令和我军战史。

叶剑英在报告中进一步确定了工作步骤：第一步，从总结人民解放军经验开始，使干部了解人民解放军 30 年来光荣传统和丰富的战斗经验。第二步，从研究军队的具体情况入手，使研究人员完全熟悉我军情况；同时了解敌军的编制装备及作战特点，以便知己知彼，制定出适当的对策来。第三步，采取批判学习的态度研究苏军的各种条令，吸取其先进经验，编写出军队的作战条令。①

叶剑英在报告中提出的上述各种意见，得到了毛泽东和其他中央领导同志的赞同。1958 年 7 月间，毛泽东指示说：“我们应该集中一批有丰富经验和战斗经验的

---

① 叶剑英：《军事科学院筹建经过及今后工作方针问题给主席的报告》1958 年 2 月 25 日。

同志，搞出一本自己的战斗条令来。”这是毛泽东直接交给叶剑英的一项新的任务。

第三节　建立全军的科研机构和队伍

为了完成毛泽东和中央军委交给的各项科研任务，叶剑英经过与军委领导人多次交谈，召集军科院党委多次开会务虚与务实，心里逐渐形成一个蓝图。1958 年底，他在武汉主持召开了一次编写条令座谈会，参加会议的有粟裕、宋时轮、杨勇、杨得志、张宗逊、张爱萍、韩先楚、萧华、许光达、许世友、唐亮、廖汉生、陈再道、洪学智等军委各总部、各军兵种、各大军区的领导人。他虚心向大家请教，广泛征求意见。经过充分酝酿准备，1959 年 1 月 12 日至 28 日，全军第一次科学研究工作会议在北京召开。彭德怀等军委领导人出席了会议。会上，叶剑英介绍了全军科学研究的组织状况和工作状况，充分肯定了过去几年的科研成果和经验，并提出全军科研工作要“统一规划、全军动手”，建立统一的组织机构和研究体系。建议在全军范围之内，成立一个军事科学研究委员会，各个主要军区和军种（海军、空军）成立分会，各兵种司令机关成立相应的军事科学研究部门。[①]

要做到统一规划，全军动手，必须首先统一思想。叶剑英通过这次会议和以后连续召开的几个会议，不断解决指导思想上存在的问题。

如何确定军事科学的分类体系和研究范围？这是要进一步明确的问题。1958 年初，叶剑英指出：“人类知识有两大类，一是自然科学，一是社会科学，综合的是哲学。现在又有个技术科学。自然科学认识自然，技术科学改造自然。社会科学发展到今天，军事科学又成为社会科学的一部分。”他认为，军事科学应当是研究战争和战争指导规律的科学，战争和战略的理论是军事科学的骨干。1960 年 2 月在军委扩大会议上，他更明确指出：“军事科学研究包括的范围很广，为了研究工作的方便，大体上可划分为：理论科学与技术科学两个部类。理论科学包括：军事思想，主要是研究战争基本理论，如军事与政治、军事与经济的关系、建军路线等；军事学术，主要包括战略学、战役学、战术学、军制学、战争动员学、军事历史学、军事地理学、军队训练学等。技术科学主要是军事技术，研究各种武器与装备的构造、原理、性能和使用等。”这一科学的阐述，是叶剑英根据马列主义、毛泽东思想和古今中外军事理论，结合中国军事科学研究的实践经验而提出来的独创见解，具有很高的理论价值。它明确了人民解放军军事科学的体系构成，对推动军事学术研究的深入发展具有重要意义。

如何坚持“以我为主”的原则，进行军事科学研究？这也是在军事科研方针上需要进一步明确的问题。无论编教材、写条令、钻研每个专题，都要有依据。依据什么？叶剑英提出：“一定要以我为主”，这就是“以毛泽东军事思想为指针；以保卫祖国的战略方针为依据；以总结我军经验为主，有选择地吸收苏联及其他

① 叶剑英在全军军事科学研究工作会议开幕时的讲话，1959 年 1 月。

国家的经验；认真地研究敌人；从我国我军现时情况出发，照顾到今后可能的发展。”叶剑英解释说，这五条是个统一体，不能孤立与分割。毛泽东军事思想是我们进行军事科学研究工作的统帅和灵魂。总结经验、学习友军、研究敌人都必须运用毛泽东的军事思想作指导。人民解放军的经验是我们研究与发展军事科学的宝贵基础。现实情况是我们的立足点。照顾将来就是要看到发展。总起来贯穿着一个“以我为主”的精神，就是要“在我军已有经验的基础上，从客观实际情况出发，独立自主地考虑问题，解决问题”。叶剑英强调指出，“以我为主”，有主就有次，主次是对立的统一。“我”不是孤立存在的，“我”的对立面是“敌”，我的旁边是“友”。因此，“以我为主”还要有选择地学习苏联及其他国家的先进经验，认真研究敌人。“我”本身有过去、现在和将来，因此要在总结过去经验的基础上，立足于现实，着眼于将来。由此可见，上面提到的各点互相之间有其内在的联系，其中主导的是毛泽东的军事思想。只有掌握了毛泽东军事思想才能正确地解决我、友、敌和过去、现在、将来的关系。

为了贯彻军事科研方针，保证科研工作顺利开展，叶剑英还提出要处理好两个关系：一是研究工作同教学、“生产”工作之间的关系。他明确指出，这三者统一的基础是实践，实践是检验真理的标准。他说，研究人员要参加到院校的教学和部队的训练中间去进行研究，特别要到基层连队里去，同他们一道进行教育，一道进行训练，一道进行实验。然后才能鉴定自己的研究成果，是否合乎客观实际的需要。二是研究工作与战备、训练之间的关系。写条令贯穿着以战备为纲，训练也是为了战备，要把研究的成果提供给部队，改进训练，改进技术兵器。研究是为战备服务的。①

叶剑英经过一段实践探索，制定了《两年军事学术研究工作规划纲要》，并在全军各大单位进行了明确分工和安排。全军军以上单位普遍建立了军事科研机构，组织起一支 7900 多人的研究队伍，出现了全军动手搞科研的新局面。②

第四节　发扬“攻关”精神

攻城不怕坚，
攻书莫畏难。
科学有险阻，
苦战能过关。③

这首著名的“攻关”诗，是叶剑英几十年战斗、学习的经验概括。在军事科

① 叶剑英在全军科学研究工作会议上的总结发言，1959 年 11 月。
② 叶剑英在军委扩大会议上的发言，1960 年 2 月。
③《叶剑英诗词选集》，人民文学出版社 1983 年版，第 47 页。

学研究的领域，他同样倡导和发扬这种求知若渴、知难而进的攻关精神。

他非常重视学术研究的准备和积累，提高研究人员的理论水平。学术准备的重要工作是理论准备，就是刻苦攻读马列和毛泽东的著作，特别是军事著作。在他的指导下，军事科学院先后编辑出版了马克思、恩格斯、列宁、斯大林和毛泽东的军事文选，还编辑了一些文摘和专题论述，供院内外研究人员学习。叶剑英在出席军事科学院的各种会议中，几乎是逢会必讲，动员大家下苦功夫读书学习。他指出，学习不仅是从事共产主义事业，改造世界观的需要，而且是从事科学研究的特殊需要。只有认真学习并掌握马克思主义，特别是马列和毛主席的哲学思想和军事思想，才能进行正确的军事研究，同时也只有如此，才能把解放军的宝贵经验系统化，上升为理论。他形象地说："理论好比是一条红线，老同志一脑子珍珠玛瑙。再好的一箩珍珠，不用红线穿起来，还是一箩珍珠。"[①]

在学术准备方面，叶剑英首先从自己做起。他的办公桌上有一个座右铭："抓紧时间工作，挤出时间学习，偷点时间休息"。他在那翠柏红枫、藏书数千卷的"二号楼"里，孜孜不倦地攻读各种书籍。文史经哲、诸子百家、诗词歌赋，无所不读。"书丛藏醉叶，又是一年秋"。他这位早在大革命时期就有"儒将"之称的"书迷"，年复一年，刻苦钻研马列著作，反复学习《自然辩证法》和军事辩证法，特别用功精研毛泽东的军事著作，深刻领会人民军队、人民战争及其战略战术思想。他把读书的零星心得集中起来，写成笔记和文章。他的许多著述是理论与实践结合的典范。他深感自己知识不足，除了学习政治理论书籍之外，还聘请院内外"老师"，帮他攻读历史、地理和自然科学，学习外文。他像一个小学生那样尊师重道，重新补课。[②]他经常用"力戒骄傲"四个字要求自己、教育别人。他引证古语说，"满招损，谦受益"，"良贾深藏如虚，君子盛德若愚"。一个人不骄傲自满，才能把人家的一点一滴的水珠加进自己罐子里去，时刻感到不足，才能欢迎人家的批评与建议。他非常谦虚地说："我这个院长，实在惭愧，脑子里的科学也不多。怎么办，要么爬上琅琊山，要么退休，解甲归田。还是要爬山，科学的大山要爬。马克思五六十岁才学俄文，干到老，学到老。人生就要干，要斗争，要战斗，前进的人生。"

榜样的力量是无穷的。叶剑英以自己的模范行动来影响和带动周围的同志和军事科学院研究人员的学习。他经常向大家推荐新出版的著作，并提倡"一人读书，众人受益"的办法，组织身边工作的同志，做出计划，分头读书，然后集体汇报内容，同大家一起议书评书，谈学习收获。不论在院里或到外地，一有机会他就督促检查大家的学习效果。据高锐回忆，一次在武汉，他突然"考"起身边的军科研究员，问他们读了《马克思恩格斯军事文选》没有？读懂没有？他和大家重温恩格斯的《步枪史》，颇有感慨地说："恩格斯在那样的年代，条件那样

① 叶剑英在编写合成军队战斗条令概则专业会议开幕时的讲话，1959 年 7 月 14 日。

② 访问沈捷、郭雅兴等谈话记录，1986 年 10 月。

差，还写了那么多军事著作。他甚至花费那么大精力，对步枪的历史作了那么系统的研究，时至今日，我们从事军事科学研究，还写不出那样的作品，说来真是惭愧！”他严肃而又诚恳地教育大家，要以革命导师从事科学研究的态度和精神，挤出时间下苦功夫读书，钻研学问。

叶剑英提出，做好学术准备，还要向实践学习，向部队学习，向老同志学习。他同几位副院长多次组织研究人员深入部队取经“探宝”，陆续整理出人民解放军著名战例、战役战斗经验和战史资料数万件，并邀请老红军、老八路座谈体会，撰写文章。叶剑英还提出向外军学习，向敌军学习。在他的倡导下，军事科学院还专门举行军事学术讲座，规定每星期五开课一次。第一次讲座，他和宋时轮等到会带头讲演。他强调指出，举办讲座，不仅要学马、恩、列、斯著作和毛主席的军事著作，学习克劳塞维茨《战争论》等外国著名军事著作，也需要学点我国古代的东西，接受古人的经验。在方法上，他提出“一是自学，二是互教”，不管是谁，只要对某一问题有研究，就让他当先生。叶剑英还领导军事科学院建立起了资料处和图书馆，出版了古代兵法选辑等书籍。此外，他还积极促办学术《通讯》、学术《动态》等刊物，使军事科学院有了一个“瞭望台”和学术交流的阵地。

第五节　群众冷暖挂心头

叶剑英在创建和领导军事科学院期间，不但在思想建设、组织建设、学术建设、作风建设等方面付出了巨大的心血，而且非常关心群众的生活，注意干部生活福利的保障。建院时，他就提出院内设立门诊部、幼儿园和合作社。还建立了几个生产基地。在20世纪60年代初的生活困难时期，他特意组织人员到外地打黄羊，搞豆子，想方设法保证大家渡过难关，专心致志从事科学研究工作。而他自己则节衣缩食，过着艰苦朴素的生活。他的女儿向真回忆这一段生活时说：记得六十年代初，我在大学读书时，因为营养不良，得了浮肿病。父亲见我面孔苍白浮肿，什么话也没有说过。上大学后，和父亲在一起的时间不像儿时那样多了。能和父亲聚一聚，见见他慈祥的面容，成了一件经常盼望的美事。正巧一天下午没课，中午我就回了家，和父亲共进午餐。桌上的菜虽然简单，但对我来说也是“久违了”，心想可以饱餐一顿了。我端起饭碗大口吃起来。过了一会儿，才发现，父亲根本没动筷子，只是用一种异样的神情望着我。

“爸，您怎么不吃呀？您不舒服？……”

“女儿，你知道不知道，这几天，毛主席都不吃肉了。他对炊事员讲：全国人民都没有肉吃，为什么还要给我肉吃？每次端上肉来给他，他都让端回去，……他不是别人哟，连他都不肯吃肉了。……”父亲的声音开始颤动，说不下去了。一个饱经风霜的老人，表情忧伤而痛楚，眼圈都红了，我作为女儿在他身边，心里说不出地难过。我知道自己是无法排遣他的沉重心情的，因为在他心里，正想着暂时困难给全国人民带来的痛苦。

第三十一章　开拓军事科学研究（下）

第一节　对现代战争特点的新认识

在充分进行学术准备的基础上，叶剑英以一个军事理论家的学识和魄力，同军事科学院的研究人员一道，集体“攻关”，研究解决一系列重大学术问题。

探讨现代条件下的未来战争的规模和样式，并适应这一战争的特点来进行人民解放军的训练和战备，这是军事科研首要的重大课题。叶剑英认为，这是个大前提，一切军事科研项目，都离不开这个课题。为了解决这个前提，就需要了解和研究外军和敌军的现状和发展态势，研究世界范围内新科学技术迅猛发展给军队和战争造成的影响。叶剑英提出，要“抬头看世界，埋头钻学术”。“要经常按住地球的脉搏，按住苏美战略的脉搏”。他不但亲自翻阅大量外军资料，还指导外军部集中力量翻译苏联、美国、日本、英国、联邦德国、法国等军队的资料，编辑《外军动态》，同时要求把外军的军事思想、战略、战役、战术以及著名战例，汇编成书，发给本院研究人员、军委总部各机关和各部队进行学习参阅。外军部成了名副其实的外国军事学术动向的“侦察兵”。据王前、蔡祖铭、蒋树兴、鲍世修等回忆，叶剑英非常重视苏军、美军的经验，告诫大家，不能明于知己，暗于知彼，要知己知彼，方能百战不殆。他在分析研究 1959 年美军的“黑狮子”演习以后，说：“美军的作战指导思想、战术以及军队编制装备等都在不断地变化。我们作战是为了打垮敌人，如果不适应敌人情况的变化来研究我们的战略战术，就会成为无的放矢，也就不可能战胜敌人。”

经过多年潜心研究，叶剑英对现代条件下的未来战争逐步形成了较为系统完整的理性认识，1960 年 1 月，他在全军训练会议上，对这一重大学术问题作了精辟的阐述，从五个方面概括了现代战争的特点：（一）战争规模巨大。战争将在广阔的空间进行（空中、地面、海洋），双方投入的人力物力空前巨大，战争具有残酷性。（二）总体战争。战争除武装斗争以外，在经济、政治和思想方面还继续着极其紧张而广泛的斗争。所以，现代战争是军事、政治、经济、文化各种斗争的总和。（三）战争通常由突然袭击开始。大规模毁灭性武器的使用，为突然袭击提供了有利的条件和增大了袭击的效果。（四）战争可能先从后方开始。敌人可能利用其战略基地使用各种空袭兵器，首先集中突击我们后方。有时也可能前方后方同时开始。（五）诸军兵种合同进行的战争。需要有装备着各种尖端和常规武器的各军种、兵种协同一致的努力，才能夺得战争的胜利。在充分认识现代战争特点的基础上，叶剑英进一步揭示了现代条件下人民战争的特点和规律。他精辟地指出："就我们来说，未来战争，第一是人民战争；第二是现代战争。把这两点用逻辑联系起来，就是现代条件下的人民战争。这就是我对未来战争的总概念。"他解释说，时代不同，给未来战争带来许多特点，但未来战争的性质仍然是人民战争，是现代条件下的人民战争。因此，毛泽东同志关于人民战争、人民军队的基本原则仍然适用于未来战争，但应根据时代的特点加以发展。人民战争是在全民战、持久战、运动战、歼灭战的思想指导下的战争。人民军队是革命化、现代化的军队。这些未来战争的问题，都是建筑在现实物质基础之上的。不考虑这些问题，就不能真正了解未来战争。[①]

叶剑英认为，解放军在新的历史时期的国防建设、人民军队建设，必须从这些现代战争的特点出发，研究解决军队编制、武器装备、军事后勤、军事训练教育等各方面的问题，进一步探讨现代条件下进行人民战争的作战指导规律。

他还指出：在研究未来战争时，必须考虑到国际条件，但基点应放在自力更生上面。在未来战争中，可能使用尖端武器，也可能不使用尖端武器，但基点应放在我军以常规武器战胜使用尖端武器的敌人上面。未来战争，既有速决因素，又有持久因素，但我们的基点应放在持久方面。

第二节　开展重大学术课题的研究

正确地对待中国历代军事遗产，开展古代近代军事学术的研究，这是军事科学领域里的另一个重要攻关项目。叶剑英高度重视这项工作，他经常教育大家说，"观今宜鉴古，无古不成今"，我们要用马列主义、毛泽东思想，去解剖古代的东西，整理古代的东西，给以批判的总结，用以为国防建设服务。他亲自下达任务：在古代军事理论方面，要编辑《古代兵法选辑》，译注《武经七书》《投笔肤谈》等；在古代战史方面，要编写《中国历代战争战略问题》《中国历代战争年表》《中国历代战争地图集》等。此外，还规定了许多专题研究项目，如关于河西走廊的兵要地理、我国沿海岛屿作战、古代突然袭击战例以及兵器学——从戈矛到火器的演变、古代官吏致仕问题，等等。据高体乾、吴如嵩等回忆，在赋予这些研究任务时，叶剑英每次都交代研究的指导思想和方法，一再指出，研究历史要本着"厚今薄古"的原则。要用历史的观点，用辩证唯物主义和历史唯物主义的观点去分析研究问题，避免钻到古书里搞材料的堆积。他特别强调研究历史要为现实服务，把立足点放在客观现实的基础上，用以解决实际的问题。

在军事历史学研究中，叶剑英尤其注重解放军的军史和战史的研究。他指

① 叶剑英在军事科学院、高等军事学院、军事学院常委会和全军训练会议上的讲话，1959 年 11—12 月。

出："我们还要抓紧研究和编写我军的战争史，把我们丰富的建军经验、作战经验，加以系统地整理和总结。对我军用鲜血换来的宝贵经验，采取妄自菲薄的态度是不对的。要通过编写战争史，把我党我军的历史经验和优良传统一代一代地传下去。"据沈宗洪、仲肇良等回忆，叶剑英对如何编写战史，也作过多次指示，要明确编写的目的和指导思想；要在中共中央和中央军委指导下进行；要处理好史学分类的几个关系，即战史与党史、战史与军史、通史与简史的关系，还要确定编史的科学程序。他还亲自主持会议，研究解决人民解放军战史编写中一些重大学术问题。在他的主持下，军史研究人员很快整理出一个《我军三十年大事记》初稿和史料汇集，为编写解放军战史打下了基础。

如何研究战略学、战役学、战术学以及其他各科军事学术的课题，叶剑英也作过许多明确具体的指示。他要求尽快研究撰写出充分体现毛泽东军事思想，反映现代战争特点的战略学、战役学、战术学、军制学、军事地理学和其他军事学术著作，不断完善各种条令条例，并随着情况的发展变化，适时进行修改和补充。在谈到如何撰写这些学术著作时，叶剑英主张要分主次先后，进行科学安排。他和彭德怀都曾设想先编写一本《中国人民解放军作战纲要》。为编写战略学的著作，叶剑英认为，可以考虑先编写出一部高质量的战役学著作，这不仅对指导当前的战役训练和今后的战役作战有非常重要的意义，同时，也是我军高级干部传经交班、培养接班人的重要工作之一，使我们目前的高级战术指挥员迅速成长为战役指挥员。1964 年 5 月，在南京召开全军编写战役学会议，他亲自定下编写纲目。经过全军积极努力，终于编成了一本战役学初稿。

编写条令是军事科研的一个重要课目，也是一项长期的艰巨的系统工程。叶剑英全力以赴，为在一两年内完成毛泽东和中央军委赋予的此项重大任务，同全院全军专业人员一起，投入了紧张的条令起草、汇稿和修改工作。他规定编写工作一定要经过"定目、定稿、汇稿、审稿、合稿"等五道工序，在文字上要求准确、明快、简明，避免艰涩难懂。

根据叶剑英的要求，承担编写条令的各大单位陆续写出人民解放军战斗条令概则初稿。叶剑英先后在大连、南京主持编写战斗条令专业会议。南京素有"大火炉"之称，适逢炎夏，挥汗如雨。叶剑英组织大家进行审修书稿。他白天主持会议，晚间躲在地下室里，穿着裤衩，审阅稿子，亲自动手起草和修改条令。六本概则，上百个条文，数十万字，他边看边改，逐字逐句推敲，经常熬到深夜。

1959 年 4 月 24 日，彭德怀出国访问，叶剑英到飞机场去送行，彭总交代要尽快把战斗条令搞出来。据蒋顺学、郭树枋等回忆，叶剑英回来后，立即找军事科学院有关领导商量，决定组织力量，"兵分三路"来突击进行：一路搞军师条令；一路搞团营条令；一路搞连以下条令。各路"兵马"立即按照计划行动起来。到年底陆续拿出了初稿，随后，他亲自在武汉、吉林、北京等地主持审修专业会议进行修改，并印发到部队征求意见。

在叶剑英指导下，各军区、各军兵种、各院校分工负责编写各种条令和教材的工作进展也比较快。截至1959年底，总共编写出空军、海军、炮兵、装甲兵、防化兵、通信兵、铁道兵战斗概则和条令，以及司令部、后方勤务条令等20余种，编写出各种专业的条例、教程、教范、教材等1.5万余份。有些条令和教范在完成初稿后，还送到部队，通过训练、教学和试验性的演习，检验效果，再进行审修，使之符合实战要求。编写各种条令和教材等，是一项庞大的艰巨的工程。在这项工程里面，凝聚着叶剑英和广大科研人员、指战员的无数心血和辛勤劳动。叶剑英对这项工作给予了很高的评价。他说，这些条令和各种教范、教材，基本上体现了毛主席关于人民军队、人民战争的思想，反映了现代战争的特点，尽管还有某些缺点，但具有一定的学术价值，更重要的它是我们军队自己创作的第一批成果。

第三节　排除林彪的干扰

但是，任何工作都不是一帆风顺的。在军事科学领域，也充满着尖锐复杂的斗争。1959年庐山会议以后，林彪开始主持军委工作，直接插手军事科研，把持审修条令工作。他撤销了各军区的军事科研机构，并以“反对教条主义”为名下令收书、烧书，多方进行干扰。叶剑英在十分困难的条件下，领导军事科学院和部队广大科研人员，进行了抵制和斗争。他亲自主持军事科学院党委会议并做出决定，强调毛泽东军事思想是人民解放军条令的统帅和灵魂，不要提以林彪的战术思想为指导思想，继续坚持科研工作的正确方向，取得新的学术成果。他向军委提出了“组织检验我军战斗条令试验性演习的建议”，确定在甘肃或内蒙古指定一个师和一个军的架子进行演习，但后来由于遭到林彪反对没有搞成。尽管如此，军事科学院还是根据叶剑英的建议，与部队协商，使步兵战斗条令经过83个连队和4个步校的实验，在实验的基础上，又进行了反复多次的修改。

1961年4月，叶剑英在广州主持召开中央军委条令验收会议，由军委条令验收委员会验收三本条令：《合成军队战斗条令概则》《连以下步兵战斗条令》《空军飞行条令》。会前，林彪对条令本来是肯定的。但会议一开始，他就变了调，妄图全盘否定。他暗中组织一个班子，重新编写条令，强行塞进他的私货。结果使会议出现了大的争论，造成思想混乱，拖延了时间。在这种情况下，叶剑英亲自进行大量艰苦细致工作，说服到会的同志，坚持以毛泽东思想为指针，结合实际进行审修并验收条令。凡是合理的正确的意见，尽量吸收进来，使条令日臻完善。在会议总结时，他针对林彪妄图推翻原稿的阴谋，对上述几本条令作了充分肯定，指出：“大家都承认原稿是一个很好的基础。这个看法是对的，不看到这一点是不完全的。”他联系条令的主要内容，进一步说明条令是中国人民及其军队同国内外敌人打了几十年仗的基本经验总结，并同国际上一些军队的条令加以比较，肯定我们的条令是有特色的。①

在叶剑英亲自主持下，经过军事科学院和全军共同努力、反复修改的《合成军队战斗条令概则》《合成步兵战斗条令》《合成军队军师战斗条令》《合成军队团营战斗条令》以及《内务条令》《纪律条令》《队列条令》《政治工作条例》等，从1961年至1964年先后经军委批准颁发全军试行。但叶剑英并未满足，他认为编写军队战斗条令和其他条令、条例是人民解放军军事科学研究一项经常的长期的重要工作，并对进一步编写各种条令工作做了新的部署，要求各种条令能够统一配套，争取早日完成。

第四节　摸索符合科研规律的研究方法

研究军事科学需要有科学的方法。叶剑英一贯重视军事科研的方法问题，他曾多次引用毛泽东关于"桥"和"船"的比喻，来说明掌握正确的科研方法的重要性。1959年1月，他在全军科学研究工作会议开幕式上说："我们要用科学的方法，马列主义、辩证唯物论和历史唯物论的思想方法，自然科学试验的方法，来整理我们几十年斗争的经验，整理成为科学。"他在长时期领导军事科学院工作中，同大家一起逐步摸索和总结出一套符合军事科学研究规律的、行之有效的研究方法。他强调最根本的是要树立实事求是的科学态度，掌握联系实际、联系群众的方法。

（一）"不孤不空"。叶剑英反复告诫大家，研究机关有两怕：一怕孤立，孤立起来研究；二怕空洞，连篇累牍，没有物质的东西。他指出："研究军事学术最根本的方法是不断深入实际，密切联系群众。学术研究是为了谋求真理。真理来自实践。离开了实践，离开了群众，把自己封在'象牙塔'里去研究学术，那就会变成'无的放矢'、'闭门造车'的老学究，对革命非但无益，甚至是有害的。"他要求一切做研究工作的同志必须严格地遵循毛主席的教导，深入到军队训练实践和各项战备实践中去，去开发军事科学理论的源泉。

（二）"上山采药"。叶剑英劝导大家要重视各方面知识的积累，收集资料。他说，资料是学术研究的基础。资料主要来源是实际，书本则是次要的。我们要以李时珍上山采药写《本草纲目》的精神深入到连队的士兵群众、下级干部中间去收集资料。同时，要有目的地收集整理历史的现实的有关研究资料。只有充分占有资料，才能发现问题，说话才能有根据。否则所研究的东西就失去了实际意义，变成无源之水、无本之木，而只是主观空想的东西了。

（三）深钻探宝。叶剑英形象地说："从事研究工作，就好比地质学家的钻探一样，从一点上深入，针对一点，深入钻研下去，取得我们所需要的宝藏。钻，就是对占有的大量资料加以'去粗取精、去伪存真、由此及彼、由表及里'，进

①《军委条令验收委员会第一次会议的总结会议讲话集》1961年4月15日。访问郑文翰谈话记录，1985年3月。

行综合分析研究。不仅一个问题一个问题、一个侧面一个侧面地去钻，还必须以毛泽东思想为指针，有选择地进行分析研究。把问题一个一个地排列起来，找出关键，否则就会陷入复杂的资料迷雾中，一无所得。”他强调不能孤立地钻，要“一抓、二钻、三产”。“抓”，就是抓资料，这是钻的前提；“产”，就是创造新产品，这是钻的结果。要把调查研究、刻苦钻研、加工制造几个环节结合起来，并要切实把好学术成品质量的关。

（四）发扬学术民主。叶剑英强调指出，学术民主、学术争鸣是开展科学研究工作的必要条件。在学术研究上要贯彻群众路线，造成一种钻研学术的空气。如何处理好学术研究中的民主与集中的关系？他主张“七分民主，三分集中”，要有“科学研究的民主”，“坚持真理的集中”。他参加讨论学术问题时，总是耐心听取各种意见，耳听手记。对那些有价值的意见，注意吸收采纳，并给以鼓励。对于有争论的问题，他主张作“冷处理”，要求大家查资料，找根据，用事实说话，以理服人。他经常告诫身边的同志做到“守常应变”，坚持原则性，注意灵活性。

（五）“牵骡子过桥”。为解决学术研究和编写条令中遇到的困难，叶剑英专门组织了“学术组”，并请粟裕、廖汉生、李夫克等担任正副组长，负责领导。他风趣地用骡子过桥来打比方，说：“你们不是行过军吗？过桥时，所有的骡子都要过桥，可是中间有匹骡子死也不肯过桥，如果不把它拉开，让别的骡子走，一天也走不过去。所谓难题就是不肯过桥的骡子。不把它拉开，老在你们组里啃，十天半月也啃不烂。现在要把这些不肯过桥的骡子拉到粟裕、廖汉生同志那里去处理，其他的就好一一通过了。”他提出先把所有的难题集中，然后把有关这些难题的各种论点集中起来，进行讨论，以求得出一个比较正确的结论。通过这种办法，多年来积起来的难题，就逐步得到了解决。此外，叶剑英还指出，“有计划地生产”、“分工协作，合力攻关”、“建立‘找岔子’小组”、“开展学术比赛”等方法，有效地推动了军事科研工作的进展。

第五节　建立军事技术直观教研馆

如何适应人民解放军合成军队建设发展的需要，迅速提高全军高级干部的现代军事科学技术水平，并将研究、生产、运用三者有机结合起来，促进军事技术的发展？叶剑英经过较长时间的考虑，提出在军事科学院建立一个包括各军兵种、各专业的技术教研馆。他设想，在这个馆里，把各军兵种最新的装备和样品摆起来，让全军各级干部和研究人员随时参观见学，有时间可以住下来学习研究，工作中遇到什么技术问题也可以来馆研究解决。1959 年 12 月 7 日，叶剑英正式向军委提出建立军事技术直观教研馆的建议，得到了军委的批准。1963 年，军事技术直观教研馆基本建成。教研馆总面积 5.5 万平方米，分 10 个所，即海军所、空军所、炮兵所、装甲兵所、工程兵所、通信所、防化所、军事交通所、后勤所和综合所。筹办展出教具、器材 1.3 万件。1964 年至 1965 年，接受了军委直属院校学员和其他师以上干部 8 批（包括部分外宾），共 1618 人的参观和见学任务，还组织了军师干部 160 人的集训，收到了良好的效果。参观、见学、集训的人员普遍反映，成立军事技术直观教研馆很有必要，这是加强战备的一项重要措施。通过在教研馆的学习，增加了军兵种的专业知识和组织协同动作的知识，开阔了眼界，看到了祖国国防工业建设的发展面貌，受到了鼓舞，增强了保卫祖国的信心。但是，这个深受全军广大干部欢迎的学习场所，后来在“文化大革命”中却被林彪一伙指令压缩军事科学院而砍掉了。

第六节　发展中国无产阶级的先进军事科学

1971 年，叶剑英在林彪叛逃的“九一三”事件后，主持中共中央军委日常工作，工作非常繁忙，但他仍然十分关心军事科学院，不断给予指示，赋予新的任务。有些重大任务，是在他的亲自领导下完成的。以撰写《批判林彪资产阶级军事路线的若干问题》为例，在短短三个多月的时间里，他就三次主持军委办公会议，讨论、审查、修改这个材料。在文件内容上，他逐段逐句逐字地推敲，反复修改。在文件的写法上，他也精心指导，严格把关。通过这个文件的产生过程，使军科的同志们再一次感受到了叶剑英忘我的工作精神和实事求是、一丝不苟的工作态度。

1978 年 3 月，在军事科学院建院 20 周年之际，叶剑英和华国锋、邓小平、徐向前、聂荣臻以及中共中央、中央军委其他的领导人亲临视察，亲切地接见全院人员。叶剑英还特意撰写了题为《发展我国无产阶级的先进军事科学》的纪念文章。在这篇文章中，他回顾人民解放军历史，进一步阐述军事科学研究的重要性，再一次明确地提出了军事科学研究的任务和方针：“我们军事科学研究工作面临的根本任务，就是高举毛主席的伟大旗帜，完整地准确地学习和运用毛主席的军事思想，以毛泽东思想为指针，总结我军经验，认真研究敌人，有选择地吸取外国军事上的有益经验，探索现代条件下人民战争的指导规律，为国防建设、军队建设和未来反侵略战争的需要服务。”他号召军事科学战线的研究人员和全军指战员，要把加强军事科学研究，发展中国无产阶级的军事科学，作为准备打仗、实现国防现代化的一项迫切任务，作为承先启后、继往开来的一个重大责任。要把一切积极因素调动起来，实行领导与群众相结合，专业研究机关与广大指战员相结合，全军动手，建立和健全全军军事科学研究机构，培养又红又专的军事科学研究队伍。要充分发扬学术民主，制定军事科学研究的规划，促进军事科学研究的迅速发展，奋发努力，攀登军事科学高峰！

第七节　关注全国经济建设和国防建设

叶剑英在开展全军科学研究工作的同时，还十分关注全国经济建设和国防建设。1959 年初，他赴广东、海南考察，以欢快生动的笔触写下了《海南鸟》组诗，讴歌“海角天涯今异古，丰收处处秧歌舞”的“南岛韶华”风貌。[1]他视察守备二十一师和西瑁州岛女民兵，鼓励战士、民兵“持枪南岛最南方，苦练勤操固国防”。[2]他参观海南热带作物研究所和石碌铁矿，留下了“四十年前旧橡园，将来发展看无边”“石碌青山蕴铁藏，海南工业应提倡”[3]的诗句。这一年，他重返延安、西安等故地，写下“一别延安二十年，延安已改旧时颜”“乡亲呼我最情真，枣子南瓜宴故人”[4]的诗句。在西安参观了搪瓷厂，他鼓励转业到该厂的军人：“手转机轮歌奋进，戎场曾作健儿身，骨干责非轻。”[5]

20世纪60年代初，他又去贵州、成都、广州、深圳、肇庆、新会、桂林、兴国、瑞金、上海等地视察，观看昆曲剧团、京昆剧团、广西刘三姐剧团演出，亲切地接见了俞振飞、岳美缇、张询澎、江干、若云、文德等演员，留下了“一笛横陈响太空、英雄高奏大江东。移宫换羽关时局，吹彻东方万古红。”“自拉自唱自抒情，怀满山歌万里行。唱到天涯鸡破晓，一轮红日庆升平”等名篇。[6]他还作东北之行，到长春、哈尔滨、齐齐哈尔等地视察，专程看望大庆油田工人，“预祝高歌唱凯旋”，又登大兴安岭，探“苍苍林海”，提出“资源利用慎材艰”。[7]他在内蒙古党委、军区领导同志引导下，从海拉尔到满洲里，进行了为时七天的呼伦贝尔大草原行，写下了《草原记游》（十首）。“铁道西驰向国门，连天芳草见羊群。”“莫道边城难奋起，人工湖水与云平。”“鲤跳龙门事已陈，乌兰湖畔一番新。”[8]……这些奇妙诗句，情景相生，托兴高远，使边城新貌，鱼雁牛羊，北国莽莽草原风光，尽收眼底，给人以丰富的知趣、清丽的美感和欢快的鼓舞。

1965年秋，叶剑英在大连开会，欣逢抗日战争胜利20周年，他手捧《论持久战》，回顾历史，面对现实，心潮起伏，欣然命笔，写下了“唱罢凯歌来灞上，集中全力破石头。一篇持久重新读，眼底吴钩看不休”的名句，[9]热情赞颂了党和毛泽东的军事战略和敢于胜利的光辉思想。他从大连出海，巡视了海洋岛、长山列岛防务，高兴地为守岛官兵题词：“魏武挥鞭看沧海，岂知东海有长城。汪洋灭敌空潜快，岛岸坚防民与兵。”[10]鼓励守卫海边防的战士和民兵，成为抵御强敌的“钢铁长城”，加强国防建设。

---

①《叶剑英诗词选集》，人民文学出版社1983年版，第27、28、29、31、41、45页。
②《叶剑英诗词选集》，人民文学出版社1983年版，第27、28、29、31、41、45页。
③《叶剑英诗词选集》，人民文学出版社1983年版，第27、28、29、31、41、45页。
④《叶剑英诗词选集》，人民文学出版社1983年版，第27、28、29、31、41、45页。
⑤《叶剑英诗词选集》，人民文学出版社1983年版，第27、28、29、31、41、45页。
⑥《叶剑英诗词选集》，人民文学出版社1983年版，第27、28、29、31、41、45页。
⑦《叶剑英诗词选集》，人民文学出版社1983年版，第27、28、29、31、41、45页。
⑧《叶剑英诗词选集》，人民文学出版社1983年版，第35、52页。
⑨《叶剑英诗词选集》，人民文学出版社1983年版，第35、52页。
⑩《叶剑英诗词选集》（注释本），第165页。

第三十二章　全军教育训练的新阶段

第一节　突出军事训练的地位

1959 年 9 月，中共中央组成新的军事委员会，叶剑英被任命为中央军事委员会常务委员。按照军委的分工，叶剑英负责全军的军事训练工作。1960 年初，军委批准成立军事训练和军事学术研究委员会（简称训研委员会），成员有叶剑英、粟裕、张宗逊等，叶剑英任主任。这样，叶剑英在担任军事科学院、高等军事学院的院长兼政委，领导全军军事学术研究工作的同时，又肩负起了领导全军院校和部队的教育训练工作的重任。

叶剑英在致力于现代化的革命军队建设和主持全军的教育训练工作中，经常思考着这样一个问题：在和平时期军队建设的各项工作中，应该突出抓什么？军队训练应处于什么地位？这是关系到搞好军队建设，提高部队战斗力的一个根本性问题。经过几年来的实际考察和摸索，叶剑英认为，必须在军队建设中突出军事训练的地位，继续在各级领导中牢固树立以军事训练为中心的思想。因此，他在军委召开的一些重要会议上，多次指出：军队在和平时期的中心工作是训练，军事训练是解放军建设和战争准备的一项经常性的重要工作。[①]

当然，在和平时期，军队建设除了军事训练以外，还有其他各项工作。叶剑英认为，要确立以军事训练为中心的指导思想，必须正确处理以下各方面的矛盾：（一）军事训练时间同政治、文化教育时间的矛盾；（二）军队训练与国防施工的矛盾；（三）军队训练与战备的矛盾；（四）军队训练与生产的矛盾；（五）军队训练与物资保证的矛盾；（六）军队技术训练与武器装备的矛盾；（七）军队训练同支援地方经济建设的矛盾；（八）军队训练与预备役训练的矛盾，以及条条、块块的矛盾，等等。为了解决这些矛盾，叶剑英多次主持召开全军训练工作会议，并先后前往上海、无锡、南京、广州等地分别参加海军、空军、陆军训练工作会议，召开许多小型座谈会，和主管训练的同志一起研究问题，总结经验，以便充分取得指导训练的发言权。[②]

---

① 访问石侠、路奎、李锋谈话记录，1986 年。

② 叶剑英在全军训练会议和陆海空三军训练会议上的讲话，1959 年 12 月，1961 年 5 月。

叶剑英利用各种会议和视察工作的机会，反复向部队、院校领导宣传以军事训练为中心的思想，要求大家从人民解放军建设全局的高度来认识教育训练工作的重要性，切实加强领导。各级党委要善于抓总和关闸，以军事训练为中心，统筹安排各项工作。对军事训练的各项内容，如技术与战术训练、战士与干部训练、步兵与特种兵训练等，也要统一安排，不要“单打一”；军政首长都要管训练，主管军事训练的首长要深入第一线，掌握情况，解决问题，总结经验，及时指导，取得领导训练的主动权；各级领导机关要上下协调，主动配合，不断调整各种矛盾。在工作部署上，要有主有次，注意协同，不要“横队前进”或“孤竿直插”；在时间安排上，要有急有缓，要给下边留有余地，不要统得过死，等等。经过叶剑英的大力倡导和艰苦的工作，各级领导对训练工作的重要性的认识逐步提高，并采取有力措施，既突出了军事训练的中心地位，又保证了其他工作的协调发展，在全军范围内逐步掀起了群众性的练兵热潮。

“训练为作战”，“训练也是打仗”，从实战需要出发，从难从严地训练部队，这是叶剑英领导军事训练一贯的根本指导思想。他说，军队的训练是为了适应战争的需要。战斗中的情况是复杂的、困难的、瞬息万变的，特别是未来战争，极端困难，极端复杂。所以我们要在最复杂、最困难的条件下练兵，要根据实战的要求来练兵。①

叶剑英指出，可以预想，未来战争一旦爆发，同我们作战的敌人，拥有最现代化的技术兵器和装备（包括各种核子武器及投掷各种毁灭性武器的手段），不管我们自己使用什么样的武器，都必然要在敌人的逼迫下，不得不在新式武器——原子弹、导弹、氢弹、化学细菌及其他武器的杀伤、破坏和威胁之下进行战争。因此，他要求全军指挥员以及所有的军事、政治、后勤工作人员要借鉴第二次世界大战和抗美援朝的作战经验，研究如何在现代条件下适应未来战场的需要训练部队。同时，他又指出，在现代条件下进行训练决不是要脱离我军现有武器装备的实际，而是要适应未来战争的发展，解决以我军现有装备在现代条件下作战和训练的问题。正如过去在抗日战争时期我们以步枪、机关枪同敌人的飞机、坦克、大炮作战一样，否则，一切脱离实际的做法，都是错误的。②叶剑英在 20 世纪五六十年代，强调要立足军队现有装备在现代条件下进行作战和训练，研究以劣势装备战胜优势装备敌人的战法，这个思想对部队今天进行军事训练仍然有着重要的现实指导意义。

从未来战争的实战需要出发进行军事训练，要抓住哪些关键性环节？叶剑英认为，对中高级指挥员来说，最重要的是通过实际训练和理论学习，使他们充分认识现代条件下人民战争的特点和规律，掌握与之相适应的战略战术和作战原则。他要求指挥员从思想上明确：保存自己、消灭敌人仍是现代战役的根本目

① 叶剑英：《关于军事训练问题向军委的报告》1961 年 7 月 20 日。
② 叶剑英：《在军委训练委员会扩大会议上的报告》1957 年 10 月。

的。要坚持集中优势兵力，各个歼灭敌人的原则，使用主要兵力进行集中突击；主要突击力量要指向敌人防御比较薄弱的地区；坚持创造战场的原则，创造有良好的群众条件、地理和交通条件、工事条件的预设战场和战役布阵；要坚持协同原则，搞好军兵种的协同作战，保证对军队进行确切而又不间断的指挥。还要研究原子武器对现代战役的影响以及抗登陆战役、渡海登陆战役、城市防御战役等不同类型的战役战法；研究现代条件下运动战、阵地战、游击战三种作战形式的特点及其运用；要研究反突然袭击原则，顶住敌人的突然进攻。叶剑英还强调，战役法、战术训练要抓住理论学习、战例研究和想定作业或演习等三个环节。通过理论学习，了解战役战术的一般原则；通过战例研究，知道这些原则在过去的实战中是怎么运用的；通过想定作业和演习，使理论原则与现实结合起来。这三个环节又是相互联系的，要逐步加深理解，综合运用。①

叶剑英在主持全军军事训练工作中，十分重视海防边防部队的训练。他认为，如何对付敌人在边境的各种侵扰，和我们军事训练有着密切的关系。加强海防边防，除了解决编制装备等问题外，必须突出海岛、边防部队的战术技术训练。他深入海边防前沿，调查研究，与部队指战员和民兵一起总结经验，根据不同敌情和地形，不同对象，提出具体的“反冲击”和“反突击”方案，保证把“从海上爬上来的，天上掉下来的”敌人，消灭在滩头阵地上。

叶剑英指示部队各级指挥员要重点研究解决未来战争中的近战问题。他认为，不管敌人空中力量如何强、海上力量如何大，要到我们国土上来作战，就势必要在地面上同我们作战。合成军队在地面作战是决定胜利的一个关键。不管敌人的武器射程有多远、威力有多大，归根到底，它要同我们进行近战。远战为近战创造条件，远战本身不能解决问题，解决问题要靠近战。要充分发挥我们的人和政治的威力，在近战中战胜敌人。打近战，一是我们冲进去，一是把敌人引进来。这就要求加强我们的尖刀连的训练，大胆勇敢地钻到敌人的队形里边去，要有和敌人打混战的决心、勇气和技术。合成军队在地面作战，要适应打近战。他还强调要把部队在近战中打坦克的问题作为今后近战训练的主要课题之一。②

在指导部队近战训练中，叶剑英还专门发出指示，要求加强夜间训练。他认为，夜战是人民解放军的传统战法之一。未来战争，不管敌人使用什么武器，我们还是要靠夜战、近战来对付它。一定要把我们的部队训练得敢打近战，善打夜战。③

“练为战，不是为看”，叶剑英在指挥军事训练中反复强调这一观点。他一贯反对在训练中弄虚作假，搞“花架子”。他强调抓住现代战争中最经常最重要的课目，反复多练，在最困难最复杂的条件下练兵，切实克服形式主义。

---

① 叶剑英在全军训练会议上的讲话，1962 年 11 月 23 日。

② 叶剑英在广州军区训练会议上的讲话，1961 年 2 月 16 日。

③ 叶剑英在全军军训会议上的讲话，1963 年 9 月 11 日。

第二节　军事训练的目标与途径

军事训练要坚持贯彻理论联系实际的原则，做到“四个结合”。这是叶剑英在系统地总结了新中国建立后人民解放军训练的宝贵经验之后，对军事训练提出的总目标、总要求。“四个结合”的内容是：

红、专、健结合。这是叶剑英对我军官兵要达到高质量素质所做出的全面的高度概括。“红”，就是要有高度的政治觉悟和优良的思想作风。“专”，就是能熟练地掌握本身的业务技术。“健”，就是要有健壮的身体。1961年5月，叶剑英在海军训练会议上，对“红、专、健”问题做了比较全面的论述。他说，我们军队要又红又专又健。红、专、健，就是毛主席指示的“德育、智育、体育”。必须向着这个目标努力，三者缺一不可。只红不专不行，是空谈的政治家；只专不红更不行；但只有红专，没有健也不行，这是“物质基础”。现代战争对人的身体素质提出了更高的要求。杜甫有句诗“身欲飞兮病在床”，躺在床上爬不起来，技术再好也没有用。所以，除了抓红、专之外，还要抓健。

“技术训练与战术训练结合”。叶剑英指出：“技术决定战术，战术是技术和人相结合的运用。技术训练是战术训练的基础，只有掌握了技术，才能进而学会运用战术。战术是人掌握和运用武器遂行战斗的原则和方法，也只有学会掌握战斗行动的原则和方法，才能充分发挥技术的效能。因此，技术训练和战术训练要很好的结合起来。”他还针对当时训练中存在的问题，强调战士训练的重点是技术，但也要懂得一点分队的战术；干部训练的重点是战术，但必须了解现有武器的性能和运用原则。总起来是要在技术训练的基础上进行战术训练，在分练的基础上进行合练，二者不可偏废。叶剑英指出：技术训练不但要求能“开得动”、“打得准”，而且要能“联得上”。战术训练则要求能“摆得开”（正确的部署兵力、兵器）、“捏得拢”（实施坚定而不间断的指挥，掌握部队，形成拳头）、“合得成”（各兵种在战斗中协同一致，发挥整体力量）。

“训练与科学研究结合”。叶剑英指出：在训练中进行科学研究工作是不可缺少的。训练过程也就是研究过程。在训练的过程中，要将训练、战备以及执行各项任务中出现的问题，及时集中起来，进行科学研究；将科学研究的成果，再运用到训练、战备以及各项工作的实践中去。如此不断反复，总结提高，推动工作，改进技术，发展理论，使学用一致，理论与实践相结合。

“院校训练与部队训练结合”。叶剑英强调，院校要根据部队的需要来训练干部，使训练出来的干部，在经过一段实习之后，确能担负起自己的职责。部队则应选送优秀的有培养前途的干部到院校深造，并热情支持和帮助院校毕业的学员尽快熟悉部队的情况，胜任本职工作。这样，既提高了部队的素质，也提高了院校的威信。

叶剑英强调指出，“四个结合”是对军队训练的总要求，也是训练工作的总目标。全军要军政一致、上下一致，奔着这个目标去努力。只有达到了这些要求，才算完成了训练任务，才能用来作战。[1]

为了达到这个总目标，叶剑英要求确立科学合理的训练工作体系，在训练内容上要完整系统，如在红与专方面，要兼顾政治、文化、战术和技术四个方面的内容。在训练的对象上要面向院校、部队、机关和军外（民兵和学生）四个对象。各项训练课目要有机结合，配套成龙，要“有头，有腰，有尾，不能跳独脚舞”。训练中要有主有次，突出重点：全军训练的重点在干部；部队训练的重点在军士；特种兵训练的重点在技术。叶剑英认为，不同层次的训练，不同阶段的训练，都应把握重点。训练中重点和一般的关系，是多少关系，不是有无关系，既要把握重点，又要进行全面系统的训练。叶剑英要求搞好训练工作各个组成部分的协调和衔接。一般说来，要先基础后应用，先上后下，先分后合，技术训练为战术训练作准备，分队训练为部队合成训练作准备，部队合成训练为兵团的合成训练作准备，而平时训练又要为实兵演练作准备。为了搞好“四个结合”，叶剑英还要求，训练程序和方法要正规统一；训练制度要严格健全；要以我军自己编写的条令条例作为训练的依据，等等。只有这样，才能达到训练的总目标，有效地提高部队战斗力。

继承和发扬人民解放军勤俭练兵的光荣传统，坚持走勤俭练兵的道路，这是叶剑英在军事训练方面的又一个重要指导思想。

新中国建立初期，人民解放军训练条件受着国家经济力量的制约，训练与保障之间存在着较大的矛盾，对于各技术兵种来说，这个矛盾尤为突出。为了解决这个矛盾，叶剑英指出，必须坚持勤俭建军、勤俭练兵的方针，发挥人民解放军艰苦奋斗的光荣传统。在 1961 年 5 月分别召开的陆、海、空军训练会议上，他反复强调，勤俭练兵的思想不是建立在我们现在比较贫穷的基础上，不是因为穷才提出勤俭练兵。穷，固然要勤俭，就是将来不穷了，很富了，我们也要勤俭练兵。勤俭练兵也不仅仅是指常规武器训练，尖端武器的训练也要勤俭练兵，武器装备越发展越要勤俭练兵，这是百年大计，是训练过程中的一条规律。

为了切实做到勤俭练兵，他从各军、兵种实际出发，分别提出了具体要求：海军要做到“在港苦练，出海精练”；空军要做到“地面苦练，空中精飞”；陆军各兵种要做到“在营苦练，野营精练”。总之，不论是海军、空军还是陆军，所有部队都要贯彻勤俭练兵的思想。

叶剑英动员全军指战员，特别是后勤工作人员，要发挥创造性，精打细算，克勤克俭，想方设法节约我们的物资和经费，真正做到“钱要用得少，事情要办得好”。他提倡在物资供应困难的条件下，要尽可能利用模拟器材训练，搞好代用器材训练。为此，他在 1961 年 7 月向军委作的关于军事训练问题的专题报告中提出，在训练质量上，要坚持高标准，在器材保障上要实行“低标准，瓜菜代”。在训练中要尽量采取以旧代新、以假代真、以小代大、以土代洋等方法。

---

① 叶剑英在全军训练会议上的讲话，1960 年 1 月 3 日。

这样，技术练精了，装备也不会磨损。他向海军领导同志提出，要效法国外的一些军队，把陈旧的舰艇作为训练舰艇用，或将舰上的新炮拆下来，换上旧炮来轮流操作训练，有战斗任务时再把新炮换装上，以减少战斗舰艇的磨损，节约器材和油料。他到部队检查工作，发现空军革新的水泥炸弹、炮兵革新的多种代用炮弹等，既可保证训练效果，又能节省经费，很有价值，便建议推广。1965 年，叶剑英在北京组织举办了全军军训器材展览会，展出各部队、院校送来的三千多件革新器材。这些革新器材基本上都是遵循因陋就简、因地制宜的原则创造出来的，程度不同地收到了变难为易、变繁为简、变昂贵为廉价的效果。这次展览会先后接待观众二十余万人次，全军各部队师以上负责训练的干部和部分团的干部参观了展览，使勤俭练兵的思想进一步深入人心。

叶剑英在主持全军训练工作的过程中，十分重视首长——司令部的训练，重视提高指挥员和参谋人员组织指挥现代战役、战斗的能力。他认为，在未来战争中，诸军兵种军队合同作战，其通信联络、协同作战、战斗保障、后勤保障以及为适应战时需要的平时训练、管理教育等，都需要通过司令部门周密的计划组织和实施，充分发挥司令部的职能和作用。一切工作既要快速，又要非常准确，这就对司令部工作提出了更高的要求。为此，他在主持全军高级指挥员集训中，多次强调，指挥员和司令部人员必须熟悉各种现代武器的战术、技术性能和运用原则，学会在使用原子武器条件下战役的组织与指挥，特别要学会在战役的全过程中组织各军兵种的协同动作。他说："司令机关是军队组织机关重要的部门，是军队的领率机关和指挥中心。""参谋强了，司令部就强了；司令部强了，指挥就灵了。"他提出要从思想、业务、作风三个方面加强司令部的建设。他特别强调参谋人员在工作中要有积极性、主动性、计划性、预见性，办事要认真负责，迅速、准确。①他积极倡导并亲自组织编写《司令部工作条例》。他还主张多搞近似实战条件下的首长司令部演习。

第三节 倡导和推广郭兴福教学法

有了正确的训练方针，还必须有好的训练方法。

叶剑英在主持全军训练中，经常深入部队训练实践中作调查研究，解决训练改革问题，总结群众性的练兵经验，不断探索和改进练兵方法。

叶剑英不仅注意总结推广适合各级指挥员需要的各种军事训练的方法，而且更为重视分队基础训练的方法。多年来，他一直在积极寻找这个方法。

1963 年秋，叶剑英从总参谋部编辑的一期《军训简报》上，看到了南京军区推广郭兴福教学方法的报道，引起很大的兴趣。他派秘书、办公室主任兼军事训练、军事学术研究委员会办公室主任莫阳率工作组到南京军区进行考察。随

① 叶剑英:《大力加强司令部建设，充分发挥司令部的作用》1963 年 1 月 18 日。

后，他于12月23日，冒着凛冽的寒风，赶到南京。24日，又到镇江参加了总参谋部召集的郭兴福教学方法现场表演会，参观了郭兴福以及南京军区推广郭兴福教学法而涌现出的优秀教练员和先进分队的八个课目的表演，并与郭兴福、郭兴福式的教练员，以及主管训练的干部进行座谈，深入调查研究。他了解了从1960年以来郭兴福教学法的产生经过和领导培养、逐步完善推广的历史，肯定地说，郭兴福的教学法，是我军传统练兵方法的继承和发扬，是领导培养、群众支持和他个人努力的结果。他从继承我军的光荣传统和建设现代化革命军队的高度，评价了郭兴福教学方法的特点及意义，高兴地指出，郭兴福教学法的出现，不仅得到南京军区部队的赞同，还自发地在其他一些部队传播，这充分说明群众是真正的英雄，群众的创造力量是无穷无尽的。他把郭兴福教学方法概括为五大特征：第一，善于在教学中抓现实思想，充分调动练兵的积极性，并能够发扬教学民主，集中群众的智慧，实行官兵互教，评教评学；第二，把练技术、练战术、练思想、练作风紧密地结合在一起，把兵练得思想红，作风硬，战术活，而且身强力壮，一个个都像小老虎一样；第三，采取由简到繁，由分到合，情况诱导，正误对比的方法，逐步加深认识，掌握要领；第四，把言教与身教、苦练与巧练结合起来，使战士百听不厌，百练不倦；第五，严格要求，一丝不苟，谆谆善诱，耐心说服。叶剑英指出："上述这些方法，不仅适合于步兵，而且适合于各军种、兵种。"他认为，不能把郭兴福教学法单单看成部队训练的一种具体方法，不能低估郭兴福教学法对全军现代化建设的意义。[①]

1963年底，叶剑英正式向中央军委写报告，扼要介绍了郭兴福教学法的内容和特点，建议军委在全军加以推广。他在报告中写道："郭兴福教学方法已为广大群众所公认，自动要求学习郭兴福教学方法已自下而上的酝酿了很久，有几个军区已经正式做出了决定，条件已经成熟。建议军委发一个指示，在全军加以推广，号召各军区，各军种、兵种，部队和学校乃至民兵，结合本身的特点，学习郭兴福的教学法，发扬我军传统的练兵方法，培养郭兴福式的教练员，借以掀起一个军事训练的高潮……"

军委秘书长、总参谋长罗瑞卿收到叶剑英的报告后，当即向毛泽东主席和主持军委日常工作的贺龙副主席作了汇报。毛泽东仔细看了这份报告。当看到文中第二个特点，即"把兵练得一个个都像小老虎一样"时，在下面画了一条杠，说："这一条我最感兴趣。"当看到报告中"郭兴福教学法继承了我军传统的练兵方法"一句时又说："不仅是继承，而且有发展。"最后，毛泽东肯定和赞扬了郭兴福的教学方法，并对罗瑞卿说：叶帅找到了一个好方法。贺龙也完全赞同叶剑英的报告。1964年1月3日，军委转发叶剑英的报告，并号召全军立即行动起来，掀起一个学习郭兴福教学方法的运动。1月底，罗瑞卿代表中央军委在南京军区主持召开了全军训练会议。会议就开展学习郭兴福教学法作了部署，并号召全军以

① 叶剑英：《建议军委推广郭兴福教学法》1963年12月27日。李德生回忆。

1963年12月，叶剑英（右）在南京部队观看“郭兴福教学法”表演时会见郭兴福

优异成绩参加全军（包括民兵）的“大比武”。叶剑英在广州军区组织人员研究制定《连队基础训练方法二十条》，没有出席这次会议。①

叶剑英的报告经军委批准以后，深入部队，苦心钻研，继续推广郭兴福教学法，指导全军的群众性练兵运动。1964年2月8日，他与贺龙、徐向前、聂荣臻以及罗瑞卿等军委领导人在中共中央中南局和广州军区领导人的陪同下，观看了广州部队推广郭兴福教学法的表演后，接见了该军区出席郭兴福教学法评比现场会的全体代表，他亲自主持座谈会，着重研究解决如何进一步普及和提高的问题。他说：“过去我们已经培养了一些典型，现在要普及，由点普及到面，由步兵普及到炮兵、工兵、装甲兵、通信兵、防化兵，由陆军普及到海军、空军，由部队普及到学校。在普及的基础上提高，在提高的水平上再普及。”为了解决这个问题，叶剑英同训练委员会办公室人员一起在研究总结郭兴福教学法的基础上，吸收各部队军事训练方面的成功经验，整理出了《连队基础训练方法二十条》，经军委批准，颁发全军实行。

为落实“二十条”，解决全军练兵运动中的问题，叶剑英继续到各部队进行调查研究。5月26日、27日，观看了北京军区夜间训练“尖子分队”的表演，并接见了表演分队的干部，进行座谈，强调“一定要训练部队能打近战，善打夜战，相信自己手中的武器，不怕敌人的核弹”。同时指出：“抓培养尖子，搞样板是对的，但培养尖子的目的是为了练好战斗中过硬的本领，不是为了夺锦标，不要搞那种舞台式的、杂技式的表演。有了尖子，还要由点到面，普及提高。”5月28日，他观看了北京部队参谋李茂发等三人标图业务表演，并同他们座谈，

① 访问莫阳、郭树元谈话记录，1989年。

称赞他们的标图业务熟练，同时要求参谋人员要练好基本功。他说："现在的参谋工作，比我军历史上任何一个时期都重要，参谋人员的基本功，除了你们说的要会画（画得好）、会写（写得快）、会传（传得准）以外，还要会读、会记、会算。"他提出并得到推广的全军参谋人员练基本功的"六会"要求，对促进参谋人员的业务训练起了很大作用。6 月 10 日，叶剑英又观看了海军郭兴福式尖子分队的汇报表演，指出：海军"学习郭兴福教学方法，必须结合海军的特点，结合自己的经验，创造性的学习"，同时指出："尖子是重要的，但光靠尖子不能战胜敌人，要使所有的舰艇都提高到尖子的水平。"

不久，北京、济南部队在北京举行"尖子"表演。毛泽东和中央一些领导人前往观看。毛泽东看后很高兴，称赞北京、济南部队的"尖子"表演很好，要在全军普及，并指出：光有"尖子"是不够的，普及"尖子"经验要很快布置，要抓紧这项工作。叶剑英遵照毛泽东的指示，立即向全军提出了当前军事训练工作的意见，指出："今后军事训练的中心任务是全面落实毛主席的指示，狠抓普及。"并对普及工作提出了具体要求。他要求总参谋部军训部认真推广郭兴福教学法，不断总结全军练兵运动的经验，提出各行各业应推广的项目，做出两年规划。[①]

8 月至 10 月间，叶剑英同贺龙、陈毅、罗瑞卿等在北京、青岛、信阳、济南等地先后观看了防化兵、侦察兵、炮兵、工程兵、装甲兵、海军等"尖子"分队的比武和山东省民兵的表演，并作了许多指示。他在肯定全军大比武成绩的前提下，指出了存在的缺点和问题。8 月 8 日，他在旅大观看炮兵比武表演后，接见领导和代表时说，我从沈阳到安东没有讲话。我是云南讲武堂炮科毕业，但炮兵专业不如你们，早忘光了，没有发言权。这次表演有硬功夫，有发明创造，但也发现很多问题。比武不容易，劳民伤财，不一定年年都搞。他要求大家把问题提出来，转报到军委。[②]叶剑英对全军部分单位中存在的锦标主义、弄虚作假、搞花架子等偏向非常重视，作过多次批评，要求及时纠正。军委为此还专门发出了指示。

此后，推广郭兴福教学方法，开展全军性的练兵运动，在正确的思想指导下沿着正常轨道前进。由于领导上深入实际，深入群众，发扬成绩，纠正缺点，使运动一步步地深入，全军训练工作出现了前所未有的好形势。叶剑英并不满足已有成绩，要求全军：练思想，思想红；练作风，作风硬；练技术，技术精；练战术，战术活。

就在这时，林彪别有用心地派他的老婆叶群到广州军区"蹲点考察"，写了《三七九团一连三个尖子班的情况报告》，抓住群众练兵运动中出现的某些偏差，攻击一点，无限上纲，硬说"大练兵冲击了政治"，"犯了路线错误"。并于 1964 年 12 月 29 日，错误地发出《关于当前部队工作的指示》，把全军轰轰烈烈的练

① 叶剑英:《坚决执行毛主席指示，尽快尽好地普及尖子经验》1964 年 7 月。

② 叶剑英接见炮兵比武领导委员会及各军区炮兵代表队同志的讲话纪要，1964 年 8 月 8 日。

兵运动打了下去。

对林彪的倒行逆施，叶剑英持有保留意见，作了适当的抵制。1965 年 3 月 23 日，叶剑英在东海舰队党委扩大会议上，针对林彪强调“突出政治”、“政治可以冲击一切”，冲掉军事训练的时间的情况，指出：要科学安排时间，要及时调整时间，要善于使用时间，不能乱冲。把其他的都冲掉了，那么，政治不成了空的吗？9 月 17 日，在听取总参军训部部长张翼翔汇报军训情况时，又指出：“郭兴福的教学方法，不是郭兴福一个人创造的，是南京军区各级领导干部智慧的表现，是我军几十年训练经验的总结，是毛主席练兵思想的继承和发扬。郭兴福教学方法还是要继续推广，并使之继续向前发展。”

但是，林彪当时是中共中央和中央军委的副主席，并主持军委的日常工作。叶剑英的处境非常困难，他所坚持的正确意见遭到反对。然而，历史是公正的裁判人。叶剑英建议推广的郭兴福教学法以及由此所掀起的全军群众性练兵热潮所取得的成就和成功经验，对人民解放军现代化建设所发挥的作用是永远抹煞不了的。

第四节　领导全军院校工作

叶剑英在领导全军部队训练的同时，大力领导军队院校工作。他认为，建设一支优良的现代化的革命军队，干部训练是一个重要环节。现代战争既然需要大量的兵员，就必然需要大量的干部。科学技术的发展，部队装备的改善和战争情况的紧张、复杂，不仅需要大量具有高度政治觉悟和现代科学知识并善于组织指挥现代战争的军政干部，而且还需要大量又红又专的各种专业技术干部。培养干部是“百年树人”的工作，如果不培养、储备大量的干部，那么即使将来国家供给我们最新式的技术装备也是无法掌握的。为了满足建军和未来战争的需要，必须大办学校。

叶剑英身体力行，用很大的精力从事院校建设工作。他经常了解院校建设的情况，出席院校工作会议，深入院校第一线，亲自听教员讲课，进行讲评，对院校训练给予具体的指导。从 1955 年开始，他先后主持召开了 14 次小型院校工作座谈会，听取各方面的意见，着手制定全军院校培训干部的规划。以后又多次出席了全军院校工作会议。在全军院校政治教育教学改革会议上，叶剑英从十个方面回顾了“抗大”的基本经验：（一）有正确的方针；（二）有坚强的领导；（三）有良好的校风；（四）有正确的教学原则；（五）教学内容少而精；（六）学制短；（七）教学方法生动活泼；（八）重视教员队伍的建设；（九）十分重视政治教育；（十）自力更生、勤俭办校。他号召各院校“以‘抗大’做榜样，向‘抗大’这个目标前进”。他提出，办校中要贯彻毛泽东倡导的一切从实际出发的干部训练方针，坚持理论联系实际、直接为战争服务的办校方向。[①]

① 叶剑英在全军院校政治教育教学改革会议上的讲话，1955 年 7 月。

叶剑英向各军事院校提出的一个根本要求，就是要把院校办成培养军事人才的基地，保证训练出合格的学员。他指出，所谓合格，除政治条件外，就是使培养出来的干部能够打仗，能够在原子、化学条件下组织全军的训练，能够运用新的指挥方法组织和实施指挥，并且在组织性、纪律性方面，成为部队的典范。为此他提出要从各个方面创造条件：首先必须加强军委各总部、各军种、各兵种对院校的领导；第二，必须责成各院校的党委和首长加强对本单位的训练工作的领导，党委书记一定要管训练；第三，提高教员质量，培养一支优秀的教员队伍；第四，选好课题，编好教材，改进教学方法；还有一点，必须提高学员的素质，保证选送的学员要符合标准。

为了培养出合乎规格的学员，叶剑英强调要加强德育、智育、体育的训练。他说："现代战争中，指挥员要善于掌握新武器，能组织和发挥新武器的综合能力。不论陆、海、空军和防空军都要在同时、同地发挥综合的力量，以歼灭敌人。没有强健的体质，不能忍受现代战争昼夜连续的战斗活动；没有高度政治觉悟，不能忍受这样大的杀伤和破坏；没有现代知识，不能掌握和发挥新武器的综合力量，没有这些，就不能成为现代条件下的军官。"

经过几年实践，叶剑英在 1959 年 12 月 21 日召开的全军训练工作会议上，根据当时全军干部情况，提出三年全训干部的规划，即争取在 1960 年到 1962 年这个关键性的三年内，把全军未经学校训练的干部，轮训完毕，补齐缺额。

为了实现这个目标，叶剑英主张建立和完善教学体制。院校体制实行"三级制"，就是由士兵、军士晋升为尉官时，或在尉官任职时期没有经过正规学校训练的干部（包括营以下指挥员和相应的参谋人员），必须入步兵学校受一次完成教育；由尉官晋升为校官，或在尉官、校官任职期间没有进过正规学校学习的干部（包括正营以上、副师以下的指挥员或相应的参谋人员），必须入军事学院受一次完成教育；由校官晋升将官，或在将官、校官任职期间没有进过正规院校学习的干部（包括各军种、兵种正师以上的军政后干部、高级参谋人员和校以上的学术研究干部），必须入高等军事学院受一次完成训练。

在训练程式上，叶剑英提出"两股绳"，即军官训练分"完成"和"速成"两种，将普及与提高结合起来。"完成训练"采取"三级制"的方法进行。"速成训练"，主要是根据战术、技术的发展，有重点地而且多样地解决干部在服役期间的深造与提高问题。其方法是采取轮训或集训。要求学习内容少而精，学习时间短而少（一年以内）。毕业后通常是留任原职。叶剑英主张各级各类院校都必须认真学习马列主义、毛泽东思想，特别是毛泽东军事思想。他提倡结合实际的学习方法，强调理解精神实质，学会正确运用。

在领导院校的工作中，叶剑英并不满足已经取得的成绩和经验，而是适应新的形势，不断革新前进。他要求全军各院校，围绕教学思想、教学制度、教学内容、教学方法、教学作风五个方面不断进行改革。1962 年 5 月至 7 月，叶剑英先后对高等军事学院和军事学院的教学工作进行了检查。他于 9 月 30 日，向中央军委作了《关于改进高等军事学院和军事学院教学工作的报告》，针对“两院”教学工作中存在的主要问题，提出了改进意见。他建议进一步明确训练任务、内容和学制；加强教员工作，充分调动教员的积极性；在科学研究的基础上，逐步修改教材，提高教材质量；加强学术领导，严格教学要求，发扬教学民主，健全教学制度，等等。此报告于1963年1月经军委批准，转发全军执行。

为了进一步整顿院校，加强领导，叶剑英于1964年10月到长沙政治干部学校召开全军院校政治工作会议。10月22日，贺龙主持召开第四十九次军委常委会，专门研究院校工作问题。叶剑英汇报了这次院校工作现场会情况及院校整风的意见，得到贺龙的赞同。叶剑英在总结推广该校先进经验之后，又于11月上旬主持召开第十次全军院校工作会议，研究教育改革和院校整风问题。根据军委关于院校整风的决定，他亲自到一些院校调查研究。按照政治、指挥、技术、医务的系统，连续主持召开西安空军第四高级专科学校、全军工程技术院校教学改革现场会和北京全军院校政治教育教学改革会议，以及大连全军指挥院校教学改革会议，从各个方面提出了改进院校工作的意见。[①]

1964年11月，叶剑英在北京举行的第十次全军院校工作会议上发表讲话

正当叶剑英以他渊博的学识和丰富的办学经验，为军队院校建设、现代化建设大显身手的时机，林彪及其一伙则背后施放冷箭，加以干扰破坏。叶剑英在困境中，仍然排除干扰，坚持正确方向。当时林彪鼓吹“院校学制要缩短，军事学院一期三个月、五个月就行”。叶剑英针锋相对地提出，军事学院的学制，完成系至少两年，速成系至少一年。有一次，张震向叶剑英汇报这个问题，他听了后气愤地说：“我在黄埔军校时就管教育处，黄埔军校的教育计划是我拟订的，难道这个常识问题我还不懂吗？学制适当缩短一些不是不可以，问题是改成三个月、五

① 访问相炜、谭知耕谈话记录，1986年。

个月一期，那就不叫培训，而是变成短训、轮训性质了。三四个月时间，只能轮训一个课题。要培养出一个合格的军校学员，没有两年以上的时间是不行的。”为了抵制林彪的错误主张，叶剑英曾当着毛泽东的面据理力争，可惜未被采纳。林彪反革命集团覆灭后，邓小平适时提出把教育训练提高到战略地位，粉碎江青反革命集团后，又做出恢复军队原有院校的重大决策。叶剑英非常高兴。向张震说：这样做就好了！大砍院校，对军队训练工作破坏很大，今天要下决心把院校办好。[①] 他要求全军院校领导班子必须坚持革命化原则，搞好团结；院校体制要进行合理调整，任务要适当下放；在军事教学中要坚持学习毛泽东思想；要培养高质量的受部队欢迎的学员等。所有这些对当年林彪的干扰破坏起到了一定的抵制作用，使得全军院校在一个时期里尚能保持正常的秩序，取得了新的成绩。

第五节　元帅余事付讴歌

叶剑英在积极投入全军军事科研和教育训练的领导工作，致力于国防和军队现代化建设期间，还奉中央之命，从事外事活动和其他工作。1958 年，他相继访问印度、波兰。1960 年、1961 年，他曾两次率中国党政代表团和军事友好代表团访问越南，写下了《重访河内》《敬赠胡志明主席湘妃扇》等诗篇：“重访亲邻瞬隔年，中南光景倍增妍”，讴歌中越两国领袖和人民之间友谊长存。1963 年，他随刘少奇主席访问朝鲜，填《水调歌头》词一首，祝愿“中朝友谊，鲜血凝成万代长”“放眼观天下，旭日耀东方”。[②]

这一年 12 月，罗荣桓元帅不幸逝世。他以极其悲痛的情怀，写下两首悼诗：

（一）

毕生战斗明敌我，侪辈庄严一典型。
大业方兴公竟逝，哀歌声里起雷霆。

（二）

严明公正三军冠，苦学力行不尚言。
东海朝阳南山月，清辉漫洒在人间。[③]

这一年，叶剑英怀着对毛泽东主席的深厚情感，专程访问了湖南韶山，热情歌颂衷心爱戴的导师，写下了“欲溯河源到星宿，韶山风物耐人思”的名句。

1964 年秋，叶剑英在大连开会，有感于国际形势的动荡、苏联国情的演变，吟成一首七律《远望》：

---

① 张震：《远见卓识，功彪史册》，载《解放军报》1986 年 11 月 8 日。
②《叶剑英诗词选集》，人民文学出版社 1983 年版，第 48、50、52 页。
③《叶剑英诗词选集》，人民文学出版社 1983 年版，第 48、50、52 页。

忧患元元忆逝翁，红旗缥缈没遥空。
昏鸦三匝迷枯树，回雁兼程溯旧踪。
赤道雕弓能射虎，椰林匕首敢屠龙。
景升父子皆豚犬，旋转还凭革命功。[①]

这首诗由董必武辗转传到北京，发表在1965年10月16日《光明日报》上。毛泽东看后十分欣赏，熟记在心。1965年底毛岸青和邵华来看望他，便当场一字不错地默写给他们夫妇，并嘱咐他们向叶伯伯学习，好好干革命。后来，他们把毛泽东手书稿送给叶剑英，附信云："父亲对伯伯是很尊敬的，对伯伯的诗也是十分喜爱的。""父亲是那样喜爱伯伯这首诗，不仅把诗中句句都记入脑海，而且连什么时候，刊登哪个报纸都记得。"[②]可见，毛泽东对叶剑英诗词的熟悉和珍爱了。叶剑英在自己的诗词中不止一次地称毛泽东为导师，他热爱毛泽东的诗词，并在诗词创作中借鉴毛诗。毛泽东推崇中国古代诗词大家，但在通常情况下很少评论当代诗人，而对叶剑英却是很少的例外。他称赞叶诗"酣醇劲爽，形象亲切，律对精严"，他在给陈毅的谈诗信中说："剑英善七律，董老善五律，你要学律诗，可向他们请教。"[③]叶剑英和毛泽东之间存在着一种特殊的友谊，那就是"同声相应、同气相求"的深厚诗交。

---

①《叶剑英诗词选集》，人民文学出版社1983年版，第48、50、52页。
② 访问邵华谈话记录，1993年12月。
③《毛泽东诗词选集》，人民文学出版社1986年版，第166页。

第三十三章　在动乱中稳定军队

第一节　“天下不能乱，长城不能毁”

1966年，中国开始进入史无前例的“文化大革命”时期。

这一年，5月中共中央政治局扩大会议和8月八届十一中全会相继通过了《五一六通知》和《关于无产阶级文化大革命的决定》，对所谓“彭真、罗瑞卿、陆定一、杨尚昆反党集团”和所谓“刘少奇、邓小平司令部”进行了错误的斗争，对党中央领导机构进行了错误的改组，成立了所谓“中央文革小组”，并让它掌握了中央的很大一部分权力。林彪、江青、康生、陈伯达、张春桥等乘机煽动“打倒一切，全面内战”，全国陷入了混乱局面。

“文化大革命”开始，身为中央书记处书记和军委副主席兼任军委秘书长的叶剑英，负责主持军委日常工作。他重任在肩，异常繁忙，心情一直处于紧张和矛盾之中。他虽然从一开始就感到运动来得迅猛，处于“不理解”的状态，但出于对毛泽东的长期信赖和深厚情感，还是力图跟上毛泽东对运动的部署。他根据毛泽东的指示，曾一度负责首都工作小组，保卫北京市的安全。然而随着运动的深入，越来越乱，问题暴露的越来越多，他觉察到运动的矛头所向不对，开始为国家与军队的命运和前途担忧，对运动中出现的一些错误逐步进行抵制和斗争。[①]

斗争集中围绕着“要不要党的领导和要不要稳定军队”问题展开。

林彪、江青一伙从“文化大革命”一开始就企图否定党的领导，制造天下大乱，同时搞乱军队。他们指使军内外“造反派”冲击军事机关和围攻军队领导干部，妄图从乱中夺权，改变人民军队的性质，使之成为他们随心所欲的篡党夺权的工具。

叶剑英和军委几位领导人始终坚定地认为：“天下不能乱，长城不能毁”，人民解放军这支几十年来在党绝对领导下的革命军队，无产阶级专政的坚强柱石，无论天下怎样乱，一定要稳住阵脚。只要军队不乱，天下就保得住。[②]因此，叶剑英要求军队必须保持高度戒备，听从统一指挥，并同徐向前、聂荣臻、陈毅、贺龙等几位元帅和总政治部主任萧华、副主任刘志坚等多次研究，制定了一系列稳

① 访问韩双亭、史进前、吴德谈话记录，1985—1994年。

② 叶剑英谈话记录，1982年11月11日。

定军队的规定和措施。据查阅中共中央、中央军委有关文件和会议记录，以及访问刘志坚、李曼村等回忆，主要的有：（一）5月25日，向全军发出《关于执行中央5月16日通知的通知》。通知明确规定，全军各级党委对运动“加强领导”，“在连队和一般机关干部中，着重进行正面教育”。并且规定要“点名批判”的人，由各大单位常委批准。（二）6月14日，向全国县团级以上单位发出《关于部队开展文化大革命运动几项措施的请示报告》，明确规定在连队和师以下战斗部队中着重进行正面教育。军队一律不准上街游行，一般不参加地方的批判大会。而且把军内“文化大革命”限制在宣传、文化等少数部门。决定在总政设立全军文化革命小组和文化革命办公室。同一天，叶剑英向毛泽东、周恩来作了《关于建立军委常务会议问题的请示》。经批准后，凡涉及军队的重大问题，由军委召开常务会议讨论决定，以加强军委的集体领导。（三）6月21日，叶剑英批准下发关于军队“文化大革命”的六条指示。指示要求对各院校的情况进行具体分析，区别对待，并决定“整风彻底”的院校不开展“四大”，即不搞大鸣、大放、大辩论、大字报。（四）7月8日，叶剑英在《部队文化革命动态》上以总政治部名义加上一个批语：军队“文化大革命”只限制在23所高等技术学校中进行。（五）8月16日、23日，叶剑英主持军委常委会继续强调军队与地方不同，军队运动一定要在各级党委领导下进行，不能乱，不能随便揪斗、处分干部。“罢官”问题要等运动后期处理。不能不经过批准查阅军委和总部机关档案，要严格控制。（六）9月3日，经叶剑英批准，总政治部发出不准军队院校师生来京串联的三条指示。（七）9月23日，叶剑英主持军委常委会讨论通过《关于干部战士亲属被斗被抄情况及处理意见》，在会上提出，各大军区目前工作重点应即转向抓好部队工作，保证部队正常秩序。由于及时采取了这些措施，在“文化大革命”初期，军队开展“四大”仍由各级党委领导，在党委领导下设立文化革命小组及其办事机构具体掌管，并限定“四大”只在宣传、文化、院校科研等少数部门和单位开展，从而使军队基本上保持了稳定的局面。

在此期间，叶剑英还派出联络小组出席海、空军党委扩大会议，交代联络员“只带耳朵，不带嘴巴”，进行大量调查。当发现林彪暗中指使李作鹏等人搞派性，制造混乱，妄图夺取海军领导权时，叶剑英即报告刘少奇、邓小平，在中央、军委常务联席会议上，对海军问题作了专题研究。他根据总书记邓小平的指示，亲自到海军党委扩大会议上讲话，明确指出：（一）萧劲光等是好同志，有错误可以检讨；（二）军队不能罢官夺权，会议本身作决议撤换领导是错误的；（三）按党的民主集中制办事，不准搞地下活动，强调分清是非，搞好团结，批评了某些人“抢班夺权”的错误。对空军也是如此，他亲自打电话给空军司令部参谋长何廷一，告诉他“不要卷进去”，站稳立场。由于采取了相应措施，从而有效地抵制了林彪一伙夺取海、空军领导权的阴谋活动。①

① 访问何廷一、胡友之、朱军、莫阳、李文芳等谈话记录，1986—1993年。

但是，林彪、江青一伙出于乱军夺权的卑鄙目的，对叶剑英等抵制“文化大革命”、稳定军队的做法怀恨在心，多次密谋要搞乱军队。在钓鱼台中央文革小组的一次碰头会上，陈伯达叫嚷：军队已经跌到了修正主义的边缘！江青质问列席会议的总政治部负责人：你们军队为什么按兵不动？对军队那些“走资派”为什么不揪？我看就是有人压着。她说的“有人”，首先指的就是叶剑英。他们经过精心策划，10月1日在天安门城楼上，由第二军医大学群众组织“红色造反纵队”的一个头头向毛泽东、林彪告状，说军队镇压群众，与地方做法不同，搞了许多条条框框，限制太多等。林彪下令要全军文化革命小组立即发一个紧急指示，让军队院校的“文化大革命”完全按地方的做法搞。于是，10月5日发布了《关于军队院校无产阶级文化大革命的紧急指示》：“根据林彪同志的建议，军队院校的文化大革命运动，必须把那些束缚群众运动的条条框框取消”，明令取消军委、总政关于“军队院校文化大革命运动在撤出工作组后由院校党委领导”的规定，以及不在军种、兵种院校范围外的地方院校串联等其他许多规定。要求军队院校完全按照“十六条”的规定办，开展“四大”。同一天，中共中央向全国转发了这一文件，并要求全国大中学校坚决贯彻执行。这个“紧急指示”发布后，军队院校和某些机关中的一些“造反派”到处“踢开党委闹革命”，乱冲乱闯。军队受到了很大冲击，战备训练受到了影响。叶剑英目睹“造反派”自毁长城的破坏活动，又无力制止，甚为焦虑。他在西山住所同军委、总政的领导同志个别接触，商量对策。随后，即以总政治部名义，起草了《关于各总部、国防科委、军种兵种机关必须经常保持战备状态的通知》，要求“我军必须经常保持高度的警惕和战备状态，随时准备对付敌人的突然袭击。各总部、国防科委、各军种的主要领导同志，在完成上述任务中担负着重要的责任。必须保证他们对部队实施经常的指挥，不能中断。未经军委许可，他们不能离开指挥岗位”。“对于机关的办公室、通信设施、保密设备要妥为保护，以免影响他们对部队的指挥和日常工作的进行。”这个通知，林彪看后转送给“中央文革”，被陈伯达以“借战备压革命”的罪名加以扣压。为了控制由于林彪下令炮制的《紧急指示》所造成的日益混乱的局面，刘志坚根据叶剑英的指示精神，曾先后起草过5份电报，但都被陈伯达扣压了。

第二节　在两个“十万人大会”上

紧接着，在北京召开的10月中央工作会议上，双方又展开了针锋相对的斗争。在这次会上，陈伯达作了题为《无产阶级文化大革命中的两条路线斗争》的报告，点名攻击刘少奇和邓小平，大肆批判所谓“资产阶级反动路线”。林彪亲自出面讲话，抛出了所谓“群众运动天然合理”的谬论，说：“一个是群众路线，一个是反群众路线，这就是我们党内两条路线的尖锐的对立。”并把斗争矛头对准刘少奇、邓小平，说刘、邓搞了另外一条路线，对抗毛主席的路线。

针对林彪、陈伯达的谬论，叶剑英在会议期间作了多次发言，反复提出这样的问题：军队怎么搞？农村搞不搞？小学如何搞？哪些可以办，哪些一时不好办？请大家考虑。他在发言中极力坚持军队师以下单位不搞“四大”，进行正面教育；要抓组织纪律，抓思想，抓政策；主张对干部的缺点错误，要靠后期自己整风纠正，总结经验教训。他坚决反对“造反派”随便揪人和抄家。他强调指出，不论是社会上抄家，还是对机关干部抄家，都要提到政策上考虑。[①]

林彪、陈伯达无视叶剑英的正确意见，他们利用手中的权力，向全国大量印发他们的“报告”和“讲话”，流毒甚广。自从他们提出了批判所谓“资产阶级反动路线”之后，林彪、江青一伙的追随者们到处煽风点火，迅速在全国各地掀起批判的浪潮，军队的形势急转直下，院校师生“造反派”纷纷外出串联，参与造反活动。总部和各军区机关不断被冲击，许多负责干部被揪斗。到11月，进入北京的军队院校师生已达十万人。林彪、江青一伙唆使一些不明真相的人带头冲击国防部，冲击中共中央和国务院所在地中南海。局势一发不可收拾。

叶剑英感到，事态的发展越来越严重，如果听任年轻学生盲目的行动，可能酿成更大祸害，使军事首脑机关完全陷入瘫痪状态。他同军委、总政的领导人紧急磋商，决定动员军队院校师生员工离京回校复课闹革命。经报毛泽东批准，11月13日，总政治部在北京工人体育场召开军队院校和文体单位来京人员大会（即第一次“十万人大会”），周恩来、陶铸、贺龙、徐向前、陈毅、叶剑英、萧华、杨成武以及各总部负责人同时出席。大会由总政主任萧华主持。几位军委副主席作了重要讲话，强调稳定军队，军队不能乱，对“文化大革命”中出现的许

1966年11月，叶剑英在北京工人体育场召开的军队院校和文体单位十万人大会上讲话，对当时“文化大革命”的错误做法提出了严厉批评

① 叶剑英在中央工作会议上的发言，1966年10月9日。

多非正常现象和错误做法提出了严肃批评，动员大家离京返校。

叶剑英在讲话中，首先“检讨”去年院校整风问题，然后谈到军队院校在“文化大革命”中的任务和政策。他说，同志们要掌握党的政策，使运动沿着正确的方向发展，我们不仅同情，还支持。但是真理是有限度的，列宁说过，真理跨过一步就成了谬误，越过了一定的量就会发生质变。叶剑英批评一些单位揪斗领导干部，外出串联，搞打砸抢，败坏军队的名声等错误行为。他说，我们是睁着一个眼睛，闭着一个眼睛。闭着一个眼睛放手，睁着一个眼睛看情况。

叶剑英引证毛泽东的话说，鲁迅的《阿Q正传》中有个人，是不准别人改正错误、不准人家革命。要允许人家犯错误，允许人家改正错误，允许人家革命。毛主席说，过去旧戏是《三娘教子》，“文化大革命”是“子教三娘”。我们要向青年学习。但是我们奉劝青年同志们，不要把毛主席著作当《圣经》念。不要再犯教条主义错误。

叶剑英劝大家要有阶级感情。他对有些“造反派”不顾老干部心脏病发作，不管人家死活，硬要把人家抓去批斗的做法，表示十分愤慨！他批评这些人没有无产阶级的感情，不是无产阶级的军人！要大家警惕少数别有用心的人，不要受坏分子利用。……

正当叶剑英讲话时，解放军兽医大学“红色造反团”的一名“战士”（学员）递条子给会议主持人萧华，责问这个大会“林副主席批准没有？”“你们四位副主席的讲话是不是林副主席批准的？”叶剑英在主席台上当众宣读了这张条子，气愤地问大家：“同志们，他怀疑我们大会是偷偷开的，同学们相信不相信我们？”台下回答：“相信军委。”叶剑英接着说：“我代表军委的全体同志感谢同志们信任我们，请同志们信任我们。”他告诉大家，四个人的讲话是军委集体讨论过的。他重复说，现在文化大革命是“子教三娘”，儿子教育老子，教育爷爷。但他希望递条子的那个学员也要接受教育帮助。[①]

这次大会，在全国范围内，尤其在北京引起巨大反响，陈毅、叶剑英等元帅的讲话迅速传播四方。受迫害的老干部和一切正直的人们，无不表示赞同，而林彪、江青一伙及其追随者们则认为陈、叶的讲话违背了“十六条”和“紧急指示”，是“镇压群众”，“资产阶级反动路线的猖狂反攻”。有几个院校成立“批资筹备处”，准备批斗几个元帅。“陈、叶讲话必须批判”的大标语出现在街头。

11月29日，在工人体育场再次召开了军队院校师生大会（即第二次“十万人大会”）。据曾经参加这两次大会的杨德中、曹清、董守福等回忆，这次大会比上次大会气氛更为紧张。“造反派”在林彪、江青一伙指使下，决定利用这次大会，进行“反击”。他们在会场贴满了大字标语，声言陈、叶上次讲话有“严重错误”，必须“彻底批判”。周恩来得知这一情况后，对大会非常关心，亲到会场看望大家，绕场一周随即离去。陈毅第一个讲话。他在讲话中，满腔热忱地鼓励和教育

---

① 叶剑英在接见军队院校革命师生大会上的讲话，1966年11月13日。

青年军人，要他们学会正确对待路线斗争，“应该弄清思想，团结同志，共同对敌”。

在陈毅讲话之后，叶剑英再次作长篇发言。他首先念了几张台下递来的条子，回答了所提的问题。对有人提出要为上次递条子的学生恢复名誉问题，叶剑英耐心地讲明道理，明确表示了否定的态度。

接着，叶剑英着重阐述了毛泽东对青年一代的亲切关怀和殷切希望，以及军队院校培养学生的重要意义。他肯定绝大多数师生是革命的，是好的，同时对少数人不守纪律，“住大房子”、“坐小汽车”，讲排场、摆阔气等破坏解放军优良传统等不良倾向提出了严厉批评。他说，一小撮人煽动一部分群众到毛主席办公的地方猛冲、猛打，这行吗？这些人如果不改，就是废品，将来不能用的。有人说我又挑动群众斗群众，不是！我不敢挑动群众斗群众。这样的人不是群众，是废品，要洗刷！有人冲我们的国防部是个大错误，严格讲是反革命！最后，他苦口婆心地劝说同学们回校闹革命，搞好本单位的斗、批、改。①

也就在这次大会的同一天，叶剑英针对一些“造反派”提出怀疑中共中央某些领导人的问题，明确指示军事博物馆要保留刘少奇和邓小平在各个革命历史时期的照片。

叶剑英和军委其他领导人两次参加“十万人大会”并发表讲话，是对“文化大革命”的第一次公开对抗，也是对解放军院校师生进行的一次深刻教育。叶剑英和其他几位元帅理直气壮的讲话，使党内外的广大干部和群众受到了鼓舞，也促使一些狂热的青年学生听到了不同的声音，开始重新思考问题。有相当一部分院校师生接受了劝说，离京返校，甚至宣布退出“造反”队伍。这对林彪、江青一伙是一次“反冲击”，正因为这样，他们掀起了疯狂的反扑狂潮，诬蔑叶剑英是挑动群众斗群众的“罪魁祸首”，是“军内资反路线的代表”，为刘少奇、邓小平“树碑立传”等，挑拨不明真相的学生和群众对叶剑英进行“火烧”、“炮轰”。江青和康生等秘密策划，煽动“造反派”再开一个“十万人大会”，批斗叶剑英和陈毅。

第三节 “串联炮打何时了”

叶剑英无所畏惧，泰然处之。他稳坐在自己的西山住所，面对满墙遍地“大字报”的包围和“造反派”指责他“老机”、“老右”的一片叫嚣声浪，始终保持着冷静的头脑，继续坚持不屈不挠的斗争。他说：“大字报尽管贴，该讲的我还是要讲。”他排除一切纠缠和干扰，埋头攻读马列经典著作，希望从“老祖宗”那里得到新的启示。针对当时社会上无政府主义思潮泛滥，他特意从书架上取下列宁的《共产主义运动中的“左派”幼稚病》重新研读，并要秘书帮助摘编有关论述，“温故知新”。他联想俄国当年的情形，越来越感到当前这场运动确像列宁说的那样：“否认党性、否认党的纪律”，“无政府主义往往是对工人运动中机会主义罪

① 叶剑英在接见军队院校革命师生大会上的讲话，1966年11月29日。

过的一种惩罚”，“无产阶级政党的内部需要实行极严格的集中制和极严格的纪律，才能抵制这种恶劣影响……”他从马列著作中吸取了力量，增加了斗争的勇气和智慧。陈毅元帅来到西山叶剑英住处，看到他和办公室人员认真研读列宁《共产主义运动中的“左派”幼稚病》的情景，连声叫好，表示了极大的兴趣和钦佩。[①]

12 月 8 日，叶剑英冒着挨批斗的风险，照常出席军委召开的 13 所军队院校师生代表座谈会。他针对有人攻击他和陈毅在“十万人大会”上的讲话，严正地提出“反批评”说：“有人不是要搞大民主吗？他们有讲话的自由，我也有讲话的自由！”他驳斥一些别有用心的人攻击军事首脑机关的流言蜚语，斩钉截铁地说：“军委、总政没有反动路线问题”，“军队自上而下不存在一条黑线，不但没有反动路线，而且始终是同错误路线作斗争的。”

这一年冬季，叶剑英和聂荣臻住在西山，常和陈毅、刘志坚（中央文革小组副组长，全军文革小组组长）等在山上会晤，有时徐向前、刘伯承也来。几个人谈论形势，商议稳定军队的大计。一天，陈毅气愤地说，把老干部都打倒了，军队和国家能保住吗？叶剑英深有同感，说：“这样搞，把我们的老传统都搞乱了！”“军队无论如何不能乱”，并谈了继续稳定军队的办法。陈毅听了，举起双手说：“我到阴曹地府也举双手赞成你！”

有一次，几位元帅在西山聚会。年高体弱、双目失明的刘伯承元帅，激动地问大家：“我的眼睛看不见，现在是什么样了？”他边说边走到其他的元帅身边，伸出双手，一个一个地从上到下抚摸着老战友。大家握着他的手，热泪盈眶，舍不得放开。陈毅沉痛地说：“现在看不见最幸福，看见了更是糟心！”

形势日趋恶化。叶剑英和几位元帅以及军委各总部的负责人遭到越来越猛烈的围攻。但叶剑英一直保持坚定乐观的情绪，天天爬山不已，锻炼体魄。[②]在陈毅遭到“造反派”连日批斗、处境最困难的时刻，叶剑英特书《虞美人》词相赠：

串联炮轰何时了，官罢知多少？
赫赫沙场旧威风，顶住青年小将几回冲！
严关过尽艰难在，思想幡然改。
全心全意一为公，共产宏图大道正朝东。[③]

这首词深刻表达了处在逆境中的两位老战友肝胆相照、热情关注的真挚友谊，是对“文化大革命”的一篇檄文，也是对共产主义的一曲赞歌。正当“炮轰”风暴席卷全国之时，它却不胫而走，流传各地。陈毅读后，提笔写道：“绝妙好词，陈毅拜读。”

---

① 访问张廷栋、王文理、陈效良等谈话记录，1992 年 5 月。
② 访问王冠三、王德禄谈话记录，1987—1993 年。
③《叶剑英诗词选集》，人民文学出版社 1983 年版，第 53 页。

林彪、江青一伙对几位元帅的迫害，有增无已。他们指使“造反派”纠缠陈、叶在两次“十万人大会”上的讲话，没完没了，硬逼他们继续检查。此事上告到毛泽东那里。毛泽东想为陈、叶开脱，说：“检讨一下，了此一案。”12月31日，年末岁尾，叶剑英根据毛泽东的指示，被迫到军队院校革命师生大会，即所谓“师生代表”会议上违心地进行“检讨”，算是“送旧迎新”。但是此事并未了结。军内造反派在“中央文革”一些野心家的策动下，成立“批判资产阶级反动路线筹备处”，确定1967年1月5日联合召开“批判资产阶级反动路线大会”，指名要陈毅、叶剑英到会检讨。开会的“通知”有两种颜色、两种写法，发给陈毅、叶剑英的是“到会接受再教育”，给其他人写的是“到会指导”。叶剑英接到通知后，向周恩来作了汇报。周恩来听后，当即质问：是谁同意他们开这个大会的？为什么不报告？果断地说，不能叫他们开这个批判大会，即使开，老帅也不能参加。然后，他亲自出面在人民大会堂连续两个晚上接见群众组织代表说：陈毅、叶剑英几位元帅都是拥护毛主席的，你们把他们作为全军资产阶级反动路线的代表，是“不符合实际的”，“明天的会，我们不赞成！”经过耐心说服，制止了这次批判大会的召开，又一次保护了陈、叶等元帅。

第四节　保护老干部和知识分子

1967年元旦一过，从上海开始向全国各地卷起的“一月风暴”猛烈地冲击着人民解放军的机关和部队。为了配合“造反派”的夺权斗争，林彪等人抛出了“揪军内一小撮”的口号。1月4日，总政治部副主任、全军文革小组组长刘志坚被打倒。1月10日，江青授意中央文革小组成员关锋、王力等人起草了一个《关于〈解放军报〉宣传方针问题的建议》，进一步抛出“彻底揭穿军内一小撮走资本主义道路的当权派”的具体纲领和措施。经过林彪批准“完全同意”。于是林彪、江青一伙明目张胆地把斗争锋芒直接指向叶剑英等几位元帅和军队各级领导干部。1月11日，经毛泽东批准，中央军委发出改组全军文化革命小组的通知。由徐向前任组长，萧华、杨成武、王新亭、徐立清、关锋、谢镗忠、李曼村等任副组长（3月30日又增补谢富治），江青任小组顾问，组员有叶群、王宏坤等10人。新的全军文化革命小组由中央军委和中央文化革命小组直接领导，不再隶属于总政治部。江青、叶群等凭借自己攫取的干预军队“文化大革命”的权力，在全国煽风点火，刮起了一股反军乱军风。北京、沈阳、昆明、福州、广州、南京、兰州、成都、新疆等军区和各总部、各军兵种的许多负责人遭到揪斗，被逼得东躲西藏，奔赴异地。告急的电报、电话纷至沓来，要求叶老帅给予保护。有些无路可走的，如刘志坚、刘震、成钧、苏振华、赵永夫、王恩茂、赵尔陆、许世友、李达、杜义德、王诤等，直接找到叶剑英住地求救。躲进大别山的许世友打电话呼救，叶剑英设法把他接到北京，住进京西宾馆保护起来。后来，许亲自打鸟，设家宴，请叶剑英和西哈努克，以报答“救命之恩”。受叶剑英保护的同志中，也有过去伤害过他和整过他的人，他不计旧恶，对身边工作人员说：“革命者要学会容忍。一个人能够容忍别人所不能容忍的事，就是英雄。”

据周家鼎、张佐良等回忆，主管军委日常工作的叶剑英经过请示周恩来，开列出要保护的老干部名单，竭尽最大努力，采取紧急措施加以保护。凡来者不拒，既来之则保之。叶剑英在军事科学院内的二号楼和西山住地，一时成了老干部的“庇护所”。床上、地板都住满了，轮番睡觉，分批开饭。这里住不下就送到京西宾馆。在极端困难的条件下，叶剑英还特意关照要做好他们的医疗保健工作，护理好每一个老同志。与此同时，他还同地方有关部门打招呼，想方设法保护钟惠澜、薛愚、柯麟、谢铁骊、华君武、袁世海、谢芳、李维康等知名人士。尽管如此，仍然不能从根本上解决问题，揪斗之风越刮越烈。

第五节 “内忧必然引起外患”

面对这种严峻的形势，中央军委从 1 月 8 日起连续召开军委碰头会、军委扩大会议。会议期间，叶剑英和陈毅、徐向前、聂荣臻等继续同林彪、江青一伙进行激烈的斗争。在一次军委扩大会议上，叶剑英针对全国、全军混乱不堪的局势，气愤地说：“他们主张越乱越好，什么党、政府、军队，他们一概否定，都要推倒重来，说这是无产阶级向资产阶级夺权。我们的各级干部，他们给扣上走资派、黑帮、反动权威或其他什么罪名，企图一律加以打倒，说这才是毛主席的无产阶级革命路线。这怎么行呢？这怎么会是毛主席的思想和路线呢？”叶剑英讲到这里，有人当场高喊：“他们有野心！”“我们要和他们辩论！”会场上对江青等人的愤怒情绪达到了顶点。但是，作为会议的主持者叶剑英，还是开导大家冷静下来，要加强团结，加强组织纪律性，搞好战备。

这一期间，叶剑英在参加和主持军委的一系列会议的同时，还经常出席周恩来主持召开的中央政治局会议。在会议上，只要有机会，就同江青等进行面对面的交锋。在一次政治局会议上，叶剑英针对搞乱军队问题，再次强调指出：“地方越乱，军队越要稳。不然，敌人乘虚而入怎么办？”他列举大量事实说明，全国 13 个军区，有 7 个军区在搞运动。全军 157 所院校都在搞运动。到处抓反动路线的代表人物。目标就是抓各个军区、军种兵种的领导人。三个总部，总后瘫痪了，总政几乎瘫痪，总参部分瘫痪。海军瘫痪了，空军瘫痪了。凡瘫痪了的单位，所有的办事机构、会议室、招待所全部被占领。领导人来一个抓一个。他激动地说：“现在空军指挥部只好转移到战备工事中去。如果全国空中有什么事，指挥中断了，事情谁去办！”叶剑英据理力争，手里拿着全国军分区以上单位受冲击的统计表指给江青看，严肃地说：内忧必然引起外患，稳定军队是党和国家的根本利益！

经过叶剑英等力争，在周恩来支持下，1 月 14 日，中共中央发出了《关于不得把斗争锋芒指向军队的通知》。《通知》强调军队担负备战和保卫国防的任务，不许任何人、任何组织冲击人民解放军的机关。这个通知对稳定军队发挥了重大作用。1 月 18 日，叶剑英又主持制定了《关于各军区开展文化大革命步骤问题的决定》，继续强调一定要保持军队的稳定；各大军区、省军区机关运动必须分期分批进行，不要与地方同时展开；规定济南、南京、福州、武汉、广州、新疆、昆明七个军区推迟或暂停“文化大革命”。

据总参作战部王宪志等部分同志回忆，“文化大革命”开始以来，叶剑英经常听取军委总参谋部作战、情报等部门汇报，掌握部队动态，加强战备，保证部队的稳定。他还抽空视察部队，主持军委常委会听取导弹及核武器的试验、军工生产等情况的汇报，并作了大量的指示。

第三十四章　迎着逆流进击

第一节　“大闹京西”

斗争并未止息。林彪、江青一伙为了反军乱军、篡军夺权，伺机挑起新的更大的争端。

1967 年 1 月 19 日下午，军委在京西宾馆召开扩大会议。参加会议的有中央军委领导人，各总部、各大军区、各军兵种的主要负责人，以及中央文革成员共 40 余人。主要议论军队搞不搞“四大”的问题。会上，江青、陈伯达、康生等蓄意制造混乱，起劲地叫嚷，要军队支持革命群众开展“四大”，要和地方一样搞“文化大革命”，不能搞特殊。叶剑英和军委其他领导人则不同意在军队开展“四大”，坚持维护军队的稳定。有人采取折衷的态度，主张军队要搞“四大”，但又要保持稳定。针对这种情况，叶剑英态度非常鲜明，坚决反对搞“四大”。他说，军队是无产阶级专政的柱石，战备任务很重，负有保卫党中央、保卫毛主席、保卫社会主义祖国的重大责任，军队稳不住，一旦敌人入侵，就无法应付。坚持党对军队的绝对领导，是毛泽东军事思想和建军路线的一个根本原则。纪律是执行路线的根本保证。如果开展“四大”，必然发生无政府主义，什么个人服从组织，下级服从上级，都将变成一句空话。这样搞下去，怎么能执行党的路线？怎么能打仗？怎么能担负起保卫社会主义祖国的重任？军队没有铁的纪律，松松垮垮，命令不服从，打起仗来“放羊”，军队就不成其为军队了。①

会上，两种意见针锋相对，争论十分激烈。叶群突然向总政治部主任萧华发起攻击。她捏造种种罪名，强加在萧华头上，要他当晚向军队院校师生作检查。接着，陈伯达摆出中央文革组长的架势，指责萧华是“绅士”，不是“战士”，“要把人民解放军变成资产阶级军队”。江青旁敲侧击，竭力帮腔，对萧华进行辱骂攻击。她指着萧华的鼻子问：今晚在工人体育馆召开十万人大会，你敢不敢去？逼迫他到会上说清问题。萧华以沉默表示对抗。江青一伙转而向会议提出，由徐向前主管总政工作。会上没有人表态。很明显，“项庄舞剑，意在沛公”，江青、陈伯达一伙围攻萧华的险恶用心是妄图从总政打开缺口，搞乱军队，以便他们

① 中共中央军委碰头会议记录，1967 年 1 月 19 日。

进而打倒叶剑英等元帅，夺取军权。叶剑英、聂荣臻对此看得非常明白，极为愤慨，未等会议结束，就退出会场，以示抗议。叶剑英回去后，立即将会议情况报告毛泽东、周恩来，要求制止批斗萧华。周恩来回电话说："没有我的命令，萧华不能去大会检查。"但，风波并未平息。

这一天，军委扩大的碰头会散会时，徐向前特意宣布："会议的内容要严格保密，不准外传，这是条纪律。"但是，会后北京军区一位领导人在传达会议精神时不慎失密，走漏了消息，总政一位副主任的笔记本也被"造反派"劫走。北京军区战友文工团等单位的"造反派"连夜向萧华发起"突然袭击"，跑到景山东街抓他。萧华听到风声，立即从后门跑出，到傅钟家，然后坐上车子飞驰到西山叶剑英住所，躲了起来。

第二天上午，军委扩大的碰头会在京西宾馆继续进行，发生了"大闹京西"事件。会议开始，主持人徐向前知道了昨天夜里发生的情况即向秘书查问，昨天会议谁做的记录？谁走漏了会议消息？这时，会场上，江青、陈伯达、叶群、王力等人坐在前排，江青坐在叶剑英的左侧。她看到萧华没有来，阴阳怪气地故意发问："总政治部主任失踪，到哪里去了？"叶剑英正气凛然，不予理睬。过了一会儿，萧华来了，徐向前问他，昨晚到哪里去了。萧华躲躲闪闪。徐向前生气地对萧华说："你是胆小鬼！你怕什么？他们能把你吃掉吗？"他盛怒之下，拍了桌子，把茶杯盖子和碟子都摔了。这时，一直冷静沉默的叶剑英，面对江青的查问，也大声地说："他昨天半夜里跑到我那里去了，是我把他收留下来的，如果有窝藏之罪，我来担当！"说话间按捺不住满腔怒火，猛拍桌子，伤及右掌。散会回家以后，端茶杯觉得右手无力，秘书陪他到军事科学院门诊部拍了片子，才发现右手掌骨远端骨折。可见当时气恼之极，用力之猛！一向和蔼可亲的叶剑英发了这么大的脾气，江青等人一下子被震住了，不再质问了，也不提抓萧华了。陈伯达相当狡猾。他曾对人说"经过三座门（军委办公地点）就头疼"。他这天感到事情不大对头，当晚便写了一张纸条，通过军委办公厅电话传给叶剑英，解释说，19 号下午开会，因为安眠药吃多了，讲萧华是"绅士"不是"战士"，这个话他否定，要收回来。①

第二节　下达军委八条命令和七项规定

1 月 22 日，毛泽东在人民大会堂接见参加军委扩大的碰头会的高级领导同志。周恩来和毛泽东坐在一起。毛泽东特意招呼叶剑英等坐在他的身边，并询问碰头会上的情况。叶剑英扼要地谈了自己的意见。军队一些高级领导同志此时此刻见到毛泽东主席，心情非常激动，纷纷向他汇报部队在"文化大革命"中遇到的问题，诉说领导干部在运动中受到残酷斗争的情形。毛泽东说军队要抓紧战

① 访问李文芳、王承光、葛楚民、徐国珍谈话记录，1984—1991 年。

备，要稳定，要团结，不要你搞我，我搞你，不要闹分裂。

根据毛泽东的指示，叶剑英主持军委碰头会议，同其他几位军委领导同志反复商量，一致认为无论如何要稳住军队。叶剑英说：“我们军队要搞个法，搞个命令，搞个章程，不能把军队搞乱了。”聂荣臻说：“不能再乱下去了，军队要有个限制才行。”1月24日晚，徐向前、叶剑英和聂荣臻先后到毛家湾林彪住地，向林彪提出军队要有个限制，要尽快搞个条令和规定。林彪同意，拟定了一个军委命令初稿，送中央文革讨论，又报请毛泽东批示。毛泽东、周恩来找几位元帅研究，最后审定批示“很好，照发”。《军委八条命令》于1月28日由中央军委颁布执行。2月21日，中共中央又正式通知全国各地执行。

“八条命令”规定，全军指战员必须坚守岗位，不得擅离职守；不允许自由抓人、抄家、封门、体罚和变相体罚；一切外出串联的军人和职工等，应迅速返回本地区、本单位，不要逗留在北京和其他地方；今后一律不许冲击军事机关；军队内战备系统和保密系统，不准冲击和串联；军、师、团、营、连等单位，坚持采取正面教育的方针；各级干部、特别是高级干部，要用毛泽东思想严格教育子女。

这“八条命令”的主旨在于稳定军队。由于它经过毛泽东批准，颁布后对稳定军队局势确实起到了很大作用。

各大军区广大指战员热烈拥护，坚决执行这一项命令。有些军区派飞机广为散发。许多地区根据命令制止了一些反革命分子的活动。福州军区请示军委，要求把一些经常冲击军事机关的打砸抢分子集中管制，叶剑英考虑到福州地处前线，从战备需要出发，批准了他们的请示。但是，江青一伙对“八条命令”是一直反对的。“命令”下达没有多久，他们就四处活动，煽动各地“造反派”到处冲击军事机关，夺取武器弹药。

为了进一步解决稳定军队局势问题，1967年2月6日，军委碰头会议转移到西山，在叶剑英主持下继续开会。叶剑英分析一些地区军队混乱的局势，感到“八条命令”还不够，也未完全落到实处，还要再规定几条加以限制。他说：“军委命令本来是九条，拿到中央文革讨论，他们把党委领导，不成立战斗组织的一条内容删掉了。这些问题同他们就是讲不通，免不了还有一场争论！军队机关如果允许成立战斗组织，不就是允许夺权吗？这个问题要进行辩论！”[①]他和几位老帅商量后，于2月8日以军委名义发出通知：明令外出串联的人员，限期返回本单位，设在各地的联络站一律撤销。

为了贯彻军委“八条命令”，叶剑英又和聂荣臻研究主持制定了《中共中央军委关于军以上领导机关文化大革命的几项规定》（即七项规定），进一步规定了稳定军队的具体措施，下发部队。叶剑英在军委碰头会上说：“本来八条一个文件就可以解决问题了，现在又搞了个七条，这些都是我们斗争来的！”

七条明确规定，陆、空军的军以下单位，海军基地以下单位一律不搞“四

① 叶剑英在军委碰头会上的发言，1967年2月6日。

大”，坚持进行正面教育。绝对不准任何人，到这些单位进行串联；各级军事领导机关一律不允许自下而上的夺权；军以上机关的“文化大革命”必须由党委领导，取消各种“文化大革命”战斗组织；对干部一概打倒是完全错误的；要反对无政府主义、极端民主化、小团体主义、个人主义和主观主义等不良倾向。

“八条命令”和“七条规定”相继颁布后，逐步消除了一些地区的混乱现象，保证了部队的正常秩序，在一定程度上挫败了江青、陈伯达、康生等人乱军夺权的阴谋。叶剑英根据“命令”和“规定”，先后解决了成都、青海、新疆、南京、内蒙古、甘肃、广州等地军事机关和领导干部被“造反派”围困之灾。

第三节 “大闹怀仁堂”

林彪、江青一伙蓄意伺机报复，双方斗争日趋尖锐、白热化。

1967 年 2 月 11 日和 16 日，周恩来在中南海怀仁堂主持召开中央碰头会（即怀仁堂会议）。桌子两旁一边有七位军委副主席、国务院副总理和余秋里、谷牧，一边有陈伯达、康生等“中央文革”成员，对阵分明。在这两次会上，围绕着“文化大革命”要不要党的领导，应不应将老干部统统打倒，要不要稳定军队等重大原则问题，展开了针锋相对的斗争。

在 2 月 14 日下午的碰头会上，叶剑英站起来指着康生、陈伯达、张春桥一伙，拍着桌子，气愤地说：“你们把党搞乱了，把政府搞乱了，把工厂、农村搞乱了！你们还嫌不够，还一定要把军队搞乱！这样搞，你们想干什么？上海夺权，改名为上海公社，这样大的问题，涉及国家体制，不经政治局讨论，就擅自改变名称，又是想干什么？”徐向前、聂荣臻也相继指责他们的错误。叶剑英嘲讽地质问陈伯达说：“我们不看书，不看报，也不懂什么是巴黎公社的原则。请你解释一下，什么是巴黎公社的原则？革命，能没有党的领导吗？能不要军队吗？”会后，陈毅对叶剑英说：“剑公，你真勇敢！”

2 月 16 日下午，继续开碰头会。这次会议，斗争更加激烈。会上谭震林、陈毅、李先念、余秋里等继续对“文化大革命”错误做法提出批评。谭震林慷慨激昂，越说越气，大声指责张春桥等打倒老干部是“党的历史上斗争最残酷的一次”，说“砍脑袋，坐监牢，开除党籍，也要斗争到底”！他站起来，夹起皮包要退出会场。周恩来连忙劝阻。陈毅说：不要走，要留在这里斗争！散会后，张春桥、王力、姚文元立即向江青汇报，并于当晚拼凑了一份歪曲事实真相的所谓《二月十六日怀仁堂会议》材料，捏造罪名，诬陷老同志。江青定调说：“这是一场新的大的路线斗争”，当即亲自安排，由张春桥、姚文元等向毛泽东告状。毛泽东听了他们的汇报后，对这些老同志否定“文化大革命”很不满意。

2 月 19 日凌晨，毛泽东召集部分政治局委员开会，严厉批评了在怀仁堂会议上提意见的一些老同志，责令他们检讨。周恩来也作了检讨。从 2 月 25 日起至 3 月 18 日，在怀仁堂召开了 7 次“政治局生活会”进行批判。林彪、江青、康生、张春桥等人把“三老”、“四帅”在不同会议上对“文化大革命”的批评诬陷为“二月逆流”，借机掀起所谓“反击全国自上而下的复辟逆流”的浪潮，更大规模地打击迫害党和国家的各级领导干部。此后，中央政治局便在实际上停止了活动，由中央文革小组取代其职能，批判斗争一直没有停止。1968 年 10 月，在八届十二中全会上，又一次大肆批判“二月逆流”。谭震林被剥夺了参加中央全会的权利。参加全会的陈毅、叶剑英、李富春、李先念、徐向前、聂荣臻等在会上遭到围攻。康生说：“‘二月逆流’首先打第一炮的是叶剑英。”林彪说：“‘二月逆流’是一次严重的反党事件”，“资本主义复辟的预演。”这次全会公报说：“全会严肃批判了那个反对八届十一中全会决定、反对无产阶级文化大革命、反对以毛主席为首、林副主席为副的无产阶级司令部的一九六七年的‘二月逆流’。”[①]

第四节　主持召开军以上干部会议

叶剑英逆流而上，继续坚持斗争。就在怀仁堂会议的第二天，1967 年 2 月 17 日，他亲自修改批发中央军委致“成都革命造反兵团”等造反派组织的公开信。信中说：“你们不要把斗争锋芒指向人民解放军。严重后果由你们完全负责。”这封信先在成都地区后在全国用飞机散发开来。同一天，叶剑英还批准发出了《关于文艺团体无产阶级文化大革命的规定》的电报，严格制止一些“造反派”到各大军区打砸抢、扰乱部队正常秩序的错误行为，要求各单位限期把他们押回北京。

1967 年 2 月 23 日，叶剑英亲自打电话向青海省军区副司令员赵永夫询问“青海事件”发生过程，并向毛泽东作了报告。但林彪、江青却继续追查，把攻击矛头对准叶剑英。[②] 此后，叶剑英又以中央军委名义给南京军区下达了关于军事院校恢复党委领导、停止搞“四大”等四点指示。他还受中央委托继续帮助解决新疆、内蒙古、甘肃等地的问题。所有这些，都受到各军区的拥护和支持，保证了部队的稳定，但却招来了林彪、江青的更大怨恨，一条条罪状和种种迫害接踵而至。

叶剑英并没有被压倒，在极其困难的条件下，继续想尽办法，稳定军队，坚持党对军队的绝对领导权。经过酝酿，2 月 26 日他就召开军级干部会议一事向党中央、毛泽东作了专题报告。从 2 月下旬到 3 月下旬，他和几位元帅一起主持召开了军以上干部会议。这次会议虽然名义上着重讨论军队支援地方春耕生产以及军队对全国大中学校师生进行军训等问题，但真正的目的在于统一军队高级干部对“文化大革命”的认识，解决军队在“三支两军”（毛泽东要求军队介入地方“文化大革命”，“支左、支工、支农”，“军管”、“军训”）中遇到的困难，维护部队的团结稳定。参加会议的有各大军区、各军兵种、各总部军以上干部 100 余人。叶剑英在预备会议上动员说，希望大家打消顾虑，反映部队的真实情况，包括正面教

---

①《关于建国以来党的若干历史问题的决议》（注释本），人民出版社 1985 年版，第 406 页。

② 访问张江林、刘思起谈话记录，1991 年 9 月。

1967年“二月逆流”时期，叶剑英在北京住所思虑国家大事

育、军事训练、“三支两军”、与地方的关系问题，以及机关被冲击和反冲击等各方面的问题，都可以谈谈，有些典型事例可以在会上讲，也可以写成书面材料。叶剑英了解了部队各方面的情况以后，在大小会议上，有针对性地作了数次发言，就“文化大革命”应当怎样看，部队如何搞法，怎样处理军队与地方（包括“革委会”和“造反派”）的关系等一系列复杂棘手的问题谈了自己的看法，作了明确指示。他还利用机会，同少数人座谈或个别交谈，使与会的多数同志心里有了底。[①]

但这次会议进展并不顺利。林彪、江青等发觉这次会议“风向不对”，诬蔑叶剑英“抓军队反对中央文革”，“搜集黑材料反对文化大革命”。康生气势汹汹地到会上讲话，手里摇晃着叶剑英批准的军委致成都“造反派”的公开信，当众指责它充满了“国民党语言”，是“镇压群众”的文件。3月20日，林彪突然来到会上讲话，大放厥词，说什么“文化大革命”的“损失是最小最小最小，成绩是最大最大最大”，“要采取主动的进攻”，“要抓带枪的刘邓路线”！这次会议尽管遭到林彪、江青一伙的干扰破坏，还是取得了很大成果。有人反映这次会议对稳定军队起到了积极的潜在的作用。

林彪、江青为了消除这个会议的影响，搞乱军队，刮起了“十二级台风”。4月6日，以中央军委的名义发布有关军队“文化大革命”的“十条”，否定了军委的“八条命令”、“七项规定”。4月中旬，召开军委扩大会议，批判“带枪的刘邓路线”等罪行，逼迫叶剑英等元帅作“检讨”。紧接着制造了一系列事件：首先，改组全军文革小组，宣布徐向前不再管全军文革的事，全军文革工作由萧华主持；然后，炮制“五一三事件”，打倒萧华，砸烂“总政阎王殿”，撵走“阎王”，赶跑“小鬼”；与此同时，重新挑起“青海事件”背后两派的矛盾，追查“罪魁祸首”赵永夫的“黑后台”叶剑英；随后在武汉制造“七二〇反革命事件”，

① 叶剑英在军以上干部会议上的讲话，1967年2月。

揪斗陈再道，公开提出“打倒军内一小撮走资本主义道路的当权派”，“带枪的刘、邓路线不打倒，不带枪的就打不倒”等反动口号。

7 月 23 日，江青又提出“文攻武卫”的口号煽动武斗，造成全国武斗升级、“全面内战”的混乱局面。各地掀起了冲击军事机关的新高潮，“造反派”到处“揪斗陈再道式的人物”。在一次中央会议上，江青突然发难，诬陷叶剑英“要搞政变”。叶剑英当场予以反击。会后不久，江青一伙竟派人抄叶剑英在北长街 81 号的家，抄走了叶剑英大量手稿、记录稿、讲话稿和中央、军委机关的来往信件以及其他的机密文件。还挖开地板，检查有无武器、电台。北京街头贴出“打倒叶剑英”、“斩断叶剑英的黑手”等大标语。中央戏剧学院成立“揪叶联络站”，先后将叶剑英的几个子女、亲属，甚至保姆关进监狱，并成立“专案组”，搞逼供信，罗列罪状，栽赃陷害叶剑英，必欲打倒而后快。他的小女儿文珊被北京卫戍区司令员傅崇碧保护起来，当电话守机员。江青知道了，说她“泄漏机密”，要把她抓起来，傅崇碧连夜通知她离开，后到福建去当兵。①

他们不仅从政治上制造种种骇人听闻的什么“兵变”“逆流”“冲击事件”等谣言，恶毒攻击叶剑英等元帅和高级将领，而且从组织上改组最高统帅部，成立“军委办事组”，让黄永胜取代叶剑英主持军委工作。1968 年 3 月，又制造“杨（成武）、余（立金）、傅（崇碧）”事件，诬蔑几个老帅是“黑后台”。他们组织人员专门私整各位元帅的黑材料，造谣诬蔑叶剑英曾“被俘”、“企图投敌”，直到毛泽东亲自批示这是“老一套谣言”，下令禁止，并在天安门城楼上当面向叶剑英澄清此事，他们才被迫罢休。

第五节　忍辱负重，坚持斗争

在“文化大革命”中，几位开国元戎，受尽了屈辱和摧残，处于被打倒和“半打倒”的状态。贺龙被扣上“二月兵变”的罪名，首受其害。朱德被诬为“旧军阀”。彭德怀则“新老账”一起算，再次被批斗。陈毅被打成“老机”、“老右”。聂荣臻主管的国防科委，被“九一五”、“九一六”两大群众组织纠缠得不可开交。徐向前领导全军“文化大革命”招来横祸，被迫靠边站，勒令检查。刘伯承身患重病，仍不免受刁难。叶剑英虽然受毛泽东一再保护，说他长征路上获取张国焘企图危害党中央的密电有功，但仍然处于被“半打倒”状态。有一段时间，黄永胜一伙不给他看文件，不准他打电话，不准与外界联系，甚至不准与子女联系，过着与世隔绝的孤寂生活，但他仍然保持乐观主义的态度，坚持斗争。他的亲属、子女十分担心他的生活和健康。他这个“逆流的老爸爸”以慈父之心关心爱护子女们，常常写信或面谕，告诫他们要“洁身自爱，奋发图强”，“挺起胸膛走路，夹着尾巴做人”。他曾书“祸患常积于忽微，智勇多困于所溺”，与女儿楚

① 访问傅崇碧、李新民、李永悌、张延忠谈话记录，1986—1994 年。

梅、女婿邹家华共赏警勉。他在给远在外地的文珊的回信中写道："你信中问到二号楼（叶剑英在军事科学院的住地），且听吧：二号楼前果木多，一间古庙一头陀（和尚）。如有假日归来看，你的窝儿照样呵！"他在信中语重心长地嘱咐女儿说："人要成才，就要千锤百炼，才能成为有益于人民的人。你要刻苦锻炼，'马大哈'气味要大大压缩一点。"他在另一封信中写道："人生是多么短促，宇宙是多么无限，人们以短暂的时光完成悠远的事业，只有代代相承，蝉联不断，愚公式地干下去。……亲爱的珊儿，勇敢地坚毅地准备好接起前一辈的班来吧！"[①]

在极其艰难复杂的境况中，叶剑英表现非常沉着冷静，应付自如，他告诫办公室的同志："大事多请示报告，小事要沉着思考，遇事与群众商量。"他忍辱负重，置个人生死于度外，以极大的耐心和克制，同林彪、江青一伙周旋，机敏巧妙地进行着各种形式的斗争。同时，想方设法保护几位元帅和老将军、老干部。他看望病中的聂荣臻元帅，两人谈到林彪、江青一伙把跟随毛主席多年的老帅和老同志列为"老机"，开会坐在右边或台下，动辄批斗，非常愤慨："欲加之罪，何患无辞！"徐向前元帅回忆当年的情景，对叶剑英曾作过这样一段评述："他在自己处境十分艰难的情况下，仍然关怀着军队的稳定，关心着其他受冲击的同志。一次他听到风声，造反派要抄我的家。他一面严令保护我的安全，一面亲自打电话给我，安排我转移到西山去住。这种患难与共的真挚感情，使我难以忘怀。1967年'八一'建军节前夕，由于林彪、'四人帮'一伙捣乱，朱德同志和我们几个受冲击的老同志，能不能出席建军四十周年招待会，竟成了问题。在出不出席还没最后定时，剑英同志亲自带着一名战士理发员，来到了我的住处，要我先理个发，作好出席招待会的准备。当时他的意见十分明确：这次招待会，军委的一些老同志应该出席，这不是个人的事，它关系到军队的安定与团结，关系到国内外的影响，也是向'四人帮'一伙的斗争。当毛泽东同志批示朱德同志和我们几位老同志都要出席的电话通知打来时，剑英同志喜形于色，十分高兴！"[②]

叶剑英身处逆境，犹念念不忘向党内外的一些知名人士、革命先烈及其亲属，给予爱心，送去温暖。他不但亲自写信表示慰藉，还派秘书和子女了解他们的处境和困难，尽力相助。当他得知宋庆龄变卖衣服和书籍时，特修书安慰，以后又设法接济五万元人民币，解决燃眉之急；对李立三、黄琪翔、蒋光鼐、司徒美堂、邹韬奋、赵世炎的夫人及子女等都曾给予亲切关怀。

叶剑英遭难这一时期，广东和家乡以及外地来京的许多老战友、老部下、老乡亲、老朋友想方设法，冲破阻拦去看望他，他表现出十分乐观豁达的态度，告慰大家，再难也能挺得住，闯过这一关。同时非常关心老熟人和各地区的情况，问东问西，了解甚详，深切关注。[③]

---

①《萦思录——怀念叶剑英》，人民出版社1987年版，第259页。

② 徐向前：《功勋卓著，光辉一生》，载《人民日报》1986年10月31日。

③ 访问李坚真、钱益民、柯平、杨资元、祁锋、寇庆延、罗湘林、杜襟南、曹冰、陈传照等谈话记录，1991—1993年。

第六节　“二月逆流”实为“二月正流”

中共八届十二中全会以后，毛泽东亲自找几位元帅谈话，并于 1969 年 1 月 3 日在一份简报上批示：“所有与‘二月逆流’有关的老同志及其家属，都不要批判，要把关系搞好。”周恩来也为“二月逆流”的平反问题做了很多工作。林彪反革命集团被粉碎以后，1971 年 11 月 14 日，毛泽东接见参加成都地区座谈会的李大章、张国华等，当叶剑英走进会场时，毛泽东对到会的人员说：“你们再不要讲他‘二月逆流’了。”接着他又对大家说：“‘二月逆流’是什么性质？是他们对付林彪、陈伯达、王（力）、关（锋）、戚（本禹）。那个王、关、戚和‘五一六’，要打倒一切，包括总理、老帅。老帅们就有气嘛，发点牢骚。他们是在党的会议上，公开的，大闹怀仁堂嘛！”[①]1972 年 1 月初，毛泽东又对周恩来、叶剑英说：“‘二月逆流’经过时间的考验，根本没有这个事，不要再讲‘二月逆流’了。现在我有事，请你们去向陈毅同志传达一下。”为了慎重起见，周、叶当场核对了记录。1 月 6 日 16 时 20 分，叶剑英匆匆赶到医院向重病的陈毅作传达。据当时在场的保健医生卞志强教授回忆，叶剑英泪流语塞，用颤抖的双手从衣袋里掏出一张纸，上面抄着毛泽东为所谓“二月逆流”平反的一段话。他说：“毛主席、党中央要我来看你，你要安心养病，会好的。”他把纸条上的内容读了一遍，再交给守坐床头的陈毅女儿姗姗，让她再念给陈毅听。姗姗伏在床头轻声对陈毅说：“爸爸，刚才叶伯伯的话，如果你能听见，就闭一闭眼睛。”这时说话已经困难的陈毅闭了闭眼。当日深夜 11 时 55 分，陈毅与世长辞。叶剑英悲痛异常。在陈毅患病期间，叶剑英多次去医院看望他。“毅公卧病，诗以慰之”，他在《慰陈毅同志》诗中写道：“君子坦荡荡，于人曰浩然”。“斯人有斯疾，闻道可闻禅。信回天有力，前路共巨艰”。[②]他希望有回天之力能医好陈毅的病，好再并肩战斗，继续完成艰巨而重大的历史使命。以后，又写信安慰陈毅：“望宽心医治，老英雄定能战胜顽疾，祝早日恢复健康。”他在诗和信中高度赞扬了陈毅的大将风度和高尚品德，表达了对老战友的深切关怀。陈毅辞世，他去悼念，特书《悼陈毅同志》诗：“鬼蜮含沙射，元良息仔肩。儿曹当鹤立，接力竞无前。”[③]赠给陈毅子女，对晚辈提出了殷切的慰藉和希望。他借用曹植《洛神赋》“竦轻躯以鹤立，若将飞而未翔”的诗句，勉励陈毅子女，当“鹤立”成才，挑起重担，继承父志，接力向前。

叶剑英和陈毅在长期革命斗争中结下了深厚的友谊，是肝胆相照、同声相应的知己和诗友。人们赞道：“叶陈二公，屹立青松，抵制错误，二月抗争。”[④]

粉碎“四人帮”后，中共中央做出决定，宣布为“二月逆流”平反。1981

---

① 毛泽东接见成都地区座谈会人员谈话记录，1971 年 11 月 14 日。

②《叶剑英诗词选集》，人民文学出版社 1983 年版，第 53 页。

③《叶剑英诗词选集》，人民文学出版社 1983 年版，第 55 页。

④ 访问廖盖隆谈话记录，1986 年 6 月。

年3月18日，邓小平在同《关于建国以来党的若干历史问题的决议》起草小组负责同志谈话时说："所谓'二月逆流'，不是逆流，是正流嘛，是同林彪、'四人帮'的反复斗争嘛。"[①]

第七节　到新华印刷厂"蹲点"

1968年底，毛泽东亲自抓北京的"六厂二校"作为指导"斗、批、改"的试点单位。1969年春节，毛泽东找几位元帅谈话，要他们到工厂去蹲点，作点调查。叶剑英被指定去新华印刷厂。

叶剑英冒着凛冽的寒风来到二里沟车公庄的新华印刷厂，同陈云、谭启龙一起学习、劳动。他在装订车间，一面参加学习、劳动，一面接触工人搞调查研究。在车间里，他以一个普通劳动者的姿态，出现在工人群众中间，和工人同吃同劳动，尽自己最大努力干些体力活，同时参加学习班的批判会、讨论会，虚心向工人学习。为了学到更多的东西，他还在厂里的安排下，到别的车间去参观访问，详细了解生产的每道工序，并同工人们座谈劳动经验体会，支持革新创造，关心群众疾苦。厂里的干部和工人知道他是军队元帅和中央领导人，七十多岁了，身体又不好，就主动照顾他，劝他多休息，单独开伙吃饭。但他一再表示，自己是来学习的，都婉言谢绝了，始终遵守工厂的规章制度和劳动纪律，坚持同工人们一起作息，一起到大饭堂就餐。工人们很感动，亲切地叫他"老叶"，愿意同他说心里话。普遍反映，"老叶"平易近人，艰苦朴素，和咱们心连心。[②]这期间，叶剑英常给在自己身边的子女和侄儿选钧等谈自己在新华印刷厂劳动的情况和收获，说自己"每天向工人学习，受到教育很深"。周恩来对他十分关怀，特意派杨德中几次去看望他，并带话嘱咐千万注意身体。叶剑英给周恩来写报告，谈自己在工厂锻炼学习的体会。报告中赞扬工人的革命品质，谦虚地表示自己"落后了，要赶上去"。[③]

第八节　对国际新战略的建议

1969年3月，苏联军队悍然入侵中国黑龙江省虎林县珍宝岛。

这时叶剑英虽然被迫离开军委领导工作岗位，但对"文化大革命"中发生的这一重大事件极为关注。3月初，他根据毛泽东、周恩来指示，同其他几位在北京"六厂二校"蹲点的元帅一起讨论国际形势。3月18日向中共中央、毛泽东写了报告，提出了七条具体建议。3月下旬，他同其他几位老帅一起多次研究了珍宝岛反击作战问题，并根据研讨的意见由他负责整理了一份《从世界森林看一

①《邓小平文选》第2卷，人民出版社1994年版，第303页。
② 访问任常青谈话记录，1986年3月。
③ 叶剑英写给周恩来的报告，1969年8月26日。

棵珍宝岛树》的报告，呈报毛泽东主席。报告站在世界全局高度分析了苏联军队突然入侵珍宝岛的原因、目的及其发展趋势，进而揭示了美苏称霸全球的战略企图、与各国之间的矛盾斗争。报告最后对民兵建设、军事训练、军工生产等一系列问题提出了具体建议。[①]“珍宝岛事件”以及由此加剧的中苏关系紧张局势，一直压在叶剑英的心头。在这一事件一周年之际，叶剑英身处外地，肺病复发，犹念及苏联百万大军压境的威胁，以《珍宝岛》[②]为题赋诗一首：

病阅聊斋事可伤，恒娘读罢又庚娘。
敌军压境魔侵肺，心在边疆身在床。

1969年4月，中共第九次全国代表大会在国际国内极其紧张的形势下召开。在这次大会上，由林彪作的政治报告中再次批判“二月逆流”。叶剑英在会上根据当时的国际形势，特别是珍宝岛事件，在发言中强调要保持军队的稳定，争取时间加强训练，提高部队战斗力，准备打败敢于来犯的任何敌人。而林彪、江青一伙则鼓吹国际“中心转移论”，强调军队要“突出政治”，对叶剑英继续进行围攻。但是，德高望重的叶剑英，却受到大会绝大多数代表的拥护和爱戴。在中共九届一中全会上，经毛泽东、周恩来等提议，他当选为中央政治局委员。

“九大”以后，叶剑英和陈毅、徐向前、聂荣臻等几位元帅，接受周恩来总理交代的任务，从6月7日开始，多次在中南海武成殿聚会，在陈毅主持下，全面深入讨论国际形势和战略问题。在会上，叶剑英作了几次很有见地的发言。他在发言中，根据国际形势的发展，强调要利用美国、苏联和欧洲各国之间的矛盾，尽快打开中美之间的僵持局面，恢复中美会谈。他说，现在美国不得不从南越逐步撤军，苏联在大力推动建立“亚洲安全体系”，尼克松访问亚洲五国，是怕苏联接管“真空”。美国国务院宣布“两个放宽”，步子虽然不大，但表明尼克松想拉中国的新动向。后来由参加会议做记录的熊向晖等根据元帅们讨论的情况，整理成一份书面报告《对战争形势的初步估计》，于7月11日由陈毅、叶剑英、徐向前、聂荣臻签署，上送周恩来总理转呈毛泽东主席。[③]在这份报告中，四位元帅对中、美、苏“大三角”的战略关系进行了深入的研讨，全面地分析了“中、美、苏三大力量之间的斗争”，着重地对苏美矛盾进行了深层次的分析，并判定：中苏矛盾大于中美矛盾，美苏矛盾大于中苏矛盾，反华大战不致轻易发生。报告全面地勾画了国际战略新格局，为打开中美关系局面提供了依据，为中共中央和毛泽东主席制定重大战略决策做出了历史性的贡献。[④]

这一年9月，越南劳动党主席胡志明逝世。叶剑英作为副团长陪同周恩来率

---

① 叶剑英：《从世界森林看一棵珍宝岛树》1969年3月29日。
②《叶剑英诗词选集》，人民文学出版社1983年版，第54页。
③ 访问熊向晖谈话记录，1989年10月。
④《对战争形势的初步估计》1969年7月11日。

中共代表团于9月4日乘专机前往河内吊唁，并与越南领导人举行会谈。

第九节 “流放”湖南

但是，林彪一伙并没有放弃对叶剑英等的迫害。1969年10月，他们借口所谓“紧急战备”需要，迫使叶剑英等许多老同志离开北京奔赴外地。年过七旬的叶剑英被“下放”到长沙，以后又辗转流徙于岳阳、湘潭、广州等地，含冤受屈，受尽林彪及其追随者们的冷遇、刁难和折磨。同时也受到许多领导人和基层工作人员及群众的关怀和爱戴。周恩来曾亲自打电话慰问。下放到江西的王震特地赶到湖南看望。湖南省军区的一些好同志对处在困境中的叶剑英尽力给予关心照顾。叶剑英和这些同志相处甚安，经常说古谈今，启发他们读书明理，做一个真正的革命战士。[①]他在外地的弟弟和子女偶尔来看望，或捎信来问候，他表示感谢：“千里寄书能慰我，似逃空谷听人声”，在给选宁的复信中写道：“祸兮福所倚，福兮祸所伏”，“施人慎勿念，受施慎勿忘”。

在“战备疏散”期间，叶剑英虽然身处逆境，年老多病，儿女失散（有的在监，有的致残），但仍胸怀开阔，泰然处之，始终保持旺盛的斗志和乐观情绪。每天坚持读马列、毛泽东著作和古典文学，学习外语，坚持锻炼身体，坚持收听广播，关心天下大事，为国为民忧心。他利用各种机会，经常出外走一走，转一转，参观工厂，看望群众，向有关部门领导反映情况，提出合理化建议。他登临岳阳楼，极目八百里洞庭，览物动情，反复吟诵范仲淹的名句：“居庙堂之高，则忧其民；处江湖之远，则忧其君。”“先天下之忧而忧，后天下之乐而乐。”[②]爱国利民，其志更坚。心有所感，则吟诗填词以明志。1970年端午节，他遥望汨罗江，凭吊屈原，作诗一首：

泽畔行吟放屈原，为伊太息有婵娟。
行廉志洁泥无滓，一读骚经一肃然。[③]

叶剑英平生十分敬佩屈原的诗品和人品。他设身处地，想起屈原当年的放逐生活，以“行廉志洁”来鞭策自己。他默默地忍受着不公正的待遇，不提任何特殊要求，经常告诫身边人员，不能给人家添麻烦，不准搞特殊。他在岳阳招待所，亲自下厨房感谢炊事员陈炳生给他做的可口的饭菜。有一次，他与陈聊天，看到要把剩下的藕汁倒掉，便劝阻说：“陈师傅，这是好东西，丢了太可惜。替我留下来，下顿饭给我喝！”使在场的同志很受感动。[④]

---

① 访问胡家虎、赵宴宏、赵福和、萧振西、萧根如、王润泉、阳新明等谈话记录，1986—1993年。
② 范仲淹《岳阳楼记》。
③《叶剑英诗词选集》，人民文学出版社1983年版，第54页。
④ 访问陈炳生、陶敬业、钟友情、方震等谈话记录，1986年。

第十节　揭穿陈伯达的真面目

1970年7月6日，叶剑英突然被告知，由长沙乘机返回北京。刚到住地二号楼，周恩来即打来电话，表示欢迎和慰问。紧接着，到京西宾馆连日开会，为中共九届二中全会作准备。

从此，叶剑英结束了长达三百天的“流放”生活。

8月23日，中共九届二中全会在庐山召开。叶剑英同中央其他领导人于8月20日飞上庐山，参加会议。毛泽东主持会议。会上，林彪、陈伯达一伙早有预谋，搞突然袭击，抛出“称天才”的材料，坚持设国家主席，迫不及待地进行抢班夺权。当即受到毛泽东、周恩来以及与会多数同志的揭发批判。叶剑英坚定地站在毛泽东一边，保持清醒的头脑，旗帜鲜明，实事求是地与林彪、陈伯达进行斗争。

在庐山出席中共九届二中全会期间，叶剑英（右）与朱德（中）、聂荣臻合影

中共中央宣布对陈伯达进行审查。会议结束后，毛泽东在庐山住地同周恩来、叶剑英连日研究“批陈”问题，确定逐步开展“批陈整风”运动，并把调查陈伯达历史和政治面目的任务当面交给周、叶。11月，叶剑英在中南海怀仁堂主持召开了参加调查小组的人员和中央办公厅及有关部门负责人会议。会上，他明确交代了任务，提出了要求，特别强调要坚持实事求是，重证据，调查研究，严禁逼供信。会后，他亲自带领工作组，奔赴陈伯达家乡福建惠安县陈安大厝和厦门鼓浪屿、集美等地调查。然后又去广东、广西等地找有关人员座谈，提审在

1970 年 11 月，叶剑英到福建调查陈伯达问题时与随行人员在厦门鼓浪屿合影

押人员，查阅敌伪档案报刊，进行反复查证。为了弄清问题，他亲自找人谈话，掌握第一手材料，有时谈到深夜一二点钟，在调查研究过程中，他及时与中央联系，亲自给中央写工作进展情况报告。[①] 经过几个月艰苦细致的工作，终于查清了陈伯达这个政治骗子的反动历史，比较系统地揭露了所谓“红色理论家”的真面目，为中央清除林彪与陈伯达等反革命集团做出了重大贡献。

① 访问张廷栋、刘均、温喜民、陈海澄、马浩等谈话记录，1984—1987 年。

第三十五章　重新主持军委工作

第一节　受命于危难之际

1971年9月13日，身为中共中央副主席、军委副主席的林彪，在妄图谋害毛泽东、另立中央的阴谋败露后，从山海关机场仓皇爬上256号三叉戟飞机，叛逃国外。周恩来得知这一意外事件，立即通知叶剑英到人民大会堂，并指定他处理林彪善后问题及战备事项。当晚，叶剑英转移到玉泉山待命，随时准备应付可能出现的突然事变。14日，中华人民共和国驻蒙古人民共和国大使馆传回消息，证实林彪叛逃途中机毁身亡。叶剑英愤然提笔，写下一首《斥林彪》诗：

铁鸟南飞叛未成，
庐山终古显威灵。
仓皇北窜埋沙碛，
地下应惭汉李陵。[①]

林彪自我爆炸以后，他的党羽、原军委办事组负责人黄永胜、吴法宪、李作鹏和邱会作十分惶恐。他们手忙脚乱，千方百计销毁自己参与林彪篡党夺权活动的罪证，拒不交代问题。9月24日，中共中央命令黄、吴、李、邱4人离职反省。与此同时，中央决定由军委副主席叶剑英主持军委日常工作。10月3日，中共中央又做出决定，撤销军委办事组，成立由叶剑英主持的军委办公会议，成员有叶剑英、李先念、李德生、谢富治、张春桥、纪登奎、汪东兴、陈士榘、张才千、刘贤权。军委办公会议在中央军委领导下，负责处理军委日常工作。

叶剑英受命于危难之际，深感责任重大。10月4日，他给毛泽东写信，报告军委直属单位、军兵种和院校传达中共中央关于林彪叛党叛国事件通知的情况和军委工作的一些设想。他在信中写道：

“林彪及其妻、子叛变，黄、吴、李、邱附逆，以为勾结几个死党，掌握几架飞机，散布几句谣言，制造几桩借口，就可以施展阴谋，篡党篡国，结果作恶

①《远望集》，人民文学出版社1979年版，第63页。

自毙，余孽落网，从反面促使全党提高觉悟，提高警惕，增强团结，增强战斗力，这证明坏事做到头可以变成好事。”

“军队各大单位在常委会上传达时，讲到林彪谋叛三阶段（谋害主席、广东割据、北窜投敌），同志们初听惊奇，再听愤怒，最后听到林彪机毁人亡，一种沉重心情又爽然消失，转为快慰，发人深省。”“在军委直属各兵种首长会议上，曾把林彪给黄永胜的亲笔信（照片）给大家传视一遍，又选了三篇交代材料给大家念了一遍，这种铁证如山，完全粉碎了可能在少数人身上出现的半信半疑的精神状态，收到全功。”

叶剑英在信中认为，对林彪叛党叛国罪行，中央规定有计划有步骤地传达，这是对的。但是，从传达的效果来看，快比慢好，显比隐好，应当加快步伐，尽快传达到基层。这样似台风过后，万里无云，做到思想上充实提高，组织上调整巩固。

叶剑英在信中汇报了军委下一步工作安排，然后向毛泽东表示：“这次主席令我主持军委日常工作，我十分感戴主席的信任，但又十分害怕工作做不好，误了大事。”因此，他一方面表示自己要“努力学习，努力工作”，另一方面，也希望毛泽东、周恩来及政治局各同志能经常对军委工作做出指示，提出意见，以便使工作少出差错。最后，他请求毛泽东“有时间请赐一见，得到指示，以利工作”。①

毛泽东收到叶剑英的信，当天即召集叶剑英和军委办公会议的成员谈话，就军委的工作作了重要指示。他指出，林彪搞了十几年，军队的问题不少。“四好”运动搞了很多形式的东西，军事训练也有形式主义，部队的作风也搞坏了。要好好整顿我们的军队，肃清林彪的影响。军队要严格训练，严格要求，才能打仗。

为了贯彻中共中央、毛泽东主席关于整顿军队的指示，叶剑英确定，首先集中力量抓好军队系统从上到下关于林彪事件的传达，揭批、清理与林彪事件有牵连的人和事，纯洁各级组织，统一全军指战员的思想。他深入总部和一些大军区机关，亲自抓传达工作，宣讲中央文件精神。1971 年 10 月 7 日，叶剑英出席总参谋部处以上党员干部大会，并作了重要讲话。他除了对中央文件上所揭露的问题进行具体解释以外，还揭露了林彪在历史上反对毛泽东和中央正确路线的一些重大错误，使大家对林彪的历史有了更进一步的了解。他特别强调，在批林斗争中要注意政策，注意区别和处理两类不同性质的矛盾。他充分肯定总参党委关于“分清两个关系”的提法，即分清楚正常的工作关系和非正常的宗派关系。对于正常的工作关系，不应予以追究。对于搞宗派的人，参与了林彪集团阴谋活动的人，就要注意清查。即使是宗派关系，也要进行分析。他强调指出：打击面不要过大，要少抓人，更要保留活的证据，活的材料。要抓敌我矛盾，不要把斗争方向搞偏了，否则，会犯新的错误。叶剑英的这个讲话，指明了军队系统批林斗争的政策和方向，使人们进一步加深了对林彪反革命集团罪行的认识，解除了一些人心中的疑虑，对全军批林斗争的健康发展，起到了重要的指导作用。以后，叶剑英又对全

① 叶剑英致毛泽东的信，1972 年 10 月 4 日。

军的批林整风问题，作了多次重要指示和讲话，推动批林整风工作不断深入发展。

第二节　筹备军委扩大会议

叶剑英清醒地看到，林彪主持军委工作 12 年，对人民解放军建设的干扰和破坏是十分严重的。许多单位的问题已经达到了积重难返的程度。叶剑英紧紧抓住整顿军队，肃清林彪流毒和影响，提高部队战斗力这个中心环节，大力开展各方面的工作。

从 1971 年底开始，叶剑英即根据毛泽东的指示，同军委办公会议的成员一起，着手筹备召开一次中央军委扩大会议。他打算通过军委扩大会议，讨论解决全军存在的一些重大问题，制定有关方针政策，以指导全军各项工作的开展。为此，他夜以继日地工作。他指示：军委办公厅、三总部和军事科学院要分别组织专门小组，研究与自己有关的问题，为会议的召开准备文件和材料。他认为，会议的重点，是围绕贯彻毛泽东“军队要整顿”的指示，整顿与解决军队建设中存在的突出问题。为此，可以先征求各军兵种、各大军区的意见，在集中各大单位意见的基础上，写好会议文件，特别要写好会议的主报告和会议决议两个文件。1972 年 1 至 2 月，他多次主持召开军委办公会议和文件起草小组座谈会，了解工作进度，听取汇报，提出意见。有时，会议从晚上 8 时开始，一直持续到第二天凌晨，长达五六个小时之久。叶剑英不顾年迈有病，仍然坚持参加会议，认真听取大家的汇报，细致地研究文件中的各种问题。这种忘我工作的革命精神，使参加文件起草小组的同志们深受教育。

在军委扩大会议筹备过程中，叶剑英还十分注意征求军内一些老同志的意见。他指示工作人员，将收集整理的各大单位对召开军委扩大会议的建议等有关材料，呈送徐向前、聂荣臻阅示。徐向前、聂荣臻看过材料后，对如何肃清林彪流毒及加强军队建设问题，提出了许多很好的意见。叶剑英很重视两位老帅的意见，要求工作人员将意见写进会议的主报告和决议之中。

1972 年国庆节，叶剑英在北京

到 1972 年 2 月底，由叶剑英主持起草的《在军委扩大会议上的报告》《中共中央军委扩大会议决议》两个文件的初稿形成了。在这两个文件中，对林彪主持军委工作 12 年中推行的一套错误的东西，进行了系统批判，同时，提出了整顿军队的内容和措施。文件中指出，整顿军队，主要是：整顿思想作风，肃清林彪推行的形式主义、实用主义、教条主义、军阀主义的流毒，恢复和发扬人民解放军政治工作的优良传统，坚持党对军队的绝对领导，坚持民主集中制的原则；整顿各级组织，理顺编制、体制，改革部队装备；整顿军事训练，肃清林彪制造军政对立，在军事训练中推行取消主义、形式主义的流毒，对部队进行严格训练，严格要求，提高部队的军事素质；整顿和健全规章制度，加强部队管理；整顿军队院校，恢复必要的指挥院校和技术院校。

军委扩大会议原定于 1972 年 3 月召开。但是，由于当时的政治形势等方面的原因，特别是由于江青一伙的干扰，会议未能按原计划召开。中央军委扩大会议，一直延至 3 年以后，即在 1975 年夏季才得以举行。

第三节　整顿军队领导班子

从筹备中央军委扩大会议开始，叶剑英就同办公会议的成员一起，大力开展调查研究工作，着手对部队进行整顿。叶剑英先后直接调查了军委各总部、各军兵种、军事科学院、军政大学、11 个大军区和北京卫戍区以及国防工办、6 个国防机械工业部、全国人防领导小组等单位的情况。他一个单位一个单位地听汇报，问情况，提问题，并就一些带普遍意义的问题同大家一起进行讨论研究，提出解决的办法。

军队各大单位领导班子的建设，是军队整顿过程中必须解决的重点问题。叶剑英认为，军队的领导班子，特别是大单位的领导班子，是军队的“上层建筑”，而基层部队可以看作是军队的“基础”。“上层建筑”的作用能够巩固、促进基础，也能破坏、衰变基础。军队必须坚持党指挥枪的原则，军队的领导权必须掌握在可靠的人手里。加强领导班子建设，主要从两个方面着手：一是狠抓政治思想教育，提高班子成员的马列主义水平；二是进行组织调整。① 他布置总政治部派出工作组，到各军区了解领导班子的情况，同时要求大军区负责摸清军、师领导班子的情况，做到心中有数，及时调整。

为了加强中央军委的领导，叶剑英曾多次向周恩来、毛泽东建议，迅速改善邓小平的境况，恢复他的工作。1973 年 2 月，邓小平被解除“流放”，从江西回到北京，叶剑英便登门看望，问寒问暖，解决生活上的困难，为他创造良好的工作条件，征求他对军委扩大会议筹备工作的意见。他特意去找毛泽东，建议说：“小平同志回来了，我提一个要求，让他来参加和主持军委工作。”毛泽东又同周恩来商议，决定恢复邓小平的国务院副总理职务，并参加军委工作。

为了进一步加强军队大单位领导班子建设，1973 年 12 月 12 日，毛泽东亲自主持召开中央政治局会议，讨论全国各大军区司令员互相调动问题。他说：“我和剑英同志请邓小平同志参加军委，当委员。”然后他指着叶剑英说：“你是赞成的，我赞成你的意见。我代表你讲话。”最后，他让叶剑英把各大军区司令员、政

① 叶剑英在总政治部召开的全军批林整风座谈会上的讲话，1973 年 1 月 30 日。

治委员都找来，参加议军，叶剑英负责具体主持这项工作。12 月 22 日，中央军委发布命令，令北京与沈阳、南京与广州、济南与武汉、福州与兰州军区司令员相互对调。在召集这些军区司令员开会宣布中央和军委的决定时，毛泽东主席作了重要讲话，他指着邓小平介绍说："现在，我请来了一个军师，叫邓小平。发个通知，当政治局委员、军委委员。政治局管全部的，党政军民学，东西南北中。我想政治局添个秘书长吧，你不要这个名义，那就当个参谋长吧。"并亲自指挥司令员们唱《三大纪律八项注意》歌。叶剑英也在会上讲了话，说明工作调动的重要性和必要性，要求大家认真贯彻党中央、中央军委和毛泽东的指示，在规定的时间内到职上任。各军区司令员们坚决执行命令，很快都按军委的要求奔赴新的工作岗位。

在进行军队领导班子的调整过程中，叶剑英还根据政治局势的发展情况，审时度势，果断地采取措施，解放一批被打倒的老干部。1973 年 1 月 1 日，军委炮兵副司令员苏进写信给叶剑英，反映了他被林彪迫害的情况。叶剑英立即派秘书去看望了苏进，并在秘书整理的一份谈话纪要上作了批示："德生同志，苏进同志是 1931 年参加宁都暴动的同志，请分配他的工作。"[①] 总政治部主任李德生接到批示后，很快作了安排，使苏进重新恢复了工作。在此前后，叶剑英先后同总政副主任梁必业、刘志坚、徐立清，炮兵司令员吴克华、副政委欧阳毅等人谈话，了解他们受林彪集团迫害的情况，关心他们的生活和工作，倾听他们的意见和要求。[②] 经军委研究并报毛泽东、周恩来批准，这些老同志都先后重新分配了工作，在军队的高级领导岗位上继续发挥作用。叶剑英还尽最大努力保护和帮助一批自己熟悉的地方领导干部，使他们获得解放。

第四节　训练与战备

军事训练和战备工作，是部队建设中的中心工作，也是遭受林彪干扰破坏的一个"重灾区"。自从 1964 年林彪鼓吹"突出政治"以来，部队基本上不搞军事训练，战斗力受到很大削弱。为了扭转这种局面，叶剑英根据毛泽东关于"严格要求、严格训练"的指示，号召全军大力加强军事训练，尤其是干部训练，提高部队的军政素质。他针对军事院校被林彪一伙严重破坏的情况，采取了两个方面的重要措施。一方面，向党中央、毛泽东请示，陆续恢复了一些被林彪破掉的军事院校，开始为部队培养训练指挥、政治、后勤干部和专业技术干部。另一方面，要求全军大办教导队。1972 年 2 月 6 日，叶剑英在听取南京军区领导人的工作汇报以后，就部队办教导队问题作了重要指示。他要求以师为单位，办好教导队，师长或副师长任队长，进行传帮带。两年之内把连、排长轮训完，使他们平时会组织训练，战时会指挥打仗。迅速扭转现在的局面，把老作风传下去。总

---

①《党的文献》1990 年第 5 期。

② 访问梁必业谈话记录，1990 年 9 月。访问吴克华谈话记录，1983 年 4 月。

参谋部向全军传达了叶剑英的指示。各单位迅速行动起来，普遍开办了教导队，军长、师长亲自任教，对基层干部进行严格训练。经过一段时间的努力，部队干部的军事素质有了明显提高。

叶剑英根据20世纪70年代初期的国际形势和人民解放军所面临的任务，还要求全军除抓好日常训练外，要突出抓好打坦克训练，要把打坦克之风吹遍全军。他认为，军队在今后反侵略战争中，敌方坦克不会只来一辆、两辆，而是一群一群，几百辆几千辆；不是只冲一次、两次，而是一波一波地向我们冲击。如果我们现在不抓好训练，就很难对付敌人的坦克。如果不能战胜敌人的坦克，地面作战这一关就很难过。因此，全军一定要重视打坦克训练。叶剑英还就反坦克武器的制造、打敌坦克的战术、阻敌坦克的战场创造等方面，提出了具体要求。根据他的要求，全军很快掀起了打坦克训练的热潮，一些军区相继组织了不同规模的反坦克作战演习。1973年10月，叶剑英与中共中央、中央军委的领导人，亲赴张家口，观看了北京军区组织的打敌集群坦克的演习，并在演习结束时作了重要讲话。他要求将演习中带普遍意义的经验，向全军推广，推动训练工作深入地向前发展。

叶剑英主持军委日常工作，肩负着领导和指挥全军保卫国防的重任。全军战备工作时刻挂在他的心头。这一时期，中苏关系处于紧张状态。苏联在中国北部边境线外陈兵百万，严重威胁着中国的安全。叶剑英要求全军指战员一定要提高警惕，加强战备，不要因为世界上出现表面和缓而放松警惕。1972年夏，他指示总参谋部派出调查组，到东北、华北、西北地区检查战备工作落实情况。调查组出发前，叶剑英接见全体人员，指示要深入部队基层和军工厂，注意倾听各方面的意见，切实把部队和地方的战备情况摸清楚。后来，调查组经过一段时间工作，整理了“三北”地区部队战备工作等方面的情况汇报材料。叶剑英对有关材料作了认真研究，并对一些重要问题及时提出了处理意见。1973年9月中旬，中共中央、中央军委发出关于认真检查落实几项战备工作的指示，强调要特别警惕外国军队可能发动的突然袭击，要求在加强边防地区战备的同时，做好防止外国军队可能从海上袭击的准备，重点检查海防、边防地区各项战备工作落实情况。各军区、各军兵种立即组织力量进行认真检查，采取改进措施。叶剑英逐一检查督促军队各大单位战备工作的落实。这年秋，他得知海军某舰队有多艘潜艇不能进行战备值班，立即责成海军党委进行调查处理，并要求将全海军的战备情况予以查报。海军领导召开办公会议学习叶剑英的指示，并派出工作组进行调查整顿，进一步落实了各项战备工作。叶剑英还和军委领导成员一起，经常同总部机关、军事科学院有关人员研究分析国际形势及一些大国的战略动向。在他的主持下，对人民解放军的战略方针、作战部署、战场准备以及人民防空等重要问题作了研究调整，使全军各项战备工作得到了进一步加强。

国防科技和军工生产，一直是叶剑英甚为关注的问题。1972年9月，叶剑英同周恩来、朱德等中央领导人一起，视察了七机部装配运载火箭的车间。他对负责干部和工程技术人员说：中远程运载火箭要早点儿搞出来，国家需要它早去放哨！1973 年 9 月，叶剑英在华东某地视察海军新研制的导弹驱逐舰，并题词：“加强海军战斗力量，保障海防。”在视察中，他指示要加强协作，努力把新型舰艇搞上去，为建设强大的海军而奋斗。要努力把祖国南部和北部的海防都巩固起来。为了更好地发展国防科技和军工生产，叶剑英提出了一些重要原则。他认为，要正确处理好国防科技发展与国家经济发展的关系，国防科技和军工生产的发展，要适应国家的财力，把它放在一个适当的位置上；军工生产应当精密地设计，精密地制作，少量地生产，少量地试用；一定要狠抓军工项目的质量。他说，军工项目质量出问题，就会使部队干部战士多付出生命和血的代价。一次，叶剑英听取一项军工工程的汇报，汇报者说工程“质量基本上可以”，叶剑英当即严肃指出：“科学不能基本上，不过关就是不过关，要有老实态度。”

这一时期，尽管江青等人不断地干扰、破坏国防科技和军工生产，但在中共中央、中央军委和毛泽东、周恩来、聂荣臻、叶剑英等人的领导组织下，经过国防科技和军工战线广大革命干部和群众的努力，这条战线仍然取得了不小的成绩。

1973 年 8 月，中国共产党召开了第十次全国代表大会，叶剑英出席了这次大会，并当选为中央委员。8 月 30 日，在中共十届一中全会上，叶剑英当选为中央政治局委员，并被选为中央委员会副主席。

第五节　指挥西沙之战

正当中共中央、中央军委的领导人集中精力考虑北国边防安全问题的时候，1974 年 1 月上旬，从祖国南部海疆陆续传来令人不安的消息：南越当局正派兵侵占我西沙群岛的几个岛屿。

1 月 11 日，中华人民共和国外交部发表声明，重申中国对南沙、西沙、中沙和东沙群岛的领土主权，对南越当局侵占中国西沙、南沙群岛中一些岛屿的非法行径提出严重警告。主持中央军委日常工作的叶剑英坚定地认为，如果南越当局不顾中国政府的声明和警告，继续入侵中国的领海和岛屿，并发动武装进攻，人民解放军必须进行自卫还击。但是，当时的国内形势仍比较混乱。江青一伙掀起以“批孔”、“批儒”为名，实则把矛头对准周恩来、叶剑英等老一辈革命家的政治运动，严重干扰着国家和军队的正常工作。在这种情况下，叶剑英忍辱负重，一面顶住江青一伙的压力，一面密切注视万里之外南国海疆的安危。他多方搜集情报，认真分析、判断，及时向周恩来报告，并陈述自己的意见，供党中央、毛泽东下决心。他鉴于南越当局在西沙群岛一带的挑衅活动越来越频繁，于 1 月 17 日明确向总参谋部发出指示：西沙的斗争开始了，要立即组织班子，加强值班，注意掌握情况，准备打仗。同时，他根据南越当局已派出舰艇，侵入永乐群岛海域，向从事生产的中国渔轮挑衅，并派兵侵占了甘泉、金银两岛的情况，命令海军部队立即派出舰艇进至永乐海区，监视敌人，保护渔民生产，并派武装民兵进驻琛航、广金、晋卿三岛。

1月19日凌晨，南越当局突然派出兵力，强行登上琛航、广金两岛，首先向中国民兵开炮射击。中国守岛民兵英勇地进行自卫还击。叶剑英得到报告，立即给广州军区指挥员打电话，了解详情，然后，向周恩来作了报告。周恩来在电话中指令叶剑英："立即组织领导小组，由你负责，到总参谋部指挥作战！"接着，周恩来提出了领导小组的名单，其中有邓小平、陈锡联等人。

早上7点多钟，叶剑英第一个到达作战指挥室，有关人员立即向他报告情况。不一会儿，邓小平等陆续到达。叶剑英即同大家一起听取汇报，研究敌情，调配兵力，向前线发出一道道命令。

中国守岛的民兵在自卫还击中，打得十分英勇，迫使上岛敌人狼狈逃回。到了上午10点多钟，敌舰突然向中国舰艇开火。中国舰艇立即坚决还击。这一情况传到北京，作战指挥室的空气立刻紧张起来。叶剑英不断地向参谋人员询问战况，同时，命令参战舰队："狠狠地打，坚决消灭敌人！"

作战室的人员怀着紧张期待的心情，密切注视着战斗的进展情况。当时，人民解放军参战的各类舰艇比敌舰小得多，装备也不如敌人。要想取得战斗的胜利，必须靠勇敢、不怕死的精神，运用灵活机动的战略战术，英勇、机智地打击敌人。

一个多小时以后，捷报传来了：人民解放军在作战中取得了胜利。敌舰一艘被击沉，其余各舰被击伤后溃逃了。

根据这一情况，叶剑英同邓小平等商议后，立即发出命令：我军舰艇立即疏散，防止敌舰报复袭击。一有情况，立即集中，打击敌人。接着，他又命令在民兵守卫的岛屿上，构筑防御工事。若敌人再来侵犯，坚决回击。

中午，参谋人员请叶剑英到作战室旁边的房间里休息一会儿。叶剑英走了进去。没过多久，值班参谋收到一份情报，急需向叶剑英报告。他走到叶剑英休息的房间门边，又犹豫起来。心想首长刚休息，不忍心打扰。但军情紧急，还是敲门走了进去。参谋一看，叶剑英根本没有休息，正在给周恩来打电话。叶剑英接过参谋手中电话记录的情报草稿，看了一遍，又用电话报告给周恩来。

当天下午和晚上，叶剑英一直守候在指挥室。前线虽然未再发生战斗，但情况仍很紧张。特别令人担心的是，当时支持南越当局的美国政府，派出一支舰艇编队，从菲律宾附近海域向中国南海方向驶来。叶剑英经请示周恩来同意，立即派出一支舰队南下，以应付可能发生的意外情况。

晚餐时，叶剑英连饭也顾不上吃，仅以几块点心充饥。

叶剑英同邓小平等经过研究，决心乘胜收复被南越反动当局侵占的甘泉、珊瑚、金银三岛。经报告毛泽东批准，1月20日，叶剑英向前线部队发出了坚决收复甘泉、珊瑚、金银三岛的命令。前线部队立即出动，向岛上的敌人发起攻击。经过战斗，逐次收复了三岛。至此，西沙群岛的永乐群岛全部回到了祖国的怀抱，西沙自卫反击作战取得了重大胜利。[①]

---

① 访问总参作战部部分同志谈话记录，1984年4月。

第三十六章　军委扩大会议前后

第一节　中美会谈之后

20 世纪 70 年代初期，随着林彪反革命集团的覆灭和“四人帮”的形成，全国的政治斗争局势变得更为严峻复杂了。毛泽东在错误地估计“文化大革命”“成绩”的同时，确也看到了“文化大革命”带来的弊端，因而相继发出指示，意在局部地解决一些问题，稳定局势。但此时“天下大乱”的局面已经难以收拾了。主持中共中央日常工作的周恩来，面对国民经济遭受巨大破坏，各方面工作停滞混乱的状况，忧心如焚。他力图利用林彪垮台、毛泽东号召开展批林整风的机会，千方百计采取措施，纠正“文化大革命”的一些错误，整顿、恢复各方面的工作。叶剑英也正是在这样的大气候下，根据毛泽东、周恩来的部署，对军队进行初步整顿，取得了一些成效。

然而，树欲静，风不止。从“文化大革命”一开始就怀有不可告人目的的江青、康生、张春桥、姚文元等人，在林彪自我爆炸之后，竭力掩盖他们同林彪勾结的真相，把自己打扮成“反林英雄”。他们利用批林整风之机，网罗党羽，进一步发展帮派势力。1972 年 9 月，王洪文从上海调到中央工作，很快成为江青集团的主要成员。江、张、王、姚结成“四人帮”，密谋策划，制造混乱，一心要篡夺党和国家的最高领导权。毛泽东对江青这帮人虽然予以重用，但并不完全放心。他坚持让周恩来主持中共中央、国务院工作，让叶剑英主持中央军委工作。这样一来，“四人帮”便把攻击的主要矛头对准周恩来，同时也指向叶剑英，他们大造舆论，反党乱军，处处与叶剑英为难作对，妄图削弱他对军队的领导权和指挥权。叶剑英在湍急的漩涡中，力挽狂澜，辛勤工作，既坚持原则的坚定性，又讲究策略的灵活性，与“四人帮”苦苦周旋，极力维护军队稳定的局面，艰难地把军队工作推向前进。

1973 年 11 月下旬，中央召开政治局扩大会议。会议一开始，江青就突然发难。她说，周恩来、叶剑英在中美会谈问题上有错误，要做检查。在江青一伙的鼓噪下，政治局的扩大会议连续开了几个下午和晚上，江青、张春桥、王洪文、姚文元等在会上疯狂攻击周恩来和叶剑英“丧权辱国”，搞“投降主义”。这完全是对历史事实的颠倒。事实是，打开中美关系的大门是毛泽东做出的重大战略决策。从1969年尼克松就任美国总统以后，美国方面就通过多种方式同中国方面进行接触。1971年7月，尼克松派他的国家安全事务助理基辛格秘密来北京，叶剑英奉命以中央军委副主席的身份协助周恩来同他会谈。7月16日，中美双方同时发表公告，宣布周恩来总理代表中国政府“邀请尼克松总统于1972年5月以前的适当时间访问中国”，“中美两国领导人的会晤，是为了谋求两国关系正常化，并就双方关心的问题交换意见”。1972年2月，叶剑英又协助周恩来与公开访华的美国总统尼克松举行会谈。以后，叶剑英又协助周恩来多次与基辛格会谈。双方经过多次会谈，于2月28日在上海签订了《中美联合公报》，从此两国结束了长期的敌对状态，两国关系开始走向正常化。以后，叶剑英又几次接待了来华访问的基辛格、黑格等人。叶剑英还协助周恩来，开展了其他许多外事活动，如1972年9月25日参加接待访华的日本首相田中角荣等。通过这些工作，打开了中美、中日关系的大门，是中国外交事业的重大突破，大大提高了中国在国际上的威望，也有利于缓和国际紧张局势。这是值得大书特书的光辉业绩，哪里是什么“丧权辱国”，“投降主义”呢！江青一伙故意变功为罪，纯属造谣诽谤，栽赃陷害！

1971年10月20日，叶剑英（中）在首都机场欢迎为美国总统尼克松访华作准备的基辛格

在周恩来遭到围攻的日子里，叶剑英仍在忙碌于军委的日常工作。江青一伙有意不让他参加会议。他们以为打倒了周恩来，叶剑英也将随之被打倒。叶剑英非常关心和理解周恩来的处境，知道自己也是被攻击的对象，做好了思想准备。他既不申辩，也不去作违心的检查，而是冷眼观察，泰然处之。然而，江青批判“中美会谈”的调子越来越高，继续“上纲上线”，提到“第十一次路线斗争”的

1972 年 9 月 28 日，叶剑英同周恩来在北京人民大会堂出席日本内阁总理大臣田中角荣的答谢宴会

高度，诬蔑周恩来是“错误路线的头子”，妄图将其打倒。同时提出要将她自己和姚文元、汪东兴增补为中央政治局常委。他们满怀希望地将此事上报毛泽东。江青还让王洪文把他们围攻周恩来的会议记录抄成大字本，一并报送。谁知大字本还未报上去，毛泽东的指示已经下来：“不要提第十一次路线斗争”，“增补常委，不要。”这样，江青企图抓住中美会谈问题打倒周恩来、叶剑英的阴谋，才未得逞。

第二节　苦撑军队危局

1974 年元旦，《人民日报》、《红旗》杂志、《解放军报》联合发表《元旦献词》，提出“要继续开展对尊儒反法思想的批判”、“批孔是批林的一个组成部分”。1 月 13 日、22 日，江青直接给空军、海军领导人和陆军第二十军防化连写信、送材料。要求部队讨论她的御用文人们整理的《林彪与孔孟之道》等材料，开展“批林批孔”。

1 月 24 日，江青又以个人名义直接给叶剑英和军委的领导人写信，要求军队系统大力开展“批林批孔”，并要求召开军队驻京机关“批林批孔”大会，由江青的两个干将迟群、谢静宜作报告。在此前后，江青还以个人名义向全军指战员以及参加西沙之战的全体军民写信送材料。叶剑英接到这些信，十分气愤。江青没有在军队任职，为何要插手军队？她一个政治局委员，怎能背着中央，凌驾于国务院、中央军委之上，以个人名义指手画脚，指挥部队？这太不正常了！但是，叶剑英考虑到江青一伙打的是毛泽东主席的旗号，而江青的信和报告又以“中共中央文件”的形式向全党转发，如果进行公开抵制，显然是不策略的。总政治部只好于1月24日在北京首都体育馆召开军队系统“批林批孔”报告会。参加会议的有军队驻京14个大单位的干部战士1.8万人。会前，秘书给叶剑英准备了一个简短的讲话稿，但他在会上却没有讲。除了宣布：“开会”和“散会”以外，其他的话，他一句也不愿多讲。迟群、谢静宜在会上盛气凌人，信口雌黄。军队许多老干部根本听不下去。[①]到了1月25日，江青又用同样手法，对周恩来搞突然袭击，让他主持召开了党中央和国务院系统的“批林批孔”大会，还是由江青的两个干将在会上大放厥词。在这两次大会上，迟、谢都秉承江青旨意，以所谓“批林批孔”要联系实际为名，抓住某些领导干部子女走后门入学、当兵问题大作文章，对主持军委工作的叶剑英进行影射攻击。他们的如意算盘是以“批林批孔”又夹着批走后门的“三箭齐发”的办法，进一步搞乱军队，搞乱全国。

军队系统开过大会以后，叶剑英为了稳住军队，没有具体布置全军如何进一步开展“批林批孔”。江青一伙见此情景，气急败坏地说：“军队最难办”，“要放火烧荒”，“要整整军队”。面对江青一伙的攻势，叶剑英经过认真考虑，采取了巧妙的反击措施。1月30日，他直接写信给党中央和毛泽东主席，表示接受江青等人在“批林批孔”运动中对他的“帮助”。

毛泽东看到叶剑英的信后，于2月15日做出批示，对江青一伙的做法提出了尖锐批评。毛泽东写道：“剑英同志：此事甚大，从支部到北京牵涉几百万人，开后门来的也有好人，从前门来的也有坏人。现在，形而上学猖獗，片面性。批林批孔，又夹着走后门，有可能冲淡批林批孔。小谢、迟群讲话有缺点，不宜向下发。我的意见如此。”毛泽东制止了江青一伙准备在全国播放“一·二五”大会录音的打算。2月20日，中共中央根据毛泽东意见发出通知，提出领导干部送子女参军、入学问题，放在运动后期妥善解决。江青、张春桥对此极为不满，张春桥竟然说：“用检讨办法来告状，这也是一大发明。”这从反面证明，叶剑英给毛泽东写信的做法，确实击中了他们的要害。在毛泽东的干预下，“四人帮”妄图利用“批林批孔”，在军队拿叶剑英开刀，进而大整军队老干部的阴谋未能得逞。

为了搞乱军队，篡夺军权，“四人帮”继续无事生非，制造事端。他们煽动一部分群众到总参、总政“揭盖子”，打“维持会”；支持解放军报社的造反派夺权，迫使《解放军报》停止发稿178天；强行扣压军事科学院为肃清林彪的流毒

---

① 访问王守江谈话记录，1993年10月。

而选编的《马克思、恩格斯、列宁、斯大林军事语录》等两本书；指使总政文化部个别领导人“夺权”；竭力反对八一电影制片厂恢复党委制。对于“四人帮”的这些倒行逆施，叶剑英竭力予以抵制和反击。他要求总参、总政的领导按照中共中央、中央军委的指示办事，牢牢掌握斗争的大方向。他坚定地支持八一电影制片厂取消“革委会”，恢复党委制。他针锋相对地指出，八一厂是属于军队的建制，应当实行党委领导下的首长分工负责制。江青对此十分不满，借口八一厂没有给摄制样板戏提供最好的摄影机，把叶剑英、李先念、李德生拉到八一厂，大吵大闹。叶剑英以沉默表示抵制，未作任何表态就走了。江青闹了个没趣，也只好走了。①

第三节　围绕筹备四届人大的较量

这一时期，围绕着筹备召开第四届全国人民代表大会，酝酿全国人民代表大会和国务院的人事安排，周恩来、叶剑英、邓小平等人同“四人帮”的斗争更为惊心动魄。

早在 1973 年 8 月党的十大开过之后，中央即开始酝酿召开第四届全国人民代表大会。“四人帮”在中共十届二中全会和四届人大召开之前，加紧活动，阴谋组阁夺权。他们私下密议，拟定名单，在政治局会议上你唱我和，为窃取人大和国务院的领导职位起哄。对“四人帮”这种宗派活动，毛泽东有所察觉，并在政治局会议和其他场合对江青多次提出严厉批评，警告她不要“动不动就给人扣帽子”，“不要搞四人小宗派”。叶剑英也打电话给王洪文，要他站稳立场，和江青划清界限，不要同她搞在一起。王洪文不仅不接受叶剑英的忠告，反而把叶剑英的话，看成是挑拨他与江青的关系，与江、张、姚拉得更紧了。1974 年 10 月中旬，“四人帮”背着政治局和周恩来，派王洪文飞往长沙，向在那里休息的毛泽东告周恩来的黑状。王洪文对毛泽东说：“北京大有庐山会议的味道。”“周总理虽然有病，但昼夜忙着找人谈话，经常去总理家的有邓小平、叶剑英、李先念等同志。”“他们这些人在这时来往得这样频繁和四届人大的人事安排有关。”王洪文并在毛泽东面前极力吹捧江青、张春桥、姚文元，企图让毛泽东表态，由他们这些人出来组阁。

毛泽东听了王洪文一番话后，严厉地指出：“有意见当面谈，这么搞不好。你要注意不要跟江青搞在一起。你回去后找总理、剑英同志谈谈。”王洪文受到毛泽东批评后，垂头丧气地返回了北京。

12 月下旬，周恩来在病中同叶剑英商量，他要去长沙面见毛泽东主席。医务人员发现周恩来有便血现象，需要立即检查治疗，请示叶剑英是否同意周总理去长沙？叶剑英考虑，当时正值筹备召开四届人大的关键时刻，如果总理能够亲

① 李德生在《叶剑英传记》书稿讨论会上的发言，1993 年 4 月 16 日。

1975 年 1 月 17 日，叶剑英（左）同周恩来在四届全国人大一次会议主席台上

自出马向毛泽东建议，对击败“四人帮”“组阁”的阴谋将十分有利。他当即与医疗专家、教授商量，制定了一个保护治疗方案，坚持总理依期南行。临行前，他向随行医疗小组的同志千叮万嘱说：“你们要采取一切措施，保证总理的安全，这是政治任务。”于是，周恩来冒着严冬的风雪，以重病之躯远行千里，到达长沙。他向毛泽东报告四届人大的人事安排，说到叶剑英以军委副主席兼国防部长、邓小平以第一副总理兼总参谋长时，毛泽东立即表示同意，并提议邓小平也任军委副主席。周恩来在长沙，从 12 月 23 日至 27 日，经过与毛泽东 4 次交谈，确定了四届人大和国务院的人事安排，完成了历史使命。他在毛泽东的支持下，以坚定而有策略的斗争，挫败了“四人帮”企图通过组阁，进一步夺取党和国家领导权的阴谋。

1975 年 1 月中旬，酝酿已久的第四届全国人民代表大会第一次会议终于在北京召开。周恩来抱病作了“政府工作报告”，重申了要实现四个现代化的宏伟目标，给全国人民以极大的鼓舞。德高望重的朱德继续当选为全国人大常委会委员长，周恩来任政府总理，邓小平等人任副总理，叶剑英被任命为国防部长。“四人帮”的组阁阴谋至此彻底破产。四届人大后，周恩来病情日益严重。毛泽东、周恩来正式提议由邓小平主持中共中央和国务院日常工作，并任中央军委副主席兼中国人民解放军总参谋长。

第四节　一次历史性的重要会议

邓小平主持中央日常工作后，立即着手抓国民经济和社会各个方面的整顿。1975 年夏季，他在几次政治局会议上，根据毛泽东的指示，批评江青等人的错误。叶剑英参加这些会议，积极支持邓小平。

在全面整顿的形势下，叶剑英继续大力抓军队的整顿。1 月 26 日，他写信给毛泽东，鉴于 1971 年成立的军委办公会议成员有所变化，为了加强对军队和战备工作的具体领导，建议以西沙战后成立的军委六人小组为基础，扩大组成军委常委会。并对常委成员的名单提出了具体意见。叶剑英的信得到中共中央和毛泽东的批准。2 月 5 日，中共中央发出文件，通知全党，取消军委办公会议，成立中央军委常务委员会，叶剑英、王洪文、邓小平、张春桥、刘伯承、陈锡联、汪东兴、苏振华、徐向前、聂荣臻、粟裕等 11 人为常务委员，军委常委会工作由叶剑英主持。这次军委领导成员的变动，对于军队和全国局势的稳定具有重要作用。

为了抵制和排除江青一伙对全面整顿的干扰，叶剑英和邓小平同“四人帮”进行着各种形式的斗争。邓小平经过请示毛泽东同意，于 4 月底至 6 月初，主持召开了中央政治局会议。在会上，邓小平针对江青等人一个时期以来搞所谓“第十一次路线斗争”、“批林批孔又批走后门”和“反经验主义问题”等三件事提出质问和批评。他气愤地说，你们批周总理、批叶帅，无限上纲，当面点了那么多人的名。江青反唇相讥，诬蔑这是对她“围攻”和“突然袭击”。叶剑英全力支持邓小平，在 6 月 3 日的政治局会上，针对江青一伙的所作所为作了长篇发言，对他们提出尖锐批评。他说，过去一个时期党内生活很不正常。如果保持非法的小组织存在，搞“四人帮”，就有害团结，就会分裂党。他在发言中，特别强调要请示报告，严守纪律。他指名批评江青等人说：你们几乎重大的问题都不请示，主席、小平同志的批评是完全对的。你们要正确对待个人和组织的关系问题，以后凡是重大问题，都要提交政治局讨论。江青在批评的压力下，当时不得不作了“检讨”。但会议一过她又造谣说，政治局开会斗了她几个月！

随着军队整顿工作的进展，叶剑英清醒地看到，召开军委扩大会议的条件和时机已经成熟了。1975 年上半年，他以很大精力来抓军委扩大会议的筹备工作。他提出，军委扩大会议要解决的问题很多，但一次会议解决不了。中心是解决人的问题，也就是编制问题、压缩军队定额问题、干部问题，目的是要进一步把军队整顿好。他的意见，得到军委常委会的肯定。经党中央、毛泽东批准的军委扩大会议于 6 月 24 日至 7 月 15 日在北京举行。出席会议的有中央军委常委，军委各总部、各大军区、各军兵种、国防科委、国防工办、军事科学院和军委直属军事院校的负责人共 70 多人。会议由叶剑英主持，集中讨论了《关于压缩军队定额、调整编制体制和安排超编干部的报告》，并获得通过。7 月 14 日，邓小平在会上就军队整顿和“消肿”问题，作了重要讲话。15 日，叶剑英作了会议总结讲话。

叶剑英的总结讲话，首先分析了美苏争霸的国际形势，重申了毛泽东关于三个世界划分的战略思想，强调整顿军队，加强战备的重要性。然后重点讲了部队精简整编和安排超编干部问题。他指出，粉碎林彪反革命集团以来，军队建设取得了很大成绩，但也存在不少问题。我们必须从各方面采取有力措施，抓住重点，有计划有步骤地解决军队建设上存在的问题。当前首先解决精简整编和安排超编干部问题。关于精简整编的原则，主要是精简机关，裁减重叠机构，减少保障部队和普通兵员，保留政治工作骨干，有重点地加强特种兵部队。通过精简整编，把部队搞得比较精干，进一步提高部队质量，提高战斗力。关于安排超编干部问题，叶剑英指出，总的精神是，既要精干现有的领导班子，又使超编干部各得其所；既有利于部队平时建设，又适应战时部队发展的需要；既能发挥老干部的作用，又有利于中、青年干部的成长。他强调要教育干部树立共产主义远大理想，保持艰苦奋斗、与人民群众同甘共苦的光荣传统，做到能上能下，能官能民，能东能西，能城能乡。安排超编干部的办法，一是转业到地方工作，二是在领导班子中设置顾问。

叶剑英最后谈到学习马列主义理论问题。他强调学习理论要紧密联系部队实际，加强调查研究，有效地解决军队内部现存的问题，把军队建设和工作搞好。要着重解决以下几个方面的问题：（一）要彻底批判和消除资产阶级派性，增强无产阶级党性；（二）要坚持安定团结的方针，认真落实党的政策。（三）要抵制资产阶级思想作风的影响和腐蚀，自觉地改造世界观；（四）要坚决执行三大纪律八项注意。他在发言中，还离开讲稿，揭露了江青插手军队、妄图搞乱军队的恶劣行径。他提醒大家：你们要注意，现在有的人到处送书、送材料、写信，把部队思想搞乱了。以后没有军委的同意，任何人不得这么做！不容许任何野心家插手军队，搞阴谋活动。[①] 会上，徐向前、聂荣臻也都作了重要讲话，一致赞成邓小平、叶剑英的意见。

邓小平和叶剑英在会上的讲话，是中国人民解放军建设史上具有重要指导意义的历史文献。中共中央于 7 月 25 日发出通知，将这两个讲话转发全党学习。

王洪文、张春桥也出席了这次会议。整个会议期间，他们一言未发。平时那种嚣张气焰完全被会议的凛然正气所压倒。有一次，全体大会开始时，主持会议的叶剑英讽刺地说：张春桥同志今天头疼，也坚持来参加大会了。“四人帮”对这个会议确实感到头疼。他们虽想把军队搞乱，想把“老家伙”都打下去，看到与会人员中有二十多位“文化大革命”期间被打倒的老干部，看到军队高级干部团结一致，内心恨得要死，怕得要命，但他们知道自己在军委扩大会议上没什么市场，不便发作，憋着一股气，不头疼才有鬼呢！

会议期间，还有一个重大收获。叶剑英采取个别谈话的方式，向出席会议的大多数高级干部打招呼，把毛泽东对“四人帮”的批评，一条一条如实地讲给他们听。他要求高级干部要听从毛泽东、中共中央和中央军委的指挥，要注意形势，掌握动向，站稳立场，看清方向。平时要注重策略，行事谨慎，少说话，不授人以柄。[②] 除个别谈话外，叶剑英还出席了一些小组会。他不止一次地在小组会上打招呼：有个别中央领导人，不通过组织，自己发指示搞运动，这是不正常的。大家一听就明白指的是什么人。他说，中央军委是毛主席领导的。今后，不论是谁，凡不经过军委直接向部队发指示、送材料的，你们都有权抵制，都可以

---

① 叶剑英在军委扩大会议上的总结讲话，1975 年 7 月 15 日。

② 杨成武：《丹心向党，功炳千秋》，载《光明日报》1986 年 11 月 5 日。

不执行。我们一定要听毛主席的话。会后，叶剑英又留下各大军区的负责人，同他们进行了个别谈话。这样，叶剑英通过会上会下，大会小会，会前会后，做了大量工作，统一了高级干部的思想。

这次军委扩大会议是人民解放军建设史上具有重大意义的会议。它对以后数年中国发生的一系列事件，特别是粉碎“四人帮”反革命集团，起了重要作用。

军委扩大会议以后，叶剑英抓紧时机，趁热打铁，对军队各单位的领导班子进行组织调整。他请示党中央、毛泽东批准，组成了以叶剑英、聂荣臻、粟裕、陈锡联等为成员的领导小组，从8月至年底，对军队25个大单位的领导班子逐个地进行调整配备。对各单位的领导班子的主要成员，他直接了解情况，特别注重了解在同林彪集团斗争中的表现和对“四人帮”的态度。政治上不强的，坚决不予重用。对于那些犯了错误而又能改正的人，本着党的干部政策也予安排适当的工作。在调整大单位领导班子的同时，叶剑英还着手对驻北京市及其附近战略要地的部队进行整顿和调动。这些措施的实行，对于后来稳定全国局势，特别是为后来粉碎“四人帮”奠定了组织基础。

第五节　在周恩来病重的日子里

1975年下半年，周恩来的病情越来越严重了。叶剑英的心情十分沉重。他对周恩来的疾病的治疗，倾注了大量精力。早在1972年，周恩来被确诊是膀胱癌以后，江青、张春桥一伙幸灾乐祸，以保密为名，封锁周恩来的病情，不让毛泽东知道，也不积极组织治疗。一向将“鞠躬尽瘁，死而后已”奉为座右铭的周恩来，只知拼命为党和人民工作，很少顾及自己的重病。周恩来的保健医生心急如焚，找到叶剑英想办法。叶剑英在一次陪同毛泽东接见外宾以后，当场拿出周恩来的一瓶血尿标本给毛泽东看。毛泽东这才了解到周恩来病情的严重，当即指示要抓紧治疗。[①]中央成立了周恩来医疗领导小组，由叶剑英牵头，汪东兴等参加，负责领导周恩来疾病的治疗。1973年3月9日，周恩来在政治局会议上说明自己大量便血情况，已经毛泽东同意，请假两周，到玉泉山检查身体。这期间政治局会议和报告由叶剑英主持和签署，军委事情由叶剑英处理。1974年，周恩来住进医院以后，叶剑英和其他一些老同志亲自领导医疗小组，制订方案，为周恩来治病。他还到处打听治疗膀胱癌的秘方、验方，一旦发现，即指示解放军总医院检验采用。他亲自到医院通过仪器直接观察治疗效果。每当周恩来做重要手术时，叶剑英总是守候在手术室门外，直到手术结束，问清情况后才离开。即使出差在外地，他也经常打电话到医院，详细询问病情。他同身边工作人员和医院的医护人员谈起周恩来的病情时，常常禁不住热泪盈眶，有时竟痛哭失声。

叶剑英眼见万恶的癌细胞一天天地吞噬着周恩来的生命，心中非常着急。他

---

① 访问周家鼎、杨德中、卞志强、张佐良谈话记录，1983—1994年。

深深感到，周恩来是一棵屹立于中华大地上的参天大树，这棵树一旦倒下，对党、国家和人民将是巨大损失。而“四人帮”一伙则认为，一旦周恩来倒下，将给他们造成天赐的夺权良机。叶剑英预感到这一点，每次到医院看望周恩来，只要见他精神稍好的时候，总是要向他汇报党、国家和军队的大事。他们共同关心的第一件大事就是同“四人帮”的斗争。

1975 年 8 月，周恩来又作了一次电灼治疗，取得较好疗效。叶剑英为此感到十分欣慰。8 月 13 日，叶剑英准备离京到外地视察工作前，特意亲笔致信周恩来，信中说：“此次电灼，又取得一场大家庆祝的胜利，至为欣慰！惟对多发的顽疾，必须乘胜进剿，加以歼灭，否则任其循环往复，对体质消耗太大。”信中接着写道：“继续革命，国步艰难，千万为党珍重，为国珍重。敬祝早日康复！”信后又附言：“今天得到三〇一医院送来的药方一份，请参阅。听说吴阶平同志正在研究。”一封短信，寥寥数语，包含了多少深情和愿望！周恩来对于“国步艰难”的情况，感受比谁都深刻。这难，来自诸多方面，但最大的难是来自“四人帮”的篡党夺权阴谋。因此，周恩来在医院同叶剑英的谈话中，曾语重心长地告诉他，要注意斗争方法，无论如何不能把权落到他们手里。这一嘱告，使叶剑英在同“四人帮”的斗争中，更增加了勇气和信心。

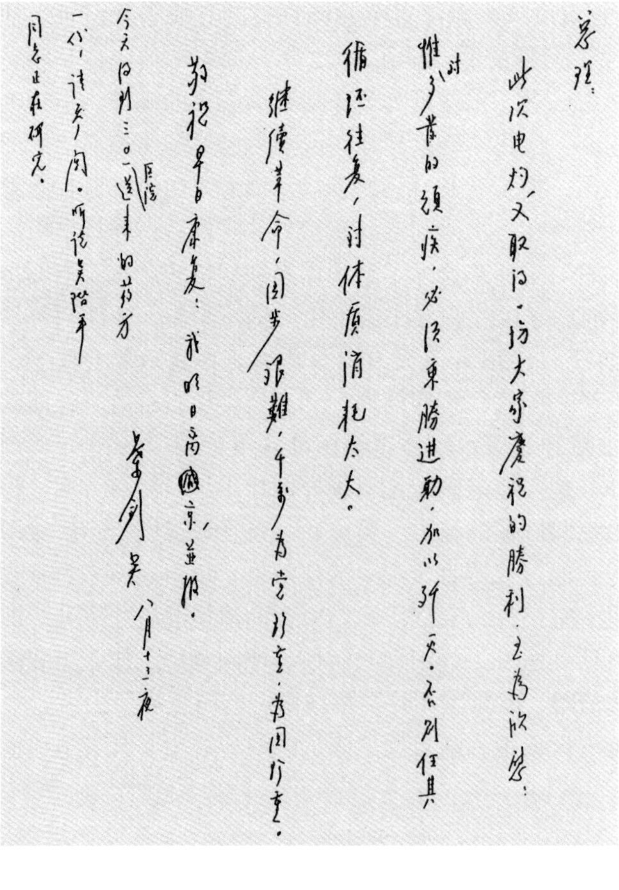

恩来：

此次电灼，又取得一场大家庆祝的胜利，至为欣慰！惟对多发的顽疾，必须乘胜进剿，加以歼灭，否则任其循环往复，对体质消耗太大。

继续革命，国步艰难，千万为党珍重，为国珍重。

敬祝早日康复！我明日离京，并报。

叶剑英 八月十三夜

今天得到三〇一医院送来的药方一份，请参阅。听说吴阶平同志正在研究。

1975 年 8 月，周恩来作了一次电灼治疗，取得较好的疗效。叶剑英致信问候周恩来到了 1975 年 11 月，情况又起了变化。在“四人帮”的策划、煽动下，一场“批邓、反击右倾翻案风”的运动又开始在全国掀起，全面整顿的工作被迫陷入停顿状态。邓小平和叶剑英实际上再度被解除工作，党和国家再次陷入混乱的漩涡里。叶剑英保持着冷静、清醒的头脑，在自己已经陷入困境的情况下，依然坚持与“四人帮”作各种形式的斗争，同时尽自己最大努力保护邓小平等老一辈革命家。他坚信，经过反复的较量，最终胜利是属于党和人民的。一场更大的、更艰巨的斗争还在后头。他全力以赴，去迎接历史的抉择。

第三十七章　粉碎“四人帮”

第一节　周恩来逝世和“四五”狂飙

1976 年 1 月 8 日，周恩来总理与世长辞。

巨星陨落，江河呜咽，大地哀号，举国悲痛。

但是，江青一伙却得意忘形，发出狞笑，极力贬低周恩来的光辉形象，压制人民悼念领袖的活动。他们传令，不准设灵堂，不准戴黑纱，不准发表怀念周恩来的诗文！人们感到巨大的压抑。但人心是压不服的。广大干部和群众并不理会他们的那一套“禁令”，几乎所有的单位都设了灵堂，几乎所有的人都佩戴了黑纱！

此时此刻，79 岁高龄的叶剑英在北京后海小翔凤住地，也为周恩来总理佩戴了黑纱。

1 月 10 日，叶剑英以十分沉痛的心情，同党和国家的其他领导人一起向周恩来的遗体告别。11 日，首都百万群众给周恩来送葬。这一天，天阴沉沉的。京城处处飞白花，风吹热泪洒万家。从北京医院到八宝山，十里长街，万人伫立，自发形成规模巨大而又秩序井然的送葬队伍。灵车缓缓驶过，长安街被泪水淹没。人们的抽泣和恸号组成了一支绝响的哀乐。这是对人民好总理的怀念，也是对万恶“四人帮”的控诉！

1976 年 1 月 10 日，叶剑英在北京医院向周恩来遗体告别

“四人帮”在粗暴干预和压制悼念周恩来的活动的同时，变本加厉地打击迫害老一辈无产阶级革命家。

在“四人帮”的眼里，周恩来逝世之后，继续妨碍他们夺权的，也是他们最害怕的，还有两个代表人物：一个是代替周恩来主持中央日常工作、坚持实行“全面整顿”，纠正“文化大革命”错误的邓小平；另一个是主持中央军委日常工作、握有兵权的叶剑英。对于这两个“眼中钉”，他们必欲除之而后快。他们紧锣密鼓，异口同声，在中央政治局攻击邓小平。这时，病中的毛泽东正在为国务院总理人选犯难。他既不满意曾为他器重、复出不久的邓小平，更不放心被他多次批评有野心的“四人帮”，最后选中了另外一个人。1976 年 1 月 21 日，联络员毛远新向毛泽东汇报，谈到华国锋、纪登奎等提出国务院请主席确定一个主要负责同志牵头，做具体工作。毛泽东回答说：“请华国锋带个头，他自认为是政治水平不高的人。小平专管外事。”2 月 2 日，经毛泽东主席提议，中央政治局一致通过发出中共中央“一号文件”，确定由华国锋任国务院代总理，并主持中央日常工作。邓小平被迫停止了中央的领导工作，只管外事。就在 2 月 2 日中共中央发出“一号文件”的同时，借口叶剑英健康状况有变化，还附上另外一项重要“通知”：在叶剑英“生病”期间，由陈锡联“负责主持中央军委的工作”。2 月 6 日，在江青一伙策划下，中央军委向毛泽东、党中央报告，提出 1975 年 7 月，邓小平、叶剑英在军委扩大会议上的两个讲话“有错误”，建议“停止学习和贯彻执行”，并且要求全军积极参加“回击右倾翻案风的伟大斗争”。2 月 16 日，经毛泽东批示同意，中共中央下达“三号文件”，批转中央军委 2 月 6 日关于停止学习贯彻执行 1975 年 7 月叶剑英、邓小平在军委扩大会议上的报告和讲话。在叶剑英处境困难时，许多老战友、老部下来探望，给以宽慰。余秋里从广州回来，劝他到南方去休养一段，叶剑英回答说，不，这个时候，我哪也不能去，要坚持斗下去！

“四人帮”在全国全军掀起了更大的“反击右倾翻案风”的恶浪，诬蔑邓小平、叶剑英等“搞修正主义”、“复辟资本主义”，邓小平是“至今不肯改悔的最大的走资派”，叶剑英是“军内资产阶级”的“黑干将”。他们气势汹汹地叫嚷“跟邓小平性质一样的有一层人，要揪各种各样的走资派”，妄图整垮从中央到地方到军队一大批老干部。与此同时，他们动用窃取的权力和舆论工具，继续破坏人民悼念周恩来的活动，并对刚刚故去的周恩来极尽造谣诬蔑之能事。

是可忍孰不可忍！人民对周恩来总理和老一辈无产阶级革命家的深厚感情岂容任意亵渎！对于“四人帮”的倒行逆施，人们再也不能忍受了！长期蕴藏心底的怒火喷发了！

连日来，从全国各地汇集到首都的上百万群众走上天安门广场，举行悼念周恩来和缅怀革命先烈的活动，愤怒声讨祸国殃民的“四人帮”。4 月 4 日，丙辰清明。人民英雄纪念碑前，草坪围栏上面，苍松翠柏枝头，摆满了花圈，挂满了悼念总理的洁白花朵。“欲悲闻鬼叫，我哭豺狼笑。洒泪祭雄杰，扬眉剑出鞘。”

万众传抄的一首首诗词像匕首和投枪，直刺向“四人帮”，一幅幅挽联像誓词和号角，表达了人民要扫除奸佞，建设祖国的心声。但是，这个活动在4月5日却遭到“四人帮”的镇压。

在北京举行悼念活动的同时，南京、杭州、郑州、西安、太原等地也爆发了悼念周恩来、反对“四人帮”的声势浩大的群众运动。据山西省委书记王谦回忆，当时在边远的太原城，广大群众不理“四人帮”那一套，纷纷设灵堂，送花圈，自发地悼念周恩来。一位农村的小脚老太婆走了很远的路，颤颤巍巍，来到灵堂，哭着说：“我要进去，给总理磕个头！”她的举动代表了广大群众的心愿。在全国范围内掀起的这场运动，反映了人民群众拥护以邓小平为代表的党的正确领导的强大呼声，成为叶剑英等老一辈无产阶级革命家顺应民意、铲除妖孽的坚强后盾和力量源泉。正如《中国共产党中央委员会关于建国以来党的若干历史问题的决议》所评价：1976年4月，“在全国范围内掀起了以‘天安门事件’为代表的悼念周总理、反对‘四人帮’的强大抗议运动。这个运动实质上是拥护以邓小平同志为代表的党的正确领导，它为后来粉碎江青反革命集团奠定了伟大的群众基础”。①

老一辈革命家的心和千千万万人民的心是息息相通的。叶剑英极为关注天安门广场的悼念活动，不断派人去了解情况，抄录诗词。他还曾亲自乘车去天安门广场观看群众悼念周总理的活动，了解事态的发展。② 天安门广场的悲壮场面、庄严气氛深深地感染了这位老革命家。他坚信：党心、军心、民心是向着光明的，一切违背人民意志的行为终究是要失败的。

以“天安门事件”为代表的“四五”运动，在阴霾笼罩的神州大地上，点燃了亿万群众心底的愤怒火焰，化为巨大的震慑力量，使“四人帮”胆战心惊，惶恐万状。他们疯狂地进行破坏和反扑，追查运动的“根源”，妄图迅速扑灭这场熊熊大火。

江青一伙颠倒黑白，无中生有，造谣说：“到天安门广场闹事的那些牛鬼蛇神、群魔百丑，都是按照邓小平的笛音跳舞的”，邓小平是“右倾翻案风”最大的“风源”。“集中代表了党内外新生资产阶级和地富反坏右的利益和要求”，要打倒“天安门反革命政治事件”的“总代表”“黑后台”邓小平。这是多么奇妙的“天方夜谭”！出人意料的是，在重病中的毛泽东和中央政治局竟做出了错误决定，撤销了邓小平党内外一切职务。“四人帮”在疯狂地迫害邓小平的同时，把打击矛头进一步指向了叶剑英。他们制造事端，追查“天安门反革命事件”，一直追查到叶剑英头上，诬蔑他“保护邓小平”，“紧密配合了右倾翻案风”，逼他“靠边站”，妄图完全剥夺他对军队的领导权。

“风雨如磐暗故园”。广大干部和群众对“四人帮”的罪行极端愤慨。叶剑英

---

①《中国共产党中央委员会关于建国以来党的若干历史问题的决议》，载《三中全会以来重要文件选编》（下），人民出版社1982年版，第738页。

② 访问马西金和周美华等谈话记录，1989年。

的一位老部下李新在一首七绝《感时呈叶帅》诗中写道：“当年抗日打红旗，八路威名天下知。今日雄兵三百万，岂无一个是男儿？”

在“四人帮”肆虐，邓、叶遭难的日子里，叶剑英还悄悄地去看望邓小平，以后不能亲自去了，就通过孩子们沟通联系，并竭尽全力保护邓小平。

第二节　酝酿除害良策

当时，毛泽东正处在重病期间，“四人帮”尤其是以“吕后”“武则天”自居的江青，不断从精神上和肉体上折磨他，使他的病势日益恶化，生命危在旦夕。

在“四人帮”咄咄逼人的气势下，叶剑英和其他许多老干部将个人荣辱进退置之度外，对党和国家的前途和命运，忧心如焚。他们在思考和酝酿除害救国的良策。

久经沙场负有盛名的老将军王震早在“九一三”事件之后，就受邓小平、陈云之托，常在老同志之间“串门子”，沟通消息。他非常尊重和信赖叶剑英，曾多次到他那里反映“王、张、江、姚”的问题，并提出：“为什么让他们这样猖狂？把他们弄起来不就解决问题了吗？”叶剑英不动声色，做了一个打哑谜的手势：伸出右手握紧拳头，竖起大拇指，向上晃了两晃，然后把大拇指倒过来，往下按一按，不让王震再往下说了。王震会意，要等待时机。叶剑英问王震首都附近有哪些熟悉的、可以信得过的人，要他同老部下保持密切联系，还嘱咐他多到老同志那里走动走动，听听他们的意见。王震自告奋勇当“联络参谋”，悄悄走访老同志。有几位老将军在医院里，找到他，请他向叶老帅反映对形势的看法。对于叶剑英交代的事，他都一一照办，并把办理的结果和了解到的情况、意见以及各方面的动向，随时汇报。[①]

在此期间，聂荣臻从城内搬到西山，住在叶剑英附近。两位开国元勋，在逆境险局中，朝夕相处，心心相印，无所不谈。他们屏退左右，从天下事谈到“上海帮”问题，甚为忧虑。他们多次议论：“这几个东西闹腾的不得了，一定要设法解决。”“投鼠忌器，不太好办。但不解决也不行。得想个办法。”[②]

叶剑英不只同聂荣臻等交谈，也主动走出去，同其他人接触，交换对形势的看法。他利用自己尚未完全被剥夺的军队领导权，继续与总部的一些重要机关部门保持联系，了解情况，并亲自查看重要军事设施，预防各种不测。他特意找解放军报社长华楠了解情况，嘱咐“班子要团结，头脑要清醒，坚守舆论阵地”。[③]他每天留心能看到的文件和报刊，还给秘书们打招呼，不但要注意国外的动向，更要注意国内的问题。他说：“不要只见树木，不见森林，也不要只见森林不见树木。”要求办公室的每个秘书都能掌握国内外每天发生的大事。大事紧事要“随

① 访问王震谈话记录，1989 年 9 月。访问王石坚谈话记录，1993 年 11 月。

② 访问周均伦谈话记录，1987 年 10 月。

③ 访问华楠谈话记录，1986 年 9 月。

到随办，不得延误”！他不论工作怎么忙，每天都要听两次汇报，做到全局在胸，了如指掌。有时边吃饭边听汇报，有时半夜三更有了重要情况和文件，也要披衣坐起，亲自处理。在他的床上放着一块小木板，有了紧急公文就在床上垫着小板批阅。

第三节 毛泽东的临终召唤

灾难不断降到中国人民头上。7月，德高望重的朱德委员长突然病逝。不久，唐山发生了亘古少有的大地震。在天灾人祸的折腾中，毛泽东病重垂危。在弥留之际，中央政治局的委员们守候在他的病房，排着队走到病榻前，一个一个同他诀别。叶剑英走过来了。这时，毛泽东双目微睁，看到了站在他面前的叶剑英，眼睛突然亮了起来，并且活动手臂，轻轻相招。可是，叶剑英只顾伤心，泪眼模糊，并未察觉。待他走出病房时，毛泽东忽又意识清醒，以手示意，招呼他回去。一位护士见此情景，马上跑到休息室找到叶剑英说：“首长，主席招呼您呢！”叶剑英立刻转身回到病榻前，聆听最后嘱咐，只见毛泽东睁开双眼，嘴唇微微翕动，想说什么，只是说不出来。叶剑英握着他的手，又急又悲，凝神注视，伫立良久，只好移动沉重的脚步，离开病房。他陷入了沉思：主席为什么特意招呼我呢？还有什么交代？……他的心情很沉痛。[①]

1976年9月9日，毛泽东与世长辞，举国致哀。叶剑英以十分悲痛的心情和全部精力投入到毛泽东的治丧工作。连日来，首都人民隆重举行吊唁仪式，悼念这位为新中国的建立和富强而奋斗终生的领袖。毛泽东作为新中国开天辟地第一代伟大的无产阶级革命家，在人民群众中享有崇高的威望。他的高大形象和丰功伟绩将千秋万代永远铭刻在中国的历史丰碑上。叶剑英非常怀念和崇敬这位卓越的领导人，曾多次含泪谈到毛泽东的光辉业绩。他回忆自己的革命历程，沉痛地说，我的事业做得少，如果不跟毛主席，很平庸，不过还在南洋做生意呀！在家里教书呀！一想到毛主席一生，我就伤心。……现在有人批评毛主席，不能说他一无是处。我们还是要仰仗毛主席，没有毛主席，我们中央开会，还要在法租界、英租界开呢。没有毛主席，长征过不去，到陕北也站不住。后来，打日本，打蒋介石，没有毛主席是不行的。没有毛主席就没有中国的今天和未来……[②]

在全国人民沉痛悼念的日子里，“四人帮”迫不及待地加紧了篡党夺权的步伐。王洪文要自己的工作人员住进中南海紫光阁，设17部电话，以中央办公厅名义通知各省、自治区、直辖市有什么重大问题直接向他汇报，妄图架空中共中央，由他向全国发号施令。“四人帮”还把北大、清华以及上海师大、复旦当“窗口”，通过各种渠道，搜集情报。江青布置清华、北大、新华社、人民日报社的

---

① 叶剑英在中共中央政治局和中央书记处联席会议上的发言，1980年11月29日。吴德回忆。

② 叶剑英谈话记录，1982年4月16日。

亲信直接给她送材料，凡是给党中央的信件，都要送给她过目。她对毛泽东的治丧不感兴趣，在中央政治局会议上大喊大叫：“要开除邓小平党籍。”她拼命拉毛泽东的机要秘书张玉凤，软磨硬泡，索要毛泽东的文件和档案材料。一次，被她“借”去两份机密文件，后来虽然被办公厅主任汪东兴追回来，但已经涂改。

江青一伙为什么对文件如此感兴趣呢？叶剑英看穿了他们的诡计。这伙人拼命抢文件有两个用心：一是心虚，怕那里有涉及他们历史问题的致命东西。二是要整人，找打人的炮弹。很显然，“四人帮”一旦把毛泽东的文件、档案搞到手，就可以任意销毁罪证，任意篡改“最高指示”，为所欲为。有鉴于此，叶剑英就给汪东兴打招呼，提醒他注意安全，加强戒备，不要被江青夺了中央的权。他严肃地说，毛主席生前，你保卫了他的安全，主席去世了，请你看管好他的文件档案，暂时来不及清理，也一定要好好封存起来，千万不能遗失。这关系到党和国家的核心机密。

第四节　众志成城

面对“四人帮”的肆虐横行，全党全军和全国人民经过巨大创痛之后，更加觉醒了：十年浩劫的“文化大革命”必须结束，祸国殃民的“四人帮”必须清除。人心思治，人心思定。

这时，邓小平、陈云等老一辈革命家遭到不断的打击、迫害和严密监视，党和国家主要领导人一时难以断然处置“四人帮”。叶剑英虽然处境也很困难，但他还是中共中央副主席和中央军委副主席，在国内外享有重望。因此，粉碎“四人帮”的伟大斗争，把叶剑英推向 20 世纪 70 年代中期中国历史舞台的中心。他意识到肩上责任的重大，毅然挺身而出承担起历史赋予的使命。

处在这场斗争的漩涡里，叶剑英高瞻远瞩，审时度势，分析估量全国的形势和人心的向背，同时想到了毛泽东在弥留之际，想托以后事又欲语不能的情景。他深切感到，毛泽东不愧是一位伟大的马克思主义者，尽管他在晚年错误地发动和领导了“文化大革命”，但他毕竟察觉了江青等人阴谋篡权的活动。他在政治局会上宣布他们一伙是“上海帮”“四人帮”，并进行过严厉批评，表示要加以“解决”。同时，从组织安排上，堵住了他们妄想爬上党和国家最高领导位置的路。叶剑英认为这是毛泽东对付“四人帮”的“两着棋”。[①] 毛泽东还多次向老同志讲过汉朝周勃、陈平铲平吕氏叛乱、巩固汉室政权的故事。解决“四人帮”问题，也是继承毛泽东的遗志。毛泽东从 1974 年起对“四人帮”几次提出批评，1975 年 5 月 3 日批评他们破坏党中央团结时说：“问题要解决，下半年不行，明年，明年不行，后年。”后来因整邓小平就把这件事拖下来了。毛泽东生前没来得及解决，现在到了非解决不可的时候了。叶剑英这位跟随党为共产主义事业奋

① 叶剑英在中国共产党十届三中全会上的讲话，1977 年 7 月 21 日。

斗多年的老党员、老战士，眼看着党又一次面临生死存亡的严重关头，决心不负众望，挺身而出，团结众人，坚持斗争，挽救危局。

叶剑英经过长时间的观察和思索，意识到，解决“四人帮”这场斗争，不是轻而易举的，需要有一个从酝酿到决策的过程。在酝酿阶段，接触面不妨宽一点，做些调查摸底，听取各方面的意见，思考对付“四人帮”的办法；一旦酝酿成熟，形成决策，付诸实施，便带有极大的机密性，只能守口如瓶，限于极少数几个人知道。这是不能含糊的，否则将会误大事。

就在叶剑英警惕地注视着“四人帮”的动向，苦心思索着在什么时机，采取什么办法来收拾这伙丑类的时候，其他的老一辈革命家也在考虑这个关系着党和国家的前途、命运的大事。他们虽然各在一方，受到“四人帮”的监视和“软禁”，但是思想是相通的。他们团结一心，坚如磐石，密商对策，力挽狂澜。在毛泽东病危和逝世后治丧期间，有些人就悄悄地互相关照，酝酿此事。老一辈无产阶级革命家邓小平、陈云、谭震林、李先念、邓颖超、康克清等都曾先后直接找过叶剑英交谈，对他抱着殷切的期望。叶剑英利用各种时机和场合，同其他政治局委员和一些同志个别交谈。他邀请乌兰夫前来就国内形势问题征求意见。两人谈得很深，乌兰夫明确表示支持他的主张。告别时一再嘱咐他身负国家、民族重托，要多多珍重。叶剑英送他到门口握别，流下了热泪。[①]他还同京外的军队高级将领韩先楚、杨得志、吴克华等打招呼，要注意形势、掌握好部队。有一次李德生从东北来京参加会议，抽空去看望叶剑英。叶剑英利用这个机会向他谈起江青一伙利用窃取的权力，打击迫害邓小平的事。叶剑英沉思片刻之后，特意打开身旁的收音机，问道：“当前全国形势严峻，到底是抓组织重要，还是抓生产重要？”李德生为了听清他的话，动手把开着的收音机关了。叶剑英又去把收音机打开，压低声音说：“现在斗争很复杂，开着好。”接着自解自答地说：“我看，还是抓组织重要。”李德生终于听明白了：叶帅说的“组织”不是别的，而是指“中央”，用这种方式暗示他，当务之急，就是要果断解决“四人帮”的问题。[②]还有其他一些军队和地方上的老同志，或访问，或探病，或捎口信，采取各种方式，直接间接地向叶剑英反映情况，表示对形势的关注和忧虑。一天晚间，叶剑英和女儿楚梅邀请冯玉祥将军的女儿冯理达夫妇来家做客。据冯理达回忆，她同叶伯伯谈起邓小平主持工作，形势刚有好转，又挨批，不可理解。叶剑英伸出左掌，用右指画了一个“三点水”，低声说：“这个人，毛主席、党中央对她是有看法的，群众对他们也有看法，她周围那一帮上海人也不得人心。毛主席是掌握分寸的。不要看他们一时得意，根本不可能主宰我们的党，终究不会改变中国历史的进程。他们长不了，成不了气候！”

叶剑英经过与党内、军内的一些领导干部个别接触和交谈，心里有了底，增

---

① 访问云杉谈话记录，1994 年 8 月。

② 访问李德生谈话记录，1993 年 5 月。

强了战胜“四人帮”的信心。但是，这位政治阅历和斗争经验非常丰富的革命家在思考着这样一个问题：粉碎“四人帮”这场斗争不是个别人的行动，而是在党的最高层组织内部的一场斗争，亦即中央政治局内多数成员与“四人帮”的斗争。“四人帮”在政治局中虽是少数，但一个是党的副主席，一个是中央政治局常委，一个是以“夫人”身份假借毛泽东名义作威作福、野心勃勃的阴谋家，一个是掌握全部宣传舆论工具的吹鼓手。他们人数虽少，能量颇大。不仅以上海“第二武装”为后盾，有恃无恐，而且在北京也从各方面做了反革命政变的准备。特别是在毛泽东病重期间，又来了一个所谓“联络员”毛远新，上呈下达都要经过他，许多事情都走了样。当时政治局的叶剑英等老同志为了顾全大局，为了毛泽东的健康，对这种不正常的情况一直采取克制的态度。毛泽东逝世以后，客观形势出现了变化，“投鼠”已不必“忌器”，只要政治局团结一致，齐下决心，就可以使“四人帮”遭到毁灭性的打击。但是，这需要做艰苦细致的思想工作和周密的组织工作。

在这项工作中，首先要取得华国锋的支持。他担任党和国家的主要领导职务，是由毛泽东提议，经过中央政治局一致通过的。从党的组织原则出发，叶剑英尊重这位党中央主要领导人。毛泽东逝世的当天夜里，当江青在政治局会议上大叫大嚷“批邓”不力，干扰毛泽东治丧工作，给主持会议的华国锋施加压力，进行刁难时，叶剑英站出来支持华国锋，厉声说：“当前最重要的事情是紧紧团结在以华国锋为首的党中央周围！”大煞了“四人帮”的威风。在解决“四人帮”的问题上，取得华国锋支持，是个重大的组织原则，也是合法解决“四人帮”的一个必要条件。叶剑英亲自到史家胡同华国锋住处交换看法，劝他多到老同志那里走走，谈谈。这时华国锋也在考虑如何对付“四人帮”的问题，也准备要找叶剑英等老同志摸底。两个人经过交谈，沟通了思想，下定了斗争的决心。华国锋说：“叶副主席同‘四人帮’斗争是很坚决的。他找到我那儿，和我商量，他说，我们和‘四人帮’的斗争是你死我活的斗争。在那段时间里，我和政治局不少同志都进行了接触，进行过酝酿。”① 叶剑英又到中南海，几次找汪东兴交谈，商议除害大计。汪也正在酝酿此事。他们取得一致看法，认为这是一件有关中国党和中国革命前途的大事。如果让“四人帮”得势，党和国家就要遭难。但当时还不是很有把握，有些提心吊胆。他们说，个人的命运就不考虑了，要考虑党和国家的命运。②

第五节　“西山不可久留”

长期以来，采取“稳住上海，搞乱全国，乱中夺权”反革命策略的“四人帮”，此刻正在争分夺秒，加紧从政治上、组织上进行夺权的准备。毛泽东刚刚逝世不久，他们就在 9 月 16 日的《人民日报》、《红旗》杂志、《解放军报》联合发

---

① 华国锋：《在中央工作会议闭幕会上的讲话》1977 年 3 月 22 日。

② 汪东兴谈话纪要，1984 年 5—6 月。

表的社论中抛出了“按既定方针办”的所谓毛主席的临终嘱咐，并连篇累牍地大肆宣扬。9月19日，江青打电话给华国锋，要求中央政治局召开紧急常委会，讨论“重大问题”，但却不要中央副主席叶剑英参加会议。相反的无理提出，她和姚文元、毛远新（三人都不是常委）必须列席会议。华国锋问：会议讨论什么问题？江青说有紧急事情，你来中央不久，你不懂。并要立即答复！江青一伙到人民大会堂，找到华国锋纠缠不休，要求将毛泽东的文件档案、书籍交给毛远新清理。经过一番争论，华国锋否定了他们的无理要求，决定毛泽东的文件档案由中央办公厅汪东兴负责封存。9月21日，张春桥在北京单独接见徐景贤，听取他与南京军区司令员丁盛等一起密谋武装暴乱的情况汇报。他们在上海、湖南、安徽等地制造和购置大量武器装备。9月23日，王洪文打电话给王秀珍，要上海搞40万民兵，还要用大炮武装民兵。9月28日，张春桥又派秘书萧木去上海，通知上海革委会负责人马天水、徐景贤、王秀珍等人“要提高警惕”，“要准备打仗”。

“四人帮”以为上海武装力量准备就绪，于是向中央政治局发难。他们在9月29日的中央政治局会议上，做出了拙劣的表演。在这次会议中间，江青提出：“毛主席逝世了，党中央的领导怎么办？”王洪文、张春桥一唱一和，要求安排江青的工作，实际想让她当党中央主席。会议开不下去了。华国锋当场念了毛远新给党中央写的信，讨论毛远新是否回辽宁的问题。华国锋、叶剑英、李先念等认为毛远新留在北京已无事可做，要他回辽宁。江青大发雷霆，张春桥随声附和说要毛远新留下处理毛泽东的文件、档案，还提出要他“准备三中全会的政治报告”。实际上他们是要通过召开三中全会，公开篡党夺权。这些无理要求，当即遭到多数政治局委员拒绝。江青大吵大闹，要“没有事的都走”，终于搅散了会议。会后，江青又向汪东兴索要毛泽东的文件。汪东兴问叶剑英怎么办？叶剑英回答说：要坚决顶住！

形势越来越紧张。政治局与“四人帮”的斗争逐步升级，已到了最后阶段。双方都在抓紧准备，和时间赛跑。按照叶剑英的分析，“斗争已趋于白热化”，在这样的紧急时刻，犹豫观望就等于自取灭亡。叶剑英在这一期间，除了与华国锋经常接触和交谈之外，继续同老同志们保持联系，酝酿消除党内的隐患。

9月21日，已从西山返回城内住地的聂荣臻，派杨成武上山找叶剑英，一再嘱咐说：“四人帮”一伙是反革命，什么坏事都干得出来的，要有警惕，防止他们先下手。如果他们先下手把小平暗害了，把叶帅软禁了，那就麻烦了。采用党内斗争的正常途径来解决他们的问题，是无济于事的，只有我们先下手，采取果断措施，才能防止意外。叶剑英听了，很高兴，让杨成武转告聂帅：“告诉聂总，请他放心。他跟我想到一起来了，有事随时通报商量。”他还诙谐地说：“狡兔三窟哟，我要立即搬家。你告诉聂总，也要注意安全。”

“四人帮”为了监视叶剑英，派王洪文跟进西山，在靠近他的地方住下。叶剑英察觉到这条猎犬的来意，表现非常镇静，悠闲自在，“游山玩水”，示人以缓。他同身边的同志散步谈心，讲今论古，比赛背诵长诗《长恨歌》《琵琶行》和孙髯翁的昆明大观楼长联。有一次在山间凉亭一带散步，问那段山路叫什么名字？大家答不出，他就说，叫“好汉坡”吧！他又称常去的那个亭子叫“风雨亭”。以后又改叫“放鹤亭”。他在亭子上低声吟诵苏东坡的《放鹤亭记》：“鹤飞去兮，西山之缺，高翔而下览兮，择所适。……鹤归来兮，东山之阴，其下有人兮……归来归来兮，西山不可以久留。”过了几天，他从容不迫地转移到玉泉山。[①]

玉泉山有“玉泉垂虹”胜境，乃燕京八景之一。时值秋高气爽，景色清丽。可惜叶剑英此时此刻已无意流连于山水之间，他在宽敞幽静的9号楼住下，加紧筹划解决“四人帮”的大事。王洪文发觉叶剑英走了，就去质问汪东兴：“为什么让他搬到那里去了？”汪东兴告诉他，9号楼是周总理住过的。他生前交代过，让剑英同志住那栋房子。王洪文跟踪不得，无可奈何。

叶剑英住进9号楼，表面上沉静如常，深居简出，吟诗作赋。他在湖边垂钓，吟着郑板桥的《道情》（十首）：“老渔翁，一钓竿，靠山崖，傍水湾……”他行踪不定，独自往来于西山、玉泉山、军事科学院2号楼、城内后海小翔凤之间，行踪莫测，利用各种条件和时机，继续约一些老同志，个别密商，准备捉妖。有时一天之内要交谈多次。有时借垂钓之机与倪志福等交流情况。一天，邓颖超刚走，陈云即来访。叶剑英见了这位老革命家非常高兴，首先给他看了毛泽东生前的一次谈话记录，其中谈到解决“四人帮”问题，然后简要谈了一下根据毛泽东遗愿，解决“四人帮”的设想，征求陈云的意见，问他怎么样？陈云说，这场斗争不可避免，同意叶剑英的意见，要设法解决。康克清也特意从城里来看望叶剑英，向他转达了朱老总临终之时的愿望。[②]陈云、邓颖超、康克清等老同志的来访，对叶剑英最后做出粉碎“四人帮”的决策并付诸实施，起了重要作用。

叶剑英还接见军事科学院主要领导人粟裕、宋时轮等，了解外界情况，磋商机宜，要他们注意掌握部队和各方面的动向，“眼睛要明，耳朵要张，嘴巴要紧”，防止意外事件的发生。[③]同时，他还与空、海军领导人张廷发、吴富善、萧劲光、苏振华以及北京军区、北京卫戍区的傅崇碧、吴忠、吴烈等领导人保持密切联系，要部队加强战备。他特意派办公室主任到空军医院去看望生病住院的张廷发，打招呼，“病要治，部队也要管”，张当天就出院，到作战值班室坐镇，加强对飞行训练的具体领导。[④]

这时，华国锋也正在加紧进行粉碎“四人帮”斗争的活动。有的老同志也主动向他出谋划策。他很敬重叶剑英，认为，叶剑英光明磊落，襟怀坦荡，高风亮节，一心一意鼎力相助。自从叶剑英找他商量说，我们同“四人帮”的斗争是你死我活的斗争之后，他和政治局一些同志进一步接触和酝酿除害大计。那时李先念想到外地去治病，华国锋劝他说，你留下吧，希望老同志在斗争中能够多作些

---

① 访问张燕、马望兰、陈光群、孙宏、卢丽华等谈话记录，1989年。

② 访问康克清谈话记录，1987年8月。

③ 访问宋时轮谈话记录，1989年10月。

④ 访问张廷发、王守江谈话记录，1993—1994年。

参谋，多想一些办法。[①]

李先念以参观香山植物园为名，驱车绕道上山来会叶剑英。警卫通报后，叶剑英没有想到此时此地他能来，迎到走廊里，风趣地说："哎呀！是哪股风把你吹来了啊？"李先念幽默地说："是啊，我是无事不登三宝殿。"说着走进屋里坐下，两人谈起来。李先念谈了对形势的看法。叶剑英说，我们同他们的斗争是你死我活的斗争，只有你死，才有我活，没有调和的余地了，要彻底解决他们的问题，还要有周密的部署。[②]

第六节 果断决策，"以快打慢"

9月下旬，"四人帮"垂涎于党和国家领导人的宝座，连日"逼宫"，锋芒毕露。叶剑英进一步周密考虑粉碎"四人帮"的战略决策。有人曾设想召开中央会议来解决"四人帮"问题。叶剑英分析党和"四人帮"斗争的形势、性质和特点，认为江青、张春桥、姚文元、王洪文是在中央政治局内结成的"四人帮"，是一个反革命阴谋集团。他们的目标是篡夺最高领导权。他们作恶多端，人心丧尽，极为孤立，且极为虚弱。这是由于他们的阶级立场和反动本性所决定的。我们同"四人帮"的斗争已超出党内斗争的范围，是势不两立、你死我活的斗争，不宜于采取党内斗争的正常手段来解决。但粉碎"四人帮"又是在非常形势下采取特殊方式进行的一场斗争，要尽量做到稳妥，避免引起动乱。叶剑英说，我们要给后人留下一个好榜样。他与华国锋、汪东兴经过几次个别接触和交谈，思想得到了统一，做出了重大决策：决定经过充分准备，在适当时机（预订国庆节后十天左右），以召开会议形式对"四人帮"实行"隔离审查"，断然处置，然后立即召开政治局会议，向全会作报告。为了部署这一重大决策的实施，叶剑英又同汪东兴进一步商议行动方案，准备了各种具体措施。叶剑英考虑到可能发生的各种复杂的情况，认为对付"四人帮"这伙双料"政治流氓"，要慎之又慎，不能打草惊蛇，酿成动乱。无论如何，要稳定首都和全国的局势。他说："这是一着很险的险棋，又非走不可，必须果断，又要周密。要万无一失地办事。"[③]

定下除害大计，叶剑英心里非常高兴。9月30日晚，叶剑英出席在天安门城楼举行的群众代表参加的国庆座谈会，回到家里，想到过几天就要动手解决"四人帮"，兴奋得独自哼起京剧《空城计》："我本是卧龙岗散淡的人。论阴阳，如反掌，保定乾坤……""我正在城楼观山景，耳听得城外乱纷纷……"后来，叶剑英的子女回忆说："那时爸爸和国锋、东兴同志最后商议解决'四人帮'的大计已定，暗自高兴，但对家人却守口如瓶，直到解决了我们才知道。"

---

① 华国锋：《在中央工作会议闭幕会上的讲话》1977年3月22日。

② 叶剑英谈话记录，1982年4月6日、11月25日。

③ 汪东兴谈话纪要，1984年5—6月。

“图穷匕首见”。“四人帮”磨刀霍霍，举行武装暴乱夺权的部署已经就绪。“稳住上海，搞乱全国，乱中夺权”的计划正在落实。他们在上海精选10万民兵，每人发给40发子弹。“四人帮”与上海同党一直保持着“一级战备的联系”。在北京，“四人帮”阴谋调动某部坦克部队，准备从东南、西北方向开进北京城，造成犄角夹攻之势。他们分头到驻市区部队活动，同时开了一大批名单，指名要叶剑英等中央领导和老同志下工厂，与工人共同劳动，深入“批邓”。叶剑英识破他们企图趁机夺权阴谋，回电话断然拒绝参加这一活动，并通知汪东兴：其他人也不要下去。

国庆节那天，江青跑到清华大学讲话，继续诬蔑邓小平，并要年轻人宣誓斗下去，准备迎接“盛大的节日”。她还到处游说，跑到景山公园里，站在几棵苹果树下，搔首弄姿，摆着摘苹果的丑态，拍了十几张半身照。王洪文也让新华社记者照了标准像。10月3日，他跑到平谷县叫嚷：“睁大眼睛，唐小平、王小平要发动进攻了，中央出了修正主义，你们怎么办？打倒！”拥戴“四人帮”的“战士”也纷纷上书“劝进”表忠。“四人帮”已内定国务院部长以上名单，并拟好告人民书，待政变成功后，即向全世界广播。同时散布10月7、8、9日将有“特大喜讯”的传闻。在上海商店，争购鞭炮和大红纸，“准备庆祝”。种种迹象表明“四人帮”就要动手了，一场反革命政变已迫在眉睫。在此千钧一发之际，叶剑英以一个战略家的眼光，断定“这是‘四人帮’篡党夺权的先兆”。他感到不能再等了。要“以快打慢”！10月4日，《光明日报》在头版发表了署名梁效的《永远按毛主席的既定方针办》的文章，这是他们要篡夺最高领导权的信号，叶剑英看后感到事不宜迟，当机立断，立即去找华国锋紧急磋商，他说：现在解决他们的问题已经到了刻不容缓的时候啦，他们就要下手了，不能再等啦！按原定时间，要提前采取行动！他提议六日或七日下决心“一破一立除四害”。① 经过商议，决定6日晚上8时开始行动，改变了原先设想在国庆节后准备十天再动手的方案。

“谋成于秘，败于泄”。叶剑英认为，根据历史的经验，对“四人帮”采取重大的政治行动，必须严密组织，妥善安排，做起来，人不能过多，越少越好，绝对可靠。否则，稍有疏漏，一着不慎，就会满盘皆输。叶剑英交代汪东兴，从执行特殊任务人员的挑选和组成，到“隔离审查”方式、场地的确定，每一个细节都要经过反复磋商，周密计划，慎重审查，最后由汪东兴负责具体落实。同时，叶剑英还以加强战备为名，和军委总部的杨成武、梁必业等个别领导人打招呼，要求掌握好总部机关、陆空军和海边防，提高警惕。② 华国锋根据叶剑英的提议，亲自找耿飚交代听候命令带人进驻中央广播电台的“特殊任务”。

一切准备就绪。决定按事先设想的行动，即以召开政治局常委会议的名义

① 叶剑英在中央召集武汉、南京、济南、山东、湖北、江苏、上海有关负责人打招呼会上的讲话，1976年10月8日。

② 访问杨成武、梁必业谈话记录，1990—1991年。

解决“四人帮”问题。地点选在中南海怀仁堂正厅。时间定在10月6日晚8时。“会议内容”，由中央办公厅事先通知：主要是审议《毛泽东选集》第五卷的清样；研究毛泽东纪念堂的方案；商议毛泽东中南海故居的安排等事宜。按照规定，出席会议的只有华国锋、叶剑英和王洪文、张春桥。为了让姚文元到场，通知他参加修订文献，列席会议。

第七节 惊心动魄的怀仁堂“会议”

10月6日，这一天晚间，星河灿烂，金风送爽。叶剑英按照往常开会从不迟到的习惯，从容不迫地提前出发。他带上警卫参谋，让司机开车从玉泉山悄然来到中南海怀仁堂。这位在战争年代协助毛泽东、周恩来、朱德运筹帷幄、决胜千里之外的“参座”，今天，为了处置几个跳梁小丑，为民除害，又一次亲临前线。怀仁堂像往常一样，灯光闪烁，肃穆安谧。只有少数执行特殊任务的人员，担任着警卫。叶剑英此刻在怀仁堂正厅，正襟危坐，胸有成竹，指挥若定。在正厅里还有华国锋，这位党和国家的主要领导人，焦急地等待着来“开会”的另外三个人。在正厅的屏风后面，汪东兴和几个警卫人员机警地注视着门口，负责“会议”的安全。

将近8点，“会议”开始。

先说来“开会”的王洪文。这个“大人物”，此刻兴冲冲地来到怀仁堂正厅东侧门，一看到警卫人员走过来，叫道：“我是来开会的！你们干什么？”他拳打脚踢，拼命反抗。警卫人员将他扭住，推倒在地，然后押到正厅里。这时华国锋立起身来，按着事先准备好的“隔离审查”决定，严肃地说：王洪文，你犯下了反党反社会主义的罪行！我代表党中央宣布，对你进行隔离审查！随后，王洪文被押往候审的地方。离开正厅以后，他犹然不服气，自言自语：“没想到有这样快！”这从反面证明，采取“以快打慢”的方针，是何等适时，何等正确！

张春桥夹着皮包，准时到来。他摇头晃脑地来到怀仁堂正厅东侧门，似乎感到事情不大对头，连声地问：“怎么回事？”还未待他弄清怎么回事，就被两个警卫人员架到正厅华国锋、叶剑英面前。当华国锋宣布他的罪状和“隔离审查”决定时，这位“四人帮”的“狗头军师”，玩弄什么计谋都不灵了，双腿打颤，浑身只有“筛糠”的份儿。他用手摸了摸眼镜，没有任何反抗，就由监护人员送他到一个候审的去处。

姚文元姗姗来迟。这个“四人帮”的“金棍子”，听说中央政治局开会要他修订文献，已是手痒多时，口里骂骂咧咧地说：“早就该开这个会了！”他急匆匆赶往中南海，竟忘了戴上一向不离头的帽子。他光着秃头，迈着四方步，进入怀仁堂，手里拿着毛选送审本，准备大显身手，没料到等待他的是“隔离审查”。他竟要赖连声质问：“我是来讨论毛选的，你们胆敢……”警卫人员连忙架着他，送往另一个地方候审。

在处置王、张、姚的同时，在钓鱼台，安排专人到他们的办公室封文件、要钥匙，不过并不顺利，遇到了一些麻烦。

就在怀仁堂“会议”紧张进行的时候，另外的执行特殊任务小组，由中央办公厅一位副主任率领，来到了中南海江青住处，向她宣布了“隔离审查”的决定。江青听罢，又气又慌，连问：“为什么？为什么？”然后要求上厕所。执行小组派一位女同志跟进去。她的神威已经不灵了。待她出厕所后，来人要她交出保险柜的钥匙。她先是拒绝交出说：不能交给你们！随后气鼓鼓地把钥匙装进一个大信封里，写上“华总理亲启”字样，才交给执行小组人员。办完交接“手续”，执行小组人员“请”她坐上轿车，由两辆警卫人员的轿车“监护”押到一处地下室的一个房间里候审。“四人帮”被关在不同的地下室里，不过他们自己并不知道，也没有人向他们透露半点消息。

在解决江青之前，执行小组到中南海毛远新住处，对他采取“保护审查”的措施。对迟群、谢静宜等则由北京卫戍区负责解决。为控制舆论，耿飚奉命带领一些人接管了新闻、广播等宣传机关。[①]

这样，前后不到一小时，没费一枪一弹，没流一滴血，就从组织上打垮了“四人帮”反革命集团，结束了历时十年之久的“文化大革命”的灾难。曾几何时，猖狂一时，阴谋篡国，恶贯满盈的“四人帮”一伙，落得个罪有应得的下场！一年之后，中国共产党十届三中全会做出了关于王洪文、张春桥、江青、姚文元反党集团的决议，宣布永远开除他们的党籍。三年之后，经过最高人民检察院特别检察厅起诉，最高人民法院特别法庭受理江青反革命集团一案，按中华人民共和国刑法正式判决。

在粉碎江青反革命集团的斗争中，叶剑英起了决定性的作用。他和中央政治局的其他同志集中了人民群众的集体智慧，根据政治局多数同志的意见，代表党和人民意志，果断地做出重大决策，一举粉碎了江青反革命集团，从危难中挽救了党。[②]

第八节　山河重光，举国欢腾

解决“四人帮”之后，当天夜里不到 10 点钟，叶剑英同华国锋一起回到玉泉山 9 号楼，出席政治局会议。

玉泉山 9 号楼的会议室灯火通明。叶剑英和华国锋笑容满面，手挽着手走进大厅。中央政治局会议从晚上 10 点开到第二天早晨 4 点多，整整开了一个通宵，商讨粉碎“四人帮”后党和国家面临的重大问题。会议由华国锋主持，与会同志

---

① 访问中共中央办公厅、警卫局、叶剑英办公室杨德中、丁志有、滕和松、高云江、王燕萍、纪和富、李连庆、马西金、赵绍贤、曹清、董守福等谈话记录。

② 胡耀邦：《在叶剑英追悼会上的悼词》1986 年 10 月 30 日。

欢欣鼓舞，听取了华国锋、叶剑英的报告，完全赞同处置“四人帮”反革命集团所采取的果敢行动。由于紧急开会，到会多数同志事先并不知道发生了什么事，开会解决什么问题。甚至连李先念也不知道“四人帮”已被解决。他到来之后在走廊里还关切地问接待人员：“开什么会呀？叶帅的身体怎么样？”待听完报告后，他十分欣慰。当时不在京的政治局委员韦国清、许世友、李德生、赛福鼎等，当夜未能出席会议，由汪东兴向他们逐个电话通报政治局关于处置“四人帮”的决定，都表示拥护。[①]

北京玉泉山9号楼，中央政治局在此召开会议，商讨粉碎“四人帮”后面临的重大问题

会上，还一致通过了华国锋为中共中央主席、中央军委主席；还决定出版《毛泽东选集》第五卷，永远保存毛泽东的遗体，在北京建立毛主席纪念堂等事项。

会议结束，即开始分片分口传达。叶剑英想到的第一件事，就是把粉碎“四人帮”的喜讯迅速透露给一直被“软禁”的邓小平和其他被迫害的老同志。他把邓小平接到玉泉山9号楼，亲自向他传达中央政治局会议精神，并一如既往，十

① 访问王守江、王文理、马西金、张燕等谈话记录，1986—1993年10月。

分关心小平同志的身体健康，解决其阅读中央文件、改善处境等问题。[①] 邓小平对这个伟大斗争的胜利，由衷地感到喜悦。聂荣臻、徐向前两位老帅表示完全支持对“四人帮”所采取的果敢措施。陈云高兴地说，叶剑英同志是一个真正的共产党员。胡耀邦和许多老同志激动地说，叶老帅在关键时刻，又一次为我们党和国家立下了不朽的功勋！

叶剑英在一片赞扬声中表现非常谦虚。他从来不谈自己的功绩，从来不强调个人的作用，总是把这场斗争的胜利归功于党和人民。他回顾这场斗争，说：“政治局全体同志除‘四人帮’外，同‘四人帮’的斗争，思想是统一的，认识是一致的，决心是大家下的。”他几次提到华国锋、汪东兴在这场斗争中所做出的重大贡献，多次表彰参与这场斗争的无名英雄，说他们给党、给国家、给人民建立了很大的功劳，并同他们合影留念。他说，后人想问党的这段历史，可以用一句话来回告：“无限风光在险峰！”[②]

制伏妖孽，山河重光。“四人帮”的覆灭，使党和国家的历史揭开了新的一页。举国欢腾，亿万人民热烈庆祝这一伟大胜利。从此，10 月 6 日，中国又多了一个胜利纪念日。

---

① 访问张廷栋、李俊山等谈话记录，1986—1993 年 10 月。

② 叶剑英在中共中央工作会议闭幕式上的讲话，1977 年 3 月 22 日。

第三十八章　在新的历史发展时期

粉碎“四人帮”的伟大胜利，结束了长达十年的“文化大革命”。从此，党和国家进入了一个新的历史发展时期。叶剑英作为党和国家的主要领导人之一，同中央政治局其他同志一起，领导全党彻底清算林彪、江青反革命集团的罪行，肃清其流毒影响，拨乱反正，实现党的正确领导，迅速恢复国民经济和科学文化教育事业，把中国社会主义建设推向前进。

第一节　拨乱反正，请邓小平复出

1976 年冬，中共中央先后召开了一系列有各省、市、自治区和各大军区负责人参加的打招呼会议，稳定局势，揭发、批判“四人帮”的反革命罪行，统一高级干部的思想，布置开展各方面的工作。叶剑英日夜操劳国家大事，同各条战线的领导同志交谈，寻求解决各种难题的途径和办法。他出席中央召开的各次会议，发表了许多重要讲话。在这些讲话中，他着重强调深入揭发批判“四人帮”反革命罪行的重要意义，使大家从思想上对“四人帮”有深刻、清醒的认识，与“四人帮”划清界限。他说，“四人帮”是一伙资产阶级野心家、阴谋家、两面派，是一伙新老反革命结成的黑帮。我们同他们的斗争，是无产阶级和资产阶级你死我活的大搏斗，关系到我们党和国家的前途和命运。他引用“投鼠忌器”的典故，说明我们党为什么要等到毛泽东主席逝世以后，才对“四人帮”采取断然措施的道理，进一步统一了全党对这个问题的认识。他强调维护毛泽东的历史地位和毛泽东思想的科学真理。他说，毛泽东思想的旗帜是我们党的旗帜，我们要世世代代高举，不能丢掉。要用毛泽东思想来统一全党、全军、全国人民的认识。叶剑英从党和国家的大局和党的组织原则出发，对华国锋采取了支持和辅佐的态度。在当时的历史条件下，叶剑英的这种态度和做法，是有利于局势的稳定，有利于党和国家各项事业的开展，也有利于国际斗争的。当然，叶剑英对华国锋的评价中，也有过一些过誉的话，这在当时的历史条件下也在所难免。但是，他事后在中央的一次会议上表示，自己过去对华国锋的评价有不当之处。这表明了一个共产党人的光明磊落的态度。

1976年10月，叶剑英在北京天安门广场召开的粉碎“四人帮”庆祝大会上

经过一系列的打招呼会议和各方面的工作，党和国家的局势基本上得到稳定。叶剑英开始考虑党的组织路线方面的拨乱反正问题。他首先考虑到，在党和国家的各级领导岗位上，一定要将追随林彪、“四人帮”干坏事的人清除出去，让真正的马克思主义者掌握领导权。为此，必须平反冤、假、错案，把大批久经考验的领导干部赶快解放出来。

1976年12月，叶剑英收到分管中央宣传工作的耿飚的来信。信中说：“人民日报社许多同志揭露了‘四人帮’在天安门广场事件中，搞的欺骗毛主席和党中央的罪行，他们于12月10日整理出了一份材料，现送上请参阅。”叶剑英认真地看了这份材料，对“四人帮”欺骗毛泽东和党中央、伪造假情况、陷害革命群众的罪恶活动，十分气愤。他对办公室工作人员说，这份材料提供的情况很重要，它充分地揭露了“四人帮”在天安门广场事件中，欺骗毛主席和党中央的罪行。当时，“四人帮”篡改的《情况汇编清样》不送给我看，我也不知道他们做了这些手脚。这份材料提供了很好的证据，天安门事件应该平反。接着，他还向工作人员回忆了4月4日清明节这一天，他亲自乘车去天安门广场的情景。他说，这天傍晚，我实在想去天安门广场看看。所以，我就谁也没有告诉，只悄悄地告诉了司机同志。我们很快就到了天安门广场，在外边缓慢地行车。当看到一片望不尽的花山诗海和数不清的悼念大军，就想停车下来，走进广场里边看看广场的壮观场面。但是，在这种情况下，无论如何是不能停车下来的。我还是听了司机的劝告，很快回到了住地。

叶剑英利用耿飚提供的这份材料和进一步了解到的其他大量事实，在中央政治局会议上多次揭露“四人帮”蓄意欺骗党中央和毛泽东，制造“天安门事件”的罪行，说明这一历史事件是广大人民群众在党的正确领导下，悼念周总理、反对“四人帮”的强大抗议运动，实质上是拥护以邓小平为代表的党的正确领导，为后来粉碎“四人帮”奠定了群众基础。在叶剑英和其他老一辈革命家的力争下，终于冲破重重阻力，使“天安门事件”在中共十一届三中全会上得到彻底平反。

在争取“天安门事件”平反的过程中，叶剑英为恢复邓小平在党中央的领导职务做了大量工作。粉碎“四人帮”不久，叶剑英便派自己的孩子驾车，把还在软禁中的邓小平偷偷接到他的住处。两人见面之时，万分激动，邓小平长

1977 年，叶剑英（右）与邓小平在广州

声叫了一声“老兄”，两人的手便紧紧握在了一起。随后，叶剑英安排邓小平由城内搬到西山一处住所住下，并派自己的办公室主任和机要秘书给他转送文件。[①]与此同时，叶剑英多次找华国锋谈话，建议请邓小平出来参加党中央的领导工作。叶剑英说：小平同志具有治党治国的全面经验，是我们党内难得的人才。毛主席、周总理多次赞扬过他。现在，党内、军内的绝大多数同志和全国人民，都强烈要求让小平同志出来工作。我们应该尽快把小平同志请出来。然而，叶剑英的正确意见没有被接受。1977 年 3 月，中共中央在北京召开工作会议。叶剑英、陈云、王震等老一辈革命家公开提议要邓小平出来工作，要为“天安门事件”平反。但仍被华国锋等拒绝。这次会议以后，叶剑英继续给华国锋做工作，坚持要恢复邓小平在党中央的领导职务。1977 年 5 月 14 日，在叶剑英住地，邓小平、徐向前、聂荣臻、粟裕、王震等前去聚会，祝贺叶剑英 80 寿辰。邓小平赞扬叶剑英为党和人民做出了巨大贡献，亲切地称叶剑英为“老帅”。叶剑英对邓小平说：“你也是老帅嘛，你是我们老帅中领班的。”经过叶剑英等老一辈革命家反复工作，在全党、全军、全国各族人民的一致要求下，邓小平终于出来重新参加了中央的领导工作。1977 年 7 月 16 日至 21 日，中共中央召开了十届三中全会，叶剑英和中共中央其他领导人出席了这次会议。会上，正式通过了《关于恢复邓小平同志职务的决议》。会议还通过了其他一些决议。邓小平恢复党中央和中央军委的领导职务以后，在指导和推动全党进行拨乱反正，重新确

1977 年 5 月 14 日，叶剑英八十寿辰在北京住地留影

① 访问王守江、张燕、李俊山谈话记录。毛毛：《我的父亲邓小平》，中央文献出版社 1993 年版，第 641 页。

立马克思主义的思想路线、政治路线和组织路线的过程中，发挥了关键性的作用，做出了卓越贡献。1980 年底，叶剑英在中央政治局的一次重要会议上，再次对邓小平的功绩作了高度评价。他说：“大家知道，小平同志在历史上对党做出过杰出的贡献。粉碎‘四人帮’以后，在每一个重要关头，他都敏锐、果敢地提出一些正确的决策和主张。在我看来，小平同志具有安邦治国的卓越才能，他当全党的‘军师’和全军的统帅，是当之无愧的。”①

在中央政治局领导下，叶剑英同邓小平一起，为恢复中央其他老同志的工作，荐引年富力强的同志担任党和国家的领导职务，做了大量的工作，使党和国家有了一个坚强的领导核心。

叶剑英对党中央领导核心逐步形成，党和国家开始出现新的局面由衷地感到喜悦。他在《八十书怀》诗中满怀激情地写道：

八十毋劳论废兴，
长征接力有来人。
导师创业垂千古，
侪辈跟随愧望尘。
亿万愚公齐破立，
五洲权霸共沉沦。
老夫喜作黄昏颂，
满目青山夕照明。②

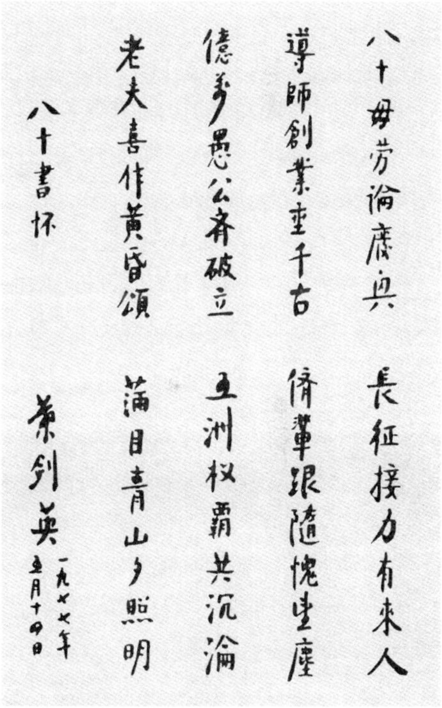

叶剑英诗《八十书怀》的手迹

在恢复邓小平职务的前后，叶剑英想到了更多的被林彪、“四人帮”打击和排挤的党、政、军领导干部，还有成千上万受冤枉、被诬陷的普通干部和群众。他认为，凡是过去的案子，不管是在什么情况下，什么人、什么会议定的，只要被历史证明是错了的，就一定要实事求是，有错必纠。在他和中央其他领导同志的努力下，一批原中央领导人的冤案陆续得到平反。其中有：被“四人帮”排挤长期靠边站的陈云，先后恢复了中央政治局委员、中央副主席职务；彭真被从监禁中解放出来，担任了人大常委会副委员长；薄一波等 61 人的所谓“叛徒集团案”得到平反；杨尚昆、罗瑞卿、胡耀邦、习仲勋等人的冤案都先后得到

① 叶剑英：《在中央政治局会议上的发言》1980 年 11 月 29 日。
② 叶剑英：《远望集》，人民文学出版社 1979 年版，第 65 页。

平反。叶剑英对他们的工作、生活十分关心，亲自找一些人谈话，征求他们的意见，鼓励他们向前看，继续为党和人民做贡献。1979 年，薄一波、安子文、刘澜涛平反出狱后，到西山去看望叶剑英。叶见到他们时，满怀深情地注视良久，第一句话就说："想不到你们受了这许多苦！"说着，禁不住掉下泪来。[①]

对于一般干部群众的冤、假、错案，叶剑英也十分关心。许多干部群众给他写信，其中有不少是反映他们所遭受的冤屈的。叶剑英对这些来信总是亲自阅读，并批示给有关领导人或部门予以正确处理。他还亲自过问民主人士、高级知识分子的冤、假、错案，要求有关部门尽快给予平反昭雪。

1977 年 8 月 12 日至 18 日中国共产党的第十一次全国代表大会在北京举行。华国锋代表中共中央作政治报告，叶剑英作关于修改党章的报告，邓小平致闭幕词。叶剑英关于修改党章的报告，是他亲自主持起草小组起草的，并经中央政治局全体讨论通过。他在报告中指出，新党章第一次写进了实现农业、工业、国防和科学技术现代化的目标，提出了坚持辩证唯物主义和历史唯物主义的世界观，强调了民主集中制的极端重要性，规定要充分发扬民主，决不允许任何人压制批评和打击报复，强调必须加强党的纪律。为了维护民主集中制的原则和纪律，新党章规定设立纪律检查委员会。新党章还强调必须保持和发扬群众路线、实事求是的优良传统。规定新党员一律经过一年的预备期才能转为正式党员，以保证党员的政治质量。由于历史条件的限制，新党章以及这个报告，仍然有一些"文化大革命"中的一些错误提法。8 月 19 日，中共十一届一中全会召开，叶剑英当选为中央委员会副主席。

1977 年 8 月 13 日，叶剑英在中国共产党第十一次全国代表大会上作关于修改党章的报告

① 薄一波：《经得艰难考验时》，《人民日报》1989 年 8 月 10 日。

第二节 关注党的思想理论建设

在思想路线方面的拨乱反正，这时期也紧迫地提到了全党的面前。可是，党的主要负责人却提出了“两个凡是”的错误方针，他继续维护毛泽东晚年的“左”的错误，继续奉行“文化大革命”中的一套错误理论，严重地束缚着人们的思想，阻碍各个领域的拨乱反正。

叶剑英是不赞成“两个凡是”的观点的。1976 年 4 月撤销邓小平党内外一切职务，将“天安门事件”定为反革命事件，都是经毛泽东批准、由华国锋执行的。然而，叶剑英在粉碎“四人帮”以后就坚持让邓小平出来工作，坚持为“天安门事件”平反，这种做法本身就是同“两个凡是”根本对立的。这一时期，叶剑英深感需要提高全党的思想理论水平特别是高级干部的思想理论水平，于是提议恢复中共中央党校，对党的高级干部进行分期培训。1977 年 10 月 9 日，中央党校举行开学典礼。叶剑英出席典礼并讲了话。他在讲话中指出：“马克思主义是一个完整的科学体系。”“我们在学马克思主义理论著作时，一定要提倡融会贯通，联系实际，实事求是，有的放矢。这就是说，要运用马克思主义的原理，运用马克思主义的立场、观点、方法，来分析、处理、解决我们的一切问题。可以说，理论愈多接触实际问题，愈敢接触实际问题，不是绕开问题走，不是模棱两可，含混不清，理论就愈加彻底，愈能掌握群众，愈可变成物质力量。党中央号召我们，一定要恢复和发扬实事求是的作风，做大无畏的彻底的唯物主义者。我相信，只要我们这样做，我们就一定能够把理论密切联系实际的学风普遍推广开来，就可以把我们党的事业推向前进。”他又说：“理论密切联系实际，我认为有两层最基本的意思。一层是：一定要掌握理论。没有理论，一张白纸，凭什么去联系实际呢？另一层是：一定要从实际出发。如果理论不能指导实际，不受实际检验，那算什么理论！”叶剑英的这篇讲话，实际上是对“两个凡是”思想的批判。这和他在“文化大革命”初期反对用教条主义态度学习毛泽东思想的做法是一致的。他在中共中央党校的讲话，直接为 1978 年春开展的真理标准问题的大讨论提供了思想武器。

1978 年 5 月 10 日，由胡耀邦主持创办的中央党校《理论动态》第 60 期发表《实践是检验真理的唯一标准》一文。11 日，《光明日报》以特约评论员文章的形式转载此文。文章论述了马克思主义关于实践第一的观点，指出任何理论都要接受实践的考验。这篇文章立即在全国范围内引起了一场关于真理标准问题的大讨论。党内外绝大多数人支持和赞同这篇文章的观点。叶剑英、邓小平等中央领导人坚决支持这一讨论。叶剑英并向华国锋提议，由中央召集开一次理论务虚会，在充分民主讨论的基础上，统一思想认识。可是，这个会迟迟没有召开。对此，华国锋在 1978 年 12 月中央工作会议上说：“今年 5 月 11 日《光明日报》发表、5 月 12 日《人民日报》和《解放军报》转载的《实践是检验真理的唯一标准》这篇文章，由于我当时刚访问朝鲜回来，有许多事情亟待处理，没有顾上看。六七月间，中央常委几位同志先后给我谈过他们听到的有关这方面的一些情况，这个时候，我才知道对这篇文章有些不同的看法。……叶帅考虑到国务院务虚会开得很好，提议把搞理论工作的同志召集到一起，也开个务虚会，大家把不同意见摆出来，在充分民主讨论的基础上，统一认识，把这个问题解决一下，中央常委同志都赞成这样办。由于我想常委都在家时开会解决这个问题，因小平同志出访，在这次中央工作会议之前这个会没有来得及开。……由于这次中央工作会议的议题多，时间有限，这方面的问题不可能花很多的时间来解决。中央政治局同志意见，还是按照叶帅的提议，在党的十一届三中全会之后，专门召开一次理论务虚会，进一步把这个问题解决好。中央相信，有这一次中央工作会议和党的十一届三中全会的精神作指导，这个问题一定能够解决好。”① 这次理论务虚会，一直到1979年春季才召开。尽管它是“迟到的春天”，但对于统一全党在一些重要思想政治问题上的认识，仍起到了十分重要的作用。

1978年，团中央决定将“文化大革命”期间停刊达12年之久的《中国青年》杂志复刊，但遇到了阻力。叶剑英了解到有关情况，于同年9月做出批示，同意《中国青年》复刊。

叶剑英在致力于纠正思想路线方面“左”的倾向时，也没有忽略来自“右”的方面的干扰。1978年3月，他在一次讲话中谈到实现四化问题时，就强调说：我们要团结全党、全军、全民，举国一致地向社会主义现代化强国进军，建设社会主义的现代化强国。他还说：“不是搞资本主义的现代化，而是搞社会主义的现代化。真正社会主义国家要坚持马列主义，坚持无产阶级专政，坚持社会主义道路。”“第二次世界大战以来，世界发生了很大变化。我们不能狂妄自大，也不能妄自菲薄。现在还继续坚持社会主义道路的国家很少，往后可能还更少。所以，我们要团结第三世界，争取第二世界，来搞社会主义，为人类做出贡献。”② 接着，他又讲了坚持共产党领导的问题。叶剑英这里提出的真正社会主义国家要坚持马列主义，坚持无产阶级专政，坚持社会主义道路，坚持共产党的领导，要搞社会主义现代化，而不是搞资本主义现代化的思想，总结了新中国建立以来近30年最重要最根本的经验，是具有远见卓识的极其重要的思想。

第三节 开创军队工作的新局面

由于林彪、“四人帮”多年来对军队的干扰破坏，军队建设方面存在着许多亟待解决的问题。1977年3月，中共中央发出文件，正式通知全党、全军：军委日常工作仍由军委副主席叶剑英主持。为了肃清林彪、“四人帮”的流毒，开创军队工作的新局面，叶剑英以大量精力，领导全军在各个方面拨乱反正。他在军委座谈会上，针对林彪、“四人帮”破坏军队建设所带来的恶果，尖锐地提出了大家

① 华国锋：《在中央工作会议闭幕会上的讲话》1978年12月13日。
② 叶剑英在五届人大一次会议解放军代表团全体会议上的讲话，1978年3月4日。

要弄清的十个“应该不应该”，即：（一）应该不应该坚持党对军队的绝对领导？（二）应该不应该坚持无产阶级党性，反对资产阶级派性？（三）应该不应该继承和发扬我党我军的优良传统？（四）应该不应该整顿军队？（五）应该不应该严格遵守革命纪律和制度？（六）应该不应该按照接班人“五项条件”搞好老中青三结合？（七）应该不应该强调军队要稳定？（八）应该不应该严格训练、严格要求？（九）应该不应该坚持野战军、地方武装、民兵三结合的武装力量体制？（十）应该不应该准备打仗？叶剑英以十分明确的态度和语言对这十个“应该不应该”做出的肯定回答，澄清了军队建设中的一系列大是大非的问题，清算了林彪、“四人帮”破坏军队建设的罪行，为人民解放军的建设指明了前进的方向。他还亲自抓了各总部、各军兵种机关、军事院校和各大军区领导班子的配备工作。他对这件事情非常认真、严肃。二十多个单位的领导成员，他一个一个地了解情况，一个一个地研究，花费了大量的时间和精力。他虽然年事已高，但每次研究情况时，总是端端正正坐在办公桌前，细心地听汇报，记笔记，考虑意见。即使时间再长，身体再累，也坚持到底。按照他的意见，对于那些追随“四人帮”干坏事的人，不管其职位多高，也必须坚决将其从领导班子中清除出去。对于那些受林彪、“四人帮”迫害而又有领导能力的老干部，以及那些经过斗争实践考验且年富力强的干部，则坚决把他们安排到领导班子中来。叶剑英对军、师、团各级领导班子的配备，也提出了具体的标准和要求。所有这些，对从组织上保证人民军队领导权掌握在忠于马克思主义的人的手里，使军队沿着无产阶级建军路线的轨道前进，起到了决定性作用。

1977 年 7 月 31 日，叶剑英在中共中央、国务院、中央军委召开的隆重庆祝中国人民解放军建军 50 周年的大会上，发表了重要讲话。在这个讲话中，他回顾了人民解放军在中国共产党和毛泽东的培育领导下，战胜国内外强大敌人的光辉历史，全面系统地论述了毛泽东军事思想。他把毛泽东军事思想的内容概括为人民军队、人民战争和人民战争的战略战术三个方面，并分别作了具体阐述。他在讲话中，批判了林彪、“四人帮”破坏军队建设、毁我长城的罪行，并初步总结了粉碎“四人帮”近一年来军队拨乱反正的经验，提出了人民解放军在承先启后、继往开来的历史时期的光荣任务。他要求全国人民和解放军全体指战员，抓紧时间，加快速度，加强军队建设，加强民兵建设和人防建设，加强国防科学研究和国防工业生产。要认清形势，增强战备观念，充分

1977 年 7 月 31 日，叶剑英在庆祝中国人民解放军建军 50 周年大会上发表重要讲话

做好反侵略战争的准备。要同台湾同胞一起，早日完成解放台湾、统一祖国的神圣大业。叶剑英的讲话，使全军指战员和亿万民兵受到了极大的鼓舞和教育。

1977 年 8 月 25 日，中共中央发出通知，公布了第十一届中央军事委员会组成名单。华国锋为军委主席，叶剑英、邓小平、刘伯承、徐向前、聂荣臻为副主席。12 月，中央军委在北京召开全体会议，叶剑英在会上所作的报告中，提出了军队建设要抓好的十项任务：（一）把揭批“四人帮”的斗争进行到底，夺取全胜；（二）贯彻毛泽东战略思想，做好战争准备；（三）整顿领导班子，加强干部队伍建设；（四）加强党的建设，充分发挥政治工作的威力；（五）把教育训练提到战略地位，加强军事科学的研究，提高我军军政素质；（六）大力抓好国防科学技术研究和军工生产，加速装备现代化；（七）继续搞好精简整编，改革兵役制度；（八）坚持勤俭建军的方针，加强后勤战备建设；（九）坚持三结合的武装力量体制，加强民兵建设；（十）恢复和发扬我军的优良传统和作风。叶剑英的这一报告，成为指导人民解放军在新的历史转变时期进行建设的纲领性文件，具有十分重要的意义。

在新的历史时期，如何正确确立新的战略方针，这是一个重大理论问题和紧迫的实际问题。对人民解放军在新时期的建设和发展，具有十分重要的现实意义。叶剑英根据国际国内形势的发展，领导全军高级干部认真而又广泛地开展了战略方针和战争初期问题的研究和讨论，对如何表述新时期战略方针作过多次重要批示，做出了新的解释，赋予了新的内涵，从而发展了毛泽东积极防御的战略思想。

从政治思想上加强军队的建设，是叶剑英一贯的主张。他多次强调要保持和发扬毛泽东倡导的优良传统和作风，特别是要加强军队的政治思想工作，坚持党的民主集中制原则，坚持“三大纪律八项注意”，搞好军政、军民团结，从各个方面把军队建设好，把国防力量壮大起来。1978 年 5 月，全军召开政治工作会议，叶剑英在会上作了重要讲话。他针对林彪、“四人帮”破坏军队政治工作的罪行，回顾总结人民军队发展壮大的历史经验，深刻阐述政治工作是人民军队的生命线这一重要思想。他强调说；“我们军队在任何时候，任何条件下，政治工作只能加强，不能削弱。否则，我军就有脱离党的领导的危险，就有改变无产阶级性质的危险，就有失去战斗力的危险，就有被资产阶级野心家篡夺领导权的危险。党在军队中的政治工作关系着我军的强弱、胜败、生存和发展。政治工作是我军的生命线，我想它的深刻含义就在这里。”叶剑英的这个讲话，体现了毛泽东加强军队政治工作的一贯思想，并有所发挥，对恢复和发扬我军的优良传统，加强人民解放军政治工作建设起了十分重要的指导作用。

第四节　在党和国家历史性的转折之际

从 1976 年 10 月粉碎“四人帮”到 1978 年 10 月的两年中，国家的各项工作处于恢复整顿时期。历史的脚步尽管出现过“徘徊”，中国共产党仍然做了大量的工作，在各个方面，都取得了一定的成绩，各项事业都有所发展，有所前进。特别是在中国共产党的思想路线、组织路线方面，在叶剑英、邓小平等老一辈革命家的坚持和努力下，向正确方面转变的幅度就更大一些。这一时期，中共中央领导全国人民开展了揭批“四人帮”的群众活动，清查了他们的帮派体系，夺回了被他们篡夺的很大一部分权力，出现了全国安定的局面；开始整顿党和国家、军队的各级组织机构；平反了一大批冤假错案；工农业生产得到比较快的恢复；教育、科学、文化工作也开始走向正常，等等。所有这些方面成绩的取得，都渗透着叶剑英的心血。

1978 年下半年，中国共产党在思想、政治、组织路线方面的转变，党和国家工作重点的转移已成为历史发展的一种迫切要求。在新形势下，中共中央于 1978 年 11 月 10 日至 12 月 13 日，召开了工作会议，为十一届三中全会作准备。会议经过认真讨论，决定对“文化大革命”中的“天安门事件”等几个重要问题予以彻底平反。同时，会议确定了进一步解决好这类问题的方针政策和做好群众思想政治工作的办法；酝酿讨论了中央政治局关于人事问题和中央纪律检查委员会人选的意见，提请十一届三中全会讨论通过。会议还讨论和修订了 1979 年和 1980 年国民经济计划的安排。

12 月 13 日，叶剑英在闭幕会上作了重要讲话。他着重强调了领导班子建设，发扬民主、加强法制和解放思想三个问题。他说，要顺利地进行社会主义现代化建设，首先，要有好的领导班子，特别是中央要有好的领导班子。我们的各级领导干部不仅要有自知之明，而且要有知人之明，真正做到知人善任、任人唯贤。我们这些老干部、老同志为了中国的革命事业，南征北战，度过了大半个世纪，现在年岁都很大了。自然规律是违背不了的，革命事业总要后继有人。要造就和培养一大批革命事业的接班人，这是摆在全党全国面前的一项十分重要的战略任务。他接着说，为了建设现代化社会主义强国，一定要加强社会主义的民主和法制建设。只有在充分发扬民主的基础上才能确立健全的社会主义法制，也只有认真贯彻执行社会主义的法制，才能切实保障人民的民主权利。他还向全党提出了勤奋学习、解放思想的任务。他说，为适应现代化建设的要求，要大力提倡勤奋的学习态度，认真学习马列主义、毛泽东思想，学习科学技术，学习现代化的经济管理，学习外国的先进经验。学习一定要密切联系实际。他强调实践是检验真理的唯一标准，是一条马列主义的基本原理，是不容置疑的。

叶剑英所讲的这些重要问题，总结了“文化大革命”和粉碎“四人帮”以后两年工作的经验教训，阐述了党的思想路线、政治路线、组织路线实行转折的主要内容。他的讲话与邓小平在会上的讲话精神一致，实际上成为随即召开的十一届三中全会的重要指导思想。

中央工作会议以后，中共十一届三中全会紧接着于 12 月 18 日至 22 日举行。叶剑英同华国锋、邓小平、李先念等人一起主持了这次全会。全会确定了解放思想，开动脑筋，实事求是，团结一致向前看的指导方针；做出了从 1979 年起把

1978 年 12 月，叶剑英同邓小平等在中共十一届三中全会上。左起：陈云、邓小平、华国锋、叶剑英、李先念

全党工作重点转移到社会主义现代化建设上来的战略决策；对经济问题特别是农业问题进行了认真讨论并做出了相应的决策；审查和解决了党的历史上一批重大冤假错案和一些重要领导人的功过是非问题；提出了健全党规党法和民主集中制，加强社会主义民主与法制的任务。全会在中央领导机构的人事安排上也作了重要变动。全会在思想上、政治上、组织上全面地恢复和确定了马克思主义的正确路线，结束了粉碎“四人帮”以来党的工作在徘徊中前进的局面。中共十一届三中全会是中华人民共和国成立以来，中国共产党历史上具有深远意义的伟大转折。此后，叶剑英同中央其他领导人一起，领导全党、全军、全国人民，迈上了中国四个现代化建设的新征程。

第三十九章　担任第五届全国人大常委会委员长

1978年2月26日，中国人民迎来了粉碎“四人帮”反革命集团之后政治生活中的又一件大事：第五届全国人民代表大会第一次会议在北京隆重举行。叶剑英担任大会的执行主席，华国锋作了政府工作报告。3月1日，五届人大一次会议举行大会，叶剑英在会上作了《关于修改宪法的报告》。3月5日，叶剑英当选为第五届全国人民代表大会常务委员会委员长。人大常委会，是中华人民共和国最高权力机关的常设机构。在中华人民共和国尚未恢复设国家主席职务的情况下，人大常委会委员长实际上兼有国家元首的身份，并行使其部分职权。德高望重的叶剑英担任这一职务，是人心所向，众望所归。

第一节　加强社会主义法制建设

五届人大一次会议以后，叶剑英反复考虑的问题是：作为国家最高权力机构的人大常委会，如何在治国安邦中发挥出自己应有的作用？他总结新中国建立以来的历史经验，特别是鉴于十年“文化大革命”的沉痛教训，深深感到，民主与法制建设，是国家最根本的政治建设，应以主要精力来抓这一工作。他在一次中央工作会议上说：“人大常委会如果不能尽快地担负起制定法律、完善社会主义法制的责任，那人大常委会就是有名无实，有职无权，尸位素餐；那我这个人大常委会委员长就没有当好，我就愧对全党和全国人民。”

新中国建立以来，由于中华人民共和国的法制一直没有很好地健全起来，许多人对于法制的重要性认识不足，对于依法办事也感到不够习惯。为此，需要大造舆论，大力进行宣传教育工作。1979年2月，叶剑英就法制建设问题专门向新华社记者发表了谈话。他说：“我国的社会主义法制从建国以来，还没有很好地健全起来。林彪、‘四人帮’钻了这个空子，在所谓‘加强无产阶级专政’的幌子下，想抓谁就抓谁，对广大干部和人民实行法西斯专政。这一教训使我们懂得，一个国家非有法律和制度不可。”“我们党的十一届三中全会总结了建国以来经济建设的教训。近三十年来的实践证明，要使我们的国民经济高速度地稳定地向前发展，就要保持必要的社会政治安定。而为了持久地保持安定团结的政治局面，就要充分发扬党内民主和人民民主，并要健全社会主义法制。”“只有在充分

1978 年 3 月 5 日，叶剑英、邓小平、李先念等在全国人大五届第一次会议上投票选举国家领导人。叶剑英当选为全国人大常务委员会委员长

发扬民主的基础上，才能确立健全的社会主义法制，也只有认真贯彻执行社会主义法制，才能切实保障人民的民主权利。”①

叶剑英对记者谈到了他对完善法制的一些考虑：这种法律和制度必须具有稳定性、连续性，它们是人民制定的，代表社会主义和无产阶级专政的最高利益，人民必须遵守和执行；它们一定要有极大的权威，只有经过法律程序才能修改，绝不能以任何领导人个人的意志为转移；检察机关和法院一定要忠实于人民的利益，忠实于法律和制度，忠实于事实真相，一定要保持应有的独立性；一定要有一批大无畏的不怕以身殉职的检察官，维护社会主义法制的尊严；一定要保持人民在自己的法律面前人人平等，不允许任何人有超越于法律之上的特权。

为了加强法制建设，叶剑英集中精力领导了修改《中华人民共和国宪法》的工作。

五届人大一次会议通过的宪法，由于当时历史条件的限制，来不及全面地总结新中国建立 30 年来社会主义革命和建设中的经验教训，也来不及彻底清理和清除 10 年动乱中“左”的思想对宪法条文的影响，以致宪法中还有一些反映已经过时的政治理论观点和不符合现实客观情况的条文规定。1980 年 8 月 30 日，中共中央向第五届全国人民代表大会第三次会议主席团提出了关于修改宪法和成立宪法修改委员会的建议。9 月 10 日，叶剑英主持五届人大三次会议，通过了中共中央的建议。他亲任宪法修改委员会的主任委员，宋庆龄、彭真任副主任委员。接着，他主持召开了宪法修改委员会首次会议，并在会上就修改宪法的基本指导思想和要求、方法等问题，作了重要讲话。他提出，修改宪法应当在总结新中国建立以来中国社会主义革命和社会主义建设经验的基础上进行。经过修改的宪法，应当反映并且有利于中国的社会主义政治制度、经济制度和文化制度的改革和完善。要坚持采取多种形式发动人民群众积极参加这项工作，做到“领导与群众相结合”，“本国经验与国际经验相结合”。他说，这是毛泽东领导制定 1954 年中国第一部宪法时总结的两条立宪经验。

---

① 叶剑英对新华社记者的谈话，载《人民日报》1979 年 2 月 15 日。

叶剑英的意见，得到宪法修改委员会全体同志的一致赞同和拥护。大家表示，要在修改工作中认真贯彻执行。

这次会议还决定成立以胡乔木为秘书长的宪法修改委员会秘书处，具体负责宪法的修改起草工作。经过历时两年多的反复修改，多次讨论，终于定稿。在1982年12月4日召开的五届人大五次会议上，全体人大代表以无记名投票方式，一致通过了由叶剑英委员长主持制定的第四部《中华人民共和国宪法》。叶剑英以普通人大代表的身份，庄严地投了赞成票。他在大会闭幕式的讲话中，高度评价这部宪法说："大会通过的新宪法，是建国以来最好的一部宪法，既总结了三十多年来正反两方面的经验，又集中了全国各族人民的智慧。我深信，新宪法的公布和实施，一定会把我国的社会主义民主和法制的建设推向一个新的阶段。"①

五届人大五次会议一致通过了由叶剑英主持制定的第四部《中华人民共和国宪法》。图为叶剑英庄严地投下赞成票

一部治国的根本大法，凝聚了叶剑英的大量心血。而从属这部法典的各项治国具体章程，同样花费了他辛勤的劳动。在1979年6月召开的五届人大二次会议上，通过了中华人民共和国地方各级人民代表大会和地方各级人民政府组织法、刑法、刑事诉讼法等七个重要法律。叶剑英在会上发表讲话，严肃地指出："在法律面前一律平等"，"各级领导干部，不论职位多高，都是人民的公仆，只有勤勤恳恳为人民服务的义务，决不允许有超越于法律之上的特权。"他向人大代表们表示，人大常委会要组织各方面力量，继续抓紧民法、民事诉讼法、婚姻法、计划生育法以及工厂法、劳动法、合同法、能源法、环境保护法等项法律的制定工作。他要求国务院和地方各级人民代表大会、地方各级人民政府也要在自

① 叶剑英在全国人大第五次全体会议闭幕式上的讲话，载《人民日报》1982年12月11日。

己的权限范围内制定各种必要的规章条例。

从1979年2月至1982年12月，叶剑英共发布14号“委员长令”，公布了他主持五届人大制定的14个法律。同时，他还签署了12个人大常委会令，公布了一系列由人大常委会制定的法律、条例和决议。

第二节 以经济建设为中心

国家的经济建设，是叶剑英时时关注的中心问题。早在粉碎“四人帮”之后不久，叶剑英就强调说：“无论如何要把我们的国民经济搞上去。”[①]1979年6月，在他主持召开的五届人大二次会议上，再次明确地宣告：当前及今后一个相当长的历史时期，我们的主要任务就是有系统、有计划地进行社会主义现代化建设。1979年9月29日，叶剑英代表中共中央、人大常委会和国务院在庆祝中华人民共和国成立30周年大会上作了重要讲话。他在讲话中，对中华人民共和国成立30年来中国共产党进行社会主义革命和建设的经验教训，特别是“文化大革命”的教训作了初步总结，明确指出，在当前坚定不移地进行国民经济调整的同时，必须积极有步骤地进行经济管理体制的改革。讲话中对四个现代化建设的重要地位、内容和重要目标等问题作了极为精辟的阐述。他说：“我们所说的四个现代化，是实现现代化的四个主要方面，并不是说现代化事业只以这几个方面为限，我们要在改革和完善社会主义经济制度的同时，改革和完善社会主义政治制度，发展高度的社会主义民主和完备的社会主义法制。我们要在建设高度物质文明的同时，提高全民族的教育科学文化水平和健康水平，树立崇高的革命理想和革命道德风尚，发展高尚的丰富多彩的文化生活，建设高度的社会主义精神文明。这些都是我们社会主义现代化的重要目标，也是实现四个现代化的必要条件。”

为了加速四化建设，叶剑英不仅以党和国家领导人的身份，向全党和全国人民群众发号召，提要求，自己更是以80多岁的高龄，辛勤操劳，身体力行。他领导全国人大和人大常委会，把振兴经济、加速现代化建设当作头等大事来抓。在他主持的一年一度的全国人大全体会议上，总要把审查和批准国民经济和社会发展计划及计划执行情况的报告，审查和批准国家的预算和预算执行情况的报告，作为会议的重要内容。对于国务院的工作，则进行认真的监督。在他主持召开的五届人大三次会议上，人大代表们就上海宝钢工程建设中的许多问题向国务院冶金工业部提出了尖锐的质询，从而促使国务院有关部门对这项四化建设的重点工程进行了更加认真的研究，对其中许多具体项目进行了修改调整，使之趋于更加合理。叶剑英还领导全国人大和人大常委会，制定了一系列经济法规，保证经济建设中各项工作的顺利开展。1979年4月，叶剑英视察葛洲坝水电工程。在工地上，他向积极参加建设的广大干部、职工表示亲切的慰问。他面对浩大的

① 叶剑英：《在中央军委座谈会上第一次全体会议上的讲话》1977年3月24日。

1979 年 4 月，叶剑英视察长江葛洲坝水电枢纽工程

工程场面，感慨地对工地的干部、群众讲了四句话："伟大的党，伟大的人民，伟大的工程，伟大的胜利。"这一年他与邓小平在广州，听取了广东省委负责人关于广东在对外开放中实行特殊政策问题的汇报，表示大力支持，并要求他们尽快拟出经济特区条例，呈报国务院和全国人大常委会。1980 年 8 月，叶剑英领导的全国人大常委会，在较短时间内即批准了《广东省经济特区条例》。①

他注重实际，深入调查研究，经常风尘仆仆地奔走于祖国的大江南北，具体地考察和指导各地的经济建设和其他工作。这里有一张他在 1980 年 4 月至 7 月五届人大三次会议召开前夕，在各地视察的行程表：

4 月 27 日，视察广东省深圳市。

4 月 28 日，视察广东省珠海市。

5 月 4 日至 8 日，视察广东省海南岛。

5 月中旬，视察广东省梅县地区。

6 月中旬，视察浙江省。

6 月 19 日至 24 日，视察江苏省和南京部队。

6 月下旬至 7 月上旬，视察湖北省和武汉部队。

……

已经 83 岁的老人，身体有病，行动不便，仍冒着炎热酷暑，辛勤奔波，这表现出了多么崇高的责任感、使命感和忘我的革命精神！他热爱人民，人民也衷心爱戴他。他在哪里出现，就把党和政府的关怀带到哪里，哪里的干部和群众就感到欢欣鼓舞，干劲倍增。他在深圳、珠海等地亲自找干部、群众调查座谈，提

① 访问吴南生谈话记录，1991 年 5 月。

1980年4月27日，叶剑英在深圳视察

1980年4月28日，叶剑英在珠海视察

出办好特区事业的方向和要求，希望大家继续努力，不断前进。在海南岛，他由中共广东省委第一书记习仲勋陪同，先后视察了三亚镇、榆林港、国营兴隆华侨农场等地。他会见了中共海南行政区委、海南黎族苗族自治州党委和部分县委、公社党委以及农垦部队的负责人。他鼓励海南岛的干部、群众要充分发挥这里的有利条件，加速粮食和橡胶、咖啡等热带作物的生产。要正确处理好国营农场和当地社、队的关系，双方要互相帮助，互相支持，团结一致，巩固工农联盟，增进民族团结，共同把海南岛建设好。

梅县地区的人民，忘不了叶剑英回故乡视察的情景。那是 1980 年 5 月 13 日，叶剑英回到故乡梅县，看望乡亲和广大干部群众。人们奔走相告，兴高采烈，争着想见一见这位出自家乡的共和国元帅，表达自己对这位卓越领导人的爱戴之情。

叶剑英从踏上故土的那一刻起，激动的心情就一直不能平静。他从青年时代离开故乡后，数十年来，无论在枪林弹雨的战场，还是在党和国家的领导岗位，心中始终眷恋着故乡的山山水水，惦记着故乡的父老乡亲。新中国建立后，他曾两次回到家乡，看到这里虽然有一些变化，但秃山土路依旧，仍未摆脱贫困面貌。今天，他已是耄耋之年，行动不便，但还是再次回来了。他要亲眼看看党的十一届三中全会以后，故乡的面貌发生了哪些变化？人民的生活有了多大改善？他们还有些什么困难、疾苦？叶剑英坐在一辆米黄色的轻便旅行车里，神情专注地凝视着窗外。那葱郁茂密的山林，那随风起伏的稻浪，那明镜般闪光的水库，像一幅幅色彩绚丽的图画掠过他的眼前。他满面笑容，高兴地对坐在身边的中共梅县地委负责同志说："变了，变了，许多地方都变得认不出来了。"

叶剑英到达故乡雁洋下虎形村，乡亲们纷纷围上来，向他问好。叶剑英同大家握手，并挥动着草帽向大家致意。他指着一面山坡上的沙田柚、柑橘等果树和青松翠竹，高兴地说："家乡真是变了呀！"村党支部书记汇报说："那面坡上的果树一年收入好几千元，好多农户在银行都有存款。"叶剑英连声赞道："乡亲们干得好！乡亲们干得好！"接着，他又向亲友和群众询问了生产和生活情形。当他听说每人每月吃粮能达四五十斤时，脸上再次露出了惊喜的神色。[①] 他知道，故乡长期以来由于山多田少，群众吃粮是一大难题。他心中总是记挂着这件事。如今，在党的十一届三中全会路线指引下，仅几年时间，群众的吃粮问题就得到了解决，怎不令人格外高兴呢。

5 月 17 日，叶剑英接见梅县地、市科以上干部，并作了重要讲话。他特别强调两点：一是，要向山区进军，把山区建设好。山上可以种植林木，包括果树、茶叶、油茶、油桐和木薯，可以发展畜牧业，门路广得很。矿藏也在山区。他说，靠山要吃山，吃山要养山。有山必有水，无水不成山。要充分利用山区水力资源，把大小水电站搞起来。平原地区要办沼气，山区也可以办，沼气可煮饭，也可发电，这样就可以少烧或不烧木柴，保护森林资源。二是要搞好团结。

① 访问叶宜活、叶选正、张汉清谈话记录，1987 年 10 月—1991 年 5 月。

他语重心长地说：南下干部、外省干部在梅县地区做了很多工作，经验丰富，本地干部要向他们学习。外省干部也要向本地干部学习，要学会讲当地语言。语言不通，就无法深入群众，工作起来就比较困难。外省干部和本地干部一定要互相学习，互相支持，加强团结，努力学习文化科学知识，同心同德搞四化。叶剑英的视察和讲话，使梅县干部、群众受到了莫大的鼓舞。

在实行改革开放、推进社会主义现代化事业向前发展的过程中，叶剑英强调要发挥各方面的积极性，充分利用一切可资利用的有利条件。一次，他与邓小平、王震谈话，三人不约而同地认为，调动各方面的积极性，发挥各种人才的作用，是改革开放中一个重要的问题。他们谈到了荣毅仁等过去的实业界人士，有丰富的经济工作经验，海外联系又十分广泛，应充分发挥他们的作用。随后，邓小平找荣毅仁征询意见，荣表示愿意兴办国际信托投资事业。在筹办过程中，荣毅仁几次到叶剑英住地，听取叶剑英的意见。叶剑英对荣毅仁是了解的，曾提议荣毅仁出任全国政协副主席。他非常关心和支持荣毅仁筹办国际信托投资事业。在荣毅仁及其伙伴创办的中国国际信托投资公司成立后举行第一次董事会时，叶剑英亲自到会表示祝贺。其后，在公司的国际大厦奠基时，他又应荣毅仁之请，欣然题写了“中国国际信托投资公司”十个大字。

第三节　促进社会主义精神文明建设

社会主义精神文明是社会主义社会的一个重要特征。搞社会主义，不能只抓物质文明建设，必须同时抓好精神文明建设。叶剑英主张加强思想政治教育，在人民群众中树立崇高的革命理想和革命道德风尚。他多次为各条战线上的先进模范人物题词，号召全国人民向他们学习，不断提高思想觉悟。他认为雷锋这个共产主义战士典型，应当持久不懈地宣传，以激励人们的革命精神。他写下了“向雷锋同志学习，全心全意为人民服务”的题词。他称赞在华山救游人时牺牲的大学生张华的事迹是“新一代的理想之歌”，称赞身残志坚、顽强奋斗的女青年张海迪是“青年先锋，时代楷模”，称赞学雷锋的光荣标兵朱伯儒是“人民公仆，模范党员”。他衷心希望全国人民特别是青少年，能像这些闪耀着共产主义思想光辉的先进模范人物那样生活、学习和工作，为祖国、为人民、为社会主义事业发出自己的光和热。

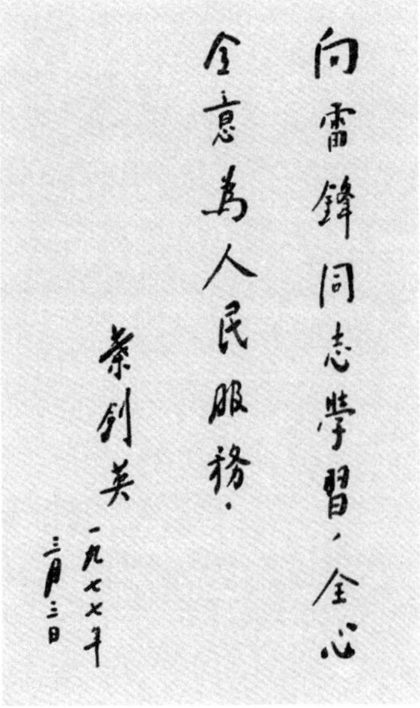

1977 年 3 月，叶剑英题词号召向雷锋同志学习

叶剑英对教育事业的重视是人所共知的。他一生有相当一部分时间和精力，是在军事教育

的岗位上度过的，因而深深懂得教育事业的重要性。他认为，在进行如火如荼的四个现代化建设的今天，“饥者思食，渴者思饮”，现代化建设者们之有求于科学文化更是如饥似渴。在提高中华民族的文化和不断为祖国输送人才方面，教育战线任重而道远。粉碎“四人帮”以后，他多次接见教育战线的代表，对辛勤的教育工作者表示亲切慰问，要求教育战线为祖国的四化建设输送更多的人才。

叶剑英还经常接见教育界、科技界、文化界的一些著名人士，勉励他们为科学文化事业的繁荣不断做出贡献。他曾亲切地与华罗庚交谈，向他学习0618法，感谢他把数学知识应用到工农业生产中去。[①]1979年4月，他到陕西省西安视察，兴致勃勃地参观了秦始皇兵马俑一号坑博物馆，并应博物馆负责人的要求题写了馆名。同年7月，他在颐和园休息垂钓时，得知全国七省市部分著名国画家正在这里开会，便高兴地与大家会见，并欣然命笔，写下了“藻鉴堂赠画家”诗一首：

画家渔叟喜相逢，
明媚湖山写意浓。
清代兴亡昨日事，
匠心勾出万山松。[②]

不久，他获悉中国画研究院即将成立，便在住所专门接见了研究院负责人蔡若虹、李可染、黄胄，向他们表示祝贺。他说：“继承和发展中国画的优良传统是很重要的，祝你们的事业繁荣昌盛。”他对文学艺术的爱好十分广泛，并给予了极大的关注。他爱听昆曲，曾专门接见著名昆曲表演艺术家俞振飞，赞扬他技艺精湛，希望昆曲艺术有更大的发展和提高。他喜爱广东客家山歌，许多流传在民间的歌词，他在86岁高龄时仍能整段整首地背诵下来。他与文化界的一些著名人士，如郭沫若、田汉、钱俊瑞、刘白羽、赵浩生、夏梦、邝健廉（红线女）等，都有文学艺术方面的交往，同他们切磋文学艺术，因而许多文化界人士都把他看作是良师益友。[③]

第四节　加速军队和国防现代化

叶剑英作为蜚声中外的共和国元帅、党和国家的主要领导人之一，时时关注着国防现代化建设的进展。他强调加强军队的质量建设，要求在新的历史发

① 华罗庚：《念叶帅忆一事》，载《人民日报》1986年11月4日。

②《叶剑英诗词选集》，人民文学出版社1983年版，第61页。

③ 访问钱俊瑞、邝健廉等谈话记录，1982—1986年。《蓑思录——怀念叶剑英》，人民出版社1987年版，第272、276页。

展时期，一定要跟上新的形势，奋发图强，把人民解放军的军政素质提高到一个新水平。20 世纪 70 年代后期，叶剑英指示总参谋部加强对防卫作战问题的研究，在军事思想、战略方针、战争准备等问题上统一全军高级干部的认识，更好地加强军队的现代化建设。1980 年，总参在北京举办了全军高级干部防卫作战问题研究班。叶剑英对如何办好研究班，作了重要指示。后期，叶剑英专门到研究班讲话。他说，由于生产力的发展和科学技术的进步，未来战争将有很大的变化。它将是规模空前的立体战、合同战、总体战。我们的军事思想，一定要随着战争的变化而发展。军事思想落后，是要打败仗的。在战争史上，有不少军事家往往用上一次的战争经验，去指导下一次的战争实践，结果带来很大的损失。这方面教训值得我们吸取。要加强战备，必须做好战争动员工作，搞好部队的训练，加强政治思想工作。叶剑英的讲话，使军队的高级干部受到很大启发和教益。这次研究班，历时一个多月，对于人民解放军后来的现代化建设产生了重要影响。

叶剑英一向重视中国国防科学技术的发展。1980 年 5 月，中国向南太平洋发射运载火箭，叶剑英一直关注着整个发射过程的情况。当为完成这次试验驶向南太平洋的中国舰船混合编队胜利归来时，正在上海的叶剑英特意赶到吴淞口欢迎。他高兴地同编队的人员合影，并对大家说：同志们战胜酷热、台风、巨浪，胜利完成了中央交给的任务，祝贺你们！之后，他又邀请编队负责人到他住地详细汇报情况。他说：这是第一次出去，很成功。海军有很大的发展，要好好总结经验，把它作为今后海军建设的宝贵财富。

1982 年 11 月，叶剑英听取了总后勤部领导人关于军队后勤工作的汇报，指示说，人民解放军的后勤工作，从战争年代到社会主义建设时期都起到了重大作用，这是后勤工作的光荣。后勤业务是一门科学。现代战争对后勤提出了越来越高的要求。后勤工作的作用将越来越大，地位越来越重要，甚至在一定条件下决定战争的胜负。因此，必须加强后勤工作，特别要抓好后勤的组织体制改革，使之精干、合理、效率高。全军各级指挥员都要关心和重视后勤工作。后勤战线的干部要在党的十二大精神鼓舞下，更加奋发起来，不失时机地扎扎实实做好工作，不断提高专业水平，为国防现代化做出更大的贡献。为了科学论证后勤工作的地位作用，他交代军事科学院战争理论研究部设立专门课题，进行研究。后来，课题的成果受到后勤部门的欢迎和赞扬。为了更好地发挥后勤部门的作用，他还提出了两条明确的意见，一是各级后勤部门的主官，要参加同级党委常委会；二是各级后勤部门的编制等级应与司令部、政治部门平行。

1983 年至 1984 年，中共中央、中央军委酝酿建立中国人民武装警察部队，叶剑英对此事十分关心，强调要抓好武警部队的建设，特别要搞好领导班子的建设。

1983 年 6 月，第六届全国人民代表大会在北京召开。在这次会议上，根据新宪法关于设立国家的中央军事委员会的规定，选举了国家军委的领导人，邓小平被选为军委主席，叶剑英当选为军委副主席。被选为副主席的还有徐向前、聂荣臻、杨尚昆。这时，叶剑英已是 86 岁高龄的老人。他仍然是那样热爱军队，关心军队，他的心，始终同这支人民的军队紧紧地连在一起。

第五节　发展国家对外友好关系

叶剑英在外交工作方面，具有丰富的经验和杰出的才能。早在战争年代，他就曾代表中国共产党及其领导下的人民军队进行了大量的外事活动，为中国共产党积累了丰富的外交斗争经验，培养了许多外交干部，对建立和扩大中国共产党在国际上的影响做出了贡献。新中国成立以后的五六十年代，他率军事代表团先后访问了印度、缅甸、越南等国家，加强中国人民和人民军队同这些国家军队、人民之间的友谊。他随刘少奇主席访问了朝鲜，随周恩来总理访问了越南，为发展中朝、中越两党两国的友谊做出了努力。他还随彭德怀访问过苏联、波兰等国，增进了中国人民和军队同这些国家人民和军队之间的了解。20 世纪 70 年代，叶剑英作为党、国家和军队的重要领导人，根据毛泽东、周恩来制定的外交路线，接待了一大批来访的外国党政领导人和军事代表团，同他们进行了热情、友好的会谈。向他们介绍中国革命和建设事业的历史与现状，虚心听取对方的经验和意见，从而增进了中国同这些国家之间的友谊，也提高了中国的国际威望。

叶剑英在粉碎“四人帮”以后，特别是担任第五届全国人民代表大会常务委员会委员长以后，参与制定党和国家在新的历史条件下的外交方针和政策，继续进行了大量的外事活动。他说：“我们的现代化建设需要有一个和平的国际环境”，我们要“继续在和平共处五项原则的基础上，同一切国家保持和发展友好关系，发展经济、技术和文化交流，争取对我国建设事业的合作。……我们坚持无产阶级国际主义，坚持同全世界人民的团结，坚持同社会主义和第三世界国家的团结，联合一切可以联合的力量，为反对霸权主义，保卫世界和平，争取人类进步而共同奋斗。”[①] 他先后接待了大量来访的外国元首、政府首脑和知名人士，对于发展中国同其他各国的友好关系做出了重要贡献。他自己也赢得了世界上许多国家的政治家和人民的尊敬与信赖。

第六节　告台湾同胞书与“九条方针”

叶剑英一直把实现包括台湾在内的祖国统一大业，放在人大常委会工作的突出位置上。

1978 年 12 月 26 日，叶剑英在人民大会堂主持召开五届人大常委会第五次会议，讨论通过了《中华人民共和国全国人民代表大会常务委员会告台湾同胞书》。在通过这一文件之前，叶剑英作了重要讲话。他说：“为了适应当前形势，

① 叶剑英：《在庆祝中华人民共和国成立三十周年大会上的讲话》1979 年 9 月 29 日。

多做工作，以促进台湾回归祖国，实现祖国统一大业，中央考虑，在1979年1月1日中美建交的时候，由我国人大常委会发表一个告台湾同胞书，是很必要的。告台湾同胞书的稿子，曾经中共中央政治局讨论过，并且征求过一些人大常务会委员和政协常务委员的意见，作了必要的修改。”当会议要对这个文件进行表决时，叶剑英再次询问各位常委还有什么意见。结果，大家热烈鼓掌，一致通过了这个文件。

《告台湾同胞书》于1979年1月1日正式发表，明确提出：“台湾自古就是中国不可分割的一部分。”“统一祖国这样一个关系全民族前途的重大任务，现在摆在我们大家的面前，谁也不能回避。如果我们还不尽快结束目前这种分裂局面，早日实现祖国的统一，我们何以告慰于列祖列宗？何以自解于子孙后代？人同此心，心同此理，凡属黄帝子孙，谁愿成为民族的千古罪人？”“时代在前进，形势在发展，我们早一天完成这一使命，就可以早一天共同创造我国空前未有的光辉灿烂的历史，而与各先进强国并驾齐驱，共谋世界的和平、繁荣和进步，让我们携起手来，为这一光荣目标共同奋斗！”

《告台湾同胞书》全文两千多字，言词恳切，感情真挚，含义深远。它体现了中国政府对台湾的回归和祖国统一的大政方针、基本立场和态度，反映了全国各族人民的心愿，说出了包括台湾同胞在内的全国人民的心里话，也受到了海外侨胞、国际上友好国家、进步人士的热烈欢迎。

《告台湾同胞书》发表以后，台湾当局尽管继续表示出“不接触，不谈判，不妥协”的强硬姿态，但是他们的心理上受到了强烈的震动。特别是台湾人民和海外侨胞要求互相来往，实现统一的潮流，是台湾当局想阻挡也阻挡不了的。台湾当局的某些高级人士和台湾各界的一些上层人物以各种方式对和谈统一表示出了赞成态度。台湾海峡逐步出现了和缓气氛。

叶剑英以他敏锐的洞察力及时地看到了这种和缓迹象。他和党中央、人大常委会的同志多次分析形势，研究促进海峡两岸缓和的措施。1981年9月30日，在中华人民共和国成立32周年、辛亥革命70周年前夕，叶剑英利用这个时机，向新华社记者发表了重要的谈话，进一步阐明台湾回归祖国、实现和平统一的九条方针。他在谈话中提出，为了尽早结束中华民族陷于分裂的不幸局面，我们建议举行中国共产党和中国国民党两党对等谈判，实行第三次合作，共同完成祖国统一大业。双方可先派人接触，充分交换意见。建议双方共同为通邮、通商、通航、探亲、旅游以及开展学术、文化、体育交流提供方便，达成有关协议。国家实现统一后，台湾可作为特别行政区，享有高度的自治权，并可保留军队。中央政府不干预台湾地方事务。台湾现行社会、经济制度不变，生活方式不变，同外国的经济、文化关系不变。私人财产、房屋、土地、企业所有权、合法继承权和外国投资不受侵犯。台湾当局和各界代表人士，可担任全国性政治机构的领导职务，参与国家管理。台湾地方财政遇有困难时，可由中央政府酌情补助。台湾各族人民、各界人士愿回祖国大陆定居者，保证妥善安排，不受歧视，来去自由。欢迎台湾工商界人士回祖国大陆

人民日报
RENMIN RIBAO
1979年1月1日　星期一
停止炮击大、小金门等岛屿
中华人民共和国全国人大常委会
告台湾同胞书
（一九七九年一月一日）

1979年1月1日《人民日报》发表《告台湾同胞书》

投资，兴办各种经济事业，国家将保证其合法权益和利润。欢迎台湾各族人民、各界人士、民众团体通过各种渠道，采取各种方式提供建议，共商国是。

叶剑英这篇谈话，高屋建瓴，气度恢弘，寓情于理，感人至深。它在国内外引起了比《告台湾同胞书》更为强烈的反响。在国内，全国政协和各民主党派及群众团体的负责人，纷纷举行座谈会或发表谈话，一致拥护叶剑英委员长提出的九条方针。台湾同胞抑制不住内心的喜悦，翘首远望，从辽阔的海面上，仿佛看到祖国统一的曙光正在冉冉升起。他们感到九条方针政策是宽厚的，具体的，照顾到了台湾方方面面的利益，共产党和平解决台湾问题具有诚意。台湾知识界尤其活跃，九条发表后，他们冲破禁忌，通过各种方式积极探讨如何实现祖国统一，提出了种种具体的建议。台湾国民党的一些上层人士以及著名的非国民党人士，也都认为台湾是属于中华民族的，台湾的出路离不开大陆这个“母体”。他们对于国民党当局“不谈判”的立场和拒绝“三通”的做法，表示不满。台湾各阶层同胞在叶剑英提出的九条方针的影响下，强烈要求和谈、统一、与亲人团聚的声浪，有力地冲击了台湾当局“不接触、不谈判、不妥协”的堤防。在国际上，一些国家和进步舆论一致赞扬和支持叶剑英的谈话。美国一些报刊认为：“中国提出的同台湾重新统一的条件，是迄今它们提出的最宽宏大量的建议。”日本政界一些著名人士赞扬叶剑英的谈话“积极稳健富有诚意，应给予高度评价”。

叶剑英关于九条的谈话，实际上明确阐明了用一个国家、两种制度即“一国两制”的办法解决台湾问题的构想。正如邓小平在 1982 年 1 月所指出的：九条实际上就是“一个国家，两种制度”。同年 12 月，五届人大五次会议通过的，由叶剑英主持制定的第四部《中华人民共和国宪法》的有关条款，为“一国两制”构想奠定了法律依据。此后，邓小平等其他党和国家领导人又多次对这一构想作过充分论述。1984 年 5 月，“一国两制”作为中国的基本国策最终确立。“一国两制”的伟大构想，是祖国统一大业的坚固基石，也是中华民族对国际社会的重大贡献。

第七节 “周公吐哺，天下归心”

叶剑英在实现争取包括台湾在内的祖国统一大业中，不仅花费大量心血，参与研究、制定党和国家对台湾和港澳的方针政策，而且利用他长期做统战工作的有利条件，利用过去建立起来的各种关系，继续直接做这方面的工作。他十分关注在台湾和海外的一些国民党军政界的熟人、朋友的情况。原国民党东北军将领张学良，是与叶剑英在“西安事变”时的老朋友。几十年来，张学良一直被蒋介石软禁，受到不公正待遇。叶剑英十分关注张学良的情况，数十年来一直珍藏着一帧张学良在“西安事变”时送给他的照片。照片旁边留下了叶剑英当时写下的一行亲笔字：“汉卿送蒋回南京前留影。”他多次托人了解张学良在台湾的情况，并请人给张学良传话说，我们是“西安事变”共患难的朋友，我很惦记他，欢迎他回来看看，回来以后还可以再回台湾。遗憾的是，叶剑英盼望张学良回大陆观光的愿望在他生前未能实现。

叶剑英作为一位伟大的爱国者，作为对近代中国历史的进步起了重要作用的人物，早就受到许多国民党中的爱国进步人士的敬佩。他们从海外回国观光探亲时，都希望能见到叶剑英。叶剑英虽然年事已高，行动不便，但他认为这是统一祖国大业的重要工作，总是尽力满足来访者的要求。担任人大常委会委员长以后，他多次在北京、上海、广州等地会见海外的故旧袍泽，同他们叙旧情，拉家常，了解他们的生活、工作，向他们介绍祖国的发展情况。原国民党政府驻日本代表团团长商震，曾几次从日本回国访问。商震是国民党元老之一，浙江绍兴人，早年参加同盟会和辛亥革命。解放战争时期，由于不满蒋介石的内战政策和反动统治，辞去了国民党政府驻日本代表团团长的职务，留居日本。他每次回来，叶剑英都热情会见他并进行亲切交谈。1974 年 10 月，商震第一次从日本回国参观访问时，叶剑英就对他说：“欢迎你到祖国来，叶落归根嘛。想回来的人，都可以劝他们回来看看，你是他们的带路人。‘山不厌高，海不厌深，周公吐哺，天下归心’。”商震对叶剑英说：“我早就想回国看看，希望在有生之年，为祖国做点事，争取立功。”

叶剑英说：“你想立功，做点事，才回来，那不一定。能做多少就做多少。你对台湾有影响，这次回来震动很大，这就是一功。你有什么安排和打算，都可以给我们讲。几十年了，过去我们共同作战对付日本，是打日本的老战友。现在国家的情况，你看得很清楚。回来，可以把自己力量用在祖国建设上，你还有力量，要有一分热、发一分光。”[①]

商震完全赞同叶剑英的话。他利用自己的身份和各种关系，力所能及地做了一些工作。1976 年，商震在日本病逝。此后，他的夫人安田作子和子女继承其遗志，关心祖国建设，经常回国访问。叶剑英同样热情地接待他们，并亲自督促有关部门，腾出了商震原在北京的住房，留给安田作子来北京时居住。安田作子对此十分感激。1982 年深秋，她来到新疆的天池，在传说王母娘娘洗脚的地方，将双脚浸泡在世界最高湖的水里，双手合十，虔诚地祷告：“祝愿叶剑英委员长长寿。”她相信当地的一个美丽的传说：“在王母娘娘洗脚地方洗脚时的心愿，总是能够实现的。”

1979 年 10 月 6 日，叶剑英（右一）在北京会见已故原国民党驻日本代表团团长商震先生的夫人安田作子和他的儿子商伟立

曾任过国民党广东省政府主席、第三战区副司令长官、总统府参军长的李汉魂，在第一次国共合作时期同叶剑英一起在孙中山领导的军队中共过事。1981 年 5 月，李汉魂和夫人吴菊芳以及他们的子女回国参观访问。他们提出要求，想见见叶剑英委员长。叶剑英欣然答应。5 月 31 日下午，叶剑英在自己的住所热情地会见了李汉魂一家。他高兴地说：“你们远道而来，使人兴奋。我们几十年没见了，现在相会，感到特别愉快，希望你们以后多来。”李汉魂对叶剑英说：“今天我和夫人带着子女特来拜访您，祝您健康长寿。”吴菊芳将他们全家的合影赠给叶剑英。叶剑英看着照片，高兴地说：“祝你们全家幸福。”

叶剑英还先后会见了原台湾民社党主席团主席、“总统府”国策顾问蒋匀田、原国民党中央政府内务部次长李新俊等原国民党军政要人，同他们亲切谈话，使他们感受到了祖国的温暖。

对于港澳方面的工作，叶剑英也十分关注，不仅提出了许多有利于支持港澳的稳定与繁荣、有利于调动港澳同胞支援祖国建设积极性的重要意见，而且做了

---

① 叶剑英与商震谈话记录，1974 年 10 月 10 日。

大量实际工作。特别是在纠正“四人帮”推行的“左”的错误政策方面，作了很大的努力。

张发奎，原北伐军中号称“铁军”的第四军军长，曾经是叶剑英的老上级，担任过国民革命军第二方面军总指挥，国民党第四战区司令长官等要职。新中国建立以后，张发奎滞留在香港，对共产党存有成见和疑虑。叶剑英曾多次派人做张的工作，希望他回大陆定居，为国家建设做些事情，或者回来看一看，见面叙谈。然而，由于种种原因，张发奎没有回来。1980 年 3 月，张发奎在香港病逝。叶剑英得知，不胜感慨，立即给张发奎的亲属发去唁电：“惊悉向华将军逝世，不胜哀悼。乡情旧谊，时所萦怀，特电致唁，尚希节哀。”这封唁电，使张发奎的亲属和许多海外人士深受感动。张的夫人刘景荣女士感激地说，我很敬佩叶“参座”，他不忘过去的友情，一直惦记着我们。[①]

叶剑英多次会见何贤、霍英东、马万祺和曾宪梓等港澳知名人士，热情地同他们交谈，做了大量工作，争取他们为统一祖国和支援祖国建设事业出力。[②]叶剑英在港澳同胞中，享有很高的威望。1983 年 5 月 21 日，出席全国政协六届一次会议的部分港澳委员，专门到叶剑英的住所看望他，并带去了全体港澳委员给他的致敬信。信中说，半个世纪以来，您在解放祖国的斗争中，在祖国的社会主义革命和社会主义建设事业中，立下了不朽功勋。我们决心学习您全心全意为人民服务的高尚品格和为革命鞠躬尽瘁的献身精神，为推进祖国的四化建设事业，实现祖国的大团结、大统一，贡献自己的力量。叶剑英对于信中那些赞扬他的话，很感不安。他听王匡委员宣读完致敬信后，谦虚地说：“我不敢当！”接着，他亲切地告诉大家：“现在我们国家正在完成祖国统一大业，进行四化建设。在这当中，同志们的作用是很大的。我希望你们努力工作，为社会主义现代化建设和祖国统一大业而奋斗。”

1980 年 4 月，叶剑英会见何贤（左三）和马万祺（左一）。这是叶剑英与何贤夫人握手

在建设祖国、统一祖国的事业中，华侨是一支不可忽视的力量。叶剑英对海外的几千万侨胞有着深厚的感情。在十年动乱期间，林彪、江青两个反革命集

① 访问刘景荣（张发奎夫人）谈话记录，1992 年 5 月。
② 访问霍英东、马万祺谈话记录，1990—1992 年。

团横行，国家遭难，人民遭殃，广大华侨侨眷也深受其害。面对这种情况，叶剑英极为生气。他在主持军委工作的同时，参与制定党和国家的侨务政策，纠正偏向。“九一三”事件后，他在接见侨务工作者时，语重心长地叮嘱：海外有几千万侨胞，他们爱国心很强，我们不能伤害华侨感情，国内有些同志不了解华侨情况，还有人把海外关系等同复杂关系，把复杂关系等同反动关系，这是非常幼稚的，是不理解历史。20 世纪三四十年代，华侨回来抗日，丢下家小，放弃优裕生活，爱国热情极其可贵，我们应大力宣传，你们做侨务工作的同志应当做好这一工作。他针对林彪、江青反革命集团抓住所谓“海外关系”大作文章的问题，明确指出，现在不是怕有海外关系，而是需要海外关系。局势变了，几十个国家同我国建交，需要很多人去做工作，不能闭关自守，而要发展关系。有海外关系的人，条件有利，便于做工作。关于侨眷和海外人士亲属出国问题，他强调说：过去出国申请抠得紧，现在可以出去的就出去。侨眷和海外人士的亲属要出去的也可以出去。华侨政策，有些地方贯彻不好，应该纠正！

粉碎江青反革命集团以后，叶剑英在党和国家的领导岗位上，对华侨工作更加重视和关心。他得知著名的华侨学府暨南大学的校舍在“文化大革命”期间被非法占用，即要求占用单位限期搬出，使暨南大学得以重新开学。选举五届人大代表时，叶剑英专门过问华侨代表名额问题。空军招考飞行员时，叶剑英又对空军负责人说，应当有华侨飞行员，可到华侨集中的一些农场去“招飞”。1982 年 12 月 29 日，他为全国归侨、侨眷、侨务工作者先进集体、先进个人表彰大会题词：“海内外同胞齐心协力振兴中华”。1983 年元旦，他为《华声报》题词：“发扬侨胞爱国爱乡的光荣传统”。

叶剑英对侨务工作的关怀无微不至。他对广大侨胞的理解、关心和爱护，令海内外侨胞深为感动。曾任全国侨联主席的叶飞回忆说：

“叶剑英同志是团结海内外侨胞的模范，无论是对华侨领袖，还是对普通的归侨农工；无论是对侨、港、澳、台社会各界贤达名流，还是对学成业就的华裔科学家，他或亲切约见，或题词慰勉。早自 20 世纪 30 年代，晚至桑榆之时，凡半世纪，坦诚相交，尽力相助。叶剑英同志视侨胞若兄弟，侨胞视叶剑英同志若亲人。”①

叶剑英心中始终装着祖国和人民。他为了祖国的长治久安，为了人民的幸福安宁，呕心沥血，鞠躬尽瘁。“百年赢得十之八，老骥仍将万里行。”② 叶剑英 1978 年 5 月写下的这两句诗，抒发了他的壮志豪情，也是他晚年生活的真实写照。

---

① 叶飞：《叶剑英永远活在侨胞心中》，载《人民日报》1986 年 11 月 2 日。

②《叶剑英诗词选集》，人民文学出版社 1983 年版，第 59 页。

第四十章　帅星永远闪耀

第一节　以己之退，促党的事业之进

1982 年 9 月 6 日，北京人民大会堂内，灯火辉煌，群情振奋，不时响起一阵阵热烈掌声。中共中央政治局常委叶剑英，正在中国共产党第十二次全国代表大会全体会议上发表重要讲话。只听他以浑厚的声音说道：

"我们的党是一个生机勃勃的党。经过这次大会，将有一批年富力强的同志，走上中央的领导岗位和其他领导岗位，这是党的事业兴旺发达的重要标志。我们老一辈的同志，看到这种情况，由衷地感到喜悦。唐朝诗人李商隐曾经用'雏凤清于老凤声'的诗句，称赞他的后辈的诗才。意思是说，后来者居上，年轻的会超过年老的。可以说，这是历史发展和社会进步的一个基本规律。"

代表们听到这里，情不自禁地再次鼓起掌来。

叶剑英接着说："这次大会以后，将有许多老同志从领导岗位上退下来，这是党的事业发展的需要。这些老同志勤勤恳恳奋斗几十年，他们是革命的功臣。他们的功绩，党和人民是不会忘记的。……我今年八十五岁了，年老多病，做事已力不从心，从党的事业着想，我曾多次要求退出领导岗位。在中央没有决定我退出之前，当尽力而为，'鞠躬尽瘁，死而后已'。"[①]

叶剑英的这两段话，深刻地揭示了中国共产党的组织工作、干部工作中的一个重要问题，即年高体弱的同志，到了不能坚持正常工作的时候，应该从党的事业着想，主动从领导岗位、工作岗位上退出，让年轻的同志接替工作。这个问题，在党处于执政地位的情况下，尤其显得重要。只有这样，中国共产党的事业，才能犹如长江大河，后浪推前浪，奔流不息。

出席中共十二大会议代表中的许多老同志，都清楚记得，重视年轻一代，重视培养革命事业的接班人，是叶剑英的一贯主张。

早在 1956 年 11 月，叶剑英写下的《西游杂咏》组诗中，就有这样的诗句："引得春风度玉关，并非杨柳是青年。英雄一代千秋业，敢说前贤愧后生。"[②]他

---

① 叶剑英：《在中国共产党第十二次全国代表大会上的讲话》1982 年 9 月 6 日。

② 叶剑英：《远望集》，人民文学出版社 1979 年版，第 17 页。

以历史唯物主义的眼光看到，在无产阶级的千秋大业中，革命的后生将会不断地超过前贤，因此，要重视后生，关心青年。

20 世纪 50 年代末期以来，由于中国共产党在指导思想上出现“左”的偏差，特别是 10 年“文化大革命”的严重动乱，一代青年的成长受到了严重挫折，培养革命事业接班人的工作也受到了极大的干扰。有鉴于此，在 1976 年粉碎“四人帮”以后，处在党和国家领导岗位上的叶剑英，格外注意培养和选拔革命接班人的工作。1978 年 12 月，他在中央工作会议上，把培养和造就一大批革命事业的接班人，作为全党、全国的“一项十分重要的战略任务”提出来，以引起全党的重视。1982 年 5 月，叶剑英在和几位中央领导人的一次谈话中，特别谈到三国时期蜀国在接班人问题上的教训。他说：“蜀国那时也有个干部接班的问题。‘蜀中无良将，廖化做先锋’。诸葛亮晚年，不放手选拔、使用年轻的接班人。后来，诸葛亮很急，好容易发现姜维是个人才，让姜维做了接班人。蜀国人才的老化问题，接班问题，很值得我们借鉴。我们自从井冈山以来，五十多年了，多年征战的干部都老了，现在需要大力培养选拔接班人。”

叶剑英对党的组织建设中的新老交替问题不仅从理论上做出了精辟的阐述，更以自己的模范行动，为全党做出了楷模。早在 20 世纪 60 年代前期，叶剑英在谈到老干部工作时，就曾指出，自然规律是不可抗拒的，老同志到了不能工作的时候，应当主动退位让贤。这种退位不是消极的，而是要“以己之退，促党的事业之进”。1977 年 11 月，他在广州松园宾馆赋诗一首：“四面青山列翠屏，松园终不老闲身。会当再奋十年斗，归读阴那梅水滨。”[①] 诗中表达了他早已萌生的退

1981 年 6 月，叶剑英在中共十一届六中全会上投票

①《叶剑英诗词选集》，人民文学出版社 1983 年版，第 58—59 页。

休之意。1979 年，他鉴于党的马克思主义路线已重新确立，党中央的领导机构已趋健全，特别是年富力强的同志已挑起了重担，便给中央政治局常委逐个做工作，要求同意他退出中央的领导岗位，但中央仍希望他留在领导岗位上。1981 年 6 月，叶剑英又给中央写信，要求改变中央政治局常委名次的排列，将他的名字放到邓小平之后。中共中央经过慎重考虑，还是没有同意他的请求。

中共第十二次全国代表大会，仍选举叶剑英为中央委员。在中共十二届一中全会上，叶剑英当选为中央政治局常委（按照十二大通过的党章规定，党内不设主席、副主席）。叶剑英退位让贤的决心始终没有改变。1983 年 2 月，叶剑英担任五届全国人大常委会委员长任期将满。他又写信给人大常委会，请求不再提名他为六届人大常委会委员长的候选人。这一请求，得到了五届人大常委会的同意。人大常委会并复信给他，对他在长达半个多世纪充满艰难险阻的革命斗争中所建立的丰功伟绩，在粉碎“四人帮”这场严峻斗争中所做出的重大贡献以及在担任第五届人大常委会委员长期间的卓越领导、辛劳而有成效的工作，给予了高度评价。1985 年 9 月，在中共十二届四中全会召开前夕，叶剑英同其他几位老同志一起，致函全会，请求不再担任中央委员和候补中央委员。全会同意了他们的请求。自此，叶剑英退出了他在党中央和中央军委的所有领导岗位，再次以自己的模范行动，为促进中央领导机构成员的新老交替，促进党的事业的发展做出了表率。

中共十二届四中全会给叶剑英写了热情洋溢的致敬信。致敬信在概括和评价了叶剑英几十年革命斗争的光辉经历之后，这样写道：“我们深信，您对党和国

1983 年 6 月 15 日，陈丕显将五届人大常委会的复信送给叶剑英（右）

家做出的重大历史贡献，将为全党、全军和全国人民所永远铭记。您为中国共产主义事业奋斗的献身精神，您在复杂的革命斗争转折关头所表现出来的非凡的革命胆略，您好学深思、勤奋工作、照顾大局、团结同志的高贵品格，永远是我们学习的楷模。”①

第二节　同疾病顽强斗争

1981 年春，叶剑英在湖北视察时，住在武汉东湖宾馆。红军老战士何长工这时也来到武汉，专门到东湖宾馆看望叶剑英。叶剑英高兴地同何长工长谈。他们谈经济建设，谈军队建设，谈一些老同志的近况。当谈到各自的身体状况时，叶剑英笑着说：

“中国有句俗话，叫做‘七十三、八十四，阎王不请自己去’，我现在离八十四岁还差两个月。”

何长工听了，开玩笑说：“哟，那你这两个月得注意点。”

叶剑英说：“大概阎王在这两个月不会请我去，我自己也不会主动去找他。”说完，两人开怀大笑。

叶剑英的幽默风趣，反映了他对待疾病和高龄的乐观态度。他一向认为，生老病死，是不可抗拒的自然规律，谁也不能避免。但是，共产党人应当以积极、乐观的态度和顽强的意志来对待疾病。保持一个健康的体魄，不仅仅是为了个人，更重要的是为了更多更好地为党和人民做工作。

“身欲奋飞兮病在床。”叶剑英到了晚年，身体对疾病的抵抗力减弱，健康状况渐趋下降。1980 年，中央保健委员会成立了一个以解放军总医院为主的专门医疗保健组，经常为叶剑英检查身体，进行保健和医疗。先后参加医疗组的有：蒲荣钦、汪石坚、邓家栋、牟善初、王新德、高存厚、李天德、孟宪臣、胡士良等北京和一些省，市军队、地方的著名专家、教授。他们为叶剑英的保健和治疗付出了大量心血。邓家栋回忆说：“对中央首长疾病的治疗，关键是首长本人如何对待医疗组提出的治疗意见，如果首长本人和他的家属另有主张，你有再好的治疗办法也不行。我们这个医疗组很幸运，叶帅配合得很好。对于他的病，我们医疗组先诊断，然后讨论治疗方案。方案确定后，我们便向他报告，只要把道理讲清楚，他就同意，就接受。他相信科学，信任医护人员。因此，我们的工作一直比较顺利。我们都非常感激叶帅。”②

1980 年，叶剑英患帕金森氏病，并常常因此而引起并发症，特别是经常发生肺部感染。1982 年以后，肺部感染一次比一次加重，并且越来越频繁。为了积极有效地控制肺部感染，医疗小组认为，使用静脉滴注抗菌素是最有效的方

① 访问邓家栋谈话记录，1983 年 3 月。
② 中国共产党十二届四中全会给叶剑英同志的致敬信，1985 年 9 月 16 日。

法。但是，这种方法给病人带来的痛苦比较大。专家们反复讨论，认为只有采用这种方法治疗，才能控制疾病的发展。当叶剑英知道了这是唯一有效的办法后，便鼓励医护人员："要大胆地穿刺，不要因为是给我打针而紧张。"有的护士问他："首长，您平常不是最害怕打针吗？怎么真正要打针的时候，又不害怕了呢？"叶剑英笑了笑，回答说："这个道理很简单，当你们决定要打针治疗的时候，我若是紧张，你们不是更紧张了吗？"叶剑英在他生命的最后三年里，先后发生过数十次肺部感染，其中有几次特别严重，持续时间很长。医务人员共给他使用抗菌素几十种，做静脉穿刺上千次。这样治疗的结果，两肺部炎症基本消失，没有产生副作用。这在医学史上是很少见的。①

第三节　帅星陨落，功业永存

1983 年 11 月 19 日晚 6 时，叶剑英突然患急性高侧壁小兆型心肌梗塞，经医疗组多方抢救治疗，病情一度明显好转。1984 年 4 月 19 日，又发生大脑中动脉血栓形成、肺炎、腹泻等症状，多次出现高烧，呼吸困难，病情加剧。医护人员再次进行抢救治疗。到了 7 月，仍然不断出现高烧，呼吸困难，总胆红质数上升，出现黄疸及腹水，病情危重。中共中央为此于 7 月 16 日和 27 日发出二十二、二十三号文件，向全党通报叶剑英的病情。但是，由于医疗专家的积极抢救和精心治疗，叶剑英的病情又有了好转。到了 10 月，病情稳定，中共中央为此于 10 月 6 日发了第三次病情通报。党内、军内的同志为叶剑英病危而焦虑的心情才有所缓解。

叶剑英由于病情反反复复，在军事科学院的二号院寓所内卧床了两年半。党中央对他疾病的治疗极为关注。中共中央、人大、政协、国务院、军委和三总部的领导同志经常打电话问候或到病房看望他，并听取医疗组汇报，给专家、教授、医疗人员提出希望和要求。党内外、军内外特别是军事科学院的许多老同志，也经常到病房看望叶剑英。叶剑英的子女叶选平、叶楚梅、叶选宁、叶向真、叶文珊、叶选廉，弟弟叶道英，以及在京的侄儿叶选钧、叶选基等对他的病情更是十分关注和焦虑。他们在各自的岗位上，虽然工作都很忙碌，但仍经常抽时间到病房探望和守护。老人家病情加重的时候，他们昼夜不离身边。他们十分感激专家和医护人员，并大力支持他们的工作，医疗组的同志们对此也很受感动。专家、教授和全体医护人员以高度的责任感和革命的人道主义精神，对叶剑英的疾病进行精心观察，精心治疗，精心护理，千方百计延长他的生命。

从 1986 年 10 月 13 日开始，叶剑英的病情出现明显恶化的迹象。他处于昏迷状态，体温升到 39 摄氏度多，呼吸变得急促，心律、血压均不正常。专家、教授和医护人员采取各种措施进行抢救，收效甚微。中共中央领导同志得悉这

① 访问牟善初、孟宪臣谈话记录，1989 年 11 月。

一情况，立刻赶到病房探望。10月21日夜，叶剑英的病情进一步恶化。中共中央、中央军委、解放军三总部和部队驻京各大单位的领导人杨尚昆、王震、余秋里、杨得志、王兆国等，闻讯连夜赶到病房看望。这时，专家、教授和医护人员正在全力进行紧张的抢救。各种监护仪器随时显示出病人生理数据指标的变化。杨尚昆等领导人怀着沉重的心情，走到病床前探视了处于弥留之际的叶剑英，要求专家、教授和医护人员尽最大的努力继续抢救。还有军事科学院的领导和一些老同志，以及叶剑英的子女、亲属、身边工作人员和传记组的同志，则分批从大厅来到病房外的走廊里，隔着玻璃窗默默地探望。大家多么希望能出现奇迹，使老帅的病情再次好转啊！

时间一分一秒地过去。10月22日凌晨。病房和大厅里笼罩着一种凝重不安的气氛。1时16分，监视叶剑英病情的心电图机显示器上的波峰突然消失。一颗伟大的心脏停止了跳动。

22日下午，中共中央总书记胡耀邦在中央召开的纪念长征胜利50周年大会上，首先宣布了叶剑英逝世的噩耗。与会人员全体起立，为这位长征著名领导人的去世默哀。当晚，中共中央、人大常委会、国务院、中央军委发出讣告。讣告对叶剑英光辉战斗一生的丰功伟绩和崇高品质作了高度评价，称誉他是久经考验的共产主义忠诚战士，伟大的无产阶级革命家、政治家、军事家、中国人民解放军的缔造者之一，长期担任党和国家重要领导职务的卓越领导人。

噩耗传出，举国悲痛。全党、全军、全国各族人民以极其沉痛的心情，悼念他们衷心爱戴和景仰的这位领袖。一封封唁电、唁函，从梅县、广州，从瑞金、延安，从全国各地的党政军机关发向北京。梅县、广州、北京和全国许多地区的群众，组织了各种形式的悼念活动，有的设灵堂吊唁，有的举行座谈会，缅怀叶剑英的丰功伟绩。香港、澳门的爱国人士霍英东、曾宪梓等和各界同胞，举行隆重的悼念仪式，沉痛地向叶剑英致哀。叶剑英生前好友，全国人大常委、澳门爱国人士马万祺以十分沉痛的心情，作《敬悼叶帅》哀诗一首，敬献于叶剑英灵前。诗曰："惊闻叶帅驾归天，痛失元勋意黯然。赤胆忠心酬党国，鞠躬尽瘁效先贤。安邦定国传千载，厚德真诚载万年。有幸亲情垂四代，长江浪盼后推前。"①

叶剑英的逝世，在国际上引起了巨大反响。10月22日，世界各大通讯社都迅速发出了叶剑英逝世的消息。接着，国外一些著名的通讯社和报刊，纷纷发表文章，评述叶剑英的业绩和他在中国革命进程中所起的重大作用。美联社记者写的评论说，叶"是共产党革命的一位大战略家"。路透社在评论中说："叶在中国现代史上起过关键性作用"，"在毛泽东主席1976年逝世之后，叶在推翻江青及其三个极左同伙的过程中起了领导作用。"路透社在另一篇评论中，称叶是"中国革命的一位巨人，这个国家现代历史的一位昂然屹立的人物"。合众国际社的评论称叶剑英是"具有传奇色彩的长征领导人"。日本《东京新闻》称叶"谦虚

---

①《马万祺诗词选》，作家出版社1987年版，第300页。

谨慎、公私分明的态度受到党内外的高度评价”。《每日新闻》说，叶“在中国现代史中最活跃的经历是十年前毛泽东主席逝世后的混乱时期，他将江青等‘四人帮’一网打尽，改变了毛以后的历史潮流”。①

许多国家的领导人，向中共中央、中国人大常委会、中国政府发来唁电、唁函，沉痛悼念叶剑英逝世。朝鲜劳动党中央委员会总书记、朝鲜民主主义人民共和国主席金日成在唁电中说：“叶剑英同志是中国老一辈共产主义战士、无产阶级革命家和中国人民解放军缔造者之一。他为争取中国人民革命的胜利，实现中华人民共和国的繁荣昌盛，加强国防力量，做出了很大贡献，并为加强和发展朝中友谊做了许多工作。”民主柬埔寨主席诺罗敦·西哈努克亲王，联合政府总理宋双和负责外交事务的副主席乔森潘在唁电中说，叶剑英“为中华人民共和国的独立和强盛做出了卓越的、崇高的历史性贡献”，“他的逝世，使柬埔寨人民、民主柬埔寨联合政府以及我本人失去了一位最忠诚、最令人敬仰的朋友。我们永远缅怀他对我们争取民族独立和生存的正义斗争坚定地做出的崇高的宝贵的贡献。”美国总统里根在唁电中说：“叶元帅在美中关系中曾长期发挥重要作用。第二次世界大战期间，在重庆的时候，他已为许多美国人所知晓。此后，在 20 世纪 70

1986 年 10 月 29 日，叶剑英追悼大会在北京人民大会堂举行。邓小平等向叶剑英的亲属表示慰问

① 转引自新华社《参考消息》，1986 年 10 月 24 日、25 日。

年代初我们两国重建联系时，他又与周恩来总理一起密切工作。”苏维埃社会主义共和国联盟最高苏维埃主席团在唁函中说：“叶剑英为人民革命的胜利和社会主义新中国的建立做出了重大贡献。苏联深知他主张加强苏中两国人民之间的友谊和合作。”英国、日本、荷兰、斯里兰卡、菲律宾、德意志联邦共和国、卢森堡、缅甸、印度等国的国家元首、政府首脑，也都向中国领导人发来了唁电、唁函。11 月 4 日，中共中央、人大常委会、国务院、中央军委办公厅联合发表公告，对一些国家的政府部门、党派、友好团体、各界友好人士、驻华使节，和旅居国外的台湾同胞、爱国华侨以及港澳同胞等发来哀悼叶剑英的唁电、唁函，表示深切的谢意。

国内各大报刊，发表了大量党和国家领导人及各族人民群众悼念叶剑英的诗文。张爱萍在一首《长相思》中写道：“贵一生，赞一生，力挽狂澜天地惊。中华得振兴。赤子心，孺子心，治党治国励治军。人民十亿亲。”[①] 赛福鼎·艾则孜在《刚毅的山鹰》中写道：“东方碧落，又一只刚毅的雄鹰，垂下了翅膀。……在疾飞的鹰群中，他那奋翩冲天的雄姿，永远激励我们，他将与山河同存。”[②] 这些诗文高度赞颂了叶剑英光辉的一生，表示要继承他的遗志，为社会主义与共产主义的胜利而矢志不渝地奋斗。

10 月 29 日，首都天安门、新华门、外交部，各省、自治区、直辖市人民政府，中国边境口岸和对外海、空港口，中国人民解放军各总部、各军兵种、各大军区，中国驻外使馆、领事馆，都下半旗向叶剑英致哀。同一天，叶剑英追悼会在人民大会堂隆重举行。党和国家领导人同首都各界人士五千余人，怀着无比沉痛的心情，参加了他的追悼大会，并向他的遗体告别。中共中央政治局常委、中央顾问委员会主任、中央军委主席邓小平主持追悼会。中共中央政治局常委、总书记胡耀邦致悼词。悼词中说：

“今天我们怀着极其沉痛的心情，深切悼念久经考验的共产主义忠诚战士，伟大的无产阶级革命家、政治家、军事家、中国人民解放军的缔造者之一，长期担任党和国家重要领导职务的卓越的领导人叶剑英同志。半个多世纪以来，叶剑英同志把毕生精力奉献给了中国人民的解放事业和社会主义建设事业。他是中华人民共和国德高望重的开国元勋之一，是我们党、国家和军队的一位杰出领袖，在中国革命和建设漫长的充满艰难险阻的道路上建立了卓越功勋，因而赢得了全党、全军和全国各族人民的衷心爱戴和尊敬。他的逝世是我们党、国家和军队的巨大损失。”

悼词接着回顾了叶剑英一生为中国人民的解放事业和社会主义建设事业建立的丰功伟绩，特别是在革命转折关头所做出的重大贡献，赞扬了他的崇高品德和优良作风：

---

①《萦思录——怀念叶剑英》，人民出版社 1987 年版，第 361 页。

② 载《人民日报》1986 年 11 月 17 日。

“叶剑英同志一生经历了旧民主主义革命、新民主主义革命、社会主义革命和建设三个历史阶段。他追求真理，服从真理，坚持真理，随着历史的潮流不断前进。在对敌斗争、党内斗争和各种严峻考验面前，他置个人得失于度外，始终不渝地坚持党的原则，维护党和人民的利益。他有胆有识，深谋远虑，缜密周到，实事求是。在重大的历史转折关头敢于挺身而出，毫不犹豫地做出正确的决断，显示了他的坚强的党性、非凡的机智、伟大的革命气魄和高超的斗争艺术。他具有无产阶级政治家的风范，顾全大局，团结同志，豁达大度，宽厚待人。他谦虚谨慎，有很好的民主作风和自我批评精神。他好学深思，锲而不舍，具有广博的知识和才能。他又是一位诗人。他重视现代科学，尊重知识，尊重知识分子。叶剑英同志的崇高品德和优良作风，是我们应当永远学习的。”

追悼会后，叶剑英的遗体由中央领导人和家属护送到八宝山火化。10 月 31 日，叶剑英的灵骨由专机从北京移送广州，暂时停放在广州农民运动讲习所旧址。海内外各界人士和人民群众十多万人前往吊唁，沉痛悼念德高望重的叶剑英元帅。

1987 年 10 月 22 日，在叶剑英逝世一周年之际，中共中央在广州红花岗烈士陵园举行了叶剑英半身石雕像落成和灵骨安放仪式，党和国家领导人赵紫阳、杨尚昆、王震和广东省、广州军区党政军负责人，以及各界人民群众一千多人，参加了安放仪式。

烈士陵园，绿草如茵，红花似锦，庄严肃穆。为党为人民奋斗了六十余年的叶剑英，“叶落归根”，又回到了当年在他和张太雷等同志领导下参加广州起义而英勇牺牲了的战友们身边，同他们静静地长眠在一起。

叶剑英，这颗人民共和国的帅星，将永远在祖国大地和各族人民的心中闪耀。

生平大事年表
（1897—1986）

1897 年　诞生

■ 4 月 28 日（清光绪二十三年丁酉三月二十七日）出生于广东省梅县雁洋堡下虎形村，名宜伟，字沧白。

1902 年　5 岁

■ 入雁洋堡钟傲泉私塾读书。

1904 年　7 岁

■ 入雁洋堡古玉泉私塾读书。

1905 年　8 岁

■ 转入雁洋堡怀新学堂读新学。

1908 年　11 岁

■ 就学于丙村镇三堡学堂（五年制高等小学，现为梅县丙村中学）。

1912 年　15 岁

■ 1 月　从三堡学堂毕业，考入梅县务本中学。

■ 冬　为反对官派校长，与部分师生离开务本中学。

1913 年　16 岁

■ 转入梅县东山中学就读。在此期间，接触了一些宣传社会变革的进步书刊。连任两届学生会会长。秋，肄业。

1916 年　19 岁

■ 在与雁洋堡相邻的横山新群小学（今横西小学）任教半年。

■ 冬　离乡赴南洋谋生，到达马来西亚的怡堡，寄住堂兄叶宜桐家中。后经亲友介绍，到明德小学当国文教师。

1917年 20岁

- 夏 考取云南陆军讲武学校。离开马来西亚乘船回到香港，经越南海防、河内，取道滇越铁路抵达云南昆明。入讲武学校12期炮科学习，改名“剑英”。

1918年 21岁

- 在校努力学习基础理论知识，苦练军事技术本领。树立毕业后返粤追随孙中山，做一个革命军人的志愿。

1919年 22岁

- 12月22日 从云南陆军讲武学校毕业。

1920年 23岁

- 1月30日 被云南督军公署授予陆军炮兵少尉军衔，待军政府补授实官。春，前往福建漳州，投入孙中山领导的“援闽”粤军，任总司令部见习参谋。后任支队见习教官。
- 春 加入中国国民党。
- 8月 参加粤军回粤驱逐桂系军阀之役。

1921年 24岁

- 春 父叶钻祥病逝。由汕头返回梅县故里奔丧。治丧后返回广州，在粤军工兵营任职。
- 10月 以大总统随员身份，随孙中山出巡广西，参加北伐的准备工作。
- 冬 在广西桂林担任军官教导团教官，参加孙中山为改造旧军队而进行的整训工作。不久，调任江防舰队护航第二营营长。

1922年 25岁

- 4月 率部护航，保卫孙中山大总统由桂林沿西江到达梧州。
- 4月12日 任海军陆战队营长。
- 6月16日 陈炯明叛变。闻陈叛变，立即与陈策率部接应孙中山登上“宝璧”舰，转登“永丰”舰，继而率部跟随孙中山挺进白鹅潭，与叛军英勇作战。
- 6月下旬至8月初 率部继续护卫孙中山。其间，曾同云南讲武堂同学张国森、蔡公武等十余人，在广州小马店曾家祠秘密集会，通电海内外，声讨陈炯明，坚决拥护孙中山。

■ 8 月上旬　避居香港。联络谢良牧等继续宣传孙中山革命主张，揭露陈炯明叛变真相。
■ 9 月　与同学张国森、梁国材等致函邓泽如，请其办理南洋筹款事宜。同时，致函海外各埠同学“劝解义囊，以纾国难”。
■ 10 月　在香港得知孙中山组建讨贼军的消息，赶赴福州。被委任为东路讨贼军总部参谋，后任第二军第八旅参谋长。

1923 年　26 岁

■ 1 月　与旅长张民达率第八旅参加孙中山发动的“讨陈”战争。言岭关大捷，名震一时。
■ 6 月　与张民达一起率第八旅进攻惠州新村叛军，歼敌 3000 余人。
■ 8 月　与张民达一起率第八旅增援防守博罗之许崇智部，抗击叛军熊略部进攻，解博罗之围。

1924 年　27 岁

■ 1 月 20 日至 30 日　在孙中山主持下，中国国民党在广州举行第一次全国代表大会。
■ 在大会的影响下，阅读列宁的著作和反映俄国革命的书籍以及中国共产党组织创办的书刊，了解中国共产党的革命主张。
■ 应廖仲恺邀请，参加黄埔军校的筹备工作。
■ 5 月　任建国粤军第二师参谋长，并以二师代表身份继续参加筹办军校工作。
■ 5 月 5 日　黄埔军校正式开课。担任教授部副主任。同时直接教授兵器学课程，是深孚众望的教官之一。
■ 在黄埔执教期间，接触了许多共产党人，受到影响，逐步接受了马克思列宁主义。第一次提出加入中国共产党的申请，未果。
■ 7 月　应张民达师长请求，返回二师，率部迎击进犯广州的林虎部叛军，获胜。
■ 夏　奉廖仲恺命，到广东香洲（今珠海市）创办粤军第二师独立营，兼任该营营长。配合黄埔军校的教学，培训基层军士。
■ 10 月 15 日　与张民达指挥二师参加镇压广州商团叛乱。

1925 年　28 岁

■ 1 月至 2 月，与张民达率二师参加讨伐军阀陈炯明的第一次东征。率领全师官兵英勇奋战，重创陈炯明的精锐部队，攻占潮梅地区。
■ 3 月　出任梅县县长。
■ 3 月 30 日　主持召开梅县各界民众追悼孙中山大会。

- 4 月中旬　赴潮州处理张民达的丧事。
- 4 月 27 日　接到香洲独立营发生兵变的消息，立即赶回香洲。抚集余众，收殓烈士，并将叛乱者十余人，由澳门引渡香洲，就地正法。
- 5 月中旬　奉命离开香洲，返回二师，率部参加平定杨希闵、刘震寰叛乱的作战。
- 5 月 26 日　被正式委任为建国粤军第二师新编团团长。
- 7 月　兼两广盐务缉私处代办。
- 8 月　为香洲烈士墓园中的赍志亭撰写了碑记。
- 8 月 30 日　代表新编团全体官兵参加廖仲恺的丧礼，并书写挽联。
- 9 月　为老同学张国森著《云南讲武学校华侨同学旋粤记》撰写序言。
- 9 月底　率新编团参加第二次东征。
- 10 月初，率部进占淡水后，奉国民政府令改编为党军第一支队，任支队司令。
- 10 月 3 日　与香洲各界人士一起，为香洲兵变中遇难的烈士举行隆重追悼大会，并作《满江红·香洲烈士》词。
- 10 月 13 日　奉命留守惠州、博罗一带，维持治安。

1926 年　29 岁

- 1 月　奉蒋介石电令将党军第一支队改编为国民党第一军第二十师第二团，任团长，率部暂驻东莞一带。旋即升任第二十师副师长。
- 3 月 3 日　为不幸殉难的张民达申请抚恤，书写《请褒恤张故师长》文。
- 7 月 9 日　国民革命军在广州誓师北伐。调任第一军总预备队指挥部参谋长。
- 9 月至 10 月　先后与王柏龄、王俊奉命率部参加攻打南昌之役。
- 11 月　攻克南昌后，任国民革命军新编第二师代理师长。
- 12 月　率部由南昌移驻吉安。

1927 年　30 岁

- 4 月　起草并领衔签发了反蒋通电，并参与策划吉安暴动。随即赴武汉。参加了第二次北伐作战。不久被任命为国民革命军第四军参谋长，随部队回师武汉。
- 在武汉期间，受第四军里的共产党员的影响，进一步接受了进步的思想主张，坚定了加入中国共产党的决心。
- 7 月上旬　经李世安介绍，周恩来同意，中共中央批准，秘密加入了中国共产党。
- 7 月中、下旬　与贺龙、叶挺等在江西九江甘棠湖一小划子上秘密开会，通报汪精卫等打算以召贺、叶上庐山开会名义将其扣留的消息，使贺、叶及时率部开往南昌参加南昌起义。

- 8月初　力劝张发奎放弃尾追业已撤离南昌的贺龙、叶挺部队的打算，使起义军减少了被追击的压力，从而得以迅速打开南下广东的道路。不久，兼任被张发奎收编的第四军军官教导团团长。
- 8月中旬　率领教导团离开南昌向广东进发。
- 9月　在万安第一次参加教导团中共地下组织的秘密会议。劝阻部分人提出的在万安暴动的意见，主张把教导团带到广州去，在敌人心脏里暴动。
- 9月底　抵达广州，继续担任第四军参谋长。不久与中共广东省委军委负责人黄锦辉取得单线联系，并接受其领导，秘密进行广州暴动准备工作。
- 10月上旬　受党组织委托秘密前往香港，与中共广东省委委员恽代英商讨广州起义问题。
- 10月中旬　说服张发奎、黄琪翔同意把教导团调驻广州。
- 11月17日　下令教导团参加张发奎、黄琪翔以“护党”名义发动的逐桂之战，将桂系军队逐出广州。
- 11月下旬　向张发奎建议守军全力出城迎击反攻广州的桂军，使广州一时成为“空城”，为广州起义创造了极好时机。同时，促成第四军警卫团扩编，推荐中共地下党员梁秉枢、陶剑寒（即陶铸）等人担任警卫团的主要领导职务。
- 12月初　多次当面劝说张发奎勿听信谣言，一再担保教导团不会在广州暴动。同时秘密通知教导团做好准备，防止敌人袭击。
- 12月11日　广州起义比原定计划提前举行。赶到公安局起义总指挥部，被任命为工农红军副总指挥，随即与张太雷、叶挺共同指挥战斗，迅速控制了广州市的大部地区。
- 同日　与叶挺一起向共产国际代表、军事顾问诺伊曼和斯库托夫建议抽出兵力迎击反扑的敌军，并提出起义队伍应转入东江农村地区。未被采纳。
- 12日　在指挥部紧急会议上，与叶挺、聂荣臻等再次建议将起义军拉出去，转向农村，与农军汇合，均遭诺伊曼反对。
- 同日下午　冒着枪林弹雨，往来巡视起义军各阵地，指挥战斗。
- 同日夜　撤离起义总指挥部。
- 15日　化装成铁路工人，从沙面乘省港航班前往香港。
- 12月下旬　出席中共广东省委会议，与聂荣臻、恽代英等人总结起义的经验教训。

1928年　31岁

- 上半年　在香港与中共地下党员梁广、柯麟等人保持联系，秘密从事革命活动。

- 秋　由香港乘船到达上海。
- 12 月 20 日　根据中共中央的安排，从上海启程赴苏联学习。

1929 年　32 岁

- 1 月　抵达莫斯科，入中国劳动者共产主义大学学习，与董必武、林伯渠、徐特立、吴玉章等同在特别班学习政治理论。在校期间，苦读俄语，学习社会发展史、辩证唯物主义、政治经济学等课程。取名“尤赫洛夫”，并任中共特别班支部委员。

1930 年　33 岁

- 秋　由莫斯科经海参崴回国，到达上海。在周恩来的安排下，与刘伯承等人翻译了苏联红军的步兵战斗条令和政治工作条例等资料。

1931 年　34 岁

- 1 月 7 日　列席在上海召开的中国共产党六届四中全会。
- 1 月下旬至 4 月　初由上海经香港、汕头、闽西到达江西瑞金。被委派负责军委参谋部的工作。
- 4 月 17 日　奉中革军委命令，担任战史编辑委员会总编辑。
- 本月　参加苏区中央局为讨论第二次反“围剿”战略方针而召开的紧急会议。支持毛泽东提出的诱敌深入的正确意见。
- 5 月至 9 月　协助朱德、毛泽东指挥中央革命根据地第二次及第三次反“围剿”战役，连战皆捷，取得了伟大的胜利。
- 9 月 18 日　日本帝国主义在东北制造了“九一八”事变。
- 11 月 25 日　中华苏维埃共和国中央革命军事委员会在瑞金成立，任中革军委委员兼总参谋部部长（即总参谋长）。
- 11 月底　向中革军委提出“建设精干的统帅机关”的建议。研究确定中国工农红军司令部机关的编制体制，建立健全了参谋工作制度。
- 12 月　与朱德、王稼祥等研究国民党二十六路军在宁都起义的具体方案。

1932 年　35 岁

- 8 月上旬　根据苏区中央局兴国会议的决定，主持制定了乐安、宜黄战役的详细作战计划。
- 10 月上旬　任中国工农红军学校校长兼政委，兼任瑞金卫戍司令员。
- 11 月 7 日　任中央苏区东南战区总指挥兼政委。
- 12 月 11 日　在红军学校炮兵操场主持召开“广州暴动”、“宁都暴动”纪念大会，并讲话。

1933 年　36 岁

■ 2 月 4 日至 12 日　组织红军学校第四期全体学员进行野战军事演习。

■ 2 月 16 日　主持红军学校第四期学员毕业典礼。

■ 本月　为配合北线主力红军的第四次反“围剿”作战，组织东南战区各独立师、团及闽西、上杭一带的地方武装，积极开展袭敌扰敌活动，迟滞由闽入赣的国民党军的行动。并以闽西四县的地方武装为基础，扩编成立红十九军，兼任军长。

■ 3 月 16 日　向朱德、周恩来发出《东南武装组成之五个纵队及其作战任务》的电报。

■ 本月　指挥东南战区第一、二、三纵队进攻清流县城，重创守敌三个团。

■ 本月　向中革军委发出《对目前战局及战略意见》。提出目前应紧紧抓住西南反蒋的有利时机，集中全力在北线与敌军决战，以结束四次战役，开展新的战局等意见。

■ 5 月 30 日　任中国工农红军总参谋长兼第一方面军参谋长。

■ 12 月 4 日　兼任建宁警备区司令员。

■ 本月　兼任闽赣军区司令员。

1934 年　37 岁

■ 1 月 22 日至 2 月 1 日　中华苏维埃共和国第二次全国代表大会在瑞金召开，被选举为中华苏维埃共和国第二届中央执行委员会委员。

■ 2 月 3 日　任中国工农红军副总参谋长。

■ 4 月初　任中华苏维埃共和国福建军区司令员。

■ 4 月 8 日　与福建军区政委万永诚共同签发训令，要求军区所属各部队加强行军、宿营时的侦察、警戒工作，不断地进攻并消灭敌人。

■ 春　调任中革军委第四局局长。在此期间，抵制“左”倾领导者打击、迫害干部的错误做法，保护了一些干部。

■ 10 月 10 日　中央红军开始长征，任第一野战纵队（又称军委第一纵队）司令员兼政治委员。

■ 10 月至 12 月中旬　以军委第一纵队司令员兼政治委员的身份参与主持总司令部的日常工作，协助朱德、周恩来指挥部队行军作战。

■ 11 月　在西延山区遭敌机空袭，右腿受伤。

■ 12 月 18 日　中革军委决定，军委第一、第二野战纵队合并为军委纵队。任副司令员兼第一局局长，负责部队的行军作战。

1935 年　38 岁

■ 1 月 15 日至 17 日　中共中央在遵义召开政治局扩大会议。会议期间，日夜坚守在总司令部作战值班室，处理军务。

- 2月28日　奉命前往红三军团接替在战斗中牺牲的邓萍任参谋长，协助彭德怀、杨尚昆指挥作战。
- 3月上旬　参加中革军委为研究成立军事指挥小组问题而召开的军事会议。会后，协助彭德怀、杨尚昆指挥三军团三渡赤水，在二郎滩四渡赤水，南渡乌江。
- 5月至6月　与彭德怀、杨尚昆率领三军团渡过金沙江、大渡河后，继续向北急进。
- 7月21日　奉中革军委命，任红军前敌总指挥部参谋长。
- 8月初　主持召开红军总指挥部直属单位会议，传达《中央关于一、四方面军会合后的政治形势与任务的决议》，具体部署过草地的思想动员和物资准备工作。
- 8月上旬　到红三十军给干部讲解打敌人骑兵的战术要领，指出占据有利地形和运用密集火力是与敌骑兵战斗的基本手段。
- 8月18日　率领右路军先头部队3个团，从毛儿盖地区出发，经草地向班佑前进。
- 8月29日至31日　与徐向前、陈昌浩指挥红三十军、红四军进行了包座战斗，歼敌一个师约5000人，打开了红军北上通向甘南的大门。
- 9月9日　在巴西获取张国焘发给陈昌浩等命令右路军“南下，彻底开展党内斗争”，企图分裂和危害党中央的密电，立即送交毛泽东。毛泽东、周恩来等立即采取紧急措施，使党中央于9月10日凌晨迅速率领红一、三军和军委纵队脱离险境，先行北上，在紧急关头挽救了党，挽救了红军。
- 9月12日　出席中共中央在俄界召开的政治局扩大会议。会议通过了《关于张国焘同志的错误的决定》。
- 同日　中共中央决定，红一方面军主力和中央军委纵队改编为中国工农红军陕甘支队，彭德怀任司令员，毛泽东任政治委员，叶剑英任参谋长兼第三纵队司令员，并兼任新设立的编制委员会委员。
- 9月17日　协助毛泽东、彭德怀指挥部队攻克腊子口。
- 9月18日　随军进驻甘南的哈达铺。陕甘支队在此整编。
- 9月27日　在榜罗镇看到国民党报纸上有关陕甘苏区的消息，遂向中央提出北上陕北的建议。
- 10月19日　协助彭德怀指挥部队击溃尾追敌骑兵一部，进驻吴起镇。
- 10月22日　出席在吴起镇召开的中共中央政治局扩大会议。会议决定党和红军今后的战略任务是建立西北的苏区，领导全国大革命。
- 11月3日　任中国工农红军第一方面军参谋长。
- 11月8日　任中国工农红军西北革命军事委员会（即中革军委）参谋部参谋长。

- 11 月下旬　协助毛泽东、彭德怀指挥部队进行直罗镇战役，粉碎了国民党军对陕甘革命根据地的第三次“围剿”。
- 12 月下旬　根据瓦窑堡会议确定的渡河东征之战略方针和西北军委作战计划，赴前线勘察渡河地点，拟制部队作战行动方案。
- 本月　任东北军工作委员会副书记。

1936 年　39 岁

- 1 月底　与毛泽东、彭德怀在延长县召开会议，进一步研究东征作战问题。
- 2 月 2 日　致电毛泽东、彭德怀，提出部队渡河具体计划。随后，率一方面军直属队开往川口镇集结待命。
- 2 月下旬至 4 月下旬　指挥抗日先锋军中路军在石楼、中阳、永和地区牵制和吸引晋绥军主力，配合左右两路军作战。
- 5 月上旬　参与制定《西征战役计划》。
- 6 月中旬　奉命去蟠龙、玻璃坡、石家砭等地，了解中央军、东北军的兵力部署、进军动态等情况，并利用关系，对东北军第一〇七师、第一一七师官兵进行统战工作。
- 7 月上旬至 8 月　赴安塞领导东线工作委员会，进行对东北军的统战工作。
- 8 月 17 日　任洛川工作委员会书记。
- 8 月底　奉命作为中共中央常驻代表密赴西安，负责开展对东北军、西北军和整个西北地区的抗日统一战线工作。
- 10 月至 12 月初　在西安与张学良多次会谈，双方就迅速停止内战，联合抗日等许多重要问题达成了一致意见，促使红军与东北军、十七路军的关系得到了进一步改善，逐步形成“三位一体”的局面。
- 在此期间，还帮助张学良整顿改造东北军部队，与西安各界爱国人士秘密联系，并随时向中央通报敌、我、友各方面的动态和情况，酌处各项事宜。
- 12 月上旬　由西安返保安，向毛泽东等汇报西安方面情况。
- 12 月 12 日　“西安事变”爆发。
- 12 月 20 日（左右）　从保安到达西安，协助周恩来执行中共中央关于和平解决“西安事变”的正确方针，迫使蒋介石停止内战，促成国共两党再次合作、共同抗日的局面。同时，根据张学良的请求，以参谋长的身份参加西北联军参谋团，与东北军、十七路军将领一起制定了抵抗亲日派“讨逆军”的作战计划和军事部署。
- 23 日　致电中共中央，反映各方人士对中国共产党和平解决“西安事变”怀有疑虑等问题。接中央复电后，立即奔走于各方人士之间，广泛宣传党的方针、政策，扩大抗日民族统一战线。
- 12 月 25 日至 31 日　与周恩来、博古等分析“西安事变”和平解决后的形势，研究对策。听取各方人士的意见，交换对时局的看法，巩固西北的团结抗战的局面。

1937 年　40 岁

■ 1 月 4 日　与周恩来、杨虎城以及东北军、十七路军的高级将领共同拟定三方面联合对国民党军进攻的作战方案。

■ 1 月中下旬　协助周恩来奔走于东北军、西北军和国民党留守西安人员之间，处理各种遗留问题，维持团结合作、共同抗战局面。

■ 1 月 30 日　与周恩来、博古到云阳镇红军司令部同洛甫、彭德怀、任弼时、杨尚昆、左权召开紧急会议。会议决定，红军应同东北军共同作战，仍须与南京政府进行和平谈判。当晚，与周恩来、博古赶回西安，把这一决定告诉杨虎城和东北军将领。

■ 1 月 31 日晚　参加在西安粉巷王以哲家中召开的红军、东北军、第十七路军三方最高军事会议。会议最后做出宜和不宜战、促进和谈成功的决定。

■ 2 月 2 日　孙铭九等东北军少壮派军人枪杀主和派将领王以哲。闻讯后，立即派刘澜波到渭南，向驻防前线的东北军将领传达此事件的经过，劝以大局为重，维护东北军团结。

■ 2 月 3 日　遵周恩来指示，与博古、李克农等撤到三原红军驻地。

■ 3 月 8 日　与周恩来同国民党谈判代表顾祝同、贺衷寒、张冲会谈。双方就中国共产党承认服从国民党的领导地位、取消苏维埃政府、红军改编为国民革命军以及容许共产党在适当时期内公开、红军的编制人员、给养及补充与国军同等待遇等问题达成“三八”协议，报送蒋介石最后决定。

■ 4 月 13 日、14 日　奉毛泽东、周恩来电示，找顾祝同交涉西路军余部事，要顾下令马步青、马步芳不得为难即将抵达甘肃敦煌的李先念部，并要求派张文彬等去青海接回被俘的西路军人员。

■ 7 月 5 日　在西安与周恩来、博古、彭德怀、任弼时商议红军改编问题。

■ 7 月 7 日　日本侵略军在北平西南郊的卢沟桥发动事变，抗日战争爆发。

■ 7 月 9 日　将西安各抗日救亡团体连日来的意见概括整理后电告中央。

■ 7 月 20 日　致电毛泽东、洛甫，建议中央对蒋介石本月 17 日在庐山发表的谈话“应有所表示”。

■ 7 月 31 日　以中共和红军代表的身份与国民政府军事委员会西安行营主任蒋鼎文会晤，要他转告蒋介石，红军改编至 8 月上旬可以完毕。

■ 8 月 5 日　就蒋介石邀请毛泽东、朱德赴南京出席国防会议事急电中央书记处，建议：“毛不必去，朱必须去”。

■ 8 月 7 日　与周恩来同蒋鼎文交涉，要求释放被押至西安的红军西路军被俘人员。将黄鹄显等 33 名西路军营以上干部营救出狱。次日，又有 210 余人获释。

■ 8 月 9 日　和朱德、周恩来飞抵南京。

■ 8月11日　出席国民政府军事委员会军政部召开的谈话会。随后，被邀请出席军政部长何应钦主持的讨论会。在会上就“政略战略”等问题作了长篇发言。对国民政府军事委员会制定全国抗战的战略方针起到了积极的作用。

■ 8月13日　与朱德、周恩来就同国民党谈判的条件问题致电中共中央，建议：努力抗战，以巩固蒋介石的抗战决心；红军立即改编、争取开动；力争发表《中共中央为公布国共合作宣言》；催促南京发表红军改编后正副指挥的任命。

■ 8月中旬　协助周恩来同国民党当局就红军改编后的名称、人数、编制、正副总指挥人选以及中共在南京出版《新华日报》和《群众》周刊等问题达成协议。此外，还同国民党中央及地方实力派商谈在南京、兰州、武汉、衡阳等地设立中共代表团和红军代表处，以及江南8省的红军游击队的改编问题。

■ 8月18日　与周恩来到“首都反省院”看望被关押的中共党员，并保释部分同志出狱。

■ 8月25日　就任国民革命军第八路军参谋长。

■ 9月5日　应何应钦的邀请出席军政部部务会议，并在会上作长篇发言。

■ 9月下旬　与博古同国民党代表谈判南方8省区红军游击队主力改编问题。

■ 9月27日　为《时事类编特刊》题词：“举国一致的团结与坚持，是战胜日寇的基本条件。”

■ 10月下旬　与博古会见项英，根据中共中央的指示精神告项英，应注意保存南方原有的战略据点，坚持抗日民族统一战线，不能放弃独立自主原则。

■ 11月　在南京八路军办事处与叶挺商谈新四军组建及坚持独立自主的抗战等问题。

■ 11月下旬　率八路军驻南京办事处人员撤离南京，抵达武汉。

■ 12月13日　南京沦陷。

■ 12月中旬　根据中共中央政治局会议的决定，与周恩来、王明、博古组成中共代表团，驻武汉同国民党进行谈判，协商国共两党合作事宜。

■ 12月21日　任国共两党关系委员会中共方面代表。

■ 12月23日　出席中共中央代表团和中共长江中央局举行的联席会议，为合并后的中共代表团和中共长江中央局领导成员之一，并担任长江局参谋处参谋长。会后，与周恩来、董必武、项英、叶挺商谈组建新四军军部等问题。25日，新四军军部在汉口正式成立。

■ 12月26日　和周恩来、王明、博古出席国共两党关系委员会会议。

1938年　41岁

■ 1月初　受中央委托，陪同周恩来、董必武向新四军第四支队领导人高敬亭等传达中共中央关于开展敌后游击战争，发展抗日武装力量的指示。

■ 1月8日　在《群众》周刊上发表《论北方战局》一文。

■ 1月12日　在《新华日报》上发表《目前战局与保卫武汉》一文。

■ 1月13日　在《抗战》三日刊上发表《把敌人的后方变为前线》一文。

■ 2月13日　为国际反侵略宣传周“儿童日”题词：“大时代的中国儿童，时刻准备着加强国际反侵略阵线。”

■ 3月9日　在《新华日报》上发表《论山西战局》一文。

■ 3月12日　在《新华日报》上发表《忆孙先生在桂林》一文。

■ 3月上旬　与周恩来会见白崇禧，就第五战区的对日作战问题提出意见。

■ 3月中旬　和周恩来参加蒋介石召开的高级将领会议，讨论华北战局。同时，就向八路军提供武器和技术人才事多次与蒋介石、何应钦等谈判。

■ 3月20日　与博古、董必武在《新华日报》上发表署名文章，说明与陈独秀三次会见之经过，澄清托派制造的谣言。

■ 本月　到黄安七里坪游击战争训练班视察并演讲，对官兵和青年学生们进行敌后游击战争的宣传教育。

■ 5月初　因病赴香港就医。途经广州，在广州国立中山大学、广雅中学发表演讲，并举行记者招待会。

■ 5月下旬　同周恩来向中共河南省委书记朱理治，省委军事部长彭雪枫等传达中共中央《关于徐州失守后华中工作的指示》，要求河南省委立即贯彻执行。

■ 6月28日　得知国民党当局要在郑州北面花园口决开黄河大堤以阻止日军西进的计划后，与周恩来致电朱德、彭德怀，建议注意黄河两岸游击运动的联系与发展。

■ 夏　与周恩来、博古分别会见国际友好人士斯诺、艾黎、斯特朗、史沫特莱、爱泼斯坦等。

■ 9月2日　和周恩来指示中共河南省委将工作重点移向豫东，开创苏鲁豫皖抗日根据地。

■ 9月26日　中共中央政治局会议做出决定：由周恩来、博古、叶剑英、黄文杰组成南方局，代表中共中央领导南方国民党统治区和沦陷区中党的工作。

■ 10月1日　在《国民公论》上发表《从抗战经验说到当前战局》一文。

■ 10月25日　在武汉沦陷前数小时与周恩来等撤离武汉。

■ 10月27日　率武汉八路军办事处人员辗转到达长沙。当晚，在军委会政治部第三厅举办的时事座谈会上作了题为《广州武汉沦陷后的抗战局势》的演讲。

■ 11月2日　与周恩来电告项英：要改善与叶挺的工作关系，应请叶挺回新四军工作。

- 同日　与周恩来、潘汉年、廖承志联名致信《救国时报》，控诉日军暴行，宣传八路军在敌后的战绩，动员广大华侨支援抗战。
- 11月上旬　同周恩来多次出席中共湖南省委、长沙市委召集的会议，宣讲抗战形势和任务。在此期间，还与张治中会晤，商谈协助国军进行敌后游击战问题，并答应张的邀请，担任湖南省府高级顾问，指导游击战。
- 11月12日　出席第三厅人员在撤离长沙前举行的纪念孙中山诞辰的集会。当夜，"火烧长沙"。和周恩来一起冲出火海，撤离长沙。随后，组织八路军办事处人员返回长沙进行善后救灾工作。
- 11月25日至28日　和周恩来出席蒋介石在衡山召开的南岳军事会议，就举办西南游击干部训练班一事同国民党方面达成协议，并得到中共中央和毛泽东同意。
- 12月3日　和周恩来由衡阳到达桂林，对八路军桂林办事处的工作作了详细布置。
- 12月中旬　同周恩来由桂林到达重庆。

1939年　42岁

- 1月　根据中共中央、毛泽东的指示，接受国民政府军事委员会邀请，出任西南游击干部训练班副主任。后改任副教育长。
- 1月13日　任中共中央南方局常委。按组织分工，负责对外联络工作。
- 1月下旬　应邀给广西学生军第二团作《现阶段的游击战和正规战》的演讲。
- 2月10日　率参加游干班的中共方面人员前往南岳。
- 2月15日　西南游击干部训练班（简称"南岳训练班"）正式开学。负责教授抗日游击战战略战术。在该训练班工作期间，积极宣传持久战思想，结交许多国民党军中愿共同抗日的高级军官，影响广泛。
- 4月中旬　陪同前来湖南南岳的周恩来视察西南游击干部训练班，并广泛会见了南岳各界人士，引导和支持他们采取各自的方式参加抗日救亡运动。
- 5月7日　应邀出席南岳佛、道教救难协会成立大会，作《普度众生，要向艰难的现实敲门》的演讲。
- 6月9日　到达重庆，协助周恩来工作，兼任南方局军事部长。
- 同日　与周恩来就国共两党发生摩擦的情况下日军动向问题，致电毛泽东。
- 6月10日　陪同周恩来面见蒋介石，商谈近期抗战与国共合作中的问题。
- 7月1日　致电国民政府军委会副参谋总长白崇禧，严正抗议国民党当局制造平江事件，要求迅予彻查。
- 7月22日　与周恩来致电国民政府军令部部长徐永昌并军委会及各部长官，严正驳斥国民党当局歪曲报告平江事件经过及对新四军平江留守通讯处的诬蔑。强烈要求派员驰赴肇事地点，查明真相，雪冤治罪。

■ 7月　在《战地知识》上发表《游击战线上的军事问题》一文。

■ 8月13日　在重庆红岩村主持召开第十八集团军办事处追悼新四军平江嘉义留守处被害同志大会，并作长篇致词。随后，写出《论平江事件》一文。

■ 10月19日　出席重庆文化界发起的“鲁迅先生逝世三周年纪念大会”。

■ 本月　与何应钦、贺耀祖会谈，据理驳斥了国民党方面在八路军人事任免、经费用途等问题上的无理要求。

■ 12月至次年3月　国民党发动了第一次反共高潮。

1940年　43岁

■ 1月4日　与何应钦再次会谈。针对何企图限制中共抗日武装力量发展的各种要求，严正指出：国民政府应允许八路军的3个师扩编为3个军9个师；承认陕甘宁边区政府及其所辖地区；承认在抗日前线肩负敌后抗敌任务的解放区。

■ 1月11日　出席《新华日报》创刊两周年纪念会，并讲话。

■ 3月6日至9日　出席国民政府军事委员会召开的各战区军以上参谋长会议。以第十八集团军参谋长的身份在会上作了《关于作战与摩擦问题》的长篇发言。以大量事实，宣传十八集团军的抗战业绩，有力地驳斥了国民党有关战区参谋长对十八集团军所谓“游而不击”、“制造摩擦”、“破坏抗战”等污蔑，有效地抵制了蒋介石企图通过这次会议加罪于十八集团军，制造舆论，进而发动更大规模反共高潮的阴谋活动。这次发言得到了广泛同情，被誉为“舌战群儒”。

■ 3月14日　国民党顽固分子在成都制造“抢米事件”，嫁祸于中国共产党，趁机查封《新华日报》成都营业分销处，逮捕分销处负责人、中共川康特委书记罗世文和共产党员车耀先等10余人。事件发生后，立即向国民党当局提出强烈抗议，并派潘梓年去成都交涉。

■ 3月　由重庆新华日报馆印行的《叶剑英抗战言论集》在重庆出版。

■ 4月初　和林伯渠、董必武访晤抵渝的南洋侨胞回国慰劳团发起人、华侨筹赈总会主席陈嘉庚，就有关国共两党摩擦问题进行了交谈。

■ 6月至8月　和周恩来同何应钦、白崇禧在重庆就共产党的合法存在、陕甘宁边区的承认、十八集团军和新四军的扩编以及国共军队作战区域的划分等问题进行了多次谈判。

■ 7月7日　和周恩来致函何应钦，要求国民党最高军事当局立即制止韩德勤、石友三所部对新四军、第十八集团军的进攻。

■ 7月17日　和周恩来就国民党军陈长捷部进攻晋冀豫边区事再次致函何应钦，要求速加制止。

■ 9月6日　和周恩来电告中共中央、中央军委：国民党军令部已向第三战区司令长官顾祝同发出扫荡长江南北新四军的命令。

- 10月4日　出席中共中央南方局会议，根据周恩来的提议，任南方局统一战线工作委员会副书记，并专设叶剑英工作组。
- 10月中旬　蒋介石密令特务机构监视周恩来、叶剑英，不得让他们离开重庆。
- 11月30日　和周恩来就新四军北移问题同国民党代表军令部次长刘为章进行谈判。
- 12月5日　和周恩来致电中共中央，建议以朱德、彭德怀、叶挺、项英名义电复刘为章，要刘下令停止桂军和霍守义师对江北新四军的进攻。
- 12月中旬　陪同周恩来与国民党代表刘为章、张冲多次进行谈判，要求推迟新四军北移限期，要国民党军队停止摩擦活动。
- 12月24日　国共两党代表就两党关系问题举行谈判。谈判中，周恩来、叶剑英严正表示：中国共产党的让步是有限度的，如果国民党再不停止进攻，陕北的封锁仍不解除，那么，发生内战的责任全在国民党。

1941年　44岁

- 1月1日　在《新华日报》上发表《民国三十年的元旦》一文。
- 1月6日　“皖南事变”爆发。
- 1月12日　接到中共中央和苏北新四军关于新四军皖南部队遵命北移，途遭国民党军包围、袭击的急电后，与周恩来立即向国民党谈判联络代表张冲提出抗议，要求急电制止。
- 1月13日　和周恩来向何应钦、白崇禧、刘为章、张冲提出最严重抗议，要他们立刻转达蒋介石，要求立刻解除对新四军的围攻。
- 1月14日　陪同周恩来会见苏联驻华使馆武官崔可夫，听取他对解决“皖南事变”问题的建议。
- 同日　和周恩来再次致函蒋介石，要他下令立即停战撤围。
- 1月17日　获悉国民党当局悍然宣布新四军“叛乱”并取消新四军番号的通令后，和周恩来再次向张冲提出严重抗议。
- 1月19日　主持南方局军事组人员编印成《新四军皖南部队惨被围歼真相》的传单，随后向国内外秘密散发。
- 本月　陪同周恩来多次与沈钧儒、邹韬奋、黄炎培等爱国民主人士交谈，揭露国民党制造“皖南事变”的真相。
- 2月3日　从重庆返回延安。
- 2月14日　根据中共中央的决定，任中共中央军事委员会参谋长兼十八集团军参谋长。
- 2月23日　致函国民党谈判代表张冲，重申中国共产党对“皖南事变”和蒋介石1月17日命令的立场。

■ 4月30日　在《解放》杂志上发表《评国民党抗日反共的两面政策》一文。
■ 5月5日　在延安在职干部纪念马克思诞辰123周年学习会上，作了题为《加紧学习马克思主义的政治与军事》的报告。
■ 6月9日　与毛泽东、朱德、王稼祥联名向刘伯承、邓小平等发出《关于冀南平原对敌斗争的指示》。
■ 8月　组织总参谋部有关人员研究讨论苏德战争爆发后的日军动向问题。向中共中央建议，中共的战略思想和战争准备的重点应当放在日军南下方面，为中共中央制定战略思想和决策提供了重要依据。
■ 9月12日　出席中共中央政治局扩大会议，并在会上发言。
■ 10月29日　根据叶剑英的提议，中央军委正式做出《关于建立情报网的决定》。
■ 11月7日　与王稼祥共同主持起草的《关于抗日根据地军事建设的指示》由中央军委正式下发部队执行。
■ 11月　兼任中央教育委员会委员、军事学院副院长。
■ 12月8日　太平洋战争爆发。

1942年　45岁

■ 2月25日　为《八路军军政杂志》题词。
■ 3月　与朱德等出席在延安召开的高级技术干部会议。
■ 4月8日　和毛泽东、朱德、王稼祥向彭德怀、左权、聂荣臻、刘伯承、邓小平等发出《关于由华北抽兵准备应付第三次反共高潮》的指示。
■ 夏　组织参谋部人员分析研究苏德战场上两军力量对比及消长趋势。认为斯大林格勒保卫战胜利是整个苏德战争的转折点，对中国抗日战争的发展十分有利。将此意见上报中共中央，受到毛泽东、朱德的赞许。
■ 11月7日　在《解放日报》上发表《评苏德战争——纪念十月革命二十五周年》一文。
■ 12月16日　在《延安日报》上发表《刘伯承同志五十寿祝》诗二首。

1943年　46岁

■ 2月7日　和毛泽东、朱德、王稼祥向各战略区发出《关于主动加强统战工作的指示》。
■ 2月23日　为纪念苏联红军建军25周年，在《解放日报》上发表《实行军事教育革命》一文。
■ 3月16日和20日　参加中共中央政治局会议。会议通过了《中央关于中央机构调整及精简的决定》。
■ 7月　出席军委检查留守兵团工作会议，并发言。
■ 夏　国民党调动50万军队准备进攻陕甘宁边区，为此向中共中央提出在加强军事防御的同时，着重实施政治战、宣传战的方案，被毛泽东、朱德所采纳并付诸实施。迫使国民党顽固派停止了这次大规模反共摩擦。

1944 年　47 岁

- 5 月 21 日　在延安出席中国共产党六届七中全会。
- 6 月 9 日　为由重庆抵达延安的“中外记者西北参观团”一行 21 人设宴洗尘。
- 6 月 22 日　向中外记者作《中共抗战一般情况的介绍》的长篇报告，在国内外产生了广泛的影响。
- 7 月 22 日　以美军上校包瑞德为组长的美军观察组由重庆飞抵延安。
- 8 月 3 日　同美军观察组会谈，详细介绍了敌后战场情况和中国共产党领导的抗日武装力量的编制与装备等情况。
- 8 月 6 日　在《解放日报》上发表《八路军七年来在华北抗战的概况》一文。
- 12 月 16 日　陪同朱德总司令与美军观察组组长包瑞德上校会谈有关双方军事合作问题。

1945 年　48 岁

- 4 月 23 日至 6 月 11 日　以大后方代表团团长的身份出席中国共产党第七次全国代表大会。当选为中央委员。
- 6 月 24 日　出席由周恩来召集的在延安的南方局各有关同志座谈会，并作了发言。
- 8 月 15 日　日本宣布无条件投降。抗日战争随之胜利结束。
- 8 月 28 日　中共中央主席毛泽东和周恩来、王若飞赴重庆，同国民党进行谈判。双方代表于 10 月 10 日签订了《国民政府与中共代表会谈纪要》（即“双十协定”）。
- 10 月 8 日　在《解放日报》上发表《为美军拟在烟台登陆事的郑重声明》。
- 11 月 4 日　为美军干涉中国内政事，发表抗议通电。
- 11 月 19 日　在《新华日报》上发表《关于和战的谈话》。
- 11 月 27 日　在延安举行记者招待会，发表《关于中国内战问题》的谈话，阐明了内战根源，分析了内战的前途。
- 12 月 9 日　中共中央决定，由周恩来、董必武、王若飞、邓颖超、叶剑英、陆定一、吴玉章组成中国共产党出席政治协商会议的代表团。
- 12 月 16 日　和周恩来、吴玉章、邓颖超、陆定一等由延安飞抵重庆。在机场对记者就如何停止军事冲突、成立军事三人小组等问题发表谈话。
- 12 月 18 日　和周恩来、董必武等举行中外记者招待会，并发表谈话。

- 12月22日　美国总统特使马歇尔以“调处”中国内战的名义来华，抵达重庆。23日，与周恩来、董必武访晤马歇尔。
- 12月24日　与周恩来在中共代表团驻地招待文化界人士。
- 12月27日　与周恩来、王若飞同国民党代表王世杰、张群、邵力子在国民参政会就全面停止内战和政治协商会议的有关问题进行了商谈。
- 12月31日　与周恩来、王若飞函复中国民主同盟主席张澜。重申中共无条件全面停止内战的主张，表示完全同意于明岁元旦国共双方下令所属部队，即日停止武力冲突。

1946年　49岁

- 1月5日　同周恩来、董必武、王若飞与国民党代表张群经过谈判，初步达成停止国内军事冲突的协议。10日，国共双方代表正式签订停战协定，并分别向所属部队发布了停战令。
- 1月10日　出席在重庆举行的政治协商会议。
- 1月11日　为《新华日报》创刊八周年题词。
- 1月13日　和国民党代表郑介民、美国代表饶伯森等由重庆飞抵北平。军事调处执行部成立。任军事调处执行部中共代表，调处国共军事冲突和监督双方执行停战协议。
- 1月15日　同郑介民、饶伯森联名发布军调部第一号公告并附“和字”第一号命令。
- 1月21日　同郑介民、饶伯森联名发布“和字”第二号命令。
- 1月24日至27日　分别致电各解放区负责人，对如何执行“和字”第二号命令提出具体意见。
- 2月28日至3月6日　随军事三人小组（周恩来、马歇尔、张治中）视察北平、张家口、集宁、济南等地。
- 4月上旬　国民党北平当局于4月3日拘押新华分社和《解放》报等单位工作人员40余人，制造了“四三”事件。率军调部中共代表团全体人员同国民党当局进行坚决斗争，使被捕的新华分社和《解放》报等全体人员光荣出狱。
- 5月31日　在北平举行记者招待会，呼吁中外舆论制止国民党当局查禁北平77家报刊的反动行为。
- 6月21日　就阎锡山撕毁停战协定并向解放区发动进攻事，向郑介民、饶伯森提交备忘录。
- 6月26日　蒋介石悍然撕毁停战协议，以30万大军向人民解放军中原军区部队发起围攻，发动了全面内战。
- 7月4日　同罗瑞卿向各区谈判小组发出《关于在力争和平与准备自卫战争的总方针下，谈判斗争应注意事项》。

■ 9月9日　在北平召开中外记者招待会，发表了《关于安平事件调查结果的声明》。
■ 11月　飞赴东北，解决军事调处执行部长春分部领导人选及美方在东北设联络组问题。
■ 12月7日　致函慰问陕甘宁边区前线将士。

1947年　50岁

■ 1月1日　致电慰问晋冀鲁豫解放区全区将士。
■ 2月7日　在北京饭店举行鸡尾酒会，与北平各界人士话别。
■ 2月21日　率领北平军事调处执行部中共方面最后一批人员飞返延安。
■ 3月29日　中共中央政治局扩大会议在陕西清涧县枣林沟召开。会议决定：毛泽东、周恩来、任弼时留在陕北；刘少奇、朱德东渡黄河；叶剑英、杨尚昆到晋西北。
■ 3月底4月初　与杨尚昆、李维汉、李克农等率领向晋西北转移的中央和军委机关东渡黄河，到达山西省临县三交镇双塔村。
■ 4月11日　中共中央决定：中央及军委大部工作机构暂留晋西北，组织后方委员会，叶剑英为书记，杨尚昆为后方支队司令，李维汉、邓颖超为委员。
■ 5月1日　奉中共中央指示，将原军委外事组改组为中央外事组，兼任外事组主任。
■ 6月22日　连续致电中央，报告东北地区国民党军动态。
■ 6月至7月　与晋绥、晋察冀解放区领导人联系，征召一个团的新战士，经短期训练并配足武器后，开往陕北。
■ 6月至8月　组织情报部门收集国民党军的作战部署、兵力配置和蒋介石对战局的判断等情报，及时上报中央并转刘伯承、邓小平，以配合刘邓大军挺进大别山的战略行动。
■ 7月　赴河北省建屏县西柏坡村参加中央工委召开的全国土地会议。
■ 9月10日　在土地会议上发言。强调贯彻中央颁布的土地法大纲的重要意义。
■ 9月　作《过五台山》组诗。下旬，返回三交镇双塔村。
■ 11月底，前往陕西米脂县参加中央工作会议。同任弼时一起主持土地问题的讨论。

1948年　51岁

■ 2月中旬　在三交镇主持召开纠正临县土改偏向问题的会议，并在会上作了报告。
■ 3月　奉中共中央指示，率领中央后委机关到达西柏坡。

■ 5月9日　任华北中央局委员、华北军政大学校长兼政委。
■ 5月21日　出席华北局会议。会议讨论了华北军政大学的各项筹建工作。
■ 5月23日　到达河北省获鹿县南新城村，着手组织华北军大的工作机构及配备各级领导班子。
■ 6月9日　主持召开华北军政大学校党委扩大会议，在会上作报告，提出了华北军大的任务和办校八条措施。
■ 6月11日　在全校干部大会上作《认清形势与任务，坚决为党的教育事业而努力》的报告。
■ 7月1日　华北军政大学举行开学典礼，在典礼上致开幕词。
■ 8月24日　出席中共中央政治局在西柏坡召开的扩大会议。
■ 9月4日　向中共中央、毛泽东呈报《关于华北军政大学的工作报告》。
■ 11月17日　在华北军大校党委扩大会议上作总结发言。
■ 12月13日　根据中共中央的决定，任中共北平市委副书记、北平市军事管制委员会主任兼北平市市长。
■ 12月15日　到达保定。
■ 12月17日　出席中共北平市委第一次会议，宣布中央批准的北平市委、市军管会、市政府的组成及主要负责人的任命，并作了重要讲话。
■ 12月24日　在参加接管北平的干部会议上作《关于军事管制委员会的任务、组织机构及我们如何工作》的报告。

1949年　52岁

■ 1月1日　以北平市军事管制委员会主任的名义，发布《北平市军事管制委员会第一号布告》，对全市城郊实行军事管制。
■ 1月21日　解放军平津前线司令部同国民党华北“剿总”司令傅作义达成《关于和平解决北平问题的协议》。移住颐和园万寿山益寿堂。
■ 1月29日　在颐和园景福阁主持召开有傅作义的代表参加的会议，准备进行北平接管工作。
■ 1月31日　北平和平解放，平津战役胜利结束。
■ 2月1日　任负责北平和平接交工作的机构“北平联合办事处”主任。
■ 2月2日　北平市军事管制委员会从西郊进驻城内。
■ 2月3日　参加中国人民解放军进驻北平的入城式，同林彪、罗荣桓、聂荣臻、彭真等在前门箭楼上检阅了参加入城式的部队。
■ 2月4日　接管旧北平市政府机构。
■ 2月12日　出席北平市庆祝解放大会，并发表讲话，宣布了北平市军事管制时期的六大任务。
■ 2月21日　出席北平市学生代表大会开幕式，并讲话。
■ 2月　根据中共中央的指示，先后接见前来北平的“南京人民代表团”

和“上海和平代表团”，商谈与南京国民党政府进行和平谈判等事宜。

- 3月10日　向北平市军管会各部门发布《关于处理旧人员和接管工作的指示》。
- 3月17日　颁布《北平市人民政府关于建立税收机构令》。
- 3月24日　前往高碑店，迎接由西柏坡北上的毛泽东和中共中央其他领导人。
- 3月25日　陪同毛泽东、朱德、刘少奇、周恩来、任弼时在北平西苑机场检阅中国人民解放军第四野战军部队。
- 4月1日至15日　参加以周恩来为首的中共代表团，同以张治中为首的国民党政府代表团进行和平谈判，达成了待南京政府签字的《国内和平协定（最后修正案）》。
- 4月7日　召集城、郊区区长会议，宣布市政府关于废除保甲制度，建立街乡人民政府的决定。
- 4月14日　在北平市政府新旧职员大会上发表讲话。
- 4月20日　南京国民党政府拒绝接受《国内和平协定（最后修正案）》。
- 4月21日　毛泽东主席、朱德总司令向人民解放军发布向全国进军的命令。
- 同日　在北平市人民政府第一次科长以上干部会议上讲话，提出了北平市政工作的基本任务与发展方向。
- 5月23日　和彭真主持召开北平市摊贩代表座谈会。在会上提出了对摊贩进行管理与整顿的具体要求和方法。
- 6月4日　出席北平市中小学教职员代表会议。在会上发表讲话，号召广大中小学教育工作者努力提高教育能力和水平。
- 6月10日　出席各地来北平参观工业展览的代表座谈会。
- 7月1日　为华北军政大学成立一周年纪念题词：“不教而战是谓弃之；不学而教是谓害之。”
- 7月2日　出席全国文学艺术工作者代表大会，致开幕词。
- 7月9日　参加北平市纪念“七七”抗战12周年大会并讲话。
- 8月1日　被中共中央任命为中共中央华南分局第一书记。
- 8月19日　奉调赴华南工作，中国人民革命军事委员会任命聂荣臻继任北平市军管会主任兼市长。
- 8月中旬至9月上旬　从北平南下，经武汉、九江、南昌到达江西赣州，与参加解放广东的第二野战军四兵团、第四野战军十五兵团负责人以及原华南分局、两广纵队负责人等会合。
- 9月7日　主持召开作战会议，制订广东战役作战方案。
- 9月8日　与陈赓联名向中央军委及第四野战军总部电告《关于解放广东作战计划》。
- 9月中旬　连续三次主持召开华南分局扩大会议，研究并解决了华南地区党、政、军统一协调问题，以及后勤和支前工作问题。

■ 9月21日　出席华南分局干部大会。23日在会上做综合报告，谈了任务与情况、城市政策、城市管理、团结会师、加强领导等五大问题。

■ 9月28日　与陈赓联名下达《广州外围作战命令》。

■ 10月2日　第二野战军四兵团、第四野战军十五兵团发起广东战役。

■ 10月11日　与陈赓、邓华致电第四野战军司令员林彪，表示不赞同他关于“目前我军仍不宜攻占广东”的意见，坚持第四兵团先参加打下广州，再入广西的原作战计划。

■ 10月13日　接到中央军委和毛泽东关于“陈、邓两兵团仍执行原计划占领广州不变”的电令后，立即主持召开华南分局会议，和两兵团首长部署全力夺取广州的作战。

■ 10月14日　人民解放军攻占广州。

■ 10月19日　中央人民政府人民革命军事委员会成立，任委员。

■ 同日　被中央人民政府任命为广东省人民政府主席兼广州市市长。

■ 10月21日　任广州市军事管制委员会主任。

■ 10月28日　以广州市长兼广州市军事管制委员会主任的名义，举行盛大宴会，欢迎和慰劳参加解放广东的人民解放军军政干部。

■ 11月4日　广东战役结束。

■ 11月11日　广州军民举行庆祝解放大游行和人民解放军入城式，与方方、邓华、赖传珠、李章达等检阅了群众游行队伍和参加入城式的部队。

■ 11月17日　广东省军区成立，任司令员兼政委。

■ 11月27日至12月1日　主持召开广州市第一届各界人民代表会议，并致开幕词与闭幕词。

■ 12月5日　指挥广州市公安总局干部，部分警备部队和工人、学生对非法地下钱庄实施取缔，一举扭转了广州市金融混乱的局面。

■ 12月　任中南军政委员会副主席。

■ 12月21日　湛江解放。至此广东大陆全部解放。

1950年　53岁

■ 1月11日　同方方、赖传珠、洪学智致电中共中央和华中局，报告海南岛根据地的情况。

■ 同日　与方方、邓华、赖传珠向中共中央和华中局电告海口敌军防务情况。

■ 2月1日　在广州主持召开广东军区和十五兵团军以上干部会议，研究讨论渡海作战问题。会议制定了“积极偷渡、分批小渡与最后登陆相结合”的战役指导方针。

■ 同日　参加南方大学开学典礼，以校长的身份在大会上讲话，并题词：“大家同心协力，为办好一个南方大学而奋斗！培养干部，扩大影响。”

■ 春　领导广东省土地改革。根据中共中央的方针政策，结合广东的实际，经过“全省着眼，三县着手”的试点，研究制定一系列正确的具体政策，既符合广大农民消灭地主阶级的要求和利益，又注意保护华侨和民族工商业者的利益。
■ 3 月下旬　主持召开广东军区第一届剿匪会议，研究剿匪部署。
■ 4 月 16 日　十五兵团在琼崖纵队的配合下，发起大规模渡海登陆战役。
■ 同日　以广东军区司令员兼政治委员的名义，公开发表《告海南岛国民党军官兵书》。
■ 4 月　主持召开广东军区高干会议，进一步指出剿匪是当前压倒一切的中心任务，并向部队下达了“土匪不灭，决不收兵”的命令。
■ 5 月 1 日　海南岛战役结束，全岛解放。
■ 5 月 13 日　为《广州市政》第五期公安专号题词：“匪特不投诚，坚决消灭他”。
■ 5 月　连续主持召开广东军区剿匪会议，调整部署兵力，制定剿匪工作的原则、具体政策和方法步骤。
■ 5 月　为华南分局起草《关于圩镇工作给各地委的指示信》。
■ 6 月 14 日至 23 日　赴北京参加全国政治协商会议一届二次会议。22 日，在大会上代表中南地区发言。
■ 9 月　出席广东圩镇工作研究会议。在会上作题为《重视做好圩镇工作》的讲话。
■ 9 月　出席华南首届文学艺术工作者代表大会并作重要讲话。
■ 10 月 5 日至 16 日　参加广东省第一届各界人民代表会议。6 日，在会上作《目前形势与当前任务》的报告。
■ 11 月 1 日　在《人民日报》上发表《哀悼任弼时同志》一文。
■ 11 月 7 日　参加广州市海珠桥通车典礼，并致贺词。
■ 11 月 21 日　遵照毛泽东的电示，和陶铸等到达广西省南宁市，帮助广西省委开展剿匪工作。
■ 11 月 30 日　在广西省委扩大会议上向各地委及军分区负责人讲话，强调要有重点，有组织，有办法地开展剿匪工作，迅速地定期定额完成肃清全省土匪的任务。

1951 年　54 岁

■ 4 月　在广州市第四届各界人民代表大会上致开幕词。
■ 5 月 1 日　华南军区成立，任司令员。谭政任政治委员。
■ 7 月　在中共华南分局组织、宣传工作会议上，作《为建设一个有高度觉悟的有高度组织性的党而斗争》的总结报告。
■ 7 月 5 日至 14 日　出席华南分局召开的广东省第一届沿海工作会议。在会上，对放手发动渔民群众，开展渔业改革问题作了讲话。

- 7月下旬至8月上旬　主持召开华南城市工作会议。在会上作了《发动人民群众，开展民主改革运动》的报告。
- 8月27日　在广州市第四届第二次各界人民代表会议上作总结报告。
- 11月　兼任华南垦殖局局长。
- 12月21日至29日　出席广东省第二届各界人民代表会议协商委员会和广州市第九届各界人民代表会议协商委员会。在全体委员会议上，作《在反贪污、反浪费、反官僚主义的基础上，厉行节约，增加生产》的动员报告。
- 12月26日　主持召开华南垦殖局工作人员大会。在会上作《大力发展橡胶事业》的动员报告，阐述发展橡胶事业对于发展工业、巩固国防、实现国防现代化的重要意义，号召大家全力投入这一光荣事业。
- 12月28日　向毛泽东及中南局呈报《关于华南区一九五二年工作计划纲要》的报告。

1952年　55岁

- 1月31日　出席广州市第四届三次各界人民代表会议，在会上作《为彻底打退不法资产阶级分子的进攻，争取反行贿、反偷税漏税、反盗骗国家财产、反偷工减料、反盗窃国家经济情报的胜利而斗争》的报告。
- 本月　向毛泽东和中央军委报告华南地区海军建设的情况。
- 2月4日　在广东省和广州市党政军科以上党员干部会议上，作《将反贪污、反浪费、反官僚主义运动提高一步》的报告。
- 5月31日　广东区高等学校教师思想改造运动开始，对广州各高校教师作动员报告。
- 6月29日至7月6日　出席华南分局扩大会议。会议中心内容是批评华南分局领导工作中在农民问题上的“右倾”错误和“地方主义”错误。在会上违心地作了检讨发言。
- 6月　任中南军区副司令员、代司令员。
- 8月　由广州赴北京治病。

1953年　56岁

- 2月　致函毛泽东，请求回华南工作。
- 5月　调任中共中央中南局代第一书记、中南军政委员会代主席。
- 10月　由武汉返回北京。
- 12月7日至次年1月26日　出席全国军事系统党的高级干部会议。在会上作了《关于建军若干问题》的发言，对人民解放军现代化建设提出了系统的意见。

1954 年　57 岁

- 6 月 2 日　任中央人民政府人民革命军事委员会副主席。
- 夏　因病去青岛、北戴河疗养。作《青岛浴感》和《北戴河休养》诗二首。
- 9 月 15 日至 28 日　出席第一届全国人民代表大会第一次会议。会议通过了《中华人民共和国宪法》。在会上当选为全国人大常委会委员，并被任命为中华人民共和国国防委员会副主席。
- 11 月 9 日　任中国人民解放军武装力量监察部部长。
- 11 月 30 日　批准颁布 1955 年陆军训练大纲。
- 12 月 5 日　在军训部呈送的《请批准组织防原子示范演习需要的兵力、兵器、器材》的报告上作批示，提出防核武器训练要分为讲授与示范演习两个步骤进行的意见。
- 12 月 17 日至 29 日　在北京出席中共中央军委扩大会议。在会上就现代战争的特点及如何适应现代战争的特点加强军队的现代化建设问题作了系统发言。

1955 年　58 岁

- 4 月　任中国人民解放军训练总监部代部长，代替刘伯承主持全军的军事训练工作。
- 5 月 5 日至 25 日　和徐向前、聂荣臻在河北昌黎靶场，观看了新装备防空部队的 100 毫米高射炮实弹射击。
- 6 月 15 日　在第二次全军在职高级指挥员战役法集训结业会议上作总结讲评。
- 7 月 5 日至 30 日　在北京出席第一届全国人民代表大会第二次会议。会议期间，就加强国防力量问题作了发言。
- 9 月 23 日　根据中华人民共和国第一届全国人民代表大会常务委员会第二十二次会议决定，被授予中华人民共和国元帅军衔和一级八一勋章、一级独立自由勋章、一级解放勋章。
- 11 月　组织并主持辽东半岛方面军抗登陆战役中集团军海岸防御的军事演习，担任演习总导演，认真探索现代战争条件下训练和作战的经验。对方面军抗登陆战役中的若干问题发表了重要见解。
- 11 月 18 日　视察第一机械化师坦克第三十二团。

1956 年　59 岁

- 1 月 21 日　在《八一杂志》上发表《论抗登陆与抗着陆》一文。
- 3 月　出席中央军委扩大会议。在会上作了《关于一九五六年度军队训练若干问题》的发言。
- 4 月 6 日至 5 月 3 日　参加训练总监部召开的第六次军校会议，并作总结讲话。

■ 5月21日　出席空军党委第十四次扩大会议。在会上，对如何“飞得好、打得好”问题作了讲话。

■ 6月15日至30日　出席第一届全国人民代表大会第三次会议。

■ 9月　向中央军委提交了《关于军队建设的一些意见》，建议要正确认识和处理好国防建设和经济建设；人和技术；军事工作与政治工作；官兵之间与上下级之间；集中和民主；军队和群众及地方党政；现实与发展；学习外国先进军事经验和发扬我军优良传统等八个关系问题。

■ 9月15日至27日　出席中国共产党第八次全国代表大会。当选为中央委员。

■ 10月下旬　出席全军军训会议和军委训练委员会扩大会议。会议期间，对全军的训练计划、训练的物资保障及组织领导等问题，作了总结发言。

■ 秋　向中央军委和毛泽东提出了建立军事科学院，开展军事科学研究工作的建议。

■ 10月31日　主持拟定了《军事科学院组织机构与建院方案》。

■ 11月10日　在《文汇报》上发表《孙中山先生的建军思想和大无畏精神》一文。

■ 11月15日　出席中国共产党八届二中全会。

■ 本月　视察西北，作《西游杂咏》组诗七首。

■ 12月4日　任军事科学院筹备委员会主任。

■ 12月31日至次年1月21日　率领中国人民解放军军事友好代表团访问缅甸。

1957年　60岁

■ 2月13日　视察陆军第五十五军，对部队训练工作作了指示。

■ 3月15日至5月3日　主持召开训练总监部党委扩大会议。

■ 3月22日　出席全军后勤先进工作者代表会议。在会上作《现代战争中的后勤工作》的讲话。

■ 4月　参加通讯兵竞赛大会闭幕式，对通讯兵的重要性和今后训练问题作了讲话。

■ 7月　视察兰州军区炮兵第十五师和坪城炮兵靶场。

■ 9月4日　批准训练总监部学院学校部《关于呈请审批步校两年制训练计划》的报告。

■ 10月15日至11月初　参加中央军委召开的训练委员会扩大会议。10月30日在大会上作总结报告。

■ 10月31日　为庆祝苏联十月革命40周年，发表《向苏联军队学习》一文。

■ 11月2日至月底　和彭德怀率中国军事友好代表团访问苏联。

■ 12月2日至18日　在北京主持召开第七次全军院校会议。
■ 12月26日　在《人民日报》上发表《西行杂诗》七首。

1958年　61岁

■ 1月8日　任军事科学院临时党委书记。
■ 1月11日　主持召开军事科学院临时党委第一次会议，传达中央军委关于军事科学院组织系统的批示，提出院领导干部分工意见，并讨论确定了工作计划大纲。
■ 1月22日至3月3日　率中国军事友好代表团访问印度。
■ 3月15日　中国人民解放军军事科学院正式建立，随后任院长兼政治委员。在同日召开的建院大会上发表讲话，提出了军事科学院的性质、任务以及从事军事科学研究的指导方针和方法。
■ 4月12日　在无锡接见出席陆军第二十七军党员代表大会的全体代表，要求全体军官抓紧学习，要准备随国家的经济建设和科学技术的发展，接受最现代化的武器。
■ 4月17日　视察军事学院。18日在全院教职学员干部大会上，作题为《建设一支优良的现代化的革命军队》的讲话。
■ 本月　在《八一杂志》上发表《关于现代条件下的训练问题》一文。
■ 5月初　在政治学院全体干部学员会议上，谈学习问题。
■ 5月25日　向毛泽东报告筹建军事科学院的经过，对军事科学研究工作的方针、任务、对象、方法、步骤等一系列问题，作了概括的说明。
■ 5月27日至7月22日　参加中央军委扩大会议，学习贯彻毛泽东提出的“打倒奴隶思想，埋葬教条主义”的思想。
■ 7月10日　在中央军委扩大会议上发言。
■ 7月30日　在《人民日报》上发表《大革命失败与广州起义》一文。
■ 10月10日至26日　率中国军事代表团访问波兰。
■ 11月17日　兼任高等军事学院院长。
■ 12月11日　在武汉主持编写条令座谈会，听取各大单位负责人对编写条令的意见。

1959年　62岁

■ 1月12日至28日　主持召开全军第一次军事科学研究工作会议。在会议发言中，着重阐述军事科研中应贯彻“以我为主”方针等问题。
■ 2月16日　在海南岛榆林为驻守陆、海、空军干部作报告。
■ 4月18日至29日　出席第二届全国人民代表大会第一次会议。在会上当选为人大常委会委员，并被任命为国防委员会副主席。
■ 5月30日　在穿山半岛渡海登陆演习讲评会上发表讲话。

■ 6月16日　出席在大连召开的编写战斗条令座谈会，并讲了话。

■ 7月14日　出席在南京召开的编写合成军队战斗条令概则专业会议，并讲了话。

■ 7月27日　在军事科学院干部会议上谈学术研究的方针、方法问题。

■ 8月2日至16日　在庐山出席中国共产党八届八中全会。

■ 9月26日　根据中共中央政治局决定，任中央军委常委。

■ 10月23日和27日　和中央军委副主席贺龙、军委常委罗荣桓、徐向前视察炮兵第六师，并观看了该师的实弹射击和技术装备。

■ 11月7日　为纪念《关于纠正党内错误思想》发表30周年，在《八一杂志》上发表《中国人民解放军永远是党和人民的驯服工具》一文。

■ 11月28日　和朱德、贺龙、聂荣臻、罗荣桓等领导人视察装甲兵第一坦克学校。

■ 11月30日　在武汉主持召开军师团营战斗条令专业会议。

■ 12月7日　向中央军委提出拟在军事科学院建立“军事技术教研馆”的建议。

■ 12月9日　在高等军事学院、军事科学院党员干部会上，作《对战争估计和国防建设问题》的报告。

1960年　63岁

■ 1月3日　出席全军训练工作会议，就战争与和平及部队训练等问题作了讲话。

■ 1月　在武汉出席审修条令专业会议，就有关未来战争和学术研究工作作了重要讲话。

■ 1月22日至2月27日　参加在广州召开的中央军委扩大会议，作了《关于编写我军战斗条令与进一步开展军事学术研究工作问题》的发言。

■ 2月21日　批准总参军校部呈送的《关于步兵学校轮训在职连、排干部的请示》。

■ 3月30日　出席第二届全国人民代表大会第二次会议。

■ 6月14日　主持召开合成军队战斗条令军师与团营部分汇稿专业会议，并作了讲话。

■ 7月22日至29日　视察内蒙古自治区呼伦贝尔盟的海拉尔市、满洲里市、达赉湖和乌兰泡子等地，听取了该盟党政军领导人的汇报，作了重要指示。作《草原纪游》组诗。

■ 8月2日至12日　视察哈尔滨、牡丹江、吉林、延吉等地工业及军事设施。

■ 8月13日　视察济南军区长山要塞区，并为该要塞区题词：“依靠军民团结，建成海上长城”。

■ 8月17日至28日　参加第八次全军院校工作会议，研究全军训练规划和教学改革问题。

- 8月31日　参加李富春率领的中国党政代表团，前往越南民主共和国，参加越南国庆15周年和越南劳动党第三次全国代表大会。
- 10月24日　出席军事科学院党委扩大会议，致开幕词。

1961年　64岁

- 1月16日　在《红旗》杂志上发表《伟大的战略决战》一文。
- 1月20日至26日　主持召开中央军委训练会议，并讲话。
- 2月10日　出席广州军区训练会议并作重要讲话。
- 3月3日　在军委条令验收委员会电话会议上作指示。
- 4月上旬　在广州主持召开中央军委条令验收委员会第一次会议，验收《合成军队战斗条令概则》《连以下步兵战斗条令》《空军飞行条令》。15日，在总结会议上作了重要讲话。
- 5月19日　出席海军训练会议并讲话。
- 5月31日　出席空军训练会议并讲话。
- 6月5日　视察军事学院。
- 6月7日　出席陆军训练专业会议并讲话。
- 6月12日至7月14日　在北京参加中央军委扩大会议。会议着重研究了应付突然事变和军队建设中的一些问题，并做出相应的决定。
- 6月22日　向中央军委呈交《关于军事训练问题向军委的报告》，提出全军军事训练应注意的若干问题。
- 7月8日　根据中央军委的决定，任中央军委军事训练和学术研究委员会主任。粟裕、张宗逊为副主任。
- 8月5日　在副总参谋长张宗逊、工程兵司令员陈士榘的陪同下，视察第一工程兵技术学校，并作指示。
- 8月16日　视察海军旅顺基地。
- 12月15日至31日　率中国军事友好代表团出访越南，参加越南人民军建军17周年纪念活动。

1962年　65岁

- 3月27日至4月16日　出席第二届全国人民代表大会第三次会议。
- 5月29日、30日　参加中央军委战略小组会议，同刘伯承、陈毅、贺龙、徐向前等元帅研究东南沿海地区作战问题。
- 6月　在军事科学院作的一次报告中，提出要“抬头看世界，埋头钻学术”。
- 6月12日、13日　听取军事学院政治委员王平、副院长张震等汇报教学工作，并作了指示。
- 7月30日　批准总参军校部关于汉口高级步兵学校学制由一年改为一年

半的报告。

- 8月　在刘华香司令员陪同下视察海拉尔、大庆、富拉尔基、碾子山等地。
- 9月20日　经个人多次提议由陈伯钧任院长，李志民任政委，免兼高等军事学院院长职务。
- 10月26日　在军事科学院举行的第一次军事学术讲座会上讲话，号召大家努力钻研军事科学知识。
- 11月23日　出席总参谋部召开的全军训练工作会议，并作指示。

1963年　66岁

- 1月18日　出席广州军区参谋工作会议。在会上作了《大力加强司令部建设，充分发挥司令部的作用》的重要报告。
- 1月30日　呈送军委的《关于改进高等军事学院和军事学院教学工作的报告》，经中央军委批准，转发全军。
- 4月13日　接见参加编写司令部工作条例的全体同志，对编写工作提出了具体要求。
- 4月28日　出席国务院军工产品定型委员会扩大会议。会上就科学研究、军工生产与军队使用三者的关系问题作了讲话。
- 5月　为工程兵第一届党员代表大会题词："利我戈矛，坚我防盾"。
- 6月22日　接见驾机起义的原国民党空军第十一大队上尉飞行员徐廷泽。
- 9月11日　出席总参谋部召开的全军军训会议，并作指示。
- 9月15日至29日　陪同国家主席刘少奇访问朝鲜。
- 10月4日　出席军事科学院战史部座谈会，并作指示。
- 11月9日　在编写战役教材准备会议上讲话。
- 11月17日至12月3日　出席第二届全国人民代表大会第四次会议。
- 12月2日　在《人民日报》上发表《访问千里马的国家》一文。
- 12月19日　在《人民日报》上发表《悼罗荣桓同志》诗一首。
- 12月24日至27日　赴江苏镇江参加总参军训部组织召开的郭兴福教学法现场表演会，观看了郭兴福表演的单兵进攻战术和南京军区推广郭兴福教学法的8个课目的表演。27日，向中央军委、毛泽东提交书面报告，认为郭兴福教学法是对人民解放军训练优良传统的继承和发扬，建议在全军推广。郭兴福教学法得到毛泽东主席的赞许。
- 12月30日　在南京军事学院院长张震、政委王平的陪同下，视察军事学院史料处。

1964年　67岁

- 1月1日至3日　视察南京军事学院，听取了张震、王平关于学院情况的汇报，并作了重要指示。

■ 1月3日　中央军委发出指示，号召全军开展学习“郭兴福教学法”运动，并决定举行比武大会。

■ 1月21日　在总参谋部召开的推广郭兴福教学法现场会议上，作了发言。

■ 2月8日　在广州军区学习郭兴福和郭兴福式的教学法座谈会上作指示。

■ 2月　为欧阳海烈士题词。

■ 3月5日、9日　观看北京军区尖子分队军事技术表演，并接见了表演分队。

■ 3月13日　在广州接见炮兵侦察标兵王金陵，并观看了他的目测距离表演。

■ 4月3日　起草并发出《关于推广南京军区机关野营训练的指示》。

■ 5月18日　在全军编写战役学南京会议上发表讲话。

■ 5月28日　观看北京军区司令部参谋李茂发等三人的标图作业表演，并同他们座谈。

■ 6月2日　视察东海舰队舰艇部队，并题词：“苦学苦练，坚我东海长城”、“船坚炮利，固我海防”。

■ 6月10日　观看海军郭兴福式“尖子”分队的表演，并作了指示。

■ 8月至10月　先后观看了信阳、北京比武区和防化兵、侦察兵、炮兵、工程兵、装甲兵、海军、空军等“尖子”分队的表演，并就贯彻毛泽东军事思想、普及“尖子”经验、狠抓基层训练和加强各兵种训练等问题作了指示。

■ 10月7日　在长沙政治干部学校主持召开全军院校政治工作会议。

■ 11月上旬　在第十次全军院校工作会议的总结大会上，就学习长沙政治干部学校的经验，以及院校整风的方针、政策等问题作了讲话。

■ 11月25日　参观全军军训器材展览会的工程兵展区。

■ 11月28日　出席全军军训工作会议，就军事训练的普及和勤俭练兵等问题作了讲话。

■ 12月8日　在南京观看南京军区参谋业务尖子部分项目的表演，并对参谋训练工作作了重要指示。

■ 12月20日至次年1月4日　出席第三届全国人民代表大会第一次会议。在同时举行的第四届全国政治协商会议第一次会议上，当选为全国政协副主席、常务委员。

1965年　68岁

■ 1月4日　任国防委员会副主席。

■ 1月15日　听取军事科学院副院长宋时轮关于编写战役学问题的汇报，并作了指示。

■ 5月17日　接见高等军事学院基本系五班毕业学员并讲话。

■ 6月9日　视察空军第四高级专科学校。

■ 6月19日　出席全军工程技术院校教学改革会议。

■ 7月3日　在全军院校政治教育改革会议上讲话。
■ 8月5日至20日　在大连主持召开全军指挥院校教学改革会议。
■ 8月24日　视察海洋岛和大长山岛的防务。
■ 8月29日　视察海军指挥学校和海军工程学院。
■ 8月30日　接见旅顺基地各编队负责人和战役集训队全体人员。
■ 9月　在上海出席全军后勤医院教学改革会议并讲话。
■ 9月11日、17日　听取总参谋部军训部副部长张翼翔关于军训业务会议的情况汇报，并作指示。
■ 10月25日　担任孙中山诞辰100周年纪念筹备委员会副主任。
■ 12月3日　作《纪念王杰同志》诗。

1966年　69岁

■ 1月8日　任中共中央军委副主席。
■ 1月15日　出席全军政治工作会议。在会上就加强战备和培养接班人等问题作了讲话。
■ 2月7日　同总政治部主任萧华在广州听取广州军区副司令员温玉成关于华南地区设防规划的汇报，并就海南岛、湛江、柳州等地设防问题作了重要指示。
■ 2月24日　同代总参谋长杨成武视察上海地区的战备工作，对上海地区的设防部署作了指示。
■ 3月8日　同贺龙到广州军区医院看望在“八六”海战中负伤的战斗英雄麦贤得，转达毛泽东主席对他的关怀和问候。
■ 5月23日　任中共中央书记处书记、中央军委副主席兼秘书长，主持中央军委日常工作。
■ 6月14日　向毛泽东、周恩来呈送《关于建立军委常务会议问题的请示》。
■ 6月21日　批准下发关于军队“文化大革命”的六条指示。
■ 8月1日至14日　出席中国共产党八届十一中全会。14日，被补选为中共中央政治局委员。
■ 8月9日　同刘伯承对部队围垦生产问题作了指示。
■ 8月16日至23日　参加中央军委常委扩大会议。会议对全军军以上机关和院校“文化大革命”问题做出了决定。
■ 11月13日　出席在北京工人体育场召开的军队院校和文体单位来京人员大会（即“十万人大会”），发表讲话，对当时“文化大革命”中的错误做法提出批评。
■ 11月29日　出席在北京工人体育场召开的军队院校师生大会，再次讲话，对打、砸、抢等错误行为提出严肃批评。

1967 年　70 岁

■ 1 月 5 日至 2 月 11 日　参加接待应邀来华访问的阿尔巴尼亚军事代表团，并同代表团团长贝基尔·巴卢库分别代表本国政府签订了若干军援议定书。

■ 1 月 19 日至 20 日　在军委扩大会上，拍案斥责江青、康生、陈伯达等人打倒老干部和反党乱军的罪行，以致右手第五掌骨远端骨折。

■ 1 月 28 日　与徐向前、聂荣臻等一起拟定的《军委八条命令》，经毛泽东批示后发全军贯彻执行。

■ 2 月 11 日、16 日　出席在中南海怀仁堂召开的中央碰头会议，愤怒谴责康生、陈伯达、张春桥等人乱党、乱政、乱军的罪恶行径。

■ 2 月 17 日　签发《关于文艺团体无产阶级文化大革命的规定》的电报，严格制止一些“造反派”到各大军区打砸抢、扰乱部队正常秩序的错误行为，并要求各单位限期把他们送回北京。

■ 2 月 21 日　主持拟定并颁布了《中共中央军委关于军以上领导机关文化大革命的几项规定》（即“七项规定”）。

■ 2 月 25 日至 3 月 18 日　中央多次开会，同谭震林、陈毅、李富春、李先念、徐向前、聂荣臻（即“三老四帅”）等被冠以“二月逆流”的罪名，遭江青、康生、陈伯达、谢富治等人围攻批斗。

■ 3 月 30 日　出席第二炮兵党委扩大会议，并在会上讲话。

■ 5 月 25 日至 6 月 3 日　主持接待应邀访华的巴基斯坦国防部长阿夫扎尔·拉赫曼·汗中将，并和拉赫曼·汗分别代表本国政府签订了军援协议。

■ 7 月 8 日　参加援越高炮部队作战经验介绍会，就国防工业建设等问题作了讲话。

■ 12 月 1 日　和徐向前听取工程兵司令员陈士榘关于北线设防问题的汇报，并作重要指示。

■ 12 月 4 日　接见来京的军队转业干部代表，传达周恩来总理对转业干部的四条指示。

1968 年　71 岁

■ 3 月　林彪、江青制造所谓“杨（成武）、余（立金）、傅（崇碧）事件”，诬陷聂荣臻、叶剑英等元帅是“黑后台”。叶剑英继续保护老干部，坚持抗争。

■ 7 月 1 日　出席庆祝中国共产党成立 47 周年文艺晚会。

■ 10 月 13 日至 31 日　出席中国共产党八届十二中全会。

■ 11 月　被打成“二月逆流黑干将”，下放工厂劳动。

1969 年　72 岁

■ 3 月　受毛泽东、周恩来委托，与刘伯承、陈毅、徐向前、聂荣臻等共同研究国际形势，讨论珍宝岛自卫反击作战问题，并整理成《从世界森林看一棵珍宝岛树》的报告。29日，呈送毛泽东。

■ 4月1日至24日　出席中国共产党第九次全国代表大会。会上当选为中央委员。

■ 4月28日　出席中国共产党九届一中全会。会上当选为中共中央政治局委员。

■ 同日　经中央政治局会议决定，任中共中央军委副主席。

■ 6月至7月　受毛泽东、周恩来委托，在陈毅主持下，与徐向前、聂荣臻一起研讨国际形势和战略问题，并作多次发言，提出尽快打开中美之间的僵持局面，恢复中美会谈，为中央制定有关中美关系的战略决策做出重大贡献。

■ 8月1日　出席国防部在人民大会堂举行的中国人民解放军建军42周年招待会。

■ 9月4日　和周恩来率中国共产党代表团前往越南河内，吊唁越南劳动党主席胡志明逝世。

■ 10月　奉命紧急“战备疏散”，到达湖南长沙。后辗转到湘潭、岳阳等地，在林彪一伙的冷遇、迫害下，饱受“流放”之苦。

1970年　73岁

■ 2月23日　值苏联边防军入侵珍宝岛事件一周年，作《珍宝岛》诗一首。

■ 6月8日　时值端午节，写下《怀屈原》诗一首。

■ 7月16日　由长沙返回北京。

■ 8月23日至9月6日　出席在庐山召开的中国共产党九届二中全会。

■ 11月至次年春　根据毛泽东、周恩来的指示，率工作组赴福建、广东、广西、湖北等地调查陈伯达的历史问题。

1971年　74岁

■ 5月12日至13日　视察首都防空工事。

■ 6月19日　主持谢觉哉追悼会。

■ 7月　受毛泽东、周恩来委托，主持接待秘密来华访问的美国总统国家安全事务助理基辛格。

■ 9月13日　协助周恩来处理“九一三”事件，并挥毫写下《斥林彪》诗。

■ 10月3日　受命主持中央军委办公会议，在中央军委领导下，负责处理军委日常工作。

■ 10月4日　向毛泽东报告军队系统传达中共中央关于林彪叛党叛国事件通知的情况和军委今后的工作设想。

■ 10月7日　参加总参谋部处以上党员干部大会，就开展批林斗争的意义与政策问题作了重要讲话。

- 10月20日 和周恩来、姬鹏飞同美国总统特使基辛格会谈。
- 11月14日 毛泽东在接见参加成都地区座谈会人员时，为“二月逆流”平反说，你们再不要讲他们（指叶剑英等）“二月逆流”了。“‘二月逆流’是什么性质？是他们对付林彪、陈伯达、王、关、戚。”
- 12月19日 探视病重卧床的陈毅。作《慰陈毅同志》诗。
- 12月 根据毛泽东指示，着手筹备召开军委扩大会议。

1972年 75岁

- 1月6日 得知陈毅逝世，特作《悼陈毅同志》诗，书赠陈毅子女。
- 1月10日 参加陈毅追悼会。
- 2月21日至月底 协助周恩来接待前来访华的美国总统尼克松，并参与会谈。
- 3月9日 听取总参谋部防化学部负责人的汇报并作了指示。
- 4月6日 对国内测图工作作了重要指示。
- 4月21日 参加曾山追悼会，并致悼词。
- 4月 担任全国人民防空领导小组副组长。
- 5月4日 听取全国人民防空领导小组汇报，对人民防空工作的地位、城市人防工作的重点以及组织领导问题发表了意见。
- 6月16日 召集各大军区、各总部、各军兵种、军事科学院、军政大学等单位负责人开会，讨论军队革命化、现代化建设问题。
- 7月3日 在总参谋部、总后勤部《关于一九七二年通用装备分配方案的报告》上批示：建国二十多年来，防御工事老挖不完，请总参研究定期截止的办法和时间。
- 8月1日 出席国防部为庆祝建军45周年举行的盛大招待会，并发表讲话。
- 8月2日 观看全军反坦克武器展览和汇报表演，并作了指示，要求军、师、团干部都要亲自传帮带，办好教导队。
- 9月 同周恩来、朱德等一起视察七机部装配运载火箭的车间。
- 9月25日 同周恩来、郭沫若、姬鹏飞等到首都机场，迎接应邀前来访华的日本国内阁总理大臣田中角荣。
- 10月下旬 会见秘鲁军事代表团。
- 11月5日至12月12日 参加接待来华访问的阿尔巴尼亚军事友好代表团，并同贝·巴卢库团长分别代表本国政府签订军援协定。
- 11月22日 和军委办公会议的其他领导人听取了铁道兵司令员刘贤权关于铁道兵工程会议情况的汇报。28日，同国务院副总理李先念、总政治部主任李德生到会作了指示。

1973 年　76 岁

- 年初，多次向周恩来、毛泽东建议，及早恢复邓小平的工作。邓小平从江西回到北京后，给毛泽东写信并特见毛泽东，提出要邓小平参加和主持军委工作。
- 2 月 11 日至 24 日　三总部在北京召开全军外训工作会议。会议期间，接见了与会人员，并作了重要指示。
- 2 月 24 日　作《在海军总结会上》诗。
- 3 月 1 日至 4 月 5 日　国务院、中央军委在北京召开全国陆地边防工作会议。会议期间，接见了与会代表，并作了重要指示。
- 7 月 13 日　在中央军委办公会议上，听取军事科学院关于《战后世界形势的发展与美苏两霸的战略动向》的汇报，并作了指示。
- 8 月 24 日至 30 日　出席中国共产党第十次全国代表大会。当选为中央委员。在 30 日举行的十届一中全会上，当选为中共中央委员会副主席，中央政治局委员、常务委员会委员。
- 9 月 21 日　在葫芦岛视察海军舰艇和渤海造船厂，并为 223 号导弹驱逐舰题词："加强海军战斗力量，保障海防"。
- 10 月 18 日　接见参加北京军区在张家口地区打敌集群坦克研究性实兵演习的部队代表。在讲话中肯定了演习的经验，强调要把打坦克作为一个主要课目来研究，并要集中力量把部队打坦克训练搞好。
- 11 月下旬　中央召开政治局扩大会议，江青等人攻击周恩来、叶剑英在中美会谈问题上"有错误"、搞"投降主义"，并提到"第十一次路线斗争"的高度，企图将周、叶打倒。后被毛泽东制止。
- 12 月　出席毛泽东亲自主持的中央政治局会议，讨论全国各大军区司令员互相对调问题。受命召集各大军区司令员、政治委员开会"议军"，并讲了话。

1974 年　77 岁

- 1 月 1 日　主持王树声追悼会。
- 1 月 19 日、20 日　奉周恩来命令，与邓小平等一起指挥西沙自卫反击作战。是役收回了被南越反动军队侵占的岛屿。
- 8 月 18 日　作《阳朔纪游》诗。
- 10 月　会见应邀访华的南斯拉夫军事代表团。
- 11 月 1 日　接见出席全军军训会议、全军第三届体育运动会筹备会议和国防科委二十基地"批林批孔"党委扩大会议的全体人员，并作了讲话。
- 11 月　会见越南人民军总参谋部代表团。

1975 年　78 岁

- 1 月 12 日至 19 日　参加中央军委召开的关于压缩军队定额和安排超编干部等问题座谈会。
- 1 月 13 日至 17 日　出席第四届全国人民代表大会第一次会议，被任命为国防部部长。
- 1 月 26 日　鉴于 1971 年成立的军委办公会议成员有所变化，写信给毛泽东，建议以西沙战后成立的军委六人小组为基础，扩大组成军委常委会，并对常委成员名单提出具体意见。此信得到中共中央和毛泽东的批准。
- 2 月 5 日　中共中央根据叶剑英的建议，决定取消军委办公会议，成立由叶剑英、邓小平、徐向前、聂荣臻等 11 人组成的中央军委常务委员会，由叶剑英主持，负责处理军委日常工作。
- 4 月 7 日　参加董必武追悼会，并致悼词。
- 6 月　会见并设宴招待朝鲜人民军友好参观团。
- 6 月 24 日至 7 月 15 日　与邓小平主持召开具有重要历史意义的中央军委扩大会议。会议期间，就国际形势、压缩军队定额、调整编制体制、安排超编干部等问题作了重要讲话。在讲话中强调要调整和改组软、懒、散的领导班子，并有针对性地向到会人员指出：不容许任何野心家插手军队，搞阴谋活动。
- 7 月 31 日　在人民大会堂主持中国人民解放军建军 48 周年招待会并讲了话。
- 10 月　会见应邀访华的苏丹高级军事代表团。
- 12 月 7 日　向毛泽东主席呈交《关于加强电子对抗工作的报告》。
- 12 月　会见应邀访华的阿尔巴尼亚军事代表团。

1976 年　79 岁

- 1 月 8 日　周恩来逝世。任治丧委员会委员。
- 1 月 15 日　参加周恩来追悼大会。
- 2 月 2 日　根据中共中央 1976 年一号文件通知，停止主持中央军委日常工作。
- 3 月下旬至 4 月 5 日　全国各大城市的群众，纷纷自发进行悼念周恩来，声讨“四人帮”篡党夺权阴谋的活动。4 月 4 日，派人到天安门广场观察了解情况，抄录诗词，并亲自去广场观察事态的发展。
- 6 月 6 日　会见应邀访华的法国武装部队参谋长居伊·梅里上将和夫人。
- 7 月 6 日　朱德逝世。任治丧委员会委员。
- 7 月 11 日　参加朱德追悼大会。
- 9 月 9 日　毛泽东逝世。任治丧委员会委员。
- 9 月 18 日　参加毛泽东追悼大会。

■ 9月30日晚　出席在天安门城楼举行的有群众代表参加的国庆座谈会。
■ 10月上旬　与华国锋等酝酿、制定粉碎江青反革命集团的决策。6日，与华国锋在中南海怀仁堂坐镇指挥，执行党和人民的意志，采取断然措施，对江青、张春桥、姚文元、王洪文实行隔离审查，一举粉碎“四人帮”，在危难中挽救了党。在这场斗争中起了决定性的作用。
■ 10月7日至14日　出席中共中央政治局召开的中央党、政、军机关、各省、市、自治区、各大军区负责人参加的打招呼会议，并讲话。
■ 10月24日　参加首都百万军民举行的隆重集会，庆祝粉碎“四人帮”的伟大胜利。

1977年　80岁

■ 3月7日　中共中央发出文件，正式通知全党全军：军委日常工作仍由军委副主席叶剑英主持。
■ 3月10日至22日　出席中共中央工作会议。会上，和陈云、聂荣臻、王震等提议要邓小平出来工作，要为“天安门事件”平反。
■ 3月24日　在中央军委座谈会上讲话，强调全军要用马克思列宁主义、毛泽东思想批判“四人帮”破坏军队的罪行，加速军队革命化、现代化建设。
■ 4月　任全国人民防空领导小组组长。
■ 5月14日　作《八十书怀》诗一首。
■ 7月31日　出席中共中央、国务院、中央军委召开的庆祝中国人民解放军建军50周年大会，发表重要讲话。
■ 8月12日至18日　出席中国共产党第十一次全国代表大会。13日，代表中共中央作关于修改党章的报告。18日，当选为中央委员。
■ 8月19日　出席中国共产党十一届一中全会。会上当选为中共中央副主席、政治局委员、政治局常委。
■ 8月25日　任中共中央军委副主席。
■ 9月11日至15日　到大寨参观，并视察太原、大同。
■ 9月21日　视察陆军第六十五军。
■ 10月9日　出席中共中央党校开学典礼，并发表重要讲话。
■ 11月20日　在广州作《松园》诗。
■ 12月12日至31日　出席中共中央军委全体会议，提出了军队建设要抓好的十项任务。

1978年　81岁

■ 2月26日至3月5日　出席第五届全国人民代表大会第一次会议。3月1日，受中共中央委托，作《关于修改宪法的报告》。5日，当选为第五届全国人大常务委员会委员长。

- 3月15日　与华国锋、邓小平、徐向前、聂荣臻、罗瑞卿等中央和军委领导人视察军事科学院。接见全院人员并题词："继承和发展毛主席的军事思想，为实现国防现代化而奋斗"。
- 同日，在《人民日报》《解放军报》上发表为中国人民解放军军事科学院成立20周年撰写的《发展我国无产阶级的先进军事科学》一文。
- 3月27日　为祝贺全国科学大会召开，填《忆秦娥·祝科学大会》词一阕。
- 5月29日　出席全军政治工作会议，作《政治工作是我军生命线》的报告。
- 9月10日　主持五届全国人大常委会第三次会议，通过了中共中央向会议主席团提出的关于修改宪法和成立宪法修改委员会的建议，并担任宪法修改委员会主任委员。
- 11月12日　作《题画竹》诗。
- 12月13日　在中央工作会议上发表关于加强各级领导班子建设，加强社会主义民主与法制建设的重要讲话。
- 12月18日至22日　出席中国共产党十一届三中全会，并作了重要讲话。
- 12月24日　主持彭德怀、陶铸追悼大会。
- 12月26日　主持召开五届全国人大常委会第五次会议，讨论通过了《中华人民共和国全国人民代表大会常务委员会告台湾同胞书》。《告台湾同胞书》于次年1月1日正式发表。
- 12月31日　作《奔四化》诗。

1979年　82岁

- 2月14日　接见新华社记者，谈法制建设问题。
- 4月　视察武汉、重庆、西安，并于12日作《访西安办事处志感》诗。
- 6月18日至7月1日　主持召开五届全国人民代表大会第二次会议，致开幕词和闭幕词。
- 7月4日至8日　以全国人大常务委员会委员长的名义，分别公布了《中华人民共和国地方各级人民代表大会和地方各级人民政府组织法》《中华人民共和国刑法》《中华人民共和国刑事诉讼法》《中华人民共和国中外合资经营企业法》等法律法规。
- 7月11日　在北京颐和园作《藻鉴堂赠画家》诗。
- 9月　视察烟台。
- 9月8日　作《月牙湾》诗。
- 9月9日　作《蝶恋花·烟台行》词。
- 9月19日　参观青岛啤酒厂，作《青岛啤酒》诗。
- 9月29日　代表中共中央、人大常委会和国务院在庆祝中华人民共和国成立30周年大会上发表重要讲话，充分肯定了新中国建立以来党和人民取得的重大成就，初步总结了新中国建立30年来的经验教训，对党在过去工作中的错误作了自我批评，号召全国人民团结一致，向着四个现代化的宏伟目标奋勇前进。

- 9月　叶剑英自选诗词集《远望集》由人民文学出版社出版。
- 10月　为民族英雄岳飞墓（包括岳庙）题写匾额“心昭天日”。
- 11月　分别为“白求恩纪念馆”和“柯棣华纪念馆”题词。

1980年　83岁

- 2月23日至29日　出席中国共产党十一届五中全会。
- 4月28日　视察广东省深圳、珠海两市。
- 5月8日　视察海军榆林基地。
- 5月13日至17日　视察梅县地区。其间，回到雁洋，探望亲友和故居，作《回梅县探老家》诗。
- 6月上旬至7月上旬　视察江苏、浙江、广东、湖北等地。
- 7月6日　与国务院副总理王震视察烟台海军部队。
- 8月30日至9月10日　出席五届全国人民代表大会第三次会议，致开幕词和闭幕词。
- 8月　主持全国人大常委会讨论批准了《广东省经济特区条例》。
- 9月15日　担任宪法修改委员会主任委员，并在该委员会第一次全体会议上，就修改宪法的意义、指导思想和方法等问题作了讲话。

1981年　84岁

- 2月初　作《八一年春节》诗。
- 9月30日　向新华社记者发表谈话，进一步阐明台湾和祖国实现和平统一的九条方针，建议举行国共两党对等谈判，实现第三次国共合作，共同完成祖国统一大业。
- 10月4日　发表了《伟大的革命先行者孙中山先生》一文。
- 10月9日　出席纪念辛亥革命七十周年大会。

1982年　85岁

- 9月6日　出席中国共产党第十二次全国代表大会，当选为中央委员。在大会上发表讲话，强调必须有大批年富力强的同志走上中央和各级领导岗位，强调中央委员会必须坚持民主集中制的领导原则。
- 9月12日、13日　在中国共产党十二届一中全会上，被选为中央政治局委员、中央政治局常委。任中央军事委员会副主席。
- 11月　听取总后勤部领导人关于后勤工作的汇报。
- 12月4日　出席第五届全国人民代表大会第五次会议。会议通过《中华人民共和国宪法》。在大会上讲话指出，大会通过的宪法，是新中国建立以来最好的一部宪法。

- 12 月下旬　听取全军参谋长会议的情况汇报并作了指示。
- 12 月 29 日　为全国归侨、侨眷、侨务工作者先进集体、先进个人表彰大会题词：“海内外同胞齐心协力振兴中华”。
- 12 月　为全军植树造林总结经验表彰先进大会题词。

1983 年　86 岁

- 1 月 1 日　为《华声报》题词：“发扬侨胞爱国爱乡的光荣传统”。
- 2 月 6 日　为纪念“二七”大罢工六十周年题词。
- 2 月 25 日　致信全国人大常委会，请求不再提名他为第六届全国人民代表大会常务委员会委员长的候选人。
- 4 月 《叶剑英诗词选集》由人民文学出版社出版。邓小平为选集题了书名。
- 5 月 21 日　在住所接见出席全国政治协商会议六届一次会议的部分港澳委员。
- 6 月 6 日至 21 日　第六届全国人民代表大会第一次会议在北京举行。被选为中华人民共和国中央军事委员会副主席。
- 7 月　为“学习雷锋的光荣标兵”朱伯儒题词。
- 8 月 1 日　为“军民共建社会主义精神文明展览”和“学习科学文化知识培养军地两用人才展览”题词。
- 9 月　为“全军武器装备技术革新展览”题词。
- 11 月 19 日　突患急性高侧壁小兆型心肌梗塞，经医疗组多方抢救治疗，病情得以好转。

1984 年　87 岁

- 7 月　不断出现高烧、呼吸困难等症状，病情加重。

1985 年　88 岁

- 9 月　与其他 63 位老同志一起致函中国共产党十二届四中全会，请求不再担任中央委员会委员。得到全会的同意。
- 9 月 16 日　中国共产党十二届四中全会通过《给叶剑英同志的致敬信》，高度评价了他对党和国家做出的重大历史贡献。

1986 年　89 岁

- 10 月 22 日　因病在北京逝世。
- 10 月 29 日　中共中央在北京人民大会堂隆重举行叶剑英追悼大会。首都各界人士 5000 余人参加。邓小平主持追悼会，胡耀邦致悼词。悼词回顾了叶剑英一生为中国人民的解放事业和社会主义建设事业建立的丰功伟绩，特别是在革命转折关头所做出的重大贡献，热情赞颂了他的崇高品德和优良作风。

■ 10 月 31 日　叶剑英灵骨由北京移送广州。

■ 1987 年 10 月 22 日　中共中央在广州红花岗烈士陵园隆重举行叶剑英灵骨安放仪式，党和国家主要领导人出席安放仪式。

后记

在叶剑英元帅诞辰98周年之际，我们将历时八载撰写的《叶剑英传》奉献在读者面前。

这部书经中央军委常务会议讨论审定，最后报江泽民主席审批同意出版。邓小平同志题写了书名。

叶剑英元帅是伟大的马克思主义者，杰出的无产阶级革命家、政治家和军事家，是我们党、国家和军队的一位德高望重的领导人。叶剑英的一生，同现代中国革命和建设的历史联系在一起，与中国人民的命运联系在一起。他在党的领导下所做出的巨大贡献，将载入中华民族的史册，为人们永远怀念。

20世纪80年代初，根据中央军委的指示，军事科学院承担了编写叶剑英元帅传记的任务。院里从各学术部、所抽调人员组成编写组编写《叶剑英传略》。在粟裕政委、宋时轮院长直接领导下，先后由李振军副主任、相炜副政委、谭旌樵副院长具体负责分管编写组工作。参加撰写《传略》各章执笔完稿的有：组长许卓亭，副组长范硕，以及成员：李鹿辉、张烈山、童德先、雷光鸿、丁家琪、杨祥伟、倪素英（负责资料）、吴祥顺等。经四年努力，1984年5月，写出十几万字的《叶剑英传略》送审稿。宋时轮院长审阅后，特请奚原、莫阳、王时春、雷英夫等领导和专家帮助审阅书稿。接着，院里将《传略》送审稿报送中央军委和中央文献研究室审定。1984年7月，宋时轮院长指示编写组成员分别返回各部，留下范硕、丁家琪、倪素英三人继续兼顾完成书稿。1986年10月，叶剑英元帅与世长辞。编写组留守同志在加紧修改《传略》书稿的同时，投入起草叶帅悼词、碑文及编辑《萦思录——怀念叶剑英》等工作。1987年1月，经军委审定批准的《叶剑英传略》由军事科学出版社正式出版。至此，编写工作告一段落。

从1988年开始，已纳入中国军事百科全书编审室（后改为军事科学院军事百科研究部）编制系列的《叶剑英传略》编写组接受新的任务，着手撰写由中央书记处和中央军委决定出版的九部元帅传记之一的《叶剑英传》。

《叶剑英传》编写组由范硕任组长，先后参加的成员有丁家琪、倪素英、金立昕。在院党委常委的领导下，进一步收集资料，调查访问，重新撰写。经过五年的努力，至1992年陆续写出50章70余万字的初稿。在写作过程中吸取了《叶剑英传略》和其他有关著作的研究成果。初稿完成后，在广泛征求意见的基础上，不断补充核实材料，先后对书稿进行了五次较大的修改。1993年2月，完成送审稿。

在此期间，军事科学院历届院党委、院首长和各机关对《叶剑英传》编写工作自始至终都十分重视，积极领导。郑文翰、蒋顺学、赵南起院长，王诚汉、杨永斌、张序三、张工政委亲自听取传记工作汇报并给予指示。李际均、糜振玉副院长多次审阅书稿，并提出修改意见。王祖训副院长在后勤保障方面给予了大力支持。军事百科全书编审室（百科研究部）领导莫阳、郭树元、贺捷生等先后分管传记编写工作，尤其是贺捷生重视组织领导，帮助解决困难，做了大量工作。院里各学术部领导和专家对传记编写工作，也给予了支持和指导。

叶帅的子女和其他亲属给予了重要帮助。叶帅办公室秘书及工作人员从资料、照片提供到书稿审修，给予了多方支持和帮助。

在《叶剑英传》编写过程中，我们本着历史唯物主义的态度，广泛进行调查，收集核实材料。传记组除了聆听叶帅生前56次回忆谈话外，还先后查阅了中央文献研究室、中央党史研究室、中央办公厅秘书局、中央军委办公厅、中央档案馆、解放军档案馆、外交部档案馆、中国革命博物馆、中国人民革命军事博物馆、军事科学院图书馆等，以及北京、广州、梅州（县）、深圳、珠海、南京、上海、长沙、衡阳、岳阳、武汉、宜昌、南昌、九江、瑞金、兴国、赣州、吉安、福州、厦门、杭州、济南、重庆、成都、松潘、若尔盖、巴西、班佑、桂林、贵阳、遵义、昆明、太原、临县、西安、临潼、延安、兰州、武威、酒泉、敦煌、西宁、哈尔滨、长春、沈阳、大连等地区和军内外的100余家档案馆、图书馆、纪念馆、陈列馆、博物馆、党史资料征集办公室、地方志办公室等单位所收存的有关叶帅的大量史料，并沿着叶帅生前走过的足迹，到全国许多地区，包括香港，走访了熟悉情况的老同志、老将军以及民主党派人士、原国民党将领近千人次，获得了大量的第一手材料。在采访过程中，得到了中共广东省委、广州市委、广州军区、广东叶剑英研究会和许多地区的党、政、军和人大、政协系统有关部门的热情支持和帮助。书稿完成后，又先后在京内外数次召开小型座谈会、审稿会，听取了上百位老同志、老干部和党史、军史专家们的意见。1993年4月，经中央军委战史军史编审委员会编辑室审读后，由中国人民解放军总政治部宣传部和军事科学院军事百科研究部联合召开有各元帅传记组负责人和专家学者数十人参加的评审会，在赵南起院长主持下，对书稿进行了认真讨论。伍修权、李德生、杨成武、荣高棠等老首长到会指导，并对修改书稿提出了宝贵意见。《叶剑英传》编写组根据各方面的意见，对书稿又做了修改，最后由军事科学院党委常委审议通过，上报军委审批。

在成书过程中，得到了《当代中国》丛书编辑部的帮助和指导。

在此，我们谨向所有帮助、支持本书编写工作的单位和个人，致以由衷的感谢。

历史本身就是人类的传记，要想把一个人的历史用文字全部记录下来，加以直接的描述，可以说是不可能的。叶帅作为一代伟人，他的一生历经清末、民国、新中国三个时期，涉足于政治、经济、军事、教育、外交、文学艺术各个领域，阅历广袤丰富，充满传奇色彩。这部传记叙述的仅是他政治、军事生活的主要方面，远未能反映他的全部历史辉煌。如果此书尚能成功地反映出他一生的主要方面，也首先应当归功于他的思想和实践。

撰写此书的具体分工是：范硕（引言、第一至十九章，第二十九至三十四章，第三十七章并负责全书统稿）；丁家琪（第二十至二十八、三十五、三十六、三十八至四十章，并参加全书的多次修改和统稿）；金立昕（整理《叶剑英生平大事年表》并参加最后统稿）。倪素英、金立昕参加了收集、整理资料、全书的多次校改，并承担了传记组的大量行政事务工作。

由于作者水平和掌握的素材所限，难以尽意竣工，只好等待来日补充修正。敬请广大读者批评指正。

《叶剑英传》编写组

1994 年 10 月 15 日